関西学院事典

増補改訂版

学校法人 関西学院

西宮上ケ原キャンパス時計台

神戸三田キャンパス正面

宝塚キャンパス

西宮聖和キャンパス

千里国際キャンパス

東京丸の内キャンパス

大阪梅田キャンパス

序

1889年に誕生した関西学院は、今年、創立125周年を迎え、その記念事業のひとつとしてここに『関西学院事典 増補改訂版』が刊行されますことを心より嬉しく思います。

この事典は2001年に創立111周年を記念して発行しました『関西学院事典』の増補改訂版です。当時、『関西学院百年史』全４巻が８年の年月をかけて完成したばかりで、その編纂にあたっての調査・研究をさらに有効に活用したいという考えから、大学としては全国最初の「事典」を刊行しました。その後、数校が自校の事典を刊行されていますが、これほど数が少ないのはこの事業が大変なエネルギーを必要とするからでしょう。

しかし、関西学院の過去を含めて現在を理解することは、私たちにとってとても大切なことだと思います。関西学院のすべてがここに記されたわけではありませんが、ひとつずつ関西学院の事象を確かめながら、先人達の労苦に感謝し、また未来を見つけるヒントを得ることができればと思っています。

人間福祉学部、教育学部および国際学部の設置、聖和大学および千里国際学園との法人合併、初等部の設置、中学部の共学化など、ここ数年間で関西学院は大きく変化しました。これらの変化もこの増補改訂版に盛り込まれています。

一方、このように変化を続ける関西学院に、変わらないものがあります。キリスト教主義に基づく教育を行うという建学の精神と、スクールモットー“Mastery for Service”を体現する世界市民を育むというミッションを、関西学院に連なるより多くの方々に理解していただくためにも、この『関西学院事典 増補改訂版』が大きな役割を果たすことを期待しています。

最後に、この増補改訂版を刊行するにあたり多大なご尽力をされました方々に、深く感謝を申し上げます。

2014年９月

関西学院院長　Ruth M. Grubel

旧版の序

今般、学院創立111周年記念事業の一環として企てられた『関西学院事典』が発刊され世に出ることを心から喜びたいと思います。

関西学院は、1989年、創立百周年を記念して図録『関西学院の100年』を刊行しました。これは目で見るグラフィックな百年史と言えますが、学院のキリスト教主義に基づく人間教育の伝統を美しく物語る貴重な証言として好評を得ました。その翌年から本格的な正史編纂の作業が始まり、15名の編集委員と事務局スタッフの持続的な熱意と献身的な協力によって、「資料編」Ⅰ・Ⅱ、「通史編」Ⅰ・Ⅱから成る『関西学院百年史』全４巻が1998年春に完結し上梓されました。通史の編纂に当たっては、客観的な資料批判に基づく実証的アプローチを前提とし、関西学院成立の「コンテキスト」（日本近代化との関連）、存在理由としての「アイデンティティー」（建学の精神）、そして将来に向けての「ヴィジョン」（創造的展望）という三つのキーコンセプトを軸として執筆する基本方針が定められました。

もとより、一世紀を超える学院の歩みは決して平坦なものではなく、幾多の試練をくぐり抜けた険しい道でありました。しかし同時にまた、『百年史』をていねいに繙きますと、そこに私たちは、実に多くの先人たちの熱い祈りと努力によって踏みしめられた清冽な「一筋の道」が敷かれていることをはっきり読み取ることができます。蓋し学院史は広義の精神史であり、Historyという英語は、もと大文字のHを頭文字とするHis storyすなわち、歴史の主である神のストーリーを意味するとも言われます。関西学院の歴史が、生ける神の隠れた導きによって支えられてきたことを深く思わしめられます。

最近の学校史研究は、一つの学問分野を成すに至っていますが、『関西学院百年史』は歴史的検証を踏まえた自己評価、関西学院の「実力」を示す沿革史として非常に高い評価を得ています。しかし、何と言っても全４巻、Ａ５版2,800頁に及ぶ大部なヴォリュームゆえ、手軽に利用するには難があります。そこで、『百年史』を土台として、内容が正確で、しかも読んで楽しい、コンパクトでハンディーな『関西学院事典』を作成しようというアイデアが既に早く『百年史』編纂作業の過程で持ち上がっていました。

通常、「辞典」はことば、「字典」は漢字、「事典」はことがらを解説する文献であると言われます。したがって、本『事典』は関西学院に関する重要な事項、出来事、人物、建物などあらゆることがらを五十音順に解説する「KGミニ・エンサイクロペディア」とも名付けられましょう。無論、関西学院にかかわることがらをすべて網羅することは不可能であり、掲載する事項・人名などのリストアップに際しては編集委員の並々ならぬご苦心があったと思います。

日本全国、そして世界各地の学院同窓会支部の集いに出席しますと、卒業生から「なぜ校名関西学院をクワンセイガクインと発音するのですか」「校章三日月の由来は」「大阪暁明館病院と学院は何か関係があるのですか」などさまざまな質問を受けます。にわかに答えられないことも少なくないのですが、これからは『関学事典』を鞄の中にしのばせて携帯できるので安心です。

『関学事典』を役に立つロング・レファレンスブックにするためには、絶えず改訂を必要とします。学院のすべての構成員、そして同窓、校友がこの『事典』を愛用してくださり、疑問や修正提案などお寄せいただくことによっていっそう完成度が高まることを願っています。

最後になりましたが、校務多用の中、『百年史』に引き続いて『関西学院事典』のために熱い思いをもってご尽力くださった山本栄一編集委員長はじめ委員各位、関連項目の執筆など協力を惜しまれなかった各学部、各部署のスタッフ、また特にこの意義ある事業のために専従者として重荷を担ってくださった辻美己子さん、そして学院史編纂室、関西学院大学出版会のみなさまに改めて深甚なる謝意を表します。

2001年９月

関西学院院長 山内　一郎

関西学院事典

増補改訂版

目次

凡　例

1．叙述対象

⑴　本書は、事典の形式を通して、関西学院の125年の歴史および現状を述べるものである。1889年の創立から2014年までの125年間を扱い、それ以降の出来事も可能な限り記した。

⑵　各項目の学院組織、課外活動、建物等については、2014年５月現在のもので、機構改革でなくなった部署、廃部となったクラブや撤去された建物等は原則として立項していない。

2．執筆・編集

本書の執筆は、主に関西学院創立125周年記念事業推進委員会年史実行委員会の委員が分担し、関西学院百年史編纂委員会の委員や学院史編纂室研究員らが協力した。また、学内各部課および課外活動団体については当該者に執筆を依頼した。編集は年史実行委員会が行った。

3．構成

⑴　本書は本文、年表、資料、索引（人名索引、事項索引）、沿革により構成され、本文は五十音順による配列とした。アルファベット項目については、発音に従って五十音の中に配した。

⑵　高等部、中学部のクラブ活動については、「高等部運動総部」「高等部文化総部」「高等部宗教総部」「中学部運動総部」「中学部文化総部」「中学部宗教総部」を見出し項目としてまとめた。

4．表記

⑴　本文は、原則として「現代仮名遣い」および「改定常用漢字表」に準拠した。

⑵　和文の引用は、原文の表記を尊重した。ただし漢字は可能な限り改定常用漢字に改め、明らかに誤字・脱字と認められる箇所は適宜修正し、読みにくいと思われる個所には句読点を施した。

⑶　外国語からの翻訳引用のうち、今回新たに翻訳したものは⑴に準じた。

⑷　本文中の外国人名・地名等は、原音に近い表記とし、一部慣用の定着しているものは慣用表記を用いた。

⑸　本文中の固有名詞・専門用語は⑴の適用外とした。

⑹　年表記は西暦を基本とし適宜和暦を併記した。

⑺　引用資料の中には一部差別的な用語が見られるが、記された当時の時代背景を示すものとしてそのまま掲載した。

5．その他

⑴　立項された人名・事項に＊を付した。ただし、同一項目内に頻出する場合は、初出を除いて、付けなかった場合もある。

⑵　解説文中に登場する旧学校名・団体名等は、当時の名称を掲げた。

⑶　統計数字等については（○年○月○日現在）と明記したが、解説文中で特に断りなく「現在」とある場合は、2014年５月現在である。

⑷　明治５（1872）年12月２日以前に生まれた日本人の生没年については、西暦を併記した。この場合の西暦は通例に従い、和暦元号に対応する年を示した。

⑸　聖書からの引用は『新共同訳』を用いた。

⑹　原則として、人名は敬称を略し、役職名等は叙述当時のものによった。

⑺　歴史的に著名な人物、また関西学院史において重要な人物については、本文の理解を助けると思われる個所に生没年または英文表記を示した。

⑻　解説文中に登場する会社名の株式会社等は省略した。

⑼　それぞれの項目の終わりに、【参照】として『関西学院百年史』通史編Ⅰ・Ⅱの該当頁を示し、また執筆に際して特に参照した文献を【文献】として示した。

あ

アームストロング，R.C.

Armstrong, Robert Cornell
1876. 4. 3～1929. 10. 26

高等学部*長、カナダ・メソヂスト教会*宣教師。カナダ・オンタリオ州オタワ市郊外に生まれる。ヴィクトリア大学（B. A.）を卒業後、1903年に来日し、静岡、浜松、金沢の各地で伝道に従事。トロント大学でM. A., Ph. D.の学位を取得し、12年以後、関西学院普通学部*普通科および高等学部*で英語、哲学、神学を教え、第2代高等学部長を務めた。常に"Kwansei Gakuin depends upon you."と学生に呼びかけ、自覚を促したことは有名であるが、大学昇格の大学委員会委員としても尽力した。20年以後、本郷にある中央会堂で学生伝道に携わり、青山学院では神学を講じた。日本の思想や宗教に関心を向け、日本アジア学会で二宮尊徳や大乗仏教に関する論文*Ninomiya Sontoku, the Peasant Sage*、*The Origin of Mahayama Buddhism from Japanese Sources*を発表し、また、*Light from the East : Studies in Japanese Confucianism*（1914）、*Progress in the Mikado's Empire*（1920）、*Buddhism and Buddhists*（1927）、*An Introduction of Buddhist Sects*（1950）などを著した。29年10月26日、関東大震災後復興した中央会堂献堂式の前夜、心臓発作により急逝。青山霊園外人墓地に眠る。

【参照】Ⅰ 272, 342

相浦忠雄《あいうらただお》 1901. 3. 20～1993. 4. 20

神学部*教授。旧約聖書神学専攻。宮城県に生まれる。1921年、アメリカ・南メソヂスト大学神学部に特別学生として入学、23年、同学部修了。アメリカ・オークランド教会牧師に就任。26年、南メソジスト大学文学部に入学、28年、同学部卒業後、同大学大学院神学科に入学、30年、同大学院を卒業し、アメリカ・アラメダ教会牧師に就任。34年、アメリカ・パシフィック神学校大学院に入学し、36年に同大学院を修了し（M. A.）、同大学院旧約学科助手に就任。39年、同大学院博士課程を修了し神学博士（Th. D.）の学位を授与される。40年にアメリカより帰国、神戸東部教会牧師に就任。45年、関西学院大学予科*講師に就任、47年、同教授となる。48年、文学部*講師に就任し、神学科幹事として神学部*復興の準備を進める。51年に文学部*教授となり、翌年神学部復興とともに同教授に就任。58年に神学部長に選任、60年再選。69年、定年退職。著書に『聖書の理解』(1949)、共著に『旧約聖書略解』(1957)、『聖書講座』(1965) などがある。

【文献】『神学研究』(17)1969

I. S. A.

関西学院大学I. S. A. (Inaternational Student Association) は、全国ISAのブランチの一つとして1961年に文化総部*のクラブに昇格した。それ以降、諸外国との文化交流や相互理解を通じて世界平和に貢献するという理念達成のための活動を行ってきた。64年には全国I. S. A. の最大行事である国際学生会議やスタンフォード大学との交歓会を関西学院で開催するなど全国I. S. A. の中で指導的な役割を果たすようになり、64年、文化総部の部に昇格した。また、全国I. S. A. の本部として関西学院大学I. S. A. が登録されるなどの形式的な面だけでなく、全国にある支部のうち神戸支部の支部長他運営側の役職、プログラムの実行委員長などを関西学院大学I. S. A. から多数輩出しており、実質的にも指導的な役割を果たしてきたといえる。近年では、伝統の国際学生会議に加え、モンゴル、フィリピン、韓国、インドネシアなどに赴き現地の方と交流するEXプログラムや、観光という視点から日本を省みる学生ツーリズムサミット (WYTS) など、プログラムの種類も多彩になってきており、それらの交流やそこで行われる高度な議論に向けてディスカッションやディベートなどを交えながら日々、英語力、議論展開力の向上、知識の蓄積、コミュニケーション能力の充実に励んでいる。

合気道部

合気道部は、合気道の基本理念である和合と友愛の絆を結ぶことにより、闘志、至誠、感謝の心を培い、自分自身の飛躍と合気道の発展に寄与することを目的に活動している。1960年に合気道同好会として山田照美法学部*教授を顧問に北後晴久により創部、2010年に50周年を迎えた。

同好会発足以来十余年、中央芝生*やグラウンドの片隅の土の上で稽古に励み、1970年に体育会*合気道クラブへ、74年には合気道部に昇格し現在に至っている。84年学生会館*新館建設時に専用道場を与えられ、練習時間の豊富さと内容の充実ぶりで、関西学生合気道界に関西学院ありとの実績を残すに至った。初代主将の北後晴久は関西学生合気道連盟を設立し初代委員長に就任、さらには全国学生合気道連盟の委員長として第1回全国学生合気道大会を開催するなど、創成期にあった学生合気道界において指導的役割を果たした。

合気道の指導については、合気道の開祖植芝盛平翁の直弟子で財団法人合気会の本部道場から派遣されていた小林裕和師範に30余年にわたり師事、またクラブ昇格時より26年間、中井規が監督を務めた。小林、中井は、永年にわたり熱血指導と深い愛情を学生に注ぎ合気道の心そのものであった。1990年の創立30周年にあたり中井によって定められた「闘志、至誠、感謝」という部のモットーは現在も道場に掲げられ、部員の心の支えとなっている。

こうした偉大な先駆者、指導者のもと、学生合気道界においても有数の歴史と伝統を積み重ね、2013年には初めての女性主将が誕生した。

アイスホッケー部

関西アイスホッケー界で最古の歴史を持つ関西学院大学アイスホッケー部は、1934年にスケート部*門と分離してアイスホッケー部となった。当時の部員は沖津景一、田中祥皓。戦前の部員は他に藤井憲一郎、岸本庄一、森田一ら。関西3連覇当時の1988年の中心選手は大寺正挙、竹内計人、大寺公章、竹内千史、渚凡人らである。53年には関西初優勝、54年には第26回日本学生氷上競技大会において関西勢として初めて3位入賞を成し遂げた。

関西1部リーグに所属しており、関関同立の4強に位置付けられているものの、近年関西制覇を成し遂げられずにいる。しかし、2010年度関西学生氷上競技選手権において準優勝、13年度第85回日本学生氷上競技選手権でベスト8入賞を果たした。

また、練習環境に悩まされていたが、2013年に西宮市内にアイスアリーナが建設されたことで、練習時間や移動に伴う負担を軽減することができた。現在は、関西制覇、インカレベスト4を目標に掲げ、陸上トレーニングや氷上練習に励んでいる。

【文献】『アイスホッケー部の70年 1932–2002』2002

アウターブリッヂ，H.W.

Outerbridge, Howard Wilkinson
1886. 6. 29〜1976. 3. 26

第7代院長*、理事長*、学長*、神学部*教授、カナダ・メソヂスト教会*宣教師。カナダ・ノヴァスコシア州

に牧師の子として生まれる。1907年マウント・アリソン大学卒業。大学院を終え、10年に来日。東京で２年間日本語を勉強、12年、関西学院神学部教授に就任。組織神学、ギリシア語、新約聖書釈義、教会史を教えた。帰国し、16〜17年にはユニオン神学校に、22〜25年にはモントリオール合同神学校に学び、D. S. T. を受け、27年にはパインヒル大学から名誉神学博士号を受けた。再度来日し、39年、関西学院大学法文学部*長兼専門部文学部長に就任、40年、戦争のために辞任して帰国。47年、再々来日し関西学院大学学長*に就任、50年には理事長*となり、51年に休暇帰国するまで、その職務を遂行した。52年、復興された神学部の初代部長となり、その再興について「建学の精神*が学院教育の中に愈々深く培かわれ行く事を意味し、全学院の為慶びに堪えません」と語る。54年には公選により第７代院長に就任、56年定年で帰国するまで在任。隠退後はオンタリオ州の教会設立などの援助のために働く。59年に来校した際、関西学院大学より名誉博士学位*を受けた。1912年に着任以来、戦中戦後の一時期を除いて、その大半を学院のために尽力した生涯であった。

【参照】Ⅱ 64, 124

青木倫太郎《あおきりんたろう》 1902. 2. 26〜1989. 1. 23

初代商学部*長。会計学専攻。滋賀県栗東町に生まれる。1924年、関西学院高等商業学部*卒業後、アメリカに留学し、25年、南メソジスト大学商学部卒業、26年、ミシガン大学大学院経営研究科修了、27年、コロンビア大学大学院商学研究科卒業（成績優秀賞を受賞）。28年、関西学院高等商業学部*教授に就任、会計学を担当。卓球部*長も務めた。34年、大学商経学部*助教授、37年、同教授に昇任、51年、経済学部*から分離独立した商学部の初代学部長に就任し、57年までの３期務める。55年、商学博士。60年、関西学院生活協同組合*理事長。62年、兵庫県教育功労賞受賞。70年に退職、大阪学院大学商学部教授に就任。

1936年、『管理会計』を出版、これはこの名称を用いた日本最初の書物である。37年、日本会計研究学会創立に参加、常務理事に就任、42年、商工省財務管理委員会委員。63年、大阪簿記会計学協会理事長に就任し、社会・企業への簿記・会計学・原価計算の普及に貢献。54年から68年まで税理士試験委員、公認会計士2次・特例・3次の試験委員。一貫して会計学の教育・研究および職業会計人制度の発展に貢献し、関学会計学の基礎を築いた。

【参照】Ⅱ 135–149【文献】『商学論究』17(3)1970；『青門』(私家版) 1965；『続青門』(私家版) 1979

青島キャンプ

青島は岡山県瀬戸内市牛窓町の沖にある面積3万余坪の小島である。中学部*は、毎年夏に2年生全員を2班に分けてここでキャンプを行い、2011年にはキャンプ場を開設して50周年の節目を迎えた。

新制中学部の初代部長矢内正一*は、新制中学部の出発に際して、イギリスのパブリックスクールにその範を求め、先輩が後輩を鍛え育てていく教育を目指した。また勤労を通してともに汗を流すことが人間関係や徳性を学ぶために有効であるとの考えのもと、全寮制の学校ができないかと考えたが、その実現は不可能と判断し、キャンプの中に全寮制の長所を取り入れようと工夫した。それがいわゆる「ビッグブラザーズシステム」である。先輩がリーダーとなってキャンプで寝食をともにする経験を通して、中学生をたくましく、そしてやさしく育てていこうと計画したのである。しかし、最適なキャンプ場が見つからず、紀伊南部を皮切りに播磨嬉野や丹後、瀬戸内海の島などを転々とする状態であった。そんな中で同窓の岡義太郎の仲介により青島が紹介された。

この島で中学部の夏のキャンプが行われるようになったのは1961年からで、牛窓町から借り受ける形でスタートした。その後、この島を購入する話が関西学院に持ち込まれ、当時の中学部PTAの協力のもと、62年12月に青島は関西学院所有の島となった。当初は牛窓にある寺に宿泊して、昼間にキャンプ場作りのワークに出かけたが、次第に青島で宿泊できるようになり、現在はキャンプ期間中のすべてを青島で過ごしている。その間、キャンプの日数も2泊3日から3泊4日となり、そして2012年までは5泊6日の日程で行ってきた。中学部は

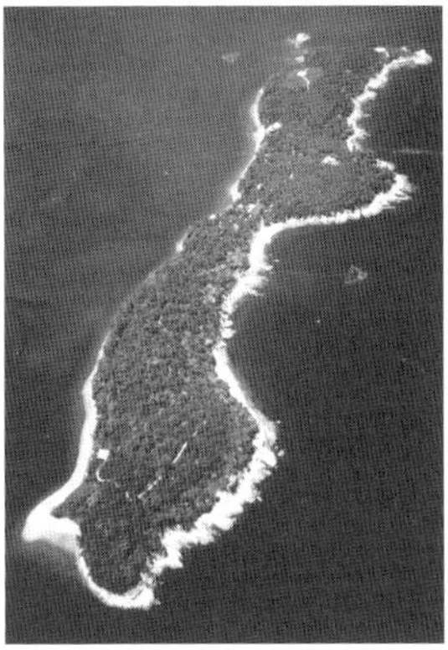

12年から男女共学となったが、女子生徒も男子生徒と同様に２年生時にこの青島キャンプに参加し、現在は２年生全体を３班に分け、４泊５日の日程でキャンプを行っている。

２年生時に全員参加する青島キャンプ以外に、1988年からは２、３年生の希望者による２週間程度の海洋冒険キャンプも実施してきた。2006年からは形を変え、啓明学院*と合同で中学３年生以上の希望者（高校生も参加可能）による１週間程度の海洋冒険キャンプを行っている。

【参照】Ⅱ 300

アカデミックコモンズ

Academic Commons

2013年４月にオープンした「アカデミックコモンズ（Academic Commons）」は、神戸三田キャンパス*のほぼ中心に位置する、第１グラウンドの南側半分の敷地に、２階建て約4,080㎡の建物として建設された。アカデミックコモンズは、「『学習』と『憩い』と『学生活動』の融合」をコンセプトとする、「学生の学生による学生のための生きた学びの場」である。学生、教職員、OB・OG、学外の人々との多様な出会いを通して新たな世界を開拓し、主体的に学び、探究とディスカッションを通して価値あることを創造する楽しさを知り、それを広く発信して知を共有する輪を広げる活動の拠点となる空間である。

建物の中には、２階吹き抜けで自然光を取り込み、壁のない約800㎡の「アクティブラーニングゾーン」があり、グループで課題に取り組む共同学習スペースとして利用される。学習スタイルに応じ選べるさまざまな形の可動式机、長時間座っても疲れにくい椅子を配置しており、学習空間を自由にデザインできる。学部や学年に関係なく、お互いの学びを確認しながら「学び方を学ぶ」ことができる知的創造空間となっている。

「シアター」「プレゼンテーションルーム」「クリエイティブスクエア」など、異なるスタイルの発表の空間も設けている。仲間とディスカッションし、導き出した成果を人に伝え、共有することで、より一層自分の中での理解度を高めることが期待できる。

また、アクティブラーニングゾーンに併設する形で広がる約420㎡の

「クレセントラウンジ」がある。街中のカフェショップをイメージしたつくりになっており、学習の合間のリフレッシュや学生・教職員のコミュニケーションの場となっている。さらに、床の間や日本庭園を備えた本格的な16畳の和室「新月の間」がある。お茶会や生け花などができる設備も整っており、学生同士の交流の場となっている。

アカデミックコモンズでの新たな取り組みとして、5つのフィールド（①気づき・出会い、②もの・ことづくり、③グローバルLink、④KGファン創出、⑤たて・よこ きずな）で、知的好奇心をかき立てる多彩な学生活動「プロジェクト型アクティビティ」を展開している。楽しく気軽に参加し、企画しているうちに人と人が出会い、自然に幅広い視野やコミュニケーション能力が身につくことを狙い、学生・教職員が一体となり、生きた学びの場をつくりあげている。アクティビティは、学部や部署を超えた教職員16名で構成する「アカデミックコモンズ活性化委員会」や学生たちにより、5つのフィールドの中で自主的に提案して実施する形で提供されている。

鉄筋コンクリート造、地上2階建て、延床面積4,405.17㎡（バス屋根含）、設計監理は日本設計、施工は戸田建設。

浅田彦一《あさだひこいち》 1875.11.14〜1936.7.17

『太陽』編輯兼発行人。山口県萩に生まれる。1892年9月、関西学院基督教青年会*入会。95年3月頃、関西学院普通学部*中途退学。97から1906年まで、「京都新聞」「牟婁新聞」「報知新聞」記者。浅田空花名で『冠詞活用法』（1901）、『動物園案内 動物児訓』（1902）を出版。06年博文館入館。09年1月博文館発行の『太陽』編輯兼発行人となる。14年頃、反政友会系の「市政革正記者連合」実行委員就任。17年『太陽』主筆に就任。22年主筆を辞任し、23年博文館退館。

【文献】坪谷善四郎『博文館五十年史』1937；鈴木正節『博文館『太陽』の研究』1979；『関西学院史記要』（8）2002

蘆田慶治《あしだけいじ》 慶応3＜1867＞.10.23〜1936.8.17

神学部*教授、同志社大学教授、神学者。丹波氷上郡に生まれる。1888年に大阪における南美以教会第1号受洗者としてJ.W.ランバス*から受洗。翌年、関西学院神学部に入学、病気のため97年に卒業。98年からアメリカのヴァンダビルト大学およびイェール大学に留学、M.A.を得て

1902年に卒業。帰国して母校の神学部*で組織神学、哲学などを教える。神学部では吉岡美国*に次ぐ日本人教授。09年、同志社神学校に転じ、組織神学者として名をなした。同志社に転じた理由の一つとして、アメリカ北部の自由主義神学を学んだ蘆田の立場は、アメリカ南部の保守的神学の伝統を受け継いできた初期の関西学院神学部、特に神学部を代表する恩師J. C. C. ニュートン*には受け入れられなかったことがあげられる。いわゆる高等批評によって解釈する新神学の自由主義的立場を標榜する当時の同志社神学校からの招きは、蘆田にとって魅力的であった。その後、理想主義的な自由主義の立場をとったが、60歳半ばにバルト神学に転じ、32年にバルトの『ロマ書』、翌年には若い学徒たちとともに同じくバルトの『神の言の神学』の翻訳に着手し、前者は出版に至らなかったが、後者は41年に刊行された。著書に『羅馬書講義解』(1908)がある。

【参照】Ⅰ 153【文献】中村金次編『南美宣教五十年史』1936

東《あずま》 晋《しん》太《た》郎《ろう》 1893. 1. 5～1971. 8. 13

経済学部*教授、図書館長。石川県に生まれる。1911年、神戸高等商業学校入学。15年に卒業、関西甲種商業学校教諭、市立富山商業学校教諭。17年、東京高等商業学校専攻部で福田徳三に学ぶ。20年、関西学院高等学部*商科教授に就任し、経済史および商業地理学等を担当。21年、関西学院高等商業学部*教授となり、『商光』発行に関与。23年、C. J. L. ベーツ*より受洗。26年から1年半欧米に留学。柚木重三急逝の後をうけて43年に関西学院大学商経学部*教授となり、戦後、経済学部教授となった。45年、経済学博士。43～56年、関西学院図書館長（第6代)。63年、定年退職した。

東の業績は、『近代欧州経済史』(1923) に代表されるイギリス・ヨーロッパ経済史研究と、博士論文となった『近世日本経済倫理思想史』(1944) に代表される日本儒教倫理思想史研究である。その後『近世日本の経済倫理』(1962) を公刊するなど、本庄栄治郎、野村兼太郎とともに近世経済思想研究の先駆的業績をあげた。他に『灘酒経済史料集成』(1950−51) を神崎驥一*院長*主導の下で編集出版した。

【参照】Ⅰ 353, 374；Ⅱ 136, 222, 256【文献】『経済学論究』17(2)1963；『関西学院大学経済学部五十年史』1984

アトレー，N. W.

Utley, Newton W.
1860. 5. 17〜1929. 5. 24

初代普通学部*長、チャプレン、アメリカ・南メソヂスト監督教会*宣教師。ケンタッキー州出身。関西学院憲法*の起草に関わった学院創設時の重要な人物の一人。1887年南メソヂスト監督教会*メンフィス年会で教職試補となり、刑務所のチャプレンを務める。88年に宣教師として来日し、日本で按手を受ける。91年9月まで関西学院で2年間働く。その後病気のため一時帰国。93年再来日し、南美以教会神戸部会大阪西部巡回区（circuit）で主任伝道者として伝道に従事。96年に帰国。

【参照】Ⅰ 137

天野《あまの》明弘《あきひろ》 1934. 2. 17〜2010. 3. 25

総合政策学部*長。大阪に生まれる。1956年3月、神戸大学経営学部卒業。58年3月同大学大学院経営学部研究科修士課程卒業後、同年4月同大学経営学部助手、63年ロチェスター大学にてPh. D. 取得。67年4月大阪大学社会経済研究所助教授、70年7月、神戸大学経営学部助教授就任を経て73年4月、同教授ならびに88年4月より90年3月まで同学部学部長、91年4月より93年3月まで同大学総合情報処理センター長。95年3月同大学退官、同年4月同大学名誉教授となり、関西学院大学総合政策学部*教授に就任、同時に99年3月まで同学部初代学部長として学部草創期の発展に寄与。99年4月より2002年3月まで総合教育研究室長を務めたのち同年3月定年退職。その後、04年4月より08年3月まで兵庫県立大学副学長を務める。また1999年6月より2006年3月まで（財）地球環境戦略研究機関関西研究センター所長を務める。

研究生活の前半は国際経済学、計量経済学を専門とし新古典派経済学を中心に研究、後半は環境経済学の分野においても日本におけるその浸透と発展に大きく寄与。1978年12月松永賞（社会科学部門）受賞。主な著作に『貿易と成長の理論』（1964）、『世界経済研究―発展と相互依存―』（1994）、『環境経済研究：環境と経済の統合に向けて』（2003）、『持続可能社会と市場経済システム』（2008）がある。

【文献】『総合政策研究』(40)2012

アメリカンフットボール部

関西では関西大学、同志社大学に続いて1941年に鎧球倶楽部として創部された。以後、2012年度までに関西学生リーグで最多52度の優勝を果たし、甲子園ボウル（1947年第１回～2008年第63回までは東西大学王座決定戦、2009年第64回以降は全日本大学選手権）での優勝回数も最多の25度を数える。1947年から76年にかけてはリーグ戦145連勝という金字塔を打ち立てた。

米田満がヘッドコーチ・監督として率い、1953年から甲子園ボウル４連覇を果たしたその後、武田建*がアメリカ留学によって得た戦術、用兵、チーム作り、対戦相手の分析など本場のシステムを導入し近代化を図った結果、66年から77年には同ボウル５連覇を含む８回の優勝で一時代を築いた。

試合を通して最新の技術・戦術を知らしめるだけでなく、武田が入門書・技術書を著すなど、関西学院は本場アメリカのフットボールの配電盤の役割を果たした。1996年からは関西地区を中心とした高校生対象のフットボールクリニックを、2003年からは小中学生を対象としたフットボール教室も開いている。

2007年からは、社会貢献活動の一環として、中高年のための地域スポーツクラブとしてシニアのタッチフットボールクラブを結成した。また、西宮市を中心とした兵庫県内の子供たちを対象としたタッチフットボールクラブも立ち上げた。

また、国際交流も積極的に進め、2001年にはアメリカンフットボール発祥の地とされるプリンストン大学のチームを招聘して交流戦を行った。

OBの古川明は、関西でのアメリカンフットボール隆盛の最大の功労者であり、日本アメリカンフットボール協会理事長も務めた。なお、アメリカンフットボール部のニックネームは“FIGHTERS”である。

【文献】『Fight On, Kwansei 関西学院大学アメリカンフットボール部50年史』1991；『FIGHT ON, KWANSEI：誇り高き戦士たちの65年史』2006

粟野頼之祐《あわのらいのすけ》 1896. 11. 3～1970. 8. 23

文学部*教授。兵庫県川辺郡六瀬村出身。青山学院高等部卒業後、アメリカ・オハイオ州ウエスレアン大学でB. A.、コロンビア大学大学院史学科でM. A. を取得。その後1939年までハーバード大学にて碑文およびパピルス文書などの史料にもとづく古代ヘレニズム史の研究を継続し、一時期ボストン美術館東洋部にも勤務。帰国後神戸女学院を経て、51年４月の文学部史学科開設に伴って文学部教授に就任、定年の67年まで、その充実・発展のために尽力する。50年に『出土史料によるギリシャ史の研究』を刊行、51年これにより学士院賞を受賞。

1950年より関西学院が千刈地区に校地を求めようとした際、それを積極的に推進し、現在の千刈キャンプ*、旧農村センター*、千刈カンツリー倶楽部*敷地などの取得のために努力した。また郷土史への造詣を深め、『北摂における木喰上人』(1967) なども著している。没後その蔵書は関西学院大学図書館*に栗野文庫として納められ、ヘレニズム研究における基本資料となっている。ヘレニズム時代に関する多数の論文を著すほか、『図説世界文化史体系』(1960) などにも執筆している。

【参照】Ⅱ 278【文献】『人文論究』17(4) 1967

い

E号館

社会学部*準専用の講義棟。工事計画および施工は第1教授研究館*新館と同時並行して行われ、同時期に竣工した。これらの場所は、イチョウ、クロマツ、ヤマモモ、ユリノキなどの大木からなる学内有数の樹林であったので、工事に際して樹木の

伐採を極力回避し、移植あるいは用地内に残す努力がなされた。またこれらの場所については、都市計画道路ラインが間近に走っていること、外国人住宅*10号館の取り壊しの必要、同9号館への環境的影響など、特別な配慮も求められた。その後、大学図書館*工事に伴って計画された中庭（E号館・文学部*・時計台*・社会学部に囲まれた空間）の完成により、E号館はこの中庭を中心とする新たな景観を構成する重要な要素の一つとなっている。

1994年8月竣工、鉄筋コンクリート造り陸屋根地下1階付き3階建て、延べ床面積2,701.68㎡、設計は日本設計、施工は竹中工務店・大林組共同企業体。

池内信行《いけうちのぶゆき》 1894.3.27〜1972.2.13

初代経済学部*長。兵庫県姫路市新在家に生まれる。ドイツ流の経営経

済学を基礎に、科学としての経営学の樹立に貢献した。戦前、戦後の経営学界のパイオニアの一人。厳密な科学方法論に基づく経営経済学史の開拓者。学院の学問的向上に寄与した。

1914年、東京外国語学校を卒業後、アメリカ・コロンビア大学に留学。24年、関西学院高等商業学部*教授に就任、その後、ドイツ・ベルリン大学に留学。34年、大学商経学部*設立に際して同教授となる。戦後、商経学部が経済学部として再出発するにあたり、46年、初代経済学部長を務めた。51年に商学部*分離後、商学部に転じ、64年、定年退職まで経営学を講じた。

なお、関西学院大学から旧制博士号第１号として1950年に経済学博士を授与される。また55年、第２代産業研究所*所長に就任し、調査研究の推進にも尽力した。57年初代体育会*会長就任。没後、関西学院に寄付された遺産で建てられた、第２教授研究館*の南側部分が池内記念館として残されている。主著に『経営経済学の本質』（1929）、『経営経済学序説』（1937、1939、1940）、『経営経済学の本質』（1942）、『経営経済学史』（1949）、『現代経営理論の反省』（1958）がある。馬場敬治東京大学教授と経営学の本質をめぐり、池内・馬場論争を展開した。

【参照】Ⅰ 353；Ⅱ 44, 135, 152【文献】『商学論究』11(4)1964；『東京大学経済学部五十年史』1976；『関西学院大学産業研究所六十年の回顧と展望』1995；『経営学史事典』2011

いけばな部

文化総部*発行の関西学院70周年記念誌『上ケ原*文化』（1959）には、いけばな部の名前は見られず、翌60年11月３日から開かれる恒例の記念祭プログラムに、初めて展示の部「生花クラブ」の名前が見られる。内容は、秋の花による生花と夏期合宿の際に製作した陶器の展示であった。翌年に「いけばなクラブ」、64年に「いけばな部」と名称変更している。

所属する草月流は前衛的な流派であり、外国人にも受け入れられやすく、多くの外国人教師や留学生が部活動に参加した。またその活動は学内にとどまらず、1994年には和歌山リゾート博に作品を展示した。2010年から12年には宝塚市の不登校児童支援の有償ボランティアである「宝塚ぱる」に参加した。また春の飛翔祭、秋の新月祭、冬の雪月花などで作品を展示している。

【文献】「関西学院新聞」1960. 11. 3

囲碁部

1927年、囲碁同好会から文化総部*の部として承認される。52年、津山寿一郎の「関西リーグの１部に昇格して、活躍をしよう」との強い情熱のもとで同好者数名が集まり、練習場所として西宮北口の碁会所、甲東園*の民家の座敷、関西学院短期大学*前の屋根裏などを借りながら研鑽に励み、53年秋の２部リーグで１位となり１部に昇格した。54年秋のリーグ戦で主将津山、松村良宏、阪本清士、前川計、弓場七雄のメンバーで常勝京都大学を破り優勝した。1956年春（主将阪本、前川、弓場、米谷卓治、細田佳伸）、57年（主将前川、浜田守哉、林俊宏、北川庸司、中田和秀）、58年（主将浜田、林、北川、中田、瀬野尾吉弘）に関西リーグで優勝する。57年から全国５ブロックの優勝校によるリーグ戦が始まり、57年、58年ともに全国２位となる。

1957年に個人戦の全国大会が始まり、前川、浜田、中田、池田吉行らが関西代表となる。74年に島田義邦が学生本因坊戦で準優勝、潮海二郎が88年の学生十傑戦、89年の学生名人戦で優勝、阪本寧生が2000年の学生十傑戦で優勝する。関西学院からプロの棋士として石井邦生九段（日本棋院）、浜田守哉六段（関西棋院）、島田義邦五段（関西棋院）、マイヤー智洋フランシス（関西棋院）の４名を輩出している。

【文献】『上ケ原文化』1959

石田己代治《いしだみよじ》 1901. 4. 3〜1985. 7. 2

高等部*長。香川県小豆島に生まれる。東京帝国大学理学部数学科卒業。旧制広島高等学校に勤めた後、海軍教官として終戦を迎える。1947年、関西学院のバックアップで創設された小豆島農芸学園の校長に就任。農芸学園閉校後、50年、高等部*へ数学科教師として赴任。62年から67年まで高等部長を務める。

「私学は国公立の補助機関ではない。国公立のできないことをするのでなければ存在の意味がない」と常日頃から主張し、敬虔なクリスチャンとして「公立ではできない質的により高い歪みのない人間形成の教育の可能性」を追求した。また、受験勉強から解放されている利点を生かし、基礎知識を身につけることを生徒に奨励し、視聴覚教育やLL教育の充実を図った。芸術活動、体育活動にも理解があり、陶器窯を持つ美術教室や音楽室を含む特別教室棟、学友会*クラブハウスの建築にも尽力した。

【参照】Ⅱ 33, 296【文献】『関西学院高中部百年史』1989

石本雅男《いしもとまさお》 1902. 8. 21～2003. 7. 30

旧制大学初代法学部*長。岡山市に生まれる。旧制第六高等学校卒業後、京都帝国大学法学部に入学し、民法を専攻した。1926年、卒業とともに同大学院に入学し、末川博のもとで債権法の研究に従事した。31年、京都帝国大学法学部副手に任ぜられたが、翌年の滝川事件に際して末川らと行動をともにし、辞表を提出した。当時、大学昇格を計画し、法文学部*設置を進めていた関西学院は民法学担当の助教授として招聘した。以後、田村徳治*、中島重*らとともに法学科の充実に努めた。37年、教授に昇任、戦後の46年に旧制の法文学部が法学部と文学部*に分離した際には、初代法学部長に選任された。48年10月、法学部教授を辞職し、新設の大阪大学法経学部教授に就任した。66年、大阪大学を定年退職、その後関西大学法学部教授、神戸学院大学法学部教授を歴任した。民法、とくに不法行為論、損害賠償論の分野で特筆すべき業績を次々と発表し、学界で重きをなした。84年には『無過失損害賠償責任原因論―ローマ法におけるCulpa levissimaの比較法学的研究』により日本学士院賞を受賞。主要著作には『民事責任の研究』(1948)、『不法行為論』(1950)、『過失責任と無過失責任』(1950)、『ローマ法とゲルマン法―不法行為法』(1958) などがある。

【参照】Ⅱ 101, 128【文献】『関西学院大学法学部五十年史』2000

イビー, C. S.

Eby, Charles Samuel
1845. 11. 4～1925. 12. 20

カナダ・メソヂスト教会*宣教師。カナダ・オンタリオ州ゴタリッチに生まれる。ヴィクトリア大学在学中にドイツのハレ大学にも学び、1871年、卒業し牧師の資格をとる。76年、同僚G. M. ミーチャムとともに来日。翌年、日本メソヂスト教会*の教職試補になったばかりの平岩愃保《よしやす》に勧められて山梨県巨摩郡睦合村南部で一夏英学を教えたのが機縁で甲府に招かれ、78年、甲府メソヂスト講義所を開設、後年の山梨県全県への伝道の土台を築いた。81年、東京に戻る。84年、東京・横浜宣教師会議において「日本の直接的キリスト教化

—展望・計画・成果」という講演を行い、日本における宣教戦略の重要な一環として、キリスト教関係の文化活動を行うためのホール、キリスト教主義の総合大学などの構想を提示した。イビーのキリスト教主義の総合大学（Christian University）の構想を含むヴィジョンは、当時財政的には無理なものであったが、後にカナダ・メソヂスト教会*が関西学院における南メソヂスト監督教会*との共同経営に参画していく理念の中に、この構想が色濃く反映されている。91年、東京帝国大学のある本郷に中央会堂を建築。また雑誌『クリサンセマム』を刊行し、優秀な青年を教化しようとした。94年病気で帰国、バンクーバーで伝道に従事、また短期間だが独文新聞の編集に従事した。

【参照】Ⅰ 227【文献】『甲府教会百年史』1979

今田《いまだ》 寛《ひろし》 1934.5.30～

学長*、文学部*教授。兵庫県西宮市に生れる。父親はわが国における心理学研究のパイオニアで、院長*、理事長*を務めた今田恵*文学部教授。関西学院の新制中学部*1期生として入学、高等部*を経て文学部心理学科で今田恵と同じ研究を始める。大学院*在学中に助手に就任し、その期間中にフルブライト留学生としてアメリカ・アイオワ大学で研究しPh. D.を取得、1964年心理学科専任講師に就任、助教授を経て74年に教授となった。77年には関西学院大学からも文学博士を取得。『恐怖と不安』（1975）、『学習の心理学』（1996）などを著すとともに、今田恵が翻訳した岩波文庫版『ジェームズ心理学』を改訳するなど、心理学界で活躍している。86年から4年間学長代理、91年から2年間文学部長、その間に学院理事に就任、97年に学長に選出され2002年まで2期5年務めた。関西学院大学退任後は、広島女学院大学学長に就任し2010年まで務めた。

【文献】今田寛『目に見えないもの 言葉にならないもの』2003；『関西学院大学心理学研究室80年史 1923～2003：今田恵の定礎に立って』2012

今田《いまだ》 恵《めぐみ》 1894.8.26～1970.11.25

第6代院長*、理事長*、文学部*・法文学部*教授。山口県三田尻（防府市）に生まれる。1917年、関西学院神学部*卒業後、カナダ・メソヂスト教会*系の牧師を兼ねながら東京

帝国大学文学部心理学科を22年に卒業した。その年に関西学院の文学部教授に迎えられ、ハミル館*に心理学研究室を開設。56年、文学博士。65年の定年まで一貫して関西学院の研究と教育のレベルを、特に心理学を通じて引き上げることに努めた。29年からアメリカ、イギリスに留学、34年、大学法文学部開設にあたり教授となり、40年、H. W. アウターブリッヂ*学部長の帰国に伴って法文学部長に就任。戦時中には教務部長を兼務して神崎驥一*院長・学長*を助けた。戦後の46年に法文学部から分離した文学部の部長となり、学部の独立と再建に当たった。50年、初めて公選によって第6代院長に選任され1期4年在任。54年にアウターブリッヂ院長就任に伴って理事長を60年まで務め、社会学、理学部の設置に尽力した。その後、理事として学院に終生を捧げた。

W. ジェームズ（William James）の心理学を日本に紹介・研究したことによって知られ、戦前に発行された岩波文庫の翻訳書『心理学』は長く版を重ねた。その他、『心理学』（1952）、『現代の心理学』（1958）、『心理学史』（1971）などがある。

【参照】Ⅱ 52【文献】『人文論究』15（4）1965；今田恵『人間理解と心理学』1967；今田幾代『残照』1979

岩橋武夫《いわはしたけお》 1898. 3. 16～1954. 10. 28

日本ライトハウス理事長。大阪市に生まれる。父の事業を継ぐために早稲田大学採礦冶金科に入学したが、1917年発病し、突如失明。苦悩の末、死を覚悟する中で母の愛に触れ、聖書を通してキリスト教の信仰に導かれる。19年春、関西学院高等学部*文科に入学、英文学を専攻。23年、卒業して大阪市立盲学校教諭となるが、C. J. L. ベーツ*院長*の助言もあり、25年、妻とともに渡英、エディンバラ大学に留学。27年、M. A. の学位を取得。帰国後、28年から44年まで母校関西学院の講師、教授を務めた。特にJ. ミルトンの『失楽園』の研究に秀でていた。渡英中に接したイギリスの視覚障がい者福祉施設に刺激され、33年、大阪盲人協会会長となり、35年、日本ライトハウスを大阪に設立して理事長となる。2回の渡米中、ヘレン・ケラーと親交を結び、彼女の伝記、著書などを邦訳して広く紹介した。ケラーも再三にわたる来日を通して日本の視覚障がい者事業のために尽力した。著書に『失楽園の詩的形而上学』（1933）、

『光は闇より』(1947) などがある。

なお岩橋死去に伴い日本ライトハウス理事長を継いだ息子の英行は、1950年、関西学院大学文学部*卒業後、その志を継ぎ、日本のみならず世界、特にアジアの視覚障がい者福祉の前進に貢献し、1984年に死去した。

【参照】I 397【文献】関宏之『岩橋武夫—義務ゆえの道行』1983

院主

「私立関西学院規則」(1889) で定められた役員の一つとして院長*、教頭の上に置かれた役職。その仕事は「本学院諸般ヲ総管スル事、学資金収入支出ノ予算ヲ決定施行シ及ヒ決算報告スル事、学資金保管及ビ利殖ノ方法ヲ設クル事、院長教員ヲ雇入或ハ之ヲ解雇スル事、院長以下ノ勤惰ヲ監督スル事」と定められているように、現在の学校法人*理事長*職であった。しかし、関西学院の設立者となり、初代院主兼幹事兼教師となった中村平三郎*によれば、日本人の設立者しか認められなかった当時にあって「日本政府にさまざまな書類を提出し、必要であれば役所に出かけ、役人と会う。また学校の利益のために、実際には、院長と教頭の指示に従って、教師や職員と交渉し、雇い入れる」仕事であった。

1893年、第2代院長に就任した吉岡美国*は、設立者および院主を兼務した。

【参照】I 102, 159

院長

関西学院草創期の憲法 (Constitution, 1892) 第5款は、院長の職務 (Duties of the President) に関して「教育的営為の全般を監督 (preside over) し、学院 (Institution) を公に代表 (represent) する」と規定している。民法施行 (1898) により学院が公益法人化の道をたどる中で設置された社団 (1910) および財団法人 (1931)、学校法人* (1951) の寄附行為においても、院長を中心とする理事会体制の主旨が明記されているが、戦後の学制改革で学校法人に改組転換した際に理事会が決定した関西学院寄附行為は、第7条で「院長は……本法人の設置する学校の一切の校務を総理し、この法人を代表する」とする一方で、同条3項で「理事長*は、この法人の事務を統括し」、同じく「この法人を代表する」と規定している。

理事長と院長の職務を分けながら、両者がともに法人を代表するという齟齬は、私立学校法に基づいて理事長の経営責任を明確にしようとする意図と、「建学の精神*」を堅持すべくキリスト者条項*のついた院長職を重視する基本方針との法規上の整合性を欠いた規定であったため、後々問題を残した。ことに大学紛争時の学長代行提案*（1969）を契機に、圧倒的に比重の大きくなった学長*の権限や院長職存廃の問題も含めて広範な議論が重ねられた。

しかし、理事長・院長制の時期（1974–89）を挟んでの紆余曲折を経て、1996年7月12日、理事会が決定した現行の寄附行為第5条は、公選制による院長職を以下のごとく規定している。すなわち、「前条に掲げる学校全般を関西学院と称し、この学院に関西学院長を置く。関西学院長は建学の精神*に則り、キリスト教主義に基づく教育を推進するに当たり関西学院を統理する」。そして理事長については第8条で「この寄附行為に規定する職務を行い、この法人の事務を総括し、この法人を代表する」と定めている。

なお、1920年以後39年まで副院長の職制が設けられ、また大学紛争時、院長の公選実施が困難な状況下で、4年間、院長代行制が敷かれた。名誉院長の称号はこれまで吉岡美国*、C. J. L. ベーツ*、小宮孝*に贈られている。

【参照】Ⅰ 102, 127, 265, 525；Ⅱ 36, 60, 358, 489【文献】山本栄一「関西学院の歴史に学ぶ—その新しい歴史像（2）—キリスト教主義学校関西学院の経営—とくに院長職をめぐって」『KGキリスト教フォーラム』(10) 1998

インド親善訪問旅行

1980年、中学部*の礼拝において、アジア友の会の一員であった高等部*教諭芝川又美が、インドの貧しい村では乾季に井戸が枯渇することが多く、そのような村々のために、科学的に水脈を割り出して深い井戸を掘る作業をアジア友の会が中心となって行っている、という話をした。それを聞いた生徒たちから「アジア友の会に献金を送ろう」という声が起こり、その後高等部と合同で数年の間に井戸6基分の献金を送った。その献金によって完成した井戸には、“Built in Cooperation with Kwansei Gakuin”というプレートがはめられている。

1982年、高中部長*であった小林宏*がインドを表敬訪問した折、若い生徒たちにもインドの生活を体験させたいとの願いを持ったが、ときを同じくして、“Kwansei Gakuin”のプレートがはめられた井戸を見たい、という声が中学部生徒会から上がってきた。そして、インド総領事館、関西学院大学に短期留学中のインド人学者、アジア友の会、インド航空に勤務している中学部卒業生、インド在住経験者など多くの人々の協力を得て、83年に第1回インド親善訪問旅行が実施されるに至った。第1回の訪問団は生徒36名、引率教師4名、看護師1名であった。

その後毎年親善訪問旅行は実施され、1986年にはニューデリーにあるモダンスクール・バサント・ビハール校（Modern School Vasant Vihar）と姉妹校*提携を結び、87年からは、村々の訪問や観光中心であったプログラムに、同校生徒宅での週末ホームステイのプログラムも加わった。また、93年から97年の訪問団は幸運にもマザー・テレサと面会することができた。

2004年からは、バサント・ビハール校の生徒が日本を訪問するようになり、相互交流が可能になった。同校生徒たちが中学部生徒宅にホームステイし、日本の生活を体験するプログラムとともに、当時のバサント・ビハール校校長の強い願いであった広島原爆資料館の訪問は毎年続いている。

アメリカへの無差別テロ、SARS騒動、新型インフルエンザ騒動などで過去3回訪問旅行は中止されたが、2013年現在で訪問旅行は28回を数え、この交流でインドを訪問した中学部生徒は694名、また日本を訪問したインド人生徒は109名にのぼっている。

う

上ケ原

西宮市甲山《かぶとやま》南東に広がる仁川*の扇状地として形成された台地上の地域。元来水利的に不利な地勢で江戸時代前期に仁川からの取水などを通じて新田が開発された。1921年、阪神急行電鉄西宝線（現、阪急電鉄今津線）の開通によって住宅地としての発展を見せるようになったが、29年に関西学院がここに移転して以後、東南部一帯には32年に神戸女子神学校（後の聖和大学、現、関西学院西宮聖和キャンパス）、33年に神戸女学院なども移り、東京都国立市に続いて第一種文教地区の指定を受け、上ケ原文教地区を形成している。

上ケ原移転

1919年から始まった関西学院の大学昇格運動*は大学設置（2学部）に必要な供託金60万円の捻出で行き詰まったが、24年にキャンパスの移転が具体的化した。加えて、当時の原田の森*キャンパス周辺は市街地化が進行し、もはやキャンパスとしてふさわしいものではなくなってきたことも移転の一因であった。しかし、創立以来40年を経た原田の森キャンパスの移転に対しては、創立者の建学の精神*とその発祥地を守るべきだとする主張があり、また神戸市出身の生徒が多かった中学部*の移転は学校経営にとって大きな不安材料でもあった。中学部だけでも原田の森*キャンパスにとどまることが神の御旨であるという意見もあり、27年9月の理事会まで、中学部の移転を決定することはできなかった。

このような状況の中で新キャンパスの有力候補として挙がったのは、神戸大学が現在ある六甲台と上ケ原であった。当時の神戸市長黒瀬弘志は、関西学院が神戸の地から離れることを懸念し、六甲台を推していた。一方、上ケ原を斡旋したのは、高等商業学部*教授菊池七郎*の知人で実業家の河鰭節《かわばたみさお》であった。上ケ原は、阪神急行電鉄（現、阪急電鉄）の開発予定地となっていた。当初、理事会は六甲台購入を検討していたが、六甲台移転の場合には、阪神急行電鉄専務小林一三*に原田の森キャンパスを購入する意思がないことが明らかになった。三宮への阪神急行電鉄乗り入れを企図していた小林は、原田の森キャンパスを神戸市に寄贈することを考慮していたからである。

1925年夏、菊池七郎*、高等商業学部長神崎驥一*、文学部*長H. F. ウッズウォース*、理事H. W. アウターブリッヂ*らが上ケ原を下見した。この間、学内では種々の計画が練られる一方、神崎と小林との間で交渉が続けられた。27年5月の臨時理事会で、2万6,700坪（約8万8,110㎡）の原田の森キャンパスの売却と7万坪（約23万1,000㎡）の上ケ原の土地購入が決定された。この売買に際して、神崎と小林は直接交渉し、28年2月になって販売価格320万円、購入価格55万円の条件で正式に契約を交わした。

1928年2月には上ケ原キャンパス*の起工式が執行され、29年2月よりトラック、牛馬車で移転を開始し、予定どおり3月31日に完了した。

【参照】Ⅰ 436【文献】「関西学院新聞」1927.5.30

上ケ原キャンパス

関西学院の大学昇格の動きに伴って、1928年に原田の森*キャンパス2万6,700坪（約88,110㎡）を320万円で譲渡し、阪神急行電鉄株式会社の仲介によって当時の兵庫県武庫郡甲東村*上ケ原*に7万坪（約23万1,000㎡）を55万円で取得し、そこに総工費161万7,000円で校舎、グラウンドなどが整備された。新キャンパスの全体および各校舎の設計はW. M. ヴォーリズ*が主宰するヴォーリズ建築事務所、施工は竹中工務店で、同年2月に起工、ちょうど1年後の29年2月に完成し、創立40周年にあたるその年の9月28日に新キャンパス落成祝賀式が行われた。

キャンパスは甲山山麓の上ケ原*台地に展開し、甲山頂上の三角点と通称芝川通り（現、学園花通り）の中心線とを結ぶ直線を軸線に定め、正門*、中央芝生*、時計台*頂点をその線上に位置づけた。その線の右手に宗教館、神学部*、文学部*（後に大学法文学部*）など理念的な意味を担う建物を、左手に学院本部*、中央講堂*、高等商業学部*（後に大学商経学部*）など実学的な意味を担う建物を配置し、完全な対称を若干崩す形で設計され、スパニッシュ・

ミッション・スタイル*によって統一感が与えられた。さらに左手奥には中学部*、学生寄宿舎*、右手には宣教師館、日本人住宅などが整えられた。このキャンパスは果樹園から連なる公園的な開放感を持ち、C. J. L. ベーツ*院長*は“We have no fences.”という言葉によってこのキャンパスを評した。

上ケ原キャンパスは基本的に1929年の基本設計を活かしながら、学院の拡充・拡大とともに法人、大学、高等部*、中学部*などの各関連施設が相次いで増築され、関西学院メインキャンパスを形成している。

上ケ原キャンパスの野鳥

上ケ原キャンパス*でもっともよく見られる野鳥は、市街地に密着して生きているハシブトガラス、ハシボソガラス、スズメ、キジバト、ヒヨドリなどである。しかし、人影の少ない早朝などによく観察すれば、さまざまな林縁性の野鳥や渡り途中で羽を休める野鳥を見ることができる。それらは種ごとにキャンパス内の多様な地形や環境の中で棲み分けている。

以下に比較的よく見られる（聞かれる）場所別に種名を示す。

各所の中低木：シジュウカラ・ヒガラ・ヤマガラ・エナガ・コゲラ・メジロ・ルリビタキ・アオジ・カワラヒワ・イカル（以上、留鳥）。ジョウビタキ・シロハラ・カシラダカ（以上、冬鳥）。

見晴らしのききそうな木の頂や枝先：ホオジロ（留鳥）。

暗い下藪：ウグイス・コジュケイ（以上、留鳥）。

新月池など水系周辺：コサギ・ダイサギ・アオサギ・ササゴイ・カルガモ・カイツブリ・キセキレイ・ハクセキレイ・セグロセキレイ・カワセミ（以上、留鳥）、マガモ（冬鳥）。

中央芝生*周辺：ムクドリ（留鳥）・ツグミ（冬鳥）。

上空通過：トビ・ミサゴ（以上、留鳥）・ツバメ・アマツバメ・ショウドウツバメ・コシアカツバメ・イワツバメ・サシバ・ハチクマ（以上、夏鳥）。

なお、留鳥には、キャンパスおよび甲山周辺で繁殖が考えられるもの、周辺以外で繁殖し、春・秋の移動の時に観察されるもの、日本北部で繁殖し、上ケ原キャンパス*では冬に見られるものを含んでいる。

ウエスレー，J.

Wesley, John
1703. 6. 17〜1791. 3. 2

イギリスにおけるメソジスト*運動の始祖。父サムエル、母スザンナの15子としてリンカンシア・エプワースの牧師館で生まれる。パブリックスクールの名門チャーターハウスを経て、1724年にオックスフォード大学クライスト・チャーチ・カレッジを卒業（B. A.）。

その後リンカーン・カレッジのフェローに選ばれ、1727年M. A.を取得、テューターとしてギリシャ語を教え、弟チャールズと組んで学生有志によるHoly Club（神聖クラブ）の指導に当たる。35年、アメリカ・ジョージア伝道に赴くが、挫折し帰国。38年5月24日の夜、ロンドン・アルダスゲート街のモラヴィア派（ドイツ敬虔主義の流れを汲む兄弟団）系の集会で、聖霊の感化により「福音的」回心を体験する。彼の「義認を内に含む聖化」の神学はついに「キリスト者の完全」という提唱に結実したが、39年4月、盟友ホイットフィールドの勧めで行ったブリストルでの野外説教を起点とするメソヂスト信仰復興運動は英国国教会を揺さぶり、新大陸アメリカで飛躍的な展開を遂げた。説教、論文、日誌、書簡を含む決定版『ウエスレー著作集』全35巻が刊行されている。

W. R. ランバス*による関西学院の創立は個人の企てではなく、ウエスレーの流れを汲むアメリカ・南メソヂスト監督教会*のミッションを遂行するためであった。

【参照】Ⅰ 10, 31, 40, 115, 389【文献】山内一郎『メソジズムの源流：ウェスレー生誕三〇〇年を記念して』2003

ウェンライト，S. H.

Wainright, Samuel Hayman
1863. 4. 15～1950. 12. 7

普通学部*長、アメリカ・南メソヂスト監督教会*宣教師。アメリカ・イリノイ州コロンバスに生まれる。来日まではミズーリ州で医師として働き、1888年、南メソヂスト監督教会*ミズーリ年会から大分に開拓伝道のために派遣された。このウェンライトの大分招聘の仲介者は慶應義塾から派遣され、県の学務課長であった後の塾長鎌田栄吉であった。翌年の大晦日にW. R. ランバス*、吉岡美国*などが彼を訪ね祈祷会をしていた時、霊的な体験を共有した。この体験を通じて大分リバイバル*が起こり、そこから釘宮辰生*、柳原浪夫、柳原直人などが献身を決意するなどの運動に結びついた。

1891年、W. R. ランバスがアメリカに帰国、同年9月にN. W. アトレー*が関西学院普通学部長を退任した後、後任として学院に迎えられ、1906年までその職にあった。その間、学院の礼拝主事も兼任している。02年にはナッシュビルを訪れて学院における高等教育課程設立のために5万ドルの募金活動を展開し、やがて最初の原田校地東隣の官林購入の可能性を開き、また、J. P. ブランチ（John Patteson Branch, 1830－1915）をランバスとともに訪ね、新チャペル建築（ブランチ・メモリアル・チャペル*）のための資金協力を得ている。その後、アメリカに帰国し、セントルイス教会での牧会を行っていたが、10年に学院同窓の中からウェンライト再派遣請願運動が起こり、本人も同意したものの、結局、監督の認めるところとならなかった。

後に再来日し日本基督教興文協会、教文館の発展に尽くし、1912年から晩年までその総主事の地位にあった。東京銀座教文館ビル9階にはウェンライトの働きを記念したウェンライトホールが設けられている。日本の文芸への理解も深く、短歌集なども発行している。著書に『プロテスタント基督教の原理』(1937) がある。

【参照】 I 159, 281, 261, 301【文献】村上謙介『ウェンライト博士傳』1940;井上琢智「鎌田栄吉の経済学史:慶應義塾における経済学教育」『経済学論究』67(1) 2013

ヴォーリズ, W. M.

Vories, William Merrel
1880. 10. 28〜1964. 5. 7

理事、建築家。アメリカ・カンザス州に生まれる。コロラド・カレッジ卒業。1902年にカナダ・トロントでの海外学生伝道奉仕団総会に出席して海外宣教への決意を固め、YMCAの紹介により1905年2月に来日、近江八幡商業高校で教鞭を取った。しかしその熱心なキリスト教宣教活動のため解職、自給宣教師としての働きを開始した。その基盤として近江ミッション(後の近江兄弟社)を設立、メンソレータムなどの医薬品の製造販売、近江兄弟社学園を通じての教育事業など多方面の事業を展開した。

1908年、ヴォーリズは建築設計監督事務所を開き、いわゆるアマチュア建築家としての活動をはじめている。その2年後、アメリカ人建築技師L. G. チェーピンを加えてヴォーリズ合名会社(後のW. M. ヴォーリズ*建築事務所)を設立した。

関西学院との関わりは、来日直後に原田の森*のキャンパスで開かれた学生YMCAの会合が最初であったが、1910年、17年の建築基本計画に従って神学館、普通学部*、文学部*、高等商業学部*、中央講堂*、さらにハミル館*など主要な校舎を設計、建築した。上ケ原移転*に際しては、甲山山頂と時計台*、中央芝生*、正門*、そしてキャンパス前に広がる芝川農園を抜ける道路を結ぶ直線をはさんでほぼ対称的に配置されるキャンパスの全体設計、またスパニッシュ・ミッション・スタイル*を基調とする各校舎のデザインなど、現在の関西学院の景観の基本を定めた。

1941年に日本に帰化し一柳《ひとつやなぎ》米《め》来《れ》留《る》と改名。ほかに同志社、神戸女学院などの学校建築、大阪教会、旧神戸ユニオン教会などの教会建築、大阪大丸心斎橋店などの商業建築、さらに個人の住宅なども手がけている。著書に『吾家の設計』(1923)、『吾家の設備』(1924)、『失敗者の自叙伝』(1960) など。

【参照】 I 304, 447【文献】山田プランニング編『「日本人を越えたニホンジン」ウィリアム・メレル・ヴォーリズ』写真集 1998

鵜崎庚午郎《うざきこうごろう》 明治3＜1870＞. 3. 17〜1930. 4. 3

日本メソヂスト教会*第3代監督。姫路藩士の家に生まれる。1886年、小学校補助教員時代にパルモア学院*に通い、翌年W. R. ランバス*の感化によって受洗。アメリカ・南メソヂスト監督教会*の初穂となり、88年、東京青山のフィランデル・スミス・メソヂスト一致神学校*に入学したが、翌年神戸に創設された関西学院神学部*に移籍し、91年、第1期生として卒業。神戸美以教会、大阪東部（現、東梅田）教会で伝道・牧会に当たった後、アメリカ・ヴァンダビルト大学に留学。1901年に帰国して京都教会在任中、第三高等学校教授を兼任、関西学院神学部では実践神学の講義を担当した。07年、メソヂスト教会の3派合同後上京、教会機関紙『護教』の主筆、伝道局長、青山学院神学部教授、鎮西学院院長を歴任し、19年、日本メソヂスト教会*第3代監督に推挙され、3期務める。その間、日本基督教会同盟会長など要職を担い、わが国におけるキリスト教界の指導者、スポークスマンとして国際舞台でも活躍した。

【参照】 I 145, 151

内村鑑三《うちむらかんぞう》 万延2＜1861＞. 2. 13〜1930. 3. 28

明治・大正期のキリスト伝道者、思想家。江戸に生まれる。キリスト教解禁の1873年、赤坂の有馬英学校入学。74年、東京外国語学校英語学下等第四級に編入。77年、札幌農学校第2期生として入学、W. S. クラークが前年に残した「イエスを信ずる者の契約」に1期生佐藤昌介らとともに署名。78年、メソヂスト監督教会*のM. C. ハリスにより受洗。81年、主席で卒業後、開拓使御用掛となり、農商務省水産課に勤務。84年渡米、エルウィンの精神薄弱児養護施設の看護人となる。85年、アマースト大学編入、J. H. シーリー学長の指導で、回心を体験、福音主義信仰に立つ。アマースト大学卒業の87年にハートフォード神学大学に入学。同校を退学し、88年に帰国、北越学館（館主、加藤勝弥）に就職。90年、第一高等中学校嘱託教員となるが、91年、不敬事件のため依願免職。92年、同志社出身の宮川経輝の泰西学館の教員となる。93年4月、泰西学館を辞し、熊本英学校に赴任。同年7月、京都に移住。95年、『余は如何にして基督教徒となりし乎』を英文で刊行。96年、名古屋英和学校の教師となる。1900年、『聖書之研究』を創刊。日露戦争で非戦論を唱え、足尾鉱毒事件でも講演その他で活躍した。『内村鑑三全集』がある。

1893年10月6日、「如何ニシテ自己ノ天職ヲ知ルベキ乎」を関西学院基督教青年会*（委員長蘆田慶治*、礼拝委員釘宮辰生*）で講演。以後、96年に開催された青年会の夏期講習会で原田助、海老名弾正、宮川経輝らとともに「地理学研究の方法、歴史学研究の方法、伝記学研究の方法、基督教人生観、基督教宇宙観」をテーマとする講演を行った。

鑑三の末弟順也は、1893年、開成中学校に入学、鑑三の薦めで97年に関西学院普通学部*に入学し、グリークラブ*に所属。99年、畑歓三*、柴田勝衛とともに普通学部*第7回卒業生となった。1900年、東京陸軍砲兵工廠に就職。08年3月渡米。19年12月に帰国し、21年から39年まで関西学院中学部*英語担当教員。40年にはその嘱託となる。

【参照】Ⅰ 21,133,174【文献】和田洋一「内村鑑三、その弟妹、そして私」『キリスト教社会問題研究』(5)1961；小原信『内村鑑三の生涯』1992；鈴木範久『内村鑑三日録』(1-12)1992-99；『関西学院史紀要』(7)2001

ウッズウォース，H.F.

Woodsworth, Harold Frederick
1883.11.15～1939.2.6

高等学部*長。カナダ・メソヂスト教会*宣教師。カナダ・マニトバ州ポーテジ・ラ・プレイリーに生まれる。父はメソヂスト教会牧師。ヴィクトリア大学卒業後、アメリカ・コロンビア大学でM.A.取得。1908年にYMCAの英語教師として来日、長崎市立商業高校、鹿児島県第七高等学校などで教えた後、帰国。11年に宣教師として再来日し東京に赴任。13年、関西学院に着任し、12年に開設された高等学部*文科において英文学を講じる。20年2月から高等学部長に就任、同学部が文学部*と高等商業学部*に分離された22年に初代文学部長に就任した。さらに34年の大学昇格後は法文学部長となるなど、学院の教育・経営の中枢的な役割を担った。36年にはヴィクトリア大学より名誉神学博士号を授与され、神戸商業大学講師や京都帝国大学でも講義を担当するなど、その働きは学院外にまで及んだが、39年2月6日に脳溢血のため急逝、2月9日に学院葬が行われた後、東京青山墓地に埋葬された。

【参照】Ⅰ 366【文献】*In Memoriam Harold Frederick Woodsworth D. D.* 1952

え

映画研究部

1924年、映画全盛時代の波にのり、清水節二が発起人となり映画研究会が創部された。指導顧問に松沢兼人*教授を迎え、発足当時の部員のほとんどは文学部*の学生であった。第1回上映会「映画の夕」が中央講堂*で開催され、『嵐の国のテス』『巨人大望』を上映。32年には機関誌『映光』がスタートし、学生の映画を見る眼を高めるべく合評会や座談会が頻繁に行われた。

このように、あふれる知性と行動力をつめ込んで動き出した映画研究会は、映画に対する世間の関心の浮き沈みに翻弄されながらも、戦後『関学ドキュメント』(1949) をはじめ多くの自主制作映画を作っている。1995年の阪神・淡路大震災*では所蔵フィルムの破損や活動記録の散逸といった被害を受けたが、その後21世紀の幕開けとともに機関誌『P. P. N.』の定期的な発行、合評会や上映会といった活動を行っている。

英語研究部(E. S. S.)

英語研究部の起源は、1896年の英語会設立にさかのぼる。英語会は神学部*、普通学部*の学生全員を会員とし、英語の研鑽に努め、「英語の関学」の礎となった。初代の顧問は吉岡美国*院長*。私塾的な雰囲気の中で外国人宣教師の力添えは大きく、日本大学専門学校英語会連盟大会(英語弁論大会)で1926年から3年連続で山口清、桑原義雄、宮川富雄が全国優勝している。

戦後はトミー植松が1950年に第4回マッカーサー杯(毎日杯)全国学生英語弁論大会で初優勝した。その後の優勝者に、林明男(1952)、吉岡浩一(1959)、山田紘一(1961)、平井昭(1962)、松本寛(1965)、横関雄彦(1966)、正木浩三(1975)、陳朋秋(1979)、大野浩司(1988)がおり、計10回の優勝は他大学E. S. S. の追随を許さない記録である。近年では、2010年に藤井達貴がJ. U. E. L. 杯争奪全日本英語弁論大会で優勝した。

E. S. S. は雄弁家として名高い英国の首相、W. L. S. チャーチルの許可を得、1958年以降毎年、高校生を対象に「チャーチル杯」争奪全日本高等学校生英語弁論大会を開いている。2012年に英国ケンブリッジ大学チャーチルカレッジ・アーカイブセンターで、E.S.S.とチャーチルの間で交わされた往復書簡20通の写しが発見され、許可を得るまでの経緯が明らかになった。翌13年にはチャーチルからの許可の手紙の原本が、加藤秀次郎*院長*の子息宅で発見され、学院に寄贈された。

現在、活動は全体活動とセクション活動の2つに大別され、「価値ある世界市民」(Worthy Citizens of the World)を目標に、部員はスピーチ、ディベート、ディスカッション、シンポジウムの4つセクションに分かれて活動を行っている。昼休みには日本庭園*に集まり、留学生や外国人を交えながら英語で話し、会話力の向上を目指している。

【文献】*Past and Present 1896–1962* 1962;『関西学院大学英語研究部(E.S.S.)100年史』1998;『関西学院大学E.S.S.ディスカッション・セクションKING40年史』2007;Takaaki Kanzaki, *How the Churchill Trophy Came to the World* 2013

H号館

「西宮上ケ原キャンパス*北西部整備計画」は、狭隘化した第1教授研究館*の建て替え、経年劣化した社会学部校舎*の建て替え、さらに全学の教室不足の解消およびさまざまな学生活動のためのスペース確保を目的とした全学共用教室・ラウンジ棟(H号館)の建設を、キャンパス北西部土地利用において連動的に実現させようとするものであった。2009年12月から始まった4年余りの工期全体の中で、H号館の建設は12年秋から旧社会学部校舎跡地を用いて社会学部校舎2期工事と同時に実施され、14年2月末にはこれらすべてが完成し、3月に竣工した。

同じ場所に建てられたH号館と社会学部校舎の建物群全体の建築様式としてはスパニッシュ・ミッション・スタイル*が用いられ、H号館と社会学部校舎の間にはシンボリックな空間としてのギャラリー(回廊)が設けられた。H号館南側前景には、南側大学図書館*との距離がないため、1階にスパニッシュ・ミッション・スタイル様式の一つであるコリドールが設けられ、圧迫感

を和らげる工夫がなされた。

H号館内部には、大教室が2室、小教室が4室と学生の自主的な学習活動の場として「ラーニングコモンズ」が1階と2階に設けられ、飲食店舗の入った「ラウンジ」、学生同士の話し合いや打ち合わせのための「CReatE 1」、グループで発表準備や資料作成を行える「CReatE 2」という3つのゾーンに分けられた。これらの共同学習スペースでは、可動式の机と椅子、ホワイトボード、AVモニター常設の固定座席、会話を促進するソファーなど、備品についても工夫と充実が図られた。また地下1階には、蔵書が100万冊まで収容可能な機械式の大学図書館書庫と大学博物館*収蔵庫が設置された。

鉄筋コンクリート造一部鉄骨造、地下1階、地上3階建てで、H号館と社会学部校舎を合わせた延床面積は11,728.54㎡。建物の設計・監理は日本設計、施工は竹中工務店。

A・B・C号館

上ケ原キャンパス*では戦後に建てられた別館棟の名称には、第1別館〜第5別館*のように数字が付されたが、成全寮*、静修寮*、寮食堂*、啓明寮*の跡地に新たに建てられた講義棟の名称には、A号館・B号館・C号館のようにアルファベットが付されている。A・B・C号館はいずれも創立100周年にあたる1989年に完成した。取り壊された別館と比べれば、A・B・C号館には、快適さの向上、AV機器の充実、建物の高層化など、機能・設備・建築の各方面で大きな発展が見られる。A号館は法学部*準専用棟、B号館は全学部共用棟、C号館は経済学部*準専用棟である。またA・B・C号館、法学部校舎、大学図書館*によって囲まれたオープンスペースの景観は、中央芝生*を中心としたランドスケープに比肩するものといえよう。

1989年4月竣工。A号館は鉄筋コンクリート造り陸屋根地下1階付き5階建て、延べ床面積3,427.16㎡。B号館は鉄骨（一部）鉄筋コンクリート造り陸屋根地下1階付き4階建て、延べ床面積6,820.38㎡、C号館は鉄筋コンクリート造り陸屋根地下1階付き5階建て、延べ床面積3,210.87㎡。設計は日本設計、施工は竹中工務店。

【参照】Ⅱ 539

英文科 （短期大学　1950–1957）

1946年に戦前の専門学校の改編が行われ、関西学院専門学校文学専門部が開設され、それまでの英文科と社会科を人文科と改めて２科を設けて、46、47年と学生募集が行われた。しかし新制大学の設置に伴い48年には学生募集を停止し、その教育を新制大学に委託した。その際に神崎驥一*院長*の提唱するジュニア・カレッジ構想や新学制による旧専門学校制度の廃止により、学院内での組織改編の検討が進み、49年文部省により短期大学*の設置が認められたことを受けて、それまでの文学専門部は短期大学英文科へと組織的に継承され50年４月、関西学院短期大学が開設された。

英文科においては、もっぱら実用的な英語を課し、文化事業などの知識技能を授けるとともに、文化的教養ある人材を養成するものとされた。新しく短期大学のための校舎（後の大学本館、現、大学院*１号館として建て替え）が建設され、最初の英文科長は加藤秀次郎*商科長が兼任し、英文科最初の入学生は女子８名を含む99名であった。英文科では1951年度より教職課程が設置され、その課程を履修する者は一般教育科目・専門科目に重点を置き、それ以外の学生は選択科目の幅を広げた形で専門科目に重点を置いた教育がなされた。開設後４年目にして女子学生が入学者の３分の１を超えたが、これは当時の短期大学が一般的に女子教育機関として理解されていたことを反映するものでもあった。さらにこの年、短期大学卒業生のために英語専攻をもつ修業年限１年の専攻科も設けられた。

しかし、短期大学卒業生の進路選択が徐々に難しくなり、さらに関西学院では短期大学卒業生に大学３年次への編入が認められることもあって短期大学の存在理由が薄れた。1956年に学生募集を停止し、57年３月、最後の卒業式を挙行、少数の残留生と58年３月まで開講される専攻科学生が残った。短期大学が完全に廃止されたのは58年で、英文科教員は大学文学部*などに移籍した。

【参照】Ⅱ 173

エコファーム

「神戸三田キャンパス*第２期整備計画」の開始を機に、安保則夫総合政策学部*長の発案により1999年10月、同キャンパスに設置された環境配慮型農業の実践体験の場。「自然と人間の共生、人間と人間の共生」という総合政策学部*の基本理念のもと、総合政策学部における教育研究活動の一環として環境教育支援に寄与するとともに、学生・教職員の自主参加・自主運営に基づいた新しいキャンパスライフの創造を目指したものである。運営に当たって「エコファーム管理運営委員会」が組織され、専任教員が直接指導に当たることで学部における実習やフィールドワークとの連携が企図された。

当初、総面積740㎡の中に10区画（1区画48㎡）が用意されたが、アルカリ性の強い硬い土壌の開墾に相当の困難を伴ったため、2000年3月に全面的に客土を搬入し土質を改良するとともに、堆肥置き場や散水設備等の支援設備の整備がなされた。また、01年理学部（現、理工学部*）の神戸三田キャンパスへの移転に伴い、神戸三田キャンパスに集うすべての学生・教職員に開放され、エコファームでの作業を通じた総合政策学部と理工学部の交流にも大いに寄与することになる。

2013年5月には、理工学部の新学科増設に伴う駐車場拡張の必要性から、Ⅴ号館とゴルフ練習場の間にある植木仮置き場にエコファームを移転することとなった。旧エコファームの豊饒な土を一部搬入したものの、また新たな土づくり・畑づくりから出発することになった。総面積約1,500㎡。教室棟により近くなったこともあり、学生・教職員の利用が拡大し、13年9月現在16区画、計800㎡が活用されている。

江原素六《えばらそろく》 天保13<1842>.1.29～1922.5.20

理事。江戸角筈《つのはず》の幕府小普請役の家に生まれる。倒幕運動の際、幕臣として逃れて静岡に落ち着き、のち地方政界、教育界で活躍。1878年、カナダ・メソヂスト教会*の伝道地であった静岡で洗礼を受けてキリスト者になり、中央に出て政治家、教育家として広く活躍した。日本メソヂスト教会*の日曜学校局長も務めた。

当時は、衆議院議員から貴族院議員に選ばれ高名となっていたころで、カナダ・メソヂスト系のミッション・スクールである東洋英和学校の経営では平岩愃保*を助け、麻布尋常中学校を起こすなどして、学校経営にも力量を発揮していた。関西学院との関係では、それまで3派に分かれていたメソヂスト諸教会が1907年に合同して日本メソヂスト教会*となり、関西学院がカナダ・メソヂスト教会*との合同経営に入った翌11年に、カナダ・メソヂスト教会から選ばれる理事4名の一人となった。合同経営に入った第1回理事会で第

3代関西学院院長*に選出されたが断っている。高等学部*設立に際しては、高等学部長に就任する予定のC. J. L. ベーツ*を文部省に紹介するなど、その政治力が関西学院の新しい事業を始めるのに貢献したことが理事会記録に残されている。

【参照】 I 225, 254, 328【文献】村田勤『江原素六先生伝』1935

F号館

F号館は東西2つの部分からなり、西館は文学部*・神学部*準専用の講義棟、東館は心理学研究室が主に使用している。F号館は緑に囲まれた良好な環境下にある。すなわち東側（関西学院会館*側）には卒業生の寄贈したモウソウ竹が茂り、南側（神学部側）はクスノキの緑陰に恵まれ、学生の憩いの場になっている。北側は主に移植樹からなる小庭、西側は鬱蒼とした松林（かつてクロマツの大木があった）である。F号館建設のために取り壊された第1別館は木造2階の切妻屋根にスタッコ仕上げの壁であったが、F号館は建物自体が東にさらに拡張され、デザイン面ではスパニッシュ・ミッション・スタイル*を踏襲し、またパラペット屋根は周囲の神学部・文学部と同じである。設備面でも、かつての第1

別館に比べて格段の発展がみられる。

1997年8月21日竣工、鉄筋コンクリート造り陸屋根地下1階付き4階建て、延べ床面積5,049.42㎡、設計は日本設計、施工は竹中工務店・大林組共同企業体。

演劇集団関奈月

関西学院大学文化総部*演劇集団関奈月は、2011年3月に明石正翔と赤江翔馬によって総合芸術である「演劇」を追求するために設立された。学院内の他の演劇部は学内で公演を打つ中で、演劇集団関奈月は兵庫や大阪を中心に外部公演を打ち、関西学院大学の名を世に広めるために活動している演劇部である。

演劇集団関奈月は、2013年10月現在まで8回の公演を行った。11年4月に旗揚げ公演「裏町のピーターパン」を上演し歩み始めた。9月に第2回公演「おっちゃんと坊主と魔王」、11月に「～夏空の光～」、12年には４月に新入生歓迎公演「パレス欲望の闇に恍惚と光る金の瞳銀の瞳203号室の住人たち」を上演し、新たに新入部員を迎えて９月に新入生デビュー公演「ブラスター！」、12月に第６回公演「おひっこし」を上演した。13年４月には第７回公演「シコウ論理回遊人」、９月にまた新たに新入部員を加え、新人披露公演「水平線の歩き方」を上演し、着実に経験を積み重ね今に至る。

その短い歴史の中でも関奈月はいろんな人に支えられながら大きく成長してきた。関奈月は外部公演を多く打つため他大学の演劇部とも、社会人劇団とも交流を持ちながら活動している。

近い将来には、毎年行われる「学生演劇祭」に出場し、好成績を達成することを目指している。部訓は「皆尊律進《かいそんりっしん》」。意味は、「皆で考え方、感性、目標を尊重し、皆で決まり事を守り、けじめをつけ、皆が共にあらゆる面で成長する演劇集団であれ」ということである。この部訓を胸に、関奈月は「皆」でさらに成長を続けていく。

エンブレム

上ケ原キャンパス*時計台*正面に掲げられているエンブレム（紋章）は、関西学院が原田の森*から上ケ原*に移転した1929年、第４代C. J. L. ベーツ*院長*によって制定され、キャンパスの建築当初より設置された。当時のエンブレムは、第２次世界大戦中の42年秋にいったん取り壊されたが、誰が取り壊したか、またその理由に関する記録および資料は残されていない。ただ、エンブレムに当時の敵国語である英語が含まれていたことがその理由と考えられる。なお、当時壊された破片の一部は卒業生によって保存され、戦後学院に返却され、現在も保管されている。現在のエンブレムは戦後の49年夏に復元、設置されたものである。

エンブレムのデザインは、最初、現在のものとは異なる１種類が確認されており、関西学院高等学部*創立２年目にあたる1913年に発行された『私立関西学院高等学部要覧 大正二年度』の英文表紙に掲載されている。そこには、左に智恵を象徴する「光」を表すための松明（トーチ）、右にギリシャ（ローマ）神話における商人の守護神ヘルメス（マーキュリー）の持つ魔法の杖が配され、それぞれが当時の学院を構成していた高等学部の文科と商科を象徴している。

現在のデザインは、スクールモットーである“Mastery for Service*”

を土台にした楯の中央に十字架をかたどり、それを囲むように４つのシンボルを配しており、各々のシンボルは次のことを表現している。右上は新月を表し中学部*を意味する。左上は聖書を表し神学部*を、右下は先述のマーキュリーの杖を表し高等商業学部*を、左下は松明とその背後にペンを配して文学部*を象徴させている。これによって、エンブレム制定時（1929）関西学院を構成していた３つの学部と中学部*の存在が表現されている。

なお、現在関西学院内外に向けて用いられるエンブレムのデザインは、円形に簡略化したものも含めて、1988年の学院創立100周年に際して、造形を単純化して規格が制定されたものである。95年12月、エンブレムは商標登録された。

【文献】「関西学院デザインマニュアル」1996

お

応援団総部

1945年、戦後の学生スポーツ隆盛に伴い「学院に応援団を創ろう」という気運が高まった。46年、わずかの有志で同好会を結成、その年の暮れに本郷博造を初代団長に選任し応援団が正式に発足した。戦前にも応援団があったとの記録は残されているが、公式に学院から認可されたのはこの時からである。54年、応援活動をより立体的、効果的にするためブラスバンド部（後、吹奏楽部*）を設立、同年春には応援歌「新月旗の下に」（武石幸雄作詞、石田清和喜作曲）が作成された。充実期に入った56年には総務部、リーダー部、ブラスバンド部の３部が確立し、ここに「総部」が成立した。

1950年代には、大学野球関関戦の前夜祭として応援団の「御堂筋パレード」が定着。62年には吹奏楽部が第10回全日本吹奏楽コンクールで初優勝。66年、新たにバトントワリング部が加入した。大学紛争中の68年６月に応援団総部リーダー部の解散要求が出され、全学学生集会にて可決。解散を余儀なくされたが、翌年には指導部*として再建。このころ吹奏楽部は海外遠征にも数多く出かけ、多くの収穫を得た。以後、関西吹奏楽コンクール、全日本吹奏楽コンクールで輝かしい成績を収め、KGサウンドを確立した。バトントワリング部も1983年、84年と関西バトンコンテスト２連覇。86年にはチームポンポンの部、フェスティバル部門でグランプリを受賞し、86年にはチアリーダー部*として新たにスタートした。

現在の活動は、体育会*の応援だけでなく、全関学生、同窓生ひいては学院全体を盛り上げるという大目標のもと活動している。また、2006年からは学外に出向き一般人を対象にした「そんなあなたを応援します」と題する活動を開始している。現在、定期的な活動として、大学祭期間中に実施している「応援団総部祭」、加盟している関西四私立大学応援団連盟の「連盟祭」、吹奏楽部の「定期演奏会」「春のコンサート」、チアリーダー部*の“Winter Festa”などがある。応援団総部の精神的支柱は「愛され且つ信頼される応援団」であり今もその伝統を受け継いでいる。

【文献】『関西学院大学応援団総部の50年』1996

応用化学科（短期大学　1950-1952）

1950年４月、高等商業学部*および理工専門部*を母体として２年制の関西学院短期大学*が設置され、理工専門部は短期大学応用化学科に移行した。応用化学科は幅広い一般教養を身につけた科学技術者の養成を目的とした。技術面と実際面の両面に密接な関連を保ちながら化学の基礎理論を習得させることを目指し、卒業後、化学工業に関連する会社、工場、研究所などにおいて役立つ人材の育成に努めた。定員は80名。科長には、49年６月から理工専門部長を務めていた中田秀雄*が就任した。

1949年４月に理工専門部*に入学した学生は、50年４月に応用化学科の２年生に移行した。当時の社会における短期大学*に対する認識が十分でなかったことなどから、応用化学科は発足時より入学志願者の不足に悩まされた。初年度の入学生は志願者46名、入学者39名で、４月末に第二次募集を行ったが、それでも応募者は18名にすぎず、そのうち14名が入学した。このため、50年４月27日の理事会において、H. W. アウターブリッヂ*学長*を委員長とする委員会が設けられ、応用化学科の将来について検討が行われた。同年９月３日午後、関西地方を襲ったジェーン台風によって、応用化学科の校舎（現、高中部本部棟*）や実験機器は壊滅的な被害を受け、応用化学科の復旧存続は困難な状態となった。10月の臨時理事会において、応用化学科を維持していくことが財政上困難であることを理由に、51年度から短期大学応用化学科の廃止が全員一致で可決された。

学生の処置については、希望により大学各部の２年生に移籍させ、残留を希望した学生のために引き続き1951年度の１年間、応用化学科を残置した。51年３月には、理工専門部*最後の卒業生として、製薬工業科から46名、合成化学科から43名、食品化学科から24名の合計133名が卒業し、同時に短期大学応用化学科最初の卒業生59名が卒業した。応用化学科所属の教員は51年３月末をもって、一般教養科目を担当していた教員は短期大学内の他の学科や大学に移籍し、専門科目を担当していた教員は学外に職を得て転出した。１年間残置された応用化学科は、中田科長が科長事務嘱託として残留し、学内の教員が兼任教員として教育を担当した。52年３月20日に最後の卒業生11名が卒業し、52年３月末をもって廃止された。

1950年10月17日の臨時理事会での決議に際して、「但し学院としては総合大学への希望を持つことゆへ将来成るべく早く４年制理学部を創ることに努力することを申合す」という申し合わせが付記された。また11月２日の臨時評議委員会でも、「将来４年制大学に理工部設置の計画をもつこと」が付帯事項として決議された。1944年の専門学校理工科*設置以来、理工専門部*、短期大学応用化学科と改組を重ね、わずか８年で廃止されるというめまぐるしい展開ではあったが、卒業生はその後、製薬関係、食品関係、繊維関係、教育関係などを中心に社会で広く活躍した。これら一連の理系高等教育機関の存在は、61年に創設される理学部への大きな布石となったと言える。

大石《おおいし》兵《ひょう》太郎《たろう》 1897. 12. 8～1954. 11. 31

学長*、専門部・法文学部*・法学部*教授。滋賀県大津市に生まれる。関西学院専門部文学部*社会学科*を卒業後、東北帝国大学法文学部に進学、1926年卒業。同年４月、関西学

院専門部教授に就任し、政治学・政治思想史を担当した。34年、大学昇格に際して法文学部助教授に任ぜられ、田村徳治*、中島重*らとともに創設メンバーとして法学科の充実に努めた。37年、教授に昇任、41年には学生課長を兼務、また、訓練部長として勤労動員業務にも携わった。在学生の徴兵延期の特典停止に伴い、文科系学生が徴集され、学生数が激減したことから学部改組がなされた。そのため教育と研究の場を失った教員の救済という意図もあって設立された国民生活科学研究所の常務理事として運営にあたった。

戦後、1946年に法文学部が法学部*と文学部*に分離し再出発した際、法学部の中心メンバーとして発展に尽力した。47年４月、新制大学法学部、第２代法学部長に就任、さらに51年４月には学長に選任された。学長在任中の54年11月、病気のため急逝した。政治心理学の開拓者であり、社会学的アプローチに立脚する科学的政治学の推進者として学界で重きをなし、日本政治学会の設立にも参画した。主要著作には、『政治学の基本問題』(1939)、『政治学汎論』(1943)、『政治学序説』(1948)、『群集心理学』(1948) などがある。

【参照】Ⅰ 487；Ⅱ 130–132【文献】『関西学院大学法学部五十年史』2000

大分バンド・大分リバイバル

W. R. ランバス*を総理とする南メソヂスト監督教会*のジャパン・ミッションは、神戸を拠点とした瀬戸内宣教圏構想の下で広域にわたって宣教活動を展開したが、九州では大分がその中心となっていた。関西学院創立の1889年、ランバスが吉岡美国*や幹事中村平三郎*らとともに大分で宣教活動を担っていたS. H. ウェンライト*の宣教師館における12月31日の除夜会で、聖霊の働きによる信仰復興（リバイバル）を体験している。このようにランバスも関わり、とりわけウェンライトの働きを中心として大分で形成された群れは、「大分バンド*」と呼ばれるものである。釘宮辰生*（後の日本メソヂスト教会*監督）、柳原浪夫、柳原義夫（浪夫の息子で、後の学院礼拝主事）、久留島武彦*（後の児童文学者）らがその代表的な人物としてあげられる。明治期のキリスト教の形成において、札幌、横浜、熊本の三大バンドの他に、メソヂスト関係では弘前バンド、小石川バンド、静岡バンドなどの存在が着目されているが、草創期の関西学院と深く関係している大分バンド*も、その一つに加えられるであろう。

【文献】村上謙介『ウェンライト博士傳』1940；ウィリアム.W.ピンソン著：半田一吉訳『ウォルター・ラッセル・ランバス』2004

大阪インターナショナルスクール

Osaka International School of Kwansei Gakuin

学校法人千里国際学園が大阪府箕面市小野原西に阪急電鉄を中心とした関西財界の支援により1991年8月設置され、2010年4月学校法人関西学院*との法人合併*により、関西学院大阪インターナショナルスクール（OIS）となった。基本的に外国人を対象とした学校。幼児部（年中、年長)、小学部（1～5年)、中等部（6～8年)、高等部（9～12年）により構成され、生徒総定員は280名。在校生の国籍は約30カ国。教員の国籍は、アメリカ・イギリス・オーストラリアを中心に約30カ国。英語による教育を実施している。教育課程は、国際バカロレアの初等教育プログラム、中等教育プログラム、ディプロマ資格プログラムに完全準拠している。これらの3プログラムを全て実施したのはOISが日本初であった。

学年歴は8月から翌年7月で、12年生の卒業式は6月に実施する。卒業生は、アメリカ、イギリス、カナダ、オーストラリア、国内国立大学などに進学。歴代校長は、J.ワイズ（1991.8～94.7)、S.ミドルブルック（1994.8～2000.7)、J.ワグナー（2000.8～01.7)、B.パーソン（2001.8～02.9)、K.キャフィン（2002.9～08.7)、J.サール（2008.8～2014.7)、W.クラロベック（2014.8～)。千里国際キャンパス*内の同一校舎に併置された千里国際中等部・高等部*とは“Two schools together”の標語のもと緊密な関係を持ち、音楽・美術・体育は全て、英語・国語（日本語）は一部合同の授業形態となっている。教育目標は、「知識をもち、思いやりをもち、創造力をもって世界に貢献する個人（“informed, caring, creative individuals, contributing to a global community.”）を育てること」である。創設以来国際バカロレアのディプロマ資格の取得率は96%（世界標準は80%）となっている。

大阪梅田キャンパス

大阪梅田キャンパスの前身は、2000年4月に大阪市北区茶屋町アプローズタワー13階の一部（89.3㎡）に設置された「K.G.ハブスクエア大阪

(略称K.G.ハブ)」である。

K.G.ハブは、1996年6月から検討が始まった「関西学院の21世紀構想」において、緊急を要する個別課題とされていた、社会における生涯学習の高まりに応えた学外エクステンション施設である。名称は在学生・同窓生らの公募の中から決定された。

社会人を対象とした大学院*の授業を中心に、教員の研究会・学会、各種セミナー、さらには学生の就職活動の拠点としても利用され利用者数も年々増加した。特に2～3月にかけては就職活動中の学生の利用が多く、スペースの拡張が求められた。そのため、2003年8月、同ビル14階の4分の1のフロア(260.1㎡)に拡充・移転した。

2004年4月、このように発展し利用規模が拡大する状況と、翌年の専門職大学院*経営戦略研究科*開設を機に、西宮上ケ原*、神戸三田に次ぐ第3のキャンパス「関西学院大学大阪梅田キャンパス」として新たに開設されることになった。なお、「K.G.ハブ」の名称は呼称として残り、大阪梅田キャンパス管理運営規程にも記載されている。

2004年夏、大阪梅田キャンパスは14階全フロアに拡充され(1,218.3㎡)、8つの教室と共同研究室、図書資料室、事務室、講師控室、PCコーナーなどが配置された。07年6月、10階の半分(559.9㎡)が増床され、新たに5つの教室とキャリアセンター大阪梅田分室が置かれた。

このように、大阪梅田キャンパスでは、専門職大学院経営戦略研究科をはじめ昼夜開講制を実施している大学院*研究科の授業が数多く開講されている。また、学生の就職活動、生涯学習、各種研究会活動の拠点として活用されており、都心における「知的ネットワークの拠点」を形成している。

なお、2004年11月、同窓会*西日本センターが大阪梅田キャンパスの14階の一室に設置された。

大阪暁明館

大阪暁明館は、大きく変動する大正期の大阪市此花区四貫島において、1915年広岡菊松によって創設された労働者宿泊施設であった。広岡の死後、経営は当時の関西学院の学生であった息子の信貴知《しんきち》に受け継がれたが、世界大恐慌により事業が行き詰まり、信貴知は恩師である神崎驥一*を訪問、母校関西学院に暁明館の将来を委託することになった。実際には、学生と教師によって構成される学院の社会奉仕会が事業を継承することになり、31年に「関西学院セッツルメント大阪暁明館」が成立した。関西の大学では先駆的なセッツルメントであった。この時、社会奉仕会がこの事業を“Mastery for Service”を具体化した一つの姿と捉えていた点は注目すべきである。

その後、高見新館の建設により診療施設も設けられ、医療保護事業、宿泊経済保護事業、隣保事業の３つを柱として事業内容も大きく展開している。この事業の担い手が、関西学院の学生と教師に留まらず、ランバス女学院や神戸女子神学校などの協力を得るという広がりをもっていたことも重要である。しかし、第2次世界大戦が始まり戦局が険しくなるにつれて事業も一時休止あるいは閉鎖を強いられ、戦後の1947年以降、大阪暁明館病院として新しい出発をすることになり、その歴史に終止符が打たれた。

【参照】Ⅰ 399【文献】「関西学院新聞」1931.5.20

大住吾八《おおすみごはち》 1880.5.30〜1970.

専門学校理工科*長、理工専門部*長。1900年、創設まもない関西学院普通学部*普通科を卒業、その後、03年に東京高等工業学校染織科機織分科を卒業、東京高等学校教授、東北帝国大学講師、東京女子高等師範学校講師、東京工業大学教授等を歴任した。その間、22年から２年間、イギリス、アメリカ、ドイツに留学した。繊維、紡織関係の専門家で、工学博士。第２次世界大戦末期、学院最初の理系高等教育機関として1944年に設置された専門学校理工科の設立に尽力し、開設時に初代学科長として就任した。大戦後の厳しい状況下で、理工科の運営と発展・充実に力を注いだ。46年には改組された理工専門部の部長に就任したが、48年に高齢を理由に退任した。

【参照】Ⅰ 587,595；Ⅱ 163,183

オープンセミナー

大学紛争後の1969年度から毎週土曜日が「改革推進日」として、教員・学生がカリキュラムや学生参加などの問題について討論してきたが、改革が進み、教育・研究の正常化とともに学生の改革推進日への出席が減少してきたため、70年度から改革推進日を使って始まったのが「土曜オープンセミナー」である。これは、正規のゼミの活動に多様性をもたせ、ゼミ間の相互啓発、創造的小集団に発展するよう寄与すること、同じ問題意識と興味をもって集まった学生がより優れた小集団に発展する契機となることを目指したものであった。学内外から講師を迎え、学部の枠を超えて共通した問題意識と興味のあるテーマについて講義がなされた。初年度の講義は「美とは何か」「産業見学シリーズ」「大阪物語」「日本文化への誘い」「フィールドの記録」などである。以後、学生に加えて市民にも開放され、生涯学習の先駆けとなった。71年には兵庫県主催の「県民大学」を豊岡で開催、また西宮の甲東公民館主催の「甲東市民大学」が学内で行われた。社会の生涯学習の要請に応える形で、97年には兵庫県大学連携講座「ひょうご講座」、大阪府立文化情報センターとの共催事業として「大阪講座」などを実施するようになった。

2010年度から新規に西宮聖和キャンパス*、大阪梅田キャンパス*でも実施され、現在では、4つのキャンパスで「西宮上ケ原キャンパス*講座」「神戸三田キャンパス*講座」「大阪梅田キャンパス講座」「西宮聖和キャンパス講座」が開講している。

【参照】Ⅱ 398, 414

尾崎八郎《おざきはちろう》 1941. 2. 8～

第3代高中部長*兼中学部*長。2001年3月に退職。関西学院中学部、高等部*を経て大学文学部*史学科を1963年に卒業、大学院*に進学したが、翌年社会科（歴史）教諭として中学部に就任。中学部の中核教員として活躍し、86年に同副部長に就任した後、高中一部長制を廃止し中学部長制を復活させた95年に中学部長に就任、同時に第3代高中部長を兼任した。初代中学部長矢内正一*の新制中学部創設の理念を継承し展開することに意を用い、キリスト教主義私立学校の存立意義としてプロテスト性とチャレンジ性に重きを置きつつ、全人教育の充実に尽力した。学年を超えた生徒の交友を築くための「ハウス制」を新たに作り上げ、必修科目を週5日として生徒の自主的選択を重んじる「土曜講座」を開始するなど、創意に富む多くの改革を実施した。

2001年に現在の啓明学院*の前身である啓明女学院中学校・高等学校の校長に就任。その後啓明学院中学校・高等学校校長として教育現場に携わりつつ同学院の改革を進めた。2010年から同学院の理事長・院長(院長は2013年度まで)。

【文献】近藤隆己『世の光、地の塩：尾崎八郎物語』2004

小野善太郎《おのぜんたろう》 1875.8.5〜1965.7.19

礼拝主事、関西学院教会*初代牧師。福島県安達郡獄下村に生まれる。17歳の時、長野市で平岩愃保*から受洗。東洋英和学校を卒業、カナダ・メソヂスト教会*の教職となり、1893年、受按。1902年、甲府市有朋義塾塾長、03年に日下部教会牧師となる。07年にカナダのバンクーバー日系教会で牧会、またマギル大学やトロント大学へ留学。欧米を旅し、聖地を巡礼して、10年、日下部教会に帰任。12年に関西学院礼拝主事に赴任。カナダ・メソヂスト教会が関西学院の共同経営に参与したことに伴い、質量とも飛躍的な発展を遂げつつある過程で、学院内の宗教活動を幅広く推進・展開する拠点の必要性が高まり、15年に関西学院教会が設立された。その際、礼拝主事を兼務して初代牧師に就任、学院の宗教活動の進展に大きく貢献した。

1920年、甲府教会牧師、25年、中央会堂、29年、日下部教会、33年、再び甲府教会を牧会。戦時下の困難な牧会に耐え、戦災で焼失した教会堂を再建。58年、甲府教会創立80年祝賀を盛大に挙行し、翌年、85歳で引退した。山梨を第二の故郷として愛し、40年余全県くまなく「脚の伝道者」として宣教した。古武士的剛健な風格と豊かな霊的経験とをもって活けるキリストを説く。沼津市で死去。主著に『甲斐よりパレスチナへ』(1958)がある。

【参照】Ⅰ 402

オフィス・アワー

大学紛争後、新しい大学の創造を目指して関西学院の教職員・学生生徒が歩むべき方向を示すために小寺学長代行提案*が出された。「オフィス・アワー」はその提案にもられた改革の一つで、1969年6月にスタートした。

学生には“Office Hour Schedule”という冊子が配布され、その後『大学要覧』『大学院*要覧』(現在では、ともにホームページに掲載されている)に掲載されるようになった。オフィス・アワーは公認の面会時間であり、日頃受講していない講義の担当教員に自由に面接し、親しく話し合える機会と場を提供するものである。大学教育において教員と学生との距離を近づけるための手段として、当時はきわめて斬新でユニークな試みとして注目を集め、今日まで実施されている。この制度は、その後多くの大学で採用されるようになった。

【参照】II 395, 396

小山東助《おやまとうすけ》 1879. 11. 24～1919. 8. 25

高等学部*文科長。宮城県気仙沼に生まれる。1896年、仙台第二高等学校入学、1900年、東京帝国大学文科哲学科入学時に大学基督教青年会*寄宿舎に入舎し、さらに海老名弾正の牧会する本郷教会で教会生活を送る。東京帝国大学卒業後、東京毎日新聞社入社、政治的な主張を紙上で展開、その後、早稲田大学講師として倫理および新聞研究科の講座を担当。13年に、開設間もない関西学院高等学部*文科に文科長として就任した。当時の高等学部文科のカリキュラム整備に努力し、15年、同科を英文学科、哲学科および社会学科*の3科制とし、新聞学、社会福祉学などの課程の充実に努めた。かねてより強い関心を抱いていた政界での活動を志して、15年に学院を去り、衆議院議員として活躍したが、19年、肺炎により没した。雅号を鼎浦《ていほ》と称し、『久遠の基督教』(1912)、『光を慕いて』(1913) などのキリスト教関係の書物を著すほか、『六合雑誌』、『新人』さらに『大学評論』、『第三帝国』などの雑誌にも盛んに投稿した。

【参照】I 338

オリンピックと関西学院

日本は1912年に開催された第5回オリンピック・ストックホルム大会に初参加、20年の第7回アントワープ大会で日本勢が活躍し、テニスの熊谷一彌、柏尾誠一郎が単複で銀メダルを獲得した。

関西学院の同窓生としては、1924年第8回パリ大会に水上競技の石田恒信が出場、28年第9回アムステルダム大会には陸上競技の中沢米太郎、木村一夫が、32年第10回ロサンゼルス大会には陸上競技の木村一夫、36年第11回ベルリン大会にはサッカーの西邑昌一が出場した。同年冬季第4回ガルミッシュ・パルテンキルヘン大会にはフィギュア・スケートの片山敏一が出場した。

戦後、1952年第15回ヘルシンキ大会に、ヨットの海徳敬次郎、レスリングの山崎次男が出場し、56年第16回メルボルン大会ではサッカーの鴇《とき》田《た》正憲、長沼健、佐藤弘明、北口晃、平木隆三が、水上飛び込みに津谷(現姓馬淵)鹿乃子が出場。以後、60年第17回ローマ大会に陸上競技の蝦名純、水上飛び込みの津谷鹿乃子が、同年冬季第８回スコーバレー大会にはフィギュア・スケート上野（現姓平松）純子が出場した。64年第18回東京大会にはサッカーの長沼健、平木隆三、継谷昌三、陸上競技に田中(現姓島崎)章、浅井浄、馬術に勝本正則、佐々信三、水上飛び込みに馬淵鹿乃子、バレーボールに大松博文、小山勉が出場。同年冬季第９回インスブルック大会には上野純子が出場した。68年第19回メキシコ大会にはサッカーの長沼健、同年冬季第10回グルノーブル大会と72年冬季第11回札幌大会にもフィギュア・スケートの山下（現姓大西）一美が出場した。76年第21回モントリオール大会ではバレーボールに小山勉、水上飛込みに馬淵鹿乃子が出場した。

【文献】『関西学院大学体育会OB倶楽部会報』(６)1976

音楽研究部

音楽研究部は1954年に音楽同好会としてスタート。翌55年、音楽研究部に昇格し、文化総部*に加入する。設立目的はクラシックやフォークその他の音楽を研究し、論述することであった。しかし、70年代のニューウェーブ・パンクムーブメント、80年代のヒップホップ・ハウスムーブメントを経るにつれ研究色は薄れ、演奏中心の部へと方向転換する。

卒業生で活躍している人に音楽プロデューサーのtofubeats、DJの澤崎吉弘、ノイジシャンの長島寛幸などがいる。その他にも音楽プロデューサー、ラジオDJ、レコード店のスタッフなど音楽に関係する仕事に就いている。

伝統的にメインストリームから少し外れた音楽を好む傾向がみられ、ポピュラーな楽器に加えて民族楽器、あるいはシンセサイザー、シーケンサー、サンプラーなどの電子音楽機材を使用するものが多い。現在ではDJ、バンド、自宅録音（DTM）などさまざまなスタイルで活動しており、現代の学生の多様化・細分化した好みを広くカバーしている。近年、学内では年に約６回のライブイベントを行っており、また個々のメンバーが学外でのイベント、音源のリリースを行っている。

か

ガーナー，M.V.

Garner, Mary Virginia
1874.7.7〜1957.12.14

普通学部*教員。アメリカ・南メソジスト監督教会*宣教師。アメリカ・アーカンソー州オースチンに生まれる。アーカンソー州にあるメソヂスト系ギャロウェイ大学、ヴァンダビルト大学で学び、シカゴ大学の大学院でM.A.を取得して、1904年から09年まで関西学院の婦人宣教師として英文学を講じた。08年、無試験資格で中学校教員免許を取得。アメリカ・南メソヂスト監督教会とカナダ・メソヂスト教会*との合同経営に際して、アメリカ・南メソヂスト監督教会から合同教育全権委員会に推薦された4名のうちの一人。高等学部*創設計画の中にジャーナリズム部門を計画していたためと思われるがガーナーは何らかの事情で委員に就任しなかった。帰国後、アラバマ女子大学で英語やジャーナリズムの教授として働き、同大学でジャーナリズム学科の創設に当たった。アメリカ・ジャーナリズム教師協会に加入した最初の女性の一人であり、2度同協会の副会長を務めた。

【参照】Ⅰ 141,260,316,327【文献】『関西学報』(19)1914

絵画部弦月会

絵画部弦月会は絵画の研究・創作を目的として、1915年ごろに「弦月画会」の名称で活動を開始した。学生でありながら日展・二科展等の公募展に入選し中央画壇で名を馳せた美術家を多数輩出した。

関西学院の美術教員として慕われた神原浩、洋画研究書『絵画』の翻訳で著名な国画会の大森啓助、独立美術協会の野口彌太郎*、創作版画家の北村今三、二紀会の児玉幸雄、1950〜60年代にかけて世界の美術界を席巻した具体美術協会の主宰者・吉原治良*、国画会の版画家・川西祐三郎、新制作協会の石阪春生などがいる。その他にも数多くの出身者が、広告業界・企業内デザイナー・美術館学芸員などの多方面で美術系大学卒業者と同等に活躍している。また作家として文学界で活躍する出身者もいる。

関西学院には、絵画技術を指導する教員が存在したことはないが、いつの時代も部員たちは独自の努力と工夫でその才能を研鑽してきた。学徒出陣で主要メンバーを失う痛手を負うも戦後間もなく部を再開、全関西学生美術連盟(1996年に解散)の中心的存在として関西の大学の美術クラブを牽引してきた。

現在の活動は、年間最大行事の「弦月会展」のほか、大阪・神戸各所のアートスポットや学内で多数のグループ展や個展を開催、東京の美術学生アートイベント“GEISAI”に参加するなど、多方面にわたっている。アニメーターを目指す者も多い。OB団体の絵画部OB弦月会（1978年発足・総数約750名）は学生部員の活動サポートのほか、独自に展覧会を開催し活発に活動している。

【文献】『関西学院の美術家：知られざる神戸モダニズム』神戸市立小磯記念美術館，2013

海軍地下壕

1943年11月、海軍省は海軍予備学生の教育の場として校舎などの徴用の申し出を行い、それに対して関西学院は、旧制中学部*校舎（現、中学部グラウンド）、大学予科*校舎（現、高中部本部棟*）およびその付属建物、寄宿舎*、教授食堂、学生会館*など13棟と３万坪（約９万9,000㎡）の校地を44年２月から貸与することになった。ここに44年３月15日、西宮海軍航空隊（当初は三重海軍航空隊西宮分遣隊）320名が入隊した。グラウンドが練兵場となり、通信講堂が急造された。さらに、45年１月からは中央講堂*、高等商業学校*講堂、法文学部*校舎（現、文学部校舎*）、教授研究館を川西航空機に貸与した。1945年度の報告によれば、この貸与に対する復旧費現金として95,000円と相当多量の高価物資を代償で関西学院に与えられた。

貸与されたグラウンド（現、G号館南側）の地下には訓練生によって掘られた海軍地下壕があり、電話付きで、司令室や秘密文書庫として利用されたという。この地下壕は、1988年の高等部*校舎新築工事に際して発見され、飾られていた海軍の紋章とともに現状保存されている。なお、G号館建設（2008年竣工）に際しても、この地下壕を保存する声があがり、戦争遺跡として保存されることとなったが、安全上の問題から公開されていない。

【参照】Ⅰ 598-603；Ⅱ 12-13【文献】『海軍飛行予科練習生』1983；小池猪一編『関西学院中高部』1987；「読売新聞」夕刊1988.5.27

外国人住宅

関西学院創立時の原田の森*キャンパスはもちろん、上ケ原キャンパス*に移転後も関西学院には宣教師のための住宅が整えられた。原田の森キャンパスにおける草創期の住宅は写真で確認できるのみであるが、やがて大正初期にW. K. マシューズ（1912）、C. J. L. ベーツ*（1912）、H. F. ウッズウォース*（1914）などの住宅がW. M. ヴォーリズ*の設計により建てられた。現存する設計図によると、およそ40～50坪（約132～165㎡）の建坪をもち、総2階建て、地下と屋根裏部分をもち、1階には玄関ホール、居間、食堂、台所、書斎、パーラー（応接室）、2階は寝室、サンルームをもつ木造アメリカ・コロニアルスタイルであり、上ケ原移転*直前には宣教師館は14棟を数えた。

1929年に上ケ原キャンパスに移転後も、同様に宣教師館10棟がキャンパス北辺、仁川*寄りの位置に建築

された。ただし、その所有は当初は関西学院ではなく、派遣母体となるミッション・ボード*の所有、管理下におかれていた。設計は上ケ原キャンパス全体と同じくW. M. ヴォーリズによるスパニッシュ・ミッション・スタイル*で、細部にわたるデザインは個々に独自性をもちつつ、基本的に10棟は同じ構造である。各棟の構造は原田の森キャンパスの大正期の宣教師館と同様で、宣教師家族の居住する洋式部分では、1階部分に、居間、食堂、台所、パーラー、2階には書斎、寝室、浴室、さらに天井裏の収納室などが備えられた。それに付随して日本人の使用人の居住部分があり、和風の居間、寝室なども設けられた。

1960年代以後徐々にその所有、管理が学院に移され、呼称も外国人住宅と改められた。一部は中国吉林大学などからの教員用住居として使われ、また国際センター事務室などにも用いられた。1号館を学院賓客用ゲストハウス、99年10月の関西学院会館*の完成に際し、2号館は「オハラホール」として会議、会合などとして用いられている。なお、このオハラは商学部*などで英語を教えていたMs. オハラ（オハラ・アヤコ・ジョー）の寄付を記念し付けられたものである。3～6号館を外

国人教員用住宅、7～9号館まではその他の用途に供せられ、10号館は講義棟などの建築のために解体・撤去された。

【参照】Ⅰ 307, 450；Ⅱ 542

賀川豊彦《かがわとよひこ》 1888. 7. 10～1960. 4. 23

理事、キリスト教社会運動家、伝道者。神戸市に生まれる。徳島中学校在学中に徳島教会でC. A. ローガンから英語を学び、1904年、H. W. マイアースから受洗。05年、明治学院高等部神学予科に進み、07年に卒業、新設の神戸神学校に入学し11年に卒業した。在学中から神戸の貧民窟に住み、伝道を開始、貧民救済に尽くす。14年、プリンストン大学、プリンストン神学校に留学し、17年に帰国。19年には鈴木文治らと友愛会関西労働同盟会を結成して理事長となり、労働組合運動を指導。また19年、日本基督教会で牧師の資格を取る。20年刊行の『死線を越えて』はベストセラーとなる。20年、神戸購買組合を結成し、「一人が万人のために、万人が一人のために」の標語を作り、消費組合の先駆けとなった。21年の神戸の川崎・三菱造船所争議を指導、23年の関東大震災の時には上京し、被災者救済に努めた。

賀川は青山学院と関西学院の共同編集である『神学評論』に投稿したり、戦前・戦後を通じて関西学院の求めに応じてキリスト教の講話をしばしば行った。その影響は大きく、例えば1955年の学事報告が伝えるように、彼のキリスト教講話を機会にキリスト教を学びたいという学生が増え、受洗者が増えた。さらに55年から58年まで学院理事であった賀川は57年には農学部設置案を今田恵*理事長*に提案するなど、関西学院の総合学園化に一つの指針を提供し、彼のアイデアにより関西学院の分校として47年に小豆島農芸学園が設置された。このような賀川と関西学院との深い関係から、大学では89年と91年に共同研究「賀川豊彦研究」（代表者田中敏弘）が行われた。

【参照】Ⅰ 384, 397；Ⅱ 280, 313【文献】『賀川豊彦全集』1962–64；『関西学院高中部百年史』1989

学位（旧制大学・新制大学）

1879年、東京大学の学部卒業生に対して学士の「学位授与ノ規則」が制定されたのが日本における一般的な学位の最初であった。当初の学位は大学卒業資格と未分化であったが、78年に学位令が制定されて以来、卒業資格とは異なる学位称号が成立した。この学位令では、博士号について大学院に入学し試験を経た者かそれと同等以上の学力がある者に帝国大学評議会*の議を経て授ける博士と、学問上とくに業績があるものについて閣議を経て授ける大博士とに分けられ、ともに学位授与権者は文部大臣であった。この規程により78年5月に日本で最初の博士号が25名に授与された。98年の改正により、該当者のなかった大博士の称号が廃止され、大学院修了者、学位請求論文提出者、博士会から推薦者を受けた者に授与された。しかし、1920年の改正により、学位授与権が文部大臣から大学に移管されるとともに、推薦制度が廃止され、すべて論文審査によるものとされた。

戦後は、1953年に文部省令で学位規則が公布され、学士号と博士号との間に修士号が新設され、その授与者は所定の年限以上在学し課程を修了し、論文審査と試験とに合格した者（甲号）、もしくはそれと同等の学力をもち、論文審査と試験とに合格した者（乙号）に当該大学大学院より授与されるようになった。さらに91年の一部改正により、学士号とともに修士・博士の表記が「○○学士・修士・博士」から「学士・修士・博士（○○）」へと変更された。

旧制大学時代から大学院*を併置していた関西学院大学は、1949年に文学博士・法学博士・経済学博士・商学博士課程の設置を求める関西学院大学学位規程認可申請を行い、翌年3月に認可された。この旧学位令による博士授与者の第1号は、50年の経済学部*教授池内信行*であり、以降、60年までに、文学博士19名、法学博士14名、経済学博士16名、商学博士1名であった。旧制関西学院大学および旧制関西学院大学大学院*は60年3月31日付で廃止された。

1950年3月、関西学院大学は新制大学院修士課程の設置認可を受け、54年3月に、神学研究科・文学研究科・法学研究科・経済学研究科に新制大学院博士課程開設が認可された。62年に関西学院大学学位規程が定められ、その第1号は文学部*教授田中俊一であった。また、2005年頃以降、課程博士号の取得が奨励されるようになり、学位規程第7条第2項を変更し関西学院大学でも甲号取得が進んだ。2014年3月31日現在まで、修士学位は8,254名、専門職学位2,074名、博士学位は885名（内課程博士甲号529名、論文博士乙号356名）に授与されている。

【参照】Ⅰ 151,157；Ⅱ 115,153,245【文献】関西学院大学『博士学位論文―内容の要旨と審査結果の要旨―』(1-52)1962-2012；『学制百年史』1972；『日本博士録』(1)1985

か

学院財政

【沿革】

関西学院は、今日から見ればまさに「一粒の麦」のような一私塾として創設されたとはいえ、アメリカ・南メソヂスト監督教会*あげての事業であっただけに、当初から郊外に1万坪（約3万3,000㎡）の大きな敷地を設けるというキリスト教主義学校にふさわしい環境とヴィジョンによって創立された。その財源が教会の信徒が捧げる献金であったことは、学院財政とその運営のあり方を決定づけている。

その特徴の一つは、土地の購入や建物の建設に必要な臨時的な経費と、毎年度必要とする人件費を中心とした経常費とに分けられていたことである。初期の段階では、教員は宣教師が中心で、彼らは本国アメリカ・南メソヂスト監督教会との契約で給与を支給されており、雇用した日本人教職員の必要費用も本国の教会から送金するという形をとっていた。したがって、臨時に必要な土地代や建設費は、そのつど本国との協議で、時には個別に献金を募って、必要な資金の送金によってまかなわれた。歴代院長*は特に臨時の経費調達のために、しばしば本国に帰っている。

関西学院が高等教育進出に行き詰まったのも、本国からの資金調達が思うに任せなかったからで、それを打破し、1912年に高等学部*設立を可能にしたのは、カナダ・メソヂスト教会*との対等の責任による共同経営に踏み切ったからである。アメリカとカナダの両教会によって、その後も土地・建物に献金が注ぎ込まれ、上ケ原移転*によって大学設立が可能となった。

第二の特徴は、古い歴史を持つ私学全般に指摘できることかもしれないが、早い時期から募金活動が特に臨時的経費をまかなうために行われたことである。時には学生の自発的な発意によって行われており、この伝統は関西学院創立70周年に現在の学生会館*旧館を建設するにあたり、8,000万円の予算の半分を学生が自主的に負担することを学院に申し出て、学院に建設を促したことにも表れている。

関西学院が外国の教会の献金によって支えられるのは第2次世界大戦前夜までで、徐々にその比重は授業料や基金収入に移り、戦争の激化による宣教師の本国への帰還を境に、今日の学生納付金を中心とした財政に移行することになった。それでも、初期からあった経常事業と建設事業の2本立て財政の組み立ては、私学財政が消費収支計算書と貸借対照表に統一されてもなお、その構造を実際の運営の枠組みとしており、これが財政健全化を維持する鍵につながっていると評価できる。

【参照】 I 91–95, 283–292, 464–469；II 73–79, 505–513

【現況】

1989年に創立100周年を迎えた学院だが、古き良き伝統を残しつつも、時代のニーズに合わせ、新たな領域にも果敢に挑戦してきた。その挑戦こそ、現在の学院の発展に寄与したわけだが、その足跡は学院財政の歴史に見ることができる。

100周年以後の学院財政に影響を与えた主な事実としては、1995年４月の神戸三田キャンパス*開設と総合政策学部*を設置、2000年４月のK.G.ハブスクエア大阪（大阪梅田キャンパス*）開設、04年４月の専門職大学院*司法研究科*設置、05年４月の専門職大学院経営戦略研究科*設置、08年４月の関西学院初等部*設置、大学人間福祉学部*・大学院人間福祉研究科設置、09年度４月の学校法人聖和大学*との法人合併*と西宮聖和キャンパス*開設、教育学部・大学院教育学研究科設置、10年４月の国際学部*設置と学校法人千里国際学園との法人合併などが挙げられよう。

学生数の増加に伴い、学生生徒等納付金と補助金収入は増加傾向にある一方、人件費など支出も増えている。通常、学校会計では財政の健全性を判断する指標として、学校法人*会計基準に定められた３つの計算書（資金収支計算書、消費収支計算書、貸借対照表）のうち、消費収支計算書を引用することが多い。学院でも経営の指針として、消費収支計算書における①帰属収支差額比率〈(帰属収入－消費支出）／帰属収入〉、②繰越消費支出超過額比率〈繰越消費収支差額／帰属収入〉、③借入金残高比率〈借入金残高／帰属収入〉を注視している。現在の目標値はそれぞれ、①は８％以上、②は25％以内、③は25％以内と定め、適正な財務管理を行っている。

学院を取り巻く環境が大きく異なるため、一概に比較は出来ないが、以下では100周年以降（1990年度）の各指標に注目したい。

①帰属収支差額比率は、学費改定が毎年のように行われていた2000年度までは平均16.3％であったが、経済環境の悪化により、学費を据え置くことが多くなった01年度以降11年度までは平均11.3％（合併分および退職給与引当金特別繰入分を除く）となっている。②繰越消費支出超過額比率は、02年度までは概ね10％以

か

下で推移していたが、03年度以降は10%以上となり、11年度末で25.1%となっている。

③借入金残高比率は、1993年度までは35%前後で推移していたが、94年度からの建設ラッシュ（図書館・E号館*・第1教授研究館*（新館)・F号館*・ハイテクリサーチセンター・関西学院会館*・神戸三田キャンパス*の整備等）を借入金でも対応したため、2001年度までは40%～60%のレンジで推移している。02年度から3年間は借入を行わず返済に努めたため、30%前後に落ち着いてきており、11年度末で28.7%となっている。建設ラッシュ時の借入金返済の一部は現在も続いており、消費収支に影響を与えている。

なお、2009・10年度の2校との合併を考えると、09年度の学校法人聖和大学*との合併では、繰越消費収支差額はプラス3,000万円で、固定資産は121億円（簿価）分を無償で受け入れ、10年度の学校法人千里国際学園との合併では、繰越消費収支差額はマイナス29億5,000万円で、固定資産は98億円分（簿価）を無償で受け入れた形となっている。

学院は、ミッション・ビジョンの実現に向けて、また社会の変化に対応するために、持続可能な発展を目指す必要がある。そのためにも、学院財政の健全性を維持することが求められよう。

【参照】Ⅱ 505-513【文献】『私学財政と学院の歩み』1975；関学HP「事業報告書及び財務状況」1999年度-；*KG Campus Record*（70,72,74,76,78,80,82,84）2002-2009；『事業報告書』（各年度版）

学院史編纂室

学院の創立90周年に備えて前年の1978年9月、図書館の一隅を借りて学院史資料室が発足し、翌79年9月、学院史資料室規程の制定により、学院の正式な組織として位置付けられた。学院の公文書、記録、創立者および学院関係者の諸資料等を収集、整理、保管し運用することが目的とされた。

1984年10月、旧日本人住宅に事務室を移し、専用の資料庫が隣地に完成した。新大学図書館*の完成に伴い、98年1月、時計台*1階に入居した。

その間『関西学院史*資料目録』8分冊を刊行し、『資料室便り』（現、『学院史編纂室便り』）を発行した。学院創立100周年の前年88年4月から記念出版専門委員会の事務を企画課とともに分担し、図録『関西学院の100年』を89年11月に刊行した。続いて90年4月から関西学院百年史編纂事業委員会の事務局を担い、98年３月、『関西学院百年史』全４巻が完成した。百年史編纂に取り組みながら、『関西学院史紀要』（1991年創刊）を刊行した。2000年には学院史編纂室と改称し、学院の歴史の情報発信機能の強化を目指している。

2001年９月には、創立111周年記念として企画された『関西学院事典』が完成し、02年４月より「院長*研究―ランバス、ニュートン、ベーツ―」と「関西学院の戦前・戦中・戦後」の２つの共同研究を開始した。2008年度に学院史編纂室開設30周年を迎え、学院の歴史研究における思いを新たにした。

2014年に迎える学院創立125周年の歴史編纂記念事業として『関西学院事典 増補改訂版』と記念誌「Gift for the Future」の作成が決定し、年史実行委員会が設置され、その事務局として始動した。また、創立125周年記念事業*の一つである大学博物館*設置に伴い、14年に大学博物館と統合し、開館時に計画されている学院史の常設展示の内容や図録制作についての検討を行った。

2014年３月現在の資料保有量は約21,500件、この中に学院に直接関わる資料とともに、メソヂスト教会関係資料、とりわけアメリカ・南メソヂスト監督教会*の西日本における活動の足跡に関する資料を多く保有していることが特色といえる。資料の収集保存とともに、学内外のレファレンスを受け付けている。

学院総合企画会議

学院総合企画会議は、2013年４月に施行された「学院総合企画会議規程」に基づいて設置された。同規程は会議の目的として「経営と教学の総合的な視点から、学院全体の重要案件について立案、推進及び評価すること」を掲げており、委員は理事長*（議長）、副理事長、院長*、学長*、専務理事、常務理事、常任理事（副学長）、宗教総主事*、理事（若干名）、事務局長、総務部長、財務部長、大学事務統轄等で構成される。なお、「理事（若干名）」は、大学以外の各学校長の中から選任される理事の中から理事長が選任する。

また、取扱事項としては、①経営方針および経営戦略、②将来構想、中長期計画、人員計画、施設設備計画、情報整備計画など、③新規事業のための財源確保および経営資源の配分に関する方策、④既存事業の終了・縮小、⑤重要な制度の新設および変更、などである。

同会議の設置は、新基本構想の重点戦略「新たなガバナンスの構築」

で目指す「経営」と「教学」の共同体制によるガバナンスの確立、意思決定過程の集約・簡素化などに向けた第一歩でもある。これに伴い、新基本構想推進委員会、財務・業務改革本部などが廃止された。

同時に、2013年度から学長が副理事長に就任（規定に基づく就任は2014年度から）し、常任理事３人と大学の副学長３人が双方を兼務する執行体制への変革（いわゆる「たすきがけ」）が寄附行為施行細則等の改正によって実施された。

学院本館・本部棟

1929年の上ケ原キャンパス*開設の際に総務館として建築された。W. M. ヴォーリズ*の設計によるスパニッシュ・ミッション・スタイル*で、鉄筋コンクリート造り一部地階を有する２階建て、延べ床面積80坪（約264m²）。当時、総務部室、会計課、会議室、院長*室、電話交換室などを備えていた。

当初、中央に位置する図書館をシンボルとして、キャンパスへのアプローチの両脇に配された総務館と宗教センター*は、格式ばったり象徴的な表現を避けた住宅風の慎ましい構えであった。総務館は1936年に南側へ増築、54年には東側へ増築され、１階に会計課室、財務部長室、理事長*室、理事室、２階に院長*室、大会議室、庶務課室、総務部長室などが配され、延べ床面積188坪（約620m²）余りとなった。さらに、58年には南側へ木造延べ12坪（約39m²）の建て増しが行われ、広報課・記者クラブ室に用いられた。

現在は学院本部*（法人部、総務・施設管理部*、人事部*、財務部、広報室*、企画室*、評価情報分析室*）、大学本部（学長室*、研究推進社会連携機構*）、および大小会議室、応接室などを擁している。

1929年のキャンパス開設当初から中央芝生*を眺める総務館２階の右ウイングに院長室が置かれていた。最初に執務したのは、当時院長であった第４代C. J. L. ベーツ*院長であった。36年に御真影下付を受けるために院長室内に奉安庫*が設置された。完成後の1937年２月３日に正式に受け入れの儀式が執り行われた。院長室はその後も第13代山内一郎*院長までの歴代の院長の執務室となった。
その後、学院本館の南側へ本部棟増築に伴い、2004年4月以降、理事長室とともにその本部棟3階に院長室が移った。このため、この旧院長室は空室となり、倉庫などとして利用された。しかし、125周年記念を迎えるにあたって、この旧院長室の保存・活用を通じて、関西学院の上ケ原移転*後の歴史を「院長」の視点から明らかにし、資料館として位置づけるために、正式に「旧院長室」として整備し、学院史編纂室*の展示上の一部として活用するために、歴代の院長が現在もここで執務しているかのような雰囲気を醸し出すよう家具・調度品を工夫し整えた。
【参照】Ⅱ 528-531

学院本部

学院本部は、学校法人関西学院*を法人として経営する管理組織と、大学、聖和短期大学*、高等部*、中学部*、千里国際高等部*・中等部*、大阪インターナショナルスクール*、初等部*、聖和幼稚園*といった個別教育機関に属さない学院全体の教育機関を指すのが一般的である。法人事務局としては、理事長*を代表とする理事会のもとに、常務理事が事務局長を兼ねて事務局を構成する。また学院全体の教育機関として、理事会に直接繋がる院長*の下にいくつかのものが置かれるようになった。
学院の組織は、創立の当初から、アメリカの一般的な組織がそうであるように機能的な形をとっている。予算も部や学部ごとに立てられ、共通部分の学院本部に当たるものは極めて限られており、会計課があるのみであった。戦時中に総務部が設けられ、会計課の上に財務部が置かれたが、課が増えるのは学部と学生数が増える60年代に入るころからで、本格的な法人事務局が作られるのは70年代に入り、大学紛争後となる。その契機は、本学の大学紛争を終息させることとなった「学長代行提案*」で提示された院長を廃し、学長*一本化の方向性が完全には実現されず、73年3月に小寺学長が院長に選出され、同年4月より学長が院長を兼任する形で、院長制と学院組織の改善が図られたときであった。こうした一連の改革の中で1950年以来継続されてきた院長の公選制が廃され、理事長が院長を兼務し、経営とキリスト教主義教育の最高責任者となる組織改革が73年9月に実施されるに至った。その後、89年3月まで理事長・院長制は継続するが、同年4月より院長公選制による院長が就任し、理事長と院長が分離して今日に至っている。

今日の法人事務局の組織が作り上げられたのは、ようやく人件費の国庫による経常費補助が本格化し、法人として機能強化が内外ともに求められたこと、広報活動が不可欠になったこと、コンピュータの発達によるIT化に迫られたこと、さらにはキャンパスが1995年より２拠点となり事務局分室が必要となったことなどによる。

院長の下にある全学共通の教育機関としては、歴史的には宗教センター*と保健館*が核となり、その後千刈キャンプ*、千刈セミナーハウス*（2014年３月に閉館)、関西学院会館*、学院史編纂室*、教育連携室*、吉岡記念館*などが加えられてきた。これらはいずれもキリスト教主義教育機関である学院の特徴を示すものである。

【参照】Ⅰ 590；Ⅱ 70

学生会

1912年６月、神学部*と高等学部*からなる専門学校学生会として関西学院専門学生会（後の専門部学生会）が発足した。宗教部*、学芸部、運動部、音楽会を開催する社交部（後の文化総部*）の４部からなっていたが、商科の学生の急増もあって、17年３月から両学部の学生会に分かれた。そして上ケ原移転*により29年度から再び専門学校全体の学生会となった。学生会が分離し再合同する大正から昭和にかけては、学院のスポーツや文化活動が花咲き、全学が上ケ原移転*、大学昇格へと高揚している時期であった。

1932年、大学予科*開設とともに予科生も学生会に加入し、33年には新校歌「空の翼」*（北原白秋*作詞、山田耕筰*作曲）を制定した。翌34年の大学学部開設で学部生も学生会に参加し、37年に学生会は『関西学院学生会二十五年抄史』を発行した。

しかしこの年、日中戦争が始まり、国際情勢も悪化し、戦時体制強化の中で1941年２月、学生会は文部省の指令に従って報国団*に改組され、同年９月、訓令により報国団内に軍隊組織の報国隊が結成され、防空訓練活動に出動した。41年12月、太平洋戦争勃発。45年８月の終戦により11月に報国団は解散し、学生会が再結成された。

1948年の新制大学発足による学生数の増加に伴って、58年に学生会は学生会館*建設の理事会決定を取り付け、59年には学生、教職員を組合員とする生活協同組合*の結成を実現した。しかし、大学生全員が加入する学生会は、学費値上げ反対運動に始まる68年からの大学紛争で学部自治会が次々に崩壊した。最高執行機関の全学執行委員会（学生会本部）不在の状況下で、かつての学生会が公認していた体育会*・文化総部*・新聞総部*・宗教総部*・総部放送局*・応援団総部*、および法学部*学生自治会*傘下団体、商学部*商学会研究会委員会傘下団体、登録団体（大学に登録している同好会）と73年11月に再建された法学部*学生自治会*と2009年に再建された神学部*学生会が活動を続けている。

【参照】Ⅰ 360, 457, 473, 530, 605；Ⅱ 41, 273, 457

学生会館

【沿革】

神戸の原田の森*キャンパスで高等学部*学生会が発足し、1917年に、在校生、卒業生等の寄付によって学生活動の拠点として２階建てのささやかな学生会館が建設され、10月に開館した。上ケ原移転*直後の1929年５月、新キャンパスの学生会館が完成した。しかしその後の戦争のさなか、学生会館を海軍予備学生の教育の場として借用したいとの申し出が海軍省からあり、44年２月、他の13棟の校舎・建物と３万坪（約９万9,000㎡）の敷地とともに三重海軍航空隊西宮分遣隊に貸与された。

1948年の新制大学発足後、学生が増え、学生食堂やクラブの部室拡充の要望が出され、58年６月の学生総会は新しい学生会館の建設と、建設費の半額4,000万円を学生が負担することを決議した。これを受けて学院理事会は創立70周年事業の一つに学生会館の建設を加え、翌59年11月に学生会館（旧館）が落成した。

その後、学費値上げ反対運動に始まる1968年からの大学紛争では、学院側に出された「六項目要求*」の一つに学生会館の学生自主管理があった。78年６月、通称「銀座通り」に面していた上ケ原キャンパス*最初の学生会館（当時第二学生会館と呼ばれていた）が１階食堂からの出火で焼失。同年11月に大学が公表した「学生施設整備充実計画第１次案」に現在の新学生会館の基本構想が盛り込まれ、新学生会館は84年７月に竣工開館した。

【学生会館旧館】

木造バラックの相撲部*やレスリング部*、拳法部*などの練習場を取り壊して建設され、鉄筋コンクリート造りで、機能性を重視した建築デザインは当時としてはまったく新しいものであった。地上３階の建物は広々とした食堂やホール、ロビー等も有するもので、当時の学生教職員

の目を見張らせるものだった。体育館と連絡する廊下も設置され、廊下西側中庭にはステージも作られた（新館建設に伴い、この廊下とステージは撤去された）。3、4階には体育会*や文化総部*、その傘下のクラブ（29室）が入居し、現在も課外活動や交流など学生の活動拠点として中心的な役割を果たしている。建築様式は、モダニズムの傾向に沿ったものとなっている。

1959年11月竣工、鉄筋コンクリート造り陸屋根5階建て、延べ床面積3,425.86㎡、設計はヴォーリズ建築事務所、施工は竹中工務店。

【学生会館新館】

旧館建設から25年が経過した1984年、「学生施設整備充実計画」の最重要プロジェクトとして建設された。学内に散在していたクラブ部室棟を収容し、相撲や柔道その他の道場も設置された。体育会*系のみならず文化総部*系団体の利用のためにも充実が計られ、放送部スタジオをはじめ、謡曲その他の練習室も完備されている。関西学院大学生協本部、書籍部などの物販店、食堂、業者経営のレストランなども設けられている。また、地下2階にはソーラーシステムによる温水プールが設置された。

建築は市道を挟んで北面に展開するA・B・C号館と調和した設計となっている。巨大な新館は完全なロの字型（クオドラングル形式）となっており、上下2段からなる大きな中庭を有している。中庭の上段から下段には滝組がなされており、憩いと涼感が得られる絶好の場を提供している。新館の東面は旧館、体育館と中庭を共有し、各クラブの野外練習やバザーその他多方面で活用されている。この空間は学生活動の“コア”と位置づけられ、学院の美しい景観と文化的雰囲気を醸成する重要な要素となっており、学生たちはここを“プラザ”と呼んでいる。

1984年6月竣工、鉄筋コンクリート造り陸屋根地下2階付き5階建て、延べ床面積21,388.67㎡、設計は日本設計、施工は竹中工務店・大林組・熊谷組共同企業体ほか。

【参照】Ⅰ 362,598-600；Ⅱ 78-79,273-275,347-353,535-538

学生活動支援機構

2013年４月の大学組織改編により、従来の学生部と総合支援センターが一つとなった新組織「学生活動支援機構」が発足した。課外活動の支援や奨学金の給付、学生生活に関する福祉的なサポートや寮・総合体育館*の管理運営を担うという機能はこれまでと変わっていないが、総合的に統括する組織となった。

機構化するまでの学生部の変遷は次のとおりである。

大学の組織として学生課が発足するのは戦後のことであるが、戦前には、学生主事や学監が寮の運営など「学生の監督」の業務を中心に担当していたと思われる。

しかし、戦後の教育改革に基づき、学生部の業務も、新しい厚生補導すなわち学生を助育するところにあると位置づけられた。これに伴い、国立大学では、1949年に学生部（課）の設置が義務づけられ、さらに56年には大学設置基準第34条によって「大学は、学生の厚生補導をおこなうため、専任の職員を置く適当な組織を設ける」ことが義務づけられ、関西学院大学にも正式に学生課が発足した。

発足当初の学生課は、奨学金、学割、通学証明書、寄宿舎*、下宿、学生会、学生会館*、アルバイトなどに関する業務を行っていた。1956年には就職業務も開始し、57年には学生補導業務と就職業務を行う学生部が誕生した。その後、61年には学生部長のもとで、学生課、就職課、寄宿舎、学生会館として業務が行われたが、大学紛争を経た75年には、学生課を学生生活課に名称を変更、76年には課外活動課を新設、77年には就職課が学生部より独立することになる。その後、84年には課外活動課と学生会館の２課が学生課に、学生生活課が厚生課に名称変更され２課体制で業務を行ってきたが、97年には事務組織が改編され、学生部学生課１課体制となった。その後、学生支援センターの設置（2004）、スポーツ・文化活動支援課の設置（2006）、これをスポーツ·文化課に改編（2010）し総合体育館の管理運営部門も所管することになった。教務部キャンパス自立支援課と学生支援センターとの統合による総合支援センターの設置（2011）を経て、学生部は学生課とスポーツ・文化課の２課体制となり、学生部と総合支援センターを統合することにより学生活動支援機構となった。

学生サービスセンター

1978年、「学生施設整備充実計画第１次案」が発表され、その後施設の整備充実が着実に実行されたが、86年この計画の最後の建物として竣工した。それまで経済学部*棟（現、経済学部校舎*）で行われていた学生課や就職課の業務は、58年３月の短期大学*廃止後大学本館となった校舎で継続されていたが、新設された学生サービスセンターはキャンパス中央部に配置され、その充実した内容、設備と相まって、学生部や就職部のサービス機能はより向上した。以後、学生のためのサービス機能はさらに充実したものとして継続され、現在の学生サービスセンターでは、学生課、総合支援センター*（以上、学生活動支援機構*）、またキャリアセンターの業務が行われている。

1986年３月竣工、鉄筋コンクリート造り陸屋根地下１階付き４階建て、延べ床面積3,004.33㎡、設計は日本設計、施工は竹中工務店。

【参照】Ⅱ 540

学生自治会

1945年11月、関西学院報国団*の廃止に伴い、学生会*が再結成され活動を再開した。さらに48年の新制大学の発足で学生数が次第に増加し、学院が創立70周年を迎えた59年ごろには学生数は8,000名を超えて戦前の数倍に達し、各学部の学生活動も盛んになった。そのような中で、57年、学生会は学生会規約を大幅に改正し、58年度から施行した。

当時の学生会は、各学部の学生自治会（神学会、文学会、法学会、経済学会*、商学会）と、体育会*、文化総部*、新聞総部*、宗教総部*、応援団で構成されていたが、1960年の社会学部*、61年の理学部の開設により、社会学部学生自治会と理学会がこれに加わり、また文化総部に所属していた放送研究部が独立して総部放送局*となり、これら７つの学部学生自治会と６つの団体が最高執行機関である全学執行委員会のもとで戦後の学生会活動を盛んに行っていた。しかし学費値上げ反対運動に始まる68年からの大学紛争で、学部自治会は次々に崩壊していった。

具体的には、法学会は1968年10月の役員任期切れ以後、正規の委員を選出できなくなった。文学部*学生自治会も69年には正規の自治会活動がみられなくなり、また同年1月には経済学会の執行部が解散し、6月には商学会の役員が任期切れとなった。続いて72年9月には理学会の執行部が任期切れとなり、73年9月には社会学部学生自治会も執行部の任期切れとなって12月に解散宣言を行った。しかし同年11月に法学部*学生自治会（法学会）が再建され、学生自治会は神学部*と法学部の2自治会となった。93年度まで活動していた神学部学生会は94年度から執行部不在の状況が続いていたが、2009年に再建された。

【参照】Ⅱ 457【文献】関西学院大学学生会財務管理委員会『関西学院大学の歩き方How to create TRUE K.G.～学生会バージョン～』1999

学長（大学長）

学長（大学長）は、教育基本法に基づいて制定された学校教育法（1947）第58条で規定された。その後改正（平成17年7月15日法律第83号）を経て、現第92条で「大学には、学長、教授、准教授、助教、助手及び事務職員を置かなければならない。ただし、教育研究上の組織編制として適切と認められる場合には、准教授、助教又は助手を置かないことができる」とされ、その学長の職務は「校務をつかさどり、所属職員を統督する」（改正、平成19年6月27日法律第96号）となっている。旧制大学の法的根拠となった18年の大学令*には学長に関する条項はないので、必要と慣例に応じて設けていたことになる。

1932年、大学予科*を開設した関西学院大学の初代学長は、理事長*を兼ねることになっていたC. J. L. ベーツ*院長*が兼任し、宣教師が学院を去る40年まで在職した。戦後、学院民主化に伴い、51年、院長公選に続いて学長公選が実現し、大石兵太郎*が最初の公選学長に就任した。60年代末に起こった大学紛争の際、学長退任後の混迷の中で、選挙を経るまでの事務的な職務である学長代理や学長事務取扱では事態を乗り切れないことから、当時多くの大学で採用された学長と同等の権限を付託された学長代行制が敷かれ、69年、小寺武四郎*が就任した。その後の学内改革の一環として、学生が除斥の投票権をもち教職員が選挙権を持つ現在の学長選考規程が成立し、選挙の結果、小寺代行が学長に就任した。

学長の任期については、当初、1期3年で、再選された2期目は2年で、最長5年であった。しかし、大学運営上5年の任期では短すぎるとの議論が生じ、2000年より学長の任期は1期3年で、3期9年まで延長可能となった。

さらに、学院の組織改革が検討される中、今や学院の中核として圧倒的な規模を持つ大学における「長」の位置づけについて、院長*、理事長*との関連など、さまざまな角度から取り上げられてきたが、関西学院創立120周年を期に策定された「新基本構想」の6つのヴィジョンの一つとして「進化を加速させるマネジメントを確立する」が取り上げられた。これを受けて2012年3月に執行体制（学院と大学の「たすきがけ」）と組織改編（大学評議会*の改組と大学組織の機構化）が学長提案として出され、13年4月より実施された。

この新体制は「経営と教学の共同体制を目指した、法人本部（法人執行部）と大学執行部との一体的な運営」であり、制度上、学長が副理事長に就任し、学校法人の常任理事3名が大学評議会*の承認を得て副学長に就任し、大学の副学長が理事会の承認を得て常任理事と就任する体制である。

【参照】Ⅰ 473, 563；Ⅱ 53, 106, 394, 497
【文献】「関西学院 新基本構想」パンフレット（2009.4）；「新中期計画進捗報告2009–2013」パンフレット（2012.7）；「関西学院の新たな執行体制と大学の組織改編」（「K. G. Today：Extra edition」March 2013）；「特集：新機構の紹介」（「K. G. Today：Extra edition」June 2013）

学長室

学長室の前身は法人の庶務課であり、大学部教務課（1953）、大学事務室（1957）、大学本部庶務課（1958）、教務部庶務課（1964）を経て、1969年度に大学事務局となった。72年には学院総務部と大学事務局が統合され、大学事務局の業務は秘書室、教務部、学生部へ移管された。74年には改めて学事課が設置され、75年に大学事務室、92年に学長室に改組された。

1994年6月から大学および大学院*の事務の一体化を図り、担当副学長を中心として、より全学的な視野から大学院の充実や研究支援に取り組むため、大学院・研究課が教務部から学長室に移された。学長室は大学事務課と大学院・研究課の2課体制になる。97年には学長室に学部等設置準備担当が設けられ、99年10月からは学部等設置担当課として2002年3月までの期限つきで設置され、3課体制になる。また、99年4月には、業務システム部門が大学事務課から情報システム室に移管された。

2002年４月から大学に研究推進機構が設置されたことに伴い、現行の大学院・研究課は研究支援に特化した研究推進課として再編されるとともに、大学院関連を担当する大学院課が設置された。また、大学事務課が大学課に名称変更され、新たな３課体制となった。04年４月から研究推進課業務が研究推進機構独自の事務体制に移管、そのため研究推進課は04年３月末で廃止され２課体制になる。05年４月、大学に社会連携センターが設置され、その事務を大学課が担うことになるが、社会連携センターは07年４月から研究推進機構と組織統合された。

2013年４月の大学組織の機構化に伴い、大学院課業務は新たな教務機構*事務部に移管され、大学院課と大学課は廃止され、学長室一室体制となる。学長室は従前の大学課業務や大学企画および全学的プロジェクトに関する業務と、12年度に採択された文部科学省「グローバル人材育成推進事業*（全学推進型）」に関する業務を担当することになった。

学長代行提案

関西学院大学における学生紛争が頂点に達した1969年３月19日、小寺武四郎*経済学部*教授が学長代行に就任した。大学正常化に取り組んできた大学執行部は同日アンケート「廃校か否か—（その一）」を全学生および教職員に発送した。このアンケートは、大衆団交*、全共闘*派学生によるバリケード封鎖、六項目要求*、学生自治などについての質問項目を掲げ、関西学院大学を廃校に向かわせている現状を問うもので、大学改革に向けて何よりも一般学生の意見を聞くことから始めるという意図から出たものであった。4月、アンケート（その一）の最終結果がまとまった。全学生数約１万3,000余名中、回収総数は6,825名であった。廃校への道を望むものはわずか92名、また改革の手段としての全共闘*派学生のバリケード封鎖に反対する回答が全体の94％にも達した。またこのアンケート（その一）により、関西学院大学には改革すべき多くの点があることも示唆された。

その後1969年5月に兵庫県民会館で教職員集会が開催された。約460名が参集したこの集会で、小寺学長代行から「関西学院大学改革に関する学長代行提案」(以下「学長代行提案」)の提示と説明があり、了承された。「学長代行提案」は5万字を超える長文であり、その内容は私学の置かれている苦悩から始まり、関西学院大学における大学理念、教育の改革と問題点、研究体制改革の展望、大学における意思決定と管理、法人組織における意思決定と経営、職員の役割と事務の合理化、学生の自治と参加、学生の諸要求に対する大学当局の見解、改革に当たって各層・各界への要望、改革の実現に向かっての具体的展開に及んでおり、当時、日本の大学改革方策のモデルとして高く評価された。「学長代行提案」は全学生に郵送され、改革のための徹底的な討論が呼びかけられた。こうした準備期間の後、6月に関西学院発祥の地、神戸の王子公園陸上競技場で開催された改革結集集会では「学長代行提案」が示した改革の方向が圧倒的多数の支持を受け、紛争の終結と大学改革の歩みが始められることとなった。

【参照】Ⅱ 365-385

学友会

学友会は、高等部*全生徒を会員とする自治組織で、1948年に組織された。会員の選挙で選ばれた会長、副会長と、会長・副会長の任命による書記、会計、宗教・文化・運動の各総部長らによって構成される役員会を中心に種々の自治活動を行っている。大学紛争の余波を受けて70年から4年間活動を休止していたが74年に復活し、現在までその歴史を受け継いでいる。

主な活動は、ホームルーム活動、クラブ活動*、自治的行事の統括と運営で、学友会本部、各総部以外に、クラス委員会、礼拝委員会、美化委員会などの組織を持つ。主要な行事としては、1959年に始まる子ども会(神戸女学院と協力して行う施設の子どもたちへのボランティア活動)、文化祭などがある。毎年6月には全会員参加による定期総会が行われ、決算・予算の承認、会則の改訂、学校への要望などが討議される。また、64年より年1回、学友会誌『マスタリー』を発行している。

【参照】Ⅱ 470【文献】『関西学院高中部百年史』1989;『マスタリー』(31)2013

関西学院大学漕艇部『創部100年の歩み―復活50年を記念して』1998

柏《かし》井《わい》象《きさ》雄《お》 1907.7.25～1986.3.10

経済学部*長。兵庫県赤穂郡に生まれる。1932年、京都帝国大学経済学部卒業後、同大学院に在学、36年、関西学院大学商経学部*助手になり、専任講師、助教授を経て、46年、経済学部教授に就任。戦時中は前後5年余にわたって従軍した。

伝統的な財政学からケインズ流財政学への移行期にあたって、新しい財政学を学ぶとともに、早い時期から地方財政の理論的・実証的分析を手がけ、地方財政の専門家として知られた。

第三高等学校時代にボート選手として活躍したことから、関西学院大学の漕艇部長を務め、1967年から5年間関西学院大学体育館長兼体育会*会長にも就任、体育会に所属した多くの学生と交流があった。

経済学部長の後、1962年から4年間財務部長につき、その後、理事として75年の定年退職後も終生、学院経営を支えた。主著に『財政学の基本問題』(1949)、『現代地方財政の構造』(1955)、『現代都市財政論』(1974) などがある。

【参照】 I 597, II 12, 69, 136, 140, 234, 281, 283, 284【文献】『経済学論究』29(3)1975;『柏井象雄先生を偲ぶ』(私家版) 1986;

片《かた》山《やま》正《まさ》直《なお》 1903.12.20～1994.7.26

文学部*長。愛媛県東宇和島に生まれる。1928年3月、京都帝国大学文学部哲学科を卒業後、同大学院で西洋哲学宗教思想史を研究、44年に著書『宗教の真理』(1941) により文学博士の学位を受けた。41年4月、関西大学法文学部*教授 (哲学) から関西学院大学法文学部教授 (哲学) に就任。戦時下の学徒出陣により全学部で十数名になっていた学生を親しく指導し、宗教運動*の講師も引き受けた。48年4月、新制大学文学部*の発足とともに教授に就任、72年3月に定年退職するまでの30年間、哲学科の中心となってキリスト教に根ざした宗教哲学を講じるとともに、52年度から54年度には京都帝国大学教授を戦後公職追放されていた高坂正顕 (実存哲学) を教授として招くなど、哲学科の充実と発展を図った。58年4月から62年3月まで文学部長を務める。

神学部*との関係も深く、専門部時代の神学部で哲学、倫理学、系統神学の講義を担当。新制大学の文学部神学科でも講義を受け持ち、1952年4月に復興した神学部では兼担教授として宗教哲学を担当した。著書に『倫理学』(1942) などがある。
【参照】Ⅰ 507,587；Ⅱ 111,122,713【文献】『関西学院大学文学部60年史』1994

学校法人関西学院

第2次世界大戦後の民主化の中で、私学への公費支援を視野に入れて、1949年、私立学校法が定められた。その中で、それまで私学の経営形態である民法による社団法人または財団法人を改め、財団法人の特別法人としての学校法人を設立することが規定された。財団法人関西学院はこの事態にいち早く対応し、51年3月13日に登記を完了した。学校法人の特徴は、収益事業を行うことを認め、理事長*の役割を明確化するとともに、理事長の独裁を防ぐために理事の最低数を明記し、理事会の働きを内部でチェックする評議員会*と監事の設置を義務づけた。

関西学院の場合、それまでの財団法人下では、理事長は理事会が選任する院長*が兼任することから、法人の長と関西学院独自の役職である院長との機構上の矛盾は表面化しなかった。しかし学校法人移行以後、理事長と院長との兼務をやめ、実質的な教学と経営の責任者を院長とし、理事長は法的な地位としてやや象徴的に設けられることになった。しかし、1960年代末から起こった大学紛争を通して、教学とともに経営責任をも負う院長と経営責任をもっぱら負う理事会の長である理事長との役職上の重複が問題となり、74年に財団法人時代と同様、院長が理事長を兼務する体制（久山康*院長・理事長）になった。しかし、この体制も個人に権限が集中するという問題が表面化したことから、89年、再び理事長、院長の分離が行われ、その後理事会での検討の結果、97年に現行の39条からなる学校法人関西学院寄附行為と25条からなる学校法人関西学院寄附行為施行細則が定められ、理事長の権限が強化され、院長の位置が関西学院の歴史の中では、これまでと比べ経営責任から後退することになった。院長の役割は限定され、また教学の責任者は学長および高等部*長、中学部*長が担うものとなった。

理事21名、監事4名、評議員45名で、理事会は理事長を補佐するための常務理事を選任し、理事長は同様に理事長を補佐する若干名の常任理事を選任することとし、理事長・院長一人制に際して設けられた理事会の責任体制を、理事長のもとに明確にした。

関西学院創立120周年を期に策定

された「新基本構想」の６つのヴィジョンの一つとして「進化を加速させるマネジメントを確立」が取り上げられた。これを受けて2012年３月に執行体制（学院と大学の「たすきがけ」）と組織改編（大学評議会*の改組と大学組織の機構化）が学長提案として出され、13年４月より実施された。

この新体制は「経営と教学の共同体制を目指した、法人本部（法人執行部）と大学執行部との一体的な運営」であり、制度上、学長が副理事長に就任し、学校法人の常任理事３名が大学評議会*の承認を得て副学長に就任し、大学の副学長が理事会の承認を得て常任理事と就任する体制である。この変更を受けて理事会および評議員会*の人数も変更された。理事会については、学長以外の学校長から理事会が選任した学校長が１名から２名に、さらに学長が推薦した副学長３名が増員となり理事が25名となり、評議員会については、学長以外の学校長が１名から７名に、関西学院宗教総主事*１名が新たに加えられることとなり、評議員が52名となった。

【参照】Ⅱ 54, 489【文献】「関西学院　新基本構想」パンフレット（2009. 4）；「新中期計画進捗報告2009–2013」パンフレット（2012. 7））「関西学院の新たな執行体制と大学の組織改編」（「K. G. Today：Extra edition」March 2013）

学校法人聖和大学

学校法人聖和大学の起源は1880年にさかのぼるが、「聖和」の名は、1941年にアメリカン・ボード（会衆派）の神戸女子神学校とアメリカ・南メソヂスト・ミッションのランバス女学院が合併して成立した聖和女子学院に由来し、「聖なる和合（Holy Union）」を意味する。このランバス女学院は、神戸にあったランバス記念伝道女学校と広島女学校保姆師範科を統合して、21年、大阪に設立された学校であった。すなわち、学校法人聖和大学は、神戸女子神学校、ランバス記念伝道女学校、広島女学校保姆師範科をその起源としている。

神戸女子神学校は、アメリカン・ボードの宣教師で神戸英和女学校の教師であったJ. E. ダッドレー*とM. J. バローズ*が1880年10月、神戸の花隈の借間で始めた日本初の女性伝道者養成のための聖書学校を起源とする。この年を神戸女子神学校および学校法人聖和大学は創立の年とした。81年、この聖書学校は中断を余儀なくされたが、84年11月、ダッドレーとバローズは、神戸の中山手通

6丁目番外1、通称59番において、神戸女子伝道学校として再開した。1908年、校舎が新築され、日本語の校名が神戸女子神学校となった。26年、アメリカン・ボードの婦人伝道会の事情から補助金が激減。女子神学校の経営は困難となった。頌栄保姆伝習所や神戸女学院との合同案や閉校案が検討されたが、30年、移転と存続が決まった。その決定に基づいて、岡田山の神戸女学院の隣接地1,280余坪（約4,224㎡）を取得。従来の神学科に新たに社会事業科を加え32年10月に移転した。この校地を中心として41年、聖和女子学院が成立。現在は関西学院西宮聖和キャンパス*の一部となっている。

ランバス記念伝道女学校は、アメリカ・南メソヂスト監督教会*の宣教師でJ. W. ランバス*の妻、関西学院の創立者W. R. ランバス*の母であるM. I. ランバス*が自身の住居であった神戸の山二番館で日本人女性を対象に始めた婦人学舎が発展して、1888年9月、彼女を校長とする女性伝道者養成のための学校として正式に発足したことを起源とする。伝道者志望の生徒が減少し、手芸学校となった期間の後、98年、中山手通4丁目に新校舎が完成し、伝道者養成課程が復活。1900年、ランバス記念伝道女学校と称せられるようになった。

広島女学校保姆師範科は、アメリカ・南メソヂスト監督教会*の宣教師で広島英和女学校の初代校長であったN. B. ゲーンズ*が1895年に始めた同校の保姆養成科を起源とする。それに先立つ91年、ゲーンズは幼稚園を開園した。この幼稚園は現在の聖和幼稚園*の起源である。1908年、保姆養成科は保姆師範科に改組された。後の学校法人聖和大学のモットーの一つ、Head, Heart, Handと校章は、広島女学校保姆養成科に由来する。

大正時代を迎え広島女学校は発展し、その再編が課題となり1918年、ゲーンズは広島女学校再編案の検討をミッションとW. R. ランバス*監督に依頼した。翌19年、広島女学校とランバス記念伝道女学校の再編案を検討する委員会が設置され、ゲーンズも委員の一人となった。同年、アメリカ・南メソヂスト・ミッションの年会において、広島女学校保姆師範科とランバス記念伝道女学校を統合し、クリスチャン・ワーカー養成のための新しい学校を大阪に設立することが決まった。

ランバス女学院は、この決定に基づいて設立された学校であった。大阪の上本町6丁目、通称上六の大阪電気軌道のターミナルの近く（現在の近鉄大阪上本町駅の北）に約1,191坪（約3,930㎡）を取得。1921年、その土地にあった歯ブラシ工場の建物を利用し、ランバス女学院保育専修部を開校。22年には幼稚園を開園した。同年、新校舎の建設が始まり、翌23年完成。それに伴って神戸より神学部が合流し、日本語の校名をランバス女学院とし、英語の校名をLambuth Training School for Christian Workersとした。W. M. ヴォーリズ*設計の新校舎は、中庭を持つコの字形で鉄筋コンクリート造り、地下１階、地上４階で、建坪245余坪（約808㎡）、延べ床873余坪（約2,880㎡）、全館暖房給湯設備、水洗トイレを備え、幼稚園もこの建物の一部に収まった。後の学校法人聖和大学のスクール・モットー、“All for Christ”は、ランバス女学院のスクール・モットーを受け継いだものであった。

1933年、ランバス女学院は、大阪毎日新聞社が31年に大阪市東成区猪飼野町（現在の生野区桃谷５丁目）で始めていたセツルメント内に開設された大毎保育学園の教育を担うことになった。37年、大阪毎日がこのセツルメント事業から撤退。その後、この保育事業は鶴橋学園として継続されたが、45年、空襲によって園舎が焼失した。49年、鶴橋学園は聖和女子学院附属鶴橋学園となった。現在は、社会福祉法人聖和共働福祉会のもとで、聖和社会館および大阪聖和保育園となっている。

1940年、ランバス女学院は愛国婦人会の圧力を受け、同年12月、土地建物を同会に譲渡することを決定。直ちに交流があった神戸女子神学校に合同の可能性を打診し、前向きの回答を得、同月、譲渡の覚書に調印。学校の土地建物を無償譲渡し、金一封50万円を受け取った。これ以降、両校は集中的に会合を重ね、1941年３月、合併後の校名を「聖なる和合(Holy Union)」を意味する聖和女子学院と決定し、ランバス女学院院長廣瀬ハマコを院長に選出した。ランバス女学院には土地建物の譲渡という緊急の問題があったが、世界恐慌、日米関係の悪化、日本の戦時体制等のために、両校とも単独での存続が困難な状況にあった。ランバス女学院は、西宮の河原町48番地の旧西宮子供ホームの土地1,600坪（約5,280㎡）と建物を取得した。これを寄宿舎とし、旧神戸女子神学校の校舎と寄宿舎をそれぞれ第一校舎、第二校舎として、聖和女子学院が成立した。届出上は、神戸女子神学校の校名および学則の変更となり、ランバス女学院は廃校となった。

1941年５月27日、聖和女子学院は

開校式を挙行。後の学校法人聖和大学は、この日を創立記念日とした。聖和女子学院は当初、保育学部、神学部、社会事業部の３学部となる予定だったが、保育学部と神学部のみの開講となった。同年、軍国主義政府の統制によりプロテスタント各派は合同し、日本基督教団*が成立。それに伴って、プロテスタント各派の女子神学校を、東京に新設される日本女子神学校に一本化することとなり、43年３月をもって神学部は閉部。４人の在学生は日本女子神学校に編入となった。同年４月、社会事業部が開設されたがその年度をもって廃止となり、在学生は保育学部へ編入となった。

1945年８月終戦。学生、教職員、校舎、寄宿舎は無事だった。46年７月、アメリカン・ボードから、聖和女子学院が神学部を失って保育学部のみとなっていることは合同条件に対して違法であるという異議申し立てがあった。翌47年８月、アメリカン・ボード側の求めによって会合が持たれ、神学部を失ったことは最善を尽くした結果であり、やむを得ないことであったとの理解が得られた。このことを受け、神学部に代わるものとして、新しい宗教教育指導者養成の学科設立への道を模索することとなった。

1949年８月、戦後の学制改革の中で、短期大学の設置基準が決定され、聖和女子学院は同年10月、短期大学設置申請書を提出した。同年、隣接地6,567㎡を取得。翌50年３月、保育科と宗教教育科から成る聖和女子短期大学の設置認可。同年４月、開学。51年、財団法人から学校法人聖和女子短期大学への変更が認可された。52年、新校舎完成。55年、講堂完成。58年、山川道子*が聖和女子短期大学第３代学長に就任。その後、隣接地を順次取得。61年、『聖和八十年史』刊行。63年３月、宗教教育科の卒業生６名が日本基督教団*より日本初のキリスト教教育主事に認定された。同年、４年制大学設置を目指して、調査・研究を開始。同年９月、申請書類を提出。翌64年、学校法人聖和女子大学が認可された。聖和女子短期大学は、その後も存続し、聖和短期大学*、聖和大学短期大学部を経て、学校法人関西学院*聖和短期大学となっている。

1964年４月、キリスト教教育学科と幼児教育学科から成る教育学部*を持つ聖和女子大学が開学した。この幼児教育学科は日本初の幼児教育の４年制大学課程であった。初代学長は山川道子。校舎やグラウンドの整備が進められた。

４年制大学課程の設置を目指した

当初より、幼児教育学の研究と幼児教育者の養成のためには、大学院が必要であるとの認識があった。1972年、大学院設置申請書を提出。翌73年3月、日本初の教育学研究科幼児教育学専攻修士課程の設置が認可された。

1970年、創立90周年を記念して乳幼児センターの設立を目指すことを決定。72年、社会福祉法人聖和福祉会認可。73年4月、社会福祉法人聖和福祉会乳幼児保育センターが開所され、現在に至っている。

1980年、創立100周年を記念して、阪田寛夫作詞、大中恩作曲による校歌「新しき歌」(現、聖和短期大学学歌)が制定された。81年、学校法人聖和大学認可。初代理事長山川道子、初代学長松永晋一。同年、聖和大学大学院が共学となり、翌82年、教育学部が共学となった。

1986年、生きた英語力を持つ有用な女性の養成を目的として、短期大学に英語科を新設。92年、教育学研究科幼児教育学専攻博士課程が開設された。94年12月、教育学部キリスト教教育学科を改組したキリスト教学科と新設の英米文化学科から成る人文学部の設置が認可された。

1995年1月、阪神・淡路大震災*が発生した。園児1名が死亡、学生4名が負傷、物的被害の査定額は12億3,500万円であった。同年4月、人文学部開設。2002年3月をもって短期大学部英語科を廃止。同年4月より、人文学部英米文化学科をグローバル・コミュニケーション学科に名称変更。

2007年3月、学校法人聖和大学の茂純子理事長は、学校法人関西学院*の山内一郎*理事長*とともに法人合併*協定書に調印。それに基づいて09年4月、学校法人聖和大学は学校法人関西学院と合併し解散した。これに伴って聖和大学短期大学部は学校法人関西学院聖和短期大学*となり、聖和大学附属聖和幼稚園*は学校法人関西学院聖和幼稚園*となった。合併後の4年間は、学校法人関西学院のもとで聖和大学が存続したが、13年3月、在学生がすべて卒業し聖和大学は廃止された。

【文献】『聖和八十年史』1961;『聖和保育史』1985

加藤誠之《かとうせいし》 1907.11.25〜1995.12.13

理事長*。三重県宇治山田に生まれる。1930年、関西学院高等商業学部*を卒業し、日本ゼネラルモータースに入社。37年、トヨタ自動車工業設立と同時に同社に入社。戦後の50年にトヨタ自動車販売設立に伴い同社に移り、75年、取締役社長、79年、取締役会長に就任。82年、トヨタ自動車工業とトヨタ自動車販売の合併に伴って設立されたトヨタ自動車の監査役、相談役に、88年には顧問に就任。トヨタにおいては販売の神様といわれた神谷正太郎とともにトヨタの販売網の基礎を築いた。その間、多くの会社の役員を歴任、また、トヨタ財団理事、経済団体連合会理事、名古屋商工会議所副会頭、世界デザイン博覧会協会副会長兼理事長などの公職を歴任した。80年７月、「日本経済新聞」の「私の履歴書」欄に執筆。

在学中は庭球部*に所属。「ノーブル・スタボネス*」という当時の庭球部の部訓と賀川豊彦*の講演「エターナル・ベイビイ」に感銘を受け、生涯これを座右の銘とした。また、評議員、監事、理事を務め、89年から92年まで理事長を務めた。

【文献】『私の履歴書』(経済人19) 1986

加藤《かとう》秀《ひで》次郎《じろう》 1902. 3. 7～1977. 8. 29

第８代院長*、理事長*。北海道函館に生まれる。慶應義塾商工業学校卒業後渡米。オハイオ州オベリン大学で英文学を専攻し、帰国後、1930年、関西学院高等商業学部*に専任講師として赴任。翌年教授。47年に高等商業学部長に就任後、短期大学*長、院長*、高等部*長、中学部*長、理事長*を歴任する。

1958年から62年の高等部長時代には、高等部の教育の基本を「自覚に俟つ教育」に置き、生徒に対して自由を重んじながらも自覚、責任感を強く求め、また、教師に対しても「生徒に対する責任を求める態度は、同時にコントラクト（契約）がある。だから忠実にこれを履行せねばならない」という姿勢を求めた。その後、18年間中学部長を務めた矢内正一*の後を受け、65年、中学部長に就任し、その教育理念をしっかりと引き継いだ。

誠実なクリスチャンであると同時に、アメリカ仕込みのデモクラシーの筋がしっかりと通った人物であった。

【参照】Ⅱ 45, 64, 166, 178, 292, 306, 352, 386

【文献】加藤秀次郎『青芝』1967；『関西学院高中部百年史』1989

カナダ合同教会

United Church of Canada（UCC）

1925年にカナダ合同教会がメソヂスト教会、長老教会、会衆教会の三教派の教会から成立した出来事は、世界のエキュメニカル運動の歴史にとって画期的な出来事であった。この合同教会が成立する半世紀ほど前から合同への機運があったことは、例えば、1874年に長老派のすべてを包括するカナダ長老教会、84年にメソヂスト派によるカナダ・メソヂスト教会*、そして1906年には会衆諸派によるカナダ会衆派合同がそれぞれ成立していたという一連の合同運動からもうかがえる。

カナダ合同教会の成立要因としては、19世紀後半からさまざまのかたちで生起してきたエキュメニカル運動、わけても1910年のエディンバラでの世界宣教会議の影響があげられる。また国内的には、広大な国土の中で、特に新しく開拓された西部における具体的な宣教活動の中から強く促されてきた実践的要請であったといえる。しかもこの合同は、約20年間にわたって教会合同のための基礎をめぐって論議を重ねた新しい教会の在り方を目指す試みであり、その後、日本基督教団*も含めて世界に30以上の合同教会が誕生してくるモデルともなった。関西学院に派遣されたカナダからの宣教師は、この25年の合同教会の成立を境に、その派遣教会がカナダ・メソヂスト教会*からカナダ合同教会に変わっている。

【参照】 I 218, 462

カナダ・メソヂスト教会

Methodist Church of Canada：
The Methodist Church, Canada（MCC）

18世紀後半、アイルランドやイングランドからの移住者によってメソヂスト運動はカナダにもたらされた。カナダにおけるメソヂスト教会の宣教活動は、1790年以来、アメリカのメソヂスト監督教会の管理下にあったが、1828年、独立したカナダ・メソヂスト監督教会*となり、33年、英国ウエスレアン教会による伝道教会をあわせ、カナダ・ウエスレアン・メソヂスト教会が組織された。さらに74年、これに東部英領アメリカ・ウエスレアン年会およびニュー・コネクション・メソヂスト教会カナダ年会が加わり、この３教派教会が合同してカナダ・メソヂスト教会を形成した。

明治政府により江戸時代以来の禁教政策が事実上撤廃された1873年、カナダ・ウエスレアン・メソヂスト教会は最初の外国宣教の地として日本を選び、二人の宣教師D. マクドナルドとG. カクランを派遣した。その翌年のカナダ・メソヂスト教会の成立により、日本宣教はカナダ・メソヂスト教会のトロント年会に継承されることになる。日本においては、特に東京、静岡、山梨、長野などを中心に宣教活動を展開し、多く

か

の教会や学校などを設立したが、学校事業としては東洋英和学校、東洋英和女学校、静岡英和女学校、山梨英和女学校が代表的なものである。しかしながら、99年、国家主義的な文部省訓令第12号によって東洋英和学校などのカナダ・メソヂスト教会の男子校事業が頓座を余儀なくされることになるが、実はその男子校の頓座と新たな展開を求めての祈りこそが、1910年に南メソヂスト監督教会*からの呼びかけもあり、カナダ・メソヂスト教会が関西学院の学校経営に共同参加する動機となったのである。

【参照】Ⅰ 217–228

カヌー部

1958年、関学カヌーは西宮香枦園浜スカルハウスに産声を上げ、オリンピック選手を送り出すという壮大な夢を持ってスタート、関西の大学カヌー発足第1号として脚光を浴びる。60年の日本選手権に坂根徹・阪本宗三郎組が初出場初優勝、65年の第1回全日本学生選手権大会では総合初優勝。東京オリンピック候補選手の古沢正男をはじめ、部員は学生クルーの雄として君臨する。67年までに体育会*傘下カヌークラブとして全国制覇個人11種目、団体制覇2回を成し遂げ、68年に念願の部昇格を果たした。世界選手権には74年に尾崎茂夫・柏原基継、75年に尾崎、99年に丸山一馬、2002年に丸山良平が選ばれ、日本の代表として活躍する。これまでの戦績は、全日本学生選手権団体制覇12回（男子9回・女子3回）、関西学生選手権団体制覇18回（男子15回・女子3回）である。

【文献】『関西学院大学体育会カヌー部創設50周年記念誌』2008

甲山落語研究会

甲山落語研究会は、落語を好む有志が集まり、実演や諸々の研究を通じて落語との関わりを深めることを目的として1972年10月に設立された。

甲山落語研究会出身の落語家には、桂文華、桂こけ枝、桂三扇（甲南女子大学卒業)、春風亭昇々、桂華紋の5名がいる。このほか、落語作家の小佐田定雄、長唄囃子方の藤舎次生を輩出し、卒業後も素人として落語発表会を続けている者もいる。

現在の主な活動は、1974年12月に始まった関学落語会（学外の発表会)、甲山落語会（大学祭での発表会）を中心とする落語会の開催や、依頼を受けての施設での余興などである。近年は、漫才・コントにも力を入れており、そのほか、寄席囃子の実演（三味線、太鼓、笛など）や寄席文字の習得などにも取り組んでいる。また、各地で開催される大会にも精力的に参加している。

機関誌として『石段』を1973年12月に創刊した（現在休刊中）。

空手道部

1948年に空手道同好会として発足。同年運動総部総会で部への昇格の承認を得、空手道部が誕生する。初代師範は糸東流開祖摩文仁賢和。55年に全日本学生空手道連盟、57年に関西学生空手道連盟が結成され、62年第５回全関西大学空手道選手権大会３位、同年第６回全日本大学空手道選手権大会４位、63年第１回西日本大会準優勝、翌64年第７回全関西準優勝、第２回西日本４位、第８回全日本で初の全国制覇。同個人においても主将前川英博が準優勝を果たした。その後73年の全関西優勝（主将・永谷寛治）、翌74年全関西個人戦準優勝（辻正博）、75年、77年全関西４位など関西の学生空手界をリードする役割を担ってきた。

しばらく低迷が続いたものの、96年の関西個人戦形の部準優勝（堀川弘道）を機に、97、98年連続で同部門３位入賞を果たした。99年、関西学生空手道連盟は１、２部リーグ制を導入。98年のリーグ決定戦でベスト16入りし、１部でスタートを切る。スポーツ推薦入学試験の制度が92年に導入され、98年初の入部者を獲得すると、稲田隆宏が2002、03、04年と全関西個人形３連覇、全日本個人形03、04年準優勝、05年優勝。08年全関西団体形男子優勝、09年全関西団体形女子優勝、11、12年同部門準優勝と形競技にて大きな成果を残し、さらに日本のナショナルチームの一員として森岡実久が11、12年とアジア大会団体形女子連覇、同年第21回世界空手道選手権大会（パリ開催）にて優勝という輝かしい成果をあげた。一方、組手においては、ようやく10年、全関西団体男子で73年優勝以来37年振りに３位入賞。女子団体は、13年西日本・全関西とも３位入賞と女子始まって以来の成績をあげ、復活の兆しがうかがえるようになってきた。

しかしながら、競技としての空手で結果を残すことも重要だが、空手道部としては、武道としての空手の修練を今後も第一義としたい。

【文献】『関西学院体育会空手道部創部50周年記念誌』1999

河上《かわかみ》丈《じょう》太郎《たろう》 1889. 1. 3～1965. 12. 3

理事、政治家。東京に生まれる。第

一高等学校、東京帝国大学法学部政治科を卒業。立教大学講師を経て、1918年4月、関西学院高等学部*文科(社会学科*)教授に就任。経済学、統計学、法律学を教える。28年、第1回普通選挙に立候補し当選、29年3月に学院を辞任、無産政党の創立に尽力する。44年12月、永井柳太郎*の死去に伴い、翌45年1月から46年7月まで後任の関西学院理事に就任。45年の日本社会党創立の中心的役割を担うが、第2次世界大戦後は公職追放となる。51年の追放解除後、52年、右派社会党委員長に就任、社会党左右両派の統一における中心的働きをなす。61年以降は5期連続で社会党委員長を務めた。父河上新太郎の影響もあり銀座教会に籍を置く熱心なキリスト教徒であり、「十字架委員長」の呼称でも知られる。

【参照】 I 368, 566【文献】『河上丈太郎―十字架委員長の人と生涯』1965;『河上丈太郎日記』2014

河《かわ》辺《べ》満甕《みつかめ》 1897. 7. 29～1970. 4. 1

大学予科*長、新制高等部*初代部長、宗教総主事*。兵庫県淡路島に生まれる。1916年、大阪の今宮中学校を

卒業し関西学院高等学部*文科に入学。同学部卒業後は、アメリカ・イリノイ州グリンヴィルカレッジ、ドゥルー神学校、イギリスのエディンバラ大学、オックスフォード大学、カナダ・トロント大学に留学。1926年、関西学院文学部*の英語・英文学・聖書の教員として赴任した。48年、大学予科長から新制高等部の初代部長に就任し、58年までその重責を果たした。

部長就任に際して「敬虔な教養のある強い人間の養成、キリスト教的世界観の上に学問を植えつける、大学との連絡を保ちつつ独立し、高校の自治、自立を維持する」と高等部教育の方針を表明した。河辺の教育方針を支えるのはイギリスのパブリックスクールの教育理念であり、ディシプリン (discipline) によって強靱な精神が青年の心の底に根づくことを信じて、その実践を試みた。

現在、高等部で刊行されている教師の研究誌『論叢』は、河辺から第2代部長加藤秀次郎*への交代期に、河辺の宗教総主事*就任を記念して創刊されたものである。著書に『概説旧約地誌』(1933)、『千里山の声』(1971) がある。

【参照】 I 347;II 66, 83, 93, 97, 293, 312

【文献】『関西学院高中部百年史』1989

神崎《かんざき》驥一《きいち》 1884.8.10～1959.4.16

第5代院長*、理事長*、学長*。東京麹町に生まれる。1901年、関西学院普通学部*を卒業、英語専修科に在学した後、カリフォルニア大学に留学。同大学院に進学、歴史学と政治学を学んだ後、在米日本人会書記長に就任。吉岡美国*第2代院長*の女婿となり、21年、高等学部*が2学部に分離するに当たり、高等商業学部*長就任のために帰国。その後、前年就任した第4代C. J. L. ベーツ*院長が第2次世界大戦前夜に離日するまで、関西学院の上ケ原移転*、大学設立という大事業敢行の片腕として、院長を補佐した。大学開設に伴い、大学商経学部*長を兼任、高等商業学部と大学商経学部教授でもあったが、主に学校行政に終始尽力した。ベーツ院長*の離日後、40年から50年の10年間、第5代院長を務め、一時期、大学長、専門学校長も兼ねて、戦中、戦後の混乱期の関西学院の舵取りをした。

戦後、学院民主化の波から退陣を決意したが、理事会の強い要請で学院民主化の推進にも当たった。戦時中の権限集中体制を解き、学長、専門学校長から離れ、それぞれの公選制に道を開き、院長公選、学校法人への移行に道をつけて、1950年、院長を定年によって退職した。その間、多くの新制大学認可より1年早く48年の新制関西学院大学の認可に尽力した。

また神崎はミッション・スクールの代表として教育改革にも関わり、専門学校の新制度としてジュニア・カレッジ構想を示し、短期大学*の設立に寄与した。その他、大学設置委員会常任委員、大学基準協会、私立学校連盟、基督教教育同盟会、内外協力会*の各理事を務めた。

学院退職後、1951年第2代帝塚山学院長兼第2代短期大学学長に就任、56年大阪市教育委員会委員長も務めた。C. J. L. ベーツ*、H. W. アウターブリッヂ*に続いて、59年に名誉博士号を受けた。

【参照】Ⅰ 373, 564；Ⅱ 34, 103, 170【文献】『帝塚山学院年譜』1996

関西学院会館

1999年10月、関西学院会館は創立111周年記念事業*計画の建設事業の一環として建設された。同窓生（開館時点で約18万名）をはじめ学院にゆかりのある人々、教職員、学生・生徒が交流するための場であり、またキリスト教主義に基づく生涯学習の場として、さらには建学の精神*を高揚することを願って建設された。建設当時の山内一郎*院長*の言葉によれば「母校は卒業しても、alma mater（育ての母）であり、時が経つほど校風との絆が強くなる」ことが実感できる新生の場である。関西学院関係者以外の人には関西学院と関西学院のもつ文化的雰囲気が感じられる場の一つとなっている。日常運営は外部に委託し、統括を学院が行っている。

旧日本人住宅跡地に建設された関西学院会館は他の校舎建築と異なる個性を主張している。アーチ形の門を入るとほどよい中庭があり、保健館*側の廊下とスパニッシュ風のパティオを演出している。大きな建物であるが、巧みに残されたセンダンやモミの大木などに包まれ、西宮上ケ原*校地の景観に溶け込んだ落ち着きを感じさせる。館内には、ベーツチャペル、レセプションホール、会議室、研修室（1階に1室、2階に和室4室、洋室2室）そしてレストランがあり、礼拝、学会、講演会、各種会議・会合、懇親会、同窓会*、結婚式、披露宴等、少人数から500名規模のさまざまなプログラムを、キャンパスに隣接する場で行うことができるようになった。1999年7月竣工、鉄筋コンクリート造り陸屋根地下1階付き3階建て、延べ床面積5,355.24㎡、設計・施工は竹中工務店。

建築同様、造園*もまた地域社会と共生しランドスケープを共有するコンセプトを基に計画が立てられた。外国人住宅*1号館（ベーツ館*）と2号館（オハラホール）を取り込んだ北側の庭園は広々として野外パーティなどの絶好の場となっており、西側と南側は地形、学内環境に調和する植栽がなされている。春は桜、秋は紅葉と、簡単明瞭な植栽が基本となっているが、四季それぞれに楽しめ、気どりのない空間が構成されている。

旧同窓記念会館（1959年竣工、2002年取壊し）にあった総務部校友課（現、法人部校友課*）、同窓会*本部、ケージークレセント*も会館の完成と同時に館内に移転した。

この旧同窓記念会館は、関西学院

創立70周年、1959年11月に竣工、鉄筋コンクリート造り、瓦葺き、2階建て、延べ床面積633㎡であった。設計はヴォーリズ建築事務所で、60年代のモダンな直線を生かしたものであった。当時、大学本館に隣接して建物西側に新月池*をのぞむ位置にあり、学院が土地を一部提供し、同窓会*の募金によって完成された。その後、学院同窓会*の中心的な役割を担いつづけた。関西学院会館の完成を受けその役割を譲り、現在、その跡地に法科大学院*の校舎が設けられた。

関西学院教育振興会

1963年、恒常的な寄付の受け入れ機関として発足した関西学院後援会*は、71年3月にはその名称を関西学院教育振興会に改めた。教育振興会の募金事業は毎年恒常的に実施されており、父母を中心とする在学生の保護者、保証人、同窓、一般有志の個人・法人および団体等を対象に幅広く活動している。

この募金事業で得られた寄付金は関西学院に寄付され、関西学院の教育と研究を維持発展させていくための大きな支えになっている。

【参照】Ⅱ 79

関西学院教会

1910年、カナダ・メソヂスト教会*の関西学院経営への共同参加に伴い、関西学院全体が質量ともに飛躍的な発展を遂げ、その過程で、学院内の宗教活動を幅広く推進・展開する拠点の必要性が次第に高まり、15年、原田の森*に関西学院教会が設立された。初代牧師には小野善太郎*が礼拝主事を兼務して就任した。29年、学院の上ケ原移転*に伴い、宗教館（現、吉岡記念館*）2階の礼拝堂で日曜礼拝を守るようになった。学院の礼拝主事が教会の牧師を兼務し、初代の小野善太郎*以降、堀峰橘、松下績雄*、松本益吉*、柳原正義*、亀徳一男*と続く。そして第7代の釘宮辰生*は、41年に日本メソヂスト教会*が日本基督教団*に合同されるに伴い、教会の牧師と礼拝主事とに機能的な区別が設けられたため、教会専従牧師の身分に変更されている。戦争の激化に伴い、43年以降は牧師館で細々と礼拝を守る状況であった。

戦争直後は閉鎖されていた神学部*チャペルで礼拝を守っていたが、戦後のキリスト教ブームもあり礼拝出席者が急増するのに伴い、戦前にも論議された教会堂建築の夢が新たに浮上し、関西学院教会は1957年に地域の教会として現在の地、上甲東園に独立して移ることになる。ここに関西学院教会は、関西学院全体のキリスト教活動において大切な役割を担ってきた歴史に一つの区切りをつけ、学院との深い関係を保ちつつ地域に広く開かれた教会として新しく出発したのである。

【参照】Ⅰ 400；Ⅱ 325【文献】『関西学院教会80年史』2000

関西学院教習所

第2次世界大戦後の1945年9月5日に、文部省は次官通達（発専120号）「陸海軍諸学校出身者及在学者等ノ編入学ニ関スル件」を通達し、陸海軍諸学校出身者、在学者などの旧制高等学校、大学予科*、専門学校への編入を認めた。しかし、GHQは希望者が特定の学校に集中するのを避けるため、学生定員の1割のみの収容を認めた。その結果、その年の9月の入学試験では多数が不合格となり、46年4月の入学試験を再受験せざるを得なくなった。

その受験準備をするための学校として、文部省は、中部軍管区の中から関西学院大学を指定し、「退職軍人大学進学教習所」「退職軍人教習所」「関西学院教習所」と呼ばれる学校を設立させた。総理に神崎驥一*、所長に今田恵*、教授に寿岳文章*、増野正衛、志賀勝*、平賀耕吉、小宮孝*、片山正直*ら10名、職員に田中俊二が就いた。学生は101名で、出身校は神戸第一中学校、姫路中学校、市岡中学校、天王寺中学校など近畿の旧制中学校だけでなく、小樽中学校、青森中学校、広島中学校などもあった。46年4月には、旧制の東京帝国大学、京都帝国大学、大阪帝国大学、東京商科大学、大阪商科大学、神戸商科大学などや関西学院大学に入学した。

【文献】米田満『児玉国之進先生卒寿記念 関西学院とともに』1986；酒井淳「語るべき青春 関西学院退職軍人教習所」『偕行』1996；柚木学「新関学風土記」『関学ジャーナル』(149)1997. 5. 30；『文部行政資料』(1)復刻版, 1997

関西学院グリークラブ

1899年、吉岡美国*院長*夫人の妹、岡島まさ（政尾）の指導の下、関西学院に男声合唱の音が響いた。翌1900年、吉岡院長に「関西学院グリークラブ」と名付けられ、ここに日本で初めての男声合唱団が誕生した。その後、急激に日本が軍国主義化する中にあっても関西学院グリークラブは活動を続けて戦前戦後の激動の時代を生き抜き、伝統を守り抜いた。

戦後間もなく、1946年に行われた第1回関西合唱コンクールでは大学男声の部で第1位に輝き、最優秀賞を獲得。第3回関西合唱コンクールでは一般の部にて第1位で全国大会に出場し、全国優勝を果たす。以後、全国大会において54年まで6年連続優勝招待演奏、63年まで3年連続優勝招待演奏と、57年の関西敗退以外はすべて全国優勝を成し遂げた。64年に不参加を決めるまで、全国コンクールでは戦前の競演会3回を含めて実に18回の出場、2回の招待演奏という輝かしい実績を残す。

近年では2006年よりコンクールへの出場を再開し、13年までの8年間で全国大会に7回出場して金賞を5回、部門最優秀賞を2回受賞している。

国外における関西学院グリークラブの活動は1963年の台湾演奏旅行が最初で、65年にはアメリカ（ニューヨークリンカーンセンター）で行われた第1回世界大学合唱祭に出場して国際的な評価を得た。以後も積極的に海外へ演奏旅行に出かけ、世界中の合唱団と交換演奏会を行っているほか、パリのノートルダム寺院、ケルン大聖堂、ウィーン楽友協会大ホールなどでも演奏を行った。特にドイツのベッチンゲン村とは古くから交流を深めているほか、19年よりクロアチアの国民的オペラの中の1曲“U Boj！”を歌い続けてきたことから、同国との関係も深い。65年、兵庫県文化賞および西宮市文化功労賞を受賞。

OB会として新月会が1934年に結成され、グリークラブの活動をさまざまな面で支援するとともに、合唱団としても活発に活動している。著名なOBに、音楽家の山田耕筰*、林雄一郎、北村協一が挙げられる。また、宮内義彦、宮原明、村上一平をはじめ、経済界にも多くの人材を輩出している。1999年には創部100周年を迎え、東京オペラシティコンサートホール、フェスティバルホールでOBも参加して記念リサイタルが行われた。

2014年現在、100名を超える部員が所属し、東西四大学合唱演奏会、関西学院グリークラブフェスティバル、関西学院グリークラブリサイタルなどの演奏会を中心に年間を通じて全国各地で精力的な活動を続けている。

【文献】『関西学院グリークラブ八十年史』1981

関西学院憲法

1889年の関西学院創立に際し、南メ

ソヂスト監督教会*日本ミッションは宣教師の中から、のちに第３代院長*となるJ. C. C. ニュートン*以下、N. W. アトレー*、C. B. モズレー*の３名を起草委員として指名し、「関西学院憲法」を作成させた。関西学院創立に際しての英文による基本法であるが、日本語訳草案も残されており、全部で12款から成っている。学院精神の基本的な在り方が明示され、創立時の学院運営が示されている。また、この憲法は南メソヂスト監督教会*の日本年会で承認され、監督庁の認可を経て効力を発揮するとしている。

第１款では学院が南メソヂスト監督教会日本年会所属の教育機関であることを定め、第２款で「本学院ノ目的ハ、基督教ノ伝道ニ従事セントスル者ヲ養成シ、且ツ基督教ノ主義ニ拠リテ日本青年ニ知徳兼備ノ教育ヲ授クルニアリ」と定めている。キリスト教会の伝道者養成とキリスト教主義に基づく一般教育の２つの目的をかかげ、創立時には神学部*と中等教育（普通学部*）からスタートし、やがて中等教育から高等教育へと進んでいく関西学院の理念を示している。しかも、神学部と普通学部の両学部は同等で優劣がないことを強調し（第３款）、キリスト教国ともいわれるアメリカの教会が、単に直接的にキリスト教伝道に役立つ教育機関の設立を目指していたのではないことを確認している。

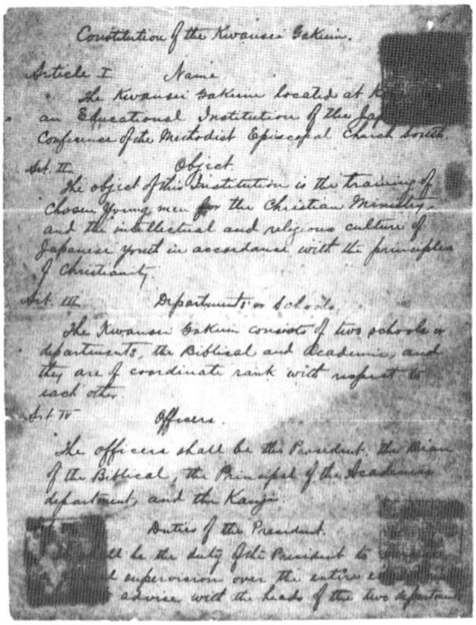
Constitution of the Kwansei Gakuin.
Article I Name
The Kwansei Gakuin located at
an Educational Institution of the
Conference of the Methodist Episcopal Church South.
Art. II Object.
The object of this Institution is the training of chosen young men for the Christian Ministry, and the intellectual and religious culture of Japanese youth in accordance with the principles of Christianity.
Art. III Departments or Schools.
The Kwansei Gakuin consists of two schools or departments, the Biblical and Academic, and they are of coordinate rank with respect to each other.
Art. IV Officers.
The Officers shall be the President, the Dean of the Biblical, the Principal of the Academic department, and the Kanji.
Duties of the President.
be the duty of the President to
supervision over the entire
advise with the heads of the two departments

さらに、学院の具体的な運営の在り方についても規定している。すなわち、役員として院長*、両学部の責任者（当初は教頭と呼び、のちに部長となった）、幹事の４名を置き、それぞれの任務を示し、両学部長の選任方法を記している。なお、この憲法には明示されていないが、後には廃止されることになる院主*と呼ばれる役員が置かれており、幹事が兼ねている。これはもっぱら役所との折衝にあたるために設けられた役職で、アメリカ人の院長を助けるために日本人が就任していた。院長や幹事その他の教員の選任は、定められた選出方法によってミッションから選ばれる４名の宣教師と日本年会から選ばれる４名の日本人から成る評議員会*によって行われた。評議員会の職務と権限は今日の理事会に相当する。日常の具体的な活動は、先の役員４名から成る理事員を組織し行った。この理事員は後にスクール・カウンシル（全学協議会*）につながっていく。

創立当時の関西学院の校地は、学院がいまだ法人格をもたないため、第２代院長となる吉岡美国*を含む３名の名義となっており、この３名を依託委員と位置づけ、学院財産の依託を明記している。

この憲法はその後実情に沿って変更されるが、カナダ・メソヂスト教会*との合同経営に入って合同条項*が作成されるまで、学院の基本規則であった。

【参照】Ⅰ 99

関西学院後援会

戦前の父兄会や戦後のPTAとは別に、学院の活動を後援するための会として1947年に創立された。その後、63年に恒常的な寄付の受け入れ機関として関西学院後援会（現、関西学院教育振興会*）が発足したため関西学院父兄会と改称し、89年には再び関西学院後援会と改称した。会費を徴収し、学院教育に必要な支援をしている。現在、後援会による支援活動には、新入生父母歓迎会、大学教育懇談会、後援会表彰などがある。

【参照】Ⅱ 79【文献】『関西学院後援会通信』1991

関西学院交響楽団

関西学院交響楽団は1913年に創部。慶應義塾、学習院、早稲田などと並び、学生オーケストラとして国内でも屈指の歴史を誇る。戦前の記録はほとんど残っていないものの、キャンパス内の中央講堂*で年１回の演奏会を開いていたようである。第２次世界大戦のためやむなく活動を中止せざるを得なかったが、1946年に部員６名で活動を再開、51年５月には第１回目の定期演奏会を開催するに至った。52年に、当時としては珍しいチャイコフスキーの「白鳥の湖」を演奏し、徐々にその規模を拡大していき、創立50周年記念となる第24回定期演奏会ではベートーヴェンの交響曲第９番を演奏。さらに、76年と80年にはソビエト連邦共和国へ、また89年と92年にはオランダへ演奏旅行をし、高い評価を得た。2000年12月に東京オペラシティコンサートホールで開催されたソニー音楽財団主催の第15回全日本大学オーケストラ大会では、最優秀賞にあたる講評委員会「大賞」を受賞した。

関西学院交響楽団の特徴は、長年にわたり原則として学生指揮者のみで演奏会を行っていたことで、客演指揮者を迎えたのは第59回（1982年6月）からである。なお、第39回から第58回までの10年間は、OBでもあり顧問の畑道也*文学部*教授が常任指揮者として、学生指揮者とともに舞台に立った。2013年に創部100周年を迎え、記念演奏会を開催。現在は年に2回の定期演奏会、全国各地への演奏旅行などを通じて音楽活動を行っている。学生自身の手により音楽を創りあげる伝統は現在にまで引き継がれており、毎年精力的な活動を展開している。

【文献】『Kwansei Gakuin Symphony Orchestra 1913–2003：第100回定期演奏会を記念して（創部90周年記念資料）』2003；『関西学院OB交響楽団創立10周年記念特別演奏会：関西学院交響楽団創部100周年を祝って』2013

『関西学院高中部百年史』

1989年11月、関西学院創立100周年を記念して発行された高中部史である。通史、中学部*・高等部*各論、高等部学友会*・クラブの歴史、資料編からなる。

通史は、次の4つに時代区分されている。「普通学部*から旧制中学部・原田の森*時代」「旧制中学部・上ケ原*の時代」「新制中学部の創設とその教育の精彩」「高等部の発足から現在まで」である。各時代のトピックスや関西学院を担った人間像を伝えることに力点が置かれているため、記述はエピソード風のものが多い。写真、図版資料も豊富である。通史の締めくくりとして、創立100周年を機に改築された高中部新校舎の概要が記されている。また、中学部・高等部各論では、各部の教育実績が綴られている。

この高中部史は、普通学部・旧制中学部から高等部への流れを中軸に据えており、編集委員も高等部教員が務めたため、新制中学部の記述が高等部のそれに比して簡略なものになっている。80名近い執筆者が存分に想いを語り得た結果、読み物風のユニークな部史に仕上がっている一方、客観的事実の記録を集めた資料編にも相当の量（60ページ）が割かれている。

編集委員長田淵周吉は、在職最後の仕事として、部史編纂に情熱を傾けたが、

発行前に定年退職となった。その後、委員長を林信男が引き継いだ。Ａ４判、本文484ページ、カラー口絵16ページ。

関西学院構内古墳

関西学院のある上ケ原*には、６、７世紀ごろの古墳時代後期の古墳群が分布しており、1935年と59年の２回にわたり調査が行われた。１回目の調査は、大学予科*教員で日本史、考古学を専攻していた武藤誠*を中心に、予科教員であった柏倉亮吉、児玉国之進*や学生らの協力を得て行われ、その記録は大学予科*発行の『甲陵』（1935年11月）に掲載されている。２回目は西宮市史編纂事業の一つとして、文学部*教授に移籍していた武藤誠を中心に文学部史学科学生の協力を得て行われた。社会学部*の西北角で旧馬術部*厩舎横にある古墳は横穴式石室をもつ円墳で、もち送りの技法（側壁を築く際、石材を内側にせり出して積み上げる手法）で作られ、石材は仁川*

渓谷の花崗岩であった。調査の際、金環など装飾品、武具、馬具、須恵器などが発掘された。なお、この遺跡は1974年３月に「西宮市指定文化財」に登録された。

【文献】武藤誠『母校通信』(64)1980；長尾文雄「古墳」『関西学院広報』(143)1991.1.30

関西学院史

125年の歴史の中で関西学院は『開校四十年記念 関西学院史』（1929.9）、『関西学院五十年史』（1940.6）、『関西学院六十年史』（1949.10）、『関西学院七十年史』（1959.10）、『関西学院の100年』（1989.11）、『関西学院百年史』（1994.3–98.3）、111周年記念に『関西学院事典』（2001）を刊行した。

『開校四十年記念 関西学院史』は、委員長神崎驥一*が「緒言」を、C.J.L.ベーツ*が「プロローグ」を執筆した。編纂委員の中心は「跋」を書いた村上謙介*であり、原則として時系列に並べ事項別に執筆し、第１・２章は「種々の逸話めきたるもの」を採録し、学院の上ケ原移転*までを記述している。付録に年表、旧教職員表、現教職員、卒業生名簿が載せられている。Ａ５判、口絵24ページ、本文228ページ、付表69

ページ。

『関西学院五十年史』は、神崎驥一*50周年記念事業委員長のもとで編纂された。武藤誠*が中心となり、学院の発展の姿を学院全体の立場に立って明らかにすることに重点を置き、各学部の成立過程を明らかにするため資料の蒐集と記述の正確さを期し、誤聞、誤伝、想像、推測などに煩累を蒙らないようにすること、また、一切の事実には、細大となく必ず証拠を求めて執筆された。付録には年譜、現任教職員一覧、卒業者員数表が載せられている。A５判、口絵・図版25ページ、本文384ページ、図表１枚。

『関西学院六十年史』は、戦後公刊された最初の年史である。上記既刊書との重複を避けることを基本方針とし、50周年以降最近10年の記事を主として書かれた。編集委員長は序文を書いた寿岳文章*で、武藤誠*が中心となって執筆された。第１編50周年以前、第２編50周年以降、第３編学部小史、第４編文化志、第５編回顧録からなり、付録には年譜、財団法人関西学院役員、現任教職員一覧、教職員及学生員数表、卒業生員数表が載せられている。A５判、口絵１ページ、本文316ページ、英文15ページ。

『関西学院七十年史』は学院創立70年と大学開設25年をも祝って公刊されたもの。編集委員長は堀経夫*で監修にあたり、大道安次郎*、武藤誠、高橋信彦が中心となって執筆された。その方針は、大学に重点を置いた学院史とすること、統計資料を豊富に用いて学院の過去および現在の姿を具体的に明らかにすること、回顧手記をできるだけ多くの関係者に執筆してもらうこと、旧教職員名簿をつくることであった。第１部学院70年の歩み、第２部大学の25年、第３部高等専門教育の沿革、第４部高等部*・中学部*、第５部学生会*小史、第６部附属施設と諸団体、第７部回顧録のほか、第８部は付録で、諸規程、学校法人関西学院*役員名簿、現教職員名簿、旧教職員名簿、関西学院70年史年譜、原田の森*旧校地鳥瞰図、上ケ原*校地鳥瞰図、学生・生徒在籍者数表、卒業生数表が載せられている。A５判、口絵８ページ、本文701ページ。

『関西学院の100年』は、小林信雄を編集委員長に柚木学*、山内一郎*らの委員によって執筆された図録で、各委員が各種の新旧資料を参照して執筆した後、全体で活発な討論と検討を繰り返して書かれた略史である。これは先人たちが、いつの時代においても、またいかなる苦難のときにあっても、建学の精神*と

「マスタリー・フォア・サービス*」の理念を見失うことなく継承し、それの完成に向けて努力したことを忘れてはならないとの思いから、100年の歴史を８章に分けて写真・資料を中心にして編集されたものである。Ａ４判、本文208ページ。

『関西学院百年史』は資料編２巻、通史編２巻からなるもので、柚木学*を委員長に15名の編集委員、編集スタッフ延べ13名によって公刊された。その基本方針は一私立学校の歴史という枠だけで考えるのではなく、日本近現代史、教育史、教育行政史との関連を重視し、建学の精神*を考察し、キリスト教主義学校としての学院の歴史像を組み立て、関西学院の教育・研究がこれまで果たしてきた役割を再認識するとともに、どうすれば将来への展望を明確にする手がかりとなる提言や問題提起ができるかを模索するものであった。この百年史で学院史上初めて資料編が編纂された。Ａ５判、合計2,792ページ（資料編Ⅰ654ページ、資料編Ⅱ746ページ、通史編Ⅰ654ページ、通史編Ⅱ738ページ）、資料419点、写真230点。なお、通史編の索引が別冊『関西学院百年史 通史編 索引』（1999）として刊行された。

『関西学院事典』は、創立111周年記念（2000）を記念して編集された。人物項目140項、事項項目364項からなり、「『関学』学」の授業の参考書としても利用されてきた。Ａ５判、443ページ。

このほか各学部史としては、『関西学院高等商業学部*二十年史』（1931）、『文学部*回顧』（1931）、『文学部創立回顧』（1934）、『関西学院大学理学部20年史』（1981）、『関西学院大学経済学部*五十年史』（1984）、『関西学院高中部百年史』（1989）、『関西学院大学文学部60年史』（1994）、『関西学院大学社会学部*三十年史』（1995）、『関西学院大学産業研究所*六十年の回顧と展望』（1995）、『関西学院新制中学部*の50年』（1997）、『関西学院大学法学部*五十年史』（2000）、『関西学院商学部*五十年誌』（2002）、『関西学院大学神学部*五十年史』資料編（2003）、『関西学院大学経済学部*七十年史』（2005）、『関西学院社会学部*の50年：写真と回想で綴る半世紀の歩み』（2011）、『関西学院大学産業研究所*75年の歩み』（2011）、『関西学院大学理工学部*50年のあゆみ』（2012）、『関西学院大学大学院*言語コミュニケーション文化研究科*10周年記念誌』（2012）、『関西学院大学図書館*史』（2014）、『世の光たれ！：関西学院高等学部*商科開設100周年記念誌』（2014）が発行され

か

ている。

【参照】Ⅱ 560【文献】井上琢智「いかにして大学の『建学の精神』を伝えるか―『「関学」学』の位置づけと意義―」『日本大学史紀要』(11) 2009

関西学院大学出版会

関西学院教職員有志の発意により、1995年11月、大学の情報発信機能の確立と重要性、出版会設立の必要性、出版会の果たす役割について示した設立趣意書が作成され、学院創立111周年記念事業*の一環として、学院からの拠金と、大学教員組合からの一部寄付によって設立されたものである。95年12月に第1回設立準備会、97年4月設立総会を開催してスタートした。組織は学長*を会長とし、学院教職員有志に学外協力者を加えた理事会、評議員会*で構成し、事務局を大学生協書籍部に置いている。出版会設立に先立って、生協書籍部が教職員や学外講師、大学院*生を加えて『みくわんせい』と題する書評誌を86年に創刊、92年までに16号を発行していた。その後活動が途絶えていたが、その時に協力していた教職員によって出版会の構想が持ち上がったものである。

刊行書目は、出版会が企画するもの、著者の求めに応じて出版する大学叢書をはじめ、2000年度から始めたブックレット「K.G.りぶれっと」など、翻訳書や外国語による書籍も含めて、多様な著作物がある。大学出版会は理事会や大学が組織として設立する場合が多いが、有志の自発的発議を理事会、大学が支援する形で始まったところに本出版会の特徴があり、「大学を社会に開くこと」を使命として、より充実した組織体制の確立を目指しているが、今のところ制作・販売を関学生協に業務委託するかたちで事業を行っている。

【文献】山本栄一「遅まきながらの大学出版会―関西学院大学出版会の由来」『大学時報』(272) 2000

関西学院大学体育会同窓倶楽部

1952年、OBの親睦と運動部の隆盛に寄与することを目的として運動部OB倶楽部の結成準備会が開催され、第1回総会が10月に阪急百貨店特別食堂で開催された。会長には堀部伊一郎（相撲部*）が就任し、会費は各OB会年額千円とされた。しかし、数年間は有名無実の存在となり、復活が図られたのは、56年9月の準備のための幹事会の開催を経て、10月の復活第1回総会であった。会長には清水鷹治（柔道部*）が就任し、規約が制定された。当初、学院創立

70周年記念事業の一環として計画されていた体育館建設と新総合グラウンド整備への積極的支援を行った。

また1957年5月、これまでの運動総部から体育会*へと名称変更した。しかし、全体的には倶楽部の活動は活発ではなく、総会が年1回もたれるだけであった。以後会長には石本広一（剣道部*）、辰馬龍雄（庭球部*）、澤田修太郎（バスケットボール部*）、木村正春（相撲部*）、太瀬重信（アメリカンフットボール部*）、岩崎元彦（サッカー部*）、渡辺淳一（ラグビー部*）が就任した。

1963年には、池内信行*体育会*会長の発案でスポーツセンター*建設が計画され、総工費2,800万円のうち960万円をOB会、現役の拠金により、64年に竣工をみた。63年に設置された監督会は、95年に独立した組織となった。さらに、女子学生の増加により名称変更が課題となり、97年に公募によってKG Athletic Associationと名称を変更した。これに伴い、71年創刊の『関西学院大学体育会OB倶楽部会報』も『KG Athletic Association会報』と名称変更された。

なお、現役支援の一つである表彰制度には、辰馬杯、会長杯、勇者杯、児玉杯、三四郎杯がある。近年、地域貢献事業として西宮市内小学生を招いてサッカークリニックを開催したり、スポーツ関係者による授業「寄附講座」が開設された。

2012年4月、名称を関西学院大学体育会同窓倶楽部（略称KGAA）に改称した。12年度からは、KGAAの寄附講座として「大学とスポーツ」が開設された。12年10月には関西学院大学体育会同窓倶楽部設立60周年記念式典が開催された。

【文献】『関西学院大学体育会OB倶楽部会報』1971

『関西学院大学白書』

1991年7月の大学設置基準の大綱化改正に先立ち、6月に大学評議会*で関西学院大学の自己点検・評価のあり方を検討する大学自己評価委員会の設置が決定され、翌年3月に関西学院大学自己点検・評価規程および同細則が制定された。

この規程に基づいて『自己点検評価報告書』が作成され、1993年11月には、その中間報告が発表されると同時に『研究業績報告書*』（B5判、296ページ）も発行された。こ

か

の中間報告を踏まえて、同年11月には『関西学院大学白書1994―現状・課題と今後の展望―』（Ａ５判、口絵８ページ、本文503ページ）、『研究業績報告書1994』（Ａ４判、350ページ）の編集方針・内容が決定、94年12月に両書が発行された。

その後、『関西学院大学白書』は、毎年実施される「関西学院大学自己点検・自己評価『今後の展望』進捗状況」表の成果を踏まえ、1997年度、2000年度および03年度に、それぞれ２分冊で発行された。なお、阪神・淡路大震災*以降、点検項目の中に「危機管理」が追加され、2000年度『関西学院大学白書』は、01年３月より関西学院ホームページにも掲載された。

2002年の学校教育法改正に伴い、04年度以降大学は文部科学大臣の認証を受けた評価機関による評価を７年以内の周期で受けることが義務づけ（認証評価制度）られたため、関西学院大学も『関西学院大学白書』の刊行を廃止し、認証評価制度を受けることとなった。この方針に従って、関西学院大学は財団法人大学基準協会で06年度に認証評価を受け、07年３月に適合との認定を受けた（認定期間は2014年３月31日まで）。

2013年度には２回目の認証評価を、組織変更した公益財団法人大学基準協会で受け、14年３月に適合との認定を受けた（認定期間は2021年３月31日まで）。

関西学院通信『クレセント』

『クレセント』は、「新しい人間性の回復と世界と共存するモラルの確立、関西学院の建学の精神*であるキリスト教教育が、この日本民族の試練にこたえるべき時代」（創刊号巻頭言、久山康*「『孤独の群集』を超えるもの」より）に、教職員と学生・生徒ばかりでなく、同窓・父母も対象として、新しい時代の要請に応えたいとの願いから1977年12月に創刊された。

その２年前から父母への広報誌として『父母通信』が刊行されていたが、『クレセント』の発行人となった久山康理事長*・院長*の思いが、『父母通信』に代わるものとして『クレセント』を創刊させた。

水谷昭夫文学部教授を編集長に、専従職員２名が企画調査室（後に企画部）で刊行業務に携わり、12年間に別冊２巻、入学

記念号9巻を含む36巻（B5判、各巻150～200ページ）を発行した。

関西学院後援会*からの援助により、すべての関西学院大学生の保証人宛に郵送され、高中部の生徒にも配付された。また、同窓生には購読キャンペーンを行い、最盛期には約500部の定期購読者を得たほか、大阪、神戸の大手書店にも販売を委託した。

企画内容は広報・企画調査委員会で検討されたが、執筆者や登場人物は本学の同窓生や教職員にかぎらず、各界、各層から広く登用した。カラーグラビアも豊富で、慶應義塾大学の『三田評論』、東海大学の『望星』に比肩する教育・教養誌として関係者の間で話題となった。

関西学院創立100周年を目前に水谷編集長が死去し、また、発行人久山理事長・院長の退任などが重なり、1989年3月をもって『クレセント』は休刊した。その後、タイトルを『関西学院通信』と変え、購読者への頒布は廃止、学院の広報誌としての役割に専念する企画内容に変更して92年までに広報室*から6号を発行した。次いで後継誌として、年4回発行の冊子『POPLAR』（ポプラ）を93年度に創刊したが、当初の『クレセント』と比べその編集内容は大きく変化した。『POPLAR』はその後2010年度までの間に71号を刊行し、11年度からは在学生対象の広報紙『関学ジャーナル』と統合して冊子形態の『関西学院通信 関学ジャーナル』となっている。

【参照】Ⅱ 501

関西学院ディベートクラブ

関西学院高等部*出身者たちをメンバーに、「大学生として政治や経済、社会について語りたい」という趣旨から、「何でも話せるようなサロン」として1991年12月、討論倶楽部が誕生した。93年、産経新聞社主催のディベート大会で優勝。現在、常連チームとして出場している。また、棘吐会《いばらかい》（旧講演部）の先輩方との交流が始まった。94年5月には中央講堂*においてゲストに参議院議員小池百合子を迎えてシンポジウム「職業としての政治」を開催、この後「道州制」についてもシンポジウムを開催した。

文化総部*に加わった現在、学外の活動にも力を入れており、全国20大学との交流、高校生へのディベート指導、K. G. ディベート大会の開催などを行っている。その後しばらくは兵庫県立西宮南高等学校のディベート大会の支援が主な活動となっていたが、2013年からはまた学外での活動が活発となり、新人大会での審査員特別賞、第11回JDA九州大会3位などの結果を残した。

き

企画室

「企画」が名称に含まれる部署は過去に幾度か設置・廃止されてきたが、現在の企画室は2001年４月、21世紀構想事務室が改称されて発足した。企画室は法人と大学（および各学校）に所属するいわゆる「両属組織」であり、主に①学部・学科の設置等の文部科学省への認可申請業務②将来構想・中長期計画の策定・推進・評価に関する業務、を担っている。また、04年度に認証評価制度が法制化されたのを機に、企画室と職員を共有する構造で評価情報分析室*が設置され、自己点検・評価活動および認証評価制度への対応を担当している。

将来構想・中長期計画に関しては、理事会による「21世紀初頭の関西学院基本構想」（2003年度策定）および「大学第３次中長期計画」を経て、2008年度には法人・大学が一体となって09年度から10年間を期間とした「新基本構想」を策定し、その具体的な施策を「新中期計画」としてまとめた。

企画室は、新基本構想策定委員会（2009年度からは新基本構想推進委員会）の下に作られた新基本構想推進事務局の核として、同構想および新中期計画の策定・推進・評価・広報などに取り組んでいる。

2013年度には常任理事３人と大学の副学長３人が双方を兼務する（学長*は副理事長に就任）による執行体制の変革がなされ、将来構想・中長期計画を含めて学院全体の重要な事項について協議する「学院総合企画会議*」が発足し、企画室が事務局を担当している。

【文献】『関西学院 新基本構想』2008；『関西学院 新基本構想 資料編』2008；『新中期計画（帳票冊子）』（2009–2012）；『新中期計画進捗報告』（2011 March, 2011 September, 2012 July）

菊池七郎《きくちしちろう》 1877. 12. 25〜1958. 7. 19

高等学部*教授、大学予科*長。静岡県富士郡須津村に生まれる。沼津中学校校長でキリスト教徒の江原素六*の伝道に接し、1887年、日本メソヂスト教会*中里教会で小林光泰から受洗。江原の創立した麻布尋常中学校へ４年編入し、98年４月、卒業、無試験入学した東京高等商業学校本科を1901年2学年で修了退学。菊池は内村鑑三*の『聖書之研究』を耽読した。内村の呼びかけに応じて集まった角筈《つのはず》聖書研究会に菊池も参加するようになり、角筈12人組の一人と称されるほど、内村から影響を受ける。02年に渡米、シカゴのムーディ神学校に入学、08年6月、イリノイ州オルトン市シャートレス大学理科を卒業し、同年9月、イリノイ州立大学大学院に入学。父の訃報に接し、09年2月、同大学院を退学し帰国。同年5月、萩中学校英語教師に就任。10月、中学校教員英語科に無試験で検定合格。11年3月、退職し、4月、上海東亜同文書院の英語教授に就任、18年3月、退職。R. C. アームストロング*高等学部*長の招聘により、同年4月から関西学院高等学部*教授として数学、自然科学を担当する。

1925年夏、アメリカ帰りの旧友で実業家であった河鰭節《かわばたみさお》から大学昇格のための移転校地として武庫郡甲東村*上ケ原*に土地があることを知り、神崎驥一*高等商業学部*長とH. F. ウッズウォース*文学部*長に伝えた。31年9月、財団法人の認可を受けた関西学院は10月に大学設立認可申請を行った。32年3月、菊池を予科長として、予科教授会*が発足した。37年から50年まで理事。43年3月、定年退職した。

【参照】Ⅰ 353, 436-437, 473, 478, 566；Ⅱ 35【文献】河鰭節「移転の回想」『関西学院新聞』1930. 7. 20；原清「忘れ得ぬ恩師—菊池七郎先生—」『母校通信』(19) 1958

寄宿舎

関西学院が設立された原田の森*校地は、当時神戸市外の交通機関の未整備地域にあり、草創期の学生たちは寮生活を営むことになった。学院創立の1889年に建てられた建物2棟のうち、一方は2階建てで1階が教室や書籍室などからなる第1校舎、2階が寄宿舎となっていた。もう一方は平屋建てで、炊事場、食堂、浴場などが置かれた付属棟であった。寄宿舎では神学部*生と普通学部*生が一緒に生活していた。やがて94年の本館完成とともに、第1校舎兼寄宿舎および90年に建てられた第2校舎という2つの建物は、寮専用に用いられることになる。前者が「南寮」と呼ばれ神学部*生用の、後者が「北寮」と呼ばれ普通学部*生用の寄宿舎とされた。1908年に北寮は「自修寮」と命名された。やがて原田の森キャンパスの拡張に伴い、12年、松林の北側に木造2階建ての神学部*生用の寮が建てられ、「成全寮*」と名付けられた。自修寮は、北寮の解体移築後何度かの移転を経て、19年に成全寮北側に新築された。自修寮生が最初に移った校地に隣接する家屋は、13年に高等学部*生寄宿舎として用いられることになり、「啓明寮*」と名付けられた。16年、啓明寮は木造３階建ての新築寮舎に移り、古い寮舎は「第２啓明寮」と呼ばれたが、23年に「静修寮*」と改名された。

1929年の西宮上ケ原キャンパス*への移転に当たり自修寮は閉寮となり、現在のA・B・C号館*付近に成全寮、啓明寮、静修寮が新築された。63年に啓明寮が火災により焼失し、当時第４の男子学生寮として建築中であった寮を「啓明寮」と名付けて64年に移転した。一方、女子学生の増加に伴い専用学生寮が求められるようになり、64年に女子寮として「清風寮*」がキャンパス外に新築された。70年代になって大学の「学生施設整備充実計画」の一環として当時の学生寮付近の再利用が行われることになり、成全寮、啓明寮、静修寮の３寮は82年にキャンパス外の上ケ原*六番町に新築移転した。建物配置のパターンに変化はあったものの、３寮と風呂食堂棟からなる建物編成は、上ケ原キャンパス初代の３寮の伝統を継承したものであった。この新築移転により、３寮は以前の簡素な木造建築からスパニッシュ・ミッション・スタイル*の瀟洒で明るい建物へと変貌した。

学生寮は学院創立時より教育的な目的をもつ組織として運営されてきた。上ケ原キャンパスに移転後は、学生数も増加して、原田の森時代の家族的雰囲気はやや希薄になったが、その良き伝統は継承され今日に至っている。現在の寮は学生課の指導のもとに学生自治寮として運営され、日常生活上の配慮のために各寮に寮母が置かれ、教育上の助言者として舎監が配置されている。各寮では寮生会議である寮会が毎月開かれ、年間行事として、入寮礼拝と卒寮礼拝、寮祭、クリスマス行事などが各寮で、キャンプやスポーツ大会などが４寮合同で開催されている。また近年は各寮が各種マナーキャンペーンやボランティア活動などに積極的に取り組むようになった。寮生たちには、寮則の遵守およびこれらの会議や行事への参加が求められる。このように学生寮は単に厚生施設であるだけでなく、寮生たちが自律的な共同生活を通じて、自治能力を養い、互いに啓発し、人間形成を目指す場として設置されている。

【参照】Ⅰ 95–96, 306–307, 340；Ⅱ 285–

286, 537

北沢敬二郎《きたざわけいじろう》 1889. 5. 28～1970. 10. 25

理事長*。山形県米沢市に生まれる。1914年、東京帝国大学法科大学卒業後、住友総本社に入社。戦前にすでに本社常務理事に就任。財閥解体後、関西経済連合会設立に尽力。公職追放を受けたが、解除後、キリスト者で戦前・戦中、関西学院理事でもあった里見純吉大丸百貨店社長の要請を受けて、50年に大丸社長に就任、63年、会長に就任。すでに関西学院理事に就いていたことから、木村蓬伍*理事長*の急死を受け、請われて64年から67年の間理事長を務めた。大阪女子学園の理事長も務めた。

【参照】 Ⅱ 209, 211, 279, 290, 498 【文献】『私の履歴書』（経済人９）1980

北野大吉《きたのだいきち》 1898. 6. 28～1945. 10. 12

高等商業学部*教授。神戸市に生まれる。関西学院中学部*卒業の1917年、神戸高等商業学校予科に入学。20年に同校本科第２年修了後、東京商科大学に入学。卒業論文は「ウヰリアム・モーリス」であった。同校卒業の23年６月関西学院高等商業学部*教授となり、経済史、社会政策などを担当。27年同窓国本嵓《くにもといわお》の援助によってイギリスに留学。同窓柴田享一の経済的援助によってR. オーエン関連の貴重図書を購入、後の柴田文庫となる。相撲部*顧問。28年に受洗。41年に関西学院を退職、上海東亜同文書院教授となり、42年、経済学博士、43年、臨時学長*代理。上海で客死。

北野の学問的業績には、『英国自由貿易運動史』（1943）に代表されるイギリスの自由貿易史の研究、『婦人運動の開祖メリー・ウォルストンクラフト―彼女の生涯と思想―』（1930）に代表されるイギリスのフェミニズム運動の先駆者M. ウルストンクラフトに関する日本初の伝記的研究、『芸術と社会』（1924）に見られるW. モリス研究、さらに『ロバートオーウェン、彼の生涯、思想並に事業』（1927）に代表されるオーエン研究などがある。

【参照】 Ⅰ 353, 374 【文献】『東亜同文書院大学史』1982；大吉会『北野大吉先生を偲ぶ』1992；『関西学院史紀要』（７）2001

北原白秋《きたはらはくしゅう》 1885. 1. 25～1942. 11. 2

詩人、歌人。本名隆吉。福岡県柳川に生まれる。早稲田大学中退。明治、大正、昭和にわたり、詩、短歌、童謡、歌謡、民謡などに広く活躍した。

中学時代に青少年のための投書文

き

芸雑誌『文庫』に投稿。1906年、与謝野鉄幹が主宰し浪漫主義運動の中核として新しい詩歌の時代を展開した新詩社に参加して『明星』に詩と短歌を発表。08年、吉井勇、木下杢太郎らと新詩社を脱退して「パンの会」を起こし、自然主義文学に対抗する耽美派文学の拠点とした。09年、象徴詩の流れをくむ詩集『邪宗門』、11年、少年の日の哀歓をうたった『思い出』で広く詩壇に迎えられた。13年、初めての歌集『桐の花』で象徴詩の手法を生かし注目された。15年、文芸雑誌『ARS』を、22年、作曲家の山田耕筰*と雑誌『詩と音楽』を創刊。33年6月、山田耕筰とともに上ケ原*を訪れ、その風光を関西学院校歌「空の翼」*（北原白秋作詞、山田耕筰作曲）に詠み込んだ。

1935年、短歌雑誌『多摩』を創刊し、写生派『アララギ』の対抗勢力となった。歌集『雲母《きらら》集』、『雀の卵』、『白南風《しらはえ》』などがあり、すぐれた童謡も多い。41年、芸術院会員となった。

【参照】Ⅰ 531；Ⅱ 561

亀徳一男《きとくかずお》 1890. 5. 10～1979. 7. 26

礼拝主事、関西学院教会*牧師。青森県八戸に生まれる。関西学院神学部*に学び、1915年、卒業とともに岡山メソヂスト教会牧師に就任。17年、アメリカに留学、ヴァンダビルト大学、コロンビア大学で宗教教育学を専攻し、21年9月に帰国。関西学院神学部専任講師、次いで教授となり、宗教教育学、児童心理学を講じた。27年、日本日曜学校協会総主事に就任、さらに日本メソヂスト札幌教会牧師兼北海道部長、同銀座教会牧師を歴任後、34年、再び母校に帰り、礼拝主事（43年以後は宗教主事*と改称）に就任。その間、第6代関西学院教会*牧師ならびに学生課長を兼務、41年には空席の副院長の代わりに、神崎驥一*院長*が新たに設けた学監に選任され、44年、退任。日本における数少ないキリスト教教育の専門家として理論と実践の両面で貢献した。著書に『宗教教育の原理』（1932）などがある。

【参照】Ⅰ 611

金龍玉《キムヨンオク》
Kim Yong-ok
1923. 1. 22～1981. 1

韓国監理教神学大学長。神学者。旧朝鮮平安南道に生まれる。34年、平壌光城普通学校を経て、40年に平壌光城高等普通学校を卒業後、関西学院神学部*に入学。神学部を卒業後帰国し、51年、韓国監理教神学大学教授に就任。同年、基督教大韓監理会牧師の按手を受ける。その後、アメリカのドゥルー大学神学部に留学し、65年にドゥルー大学大学院を修了し、神学博士の学位を取得する。帰国後、再び韓国監理教神学大学の教授に就く。69年に全国神学大学協議会総務に、また同年、東北アジア神学校協議会総務に就任し神学教育のために幅広く貢献。71年、監理教神学大学宣教大学院長に、77年、同大学院長に、そして80年に同大学学長に就任し、監理教神学大学の発展に大きな足跡を残す。

1972年、韓国神学問題研究所理事、73年、韓国神学教育研究院長、74年、大韓YMCA全国連盟理事、78年、大韓基督教書会編集委員長に就任し、韓国の神学界、キリスト教界に大きく貢献した。

【文献】『基督教大百科事典』（韓国）1980

木村禎橘《きむらていきつ》 1885. 1. 27～1969.

1885年１月、宮城県気仙沼に生まれる。1903年３月宮城県立第二中学校卒業。同年９月東京高等商業学校入学。在学中に海老名弾正より受洗。高商の基督教青年会*の学生リーダーとして活躍。08年９月卒業。同年11月から翌年10月市立甲府商業学校教諭。09年11月より翌10年９月に私立大阪商業学校教諭。10年同月東京高等商業学校専攻部商工経営科入学、11年５月退学。12年３月に関西学院高等学部*商科に教員として着任。商科出身の教員は彼一人。専用教室も専用図書もわずかな教育環境のなかで、一期生が次々と退学していく創設時の苦しい時代を実質的に支えた商科創設時の功労者。ゼミを取り入れたカリキュラム改革から消費組合や学生会*の設立支援など学生教育指導全般に貢献。東京高商のネットワークを通じて、卒業生の三井物産等の一流貿易商社就職に尽力。「地塩会」でゼミ卒業生も指導。18年４月離任。同月神戸海上運送火災保険入社、20年２月英国商工業視察を兼ねて、ロンドン駐在員として翌年９月まで在英。４月ロンドン大学経済商業政治学部（LSE）入学。21年７月退学。21年９月退社。10月神戸岡崎銀行入行。24年５月同行退職。７月会計学の大家、東《ひがし》奭《せき》五郎《ごろう》から会計実務家として関西にて挺身するように勧められ、木村計理検査所を大阪に設立。27年12月計理士登録（第34号）。

第一次世界大戦後の不況で本来は赤字であるにかかわらず黒字を装って蛸配当を行う企業が続出し、わが国の企業経営力は大きな痛手を蒙った。木村は謹厳なクリスチャンとして徹底した企業監査の実施を主張し、また、会計士と税理士の職務上の分離独立を政治的にも運動した。1933年に検査計理士法提案。税務計理士法提案。日本商業教育協会理事長を歴任。29年に呉羽紡績常任検査員。戦後は52年に甲南大学の経済学部創設時に着任し、その後経営学部の会計監査および簿記学の担当教授として定年の65年３月まで務めた。

【参照】Ⅰ 337-338, 349, 359【文献】『関西学院高等商業学部二十年史』1917；木村禎橘「高等学部小史」『商光』（4）1916；『仙台二高八十年のあゆみ』1980；平野由美子「昭和初期における計理士法改正運動—木村禎橘の運動を中心に」『立命館経営学』50（5）2012

木村蓬伍《きむらほういつ》 1889. 7. 19～1964. 4. 22

理事長*、牧師。山口県宇部に生まれる。1908年、日本メソヂスト下関教会で高橋泰平牧師より受洗。関西学院神学部*を卒業後、アメリカに留学、エモリー大学神学部、同大学院を修了。26年、受按。呉・京城・大阪東部（現、東梅田）各教会の伝道・牧会に従事した後、大阪東部伝道局巡回教師となる。西宮（現、西宮公同）教会の牧師在任中、ランバス女学院神学部、聖和女子学院神学部、関西学院神学部の講師を務め、説教学を講じた。J. ウエスレー*に傾倒し、青山学院と関西学院が共同編集する『神学評論』にもしばしば寄稿する一方、日本メソヂスト教会*青年伝道の推進母体である共励局長としてパンフレットの編集責任も負い、戦前・戦後を通じて有力な教会指導者であった。日本聖書協会評議員、日本基督教団*近畿教区長などを歴任。国際基督教大学（ICU）、パルモア学院*、夙川学院各評議員を務めた。また、関西学院理事、同神学校問題委員、常務理事、そして理事長を務め、長く関西学院神学部、聖和女子短期大学後援会会長としても尽力した。

【参照】Ⅰ 507, 572

キャリア教育プログラム室

2000年代に入ると国際的な企業間競争が一層厳しさを増し、終身雇用制度が変革されていく中で企業や各種団体は確かな職業意識をもち、社会人としての基礎能力をしっかりと身につけた学生を厳選して採用するようになった。そこでは就職に関する情報や知識はもちろん、自分にふさわしい職業を考え、職業生活のなかでいかに自己実現ができるかを考えて進路選択ができる学生の養成が必要になった。これに対応するため、単なる就職支援の工夫にとどまらず、入学時から自分の将来を考え、そのためにいかに充実した大学生活を送るかを考える、いわゆるキャリア教育が必要になった。大学教育の一環としてこのキャリア教育は全国的にも広がりをみせた。

関西学院でも2005年度よりライフデザイン・プログラムが導入された。人生をいかに生きるべきか、社会にどのように貢献するべきか、そのためにはどのような職業につくかなどを見出すとともに、これが勉学へのモチベーションを高める方向に展開していくことも狙いとされた。このプログラムは正課プログラム、インターンシップ、エクステンションプログラム、キャリアデザインサポートプログラムによって構成される。企業と密接な関係を有する就職部(当時)において就職支援およびキャリア支援を一体的に行うため、キャリアセンター内に正課教育を担うことを目的として2006年度より「キャリア教育プログラム室」が開設された。

現在は、インターンシップ関連科目の他、キャリアゼミ、霞が関セミナー、認定インターンシップ等の科目を提供し、目的意識の高い学生の育成・輩出に寄与している。

キャリアセンター

1947年に制定された職業安定法の「労働大臣に届け出た学校の長は無料の職業紹介事業を行うことが出来る」、および「当該施設の職員の中から職業紹介事業に関する者を定めて、自己に代わってその業務を行わせることが出来る」という規定に基づいて、52年に大学学生課の中に職業補導主事が置かれた。その後私学としての経営的視点も踏まえて就職業務への組織的対応の強化が図られ、61年には学生部の中に就職課が設置された。さらに78年には部として独立し就職部就職課となり、2006年4月より、従来の就職支援に加えてキャリア支援ならびにキャリア教育を担うことを目的にキャリアセンターとして改組。キャリアセンターには、就職支援とキャリア支援を担うキャリア支援課と、キャリア教育を担うキャリア教育プログラム室が置かれた。なお、キャリア教育プログラム室の事務はキャリア支援課が行う体制で現在に至っている。

この約60年間に、就職業務の役割と内容は大きく変化した。企業の求人が大学を介して行われた「学校推薦」方式の時代には、企業開拓・求人確保と学生選考・推薦事務が業務の中心であったが、1975年頃を境に企業の求人・選考方法が「自由応募」方式に切り替わったのに伴い、就職業務の中心は斡旋から指導・情報提供に変わった。学生が自らの志望に基づき、学生生活を通じて培った能力と人間性を最大限に生かせる職業に就けるように指導・援助することが最大の業務目的となった。

その業務内容は、社会から求められるものや時代の変化等に応じて次のとおり行っている。

〔学生向け〕①個人面談等を中心とする就職相談業務、②進路調査による就職状況の早期把握および就職支援サポートを中心とした４年生支援、③求人情報の提供、④キャリアガイダンスおよび学内企業研究セミナーなどの実施による３年生支援、⑤新入生や新２年生に対するキャリアガイダンスおよび各種正課外プログラム実施による低年次に対する支援、⑥指導・情報提供用各種冊子・印刷物の発行、就職資料室の整備およびインターネットによる就職支援情報システム（KGキャリアナビ）の運営、個別就職相談の受け付け。

〔企業向け〕①企業懇談会の開催、②企業訪問を通じての採用担当者との情報の交換。

〔保証人向け〕①教育懇談会などを中心とした父母への就職活動理解を狙いとした講演会などの開催、②父母向けの就職状況や就職活動の冊子の配布。

キャンパス創意開発機構（C. O. D.）

キャンパス創意開発機構（Campus Organization Development、略称C. O. D.）は1969年７月に設立された。大学紛争後、新しい大学の創造を目指して関西学院の教職員・学生生徒が歩むべき方向を示すために小寺学長代行提案*が出された。これは学生の自治活動を尊重するだけでなく、学生が新しい大学の創造に直接参加することを求めるものであった。C. O. D. はその精神を実現するために作られた「現代版目安箱」である。C. O. D. 委員会運営規程（1971年決定）第２条によれば「本学の充実発展のために、学生の要望・創意・提案を的確にとらえ、それを関係機関に送って責任ある回答を求め、出来る限りその実現を期すること」を目的に掲げている。C. O. D. 委員会は、法人、大学、学部から独立した組織として扱われ、その運営においても独立性を堅持している。学長*選挙における学生の除斥投票、学長辞任請求、オフィス・アワー*などとともに大学教育における学生の参加を認めた例として設置されたものであり、当時はきわめて斬新でユニークな試みとして注目を集めた。『C. O. D. ニュース』を年2回発行している。

【参照】Ⅱ 396, 397【文献】「C. O. D. 委員会運営規程」1971

キャンパスハラスメント

1973年の国際連合における女性差別撤廃条約の成立などにも見られるように、あらゆる環境における性別による相互の差別、格差、不利益を生じさせるあらゆる事柄を解消するための取り組みが社会的な流れになっている。その中で労働省、さらに文部省なども職場や学校環境における同様の取り組みへの啓発を訴え、その一環として教職員、学生間に発生する性差によって生じる人間関係上の差別やいやがらせなどを防止し、さらにそのような事象が発生した場合における問題解決への対応などを個々の教育機関において定めるように提唱してきた。

関西学院大学においては、1999年に大学評議会*を通じて具体的な動きが提案され、それを受けて同年4月に「セクシュアル・ハラスメント防止のためのガイドライン」「セクシュアル・ハラスメント相談規程」「セクシュアル・ハラスメント調査委員会規程」が制定された。また、セクシュアル・ハラスメント防止のためのパンフレットが作成され、学内各所に備えられた。

これは全国の大学に先駆けた動きとして大いに注目され、また学生の関心も高かった。制定後、いくつかの相談が寄せられ、そのうち2件については調査委員会が設けられて調査結果が学内に公示され、また記者会見などを通じて社会に公表された。公表にあたっても、当事者の人権を最大限に配慮しつつ可能なかぎり説明責任を果たし問題の解決を図るシステムが大学において機能している。

大学についで法人においても教職員間に起こり得る問題を解決するシステムが理事会で決定され、セクシュアル・ハラスメント防止のためのガイドライン、相談員、調査委員会などが大学の組織に準じて整備された。

その後、社会におけるハラスメント理解の深化により、キャンパスハラスメントへの対応をも視野に2006年度からあらゆるハラスメント行為をキャンパスハラスメントとして捉え、従来のセクシャル・ハラスメントのみの対応組織を、キャンパスハラスメント防止委員会および部会を設置するとともに、ハラスメント相談員などと組織的拡充を行っている。

き

弓道部

1912年、原田の森の原生林の中に射場が作られた。これが関西学院弓道部の始まりである。その後、小沢濵が高等商業学部*の教員に就任し、17年、部員８名で運動部としての活動が始まる。当時の戦績は阪神連合競射会４回優勝、近畿連合大会７回優勝。全国制覇は団体１回、個人３名である。台湾、中国東北部など２度の海外遠征を行った。25年の東都遠征では無敵と呼ばれた早稲田大学を破って全勝。「西の関学」の名前を全国に轟かせた。

戦後、武道が解禁され、1955年に岡本修一が中心となり同好会として再スタートを切ったが、野天での活動となる。57年に１部リーグに復帰。58年にはリーグ優勝、全日本学生王座で準優勝を果たす。59年に念願の道場が現在の地に完成する。創部80周年にあたる97年に新道場が建設され、翌年に完成。そして2011年空調設備を完備した全天候型道場が竣工した。

戦後の戦績では男子は関西制覇は関西リーグで９回、関西学生選手権では団体３回、個人２名。関西学生記録会（100射会）では９名。全日本学生選手権大会等の全国大会で団体３回、個人で14名が日本一を果たしている。男子は1972年に２部リーグに降格して以来低迷が続いたが、2000年１部リーグに復帰している。

女子は部員不足もあり、リーグ戦に本格的に参加したのは1979年。99年に念願の１部リーグに昇格し、2000年に関西リーグ初制覇。関西学生選手権では団体３回、個人４名。関西学生記録会（40射会）では７名が関西制覇。全日本学生選手権では遠的も含め２名が日本一となっている。

近年では、2010年、全日本学生選手権において女子個人で宮國愛菜が優勝。13年８月の全日本学生選手権において男子団体が44年ぶりに決勝に進出。決勝戦で惜しくも敗れたが、準優勝を果たした。

【文献】『弓道部50年の歩み』1968；『弓道部70年の歩み』1988；『関西学院大学体育会弓道部九十周年記念誌』2008

教育学部

【沿革】

教育学部は、2009年の学校法人関西学院*と学校法人聖和大学*との法人合併*に基づき、聖和大学教育学部幼児教育学科と関西学院大学文学部*総合心理科学科臨床教育学専修を母体として、同年４月に西宮聖和キャンパス*（旧聖和大学のキャンパス）に開設され、初代学部長に芝田正夫教授が就任した。同キャンパスには保育科を持つ関西学院聖和短期大学*と聖和幼稚園*もあり、相互の交流の中で、子どもの教育を考え、深めるのにふさわしい環境となっている。こうした経過から、教育学部は関西学院大学における教育学研究の伝統と、聖和大学教育学部の伝統をともに継承しつつ、さらにそれを発展させることを目指した。

関西学院大学文学部*総合心理科学科臨床教育学専修は、1948年４月の新制大学発足を機に開設された教育学科が、2003年に行われた学部改編で総合心理科学科の一翼を担う臨床教育学専修と教育心理学専修となったもので、教育学科時代の伝統を引き継いできた。臨床教育学専修においては学部改編時からは、従来の教育哲学中心の理論研究だけでなく、教育の諸課題について多様なアプローチからの実践的かつ実証的な研究を展開してきた。

一方、聖和大学教育学部は、1921年にランバス記念伝道女学校と広島女学校保姆師範科を合同して創立されたランバス女学院に淵源を持ち、64年には日本初の４年制幼児教育学科を発足させ、日本の幼児教育学の教育と研究において先駆的な役割を果たしてきた。聖和大学教育学部は、ほとんど全ての学生が、卒業後子どもに関わる職場でキリスト教の精神に基づいた社会貢献を行えるよう、実習を重視した教育を行ってきた。

両大学はともに1880年代に宣教師たちによってミッションスクールとして設立された長い歴史を持つ。宣教師たちは、当時の日本社会において宗教教育、幼児・初等・中等教育（男子教育・女子教育）、英語教育を核とする教養教育の必要性に着目し、キリスト教的価値観、個人の自由や高い人権意識などを、創設した学校の中で涵養することに努めた。また同時に、そこで教育を受けた人々が、キリスト教の精神に基づいて教育者、指導者として社会に仕え、社会で働く者となることを建学の使命とした。

このような両大学の伝統を背景として、教育学部は幼児・初等教育学科と臨床教育学科の２学科で開設された。幼児・初等教育学科には幼児教育コースと初等教育コースを設け、それぞれ幼稚園教員・保育士、小学

校教員の養成を目指した。長い歴史的背景を持って発展してきた両校の教育学研究と幼稚園教員・保育士養成の伝統と特色とを、相互に補完しあいながら具体化することを目指し、加えて小学校教員養成課程を設置することにより、関西学院大学は、幼稚園、小学校、中学校、高等学校の教員養成および保育士養成が可能となった。臨床教育学科は、文学部*における実績を基礎に、総合的な人間理解を重視した教育学の視点からの「子ども理解」と、それに基づく子ども、保護者、教師への支援に関わる教育研究を目指した。

専任教員は開設時41名、そのうち聖和大学（教育学部および人文学部）・短期大学*からの移籍者が28名、関西学院大学文学部*からの移籍者6名、社会学部*から1名、新規採用者が6名であった。開設時の学生定員は350名、新入生322名が教育学部の1期生となった。初年度より女子学生の比率の高い学部となった。2013年3月に1期生が卒業したが、同年4月からは学科再編を行い、2学科を教育学科1学科とし、幼児教育コース、初等教育コースに加えて、臨床教育学科の理念をもとに教育の本質や理論を学習する教育科学コースを新たに設けた。定員は開設時と同じ350名である。

開設以来、教育学部の人材の養成のキーコンセプトとして「実践力」「教育力」「人間力」の養成を据え、この3つの「力」を持ち、「子ども理解」に基づいて現代の複雑で困難な教育問題に向き合うことのできる教育者を育てることを学部の目的としている。

入学試験は、一般入学試験に加え、指定校（①院内・継続校②指定校・協定校・提携校）推薦入学試験、AO入学試験、スポーツ能力に優れたものを対象とした入学試験、帰国生徒入学試験、外国人留学生入学試験、大学入試センター試験、グローバル入学試験、編入学試験を実施している。カリキュラムの特徴の一つは、近隣市の教育委員会や学校に協力いただいて、開設当初から実践力を養うために実習を重視していることである。現在は、免許・資格取得のために必要な実習科目以外の実習科目も設け、1年生次から近隣の幼稚園・保育所・小学校などで体験実習を行っている。

大学院*は、2009年の学部開設時から、教育学研究科教育学専攻博士課程前期課程および博士課程後期課程が設置された。

【現状】

〔**学生**〕教育学部の入学定員は教育学科350名である。募集人数のコースごとの内訳は、幼児教育コース140名、初等教育コース140名（３年次編入学定員５名）、教育科学コース70名である。学生数は１年生353名、２年生356名、３年生383名、４年生406名の合計1,498名である。また、大学院*は博士課程前期課程・後期課程合わせて14名が在籍している（2014年５月１日現在）。

〔教職員〕 専任教員41名、任期制教員２名、専任職員８名、教務補佐８名、アルバイト職員２名（2014年５月１日現在）。教育学部の性格から、幼稚園・保育所・小学校・中学校・高等学校などの教育・保育現場経験を持つ教員が多いのが特色である。また、西宮聖和キャンパス*に設けている実習支援室およびキャリアセンターに学校教員の経験者を職員として配置し、学生の教員採用試験準備に対応している。

〔教育〕 2009年度の学部開設時にカリキュラム改革を実施し、学部のディプロマ・ポリシーおよびカリキュラム・ポリシーに基づいて教育を行っている。ディプロマ・ポリシーにおいては、「教育に対する強い情熱や子どもへの愛情をもった態度で、幅広い教育現場で実践に臨むことができる」「乳幼児期から児童期・青年期までの子どもの発達を体系的に理解している」などを学位*授与方針とし、またカリキュラム・ポリシーに基づいて、「総合教育科目」（キリスト教科目、言語教育科目、情報教育科目、教養教育科目）と「専門教育科目」を設け、専門教育科目には、教員免許・保育士資格取得のために必要な科目を配置している。

実践を重視する立場から、幼児教育コース・初等教育コースの場合、１年生に「体験実習」、２年生に「実地教育研究」、教育科学コースでは２年生に「児童生徒ボランティア実習」を開設し、早い時期から近隣の幼稚園・保育所・小学校などで実習を行っている。この他にも、免許・資格取得のために必要な実習科目を数多く開講し、多くの学生は４年間を通して実習に参加している。また、実習後もスクール・サポーターなどで教育・保育現場に関わることを勧めている。学生同士が学び合う教育を進めている。

教員・保育士養成を進めるために、2010年度から教員・保育士希望者を対象に、２年生の秋学期、および３年生の春学期、放課後の時間に「教育指導者育成未来塾」を開設している。学内学外講師による実践的な講座を開講し、多くの学生が熱心に受講し、またグループ討議を行っている。教員採用試験の前には、実技試験対策などさまざまな対策講座を学部として実施している。
〔学生活動〕教育学部はメイン・キャンパスである上ケ原キャンパス*から少し距離があるが、多くの学生が上ケ原キャンパスの授業も受講し、また課外活動にも積極的に参加している。西宮聖和キャンパス*で活動する学生団体もあり、とりわけ開設年度に、自主的に新入生キャンプなどを行う学生団体（SCCV）が誕生し、オープンキャンパスでの学生相談など多彩な活動を続けている。
〔研究活動〕教育学部開設時より、専任教員からなる関西学院大学教育学会を設け、2009年12月には学会紀要である『教育学論究』を創刊した。
〔研究科〕入学試験は９月の１次と３月の２次の年２回実施している。入学定員は博士課程前期課程教育学専攻６名、博士課程後期課程教育学専攻３名、収容定員は21名。在籍者数は、博士課程前期課程12名、博士課程後期課程12名。そのほかに大学院*研究員４名、研究科研究員１名。また、大学院教員は博士課程前期課程指導教授30名、後期課程指導教授19名。博士学位*授与者は甲号１名、乙号１名である（2014年５月１日現在）。

教育連携室

教育連携室は、2008年度策定の新基本構想および新中期計画の検討に基づき、2010年、関西学院教育連携会議（以下、教育連携会議）とともに設置された。これらは、関西学院の総合学園としての縦横関係（縦関係＝幼稚園・短期大学*を含めた初等部*・中学部*・高等部*・大学、横関係＝併設校・継続校・提携校）の教育連携を活発に展開することを目的とする。関西学院における教育連携の内容を、一貫教育および総合学園に関するものと、高大接続および大学入学に関するものとに分けて、それぞれ課題を整理し取り組んでいる。

教育連携室は、関西学院の教育連携に関する業務を担うため、職制上、院長*および各学校長の指示を受ける組織として位置付けられている。情報の集約と一元化・学内外への情報発信、窓口の一本化・可視化の促進、各学校にまたがる課題整理、教育連携会議の運営を役割とする。事務は法人部法人課*が担当している。

教授会

教授会は、改正帝国大学令*（1893）

第14条において「各分科大学ニ教授会ヲ設ケ教授ヲ以テ会員トス」とされ、学科課程、学生の試験、学位*授与資格の審査等の審議をその職務とされたが、専門学校令にはこの規定は設けられなかった。もっとも、東京高等商業学校は教授会規程に基づく教授会を設けたが、それはあくまでも「校長ノ諮詢ニ応シテ教務ニ関スル事項ヲ審議スル」ものにすぎず、教員には議案提出権すら認められなかった。

戦後は学校教育法第93条において、「重要な事項を審議するため」の組織と位置づけられ、「教授会の組織には、助教授その他の職員を加えることができる」(現規程では助教授に代えて准教授と表記)と規定された。それまで教授のみの教授会であったが、1960年代末の大学紛争を契機に、多くの大学で助教授以下の教授会への参加が実現した。

関西学院の教授会は、1908年、専門学校令による私立関西学院神学校の設立時に初めて設けられた。さらに10年になってカナダ・メソヂスト教会*が関西学院の経営に参加することが決定し、学校経営に関する合同条項*が定められ、その中で神学部*と高等学部*に教授会が設けられた。その運営は、神学部と高等学部では各学部教授会と院長*の協議に基づき各学部長に委ねられ、普通学部*では全学協議会*の承認のもとに、普通学部と院長に委ねられた。

現存する高等学部教授会の記録によれば、理事会記録が英語で書かれていたにもかかわらず、その記録は日本語と英語で書かれ、正文は日本語の記録であった。1919年、文科と商科の運営を分離し、個別の教授会が持たれるようになり、21年に神学部*・文学部*・高等商業学部*の３学部となった後も教授会は個別に持たれた。なお、その前年の20年の関西学院憲法*の改正により、院長は可能な場合に各教授会に出席することとなっていた。その後設置された各学部においても大学予科*教授会、大学法文学部*教授会、大学商経学部*教授会が設置され、新制大学への移行後も学校教育法に従って短期大学*教授会、大学各学部教授会が設けられた。

新制高等部*にもこの伝統が引き継がれ、1948年３月に第１回高等部教授会が開催され、教員も教授・助教授・専任講師に分けられていた。しかし、51年にこの名称も職員会(後、教員会)となり、教授・助教授・専任講師の呼称も廃止された。

【参照】Ⅰ 241,250,341,363；Ⅱ 93,96【文献】『高等学部教授会記録』1912-1922；天野郁夫『近代日本高等教育研究』1989

き

教職員組合

戦後の民主化の流れにあって、1945年、労働組合法が公布、翌年施行された。この頃から関西学院では教職員が待遇改善の諸要求を行っており、それらの総意を結集する形で46年12月12日に組合結成大会が開催され、同月25日に労働組合法に基づく組合が正式に発足し、27日には労働協約締結の申し出を理事会に行い、翌年9月の組合総会で協約が受け入れられた。初代委員長は小宮孝*。関西の私学ではもっとも早い立ちあげであり、労使対立という構図はキリスト教主義学校ではなじまないとの意見もあったが、50年に院長*公選を実現させるなど、その後の学院民主化、待遇改善に大きく貢献した。47年、日本教職員組合に加入したが50年に脱退、52年、健康保険組合に加入、54年、日本基督教主義学校教職員組合に加入、54年、恩給・退職金規程制定などを行った。

しかし、組織の拡大とともに、大学教員、中学部*・高等部*教員、職員間の組合への取り組みの相違から、1964年に大学教員組合、高中教員組合、職員組合が結成され、3組合時代が始まった。65年には3組合に共通する事項の解決のために教職員組合協議会が発足し、今日に至っている。

【参照】Ⅱ 42, 288【文献】『あすく』1987-2011；『あすく別冊 組合活動の記録1946～1989』1990；『あすく別冊 組合活動の記録：付録基本給基準表抄』1990；『あすく別冊組合活動の記録1990-1999』2001

教職教育研究センター（教務機構）

教職教育研究センターは、教員養成の拡充を目指して、教育研究を推進するとともに、全学的に教職課程等の運営を円滑に行うことを目的として、教務部教職課程室を改組し、1999年4月に発足した。2013年4月、大学における正課教育を中心に教育活動全般の発展に寄与することを目的に教務機構が設置され、その柱の一つと位置付けられた。

関西学院の教職課程の歴史は古く、1924年以降、文学部*英文学科卒業者に対して「英語」の中等学校教員無試験検定資格が付与されたことに始まり、25年、高等商業学部*の卒業生に対し「商事要項」「簿記」「商業算術」「商業英語」「英語」の同資格が、37年に本大学卒業生に「修身」「英語」などの高等学校高等科教員、38年「公民」「英語」などの中等学校教員の同資格が付与された。新制大学発足時の1949年に教育職員免許法が制定され、54年に改めて大学が教職課程の認定を受けた。翌55年には大学院*が認定を受け、すべての卒業生・修了生に教職への道が開かれるようになった。この間、初等中等教員などの教育活動に携わっている同窓の、建学の精神*に支えられた実践は高い社会的評価を得、関西学院教員養成の伝統となっている。ちなみに、2013年度の現職同窓教員数は、約2,300名である。

教職教育研究センターでは、教員としての実践的資質や能力を養成するため、教育指導や学習・進路・就職に関する相談等の教育活動を行っている。研究面でも教員養成上の諸問題について実践的研究を進めている。その他、博物館学芸員、社会教育主事、学校図書館司書教諭資格についても運営の役割を担っている。

【文献】『関学教職教育』(創刊号) 1996

共通教育センター (教務機構)

共通教育センターは、大学新中期計画の施策の一つとして全学共通教育プログラムを統一的に提供し、共通教育を推進・改善していくことを目的に、2010年4月に教務部に設置され、13年4月の大学組織の機構化に伴い、教務機構に編入された。

本センターは学際科目、連携科目、情報科学科目等の全学科目を提供するとともに、他センターやプログラム室からも提供される全学科目のとりまとめ組織として機能している。中でも11年度には初年次教育科目の「スタディスキルセミナー」の提供や、12年度にはL. A. (ラーニング・アシスタント) 制度の導入などを行い、学生がアクティブに考え学習する科目および学修環境の整備を推進している。また、全学科目再編成による科目群の可視化および新入生向けパンフレットの作成・配布も行っている。

教務機構

教務機構は、2013年4月の大学組織の機構化に伴い、正課教育を中心に教育活動全般の発展に寄与することを目的に設置された。

教務機構の下に学長室* (学部等業務改革推進プロジェクト担当)、学長室大学院課、教務部教務課、教務部生涯学習課、共通教育センター*、スポーツ科学・健康科学教育プログラム室*、高等教育推進センター*、言語教育研究センター*、教職教育研究センター*の9部門が統合された。

機構は学長*と直結した組織として、副学長が教務機構長を兼ね統括

き

する。副機構長は、移行期の措置として2013年度は教務部長が兼務した。傘下の各部門はそれぞれセンター長が従来どおり運営にあたるが、機構長、副機構長、機構長補佐および各センター長で構成された機構長室会が機構全体の運営の一部として機能している。

教務機構には、機構内の各部門の事務を統括的に司ることを目的に教務機構事務部が設置され、企画、管理、執行という一連の機能を担うこととなった。この事務部の設置により事務職員は各センター所属ではなく、全員が教務機構事務部に配属された上で管理職は担当課長として発令され、監督職、一般職は事務部長の下で各担当業務に配置される仕組みとなった。

〔**教務業務**〕教務業務は、1937年に法文学部*、商経学部*、神学部*、文学部*、高等商業学校*の各学部・学校に教員の教務係が置かれたことに端を発する。

新制大学移行後の52年、大学教務課が学長*の下に設置され、57年に大学事務室となった。60年、教務部となり、庶務課と保健体育課が設置された。64年に庶務課から教務課が分かれ3課制となったが、69年には教務部庶務課が大学事務局として独立、72年には教務部教務課の1部1課制となった。その後、教務部に入試課（1974)、教職課程室（1982）が新設された。92年に入試課が独立、大学院*・研究課が教務部に新設された。94年、大学院・研究課は学長室に移管。99年、教職課程室は教職教育研究センターとして独立した。2013年4月の大学組織の機構化に伴い、教務機構に編入された。なお、スポーツ科学・健康科学研究室の事務も、97年から教務課が担っていた。

教務業務は、教務上の諸事項に関し全学的な連絡・調整を行うとともに教務委員会を開催し、大学の全学開講科目（総合コース*、センターなどが提供する科目）の開講、授業や試験の実施等に関して全学的な協議・決定を行っている。

〔**大学院業務**〕1992年4月、大学院*の整備・充実に当たるとともに教員の研究助成を支援することを目的として、教務部内に大学院・研究課が設置された。2年後の94年には、大学および大学院の事務の一体化をさらに図り、担当副学長を中心として、より全学的な視野から大学院の充実、研究支援に取り組むことを目指して教務部から学長室に移され、学長室大学院・研究課となり、2002年度から大学院課となったが、2013年4月の大学組織の機構化に伴い、教務機構に編入された。主として大学院の教育・研究活動を支援・推進するための業務に取り組んでいる。

大学院業務は、学位*に関する事項、大学院教務学生委員会をはじめとした各種委員会の運営、『大学院案内』の刊行、また関西四大学単位互換履修交流に関する事務、さらに大学院研究員、研究科研究員、専門職研修員の管理統括、研究員証の発行等の他、博士課程後期課程研究奨励金制度、大学院奨励研究員制度、大学院海外研究助成金制度等の運営に関する業務を行っている。

〔生涯学習業務〕 生涯学習委員会答申「関西学院大学における生涯学習施策の基本方針」が2003年4月の大学評議会*で受理・決定され、本学の生涯学習への取り組みが本格的に始まった。そして、全学的な視座から生涯学習を取り扱う組織として04年4月に教務部に「生涯学習課」が設置された。13年4月の大学組織の機構化に伴い、教務課とともに教務機構に編入された。

生涯学習業務は、一般社会人向けプログラムとしてオープンセミナー*、リベラルアーツ・プログラム（KGLP）、K.G.ライフワークスクール（2014年4月よりK.G.梅田ゼミを改変）、ビジネスパーソン向けに丸の内講座、同窓生向けプログラムとして三日月塾、新月塾、卒業生就職支援プロジェクト、地方自治体や各種団体との連携講座として、インターカレッジ西宮、宮水学園マスターコース、インテリジェントアレー専門セミナー、TKC・関西学院大学新月プログラムを開設し、多くの受講者を集めている。また、エクステンションプログラム「関西学院大学ライフデザイン・プログラム」の一翼を担うものとして、単なる資格取得や就職対策のためだけでなく、大学教育の一環として開設する資格関連講座を数多く開設している。そして、学部・研究科（経営戦略研究科*、司法研究科*を除く）の科目等履修生・聴講生の募集・出願受付も担当している。

〔学部等業務改革推進業務〕 パッケージベースの学生システム導入に伴う学部等業務の円滑な運用を図るため、2007年9月に「学部等業務改革推進本部」が設置され、運用に向けての検討を行った。その結果、08年9月大学事務局長の下に3つの機能を持つ学部等業務改革推進プロジェクトが設置された。3つの機能は①学生システム運用、②教務事務支援、③業務改革推進である。

担当者は、情報システム室で学生システムの運用とリプレイスを担当していた者と、総務部の学部等業務改革推進担当者で組織された。また、

き

業務改革推進のための具体的な施策検討は、学部等業務改革推進本部の下に「業務改革に基づく検討ワーキング」を設置し、大学事務局長をコンビーナとして進められた。

2010年4月より新基本構想および大学新中期計画を遂行する目的で財務・業務改革本部が設置された。その下に新たに設置された「業務改革ワーキンググループ」の事務局を務め、学部等の業務を支援するために共通業務の集約を担い、業務改革の各プロジェクトに参画した。

さらに、08年8月から稼働していた学生システムを13年8月にリプレイスせざるを得なくなり、情報システム会議の下に設置された「システムリプレイスプロジェクト」の主要メンバーとしてリプレイス作業にあたった。

2013年4月の大学組織の機構化に伴い、本プロジェクトの作業内容が教務業務中心であることから、その機能は教務機構が担うことになり、教務機構（学部等業務改革推進担当）となった。

教養学科（新制大学）

1947年制定の学校教育法により新制大学が設立され、日本の専門学校、高等学校、大学予科*が廃止された。大学の専門課程への準備のコースとして一般教養科目がカリキュラムに組み込まれることになり、教養課程2年、専門課程2年に分けられた。その際、多くの新制大学は「横割り」方式を採用し教養部が設置された。

関西学院大学は、新制大学に移行した1948年の入学生（定員600名）は、学部別に入学することなく教養科目を履修することとした。すなわち教養学部を設置しないで、各学部教授会*とは別に全学教授会を設け、教務部長を置き、そのもとに教養学科を置き教養学科主任にA. P. マッケンジー*教授が就任、教務主任、学生主任を置き、学生の指導に当たった。これは「横割り」方式と「縦割り」方式との折衷であった。しかし、学部選択の段階になって約500名の学生のうち約400名が経済学部への進学を希望したため、この方式による運用は初年度入学生から困難になった。そこで49年度からはこの方式を改め、学生は入学時から学部に所属することとし、全学教授会も1年限りのものとなった。

【参照】Ⅱ 107

キリスト教主義教育研究室

宗教活動委員会*の研究部門を発展

的に改組し、キャンパス・ミニストリーの理念と実践を検討するリサーチセンターの存在が必要であるという認識に基づいて、1967年6月にキリスト教主義教育研究室が開設された。キリスト教主義教育研究室は、「キリスト教主義教育の理論とその実践の方法とを広く研究し」、学院の教育的使命の実現に寄与することを、その目的として掲げてきた。研究室は、78年より、歴史、教育、礼拝、文化の4研究部門に分かれ、個別ならびに共通テーマの研究・調査に従事、その成果を年報『キリスト教主義教育』に発表。さらに全体プログラムとして、春秋の公開講演会、千刈セミナー、宗教活動委員会*との共催によるシンポジウム、研究フォーラム、部門別研究会などを開催。また共同研究の成果として、青山学院との共同研究の成果『キリスト教教育の理想と現実』(1968)をはじめ、『関西学院青年会記録』や関西学院の歌(校歌、応援歌、学生歌)、創立者W. R. ランバス*の著作翻訳を含む『キリスト教教育史資料』、『建学の精神*考』などを刊行してきた。

キリスト教主義教育研究室は、早い段階から研究室の場所や予算の問題などの理由で、大学の研究所として位置付けられることを強く願い、1980年代後半の将来計画検討委員会による「第一回答申」(1988)および「第二回答申」(1989)を受けて、大学の研究所として位置付けられる要望を大学の研究所構想検討委員会に提出。大学の検討委員会は、「第二期研究所構想検討委員会答申」(1989)において学院のキリスト教主義教育研究室を大学の文化科学研究所の一部である「キリスト教文化研究室」に改組することを提案し、「大学第二次中期計画(案)」(1992)および翌年の大学評議会*でその方向性を確定。このような学院組織から大学の研究機関への移行決定を受け、キリスト教主義教育研究室は30周年に当たる1998年をもって幕を閉じ、その前年に発足した「キリスト教と文化研究センター*」と組織として名目上「統合」された形になった。経緯から考えて実質的には改組し発展的に解消した。

基督教青年会

関西学院が創立されてから2カ月にも満たない1889年11月、関西学院青年会が組織された。発起人3名を含む11名の会員で役員の選挙を行い、神学部*生の中山栄之助を会長に選出するとともに、大阪基督教青年同盟会に加盟することを決めた。そして12月の臨時集会で出席者の３分の２以上の同意を得て、J.C.C.ニュートン*、N.W.アトレー*、中村平三郎*、菱沼平治などの教員も正会員になった。

1892年の青年会記録には関西学院基督教青年会会則が載せられており、関西学院青年会が実質的に基督教青年会であったことがわかる。また98年の関西学院青年会記録に記載されている「関西学院基督教青年会憲法」では、「本会ハ日本万国学生基督教青年会同盟ニ加入セルモノニシテ」と明記されている。会則によると毎月２回例会を開き、演説討論と文章の錬磨を行うこと、また時機に応じて市街において公開演説会を開催することになっていた。青年会結成後、会員は徐々に増え、１年後の90年に45名、1908年には100名を超えている。行事として弁論および討論会が盛んであり、英語による演説もその中に含まれていた。

関西学院青年会は最初、教師も生徒も対等な関係にあり、教員も選挙によって会の役員になっていたが、1909年の記録では、会則上普通会員である学生に対して教員を特別会員として区別している。なお、同年に青年会は組織上神学部から独立した。また12年、専門学校令による高等学部*が新設され、改めて中等教育機関として整備され始めていた普通学部*は15年に中学部*と改称され、その過程で青年会は中学部基督教青年会へと移行した。

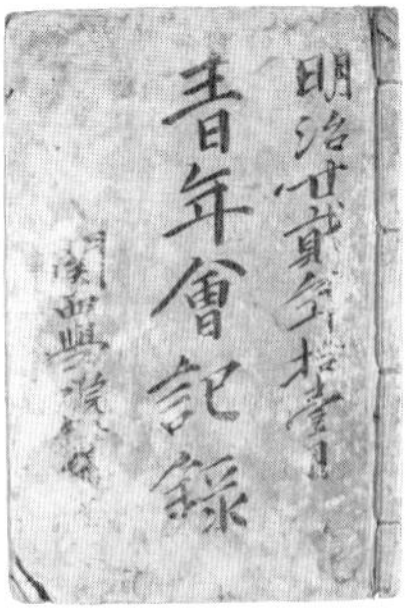

【参照】Ⅰ 172【文献】「関西学院青年会記録」1889–1916

キリスト教と文化研究センター

キリスト教と文化研究センター（Research Center for Christianity and Culture、略称：RCC）は、1996年に学長*からキリスト教主義教育委員会に出された諮問への答申（1997）に基づいて、97年発足した。その規程には、「キリスト教と人間・世界・文化・自然の諸問題に関する総合的な調査・研究を行うとともに、本学のキリスト教主義教育の内実化を図ることを目的とする」（第２条）と定められている。運営の主体となるセンター長、副長、主任研究員は、学部宗教主事*と神学部*教員から選ばれている。なお2013年度までは、宗教センター*宗教主事はRCC所属の学長直属教員となり、RCC副長となっていた。

「キリスト教と人間・世界・文化・自然の諸問題に関する総合的な調査・研究」に関して、発足当初は、総合研究テーマを設け、学内外の講師によるRCCフォーラムを中心に活動していた。そのテーマは「生命倫理」(1997〜1999年度)、「民族と宗教」(2000〜2002年度)、「エスニシティー・宗教・グローバリズムを問う」(2003〜2004年度前半)、「キリスト教と平和戦略研究」(2004年度後半〜2009年度)。研究テーマに基づくフォーラムや講演会での講演はまとめられて、単行本の形で発表されている。

その中から、独自の研究に基づく成果を発表することを求めて、「キリスト教と平和戦略」研究に基づく『キリスト教平和学事典』の編集が計画された。2009年９月、教文館から出版されたが、学内外の執筆者86名を得て編まれたこの辞典は144項目にわたり、キリスト教の観点から平和構築に向けた総合理解を試みる初めてのものとして、高く評価されている。

2002年度以降は、センター内に研究プロジェクトを設け、共同研究を進めている。「暴力とキリスト教」「スピリチュアリティと宗教」「聖典と今日の課題」「キリスト教と平和構築」「聖餐の理論と実践」「ミナト神戸に宗教多元主義を探る」「文化／社会抵抗における原動力としての聖書受容の諸相」「自然の問題と聖典」「現代文化とキリスト教」「東アジアの平和構築とキリスト教」などの共同研究が行われている。これらの成果は、単行本の形で公表されている。

ことに、「ミナト神戸」共同研究の成果をまとめた『ミナト神戸の宗教とコミュニティー』(2013年３月、神戸新聞総合出版センター「のじぎく文庫」)は、「世界に不寛容な空気があふれる中で 国際都市神戸が育んできた寛容の精神こそが 今日の世界で最も大切なことであることを読み取ることのできる著書である」ことが評価され、井植文化賞（報道出版部門）を受賞した。

また、センター発足時からその研究の進展が課題であった「本学のキリスト教主義教育の内実化」については、2011年から「関西学院におけるキリスト教主義教育の展開」研究プロジェクトが設けられている。

キリスト教主義教育研究室*から引き継いだ、大学在学生の保証人を対象とした「父母のためのキリスト教講座」を、1999年から提供している。2014年からは、これをより広く公開して、社会貢献の一つとして提供している。

研究紀要として『キリスト教と文化研究』を発行している。また、センターの活動を広く発信するため、ニューズレター（年３回）を発行している。

キリスト者条項

関西学院を構成する「役員及び教職員」について、キリスト者であることを明確に規定しているのは学校法人関西学院*寄附行為施行細則第４条（福音主義のキリスト者）で、役職ならびに一定数の理事についての規程があり、次の３項からなっている。「1.次の職に就く者は、福音主義のキリスト者でなければならない。院長*、宗教総主事*、高中部長*、高等部*長、中学部*長、初等部*長。2.寄附行為第７条第１項第３号によって選任される理事のうち１名以上並びに第６、７号及び８号によって選任される理事のうち４名以上は、福音主義のキリスト者でなければならない。3.宗教総主事は、原則として教役者でなければならない」。また、寄附行為第７条（理事の選任）第１項は次のように定めている。「1.院長、2.学長*、3.聖和短期大学*長・高等部長・千里国際高等部*校長・中学部長・千里国際中等部*校長・初等部*校長・聖和幼稚園*長及び大阪インターナショナルスクール*校長のなかから理事会が選任した２名、4.宗教総主事、5.事務局長、6.評議員会*で選挙されたもの６名（ただし、５名以上は評議員であること）、7.学識経験者、関西学院同窓会*員及びこの法人の教育に理解ある者のなかから、理事会が選任した者７名、8.理事長*が選任した者６名」、以上の規程から、25名の理事定員のうち、少なくとも７名以上はキリスト者条項に規定されていることがわかる。

同じ寄附行為第19条（評議員の選任）には、第１号の関西学院長、第４号の宗教総主事に加えて、第５、６号にキリスト者条項として、各４名の福音主義に立つ教役者と在日宣教師を理事会が選任することを規定している。52名の評議員のうち、役職ならびにこの規程によるキリスト者は10名ということになる。

教員については、宣教師、宗教主事についてこのキリスト者条項が適用されている。いずれも福音主義のキリスト者であるが、牧師などの教役者であることは特に規定されていない。ただし短期大学を除く宗教主事は福音主義のキリスト教教役者と定められている。職員についてはキリスト者条項はない。

キリスト教主義学校である関西学

院では、規程の有無に関係なく、開校以来その多くがキリスト者によって理事会も教職員も構成されていた。しかし学院の規模が拡大したことに伴って、明確なキリスト者条項ができたのは、1931年に社団法人から財団法人に移行したときに、寄附行為細則で理事長*を兼任する院長*を「日本メソヂスト教会*の教義を有するキリスト教会の正会員たるべし」と規定したことに始まる。後に「福音主義のキリスト者」と変更されたのは、41年にプロテスタント諸教会が日本基督教団*に統合されたことに伴う。この福音主義キリスト教とは一般にいうプロテスタント・キリスト教と捉えられている。

キリスト教主義学校が、その原理に立とうとする限り、構成員にキリスト者条項を適用することを必要としているが、その比率が年々減少する今日、条項の有無にかかわらず、一定比率のキリスト者を維持していくことが今問われている。

【参照】Ⅱ 47

く

釘《くぎ》宮《みや》辰《とき》生《お》 明治5＜1872＞. 3. 13～1947. 9. 11

理事、日本メソヂスト教会*第5代監督。大分県海添に生まれる。大分中学校在学中、父死去のためやむなく退学し、県裁判所に勤務。1888年、S. H. ウェンライト*宅での英語講義に出て初めて聖書を読み、同年10月、W. R. ランバス*から受洗。翌89年暮れ、ランバスらとともに大分リバイバル*を体験して献身を志し、関西学院神学部*に入学。97年に卒業後、アメリカ・トリニティー・カレッジ（現、デューク大学）に留学。帰国後、広島教会、大阪両国橋教会の主任牧師時代、伝道紙『喜音』の発行、共励会（青年伝道）や大成運動（大衆伝道）の推進など、メソヂスト教会の新しい伝道活動のために尽力する。22年、豊中教会、27年、大阪東十三教会を創立。36年、日本メソヂスト教会第5代監督に推挙・選任された後は、日本全国および朝鮮半島を巡回し、信仰「更新」運動に挺身した。戦時下から戦後の最晩年41～47年は、関西学院教会*の第7代牧師（専従）、関西学院理事、神学部復興に向けての理事会選任特別委員などを務める。ひたすら聖霊の働きを信じ、絶えず祈るウエスレィアンであった。関西学院大学神学部には釘宮記念奨学金が設定されている。

【参照】Ⅰ 152；Ⅱ 325【文献】倉田俊丸『釘宮辰生伝』1965

沓澤《くつざわ》吉《きち》太郎《たろう》 1890. 11. 1～1963. 4. 8

旧制中学部*長。秋田県増田町出身。1919年、京都帝国大学卒業。同志社中学校教員や旧制公立中学校長を長年務めた後、東奥義塾（青森県弘前市）の塾長代理に就任。その後、出身中学校の先輩であり青山学院院長であった笹森順造の要請で、1943年５月、旧制関西学院中学部長に就任した。哲学専攻で敬虔なクリスチャンであった。礼拝を自由に守ることのできなかった軍政下、部長室で二人の子息と矢内正一*教頭の４人で礼拝の灯をともし続けた。45年３月に退任。その後、満州の安東中学校に校長として赴任した。

【文献】『関西学院史紀要』(13) 2007

久保《くぼ》芳和《よしかず》 1919. 6. 7～2013. 08. 28

学長*、経済学部*教授。奈良県大宇陀に生まれる。大阪商科大学で堀経

夫*の指導を受け、1943年９月に卒業。兵役終了後、46年、同大学の副手、以後、助手、講師となる。51年、関西学院大学経済学部助教授。56年、教授。60年、経済学博士。経済学部長、学長を歴任。88年、定年退職。

学会活動としては、経済学史学会の創立メンバーとして活躍し、同会の幹事を長く務めた。他にアメリカ学会理事、ロバアト・オウエン協会理事、マルサス学会代表幹事も務めた。古典派経済学を中心とする稀覯本の蔵書は、死後、大学図書館*に寄贈された。久保の業績はN. バーボンとD. ノースの邦訳『交易論』（1948）に代表されるイギリス重商主義の研究、『フランクリン研究』（1957）、『アメリカ経済学史研究』（1961）に代表されるアメリカ国民経済学史研究に顕著に見られる。

【参照】Ⅱ 403【文献】『関西学院大学経済学部五十年史』1984；『経済学論究』42（２）1988；久保芳和『詩と真実』（Ⅰ－Ⅱ）1979, 1988；退職記念出版刊行委員会『上ケ原三十七年』1988

熊谷《くまがい》鉄《てつ》太郎《たろう》 1883. 5. 27～1979. 7. 11

盲人伝道者。北海道瀬棚郡美谷村に

生まれる。３歳の時に天然痘で両眼失明。17歳の春、札幌盲学校に入学。札幌の美以教会の祈祷会で初めてキリスト教に触れ入信を決意。1902年に上京し、東京盲唖学校、夜は夜学校で英語や漢文を学ぶ。本郷の中央会堂などで教会生活を送る。卒業後、横浜、同愛、神戸の各訓盲院で教師となる。12年、好本《よしもと》督《ただす》の知遇と援助を受け関西学院神学部*に学ぶ。学院における生活について、「関西学院の生活は、今考えますと、全生涯のうちで、もっとも恵まれた楽園のような生活でありました」と回顧している。神学部卒業後伝道者となり、大阪、柳井、宇部、広島、神戸の日本メソヂスト教会*の諸教会で伝道・牧会に従事。視覚障がい者文化運動を起こし、触覚による文化見学、ロシアの視覚障がい者詩人エロシェンコの講演会、按摩徒弟・職人の経済調査、エスペラント語の視覚障がい者への普及などに尽力した。31年に渡米。43年、タイの視覚障がい害者教育のために渡航したが、志を果たせずして帰国。自伝的著書として『闇を破って―盲人牧師自叙伝―』(1931)、『薄明の記憶―盲人牧師の半生―』(1960)がある。

【参照】Ⅰ 397【文献】玉田敬次『熊谷鉄太郎―見果てぬ夢―』1985

久《く》山《やま》康《やすし》 1915. 8. 12～1989. 12. 30

第11代院長*、理事長*、文学部*教授。岡山県津山市に生まれる。京都帝国大学文学部哲学科卒業。聖和女子学院教授を経て、1946年、関西学院大学予科*教授に就任、57年、文学部教授。専攻は哲学。その領域はキリスト教思想を基底とする実存哲学と京都学派を軸とする日本思想史の両面にまたがる。74年に理事長・院長に就任。関西学院財政*の建て直しを図り、教育・研究条件の向上、講義棟、学生会館*、千刈セミナーハウス*（2014年３月閉館）、高等部*校舎、高中部礼拝堂*など20棟に及ぶ重要な施設の拡充整備を行った。さらに神戸三田キャンパス*を取得し、21世紀に向けて関西学院が飛躍・発展を遂げる基礎を築いた。文部省、私立大学連盟、兵庫県、西宮市、日本キリスト教学校教育同盟などで要職につき、わが国の高等教育と私立学校振興に貢献した。主著は『自然と人生』(1962)、『近代日本の文学と宗教』(1966)、『人間を見る経験』(1984)など。また『読書の伴侶』(1952)や『近代日本とキリスト教―明治

編』(1956)、『同―大正・昭和編』(1956)、『戦後日本精神史』(1967)などの編著も高い評価を得ている。

【参照】Ⅱ 498, 501【文献】『兄弟』(438) 1995

クラシックギタークラブ

クラシックギターという楽器の熟達はもちろん、それを通じてさまざまな人に出会い人間的に成長していくことを目的に、1958年4月、クラシックギター同好会として発足、65年にクラブ昇格を果たした。当時はギターブームの波に乗り、部員数が約200名という時期もあったが、現在は約70名である。2010年度には第50回記念定期演奏会を迎えた。OBとしては、作曲家山室紘一、フラメンコギタリスト吉川二郎らが活躍、さらに、1997年に中井太郎がギターコンクールで読売賞を受賞した。現在、関西クラシックギター連盟での合同演奏会と、独自の定期演奏会をそれぞれ年1回開催している。

クラブ活動（高等部）

高等部*の自治組織である学友会*の部局のうち、総務局、宗教総部*、文化総部*、運動総部*の傘下で、現在以下のようなクラブが活動している。〈総務局〉サービスリーダーズ、〈宗教総部〉宗教部*、〈文化総部〉E. S. S. *、理科部*、囲碁・将棋部*、写真部*、吹奏楽部、美術部*、映画部*、グリークラブ*、コンピュータ部*、数理科学部*、〈運動総部〉野球部*、柔道部、卓球部*、剣道部*、アメリカンフットボール部*、テニス部*、サッカー部*、バスケットボール部*、ラグビー部*、陸上競技部*、水泳部*、ゴルフ部*、バレーボール部*。

また、現在は存在していないが、このほかに高等部*のこれまでの歴史の中で活動をしていたクラブには以下のようなものがある。社会部、新聞部、文芸部、電波部、物理部、生物部、化学部、地歴部、鉄道研究部、放送部、PFC（PEN FRIEND CLUB)、劇研究部、社会研究部、数学研究部、ワンダーフォーゲル部、スキー部、スケート部、レスリング部、軟式テニス部、ボクシング部、体操部、馬術部、ヨット部、ボート部、拳法部、タッチフットボール部（現、アメリカンフットボール部*)。

⇒高等部運動総部・宗教総部・文化総部の項参照

【文献】『関西学院高中部百年史』1989

クラブ活動（中学部）

中学部*の自治組織である生徒会に

は宗教総部*、文化総部*、運動総部*の3総部があり、現在、各総部の傘下で以下のような団体のクラブが活動している。〈宗教総部〉J. H. C.*(Junior Holy Club)、聖歌隊、〈文化総部〉理科部*、美術部*、英語部*、吹奏楽部*、グリークラブ*、図書部*、〈運動総部〉サッカー部*、野球部*、水泳部*、テニス部*（硬式)、卓球部*、陸上競技部*、バレーボール部*（女子)、バスケットボール部*、タッチフットボール部*、剣道部*、ラグビー部*。

また、現在は存在していないが、このほかに新制中学部のこれまでの歴史の中で活動をしていたクラブには以下のようなものがある。柔道部、KFG（Kwanseigakuin Flower Group)、運動部、相撲部、体操部、バレーボール部（男子)、文芸部、写真部、電気科学部、音楽部、山岳部、書道部、弁論部、演劇部、ハンドベル部、新聞部、社会部、数学研究部、ブラスバンド部、放送部。なお、2012年、男女共学化に伴い女子に門戸を開いたクラブは以下のとおり。宗教総部、文化総部の全てのクラブ、運動総部の中では水泳部、テニス部、陸上競技部、バレーボール部、バスケットボール部、剣道部、卓球部。

⇒中学部運動総部・宗教総部・文化総部の項参照

【文献】『関西学院高中部百年史』1989

久留島武彦《くるしまたけひこ》 1874. 6. 19〜1960. 6. 27

児童文学者。大分県森町に生まれる。慶應義塾出身の鎌田栄吉が校長を務めていた大分県立中学校へ1887年に入学。その年大分県師範学校校長兼学務課長に転じた鎌田は翌年同中学校英語教師としてS. H. ウェンライト*を招聘した。英語教師と同時に開拓伝道に従事していた宣教師ウェンライトに連れられて、中学校を中途退学して草創期の関西学院に移った。学院の初期神学生や多くの普通学部*生徒は勉学と同時に伝道にも熱心で、すでに大分で受洗していた久留島も、土・日の両日には赤インキで十字を描いた小提灯を腰にはさみ、三宮神社前の夜店のかたわらで路傍伝道に立った。その体験が、生涯を通じて社会の大道に立つ生活の礎をつくったという。関西学院普通学部*を卒業して後、童話作家として名を成した。はじめ尾上新兵衛の名で『少年世界』(1895年創刊）に児童読み物を執筆、のちに巖谷《いわや》小波《さざなみ》に師事してお伽噺と口演童話で活躍し、口演童話の開拓者として知られた。1906年にお伽倶楽部を起こし、また東京青山に早蕨《さわらび》幼稚園を経営、ボーイスカウトの結成にも活躍した。

著書に『久留島武彦童話選集』(1950)、『童話術講話』(1973) などがある。

【参照】 I 122, 164【文献】『関西学院七十年史』1959；勢家肇『童話の先覚者―日本のアンデルセン―久留島武彦・年譜』1986；後藤惣一著『久留島武彦』(『大分県先哲叢書』) 2004

グローバル人材育成推進事業

2012年度文部科学省「国際化拠点整備事業費補助金」において、「グローバル人材育成推進事業」の募集が行われた。関西学院大学は、国連学生ボランティアに代表される実践教育や英語インテンシブプログラムに代表される英語教育を体系的に提供する「実践型“世界市民”育成プログラム」を構築するプログラムを構想し、「全学推進型」「特色型」双方に応募した。いずれもヒアリングまで進んだ結果「全学推進型」が採択され、規定により「特色型」は採択されなかった。

本事業は全学をあげてのプログラムと位置づけ、申請時より学長室*を中心に、関係各部局から教職員の応援を得てプロジェクト形式で事業を推進した。2013年度にはG号館*内に「グローバル人材育成推進事務室」を設置し、学長室がその事務を行っている。

け

経営戦略研究科

【沿革】

経営戦略研究科は、1993年に開設された商学研究科のマネジメント・コースを継承する形で開設された経営戦略専攻（ビジネススクール）と、関西学院大学の伝統ある会計教育を発展させるために開設された会計専門職専攻（アカウンティングスクール）からなり、関西学院大学２番目の専門職大学院*として2005年に開設され、初代研究科長にM. コリック（Martin Collick）教授が就いた。

専門職大学院は、専門職大学院設置基準に「高度の専門性が求められる職業を担うための深い学識及び卓越した能力を培うことを目的とする」と謳われており、この目的を達成するために従来の大学院より多くの専任教員が配置され、相当数の実務家教員を擁して実践的な教育を行うことが求められた。

経営戦略研究科では、専門職大学院として果たす役割を効率的に提供するだけではなく、本学のスクール

モットー “Mastery for Service*” を体現するために倫理科目を必修とし、高い倫理観に支えられた専門的な技能を磨いて社会に提供することも目指してきた。

経営戦略専攻で養成する高度専門職業人は、「建学の精神*に基づく高い職業倫理を持ち、国際的水準で世界に通用するビジネスパーソン」である。経営戦略専攻には、「企業経営戦略コース」と「国際経営コース」があり、企業経営戦略コースは、グローバル化した日本企業のビジネス環境に合致した高度職業人の育成を目的としている。国際経営コースは、ビジネスの知識に加えて英語でビジネスを遂行する能力を養成することを目的とした。

また、会計専門職専攻で養成する高度専門職業人は、「建学の精神に基づく高い職業倫理を持ち、国際的な水準で世界に貢献し得る職業会計人」である。会計専門職専攻では、公認会計士や企業経理財務担当者、地方自治体会計・行政経営専門職を養成し、高い職業倫理観と国際的な視野と見識をもった職業会計人を育成することが目的であった。

開設初年度の2005年度春学期の入学者は、両専攻とも81名で合計162名の学生が入学し、秋学期は、経営戦略専攻25名、会計専門職専攻20名の計45名が入学した。授業は、学習環境の優れた上ケ原キャンパス*と交通至便な大阪梅田キャンパス*の両キャンパスで昼間、夜間、週末に実施し、さまざまなニーズを持つ学生に対応した。

2008年度には、研究科開設時から継続して検討を進めていた博士課程後期課程先端マネジメント専攻を新たに開設した。春学期６名の入学者を迎え、博士課程の活動を開始した。これにより、専門職課程での研究を継続し、基礎研究と応用研究の融合を目指す場として、また応用性の高い研究に積極的に取り組む実践型研究者の養成の場が設けられた。

【現状】

〔学生〕経営戦略研究科の学生は、経営戦略専攻164名（企業経営戦略コース132名、国際経営コース32名）、会計専門職専攻75名、博士課程先端マネジメント専攻19名となっている（2014年５月１日現在）。2011～13年度入学者の数字で見ると、経営戦略専攻企業経営戦略コースでは、30歳代が50％、40歳代が29％で製造業、教育・マスコミ・情報、卸売業・小売業が86％を占め、30歳以降の社会人が大半を占めているのが特徴である。経営戦略専攻国際経営コースでは、20歳代が85％、出身国が日本以外に十数カ国に上るのが特徴である。

会計専門職専攻は、20歳代69%、30歳代21%で関西学院大学以外に全国の私立大学、国公立大学から入学するのが特徴である。入学試験は、経営戦略専攻企業経営戦略コースで年3回2種類、国際経営コースで5回3種類、会計専門職専攻で5回3種類を行い、多様な受験生が入学してきている。

〔教職員〕経営戦略専攻、会計専門職専攻の2つの専攻で合わせて28名の専任教員と16名の任期制実務家教員に加えて、専任職員5名、契約職員1名、アルバイト職員5名、教務補佐3名で構成されている（2014年5月1日現在）。

〔教育〕経営戦略研究科は、2つの専攻で高いレベルでの「理論」と「実践」が融合をした多彩な教育を提供することを目指している。全体としては、1年次に学びの土台となる基礎知識を修得し、2年次に基礎を発展させ、テーマ研究をする、あるいは実践的な能力を身に付けるため全体の科目をコア科目群、ベーシック科目群、アドバンスト科目群に分けて計画的に履修できるカリキュラムとしている。

経営戦略専攻企業経営戦略コースでは、①日本最大級の専門職学位*コース、②実務家教員とアカデミック教員とのバランスの良さ、③大阪梅田キャンパス*ですべての科目が履修可能、④長き伝統、修了生との交流、の4つをポイントとして上げ、ビジネスを創造する高度な専門的能力を持つ社会人を養成するためのカリキュラムを組んでいる。コース内では、経営プログラム、マーケティングプログラム、ファイナンスプログラム、テクノロジー・マネジメントプログラム、アントレプレナーシッププログラム、自治体・医療・大学経営プログラムの6つのプログラムが設定されており、個々人の学習ニーズに対応したカリキュラムとなっている。

経営戦略専攻国際経営コースでは、①大学新卒者、外国人留学生を主な対象とする昼間中心のコース、②関西で最初の英語によるMBA教育、③海外ビジネススクールとの提携プログラム、④外資系企業を中心とした高就職率、の4つをポイントとしてあげている。

会計専門職専攻は、①目標に直結する学びを可能にする豊富な科目を提供、②幅広い知識の習得を可能にするビジネススクールとの連携、③資格学校や仕事との両立を図る学生に対応した、昼・夜・土曜日の開講、④集中した学習と早期のステップアップを可能にするクォーター制を採用、リカレント（学び直し）のための科目を提供、の５つをポイントとしている。カリキュラムの特徴として、「国際会計論」と「会計倫理」を必修科目として、国際会計に関する科目、公会計分野に関する科目、経営やIT分野に関する科目も充実している。

博士課程は、３年以上在学し、必要な研究指導を受けた上、総合学力認定試験に合格し、最終的には博士論文の審査に合格することを目指した研究指導の課程が組まれている。

〔研究活動〕経営戦略研究科の専任教員を会員とする「経営戦略研究会」において、教員や博士課程後期課程在学生と単位取得者の研究業績を掲載する『ビジネス＆アカウンティング・レビュー』、専門職学位*課程修了生と博士課程後期課程の在学生の研究論文を掲載する『経営戦略研究』を発行している。また、修了生の継続的な研究の支援、修了生、在学生間および教職員との交流の場を提供することを目的とした「IBA研究フォーラム」が2007年度に設立され、フォーラムを構成する各研究会で活発な研究活動が行われている。

〔社会教育〕経営戦略研究科では、日常の講義や教員の研究活動に加えて、さまざまな社会貢献活動に取り組んでおり、社会教育を目的とした連続セミナー、経営戦略講座、ハッピーキャリアプログラム（女性の仕事復帰・起業講座）の他に企業の協力を得て開講する寄付講座を開講している。

軽音楽部

軽音楽部の歴史は、1946年に音楽を愛好する数名の学生が集まってハワイアン・バンドを結成したことに始まる。創部間もないころはジャズの演奏活動が中心であったが、当時は学生ジャズに対して無理解な批判も多かった。しかし、関西の学生ディキシー・ジャズ・バンドのパイオニアとしての存在、またハワイアン演奏の名手たちの輩出が「関学軽音」の名を広く知らしめた。その後、ジャズブームの停滞が招く部員不足の時代を経ながら、昭和30年代から40年代にかけて演奏会の定期化、部室の建設などを行い、現在の基礎を築いた。やがて夏季休暇を利用した演奏旅行、他大学との競演、ジャズ合戦やコンテストへの参加、ラジオ・テレビ出演、そのほか多くのコンサート活動により、全国レベルでのリーダー的存在の一つとなった。

時代の流れとともに音楽は移り変わり、それに合わせてさまざまな音楽性をもったバンドが新しく生まれては消える。ジャズ、ハワイアン、ウエスタン、タンゴ、ラテン、ロック、ポップス、ファンク、フュージョン、ボサノバなどあらゆる音楽への取り組みの歴史が軽音楽部の伝統をつくりあげてきたといえる。その中でも創始のころより綿々と活動が受け継がれているのがビッグ・バンド「KGスイングチャリオティアーズ」である。時には世に名を馳せた名門バンドで、そのステータスは今もゆるぎない。

これまでの約70年間に約1,200名が軽音楽部を“卒業”しているが、タイガー大越（大越徹）、羽毛田丈史、大江千里、橘いずみなど音楽の道に進んだ者も少なくない。また、多くの卒業生が卒業後もアマチュアとして演奏活動を続けている。

春秋2回の定期演奏会をはじめ、学内外で数多く演奏する機会に恵まれており、それら音楽演奏を基本にしながらも、企画、舞台設営、音響操作（PA）、PR活動などにも取り組み、「一つのものを自分たちの力で創り上げる」というポリシーも代々伝えられている。

【文献】『関学軽音60年栄光の軌跡』2006

経済学部

【沿革】

1932年に旧制関西学院大学は設置認可を受け、同年大学予科*が設置され、2年後の学部創設時には3年制の商経学部*が法文学部*とともに設置された。専門学校高等学部*商科・高等商業学部*の伝統を受け継いでの創設であった。経済学科と商業学科の2学科制を採用し、経済学士と商学士の学位*を授与した。学生定員は120名、初年度の入学者は123名、第1回卒業生（37年3月）は、商学士83名、経済学士30名の合計113名であった。この第1期生から、小寺武四郎*経済学部教授、小島男佐夫商学部*教授が出た。開設時の専任教員はすべて高等商業学部からの移籍であった。非常勤講師のうち、商学系が主に高等商業学部から招かれたのに対して、経済系は京都帝国大学や大阪商科大学から招かれたために、その影響は経済学部の学統に及んだ。

『商学論究』（1934−43）が新たに学部研究機関誌として高等商業学部と共同で刊行された。その後48年3月『経済学論究』が後継誌として新たに刊行され、『商業経済時報』（1934−35）も発刊された。このように研究を重視すると同時に、教育の充実のために1938年、研究演習制度を導入した。40年になると学生定員は250名となった。しかし、文科系の学生を3分の1に削減する国策に応じて、44年には商経学部学生の募集を停止し、在学生の教育を法文学部へ委嘱し、教員も国民生活科学研究所や専門学校政経科*へと移籍した。ここに商経学部は大学の一つの学部としてはいったん消えることになった。

戦後の1945年10月に大学が授業を再開するようになると、46年商経学部は経済学部へと名称変更をした。新制大学制度が発足する1年前の48年に、関西学院大学は同志社大学、関西大学など12大学とともに新制へと移行し、経済学部も4年制の学部となった。新制直後の49年の専任教員は、公選最初の学部長となった池内信行*学部長以下21名で、その他9名の嘱託教員がいた。当初、商経学部は旧制のもとで商学部*と経済学部との分離を計画したが、その実現は51年であった。

〔**教育**〕学生定員は、1951年の200名、59年の400名、76年になると600名となり、大学の大衆化に対応したが、臨時定員増の関係で91年から2003年までは年度毎に定員に若干の増減があり、2004年には臨時定員増の恒常化により650名に、そして2008年には経法連携コースの新設により680名となって、現在に至っている。

教員についてみると、60年には10の教員グループ制がほぼ確立し、商業英語・商法の関連科目グループが81年になくなると、理論、経済史、経済学史、統計、財政、金融、経済政策、社会政策、国際経済から成る9グループ制が確立された。それを基礎に立てられたカリキュラムには、以下の特徴が見られる。すでに旧制から伝統となっていた演習制度は、51年から研究演習制度（Ⅰ・Ⅱ）が、63年から基礎演習（69年に人文演習に改称）が、69年からは経済学講読演習が導入され、演習を軸とした少人数教育が実施された。また、経済学入門としての経済学甲・乙・丙による授業は、55年から教養科目として開講され、現在の専門科目としての経済と経済学の基礎A・Bへとその伝統は受け継がれている。また、2年生から経済学専門科目を履修するいわゆる「くさび型」教育は大学紛争後の70年頃から早くも実施された。

なお、教員のグループ制は、学部人事委員会（2008年度）が設置されたことにより、担当科目の編成や負担調整を主たる目的とするものとなった。

〔研究〕1948年の新制学部発足と同時に創刊された『経済学論究』により研究は本格化し、また50年には旧制学位*審査権を得た。その第1号は池内信行*で、旧制での経済学博士号取得者は合計16名となった。さらにこの年に新制大学院*経済学研究科修士課程が、54年には同博士課程が設置され、本格的な研究者の養成が始まった。経済学部教員の研究成果は54年と58年に設置された経済学双書（6編）、翻訳双書（6編）で公表された。

〔学会活動〕これまで、経済学史学会（1951、57、2001）、日本経済学会*（旧理論・計量経済学会）（1954、66、90、2010）、社会政策学会（1954、64、71）、日本統計学会（1955）、国際経済学会（1955、73）、日本経済政策学会（1961）、日本財政学会（1974、2001）、経営史学会（1974）などの全国大会の開催や55年のF.マハループを皮切りに、U.K.ヒックス、フリードマン、ハイエクなど外国の著名な経済学者の招聘など、日本の経済学研究の発展に大きく貢献した。柚木学*教授は『近世海運史の研究』（1979）で82年に、また竹本洋教授は『経済学体系の創成―ジェイムズ・ステュアートの経済学体系―』（1995）で99年にそれぞれ学士院賞を受賞した。

【現状】

〔学生〕入学定員680名の経済学部は、2014年度入学生656名、2年生678名、3年生731名、4年生810名の合計2,875名の学部学生と、経済学研究科博士課程前期課程13名（うちエコノミスト・コース生2名）、後期課程4名、研究員等8名の大学院*生からなっている（2014年5月1日現在）。

これら学生は、一般入学試験、高等部*推薦入学に加えて、指定校推薦入学（1989年度；2005年度に依頼校推薦入学から改名）、外国人留学生入学試験（1990年度）、帰国生徒入学試験（1990年度）、社会人入学試験（1991年度；2006年度よりAO入学試験に統合）、編入学試験（1997年度）、大学入試センター試験（1998年度）、協定校推薦入学（1999年度）、AO入学試験（2006年度）、提携校推薦入学（2007年度）、スポーツ能力に優れた者を対象とした入学試験（2007年度）、継続校推薦入学（2008年度）、千里国際高等部*推薦入学（2011年度）、グローバル入学試験（2014年度）を行う一方、92年度から科目等履修生制度を利用したオープンカレッジ・ディプロマコースを設けてきた。

〔教職員〕経済学関連教員40名と、英語・ドイツ語・フランス語・中国語・朝鮮語、日本語、宗教主事*・宣教師に分けられた言語・外国文化関連教員13名の専任教員に加えて、専任職員7名、教務補佐3名、アルバイト職員4名、派遣職員1名で構成されている。

〔教育〕経済学部の伝統である小集団教育重視の立場から、1年生で基礎演習、2年生秋学期から研究演習入門、3、4年生で研究演習Ⅰ・Ⅱを置き、自主的な研究のために基礎から専門的な研究へと連続的に学習できるように制度的な保証をすると同時に、教員とのきめ細かなコミュニケーションを通じた相互の理解と人間的な交流を目指そうとしている。さらに、大学設置基準の大綱化以後の改革を通じて、1994年からカリキュラムは総合教育科目と専門教育科目に分けられた。

総合教育科目は全学共通のシステムを踏襲しているものの、1999年からは選択必修としてのドイツ語、フランス語に中国語が加わった。さらに、2003年には朝鮮語が、そして09年にはスペイン語が加わり、言語教育の多様化と充実化が進んだ。また、12年よりいわゆる一般教養科目を廃止して、13年度から「学際トピックス」が設置され、落語や環境問題、そして異文化交流などの幅広い教養教育科目が開講されている。また、大学における学びの動機付けを明確にし、自身のライフ・デザインを考えてもらうためにも、12年度より企業の実務家を講師に、「キャリアー・セミナー」(1年生対象)、そして「キャリアー・ワークショップ」(2年生対象)などの科目が設置された。

専門教育科目は基礎科目と専門科目からなり、セメスター制を実施し、教育効果を上げている。1990年代半ばから始まったカリキュラム改革の過程で、初年次教育に関するカリキュラムの再編が検討され、何回かの改編を経て2012年度より基礎科目(必修)には「経済と経済学の基礎A・B」「経済の歴史と思想」、入門科目(選択必修)には「現代経済入門A・B」「言語と文化」「地域政策入門A・B」、そして分析ツール科目(選択必修)には「経済学のための数学入門A・B」「経済学のための統計学入門A・B」「経済情報処理入門Ⅰ・Ⅱ」が設置され、1年次の専門科目の充実を行うことで「くさび型」教育のさらなる徹底を図っている。

なお、11年度秋学期より「言語と文化」は言語・宗教担当教員が分担して講義を行っているだけでなく、12年度秋学期から「研究演習(2クラス)」も言語・宗教担当教員が受け持つことになり、経済学部教員全員による学部教育の一層の充実化が図られるようになった。専門科目においては、専任教員に加えて、産業界を含む学外からの講師を招き、「市場経済と消費者」「ファイナンシャル・プランニングと生活設計」「パブリックビジネス概論」など「経済学トピックス」の一つとして現代社会でのホットなテーマを講義している。

加えて、2004年に設置されたコース制（当初7コース）は、幅広く経済学を学習させるため5コースとなり、その一つには経法連携の「地域政策コース」が設置されている。さらに、学部・大学院*のカリキュラム改革に伴い、科目コード番号化と大学院科目との合併により、レベル別（入門、標準、応用）の段階的な履修を可能とする体系となっている。

〔学生活動〕 経済学部学生の活性化のために、1994年度からは学部主催のスポーツ大会を、95年度からはゼミ合同発表会（現、経済学部インゼミ大会）を実施する一方、学部情報誌『エコノフォーラム』（2013年度末現在まで第20号）を出版している。さらに、学部創設75周年記念事業の一環として、2009年12月に「Econofesta」を開催し、シンポジウムやパネルディスカッション、そして他大学（慶応、上智）との交流を兼ねた研究発表会（「学生版経済学会*」）を行った。その時発表されたものをまとめ、『Econofesta 論文集』として発行した。その後、11年度から『インゼミ大会論文集』として発行されている。なお、13年度以降、『インゼミ大会論文集』や各研究演習における研究活動の成果物を電子ファイル化し、経済学部HPに掲載されるようになった。

また、1985年度からは経済学部懸賞論文賞および優秀卒業論文賞を、93年度からは基礎演習論文奨励賞を設け、学生の学習・研究意欲を鼓舞している。

〔研究活動〕 経済学関連の紀要として『経済学論究』（第67巻）を、言語・外国文化関連の紀要として『エクス言語文化論集』（8号）を出版してきている。また、1983年に創刊された不定期の英文のディスカッション・ペーパーは、電子化されるに伴って2010年4月にA4判からB5判へとコンパクトになり、すでに118号（14年4月現在）になっている。さらに、60年に経済学部独自に経済学研究叢書制度を設け、これまでに32編（2013年11月現在）を出版してきた。

1995年から始まったフランスのリール第一大学との学術交流は、大学間交流へと拡大され、現在も交流が継続している。

〔研究科〕入学試験は9月と2月の2回（後期課程は2月のみ）実施される。また、1996年度からは昼夜開講制のエコノミスト・コース入学試験が実施されている。

学生定員は前期課程30名、後期課程3名である。学生数は、前期課程13名（内エコノミスト・コース生2名）、後期課程4名、研究員8名である（2014年5月1日現在）。また、大学院*教員は41名で、新制博士学位*授与者101名（甲号55名、乙号46名）で、研究科修了者の全国の大学・研究所での活躍は目覚ましい（2014年5月1日現在）。

経済学研究科研究会（院生会）は夏期研究会を開催する一方、その報告をもとに研究紀要『関西学院経済学研究』（2013年現在第44号）を発行するだけでなく、院生は『経済学論究』および『産業研究所*紀要』などへの投稿資格を有している。

【参照】Ⅰ 488-498, 587-591；Ⅱ 101-165

【文献】『関西学院大学経済学部五十年史』1984；『関西学院大学経済学部七十年史』2005

経済学部校舎

1929年の上ケ原キャンパス*開設の

際に、高等商業学部*校舎として建築された。W. M. ヴォーリズ*の設計によるスパニッシュ・ミッション・スタイル*で、鉄筋コンクリート造り一部地下1階を持つ2階建て、延べ床面積768坪（約2, 534㎡）で、礼拝堂（講堂）、教室、教授研究室、事務室などを備えている。この建物は、大学設立時には関西学院大学本館としても用いられたが、大学本館が移転するとともに経済学部本館となった。60年代ごろから地下部分には喫茶室ポプラも設けられていたが、80年代になって営業が行われなくなり、現在では談話室として用いられている。後93年にエレベータが設置され、女子学生の増加などに対応するため、97年には一部改造が行われた。

2000年には安部栄造教授の寄付金により、教職員用の談話室「アベ・ルーム」が設置された。

【参照】Ⅰ 450-451

経済学会

1946年4月、旧制大学商経学部*は経済学部*と名称が変更され、本格的な授業の再開がなされるとともに、学生の間から自治会設立の動きが起こり、5月に経済学会が設立された。経済学会は、規約の中で「会員ノ学術研究ヲ助成シ併セテ相互ノ親睦ヲ計ル」ことを目的とし、名誉会員を学部長はじめ教員、大学院*生、会員を学部生、助成会員を非常勤講師、学部卒業生、旧商経学部*卒業生、聴講生とした。47年に創刊した『ミネルバ』は49年9月に『経友』と名称が変更され、大学紛争によって学会活動が休止される直前の68年まで刊行された。

【参照】Ⅱ 143【文献】『関西学院大学経済学部五十年史』1984

ケージークレセント

株式会社ケージークレセントは、1973年5月に関西学院教職員・同窓生・学生の福利厚生に関する事業を行う目的で関西学院同窓会*の全額出資（資本金200万円）で設立された。当初は損害保険代理店として営業を開始し、76年4月には生命保険代理店も始めた。92年6月には資本金を1,000万円に増資した。現在は損害保険会社7社・生命保険会社4社の代理店として教職員・同窓生・学生・一般契約者と幅広く保険コンサルタント業務を行っている。98年12月には損害保険特級代理店資格を取得した。

1999年10月、関西学院会館*の完成に伴い事務所を旧同窓記念会館から関西学院会館*へ移転し、保険部・事業部の2部制となる。事業部は人材派遣業、関西学院会館の清掃・駐車場管理、レストラン「ポプラ」のプリペイドカード発行、教職員・学生へのリモートアクセスサービス加入受付等の業務を行っている。

「敬神愛人」

第2代院長*吉岡美国*が好んで揮毫した言葉で、新約聖書マタイによる福音書22章37節の「心を尽くし、精神を尽くし、思いを尽くして、あなたの神である主を愛しなさい」や39節の「隣人を自分のように愛しなさい」といった戒めを要約した言葉と理解されている。この言葉は、関西学院の草創期に普通学部*の生徒の

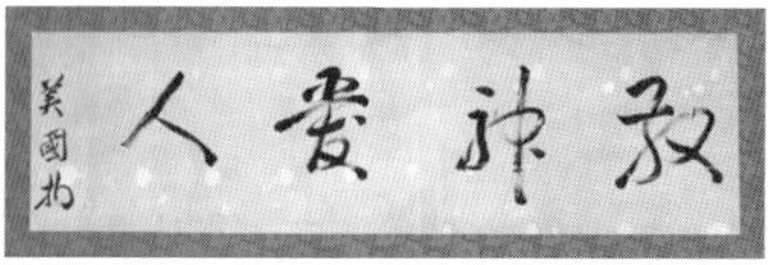

間に説かれた「公明正大*」とともに、その後、関西学院の精神を示すものとされた。1935年の復刊『新星』の扉に「我校の標語は『敬神愛人』なり。神を敬信する者は其独を慎みて屋漏に愧《は》ぢず。其行や公明正大なり。人を親愛する者は己に克ちて礼に復る。其心や忠恕寛裕なり」と説明している。

現在、確認できる吉岡の揮毫の書は、中学部*（揮毫年代不詳）および高中部礼拝堂*入り口（揮毫年代不詳）に掲げられている。ほかに吉岡が第３代院長神崎驥一*の求めに応じて揮毫した「敬天愛人」の書（1926年揮毫）が、学院本館*に所蔵され、もう一枚は神戸三田キャンパス*I号館学部長室に掛けられている。また、札幌メソヂスト教会員で北海道帝国大学総長佐藤昌介の揮毫の書「敬神愛人」は上ケ原*時代の中学部*講堂正面に掲げるために、1929年夏に田中義弘*から名古屋中央教会メソヂスト教会の杉原成義を通じて佐藤昌介に依頼したものである。1905年９月に留学から帰国した杉原が招聘されたのが札幌メソヂスト教会であった。現在、この書は学院史編纂室*に保存されている。

【文献】『教界時報』1930.1.17；『新星』（復刊第１号）1935；井上琢智「吉岡美国と敬神愛人(1)－(6)」『関西学院史紀要』（6－10，12）2000－04，2006

啓明学院

啓明学院の前身はパルモア女子英学院である。1886年、アメリカ・南メソヂスト監督教会*より派遣された宣教師J. W. ランバス*、W. R. ランバス*らによって居留地47番の住居で読書館*が始められ、のち英語の専門学校パルモア学院*が設立された。その女子部が1923年、神戸下山手通りに創立された。婦人宣教師C. G. ハランドを初代院長とし、25年、「パルモア女子英学院」（Palmore Women's English Institute）と名称を変更、40年、校名を「啓明女学院」と改名した。47年、新制中学校開設、48年、新制高等学校が認可された。83年、神戸市須磨区横尾にキャンパスを移転し、2005年度から名称を「啓明学院」に変更して今日に至っている。

啓明女学院と関西学院は、「ランバス関係姉妹校*間協定校」として、1999年度から協定校推薦入学を実施した。さらに2002年４月から男女共学の「啓明学院中学校」を、また05年４月から「啓明学院高等部」を設置して、６年間一貫教育を行っている。関西学院大学では第１期卒業生から継続校として全員を受け入れ、大学を含めると10年間一貫教育となる。

【参照】Ⅰ 60【文献】『啓明学院創立90周年記念誌』2013

啓明寮

啓明寮のルーツは成全寮*と同様、関西学院創立時の原田の森*キャンパスの第1校舎兼寄宿舎*にさかのぼる。寄宿舎*はその後南寮と北寮の2棟となり、この内普通学部*生の寮であった北寮は1908年に「自修寮」と名称変更した。自修寮はその後何度か移転することになるが、最初の移転先であった学院に隣接する一軒家が、13年より高等学部*生の寮として用いられることになり、「啓明寮」と命名された。この家屋の老朽化により、16年、啓明寮は木造3階建ての新築寮舎に移転する。

1929年に学院が上ケ原キャンパス*に移転した際、啓明寮は成全寮*、静修寮*と共に現在のA・B・C号館*付近に木造で新築されるが、63年の出火全焼により、当時第4の男

子学生寮としてキャンパス内に建築中であった寮を「啓明寮」と名付けて再度移転する。82年には、大学の「学生施設整備充実計画」の一環として、他の男子2寮とともにキャンパス内から上ケ原*六番町に新築移転した。96年8月に個室増設工事を行い、現在に至る。

大学紛争のころまでは、体育会*系の学生が多い啓明寮はきわめて元気がよく、「バンカラ」な気風を個性にもしており、今日静修寮*が継承している「田吾作旅行」は啓明寮がその発祥であった。現在、啓明寮の定員は72名で4寮の中では最大規模である。今日も体育会系学生が多いが、規模の大きさゆえに多様な寮生が集まっているのが特色である。

現啓明寮は、1981年12月竣工、鉄筋コンクリート造り陸屋根7階建て、延べ床面積1,503.51㎡、設計は日本設計、施工は大林組。

【参照】Ⅰ 95-96,306-307；Ⅱ 285-286,537

ゲーンズ，N.B.

Gaines, Nannie Bett
1860.4.23〜1932.2.26

アメリカ・南メソヂスト監督教会*宣教師。広島英和女学校初代校長。幼稚園および保姆養成科を開設した。前者は聖和幼稚園*の起源、後者は聖和短期大学*保育科および聖和大学教育学部*幼児教育学科の起源で

ある。

ケンタッキー州モーガンフィールドに生まれる。Nannie Bettは自身も用いた愛称で、正式にはAnne Elizabeth。同州のフランクリン・フィーメール・カレッジを卒業。ケンタッキー州とフロリダ州のパブリックスクールで教えた後、フロリダ・カンファレンス・カレッジの教員となった。また、シカゴのクック郡師範学校とナショナル・キンダーガーテン・カレッジで学んだ。

Christian Advocate 誌に掲載された南メソヂスト監督教会による日本への教育宣教師募集の記事を読んで、応募。1887年夏、日本への派遣の通知を受け、同年10月、W.R.ランバス*一家とともに、広島に到着した。

1889年9月、広島英和女学校の初代校長に就任。地元の要請を受けて91年9月、幼稚園を開園。しかし、同月、台風で園舎が倒壊。さらに、翌10月、不審火で女学校の校舎が全焼するという困難に遭遇したが、92年、園舎と校舎を再建。95年、広島女学校保姆養成科を開設。1908年、保姆養成科を保姆師範科に改組。ランバス記念伝道女学校との再編により21年、ランバス女学院が大阪に設立された。20年、広島女学校の名誉校長となって以降も、教育と伝道に情熱を注ぎ続けた。ゲーンズは、常に最新の学問を求め、サムライのような精神を持ち、冷静、厳格であると同時に、情熱的で愛に満ちた人であったと伝えられている。

【文献】『聖和保育史』1985；『広島女学院百年史』1991；S.M.ヒルバーン，佐々木翠訳『ゲーンス先生』2002（原著は1936）

ゲーンズハウス

「ダッドレーメモリアルチャペル*」（4号館）とともに、西宮聖和キャンパス*最古の建物。W.M.ヴォーリズ*設計、竹中工務店施工。1932年10月、神戸女子神学校は神戸より現キャンパス地である西宮の岡田山に移転した。この建物は、その際、神戸女子神学校の宣教師館として建てられた。同年6月、新しい建物群の定礎式。同年10月、使用を開始。翌33年3月、校舎（現、ダッドレーメモリアルチャペル*）、寄宿舎等とともに献堂式。延べ床面積60坪（約198㎡）。この建物に最初に居住した神戸女子神学校の

E. ウィルソン校長は、近隣の女性たちや寺の住職を招いた。

1941年4月、ランバス女学院と合併して聖和女子学院成立。太平洋戦争のため宣教師不在の期間があったが、戦後もこの建物は、宣教師館として使用された。85年、6号館の建設のために聖和幼稚園*の園庭付近に移築され、その後は、セミナーハウスと称された。92年、西宮市都市景観形成建築物に指定された。95年、阪神・淡路大震災*によって損傷を受けたが修復された。2009年、この建物は学校法人聖和大学*の起源の一つ、広島女学校保姆師範科の創設者N. B. ゲーンズ*を記念して、「ゲーンズハウス」と命名された。

【文献】山形政昭『ヴォーリズの建築：ミッション・ユートピアと都市の華』1989；竹中正夫『ゆくてはるかに：神戸女子神学校物語』2000

劇研究部劇団狸寝入

1924年劇研究会として発足し、6月、第1回の公演を試演会として開催。昭和初期の新劇運動と時を同じくして発展した。初期のころは男ばかりで老婆から少女までこなした。43年6月の創立20周年記念公演以後、終戦の年の11月までほとんどの部員が学徒兵として出征、3、4人で朗読会をしていた時期もある。46年・47年関西学生演劇コンクールに連続優勝。59年1月、多くの先輩の熱い思いのこもる中央講堂*2階から新築の学生会館*（現、学生会館旧館）に部室を移転した。大学紛争のさなかにも単独公演はとぎれることなく続く。66年には第4回世界大学演劇祭に「夕鶴」をもって参加、審査員特別賞を受賞する。同年、劇研究会は文化総部*の組織が強まったころから劇研究部となり、2014年に公演活動を広く内外にアピールするため、名称を正式に「劇研究部劇団狸寝入」と定めた。1991年にOB会関学劇研弦月会が発足した。劇研出身の演劇関係者には、声優の日高久、演出家の土居原作郎、劇団プロメテ創立主宰の岡村嘉隆・宮井道子夫妻、文学座の三木敏彦、女優三田和代、東宝演出部の北村文典、劇書房の笹部博司、劇作演出家・俳優の門田剛、俳優の豊川悦司、劇団キャラメルボックスの細見大輔などがいる。

【文献】『劇研究部80年史』2004

建学の精神

W. R. ランバス*による関西学院の創立は、J. ウエスレー*の流れをくむアメリカ・南メソヂスト監督教会*の使命（ミッション）を実現するためであった。西欧の私立学校（大学）の多くが教会から出発したように、学院の経営主体も最初の20年間はメソヂスト・ミッション・ボード*の日本年会であった。その後、関西学院社団（1910）、財団法人関西学院（1913）、戦後の学制改革により学校法人関西学院*（1951）へと組織が変更された。10年の関西学院社団になるまで関西学院は法律上公的に学校として認知されないまま、祈りと志を同じくするものが力を合わせ、寄付を集めて創立されたいわば特別な民間学校として存続した。

日本の私学は文部省のもとで同じ扱いを受けながら営々として教育・研究活動に携わってきたが、その根底に息づいているのが「建学の精神」であり、関西学院のそれは創立時の関西学院憲法*（Constitution）に明記されている。すなわち憲法第２款には「本学院ノ目的ハ、基督教ノ伝道ニ従事セントスル者ヲ養成シ、且ツ基督教ノ主義ニ拠リテ日本青年ニ知徳兼備ノ教育ヲ授クルニアリ」と規定され、クリスチャン・ミニストリーに従事する教職養成のための「神学教育」と「キリスト教の主義（諸原理）に拠る」（in accordance with the principles of Christianity）、「全人教育」（intellectual and religious culture）という二つの教育目的が同等で優劣の別なく併記されている。前者は実践的なプロフェッショナル、後者はジェネラルでアカデミック、その区別は認められるが、ここには「キリスト教」と文化的営為としての「教育」の問題を二者択一的に固定し、一方を他方の手段にするという硬直した考え方ではなく、むしろ両者を包摂する柔軟で相関的な動態として捉える複眼的なストラテジーが読み取れる。

創立以来の建学の精神を現行の学校法人関西学院寄附行為（1951）は第３条で「この法人は教育基本法及び学校教育法に従いキリスト教主義に基づいて教育を施すことを目的とする」と明確に再規定している。このことは関西学院がキリスト教主義を単に建前として掲げるのではなく、学院の経営・教学のすべてにかかわる生きた根本理念として、法的に明確にしていることを意味する。

【参照】Ⅰ 100；Ⅱ 323

『研究業績報告書』

1992年３月に制定された関西学院大学自己点検・評価規程および同細則に基づき、93年11月に中間報告として発行された『自己点検評価報告書』とともに『研究業績報告書』

（B５判、296ページ；1999年版からA４判,350ページ）が発行された。以後、この『研究業績報告書』は毎年発行されている。当初、自己点検・評価の一環として発行された『研究業績報告書』は、97年度版から編集方針を変更し、編集責任を自己点検・評価委員会から大学に移すこととなり、同時に記入方法も「専攻に照らしてアカデミックとノンアカデミックとに分けて記載する」方式から「専攻にとらわれず、もっと幅広く年間を通して活動してきた業績をすべて報告する」方式に変わった。2000年１月より関西学院ホームページにも掲載を始め、以後毎年更新を行っている。

2002年の学校教育法改正に伴い、2004年度以降大学は文部科学大臣の認証を受けた評価機関による評価を７年以内の周期で受けることが義務づけ（認証評価制度）られたため、認証評価制度を受けることとなった。この『研究業績報告書』は、その認証評価の基礎資料の一つとして利用されている。2014年７月からこの研究業績報告書と教育業績報告書とを合わせたものを「研究者データベース」としてウエブ上で公開されるようになった。

研究推進社会連携機構

研究推進社会連携機構は、1995年に制定された「社会における様々な要請を積極的に受け止め、学外機関と交流を行い、その成果を通して人類の福祉と社会の進歩に貢献する」という学外交流基準（産官学連携ポリシー）を実現するため、2002年４月に設置された。

これは、わが国の産学連携体制の整備（科学技術基本法1996年、大学技術移転法〈TLO法〉1998年）に連動するものであったが、2003年には、当時特許庁が進めていた「知的財産アドバイザー派遣事業」に採択され、03年８月には「知的財産ポリシー」を制定し、知的財産管理体制の本格的構築を行った。その結果、2004年４月には、知的財産本部機能を有する新しい「関西学院大学研究推進機構」を始動させ、機構内に研究支援センター、知的財産支援センター、産官学連携センターの３センターを設置した。2007年４月には、既設の「社会連携センター」を統合し、教育・研究の両側面から、より総合的な連携活動を推進する体制に変更した。

2013年４月の大学組織の機構化に伴い、新基本構想の「関学らしい研究で世界拠点になる」ための基盤となるべき役割を果たし、近年ますます厳しさを加える公的研究費等の取扱いに関する研究環境の整備を進めるため、３つのセンター（研究支援センター、知財産学連携センター、社会連携センター）の機能を明確に分離し強化した。また、４つの研究所・センター（災害復興制度研究所*、先端社会研究所*、産業研究所*、特定プロジェクト研究センター）の事務を担当することとした。

研究推進社会連携機構の活動は、機構全体および研究支援センターについては機構のホームページに、知財産学連携センターについては『関西学院大学産学連携ニューズレター とびら』（2013.10 No.10発行）に、社会連携センターについては『大学のシーズを社会のニーズに』に各種ニュース、プロジェクト、教員業績などを紹介している。

言語教育研究センター（教務機構）

関西学院では草創期から宣教師を中心に英語教育に力が注がれ、「英語の関学」といわれていた。しかし、戦後は学生数が増大したにもかかわらず、宣教師の数も減り、往年の伝統は薄れつつあった。そこで、「英語の関学」の復活を目指して、1992年４月に言語教育センターが設置され、92年度秋学期より英語インテンシブ・プログラムが開設された。当初このプログラムは外国語としての英語教育の専門家である３名の英語のネイティブ・スピーカー（契約教員）によって始められた。同年より高等学校、中学校の英語教員を対象とした夏季英語セミナーが開始され、95年からは毎年夏にアメリカ・カリフォルニア州モントレーのMonterey Institute of International Studiesでジョイント・プログラムを開催してきた（2007年まで）。

言語教育センターは1997年４月に言語教育研究センターと改称され、言語教育と研究を推進する中心的な役割を担うこととなった。同年、紀要『言語と文化』が創刊され、フランス語、ドイツ語のインテンシブ・プログラムも開始された。翌年からは、複数分野専攻制*「英語コミュニケーション文化」プログラムも開始された。海外の協定校でのフランス語研修は97年、ドイツ語研修は98年に開始されている。さらに、1999年より中国語、2003年より朝鮮語、06年よりスペイン語をそれぞれ選択必修科目として提供している。また、

2001年4月には、センターを母体とした本学初の独立大学院*研究科、言語コミュニケーション文化研究科*（修士課程）が設置され、03年4月に同博士課程後期課程が設置された。13年4月の大学組織の機構化に伴い、言語教育研究センターは教務機構*に編入された。

言語コミュニケーション文化研究科

【沿革】

言語コミュニケーション文化研究科（以下「言コミ」）は、本学初の独立研究科として、2001年4月に開設された。十余年が経過した現在、言コミは、博士前期・後期課程の修了生数や定員の充足率などはもちろん、その研究内容に関しても極めて充実した研究科に成長した。

本学では、従来から各学部に分属されていた外国語担当教員の多くは、その専門性を生かした授業を学部あるいは大学院*で担当する機会が与えられていなかった。しかしながら、1991年に文部省より出された「大綱化」を受けて、多くの国立大学の大幅な組織改革が実施されるのを機に、本学でも「知的資源（制度的に大学院*を担当できない教員）の有効利用」が、93年7月に提案された「大学院指導教授の資格の取扱に関する学長*試案」に盛り込まれた。それを受けて、96年2月に「言語コミュニケーション文化研究科」の開設を検討する答申が大学に提出され、「言語文化学」「言語教育学」「言語科学」の3領域を柱とした斬新なカリキュラム体系をもとにした研究科を目指して、独立研究科開設検討部会が設置された。その後、98年4月には、開設を前提とする「言語コミュニケーション文化研究科」設置準備部会が設けられた。その際には、大阪府教育委員会、兵庫県教育委員会や近隣の大学（大阪大学、神戸大学、兵庫教育大学、姫路獨協大学など）に出向いて意見聴取を行うとともに、学会でアンケート調査なども実施した。さらに、この開設準備部会は、文部省への事前相談も行いながら、申請に必要な各種の書類作成の準備を行った。また、2000年9月には準備部会のメンバーを中心に、三田の千刈セミナーハウス*で合宿して開設に向けた集中討議を行うなどの準備を行い、6月に文部省に届出申請し12月22日に最終的に大学院開設認可が下りた。言コミは、言語教育研究センター*（言セン）構成員によって支えられた組織として設置されたことにより、研究科委員長は言セン・センター長を兼務することとなった。初代研究科委員長に、八木克正教授が就任した。

2001年4月に昼夜開講制を基礎にした言コミ修士課程が開設された。初年度（2001年度）入試では、定員30名に対して119名もの志願者があり、計59名が入学した。修士論文コース37名、課題研究コース22名であり、また領域別では、言語科学16名、言語文化学9名、言語教育学34名で、その中には、既にアメリカで修士課程を修了した者や日本の大学で修士学位を取得済の者、現職の中学・高等学校英語教員を含む多様な学生がいた。同年6月には文部科学省に対し博士後期課程の設置申請を行った。そして、03年4月に待望の博士課程後期課程が開設された。08年、G号館*の完成により研究科の施設をすべてG号館*1階に集中させることになった。次いで11年には、研究科間協定を締結している北京第二外国語学院と南京大学との間で博士前期課程についてダブルディグリーに関する協定を結んだ。

関学の中では比較的浅い歴史を持つ本研究科は、開設当初から学生・教職員が共に研究科を盛り立てていこうという雰囲気にあふれていた。例えば授業評価に関しては、開設当時は他の研究科では行っているところも数少なかったが、本研究科では時代に先駆けて毎学期、授業の最終時に授業アンケートを実施し、次学期の授業の参考にした。

本研究科では独立研究科の利点を生かし、従来の既成概念にとらわれず、新しいコンセプトの下に新しいシステムを導入して教育研究活動を開始した。研究科のカリキュラムはいくつかの特長をもっているが、その一つに言語コミュニケーション能力養成科目があった。これは言語に関する大学院レベルの高度な運用能力を養成するために設けられた授業科目であり、英語の母語話者が担当することになっている。また、課題研究におけるアドバイザリー・コミッティ制度ももう一つの特長である。アドバイザリー・コミッティ制度とは、社会人を対象にした課題研究コースにおいて、3名の教員（アドバイザー1名とサブ・アドバイザー2名）が1名の学生を指導することによって、修士論文に代わる課題研究論文を2年間でまとめ上げるという制度である。

研究科の教員および学生の研究意欲を高め、言語コミュニケーション文化学を追究していくための組織的な活動として、本研究科教員と院生による言語コミュニケーション文化学会が創設されている。この学会の総会と、各界から著名な研究者を招いて行う講演会は毎年6月に開催されている。言語コミュニケーション・フォーラムはこの学会主催で開催される研究発表会であり、毎年9月と2月に開催され、多くの院生が日頃の研究成果を発表している。また、2004年1月には学会誌『言語コミュニケーション文化』の第1号が刊行され、現在までに10号を数えるに至っている。なお、この雑誌は一般会員、修了会員のほか、本研究科と関連分野をもつ全国の大学および大学院*に送付されている。

さらに、本研究科では、教員の教育能力を高めるためにファカルティ・ディベロップメント（FD）にも重点を置いており、開設当初からさまざまな関連行事を行ってきた。この数年は、研究科執行部教員と院生会執行部学生による研修会を行い、授業、設備、研究科関連行事等に対する学生の意見を積極的に吸い上げ、研究科全体の改善の糸口を探っている。

本研究科は2013年度末をもって開設後満13年が経過した。この間の修了生の数については、前期課程が285名、後期課程が30名となっている。修士号は285名、博士号（課程博士）は12名である（2013年度末現在）。

【現状】

〔学生〕言語コミュニケーション文化研究科の学生数は、前期課程は2014年度入学生17名、2年生29名で合計46名、後期課程は14年度入学生2名、2年生4名、3年生6名で合計12名が在籍している（2014年5月1日現在）。学生の受け入れは、前期課程は一般入学試験を年3回、学内推薦入学試験を年2回実施し、後期課程は一般入学試験で春学期入学分を年1回、秋学期入学分を年1回実施し、これらの入学試験によって学生を選抜し、入学を認めている。

〔教職員〕41名の教員が在籍している。言語コミュニケーション文化研究科の事務は教務機構*事務部（言語教育研究センター*）が担当しており、専任職員1名、契約職員1名、派遣職員1名、アルバイト職員1名が主に研究科事務を担当している（2014年5月1日現在）。

【文献】『関西学院大学大学院言語コミュニケーション文化研究科10周年記念誌：2001～2011』2012

建築実験棟

総合政策学部*の中に設けられている建築士プログラム教育の一環として、主に建築材料実験、建築環境工学実験を実施するために設けられた実験施設で、2009年に神戸三田キャンパス*に竣工した。10年度から、学部学生に向けて正式な運用を開始した。建築士プログラムの所定の課程を履修した学生は、卒業後に所定の実務経験を重ねた上で、一級建築士、二級建築士の受験資格が与えられるが、この受験資格を付与するにあたり、当該コースで建築設計の実習や建築関連分野の講義の開講に加えて、実験の授業を開講する必要があるために設けられたものである。

実験棟は主に建築材料の実験室と建築環境の実験室に分かれており、前者ではさまざまな条件の下でコンクリートを製造したり、コンクリートや鉄筋の強度などを計測する実験を実施することが可能である。後者では、室内の照明装置や照度、照明位置などに加え、壁面や床面の素材を変更することが可能で、さまざまな光、室内環境の条件下における光環境のシミュレーションを実施することが可能である。これらの装置は、充実した設備・環境を有しており、専門的かつ高度な実験を実施することが可能である。

建築士プログラムは毎年40名程度が履修しており、これらの実験装置を活用して、現実の建築空間の設計や建築物の構造等について日々理解を深めているが、学部学生の教育にとどまらず、オープンキャンパスなどにおいても積極的に活用されており、高校生に専門的教育の機会を与える上でも一定の役割を果たしている。2009年２月竣工、鉄骨造地上１階建て、延べ床面積455.40㎡、設計監理は日本設計、施工は竹中工務店。

剣道部

1897年ごろから同好の士によって剣道が始められ、1912年に創部された。戦前は岡山医大主催全国高専大会４回、三商大主催全国高商大会３回、京大主催全国高専大会２回、愛知医大主催高専大会１回、全日本大学高専剣道大会１回、大日本武徳会青年演武大会１回の団体優勝を成し遂げた。また、第４回明治神宮大会に松本敏夫（元全日本学生剣道連盟会長）が個人優勝を果たしている。その他戦前の卒業生では石本広一、島田喜一郎（ともに元兵庫県剣道連盟会長）などが活躍した。

戦時下は一時活動を休止するが、戦後の剣道禁止の逆境の中、1952年に経済学部*大前朔郎助教授を部長に撓《しない》競技同好会として運動総部に届出、承認された。翌年「剣道」が復活したのを機に「剣道部」となった。戦後の剣道部復活後の昭和の時代、団体戦では全関西10回、全日本１回優勝（準優勝２回）を成し遂げ、個人戦では全関西で７回優勝、全日本で柴田英一郎、土谷弘明、神谷明文ら３名の学生チャンピオンを送り出している。

平成の時代、部員確保に苦労していた当時の学生が、「関西学院」と「剣道部」をアピールすべく関学剣道部主催の高校剣道大会を企画、1993年に第１回大会を開催し現在も継続している。現部員の過半数が同大会の出場者である。2012年に創部100周年を迎え記念式典、祝賀会を開催した。近年の戦績は、男子全日本個人戦で08年に八田篤が３位に入賞。全関西個人戦で12年に中津琢磨が準優勝した。女子は全関西個人戦で05年に鳥井優子が優勝した。団体戦において男子は13年に46年振りの通算11回目の全関西優勝を飾った。女子は1995～2013年の間に全関西優勝２回、準優勝４回を成し遂げた。

2013年創部101年目は団体アベック優勝の快挙であった。現在、宮崎昭、永松真澄両師範を迎えている。

【文献】『関西学院大学剣道部百年誌』2013

拳法部

心の武道「日本拳法」（独特の堅固な防具を着装し自由に撃ち合い、蹴り合いそして組み打ちなどができる安全な最強の格闘技）を関西大学で1932年に創始された宗家澤山宗海を師範に迎え、広野哲治初代会長らが中心となり、６年後の38年に修練を通じて部員の人間形成を図る目的で創部された。同年毎日ホールで初の関々定期戦が開催され、その後、戦争のため止むなく一時中断に至ったが47年に復活、梅田北野ガーデンにて再開され今日に至っている。56年春、第１回関西学生選手権大会、同年秋には第１回全日本学生選手権大会が開催され、2014年で58年の歴史を刻んでいる。

団体の部では、2013年まで全日本学生選手権大会で優勝５回、準優勝８回、関西学生選手権大会では優勝５回、準優勝９回を飾っており、特に1964年から65年にかけて全日本、全関西、全日本を連覇し、その時点で池内杯と那須杯を受賞した。その後87年に新設された大学選抜選手権大会では99年、2001年準優勝、03年には初優勝を成し遂げた。西日本学生選手権大会（1997年に関西学生から名称変更）での近年の活躍は目覚ましく準優勝2回、2012、13、14年は3連覇し、初の快挙を果たした。

個人の部では、1961年に全日本個人選手権大会で西村允志が準優勝、1998年と2000年に全日本学生個人選手権大会で園田理史が、02年に秋葉晴臣がそれぞれ3位となった。そして13年に谷和希が関学拳法部*初の学生チャンピオンに輝いた。また全日本女子学生個人選手権大会で礒好尚子が1994年と95年に3位、96年には準優勝を飾った。さらに、97年に原口陽子が3位、98年にも田中美那が3位に入賞した。

【文献】『体育会拳法部70年の軌跡』(DVD) 2008

こ

小泉貞三《こいずみていぞう》 1905. 2. 4〜1975. 2. 9

商学部*長。滋賀県神崎郡に生まれる。1932年、関西学院高等商業学部*を卒業後、大阪商科大学および京都帝国大学経済学部大学院に進学。京都帝国大学では小島昌太郎教授の研究室で交通論を研究した。36年より関西学院大学商経学部*助手として迎えられ、その後41年に同助教授、51年に商学部*の分離独立に伴い商学部教授となり、73年に退職するまで商学部で交通論および海運論を担当した。またその間61〜66年には商学部長に選任され、商学部の教育・研究体制の発展に寄与した。引き続き66年には財務部長、68年には関西学院理事として大学紛争時の学校法人の経営を支えた。

小泉の主たる研究は、博士学位*論文「交通輸送力経済学の基本問題」(1960) にみられるように方法論的な研究が中心であったが、商学部の研究演習においては現実の経済問題を幅広く取り上げた。3年生の第1回のゼミでは学生に対し、好んで「スズメは経済していますか」という質問をした。69年、兵庫県教育功労賞受賞。

【参照】Ⅱ 136, 141, 145【文献】『商学論究』20(3)1973

校歌「オールド・クワンセイ」

校歌“Old Kwansei”の由来は男声合唱団関西学院グリークラブ*の誕生と軌を一にしている。1899年7月中旬、夏休みが始まってからも寄宿舎*に残っていた数人の生徒が、吉岡美国*院長*宅に滞在していた院長夫人の妹、岡島まさ (政尾) に指導を頼み、ささやかな歌のグループが生まれた。岡島は長崎の活水女学校高等科在学中の音楽的才能に秀でた女性で、毎年の夏休みを院長宅で過ごしていた。ベビーオルガンを弾きながら岡島が根気よく教えた結果、ついに四部合唱にまでこぎつけた。

ところで学院創立時の「私立関西学院規則」の第1章総則第1条に「本院ハ主トシテ英語ヲ以テ普通学ヲ授ケ……」とあるように、学院は英語の学習を当初から重視し、教員・学生の間で英語演説が盛んであった。1896年に初めて英語会が組織され、神学部*と普通学部*の生徒全員が会員となり、毎週もしくは隔週に1回例会を開き、年に一度は公開大会を開いた。1900年秋、第5回の英語会の公開大会が近づいたころ、吉岡院長はこのグループに「グリークラブ*」"Glee Club" の名称を与えた。

大会当日、グリークラブが歌ったのが "Old Kwansei" であった。この歌は岡島まさがアメリカ・プリンストン大学のカレッジ・ソング "Old Nassau"（H. P. Peck作詞、K. A. Langlotz作曲）の歌詞の一部を変えたものであった。もともと混声合唱用に作曲されたこの曲は、その後、同大学を卒業したE. カーター（Ernest Carter）によって、より荘重なリズムの男声合唱曲に編曲された。

"Old Kwansei" はラングロッツ作曲のものが歌い継がれていたが、1933年にカーター編曲の楽譜が発見され、以後、これを少し手直しして（編曲は林雄一郎）、59年に男声合唱曲として現在歌われているものになった。

【参照】Ⅰ 178-179【文献】『開校四十年記念 関西学院史』1929；『関西学院グリークラブ100周年記念フェスティバル』プログラム1999

校歌「空の翼」

大学開設を目指した関西学院は、将来の発展にそなえて、1929年3月、神戸市に隣接した原田の森*から西宮の上ケ原*に移転した。そして32年3月、待望の関西学院大学の設立が認可され、4月には大学予科*が開設された。十余年にわたる学生会*の大学昇格運動*や教職員・宣教師たちの熱意と努力がようやくここに結実したのであった。

上ケ原の新しい空気は新しい校歌作成の機運を生んだ。当時は英語の歌詞による "Old Kwansei*" が校歌として歌われていた。1900年に初めて歌われたというから、日本の大学の校歌のうちでももっとも古いものに属する。格調の高い調べと重厚なハーモニーをもつこの歌は、アメリカ東部の名門校プリンストン大学のカレッジ・ソング“Old Nassau”（H. P. Peck作詞、K. A. Langlotz作曲）の歌詞と旋律を一部改編したものであった。「我等の校歌を」と、新しい土地にふさわしい日本語の校歌を求めた33年度の学生会*は、応援歌をかねた新校歌の作成を企画した。学生会*長菅沼安人は、吉岡美国*名誉院長*の紹介状を携え、当時大阪に滞在していた日本の代表的な作曲家で学院同窓の山田耕筰*を訪ね、校歌の作曲を委嘱し、山田の推薦で詩人の北原白秋*が作詞を引き受けた。

その年の初夏に、山田耕筰と北原白秋が関西学院を訪れた。中央講堂*では、学生が万雷の拍手で２人を迎えた。詩人白秋は、緑の甲山を背景にした学舎の美しさ、きれいな水が校内を流れるキャンパスの風景をしきりに嘆賞したと言われ、第一節で「清明ここに道ありわが丘」と上ケ原への道行を示し、二節で「眉にかざす清き甲」と中央芝生*から甲山を見上げる光景を、そして三節で「旗は勇む武庫の平野」と時計台*２階から眼前に広がる大阪平野への眺望をうたい、学院にとって新しいキャンパスそのものの景観を彷彿させるものとなっている。新校歌「空の翼」は９月に完成し、作曲者の山田耕筰を関西学院に迎え、山田自らタクトを振って全学生の大合唱を指揮して発表会が行われた。ただし第２次大戦中には「輝く自由」“Mastery for Service*”などの表現が時局にそぐわないということで公式に歌われることが控えられた時期があったが、戦後再び学院を代表する校歌としてさまざまな式典、体育会*・運動部などの試合や文化活動等を通じて歌い続けられている。

【参照】Ｉ 530−531【文献】「関西学院新聞」1933. 6. 20, 1933. 9. 20

甲関戦

正式名称は、「甲陽学院中学校・関西学院中学部*交歓競技大会」。1953年、新制中学部初代部長矢内正一*と甲陽学院第５代校長で同窓の芥川潤の「阪神間の少年が、ともすると男の子らしい気力に乏しいという欠点があるのを少しでも除き、ファイトある少年を作りたい」との願いが一致し、「全校規模で交流を持ち親睦を図ると共に、他校に学び切磋琢磨し、スポーツ・クラブ活動*を通じ、お互いを刺激材料として力を競う」ことを目的に、2校の間で全校挙げての定期戦を行うようになったのが始まりである。

第1回大会は陸上・野球・サッカー・卓球の4種目で対戦が行われ、3勝1敗で関西学院が総合優勝した。2年後の第3回大会にテニスが加わり、以後、第7回大会にバレーボール、第8回大会に水泳、第12回大会にバスケットボール、第40回大会に剣道が加わり、現在は9種目で勝敗が争われている。2013年の第61回大会までは全校生徒がその年の当番校へ赴き、すべての競技を全校挙げて応援するという形をとっていたが、中学部が12年に男女共学化したため、14年からは試合会場を両校に分け、生徒の応援は自由参加という形で行っている。13年第61回大会までの総合成績は、関西学院の41勝13敗7引き分け。

【文献】矢内正一『一隅の教育』1965

校旗

1929年6月、昭和天皇の関西視察に際して侍従が関西学院を視察し、それを記念して専門部、中学部*のそれぞれに関西学院校旗が新たに制定された。「関西学院新聞」29年6月20日号によると、長らく懸案になっていた学院の校旗は「灰色の羽二重地に浮彫の様に新月の徽章が刺繍され」「其の棹の先端は矛形」となっており、新たに作られたとある。一方、中学部、神学部*の校旗は神原守文教諭の原案により「白地に緋の弦月を出し、金モールの縁飾り」「旗竿先端には、銀製の十字架」が付せられていた。

航空部

ライト兄弟の初飛行から約四半世記後の1930年、欧米大学における航空スポーツの高まりに相応し、大空への若人の憧憬として、校友の大阪朝日新聞記者・新宮寿天丸の呼びかけで、関西学院と京都帝国大学とで関西学生航空連盟が結成された。後に航空部となる航空研究会の発足である。その後、参加大学も増え、32年本連盟は関東の大学と合体し、日本学生航空連盟関西支部となった。関学の活躍は華々しく、関西学生初の単独飛行者兼操縦士となった名倉三郎を筆頭に飛行免状取得者が誕生していった。競技面では34年から全日本学生航空選手権大会が開催され、第2回大会においては6種目中5種目に出場、４種目で優勝、１種目で入賞した。また、衣笠武男、辻賢造、金子良夫、森重猛夫らは２年連続優勝や２種目優勝をするなどの活躍を見せた。

戦争による空白の後、1952年、グライダーのみによる日本学生航空連盟が再発足し、航空部として活動を再開した。関西では、復活後初めて飛行機曳航による飛行に成功した３名のうち２名（安田晃次、亘理一省）は本学生であり、関西での複座機による教官同乗操縦訓練を最初に行ったのは本倶楽部であった。関西学連発足から現日本学連まで続く唯一の加盟校であり、その間に数多くの各航空会社パイロットや航空大学校教官を輩出している。

現在、飛行訓練は合宿形式で、主に木曽川滑空場（ウインチ曳航）と福井空港（飛行機曳航）で行う。競技は全日本、東海関西、全日本新人大会や関関戦、関関同立戦の対抗戦、山岳滑翔大会が毎年行われている。主な競技内容は、定められた３地点の周回飛行時間を競う個人競技であるが、選手には、操縦技量のみならず、気象、飛行理論、機体工学、航空無線、航法、航空法などに関する知識と俊敏な判断力が常に求められる。現在、単座グライダー２機を所有し、互いの信頼と協力とで常なる全国大会入賞を目指し活動している。

【文献】『関西学院大学体育会航空部70周年記念誌』2008

考古学研究会

考古学研究会は文学部*に史学科が開設された1951年頃に誕生するが、文化総部*への昇格を果たすのは2004年になってからである。1959年には武藤誠*教授を中心とした関西学院構内古墳*の再調査に携わる。他にも長尾山古墳の発見や甲山刻印群の調査など多くの調査研究を行い、1973年には雑誌『関学考古』を創刊、75年には誌名を『関西学院考古』と改めNo. 2を発刊し、その後も刊行を続け、91年発刊のNo. 9から十数年休刊した後、2007年にはNo. 10を復刊した。

考古学研究会部室（考古学研究室）には土師器、須恵器、埴輪、馬具など多くの考古資料を収集保管している。現在はこれらの考古資料の展示などにより、教育研究上活用することを目標に研究を進めている。

【文献】『関西学院考古』（7, 10）1981, 2007

硬式野球部

関西学院創立間もない1894年、学生がアメリカ人宣教師にルールを教わり野球を始めたといわれる。５年後の1899年、同好会活動から「部」の形態ができ、胸に“KWANSEI”のユニフォームで試合をした。野球部はこの年を「関学野球発足の年」として1999年、中学部*・高等部*・大学の野球部が団結し「関学野球100年祭」を開いた。

大学野球は1913年、高等商業野球部として誕生。関学、関大、同志社の３校でリーグを発足させる。29年上ケ原キャンパス*への移転をはさみ31年、関学、関大、同志社に立命、京大、神商大を加えて関西六大学野球がスタートした。

戦前には優勝できなかったが、1947年秋季リーグで念願の初優勝。以後2012年、13年の秋季リーグで連覇するなど、関西学生野球連盟（1982年発足）に至るまで115回の優勝を誇る。特に59年には春秋連覇を飾り、全日本大学選手権では52年の第１回、59年の第８回大会でいずれも準優勝を果たした。また2013年は秋の明治神宮大会に初出場を果たした。

関西の勇として「スマートでそつない野球」という定評を得て、関西のみならず全国の学生野球界から高く評価されている。また、オリックスからドラフト１位指名され、その後米大リーグで活躍した田口壮をはじめプロ野球・アマチュア野球界に多くの名選手、有名人を輩出している。

【文献】棚田真輔『神戸の野球史』六甲出版，1980；『関西学院高中部百年史』1989；『関西学院野球部100年史』1999；『関西学院スポーツ史話』2003

校章

1894年、関西学院創立期に制服および制帽を決定するに当たって教員・生徒から成る委員会が結成され、生徒から提出された新月（弦月・三日月）、教員から提出された「K. G.」の２字を総合して現在の校章が決定された。またこの弦月のデザインは、第３代院長*J. C. C. ニュートンの出身であるアメリカ・サウスカロライナ州の州旗デザインとの連関も示唆されている。学院では月が太陽の光を受けて自らを輝かせるように、われわれは神の輝きを常に受けて自らを輝かせ続ける者であるという自覚と、新月がやがて満月へと完全を目指して輝く存在であるように、ひたすら理想を憧れ求めて、進歩向上していくことを象徴するものという意味づけがなされている。

【参照】I 171

高中部正門

上ケ原キャンパス*には門構えのある構内出入口が4カ所あるが、高中部正門を除くそれぞれの通用門は立派な門構えとなっていた。1989年、高等部*の新築移転を機に、他の通用門とのバランスを考慮して、今日の高中部正門が新しく構えられた。同年8月竣工。2012年3月には中学部*・高等部*の男女共学化、定員増に向けた建物群の新築・改築を機に、正門扉の改修、くぐり扉の新設など、よりセキュリティーに配慮した整備がなされた。

高中部倉庫棟

1959年、関西学院創立70周年記念事業として、理科・図工・音楽の特別教室と4室の普通教室、小礼拝堂をもつ3階建ての中学部*I号館が当時の中学部本館（現、高中部本部棟*）の南側に増築された。その後、高中部整備充実計画の中で新しく中学部棟*が建設されることが決定し、一時は解体することが検討された。

そのような時期の11年に東日本大震災が発生し、各所で危機管理の見直しが行われ、I号館は主に高等部*・中学部・聖和幼稚園*の生徒・園児のための備蓄倉庫として使われることになった。耐震工事が施され、12年4月から高中部倉庫棟として使用されている。

1959年5月竣工、鉄筋コンクリート造り、延べ床面積1,275.61㎡、設計・施工は竹中工務店。

高中部長

新制高等部*・中学部*は、それぞれ初代部長の河辺満甕*と矢内正一*の個性のもとに独自の校風ができあがり、以来60有余年にわたる過程で、それぞれの伝統が築きあげられている。しかしその歩みの中で、学院としての一貫教育を標榜しながら、両部が全く別の学校であるような感が強くなっていった時期があった。これを本来の姿に戻し、高中一貫制の促進と改革の可能性をさらに追求する施策として、高中部長一人制の実現が試みられた。

1967年に高等部長石田己代治*および中学部長加藤秀次郎*が同時に定年退職するのを機に、高中を兼任する高中部長一人制に移行、高等部から4名、中学部から2名の候補者が選ばれ、高中教員の選挙により高等部宗教主事*を務めていた小林宏*が選出された。部長一人制により部長は役職上理事となる。72年より高中部長を正式の役職とし、部長を補佐する者として、教頭職にかわる公選制の副部長がそれぞれの部に置かれた。

1990年、小林は定年退職となり、中島貞夫が高中部長に就任。95年、定年退職するが、任期中、高中両部の教師会、学校行事および学院本部*関係の会議、他校との会議等に出席することは物理的に不可能であることを実感し、各部に責任者としての部長を置くことが望ましいと判断し、95年、高等部長に小村俊之、中学部長に尾崎八郎*がそれぞれ選出された。この際、高中部長職は従来どおり理事として存続することになり、理事会において高中部長候補者選考委員会（院長*・宗教総主事*・常務理事・常任理事1名・理事会が選ぶ理事2名）を設置し、尾崎八郎を選任した。任期は高中部長・高等部長・中学部長ともに3年である。尾崎は2001年3月に退職し、同年4月から02年3月まで山内一郎*院長が高中部長を兼任することになった。その後は、02年から07年畑道也*院長、07年から11年澄田新高等部長、11年からはR. M. グルーベル（Ruth M. Grubel）院長が高中部長を兼任している。なお、中学部長・高等部長および高中部長にはクリスチャン・コードが付されている。

【参照】Ⅱ 464【文献】『関西学院高中部百年史』1989

高中部本部棟

現在の高中部本部棟は、1929年の上ケ原キャンパス*創設時に大学予科*校舎として建築されたものである。その後、戦中の44年にこの大学予科校舎は、当時の中学部*校舎などとともに校地施設を三重海軍航空隊西宮分遣隊に供出された。戦後、45年9月、大学予科の授業が再開され、47年には理工専門部*が予科校舎に移転した。以後、51年までは短期大学*応用化学科*校舎となった。その間、50年9月のジェーン台風によって校舎に多大の被害を受けた。

その後、1951年4月からは新制中学部*本館として使用され、礼拝堂、

教員室、図書館、ホームルーム教室等が配置された中学部の中心的建物となった。ちなみに初代の新制中学部校舎は、後に高等部*と共用され、現在の中学部グラウンドにあった。ロの字型（クオドラングル形式）による建築で、メインキャンパスに位置する大学校舎群とは相違を見せていた。しかし建築デザインは創設時における全学共通のスパニッシュ・ミッション・スタイル*となっている。男女共学化、定員増のため2011年３月に新しく中学部棟*が建設されたので、それに合わせて高中部本部棟として改修され、12年２月、高等部部長室、中学部部長室、高中部事務室、高中部保健室、高中部カウンセリングルーム、その他多目的に利用できる諸室を設置した施設へと生まれ変わった。なお、中学部礼拝堂として長く使用されてきた伝統ある礼拝堂は、「中礼拝堂」と名を変え、今も中学部の学年礼拝等が行われている。

1933年４月９日竣工、鉄筋コンクリート造り陸屋根地下１階付き２階建て、延べ床面積2,574.06㎡、設計はヴォーリズ建築事務所、施工竹中工務店。

高中部礼拝堂

1989年、関西学院創立100周年記念事業*の一つとして建設された礼拝堂。同じく100周年記念事業として建設された高等部*校舎（現、高等部棟*）の東隣りに位置し、高等部校舎とつながった建物となっている。89年以前の高等部校舎の北側、現中学部*グラウンドにあった平屋建ての900名収容の講堂が前身であり、高等部移転と同時に高中部礼拝堂として生まれ変わった。

ファサードのデザインは、大きな壁面をバロックスター、アラベスク模様に加えて、擬石で正円アーチを施すなど、礼拝堂にふさわしい風格と謙虚さを醸し出している。前面奥をアーチ型にステンドグラスで飾った礼拝堂は、高中部のキリスト教主義教育を支えるシンボル的な存在である。

会衆席の床は緩やかに傾斜がつけられており、講壇

こ

で語る者と会衆とが一体感を持てるように配慮されている。また、多目的ホールとして使えるように、前面はプロセミアム・ステージの形になっており、サスペンションライト、ボーダーライト、ホリゾントライト、ホリゾント幕などの照明設備および16入力12出力のミキサーをはじめとする音響設備が設置されている。

平常は、高等部・中学部それぞれの礼拝、式典、日常行事に使用されている。また、学院や大学の式典、講演会などにも使用され、1995年の阪神・淡路大震災*後、被災者を元気づけるジャズコンサートの会場になった。99年には、ノーベル賞受賞者の大江健三郎、アマーティア・センを囲むシンポジウムの会場にもなった。

収容能力は1階席968席、2階席238席。1989年7月竣工。鉄骨鉄筋コンクリート造り、延べ床面積2,172.33㎡(高等部校舎部分含まず)、設計は日本設計、施工は竹中工務店。

【参照】Ⅱ 466, 486

高等学部 (1912–1921)

普通学部*と神学部*の2部制で発足した関西学院は、その後、高等教育機関の設置を構想し、1912年に専門学校令による高等学部として正式に計画を実現した。この新設学部は高等教育への展開としてばかりでなく、それまで学院が神学ないしは英語などの文科系教育を主としていた中で商科という社会科学系の教育課程を採用したことにおいて画期的なものであった。その開設は既存の神学部を高等教育機関と位置づけ、それに並立するものとして高等学部（文科、商科）の2学部制をとる形であり、これによって専門学校令による徴兵猶予の特典が最初から認められた。初代の高等学部長にC. J. L. ベーツ*が就任した。商科の展開は順調で最初39名の入学者を得たのに対し、文科はふるわず入学者は3名のみであった。13年9月、文科は小山東助*が科長に就任し、学科改組を行い、15年に英文学科、哲学科、社会学科*の3学科制としてカリキュラムを整備した。21年に高等学部商科は高等商業学部*、文科は文学部*として独立し、「高等学部」という組織は発展的に解消された。

なお、現在もスクールモットーと

なっている“Mastery for Service*”は、1915年2月に創刊された商科研究誌『商光』の巻頭にベーツ部長講演論説として紹介されている。

【参照】Ⅰ 335-342

高等教育推進センター（教務機構）

全学の学問分野間の交流と教育方法の改善という二つの目的を実現するために、1972年に設立された総合教育研究室と、1967年に発足した教務部計算センターを母体に本学における情報教育を担ってきた情報処理研究センターを前身として、99年に改組された情報メディア教育センターとが、2010年4月に発展的に統合され、新たに高等教育推進センターとして発足した。センターは第4別館*の2階に開設され、13年4月の大学組織の機構化に伴い、教務機構*に編入された。

設立の趣旨は、関西学院新基本構想に掲げられた「KG学士力の質の保証」を実現すべく、本学の教育推進に資する施策を立案することや、教育力向上に関する全学的方針を立案し推進することであり、その目的のもとで、FD（ファカルティ・ディベロップメント）活動や、ICT（情報通信技術）を活用した教育実践を推進する業務に携わっている。全学統一方式による授業評価の実施（2012年度より毎年毎学期実施）、ニュースレターの発行、講演会やワークショップなどの開催、高等教育に関わる指定研究や公募研究への助成、紀要雑誌の編集および発行、さらには他大学のFD担当部局との連携や情報交換ほか、業務内容は多岐にわたる。また、かつての総合教育研究室のプロジェクトであった在学生の生活実態調査と卒業生の意識調査を引き継ぎ、エンロールメント・マネジメントの観点から学習支援の施策立案に役立てることも検討している。

一方、情報メディア教育センターから引き継いだICT関連業務のうち、教育研究システムの一部については、2013年4月より情報環境機構*に移管されることとなり、新中期計画の一つとしてLMS（ラーニングマネージメントシステム）として10年度秋学期から稼働しているLUNA（学生と教員のコミュニケーションをサポートする学習支援システム）の運用や学習ポートフォリオの構築が、高等教育推進センターの担当業務として残されることとなった。

こ

高等商業学部 (1921-1935)

1912年に専門学校令により高等学部*は商科と文科の２学科制（４年制）で発足したが、学生数の増加もあり21年４月から文科は文学部*、商科は高等商業学部として独立した。文部省に認可されていた商科の定員は開校時からこの時まで150名であったが、学部独立の翌年度には一挙に600名に定員増を果たしている。そのため23年に２階建ての学部校舎を増設した。

初代の高等商業学部長は神崎驥一*であった。神崎は学院の卒業生であり、就任のためにアメリカから帰国し、後に第５代院長*にもなった。それまで国内での大学進学の道が開かれていなかったため、商科卒業生は主にアメリカの大学に進学したが、学部として独立するころから、東北帝国大学および九州帝国大学の法文学部*への進学の道が開かれ、昭和にはいると神戸高等商業学校が昇格して神戸商業大学が設立されたため、同大学への進学も可能となった。また、実業学校、師範学校、中学校そして高等女学校への教員検定資格が認められた。

関西学院大学設立が決定し、大学予科*が開設された1932年４月、最高教育機関としての地位を大学に譲り、高等商業学部は４年制から３年制に移行した。そのため、35年３月には新旧２学年の卒業生が出ることになった。

一方、大学設立のため予科開設の32年度には定員850名から645名に、さらに２年後の学部開設年度には300名にまで減らす必要に迫られた。しかし、高等商業学部への入学希望者が多かったことと、学院経営上の必要からも、高等商業学部の学生定員の減少を食い止めようと、35年４月、高等商業学部は実業学校令による関西学院高等商業学校*（定員600名）へ移行した。40年には定員は750名に拡大した。

【参照】Ⅰ 363, 373, 502【文献】『関西学院高等商業学部二十年史』1931

高等商業学部 (1947-1951)

高等教育の中心的機関であった専門学校令による高等商業学部は、戦時措置とはいえ1944年度に専門部文学部*を包摂して専門学校政経科*に移行、12年からの32年間の歴史をひとまず中断した。しかし翌年の終戦で戦時統制が解除されると、高等商業学部への復帰を意図し、46年4月に高等商業学部に戻した。学部長は政経科*長でこの年から学監になった原田脩一*が兼任した。ただし、戦後の混乱からか文部省に正式に申請して認可されたのは47年3月31日で、公式には1年遅れの高等商業学部復帰であった。

ところが当時、新学制への移行が現実の課題となっていたため、関西学院では当初、新制大学へ移行する1948年度からは高等商業学部を存続させない方針であった。編入希望者は新制大学の各学年へ編入させ、残存者の卒業を待って廃止する予定であった。一方、文部省では専門学校を新制度でどのように処遇するかが議論となり、ジュニア・カレッジ構想が浮かび上がった。それが短期大学*制度の新設であり、専門学校は新制大学となるか短期大学*になるかの二つの道が与えられた。

そのため、文学専門部は、新制大学をスタートさせる1948年度に、学生募集を停止した。高等商業学部は、学院の専門学校は短期大学への移行を目指して、文学専門部とは異なり学生募集停止を取りやめ、48、49年度と2カ年にわたって入学生を受け入れた。高等商業学部が正式に幕を閉じたのは51年3月に最後の卒業生を送り出した時で、高等学部*商科開設から数えてちょうど40周年に当たっていた。全卒業生はおよそ5,700名であった。

【参照】Ⅱ 163-4

高等商業学校 (1935-1944)

専門学校令による高等学部*商科は1921年に高等商業学部*へ拡大し、32年の大学予科*設立以降も人気が衰えず入学希望者が増えてきたが、34年の大学学部開設により、850名であった定員が最終的に300名に減少させられることになった。そこで、学院経営基盤の安定化のためにも、35年4月から急遽、実業学校令による関西学院高等商業学校へ移行することになった。専門学校と大学学部の定員は一括して決められているのに対し、実業教育を目指す実業学校令に基づく実業学校は、大学とは別枠で定員が認められていたためである。

この結果、財団法人関西学院は法的にいえば、中学部*と神学部*・文学部*の2学部を持つ専門学校と大学を擁する学校と、実業学校である高等商業学校の2つの学校を経営する母体となった。高等商業学校の学生定員も600名を確保し、さらに1940年度からは750名に増やすことができた。校長には高等商業学部長の神崎驥一*が大学商経学部*長兼任の形で引き続いて就任し、40年、C. J. L. ベーツ*院長*の帰国後、神崎驥一が院長に就任すると、鈴木吉満*が校長に就任した。戦時中、文科系高等教育機関の定員を3分の1に削減する方針が立てられ、44年4月から大学商経学部の募集を停止し、専門部文学部と高等商業学校を統合して専門学校政経科*に改編するとともに、理工科*を新設した。

【参照】 I 504, 587

合同条項

Articles of Union

天皇を中心とする国家の形成が本格化していた明治中期には、キリスト教界への締め付けが強化され、関西学院に対するアメリカ・南メソヂスト監督教会*の財政支援にも限界があったことなどから、学院は地方の一私塾の地位に甘んじざるをえなかった。この地位を大きく変えたのが、カナダ・メソヂスト教会*との合同経営であった。その際、両教会で結ばれたのが合同条項（Articles of Union）で、学院創立後20年を経過した1910年5月のことであった。

合同条項の全体は16条からなり、まず既存の教育機関を充実させるため高等教育に進出することが明記されている。実際、2年後に高等学部*が開設された。また、財政上の問題に関して、すでに南メソヂスト監督教会が負担した土地建物等の資産についてはカナダ・メソヂスト教会がその取得額の半分を負担し、それぞれの教会から派遣された宣教師教員の費用はそれぞれのミッションが負担することとした。以降、日本人教職員の人件費を含むあらゆる費用について、両教会が折半することを定めている。財産の所有と管理は、神学部*を専門学校の神学校にする際に同年11月に両教会の宣教師各6名の社員によって設立された関西学院社団が行うこととし、学院の経営は法人とは別途にこの合同条項によって設けられた理事会が行った。

理事会の構成は、両ミッションから宣教師を含む各4名と、日本のメソヂスト教会から選ばれた監督を含む4名の合計12名からなっており、第1回理事会は翌1911年3月に開催された。学院に関する重要事項の決定はこの理事会の権限に委ねられたが、最終的にはそれぞれ本国の両教会によって設けられた合同教育全権委員会の承認を必要とした。なお、この合同条項は同委員会によって結

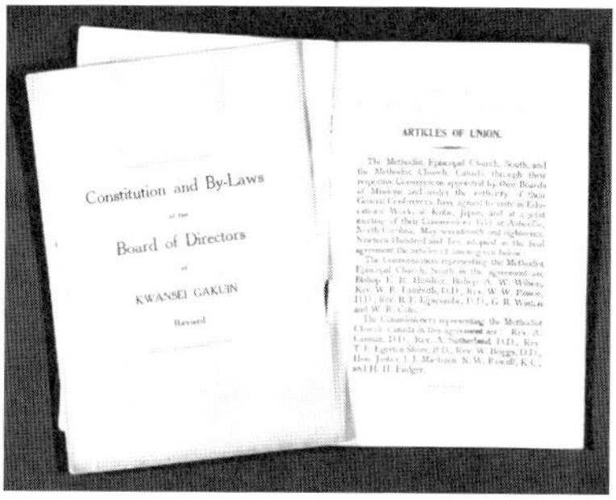

ばれたものである。

そのほか合同条項は学院の組織と役員を規定しており、学院全体を総監する院長*のもとに、各学部長と会計課長をおき、別に学院全体のチャプレン（礼拝主事）を配した。各学部長は神学部*長、普通学部*長のほかにすでに開設を予定していた高等学部*長の３名で、院長*にこの学部長３名を加えた４名によってスクール・カウンシル（全学協議会*）を構成し、学部にまたがる問題を協議することになっていた。そのほか、各役職の任務が具体的に示されている。

この合同条項は、その後実状に応じて改正され、1931年に関西学院社団が解散し財団法人関西学院が設立された際に、財団法人関西学院寄附行為による理事会に一本化され、その歴史的使命を終えることになった。

【参照】 I 241

高等部

【沿革】

戦後、６・３・３制度への移行に伴って、1948年４月旧制中学部*が新制高等部へ昇格する形で学校教育法第４章に該当する高等学校として発足、関西学院高等部は、河辺満甕*初代部長を中心とした34名の教師陣、３年生340名（７クラス）、２年生275名（６クラス）、１年生293名（６クラス）の編成で旧制中学部校舎（現、中学部グラウンド）を使用して開校した。現在の校舎は学院創立100周年記念事業*として89年に移転新築されたものである。

河辺部長はイギリスのパブリックスクールの精神を高等部の教育指針とし、58年に就任した加藤秀次郎*第２代部長はアメリカ・デモクラシーの考えに基づき、「自覚に俟つ」教育を、62年就任の石田己代治*第３代部長は生活の中心に聖書と教会を置き、信仰に基づく後期中等教育を進めた。

1967年高中一貫教育を促進するために高中部一人部長制に移行、小林宏*（高等部長としては第４代）、90年に中島貞夫（同じく第５代）がそれぞれ高中部長*としてその任についた。76年には高中一貫教育の理念として「キリスト教主義教育」「英語教育」「体育教育」「読書教育」を4本柱に据え、高中一貫教育のさらなる充実を目指すこととなった。

1992年、高等部教育目標「イエス・キリストを通して、人と世界に仕える使命感と実力を養い、豊かな心と真摯な態度を備えた人格を養う」が定められ、現高等部棟*玄関に「凡ての人の僕たれ」(マタイ伝20章27節・野中浩俊揮毫)の書が掲げられた。95年から再び高等部、中学部それぞれに部長を置くこととなり、小村俊之が第6代高等部長に、尾崎八郎*が中学部長の任についた。その後2004年に澄田新が第7代、11年からは石森圭一が第8代の高等部長の任につき現在に至っている。

【現状】

生徒急増期(1963-67)に1学年350名となった以外は定員300名(中学部より180名が推薦入学)で、1981年より海外帰国生入学試験を実施し、毎年数名が入学している。また、2015年からは中学部の男女共学化の後を受けて、高等部も男女共学化、定員増(1学年350名、男女比5:3、ただし現在認可申請中)を予定している。卒業生の約9割が関西学院大学へ推薦入学し、毎年十数名が外部大学へ進学している。

生徒の自主性を尊重した自由で伸びやかな教育を目指して、「基礎学力の充実と多彩な選択授業による創造性の開発」をテーマにカリキュラムを編成しており、創部当時より実施している選択授業は大きな特色といえる。また、部活動、生徒会活動も活発で、特に7割程度の者が運動部に所属し、多くの部が毎年県上位の戦績をおさめている。

【参照】Ⅱ 93【文献】『関西学院高中部百年史』1989

高等部運動総部

アメリカンフットボール部　1948年、高等部*発足と同時にタッチフットボール部として創部、49年5月、初の対外試合で大阪府立豊中高等学校に勝利。51~62年には204連勝(当時のアマチュア記録)を樹立、ホワイトベアー賞を受賞した。70年にアメリカンフットボール部に名称変更。2014年現在、全国高等学校アメリカンフットボール選手権大会において優勝16回を誇っている。1971年には高等学校単独チームとしては初の海外遠征（アメリカ・ハワイ島）をした。これまで12回の海外遠征を行い、13勝11敗の成績を収めている。

剣道部　旧制中学部*剣道部にさかのぼる長い伝統を持ち、戦後の空白期を経て、1958年に発足した。60年に師範に伊地知清臣を迎え、その後活発な活動を続ける。後の高中部長*中島貞夫が長く顧問を務めた。86年、伊地知師範勇退後、山口精介を、2012年には浦和人を師範に迎え、現在に至っている。

1966年には坂下正明が個人で全国高等学校総合体育大会（インターハイ）に出場した。その後、阪神大会などでは優勝があったが、再び飛躍期に入ったのは98年からである。この年、兵庫県大会でベスト４に入賞、それ以降常に近畿大会に出場し、2000年には眞開巧が兵庫県大会で個人優勝、インターハイでもベスト８となった。また同年、兵庫県新人大会では団体として初優勝をおさめ、全国選抜大会に出場した。その後09年、10年、12年にも兵庫県新人大会に優勝し、全国選抜大会（11年は東日本大震災のため中止）に出場した。

ゴルフ部　1986年同好会として発足し、88年、中迫周一監督、水崎巌顧問、千刈カンツリー倶楽部*の尽力によりゴルフ部に昇格した。2013年現在、団体戦では全国高等学校ゴルフ選手権出場の常連校となり、個人においても、12年には第80回記念関西アマチュアゴルフ選手権で史上最年少の優勝者を出すなど、黎明期から現在に至るまで多くの部員が輝かしい成績を残している。

サッカー部　1948年、高等部*発足と同時に創部。これまでに兵庫県大会レベル優勝23回、近畿大会レベル優勝２回、準優勝３回、57年国民体育大会３位、61年には全国高等学校サッカー選手権大会３位と輝かしい戦績を残してきた。

県大会レベルでは、70年以降決勝には進出するものの勝利から遠ざかっていたが、2013年兵庫県高等学校新人サッカー大会において、久しぶりの優勝を果たした。1957年前後の黄金時代の中心メンバーであった継谷昌三は、日本代表として64年の東京オリンピックにも出場した。

水泳部　1948年、高等部*発足と同時に創部。兵庫県高等学校選手権水泳競技大会では、48年の第１回大会から第９回大会までの間に団体として６度優勝。近年は強豪のひしめく兵庫県下で、団体として常に上位入賞を果たしており、また、個人種目、リレー種目ともに毎年インターハイの出場者を出している。

卓球部　高等部*が発足した３年後

こ

の1951年に創部。77年までは旧高等部校舎西側にあった雨天練習場（現、テニスコート）で活動。卓球台は2台という少なさで、練習時間より待ち時間が多いという状態であったが、この時期インターハイに何人もの選手を送り出している。77年には高等部用体育館を増築した総合体育館*が完成し、1階に卓球場も設置され、卓球台も7台と増えた。

テニス部　高等部*が発足した2年後の1950年に創部。1920年秋に当時の畑歓三*庭球部*長（高等学部*教授）が唱えた“NOBLE STUBBORNNESS”（ノーブル・スタボネス*）をモットーとし、礼儀作法、時間厳守を部の心得として日々精進している。これまで、全国高等学校総合体育大会には、団体として11回出場、ベスト8（2002）などの成績を収め、個人戦にも多数活躍している。また、春の全国選抜高校テニス大会には14回出場（2001年〜10年には10年連続）し、3位（2006）、ベスト8（2004）、ベスト16（2003）などの成績を収めている。

バスケットボール部　旧制中学部*時代の1927年創部。高等部*発足当時にはすでに活動をしていた。これまでに、兵庫県新人大会優勝3回、兵庫県総合体育大会優勝4回、兵庫県民体育大会優勝4回、全国大会には総合体育大会、選抜大会合わせて出場9回を誇っている。長い歴史の中で低迷した時期もあったが、近年は兵庫県内の大会ではベスト4の常連であり、2013年度までに近畿総合体育大会第3位、全国選抜大会ベスト16という成績を残している。

バレーボール部　高等部*が発足した3年後の1951年創部。発足時より屋外で9人制チームとして活動していたが、63年に6人制チームに切り替わった。その頃から屋内での活動が徐々に増え、77年の高等部用体育館を増築した総合体育館*完成により、完全に屋内競技として活動するようになった。近畿総合体育大会には60年の初出場以来、これまでに14回出場を果たしている。また、近畿私学大会に20回、全国私学大会に5回出場している。兵庫県大会では、2000年の兵庫県総合体育大会第3位、1997年、98年、2001年の県新人大会ベスト8、1998年、2001年、04年、07年、08年の選抜優勝大会兵庫県予選ベスト8が最高成績である。

野球部　旧制中学部*の野球部を引き継ぎ、新制高等部*発足と同時に創部。旧制中学部時代には春（1928）、夏（1920）共に全国制覇の経験を持ち、また夏の全国大会予選には第1回大会より参加を続ける高校野球界屈指の名門である。1998年、春の選抜大会出場、2009年には70年ぶりに夏の全国大会に出場して1回戦勝利、甲子園球場に「空の翼」の大合唱が轟き渡った。近年は「文武両道、全員野球」をモットーに兵庫県有数の強豪校として名を馳せている。

ラグビー部　1948年、高等部*発足と同時に創部。65年、第45回全国高等学校ラグビーフットボール大会に初出場。2002年の兵庫県高等学校総合体育大会準優勝を経て、03年には38年ぶりに全国大会出場（2回戦進出）。05年は兵庫県総体決勝で報徳学園と両校優勝も、抽選で全国大会出場はならず。07年には初めて全国高等学校選抜ラグビーフットボール大会に出場し、ベスト8。同年の兵庫県総体決勝は再び報徳学園と両校優勝となるが、抽選で全国大会出場。10年には高等部ラグビー部史上初の県3連覇（兵庫県新人戦・兵庫県民体育大会・兵庫県総合体育大会）を達成し、全国大会ではBシードに選ばれ、準決勝で優勝校の福岡東高校に敗れるも、全国3位。11年にも2年連続で全国大会出場を果たしている。

陸上競技部　1948年、高等部*発足と同時に創部。その年に小谷稔が走高跳、三段跳で兵庫県高等学校選手権大会を制覇。その後部活動を一時中断していた時期もあるが、52年に正式な部として再発足。55年、坂本州範が兵庫県私学大会の砲丸投げで14m58の日本高校新記録を樹立。77年、78年、合田浩二が全国高等学校総合体育大会(インターハイ)5,000mで2年連続優勝、78年には同大会で1,500mでも3位に入賞。2004年のインターハイには4×100m・4×400mの両リレーで出場を果たし、個人では楊井祐輝緒が100mで入賞。その後、05、06、10、11、12年に同大会で出場者が出ている。

【文献】『関西学院高中部百年史』1989

高等部宗教総部

宗教部　1948年、高等部*発足と同時に創部。その在り方をめぐって二つの流れがあった。すなわち学生YMCAがもっていた聖書研究を中心として学内における「証し」と「伝道」を強調するという伝統的なものと、戦後日本のYMCAに導入されたいわゆる「ハイY」運動で、レクリエーションを含めた多彩なプログラムによる高校生の全人格的成長を目的とし、アメリカ的な「よき市民」を育成するという性格のものであった。当時の宗教部ではこの二つの考え方がぶつかり合い、大いに議論の分かれるところとなったが、一方に偏ることなく、二つの流れのバランスをとりながら活動を行った。

現在は、毎年その年の部員が主題を決め活動。「日本における母子寮の創設者」「世界の飢餓を救う一つの方法」「日本の教会建築から学ぶ」などの主題を選び、国内外に目を向けている。定例のものとしては火曜日の早天祈祷会への出席、月２回の「聖書を通して話す会」の運営、月１回の三光塾（児童養護施設）への訪問などを行っている。文化祭においては礼拝委員会と協力し献血活動も行っている。高等部において宗教的な核となり、建学の精神*を具現化を担うクラブである。

【文献】『関西学院高中部百年史』1989

高等部体育館

関西学院創立125周年記念事業の一つとして、高等部棟*の北側に建設される。記念事業としてふさわしい建物とするため、建設会社数社のプロポーザル形式にて計画が決定した。外観デザインは関西学院の伝統を踏襲したスパニッシュ・ミッション・スタイル*とし、キャンパス内の調和を保ち歴史を継承していくことを意図している。

内部は公式のバスケットコートを備えたメインアリーナ、柔道場、剣道場、卓球場の他、生徒や教職員の活動をサポートする講義室や研究室などから構成されており、2015年に男女共学化される高等部*（認可申請中）の授業とクラブ活動*に対応している。地階にはトレーニングルーム、駐輪場を設け、クラブ活動の充実とキャンパス内の美観向上に寄与している。１階のエントランスホールに展示空間を備え、スポーツ関係のトロフィー、賞状などの展示が可能である。

技術面では、防音対策として内装仕上げでの吸音材の使用、音漏れ防止のための開口部の工夫など、周辺への音環境の配慮が行われている。また、暑さ対策として、柔道場、剣道場、卓球室には空調設備を装備し、アリーナ部分には防音にも配慮したアクティブ換気とすることで、快適性とメンテナンス性を向上させている。

鉄筋コンクリート造り（屋根は鉄骨造）、地下１階地上３階建て、延べ面積5, 134. 35㎡。設計・施工共に大林組。2015年２月竣工予定。

高等部棟

上ケ原キャンパス*西南角地にあった高等部校舎群が、1989年に現在の地に新築移転した。旧サッカー、ラグビーグラウンドを建設用地とし、中学部*に隣接している。旧高等部校舎・中学部校舎と同様、ロの字型（クオドラングル形式）で構成された建築は、様式もスパニッシュ・ミッション・スタイル*が継承されている。広い中庭や閉庭などの特徴からは独特な雰囲気と品の良さが感じられる。原田の森キャンパスから旧高等部玄関前に移植されたソテツの大株が、再び現高中部礼拝堂*前に移植されている。建築同様、造園*においても学院の伝統が継承表現されている。

1989年8月竣工、鉄筋コンクリート、鉄骨鉄筋コンクリート造り陸屋根地下2階付き4階建て、延べ床面積16,349.75㎡、設計は日本設計、施工は竹中工務店。

なお、2015年度からの高等部男女共学化（認可申請中）、定員増に向けて12～14年の3年計画で改修工事が行われた。

【参照】Ⅱ 466-468

高等部特別教室棟

高等部棟*と中学部*ゾーンの中間に位置する元中学部体育館の跡地に建設された。回廊によって各棟が結ばれることにより、中学部棟*と中庭を構成し、高中部礼拝堂*と対峙することで高等部*の前庭を構成している。デザイン的にもスパニッシュ・ミッション・スタイル*が踏襲され、高中の調和を保ちつつ、高等部としての独立性も確保している。

特別教室棟には、プレゼンテーションルーム、ディスカッションルームといった特別教室や情報メディア教室、視聴覚教室等が設けられ、教育の多様化に対応している。また、2015年度からの高等部男女共学化（認可申請中）および定員増への対応にも配慮がなされ、和室や小教室も併設されている。

2012年3月竣工。鉄筋コンクリート造り地上3階建て、延べ床面積2,294.01㎡。設計は日本設計、施工は竹中工務店。

高等部文化総部

E. S. S.　神学部*・普通学部*で組織されていた1896年公開の「英語会」並びに旧制中学部*のよき伝統を受け継ぎ、1948年、高等部*発足と同時に創部。田中太三郎教諭が主任となり、当時1年生の林明男が初代部長となった。副部長は田島幹雄、宮田満雄*が務め、英字新聞 *The Crescent* の発行、クリスマス礼拝の企画などの活動を行った。林は50年まで毎年県や近畿の高校生英語弁論大会で優勝を果たし、大学進学後、E.S.S.に入部し、52年には全国のマッカーサー杯（現、毎日杯）でも優勝した。

現在も、阪神E.S.S.ユニオンの加盟校として、毎年ユニオン主催のシナリオ・リーディング・コンテスト（8月末）とスピーチコンテスト（2月）などに参加している。

囲碁・将棋部　1976年発足した将棋同好会から発展し、現在は囲碁・将棋部として活動している。76年、77年には、将棋の兵庫県高校将棋選手権大会に2チームが出場し、優勝・準優勝を占めている。また、囲碁の分野では、89年に兵庫県高校囲碁新人大会において、個人戦A組・B組でそれぞれ優勝を果たしている。その後、部員数は少数であるが活動が継続され、2013年現在、囲碁を中心に全国高等学校総合文化祭県予選（4月）、兵庫県高校囲碁選手権大会（6月）、兵庫県高校囲碁夏期研修会（8月）、近畿高等学校総合文化祭兼近畿選手権予選（9月）に参加するなどの活動をしている。

映画部　1955年、映画研究部として創部。長らく活動休止状態にあったが、77年、一瀬隆重らによって活動が再開された。以後、少人数ながら活動を続け、文化祭で制作作品の発表を行ってきた。2003年、映画部に名称変更。06年から始まった高校生映画コンクール「映画甲子園」（NPO法人学校マルチメディアネットワーク支援センター、12年からはNPO法人映画甲子園が主催）にも毎年作品を出しており、07年には「Time Sick」で、08年には「Gretel」で入選を果たしている。

グリークラブ　1948年、高等部*発足と同時に、旧制中学部*グリークラブを母体にそれを継承する形で創部。50年には関西合唱コンクール学生の部（大学・高校同じ部）で他の大学合唱団に肩を並べて4位入賞（3位までは大学）。高校の部が創設された51年から57年まで関西コンクールで7年連続優勝。56、57年には2年連続で全国優勝を果たした。85年頃から一時期、部員数の減少で困難な状況もあったが、99年からは連続で兵庫県合唱コンクール金賞、2001年以降は関西合唱コンクール金賞多数、07、08、12年には全国大会に出場を果たした。演奏活動も充実し、神戸女学院との合同演奏会（ヘンデルの「メサイア」）も50回を重ねた（50回演奏会で区切りをつけ現在は行っていない）。また、定期演奏会である「ファミリーコンサート」は2014年度で52回を数える。その他、年間を通じて学内外での演奏活動は多く、テレビ番組への出演等もある。

同窓会*組織としては関西学院高等部グリークラブ同窓会*があり、約750名の会員を擁する。

コンピュータ部　1997年、「学友会*インターネット委員会」として活動が始まり、99年には「コンピュータ同好会」となる。その後も学友会と活動をともにし、2004年からは、毎週火曜日に行われるアッセンブリーを「Visualized Assembly」とすることを目指して、諸報告をノート型PCを用いたプレゼンテーション形式で行うようになった。また、同年からの文部科学省IT人材育成プログラムやU—20プログラミングコンテストへの参加などの活動が認められ、07年コンピュータ部に昇格した。現在は学友会ホームページや文化祭パンフレットの作成などで高等部*の文化活動に大きな貢献を果たしている。近年は阪急電鉄・関西学院同窓会*協賛の「関西学院上ケ原*レールフェア」にも参加し、部員が作ったゲームやスクリーンセーバーなどが高い評価を得ている。

写真部　正式な創部年は不明だが、新制高等部*発足当時にはすでに活動をしていた記録が残っている。1993年、三木真也の作品が兵庫県高等学校総合文化祭・兵庫県高等学校文化連盟写真部門第2回写真展において特選、94年には兵庫県高等学校写真連盟第2回春季フォトコンテストで特選を受賞した。なお、この2作品は全国高等学校総合文化祭にも出展され、94年度は入賞を果たした。その後、2006年に三田英信、10年には冨加見貴之が全国高等学校総合文化祭に出展。12年には、石川智己・中谷幹・花房諒のチームで第19回全国高等学校写真選手権（写真甲子園）本戦に出場。初出場で優秀賞（3位相当）を受賞した。

数理科学部　数学科の宮寺良平教諭が1996年から生徒有志と共に数学研究を始め、これが2012年の数理科学部の誕生につながった。これまでに発表した論文は、イタリア、オーストラリア、イギリス、セルビア、アメリカ、韓国、日本などで40編が学術誌に掲載されており、そのうち査読論文は33編である。また、8回の国際学会を含む21回の学会発表を行ってきた。国際的な高校コンテストにおいては、Canada Wide Virtual Science Fairで2007～13年に7年連続1st prizeを得ており、Google Science Fair 2012ではアジア・オセアニア代表、12、13年にはShing−Tung Yau High School Mathematics Awardsでsemi−finalに出場している。国内のコンテストでは、07年に全国高等学校理科・科学クラブ研究論文で1位、12年に全国総合文化祭で優秀賞、ジャパンサイエンス&エンジニアリングチャレンジでは08年に文部科学大臣賞（1位)、12年にファイナリスト、13年に審査員奨励賞を獲得している。また、12年からアップルのｉTunesＵで数学動画が公開されており、高等部*はｉTunesＵに参加した日本で最初の高校となった。学校のクラブ活動*ではあるが、主な目標を、数学関連の専門的な学会で評価されるレベルの研究を行うことに置いている。

美術部　旧制中学部*時代の「青人会」を始まりとする美術部は、高等部*発足の1948年に絵画部となり、90年から再び美術部となった。創部以来、兵庫県下で最も難関といわれている兵庫県小中高絵画展で多くの入賞者を出してきたが、その中でも43年嘉藤昭三（旧制中学部)、53年真殿宏が最優秀賞、55年中村基、石田忠範、田中嘉之が受賞して団体として学校賞を、78年には東浦哲也、喜多信夫、奥田尚也が受賞して団体として優秀賞を獲得している。また、78年兵庫県高等学校美術展で東浦哲也が兵庫代表に選ばれ、全国高等学校総合文化祭で入賞している。

理科部　1982年、それまでの生物部を中心に物理部・電波部が統合され、理科部が創部された。創部当時から登山や生物調査などのフィールドワーク、各地の博物館や研究施設の見学、文化祭での展示発表を中心に活動を行ってきた。2011年からは、個人および部全体で取り組むテーマを設定し、学内だけでなく、兵庫県総合文化祭や学外の研究会などでの発表も視野に入れながら研究活動に取り組んでいる。

【文献】『関西学院高中部百年史』1989

甲東村・甲東園

甲山から上ケ原*台地を下り武庫川右岸に広がる、北は仁川*、南は上大市、下大市そして樋ノ口などの国道171号線付近を境界とする一帯は、1941年に西宮市に編入される前は武庫郡甲東村とされていた。41年に西宮市に編入。元来この地域は西宮から宝塚へと通じる街道にあたり、農業が営まれていた。現在の上甲東園付近は明治中期より芝川家の経営による果樹園が広がっており、1899年、その果樹園を「甲東園」と称した。1921年、阪神急行電鉄西宝線（現、阪急電鉄今津線）が敷設された。芝川家は新駅誘致を図り、交換条件として周辺土地1万坪（約3万3,000㎡：現在の仁川学院南側から甲東園駅に至る今津線軌道東側、すなわち甲東園2丁目1番地2番地3番地の一部、4番地、5番地の一部、8番地、9番地、10番地、および1丁目5番地の一部、6番地の一部、7番地、10番地の一部、11番地）を阪急に寄付することなったことから、翌22年に甲東園前停車場とされた。まもなく甲東園駅に名称が変更され、付近一帯は甲東園と呼ばれるようになった。阪神急行電鉄今津線の開通以後、阪急は寄付地を含む一帯を分譲地として販売したことから、住宅地としての開発が急速に進んだ。西宮七園に名を連ね、静かな住宅環境を守っている。

関西学院が上ケ原*に移転した1929年には、駅から阪神合同バスが学院をつないだ。駅から関西学院までのバス道は七曲り坂となっている。これは、移転当時は資材運搬用のトラックの馬力が弱く、40分の1以上の急こう配では登坂できなかったために、緩い勾配としたのである。シボレー8人乗りバスで運賃はうどん一杯と同じ10銭であった。

以後、上甲東園の兵庫県立西宮高等学校をはじめ、西宮市立甲陵中学校などの学校が設けられた。さらに甲東園駅東には報徳学園や仁川学院がある。

【文献】赤西猶松『西宮市街図』1933；渡辺久雄『甲東村』1942；渡辺久雄『甲東村から』1993；芝川又四郎『小さな歩み』1969；『千島土地株式会社設立100周年記念史』2012

合同メソジスト教会

United Methodist Church（UMC）

合同メソジスト教会は、現在アメリカでもっとも大きなプロテスタント教派の一つで、歴史的に関西学院と最も深い関係をもつ教会である。今日の合同メソジスト教会が形成されるまでには、長い歴史的な形成過程がみられる。特に20世紀を迎えると合同の機運が強く生じはじめ、1916年から合同計画が協議され、39年にメソヂスト監督教会*、メソヂスト・プロテスタント教会、南メソヂスト監督教会*が合同してメソヂスト教会が誕生した。

メソヂスト監督教会は、1873年以降、メソヂストでは最初に函館、東京、長崎を拠点として日本伝道を展開し、青山学院、活水学院、鎮西学院、遺愛学院、福岡女学院、弘前学院、東奥義塾などのミッション・スクールを設立している。メソヂスト・プロテスタント教会は80年に日本伝道を開始し、名古屋学院、成美学園を設立した。南メソヂスト監督教会は86年に日本伝道を開始し、関西学院、ランバス記念伝道女学校、広島英和女学校、パルモア学院*を設立している。アメリカ本国において、これら三つの教会が合同したことはきわめて重要な出来事であった。

さらに、終戦直後の1946年に、キリスト合同同胞教会と福音教会が合同して成立した福音合同同胞教会が、68年にはメソジスト教会と合同し、68年４月23日、テキサス州ダラスでの合同総会で今日の合同メソジスト教会となった。したがって、39年の合同の時点で関西学院に派遣されたアメリカからの宣教師は、正確には「メソジスト教会」からの派遣であり、68年の合同の時点では「合同メソジスト教会」からの派遣となる。

【参照】Ⅰ 31−41【文献】*The Book of Discipline of the United Methodist Church,* Nashville, 1992

神戸栄光教会

1885年５月６日、アメリカ・南メソヂスト監督教会*伝道局は第39回年会において日本宣教開始の再決議を行った。この決議に基づき、86年９月17日、神戸の居留地47番に日本宣教部が開設され、これが神戸栄光教会の歴史的起源となった。最初は南美以神戸教会、のちに神戸美以教会と称した。教会設立と同時に開設された読書館*が、のちのパルモア学院*である。初代牧師には日本宣教部の総理でもあるW.R.ランバス*が就任するが、翌年、父のJ.W.ランバス*が第２代牧師に就任した。最初の日本人受洗者は鈴木愿太である。87年８月に山二番館に移転し、翌年、会員の増加により中央区下山手通５丁目に第一会堂を建設、南美宣教部における最初の会堂となる。89年に関西学院が創立されたのは、南メソヂスト監督教会の宣教による教会がこのような活動を展開していたためである。93年には、最初の日本人牧師として田中義弘*第５代牧師が就任した。

2004年に再建された神戸栄光教会

1907年、日本のメソヂスト教会３派が合同したことに伴い、日本メソヂスト神戸教会と改称する。24年２月、新会堂の献堂式を挙行。41年日本基督教団*設立に参加し、42年５月、神戸栄光教会に改称。1995年の阪神・淡路大震災*によってこの教会堂が全壊したが、2004年９月30日に新会堂が再建された。主な歴代教職者としてW.R.ランバス、J.W.ランバス、吉岡美国*、田中義弘*、鵜崎庚午郎*、堀峯橘*、赤沢元造、日野原善輔*、斎藤宗治、宮崎明治、北村宗次、相浦和生らがいる。

【参照】Ⅰ 44, 54【文献】『神戸栄光教会七十年史』1958；『日本基督教団神戸栄光教会百年史』2005

神戸三田キャンパス

神戸三田キャンパスは1995年４月の総合政策学部*設置とともに開設された関西学院の二つ目のキャンパスである。兵庫県三田市にあり、校地面積35万1,000㎡。神戸電鉄のウッディタウン中央駅から関西学院近くまでの延伸計画に対応して正門の位置が決定された。キャンパス計画ゾーニングとして、正門より管理教育ゾーンにⅠ・Ⅱ号館、アメニティーゾーンにⅢ号館、スポーツゾーンに体育館を、敷地中央軸線に沿ってクラスター状に配置された。できるかぎり自然緑地を残し、自然と建物の共生を図り、スパニッシュ・ミッション・スタイル*を踏襲するなど、関西学院にふさわしいキャンパスデザインとした。設計は日本設計、施工は竹中工務店、大林組、熊谷組、浅沼組共同企業体により、1995年３月に竣工した。

鐘楼のある玄関ホールを設置したⅠ号館（研究管理棟）は、神戸三田キャンパス建物群全体の入口。正門*寄りの建物は管理部門として、キャンパス管理や総合政策学部の諸事務を扱う事務室や会議室。ロの字型中庭に面した建物は研究部門として、教員の個人研究室、共同研究室、演習室などを並べ、多様な機能を備えている。３階建て、延べ床面積5,100㎡。

Ⅱ号館（講義・図書棟）は、大・中講義室をはじめチャペル兼用教室、パソコン教室、LL教室、小講義室を配し、言語教育や情報教育、小集団教育の場としての機能のほか、自習コーナーやマルチメディア資料作成室などが並ぶメディア・フォーラム、全面開架方式の図書閲覧コーナーを配置している。３階建て、延べ床面積5,690㎡。

Ⅲ号館（食堂・購買棟）は、１階には食堂350席、国際交流コーナー50席を設置。教職員や学生の交流の場としての利用を考慮し、芝生やテラスに面して配置、２階には学生の憩いの場となるラウンジと物販を配置している。２階建て、延べ床面積1,920㎡。

シャワー室やロッカー施設を完備した体育館は、ライトコートを設けて通風、採光にも配慮した。第１グラウンド、公認陸上競技場、ゴルフ練習場やテニスコートなどに隣接している。１階建て、延べ床面積1,340

㎡。

1997年度の文部省私立大学学術研究高度化推進事業の一環として、ハイテク・リサーチ・センター整備事業の実施校としての認可を受け、翌98年３月、理学部の移転に先立ってハイテク・リサーチ・センターが建設され、実験物理学系の５研究室が移転した。1998年３月竣工、３階建て、延べ床面積1,730.49㎡、設計は日本設計、施工は竹中工務店・大林組共同企業体。

2009年９月には、創立111周年記念事業*の一環として計画された神戸三田キャンパスランバス記念礼拝堂*が竣工した。２階建て、延べ床面積438.93㎡。設計は日建設計、施工は竹中工務店、大林組、鹿島建設共同企業体。

理学部移転を含めた「神戸三田キャンパス第２期整備計画」に基づき、2001年８月、Ⅲ号館（総合政策学部・図書メディア館、３階建て、延床面積5,762.14㎡）、Ⅳ号館（理学部本館、４階建て、延べ床面積18,289.44㎡）、第二厚生棟（食堂・ラウンジ・保健室・カウンセリングルーム、２階建て、延べ床面積1,995.47㎡）が竣工した。設計は日本設計、施工は竹中工務店・大林組・鹿島建設共同企業体。

あわせて既存の諸施設の副名称も変更した。Ⅰ号館は神戸三田キャンパス本部・総合政策学部館、Ⅱ号館は総合政策学部館、Ⅲ号館の食堂・購買棟は第一厚生棟となった。ハイテク・リサーチ・センターはⅣ号館別館となり、Ⅳ号館の新理学部棟と１、２階の渡り廊下で直接アクセスできるように改修された。

理学部は2001年夏に上ケ原*から移転し、同年度秋学期から神戸三田キャンパスで授業を行った。02年４月には既存の物理学科、化学科に、新たに生命科学科、情報科学科を加えて４学科体制となり、同時に「理工学部*」に改組した。総合政策学部では、同年４月にメディア情報学科を新設した。

2009年４月、理工学部に数理科学科、人間システム工学科の２学科、総合政策学部に都市政策学科、国際政策学科の２学科を増設した。これに対応するため「神戸三田キャンパス第３期整備計画」が策定され、Ⅴ号館、Ⅵ号館、建築実験棟*が新たに建設された。Ⅵ号館は2008年10月に、Ⅴ号館と建築実験棟は2009年２月に竣工した。

Ⅴ号館は理工学部の新学科（数理科学科、人間システム工学科）と生命科学科が使用し、2009年３月に竣工。Ⅳ号館理工学部本館と１、２階の渡り廊下で直接アクセスできる構造となっている。3階建て、延べ床面積2,936.10㎡、設計は日本設計、施工は竹中工務店。

Ⅲ号館は総合政策学部の新学科（都市政策学科、国際政策学科）が使用することになり、これまでⅢ号館にあった図書メディア館は2009年4月にⅥ号館に移った。Ⅵ号館はこのほかに神戸三田キャンパス事務室（理工学部担当）、研究推進社会連携機構*、キャリアセンターが使用している。設計は日本設計、施工は大林組、4階建て、延べ床面積7,284.23㎡。

2009年2月に竣工した建築実験棟は、総合政策学部の建築士プログラム教育の一環として、主に建築材料実験、建築環境工学実験を実施するために設けられた実験施設。2010年度から、学部学生に向けて正式な運用を開始した。1階建て、延べ床面積455.40㎡、設計は日本設計、施工は竹中工務店。

2010年4月に竣工した第三厚生棟には、関西学院大学生協がパンショップを拡張したコンビニエンス

店舗を出店した。単なる食堂施設ではなく、課外活動・学習などの学生活動場所としても使用している。

2013年4月、関西学院新基本構想に基づく新中期計画により、アカデミックコモンズ*（Academic Commons）を建設した。これは今までの関西学院になかった「『学習』と『憩い』と『学生活動』の融合」をコンセプトとする施設で、「学生の学生による学生のための生きた学びの場」となる空間としてさまざまな活動を行っている。同時にキャンパス西側にあった神姫バスのバス停とシャトルバス乗り場を統合したバスロータリーをアカデミックコモンズ前に設置し、学生活動の場と通学の場が密につながることとなった。

アカデミックコモンズには神戸三田キャンパス事務室（キャンパス担当）、保健館*分室、総合支援センター*、キャリアセンター、教職教育研究センター*、生涯学習課、国際教育・協力センター*の事務機能を集約した。2階建て、延べ床面積4,405.17㎡、設計は日本設計、施工は戸田建設。

2015年4月の理工学部新学科設置に向けて、13年度から第1グラウンドの廃止、Ⅳ号館前来客駐車場の増設、建築実験棟北側空地の学生駐車場への転用が行われている。

広報室

広報室は、1958年に広報課として設置され、『週報』『月報』の発行、広報調査、『関西学院七十年史』編纂などを主な業務としたことに始まる。64年、広報渉外課に名称が改称された。68年に一旦廃され、新設の企画室*がその役割を担ったが、翌69年に広報室と改称。業務内容を広報にしぼり、情報センター的性格を備えて「各種情報の収集・分析などの業務を行う」こととした。大学紛争が収束に向かう中、各種の情報を迅速、的確に教職員や学生に伝達する速報目的で、ガリ版刷りの『上ケ原*ジャーナル』を発行。また記録性の面から『KG Campus Record』を発行したほか、『CODニュース』『学院広報』を相次いで創刊した。『KG Campus Record』は、その後予算・決算の公開を目的とするものとなって現在に至っている。さらに70年に学生向けの新聞『KG TODAY』(『関学JOURNAL』の前身)を創刊。これらの媒体刊行が今日の広報室の始まりである。

現在の広報室は本部、大学、聖和短期大学*、高中部、千里国際高等部*・中等部、大阪インターナショナルスクール*、初等部*、聖和幼稚園*の組織に位置づけられている。学生を対象とした『関学JOURNAL』のほか、教職員向け広報誌『K. G. TODAY』(前身は『学院広報』)、受験生を対象とする大学案内誌『空の翼』などを刊行している。なお在学生の保護者を対象とした『POPLAR』(前身は『クレセント』、『関西学院通信』)は2011年度より『関学JOURNAL』(関西学院通信[関学ジャーナル])に統合した。これに伴い、『関学JOURNAL』の発行形態も新聞(タブロイド判)から小冊子(B5判)に変更した。

1989年の創立100周年を機に、全国的な知名度向上を目的として雑誌等での広告展開のほか、報道機関等に学内の動きを伝える『K. G. WEEKLY NEWS』を毎週1回発行し、学外への情報発信を積極的に進めた。98年には学内の広報活動の一元化を目指して広報会議(事務局は広報室)が設置され、広報戦略を策定するなどして機能的な広報活動を展開している。また、ウェブサイトの企画運営のほか、2011年度からはフェイスブック、ブログなどのSNSを使った情報発信を行っている。さらには、広報的な観点からの危機管理体制を整備するとともに危機管理研修会を開催して学内の共通理解の形成を図っている。これらは広報室の主要な業務として比重が増している。

校名

関西学院（カンセイガクイン）という校名は、1889年の関西学院憲法*の制定と同時に定められたが、その由来は第２代院長*吉岡美国*の回想談の中で紹介されている。それによると「余り立派な名は名負けがしていけないと云ふので、平凡な名を選ぶ事にし……関東に対する関西として、西日本の指導者ともなる意味」を込めて付けられたという。また「学院」という名称は、当時のミッション・スクールに「何々英和（女）学校」とするものが多く、それを打破するものとして当時としては斬新な命名であった。なお、関西を「カンセイ」（ただし英語表記では“Kwansei”と書かれているように「クワンセイ」と発音される）と読むのも「諸事革新的な気風から……漢音でばかり読む傾向」を採用したもので、後に「関西～」と称する各種の団体・学校で「カンサイ」と呼ばれるものとの区別を明確にすることともなり、その校名は創立時以来、関西学院の革新的スマートさを意識させるものとなっている。

【参照】Ⅰ 107【文献】『新星』（5）1937

「公明正大」

「公明正大」は旧制中学部*における伝統的な学院精神を表すスクールモットーの一つとして「敬神愛人*」とともに使われたものである。その由来は1890年６月に生徒によって発行された雑誌『正気』にさかのぼる。この雑誌名は藤田東湖の「正気の歌」によるもので、誌上に見られる「試験を受けし態度として……教師は、問題を示せし後、格別の用事なき時は、概ね教員室若しくは自宅に帰るを常とし、生徒等は、全然監督者無くして受験するの慣ひなりしも彼等は相戒しめて、俯仰天地に恥じざらん事を期したりき」といった生徒の姿勢から「公明正大」を尊ぶ精神がうかがえると『開校四十年記念関西学院史*』に書かれている。この言葉は、当時在学生であった永井柳太郎*が、後に母校を訪問した際に揮毫した書が、旧高等部*講堂に掲げられていた。現在は高等部棟*小会議室に掲げられている。

【文献】『関西学院中学時報』（18）1929；『開校四十年記念 関西学院史』1929；『関

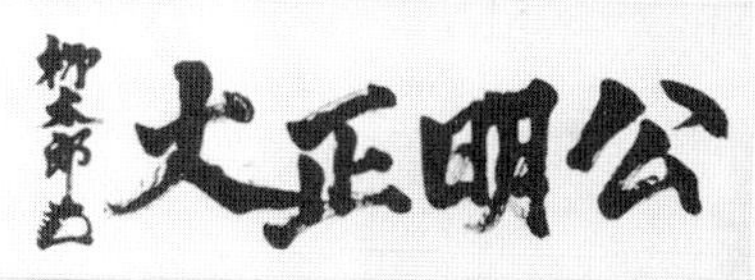

西学院高中部百年史』1989

国際学部

【沿革】

2007年４月に、関西学院大学において国際系の新設学部構想検討委員会が設置され、国際学部設置につながる議論が開始された。当初、「国際教養学部」が検討され、地域としては、現在の北米、東アジアに加えてヨーロッパを含む入学定員450名規模の学部が検討された。また、学内の言語教育教員が新設学部に移籍することが検討されていた。検討の中で、450名の入学定員は多いとの意見や、既存学部と重複する面があり新設学部には反対との意見などに考慮し、名称が「国際教養学部」から「現代国際学部」となり、地域も北米、東アジアを対象として、入学定員300名の新学部設立の方向で、引き続き構想案の検討が進められた。

2008年１月開催の定例大学評議会*にて「現代国際学部（仮称）設置構想（案）」が承認され、２月開催の定例理事会においても承認された。これを受けて、３月に教授会*に相当する現代国際学部開設準備委員会（以下、開設準備委員会）が設置され、４月に現代国際学部開設準備室（以下、開設準備室）が設置されて、本格的な開設準備を開始した。

2008年度は、開設準備委員会の下に、個別懸案事項を検討する７つ（後に８つ）の各種部会を設置し、企画室*をはじめとする学内関連部課と連携をとりながら、設置構想の検討を進めていった。４、５月においては主に学部名称・学科名称と設置趣旨について議論され、７月開催の大学評議会と定例理事会において、それまで仮称であった学部名称・学科名称を「国際学部国際学科」とすることが承認された。

国際学部では、大学設置基準で定める学位*の分野を文学関係、法学関係、経済学関係の学際領域としたことから、入学定員300名（収容定員1,200名）に対して大学設置基準上必要な教員数は17名であった。また学際領域であり、学部の種類が同等である学内既存学部からの移籍教員が、半数以上の９名以上であることから、設置認可ではなく設置届出にすることができると判断された。そのことから11月文部科学省に、設置認可か設置届出かを伺う事前相談資料を提出し、１月21日開催の文部科学省大学設置分科会運営委員会にて審議され、その結果１月24日に、「届出」により設置することが可能であることの通知があった。

学内手続きでは、１月開催の開設

準備委員会にて、国際学部国際学科の文部科学省への設置届出に関する事項（教員組織、教育課程、授業科目担当者、設置の趣旨書、学則・学位*規程の変更）を承認した。その後、2月開催の大学新構想委員会、3月開催の大学評議会*および理事会において、設置の趣旨書、学則・学位規程の変更が承認された。これら文部科学省大学設置分科会の判断と学内手続きを受け、3月31日付で収容定員増の認可申請を、4月下旬に設置届出を行うこととなった。

12月の開設準備委員会では国際学部長の選出選挙を行い、投票の結果、伊藤正一開設準備室長を初代の学部長就任予定者として選出した。また、国際学部の教育研究活動を支えるG号館増築部分については、3月に起工式が催され、工事が着工された。

2009年度は国際学部の開設前年度となり、設置届出、収容定員増の認可申請、教職課程の認定申請を行った。また、学生募集のための広報活動、入学試験、および履修心得や時

間割作成などの教務事務も本格的に実施した。

文部科学省関連では、4月に最終の事務相談を行い、設置届出書を郵送した。その結果、6月30日付で設置届出が受理された。また、3月31日付で提出した収容定員増認可申請が7月2日付で認可された。教職課程（英語科）については6月に事前相談を行い、7月に教職課程認定申請を提出し、2010年1月25日中教審教育養成部会で、国際学部国際学科：中一種免（英語）、高一種免（英語）に関する認可の答申が出され、1月25日付で認可された。

この他、7月には就任予定教員が初めて全員集う、就任予定教員懇談会を関西学院会館*で開催し、国際学部の概要や就任に当たっての手続きに関する確認を行った。施設関連では、G号館国際学部棟の竣工式が3月に執り行われた。2010年度は、専任教員26名（新規採用者15名、学内移籍者11名）、英語担当の任期制教員D3名、英語常勤講師4名、中国語常勤講師2名、日本語常勤講師2名、計37名が着任した。

【現状】

〔学生〕 新入生は、2010年度283名、11年度325名、12年度348名、13年度297名、14年度282名が入学した。13年度は、9月にスポーツ選抜入試、

グローバル入試、AO入試、帰国生徒入試・外国人留学生入試（国内型）、9、10月にAO入試、11月に外国人留学生入試（一般、国内型、CIEC指定校推薦）、12月に一般推薦入試、外国人留学生入試（海外型）、1月に高等部*・協定校・提携校推薦、2月に全学日程（3科目型、英英型）、A日程3科目型、関学独自型の一般入試、3月にセンター利用入試を実施した。14年度の1年生から4年生までの外国人留学生の合計は、133名で世界の17カ国から入学している。

〔**学生活動**〕学生の活動としては、2010年度には、留学生を含めた学生の交流を深めるため、昼休みに各自で昼食を持ち寄って集まる国際学部独自のイベントである「Brown Bag Chat（BBC）」を開催した。この実施に当たっては学生によるBBC運営委員会を立ち上げた。その後、この委員会が中心となって国際学部の学生活動を担っている。

〔**教職員**〕言語教育科目では、英語担当の任期制教員D3名、英語常勤講師5名、中国語担当の中国語常勤講師1名（定員2名）、日本語担当の日本語常勤講師2名を配置している。文化・言語領域では、文化論、言語学、宗教学を中心に教育・研究を行う専任教員9名と、キリスト教科目を担当する宗教主事*1名、計10名と任期制教員C1名を配置している。社会・ガバナンス領域では、社会論、政治と外交、国際関係論、国際法を中心に教育・研究を行う専任教員10名と任期制教員A1名を配置している。経済・経営領域では、経済学、経営学、会計学を中心に教育・研究を行う専任教員9名と任期制教員A1名を配置している。事務室には専任職員7名、契約職員2名、アルバイト職員3名を、図書資料室には教務補佐4名を配置している。（2014年5月1日現在）

〔**教育**〕国際学部は、「国際性の涵養」を教育・研究上の理念とし、その理念を達成するために、「国際事情に関する課題の理解と分析」を教育・研究上の目的とする。その目的の達成を通じて、「国際性」（世界理解、国際理解のための能力）と「人間性」を備えた世界市民として、国際的なビジネス・市民社会で活躍できる人材を養成する。よって本学部のモットーを“Be a world citizen who renders service to humanity.”としている。

「国際事情に関する課題の理解と分析」という教育・研究上の目的は、学生が高い外国語能力を習得し、世界の各地域をさまざまな角度（特に人文・社会科学の観点）から理解し、分析できるようになることである。本学部の特色は、タテの学問領域（文化・言語、社会・ガバナンス、経済・経営）に含まれる複数のディシプリン間の相乗効果を用い、ヨコの地域別研究コース（北米研究、アジア研究）を「学際的」に教育・研究し、それによって柔軟で、幅広い視野に立った世界理解、国際理解を図るところにあり、その教育・研究全体を「国際学」と位置づけている。このような学際的学びを通してグローバル社会に対応する能力を養成する。

国際学部で養成する４つの能力は、①問題発見能力、②多文化共生能力、③倫理的価値観、④言語コミュニケーション能力である。言語コミュニケーション能力は、２言語の習得を目指し、原則として全員が留学し、英語で行う授業を受講することにより養成する。国際学部で提供する英語で行う授業は、2010年度の80科目で始まり、13年度には約120科目になり、その科目数は拡大しつつある。さまざまな形で言語コミュニケーション能力を向上する機会が与えられている。

国際学部では、社会との連携を重視している。国際的視野を育成するため、外国の大使や国際的な企業のトップなど、国際社会の第一線で活躍する講師を招聘して、連続講演会を開催している。

なお、2010年度から「ライフデザイン入門」の授業で、社会のさまざまな分野で活躍されている方々による講演を実施している。また、女性による企業家の講演なども開催している。12年度からは「経済・経営特別演習」にて、企業の部長級の方々による講義を実施している。

〔国際交流〕国際学部の学生は、短期留学（約１カ月）、中期留学（約３～６カ月）、長期留学（約６カ月～１年）、海外インターンシップ、国際学生ボランティア、ダブルディグリー留学などのいずれかのプログラムに参加し、所定の単位を修得することが卒業の条件となっている。短期留学と中期留学は、集中的な語学学習により、外国語のリテラシーを向上させるとともに、留学先の人々との交流を通して異文化間理解を深める。長期留学は海外の大学で専門知識を深め、自らの文化や価値観の再認識を図る。

〔研究活動〕2010年度から、教授研究会、国際学研究会を開催している。FD活動としては、FD研修会、専任教員相互授業参観、学生インタビュー調査を実施している。また、11年度から国際学研究フォーラムの研究雑誌『国際学研究』を発行している。
〔広報活動〕国際社会の第一線で活躍する講師らによる連続講演会は、2013年度中に全50回となった。また連続講演会とは別に、キャリアデザインを目的としたキャリア講演会を実施している。この他、ホームページの充実、オープンキャンパス・高校訪問・模擬授業・入試説明会などを実施している。12年度からは、学生が中心となって国際学部の広報誌「在学生からのメッセージ」を作成し、新しい広報活動を担っている。
〔研究科〕大学院*設置に関しては、2011年度は、大学院検討委員会を設置して検討を行い、年度末には構想案をまとめて教授会*に諮り、14年4月に国際学研究科国際学専攻を設置する方向性を決定した。12年度は、7月の大学評議会*にて国際学研究科国際学専攻（博士課程前期課程・博士課程後期課程）の設置が承認されたことに伴い、学部長会のもとに国際学研究科設置準備委員会を設置し検討を行った。その後、1月開催の国際学研究科設置準備委員会、国際学部教授会*にて、文部科学省への設置届出に関する事項（教員組織、教育課程、授業科目担当者、設置の趣旨書、学則・学位*規程の変更）を承認した。3月開催の大学評議会*と4月開催の理事会において、設置の趣旨書、学則・学位規程の変更が承認された。文部科学省には、13年4月22日付で国際学研究科国際学専攻（博士課程前期課程〈入学定員6名〉・博士課程後期課程〈入学定員2名〉）の設置届出を行い、6月20日に届出が受理された。

国際教育・協力センター
（国際連携機構）

関西学院は創立当時からアメリカ、カナダの宣教師が教鞭をとっていたことなどから、卒業生がアメリカの諸大学に留学するなど国際交流は早くから進められていた。しかしながら国際交流関係の担当部課の設置は、1979年3月に開設された国際交流センター（7月12日付で国際センターに改称）が最初である。90年に国際交流部国際交流課に組織および名称変更された。また、99年4月に国際交流部の下に日本研究教育プログラム室が設置された。2003年度に国連ボランティア計画（UNV）との間で締結した協定に基づき、日本の大学として初めてUNITeS学生ボランティアを開発途上国に派遣し、大学が具体的に国際協力分野事業を開始した。05年4月から国際教育・協力センターに改編し、国際教育・協力課に課名を変更、10年4月からは留学生総合支援課を設置し、2課体制とした。さらに13年４月の大学組織の機構化に伴い、国際連携機構*の下に国際教育・協力センターが置かれることとなった。国際教育・協力課および留学生総合支援課は廃止され、これらの事務は国際連携機構事務部が行うこととなった。

国際教育・協力センターの業務としては、海外の教育機関等との協定関連業務、海外客員教員・研究員等の教職員の交流、外国人留学生受け入れに関する業務、交換留学の受け入れ・派遣に関する業務、学生の海外外国語研修・セミナー、国際ボランティア（国連ユースボランティア、国際社会貢献）などに関する業務を行っている。

なお、外国人留学生受け入れでは、留学生宿舎の確保が重要な課題となっているが、最初の留学生寮は、1995年４月、阪神・淡路大震災*により多くの外国人留学生が住居を失い困っている状況の中で、東京銀行（現、三菱東京UFJ銀行）が宝塚市に独身寮としていた建物を関西学院大学国際交流寮として無償提供されたことに始まる。その後、99年４月に本学が購入し、「関西学院大学国際学生レジデンスⅠ」とした。このほかにアパートの借り上げにより「国際学生レジデンスⅡ」（宝塚市）および「国際学生レジデンスⅢ」（西宮市）を設置している。

【文献】『国際教育プログラム募集要項』(I–II)2013

国際教育・日本語教育プログラム室（国際連携機構）

国際教育・日本語教育プログラム室は、国際連携機構*の設置に伴い、機構組織の下で国際教育プログラム室と日本語教育センター*が提供する科目・教育プログラムを総合的に企画・立案および運営を行うことを目的に発足した。

交換学生を対象に行う日本理解のための英語授業は、1979年に設置された国際センター時代の「国際プログラム」に遡る。この国際プログラムの中には日本語の授業も含まれていた。その後、90年４月設置の国際交流部に引き継がれ、99年４月にその提供母体として国際交流部の中に日本研究教育プログラム室が設置された。2005年４月１日から国際交流部は国際教育・協力センター*に改編され、同時に日本研究教育プログラム室は国際教育プログラム室に改称され、13年４月に国際連携機構の下で、国際教育プログラム室と日本語教育センターの提供するプログラムが統合され、国際教育・日本語教育プログラム室となった。なお、日本語教育センターの提供するプログラムの中には、学位*取得を目指す外国人留学生向けに開講されている必須の日本語科目の提供が含まれている。

現在、国際教育・日本語教育プログラム室は、①外国人留学生を対象とした日本理解のための科目の提供(英語による授業)、②外国人留学生を対象とした日本語科目の提供（学位*取得を目的とする学生、交換学生等を含む)、③英語中期留学およびフランス語中期留学に関連した言語教育科目の提供、④グローバルスタディーズ科目の提供（国連科目、国際科目、グローバル人材育成等を含む)、⑤グローバルスタディーズ科目以外の教育・研修プログラムの提供を行っている。

【文献】Kwansei Gakuin University *Japan and East Asia Studies Program 2013–2014*（日本·東アジア研究プログラム 冊子）

国際研究部

国際研究部は、1924年に前身の国際連盟協会関西学院学生支部が発足したところから始まる。27年に後の『恒平』となる部報第1号が発行された。32年には国際連盟支那調査団のV. A. G. R.リットン委員長に面会した。41年の学生会*解散に伴い、関西学院報国団*文科部研究科国際問題研究班の名称で存続し、45年に関西学院大学国際問題研究会として再開した。以後76年まで部報『恒平』の発行、関学・神大・立教の3大学合同研究会を中心に活動したが、その年の学園祭での研究発表後、全員が引退した。しかし翌77年に再建され、84年に恒平クラブ60周年記念総会が開かれた。その後、部員の減少により休部寸前の状態になっていたが、97年に再結成され、新しく活動を始めた。

現在では本校への世界各国からの留学生を対象として日本文化に肌で触れ、体験する場を提供することを目的としたフィールドワークを企画、運営する活動を行っている。

【文献】『国際問題研究部三十年史』（上巻）1954

国際連携機構

2009年４月に新基本構想のビジョンを推進するための新中期計画の中で国際戦略本部が設置され、国際化推進施策が企画・立案・実行されてきた。13年４月に大学組織の機構化により国際連携機構が設置された。その総則には、「機構は、本学における国際交流と国際協力の推進、国際教育と日本語教育の発展に寄与することを目的とする」とある。国際連携機構は、従来の国際戦略本部、国際教育・協力センター*（CIEC）、日本語教育センター*を統合してできたものである。そして13年4月より国連ユースボランティア派遣日本訓練センターも機構内に設置されている。機構長室会のもとに運営が図られる。運営を協議するために、国際連携委員会、国際教育・日本語教育プログラム室*運営委員会がある。

「国連ユースボランティア」派遣日本訓練センター（国際連携機構）

「国連ユースボランティア」派遣日本訓練センターは、2013年3月の国連ボランティア計画（UNV）との協定に基づき、同年4月に国際連携機構*内に設置された。同センターは、関西学院大学が独自に国連ボランティア計画との間で協定を結び、04年から13年までに67名の学生を国連ボランティアとして派遣してきた実績をかわれて設置されたものである。同センターでは、国内の連携大学から選ばれた「国連ユースボランティア」派遣学生に対して、派遣前訓練プログラムを提供している。

現在、本学を含め上智大学、明治大学、明治学院大学、立教大学、東洋大学の国内連携校6校の国連ユースボランティア派遣学生を対象とする派遣前訓練プログラムを提供している。

古《こ》武《たけ》弥《や》正《しょう》 1912. 9. 19～1997. 11. 13

学長*、文学部*教授。1937年、関西学院大学法文学部心理学専攻第1回卒業生3名のうちの一人。

卒業の年の7月から翌1938年12月にかけてアメリカのハーバード大学大学院に留学。帰国後、関西学院大学法文学部*助手、専任講師、助教授を経て、48年、新制大学発足とともに文学部教授となり、すでに法文学部で心理学の研究・教育活動を始めていた今田恵*と新制大学の心理学科を発足させ、50年には条件反射の研究により医学博士の学位*を受けた。その強力なリーダーシップにより、心理学研究室を日本における条件反射研究のメッカにするとともに、基礎心理学において日本を代表する研究室に育てた。

1956～57年度に文学部長、58～62年度には総務部長を務め、60年の社会学部*、61年の理学部の開設を推進した。64～65年度にも文学部長を務める。学生の学費値上げ反対闘争が始まり、大学紛争が激化していった66年1月から69年3月まで学長を務めた。大学紛争が一応の収束をみた69年退職した。兵庫医科大学の創立事業に参加し、72年に創立した兵庫医科大学の教授、副学長となり、79年、理事長を務めた。

【参照】Ⅱ 35, 111, 208, 234, 713【文献】『関西学院大学文学部60年史』1994；『関西学院大学心理学研究室80年史（1923-2003）：今田恵の定礎に立って』2012；『兵庫医科大学40年史』2012

古武弥四郎《こたけやしろう》 1879. 7. 2～1968. 5. 30

理事、評議員。岡山県邑久郡本庄村に生まれる。1902年、大阪府立医学校卒業。戦中・戦後と関西学院の経営が困難な時代に、常務理事として神崎驥一*院長*を支えた。大阪帝国大学医学部長を務め、1940年に定年退官し名誉教授となった。生化学界の重鎮。42年に学院理事に就任。44年の専門学校理工科*開設に貢献するとともに、戦後の自然科学系の大学学部開設を模索するなど、終始神崎院長の働きに協力した。神崎院長が兼務していた学長の後任が正式に決定するまで、46年1月から翌年3月までの期間、学長事務取扱の職も務め、50年、神崎院長の退陣とともに辞任した。

【参照】Ⅰ 566, 595, 597, 598；Ⅱ 20, 28, 33, 35, 36, 41, 42, 54, 65, 192, 238

児玉国之進《こだまくにのしん》 1894. 12. 20～1990. 12. 14

経済学部*教授。広島市に生まれる。1919年、関西学院神学部*退学後、神戸三菱職工学校、広島修道中学校教員を経て23年にアメリカへ留学し、デューク大学、ジョージ・ピーボディ大学院で英語英文学を専攻（B. A., M. A.）。26年に帰国し、広島女学院専門部英文科教員を経て、31年、関西学院文学部*の教員に就任。32年に大学予科*教授となった。48年、学院に新制高等学校が発足し高等部*教授となり、53年、経済学部助教授、54年、同教授となった。60年の定年退職後も長く非常勤講師を務めた。60年5月、兵庫県教育功労者表彰。61年、東洋食品工業短期大学教授に就任。

29年におよぶ学院勤務の間を一英語教員で通し、学生との直接の触れ合いを大切にして多くの学生の敬慕の的となった。学生や卒業生を自宅に招く児玉家の宴は、1940年以来、戦時下の食糧乏しい時代を含めて長く続けられ、教え子たちを感激させた。またスポーツ選手の人間味を愛し、スポーツ団体の育成に努め、32年から拳闘部顧問、43年から運動部代表顧問、46年から52年まで運動部総顧問を引き受け、75年には関西学院大学体育会*名誉顧問に推挙された。

【参照】Ⅰ 478, 483【文献】武藤誠「学院人物風土記15」（『関学ジャーナル』(29) 1980；米田満『児玉国之進先生卒寿記念 関西学院とともに』1986

小寺武四郎《こでらたけしろう》 1912. 7. 9～2004. 7. 23

第10代院長*、学長*、商経学部*・経済学部*教授。大日本紡績社長小寺源吾の四男として、神戸市に生まれる。1927年、関西学院中学部*入学後、新設された予科を経て大学１期生として、37年、商経学部を卒業。金融論を専攻し学院の委託生として京都帝国大学で研究を続け、39年に関西学院大学商経学部助手、専任講師をへて、終戦直後、助教授となる。49年から２年間、アメリカに留学、52年に教授となる。国際金融論、金融論の領域で業績をあげ、『国際通貨論』(1957)、『ケインズと賃金・雇用・利子』(1980) をはじめ、『国際金融論入門』(1985) などのほか、同僚やゼミ生とともに多くの翻訳書を刊行した。定年退職後も研究意欲は衰えず、研究書を公刊するとともに、館龍一郎東大名誉教授の後を受けて、日本金融学会第５代会長に就任。

学院の役職としては、1958年、小宮孝*院長*就任に伴い財務部長、続いて経済学部長をそれぞれ４年務め、その間、理事にも就任した。69年から急展開を遂げた大学紛争において、学院、大学ともに執行部が不在となる中で学長代行に就任。学院の総力を傾けて学長代行提案*の作成、王子公園陸上競技場での改革結集集会、バリケードの撤去を行い、紛争の終結、大学改革へと進み、新生関西学院の旗頭として責任を負った。

新しい学長選挙制度で1970年に正式の学長に選任され、院長*代行を兼ねたが、院長制の改革に手間取り、旧制度のまま院長選挙を実施し、73年度から第10代院長を兼任した。この年度半ばに、ようやく理事長*・院長制への移行が決定されたことに伴い、年度末までに順次、院長、学長を辞任した。

1978年から定年前までの３年間、再び学長に選出され、退職後も評議員、理事を務めた。

【参照】Ⅱ 362, 491【文献】『経済学論究』35(2)1981；小寺武四郎『折りにふれて—関西学院とともに五十年—』（私家版）1981

小寺敬一《こでらよしかず》 1894.6.29〜1951.9.16

高等商業学部*教授。美濃実業銀行の中心人物で、大日本紡績監査役小寺成蔵の長男。1912年、第一神戸中学校を卒業し、高等学部*商科第1期卒業生（16年）12名の一人。その後アメリカ・インディアナ大学、コロンビア大学に留学。19年、鐘淵紡績に入り営業部取引係に勤務するが辞職し、20年、関西学院高等学部*教授に就任。戦後の学制改革後は短期大学*商科教授として経営学、貿易論あるいは商業英語を担当。W.M.ヴォーリズ*設計の六甲の自宅別荘にて現職のまま死去。

1940年、J.J.ミックルJr.*の後任として会計課長に、44年の組織改革による財務部発足時には初代財務部長に就任した。また、大丸百貨店の監査役や神戸ゴルフ倶楽部理事も務めていた。第10代院長*小寺武四郎*は甥にあたる。

【参照】Ⅰ 564,593；Ⅱ 55【文献】関西学院短期大学商科『論叢』(4)1951；『大垣共立銀行小史』1956；『ヴォーリズ六甲山荘物語』2012

古典芸能研究部

戦後、関西の古典芸能が衰退する中、古典芸能について研究し、その伝統を復活させようと1950年に創部された。当初の活動は、部員自ら舞台に立ち、舞踊公演を行ったり、当時窮地に立たされていた上方落語の復興のために、桂米朝ら多くの落語家に高座を提供するというものであった。1960年に創部10周年を記念して部誌『こてん』が部員の手によって創刊され、以降活動の大きな柱となった。

こうした活動の中から、舞踏家の飛鳥流家元飛鳥峯王、落語作家の小佐田定雄、熊沢あかね、落語家の桂小米朝（現、5代目桂米團治）ら、古典芸能の世界でめざましい活躍を続ける卒業生が育った。近年では、主に歌舞伎や文楽、能、狂言、落語などの鑑賞を行うことが主な活動となっている。

子どもセンター

子どもセンターは、2009年4月、学校法人関西学院*と学校法人聖和大学*との合併を機に西宮聖和キャンパス*山川記念館*内に設立された。その理念は「関西学院子どもセンターは、キリスト教主義に基づく教育・保育を根幹とし、子どもを取り巻く環境と子どもの関わりを豊かにすることによって、一人ひとりの子どもが個性と多様性を尊重され健やかに育つことを目的とし、教育・研究・支援活動を通して広く社会に貢献する」である。関西学院大学および聖和短期大学*のもとに設置された機関として、地域の子ども・子育て支援事業、発達支援事業およびおもちゃとえほんのへや事業を通じて教育・研究・支援活動を行っている。

地域の子ども・子育て支援事業（通称「さぽさぽ」）は、子どもたちの「育ち」と「環境」を豊かに育むこと、またその手立てを提案することを目的に、地域の子育て支援拠点として、教育研究の補助活動と社会貢献機能の充実を図っている施設である。

発達支援事業（通称「うぃんぐ」）は、発達に何らかの配慮を必要とする子どもに対して適切な評価を行い、個々の課題に応じたプログラムや療育を提供するなど、子どもたち一人ひとりに合わせた発達支援を実施している。この事業は、聖和女子大学・聖和女子短期大学時代の1977年に開設された児童相談研究所を継承・発展させたものである。

おもちゃとえほんのへや事業は、学生のための体験型資料施設である。おもちゃのへやにはヨーロッパの玩具を中心に年齢・国籍に関係なく楽しむことができるおもちゃを、えほんのへやには関西学院の教育方針に沿った選書による絵本・紙芝居などを揃え、学生のためのレファレンス・学習支援を行っている。この事業は、聖和大学・聖和大学短期大学部時代の1991年に開設された「図書館分室」から発展した「おもちゃとえほんのへや」を継承したものである。

このように同センターの特徴は、大学教員の専門性を反映した事業であり、各事業部門では、運営委員の教員が実質的な取り組みの企画・立案や運営上の問題点等を検討し、現場の職員と連携しながら事業を展開している。業務は通常の教育・支援活動と公開プログラム等を含んでいる。

小林一三《こばやしいちぞう》 1873. 1. 3〜1957. 1. 25

実業家、政治家。山梨県韮崎に生まれる。1892年、慶應義塾を卒業後、三井銀行に入行、大阪支店長岩下清周に私淑。1907年、三井銀行を辞職し、阪鶴鉄道監査役となり、箕面有馬電気軌道会社の設立に参画し専務に就任する。沿線の住宅開発で日本最初の田園都市構想を実現し、宝塚を温泉保養地、レジャー施設として開発、13年、宝塚少女歌劇団を創設、34年、阪急梅田ビル内に日本最初のターミナル・デパート、阪急百貨店を開店。他方、28年、東京電灯の再建に当たる。32年、東京宝塚劇場、37年、東宝映画を設立。40年、第2次近衛文麿内閣の商工相となり、官僚の経済統制に反対する。戦後、幣原喜重郎内閣の国務相、戦災復興院総裁に就任、公職追放されるが、解除後、東宝社長となる。

1918年の大学令*発布後、大学設置を目指した関西学院は財政的理由からそれを果たすことができなかったが、高等商業学部*教授菊池七郎*が実業家河鰭《かわばた》節《みさお》の助言を受け、関西学院は神戸の都市化によって教育環境が悪化した原田の森*を離れ、上ケ原*に移転することとなった。その際、原田の森キャンパスの売却と上ケ原*校地の購入に貢献したのが小林であった。1928年、土地売買契約が結ばれた。その条件は、原田の森キャンパス（2万6,700坪）・建物の譲渡金320万円、上ケ原校地（7万坪）購入費55万円であった。その貢献を讃えるため29年の創立40周年記念式典において、関西学院は小林に英文・和文の感謝状とカナダの著名な画家J. W. L. フォスターが描く肖像画（阪急学園池田文庫所蔵）を送った。阪急沿線への学校誘致は関西学院だけでなく、1933年には神戸女学院が誘致された。

【参照】Ⅰ 437, 443, 568【文献】『小林一三翁の追想』1961；『小林一三全集』1961-62

小林《こばやし》宏《ひろし》 1924. 7. 12～2008. 1. 14

初代高中部長*。東京に生まれる。戦後の1950年に日本神学専門学校を卒業、牧師兼任の基督教学校教育同盟主事から61年に関西学院高等部*宗教主事*に就任。67年に高中部長一人制の実施に伴い高中部教員の選挙により初代部長に就任し、定年で退職する90年まで在任。72年には、高中部にそれぞれ副部長を配し、6年一貫教育の効果をあげるのに尽力した。89年には高等部校舎（現、高等部棟*）を中学部*の北側に隣接して新築移転、高中部礼拝堂*を中核に、建物の上でも一貫教育の実をあげる体制を整えた。

【参照】Ⅱ 464-466, 486-487

古美術研究クラブ

歴史にロマンを感じる女子学生によって1961年に同好会として発足。62年に、会員の研究成果を発表する研究誌『阿修羅』（年2回発行）を創刊し、関西古美術連盟に加盟、他大学との交流が始まった。この関西古美術連盟は、現在では近畿の９大学11サークルが所属する。66年には同好会から文化総部*の部に昇格した。68年から京都で未公開寺院の特別拝観が始まり、関西古美術連盟に加盟する古美術研究クラブは、浄土宗の開祖法然上人が修行のために庵を結んだのが始まりといわれる法然院のガイドを担当。81年春にも法然院の特別公開が始まるに当たって、ガイドを行う。この法然院ガイドをメインの活動としつつ、各地の名刹・古刹を訪れる部内散策や他大学との合同散策、合宿などさまざまな活動を行っている。

小宮孝《こみやたかし》 1902. 11. 15～1975. 11. 16

第９代院長*、高等商業学部*・経済学部*教授。横浜市に生まれる。1929年、東京商科大学卒業後ただちに関西学院高等商業学部経済学担当教授に就任。41年、商経学部*助教授、46年、同教授に昇任。理論経済学を担当。

戦後の学院民主化とキリスト教活動の旗頭として活躍。1946年に結成された教職員組合*の初代組合長に就任。続いて再建中の高等商業学部長に推されたが、学部事情によって就任しなかったものの、50年から４年間経済学部長に就き、商学部*の分離独立を手がけた。学部長に就任すると同時に、宗教活動委員会*の初代委員長にも就き、戦後の学院キリスト教活動活性化の中核として働く。

1958年院長に選出され、関西学院財務部長に小寺武四郎*、同総務部長に古武弥正*教授（ともに大学卒業１期生）を当てて清新の気風をもたらした。70周年記念事業としてランバス記念礼拝堂*、体育館、学生会館*などの建設、続いて社会学部*、理学部の創設と、関西学院の充実、拡充に努めた。しかし、学費値上げに対する学生の反対運動を契機とした大学紛争中の69年、古武弥正*学長*入院に伴い学長代理を兼任、学生の「大衆団交*」を一昼夜受けて立った後、院長、学長代理を辞任した。１年後の70年、経済学部教授も退職。その後、名古屋学院大学教授を経て神戸女学院院長を務めた。74年には吉岡美国*、C. J. L. ベーツ*に続いて名誉院長*の称号を受けた。著書に『新経済学入門』（1947）がある。

【参照】 Ⅱ 66, 55 **【文献】**『経済学論究』24（４）1971；『Auf！―小宮孝先生の世界』（私家版）1976

こ

ゴルフ部

1936年、古川恒平が日本学生選手権に勝っているが、まだゴルフ部は結成されていなかった。50年に、クラブ活動*を通して体力、技術の向上はもとより、基本であるエチケット・マナーを習得し、そこで培ったゴルフ精神を社会で発揮して活躍、貢献できる人間を創造することを目的として大橋貞吉、土井一郎が同好会を結成し、52年にクラブとして運動総部に加入した。その年、塚本陽三が関西学生選手権優勝。団体は春秋に関西制覇し、東の王者慶應義塾大学を破っている。それらの戦績を評価され、部に昇格したのは54年であった。

当時は学生ゴルフ黎明・発展期に当たり、関西学院は関西では甲南と、関東では慶応と早稲田が共にしのぎを削りながら学生ゴルフ界を牽引した名門校の一つであった。

その後、個人では59年、蒲生雄蔵が日本学生を、60、61年と上田靖彦が朝日杯争奪日本学生ゴルフ選手権(以下朝日杯)を連覇。69年にも渡辺武三が朝日杯を、女子では65年に花田(現姓木村)妙子が日本女子学生選手権に優勝している。また現在プロの入江勉がアマチュア時代、日本オープンベストアマや日本アマ2連覇など優勝25回を達成し、その後プロに転向、関西オープンなど3勝を挙げた。

一方、団体では男子が1957年に信夫杯争奪日本大学ゴルフ対抗戦(以下信夫杯)に優勝、74年以降低迷期が続くが、2003年に31年振りに関西で優勝したのを皮切りに09年から10年にかけて関西3連覇、全日本でも2年連続4位と古豪復活の兆しを見せている。また女子は1980年に関西制覇をした後は、部員不足もあって目立った成績はなかったが、2012年春に1部に復帰してから13年秋に、33年振りとなる念願の関西制覇を成し遂げ、その勢いのまま乗り込んだ信夫杯で史上初の3位入賞(植手真美がMVP獲得)を果たした。

【文献】『関西学院大学体育会ゴルフ部創部50年記念誌』2004

混声合唱団エゴラド

混声合唱団エゴラドは1954年9月、当時社会に広まっていた「歌声運動」に興味を示す多くの団体が加入していた歌声協議会に参加し活動を始めた。発足当時は部員も少なく、歌うことが好きな者同士のささやかな集まりとして、日本庭園*を練習場所としていた。しかし徐々にメンバーが増えるとともに、より合唱音楽の道を究めようという気運が高まり、歌声協議会を脱退した。

「エゴラド」の語源は、実は「どら声」の逆読みで、澄んだ美しい声を意味している。

1960年に部に昇格するとともに、活動を対外的にも本格化させ61年には早くも第1回うたごえ旅行を実施した。これは地方の小中学校を回り、合唱に触れる機会の少ない子どもたちに生の演奏を提供するとともに、生徒たちとの親睦を深めようとする演奏旅行で、有志のボランティア旅行として始まった。これは現在もエゴラドの代表的行事として実施されている。

1961年第1回定期演奏会も開催された。また67年には関学、関大、同志社、立命の4校の混声合唱団により関西学生混声合唱連盟（関混連）を設立、その後大阪大学、神戸大学も加わり現在の六大学による連盟に発展している。

初期には、当時宝塚歌劇団の指揮者であった橋本和明を講師として迎え、1971年よりエゴラドOBの高山清、77年より同じくOBの高山惇を常任指揮者として迎え現在に至る。

2009年には、創立55周年第48回定期演奏会を開いた。毎年、上記六大学との合同演奏会とエゴラド定期演奏会を開催している。その他、関西学院の行事（入学式、クリスマス音楽礼拝など）への参加や他合唱団との交流等多くの活動を行っている。なお2014年には、創立60周年を迎えた。

今東光《こんとうこう》 1898.3.26～1977.9.19

小説家、僧侶（法名、春聴）。横浜市に生まれる。1912年、関西学院中学部*普通科に入学、15年、4年生第1学期に諭旨退学となる。兵庫県立豊岡中学校に転入したが2学期に退校処分を受けた。いずれも恋愛事件に起因したとされる。同年上京して川端康成と知り合い、第6次『新思潮』同人、『文藝春秋』創刊同人などの文学運動に参加。『痩せた花嫁』（1925）が出世作となった。

1930年に出家して天台宗比叡山延暦寺で修行。51年、大阪府八尾市中野の天台院住職となった。

千利休の娘お吟の悲劇的生涯を描いた『お吟さま』（1956）で第36回直木賞を受賞し二十数年ぶりの文壇復帰を果たし、以後『春泥尼抄』など河内の人情、風物に取材した「河内もの」を数多く発表した。

1960年、貝塚市の水間寺特命住職を経て、65年より岩手県平泉の天台宗東北大本山中尊寺の貫主。66年、権大僧正。68年から参議院議員を1

期務め、71年、大僧正に昇進。世間では毒舌和尚として知られたが、75年に日本天台宗の祖、伝教大師最澄ゆかりの戸津説法の講師に選ばれ、時代・状況に応じて道理も変化すると説いた。

今東光は、自らの中学部時代を後年、小説・随筆などさまざまな形で回顧している。また、直木賞受賞前年の1956年、同窓会*大阪支部会でスピーチしたのをはじめ、受賞後もしばしば学院および学院関連で講演などを行っている。

【参照】Ⅰ 165【文献】『関西学院高中部百年史』1989；今東光『毒舌・仏教入門』1993；矢野隆司「今東光：関西学院と東光の生涯」『関西学院史紀要』(11)2009

さ

災害復興制度研究所

災害復興制度研究所は阪神・淡路大震災*から10年目の2005年1月17日、社会科学の視点から災害復興を研究する全国初の機関として設立された。研究の理念を「人間の復興」、組織原理を「共存同衆」、運営指針を「現研融合」とする。

「人間復興」とは、災害復興の主体を「社会全体」から、「人間一人ひとり」に置き換えるパラダイム・シフトを意味する。最初の提唱者は、大正デモクラシーの旗手にして福祉国家論の先駆者である福田徳三である。関東大震災の折、後藤新平の「帝都復興の儀」に対し、復興事業の第一は「人間の復興＝生存機会の復興」でなければならないとして異議を申し立てた。研究所は、この精神を受け継ぎ、2009年に災害復興基本法試案を発表し、12年には福田の『復興経済の原理及若干問題』を復刻。自己決定権に基づく幸福追求こそ災害復興の第一歩だとして、復興法体系の整備を目指している。

一方、「共存同衆」とは、自由民権運動家の馬場辰猪や小野梓らが1874年に結成した学会の原型。官製的結社で閉ざされた組織だった日本学士会院とは対極にあり、広く社会に門戸を開いた。研究所、さらには研究所が中心になって2008年に結成した日本災害復興学会もこの「共存同衆」をモデルとし、研究者だけでなく全国の被災地で活動する復興リーダーやボランティア、弁護士、ジャーナリストらも加わり、被災地で生まれた知恵を継承、課題を抽出し、「現研融合」の指針に基いて研究・調査・提言活動を進めている。とりわけ、東日本大震災の発生に際しては、1週間後に政策提言を発表し、13年3月には原発避難者の救済策を具体的に提言する『震災難民―原発棄民』を刊行した。また、毎年1月には全国被災地交流集会とシンポジウム、復興学会大会を開催、07年度からは全国初の災害復興学講座も開講して、「復興リベラリズムの拠点形成」を目指している。

【文献】『ニュースレターFUKKOU』(1－21)2005−2013；『災害復興研究』(1－5)2009−2013

在日本南メソヂスト教会宣教師社団

関西学院は創立当初法人格を持たず、吉岡美国*ら南美以神戸教会の教会員3名の個人名義人からなる財産管理会（Board of Trustees）が経営の責任を担っていた。1898年の民法施行により、私学も民法上の社団もしくは財団法人への移行が可能となった。有力私学が次々と法人格をもつ専門学校となる中で、関西学院が1904年、専門学校令（1903）に則り神学教育を軌道に乗せるべく経営母体の公益法人化の方途として設立したのが在日本南メソヂスト教会宣教師社団である。同年1月8日付『神戸又新《ゆうしん》日報』に掲載された神戸区裁判所の広告には次のように記されている。

「（名称）在日本南メソヂスト教会宣教師社団（事務所）神戸市北野町４丁目５番屋敷（目的）基督教ヲ拡張シ基督教主義ノ教育ヲ施シ且ツ慈善救済ノ業ヲ為サンガタメニ土地建物及ヒ其他ノ財産ヲ所有又ハ処置スルニアリ……」。

この内容を、のちにアメリカ・カナダの合同経営に際して設立された関西学院社団（1910）の定款第５条に掲げる目的と比較すると、「且ツ慈善救済ノ事業」の文言を除いてまったく同一であるところから、この宣教師社団は関西学院を専門学校令に基づく高等教育機関として拡充することを企図して設立されたことがうかがえる。学院は1908年に専門学校令による関西学院神学校、ついで12年、高等学部*（文科・商科）の設置を認可され、日本の法律に基づく本格的な高等教育機関としてわが国の教育界に広く認知されることになった。

【参照】Ⅰ 251,321,459

財務部財務課

1889年９月の創立当初、関西学院は法人格を持たず、吉岡美国*ら３名の日本人教会員の個人名義人から成る財産管理会を設け、財産管理を担った。1904年１月、在日本南メソヂスト教会宣教師社団*が設立され、この社団に財産は移管された。その後10年11月、カナダ・メソヂスト教会*の経営参加を機に、関西学院社団が設置され、大学（旧制）設立を前に31年９月には財団法人関西学院となり、戦後の51年２月に学校法人関西学院*となって財産は承継されてきた。

当初より財務委員会と建設委員会があり、会計課長および監査委員会が置かれていた。その枠組みはほとんど変わることなく今日まで引き継がれてきた。土地と建物の新規取得は建設委員会が司り、経常会計は財務委員会が司る。この制度に基づいて経常収支と建設収支の二つに区分され経理されてきた。統括貸借対照表は財務委員会が作成した。

学院の財政は、当初ミッションに依存するところが大きかったが、第２次世界大戦による戦争の激化で宣教師が引き上げたため、1941年から未曾有の財政危機が訪れた。それを切り抜けると間もなく終戦となり、荒廃した学舎の復興に多大の財政的努力を要した。全国的な大学紛争後の72年より国から経常費補助金が助成されるにいたって、学校法人会計制度が制定され、財務諸表はそれに従うことになった。

職制については、1944年に財務部長が置かれた。戦後、財務関係には会計課のほかに営繕課、用度課が置かれた。59年、この２課は施設課となった。大学紛争を経て、69年、財務部長のほかに副部長、次長が置かれ、財務部の強化が図られた。翌70年、管財課が置かれ３課制になった。75年、給与計算業務は会計課から総務部へ移管され、翌76年、施設課が部として独立したため２課となった。88年から90年の間、100周年記念事業に関して募金課が設置されたが、その業務は翌年校友課が新設され移管された。97年、合理化のため管財課を会計課管財担当として吸収し、１部１課制となった。2004年、財務機能を強化し、財務政策の策定・調整およびそれに必要とされる調査・分析、企画・立案に関する事務を行うため、会計課を財務課に名称変更した。

2013年度末現在の財政状況は、帰属収入390億7,800万円、帰属収支差額45億6,500万円、帰属収支差額比率11.7%、当年度消費収入超過額５億6,300万円、翌年度繰越消費支出超過額63億1,100万円、資産合計1,702億2,800万円である。

【文献】『私学財政と学院の歩み』1975

坂湛《さかたん》 安政２<1855>.12.12〜1931.7.11

川崎造船所取締役。江戸の幕臣の家に生まれる。工部大学校で造船の技術を学び、同校卒業。創業当初から工部大学校卒業の工学士を採用していた川崎造船所の技師となり、株式会社改組に際して株主となる。1899年３月に博士会推薦により造船で工学博士の学位を得た。

1888年３月４日、山二番館の神戸中央教会仮礼拝堂で、吉岡美国*、長谷基一*とともにJ.W.ランバス*から受洗。89年の原田の土地取得に際して、神戸市下山手通６丁目299番屋敷に住む坂は、吉岡（同通７丁目番外15番屋敷）、長谷（兵庫永沢通804番屋敷）とともに法律上の土地所有権者を委託された。後年、教会に出席することは稀であったが、夫人まき子とともに固く信仰に立ち、常に神戸美以教会のための隠れた援助者であった。

【参照】Ⅰ 58,106【文献】『川崎造船所40年史』1936；『川崎重工業株式会社史』1959；『神戸栄光教会七十年史』1959；『日本博士録』(1)1985

サッカー部

1889年の関西学院の創立以前、外国人宣教師によりサッカーが日本に持ち込まれており、ボールを蹴る遊びは学院内でも見られていた。大正の初めには体育の授業でもサッカーが盛んに取り入られるようになり、原田の森の啓明寮*内で初めてサッカーチームが作られたのが創部のきっかけとなった。当時は外国船の船員チームとの交流試合も数多く行われた。1918年、菊池七郎*教授を初代部長に迎え学院運動部の一員として完全な組織を整え創部された。27年度のチームは池内信行*部長、高田正夫主将の下、12月末から翌1月にかけて上海へ遠征し国際親善試合を3試合行った。

過去の戦績は、学院が上ケ原キャンパス*へ移転した1929年、現在日本サッカー界で最も伝統のある天皇杯第9回大会で関学クラブとして初優勝を飾り、以降同杯に37回出場し、7度の優勝を果たしている。24年1月から始まった関西学生リーグでは28回の優勝と18回の準優勝を記録し、関東・関西リーグ優勝校の対戦である学生王座決定戦でも8回の優勝を誇っている。70年以降、優勝1回、準優勝4回と長年低迷しているが、最近は全国大会でベスト4～8の成績を上げ、古豪復活の兆しが見え始めている。

サッカー殿堂入りした鴇田《ときた》正憲(元日本代表)、長沼健(元日本サッカー協会会長)、平木隆三(元日本代表コーチ)の他、元全日本代表監督の加茂周をはじめ、数多くのサッカー協会、Jリーグの役員、指導者、選手を生み、今日の日本サッカー界を支える役割を担っている。また、オリンピックやワールドカップの日本代表選手を40名以上輩出しており、特に1956年の日本サッカー発展の歴史で重要な大会のメルボルンオリンピックには5名の関学OB・現役選手が主力メンバーであった。

公式戦の他、早稲田大学とは90回、関西大学とは58回の定期戦を毎年行い、両校との交流に貢献している。2009年に女子部が併設され、関西女子リーグ2部に所属している。

【文献】『関西学院大学蹴球五十年史』1969；『関西学院大学サッカー部70年史』1989

茶道部

1947年、高碕農夫也、藤田真司、木田早苗の３名を発起人として、三井宗豊師匠（表千家）を迎えて創部。旧保健館*で初の茶会を開催した。

当時、表千家の学生茶道として茶道界でも話題となり、1951年の５周年には記念茶会を大阪美術倶楽部で開き、同年「関西学院同窓会*文化賞団体賞」を授与された。翌年、学生として初めて湊川神社で表千家献茶副席を懸釜した。56年、10周年を記念して久田宗也宗匠命名（額）の道場「恵風庵」が完成、新道場記念茶会を開催し、記念誌を発行した。その後、学院創立記念協賛の茶会を各地で開催し学生茶道の評価を高めた。その頃、表千家13代即中斎宗匠から「学生茶道」としての実績と功績が認められ「関学茶道」（掛軸）を頂く。65年、スタンフォード大学招待茶会。以降、訪れる海外の方も増え、茶道を通じて日本文化を積極的に世界に紹介している。89年、学院創立100周年では阪急百貨店で開催された「オール関西学院グラフィティ」会場で１週間の茶会を開く。96年の創部50周年には、学院と卒業生の援助を得て道場を大幅に改修、柚木学*学長*、木村正春同窓会*長ら学院関係者および久田宗匠を迎えて茶会を開催、翌年、記念誌を発行した。

部員は「恵風庵」で週数回の稽古を通し、茶道のお点前による心身の鍛練と社会人として必要な礼儀の基本を習い、春秋の茶会や協賛茶会で主客のコミュニケーションを身に付けて巣立っている。

1950年に発足したOB・OG会の如月会は、定期総会、見学会、勉強会などを開催し、継続した茶道部の援助と、会報『恵風』やホームページなどを通じて、会員間の親睦を図るとともに茶道を教育に役立てる方法を模索している。2016年に70周年を迎える。

【文献】『関西学院大学茶道部創部50周年誌』1997；関学茶道部如月会総会資料

実方清《さねかたきよし》 1907. 7. 9～1993. 8. 16

文学部*長、図書館長。千葉県東金市出身。東北帝国大学、同大学院にて日本文芸理論について研究。1941年、関西学院大学法文学部国文科設置に伴い講師として就任し、日本文芸学を講じた。44年に応召したが、46年４月より文学部国文科主任として復帰、新制大学移行委員として新学則制定の準備をした。49年には第２代関西学院教職員組合*長となり、給与規定の作成、学院民主化、院長*、学長*、学部長、図書館長の公選制の実施などを法人との交渉の中で実現。50年に文学部長となる前後には、文学部大学院*修士課程開設、史学科、美学科、社会事業学科開設、神学科の学部としての開設に尽力した。66年に総務部長に就任。76年に定年退職。

研究の対象は日本文芸学の理論構造および作品構造、また日本文芸におけるキリスト教受容の研究などにおよび、その業績は『實方清著作集』全10巻（1985–86）に収められている。

【参照】Ⅱ 54【文献】『日本文藝研究』28(1)1976；『日本文芸学の世界』1985

鮫島盛隆《さめじまもりたか》 1897.12.7～1986.2.8

礼拝主事、鎮西学院院長。佐世保市に生まれる。1927年、関西学院神学部*卒業後、エモリー大学神学部、同大学ポスト・グラヂュエート・スクール、サンフランシスコ・セミナリー卒業。31年、日本メソヂスト教会*神戸平野教会牧師、34年、「京城」メソヂスト教会牧師兼朝鮮教区長を任ぜられ、41年、関西学院の礼拝主事（43年4月以降は宗教主事*と改称）に就任。基督教概説、実践神学も担当した。第2次世界大戦中の困難な時局の中、その職責を担う。

戦後の1946年、関西学院に帰院し、チャプレンの職務と一元化された学生課長に就任、戦後のキリスト教主義教育の根幹をなす理念を示した。さらに50年6月には今田恵*院長*との連名で全学院宗教委員会を招集、「宗教活動委員会*」発足に向けての準備を行う。一方、45年12月より神学部チャペルで主日礼拝を再開した関西学院教会*の主任担任教師釘宮辰生*を支え、46年11月、釘宮辞任を受けて第8代牧師に就任、48年6月に鎮西学院に招聘されるまでその責を担う。51年4月、鎮西学院院長に就任、74年まで務める。

【参照】Ⅰ 611【文献】『鎮西学院九十年史』1973；『関西学院教会80年史』2000

山岳部

山岳部の歴史は、1920年12月の学生大会で志保川鶴之助らが「精神の向上、健康の増進並びに山岳趣味普及に尽力す」と発議して創部された高等学部*登山部に始まる。以来学生登山界において注目される活動と優れた実績を残してきた。22年に山岳部と改称し、本格的登山活動を六甲山から近畿一円へと展開、北アルプス夏山登山も開始した。昭和初期から仁川*渓谷をゲレンデとしてロッククライミングの練習を積み、活動範囲も北アルプスから南アルプスへと広げた。

1932年以降、夏は集中登山方式で剱岳と穂高岳で交互に合宿し、冬の登山も本格化、ヒマラヤの研究も始められた。36年4月、剱岳チンネ正面ルート、7月、鹿島槍ヶ岳北壁中央ルンゼ、40年3月、杓子岳東壁の初登攀は登山史に載る記録である。戦時下の42年夏の剱岳での縦横な登攀活動、43年3月の後立山全山縦走等も高く評価されている。戦後幾多の困難の中で再建に取り組み、49年春に後立山極地法縦走で再び注目を浴び、59、61年ペルー・アンデス（アウサンガテ南峰6,200m、ワスカラン南峰6,768m他）、64年カナダ・ローガン（5,959m）へ登山隊を送り成功を収めた。

1965年以降は、国民的登山ブームの衰退に伴う部員数減少によって活動に制約が生じる中、69年にイストル・オ・ナール（7,403m）、79年にハーディンゲ（現、シアピーク、7,024m）、86年にディラン（7,257m）といずれもパキスタン・カラコルムの7,000m峰に登山隊を送るも惜しくも失敗。90年に入りさらに部員減少傾向が進む中、98年に日本山岳会青年部カンチェンジュンガ登山隊や日本山岳会学生部ブータンヒマラヤ登山隊に隊員として若手OBや現役部員を派遣するなど、海外登山に継続的に取り組み、2008年、ネパール・ヒマラヤの未踏峰ディンジュンリ（6,196m）に現役部員2名が初登頂する快挙を成し遂げた。国内では、伝統の岩登りにおいて剱岳を中心に夏冬を問わず挑戦、幾多の記録を残している。現在部員は少数ではあるが、基礎訓練を重ね、安全第一を旨により高きより困難を求め活動を続けている。

【文献】『エーデルワイス17号—山岳部80年史』2000

産業研究所

関西学院が1932年に大学設立認可を得て2年後の学部設立と同時に、産業研究所は、その前身である高等商業学部*調査部（1924設立）から現在の名称に改称され、大学商経学部*の付属研究所として発足した。その後、戦中には東亜経済研究のための国民生活科学研究所に改組された時期もあったが、戦後は学部から独立した研究機関として再スタートした。

産業研究所の設置目的は産業に関

する調査研究であり、学内で唯一の社会科学系の研究所として、産業研究はもとより国内外の地域研究や歴史研究などで一定の成果を積み上げてきた。

組織上は、2013年4月の大学組織の機構化に伴い、研究所の事務は研究推進社会連携機構*事務部が担当することとなり、同時に従来専門図書館として統計書、会社史などの経済産業図書資料を収集し公開してきた図書資料業務の大半を大学図書館*へ移管したが、研究所本来の研究活動や産学連携機能は保持されている。

研究活動の中心は、専任教員に学部教員などを加えたメンバーで進められる共同研究プロジェクト（研究期間3年）であり、その成果を毎年、産研叢書として刊行している。その他にも、紀要として『産研論集』（1970創刊）を発行し、所属教員の研究成果や共同研究以外の研究プロジェクトの成果および若手研究者の研究成果や産学連携の記録などを公表する場としている。

また、研究所の提供する情報サービスの一環として、雑誌論文のタイトルなどからなるコンテンツデータのテータベース化に学内でもいち早く取り組み、現在それらを資料検索システム（SAINT）としてインターネットで広く一般に公開している。またネットワークを使ったリファレンスサービスの態勢も整えている。

そのほか、近年は国際的な活動や各種団体との連携に取り組んでいる。2005年9月にEU（欧州連合）の支援を受けて本学と神戸大学（代表校）、大阪大学によるコンソーシアムであるEUインスティテュート関西が結成されてEUに関する研究教育を展開し、また、07年以来、本学と中国の吉林大学とが共催して国際シンポジウムを定例的に開催しており、それぞれ産業研究所が本学事務局となっている。併せて、07年5月には全国主要18大学とともにEU情報センター（EUi）の指定を受け、EU（欧州連合）に関する情報提供を行いEUの諸活動に関する講演会、展示、イベントなどを開催しており、現在3期目に入っている。

【文献】『関西学院大学産業研究所―60年の回顧と展望―』1995；『関西学院大学産業研究所75年の歩み』2011

し

G号館

G号館は2期に分けて建設された。2006年秋に始まった第1期工事では、08年春の人間福祉学部*・人間福祉研究科の開設に向けて、H字形校舎の部分が建設された。旧第1フィールド*硬式野球場跡地に造られたこの建物は、上ケ原キャンパス*内では最大の敷地面積を誇る。内部には600名用の大教室をはじめ、大小55の教室などがあり、また講義棟としては初めて、コンビニエンス・ストアや飲食店が出店している。09年春に始まった第2期工事では、翌年春の国際学部*の開設に向けて南側に拡張工事がなされ、T字形校舎の部分が建設された。内部には300名用の大教室をはじめ、大小20の教室・自習室や、教員個人研究室（28室）

がある。G号館とは、H字形・T字形の両校舎全体を指すが、便宜的な通称として、H字形校舎をG号館、T字形校舎を国際学部（IS）棟、と呼んで区別することもある。

H字形校舎部分：2008年3月竣工、鉄筋コンクリート造り地下1階・地上4階・塔屋1階、延べ床面積19,118.12㎡、設計は日本設計、施工は竹中工務店。T字形校舎部分：10年3月竣工、鉄筋コンクリート造り4階建て、延べ床面積5,800.40㎡、設計は日本設計、施工は竹中工務店。

志《し》賀《が》勝《まさる》 1892.3.29〜1955.8.1

文学部*教授。愛媛県宇和島市に生まれる。1921年3月に関西学院高等学部*文科英文学科を卒業。

アメリカ文学に生涯をささげ、幾度も病魔に襲われる中で発表した著書・翻訳書は30冊に及ぶ。25年、関西学院高等商業学部*講師に就任、26年、文学部教授。最初の出版はユージン・オニイル『ダイナモ』（翻訳、1931）。34年、旧制大学学部開設と同時に法文学部*助教授となり、36年4月、『現代英米文学の研究』（1935）で日本の英文学界の栄誉ある岡倉賞を受賞。37年、法文学部教授。44年3月、戦時非常措置による関西学院機構改組により依願退職となり、大学予科*と専門学校政経科*で講師として教鞭をとった。46年４月、関西学院大学文学部教授に復職。６月から自宅で「アメリカ文学研究会」を主宰した。48年、新制大学発足とともに文学部教授に就任。

1955年７月、「アメリカ文学の成長」を主論文として文学博士（関西学院大学）の学位*を受けた。同年11月、斯界をリードする『英語青年』（研究社）は「志賀勝教授追悼号」（第101巻第11号）を特集した。

【参照】Ⅰ 487；Ⅱ 111【文献】『志賀勝先生追悼論文集』1956；『人文論究』6（4）1955；『母校通信』(20) 1958

詩吟部吟月会

1960年に、当時の商学部*学生吉谷忠之が中心となり、有志を集めて同好会として発足した。関学の詩吟部は賀城流という流派に属しており、宗家福島賀城を招いた。

1963年に同好会からクラブに昇格、64年に全国学生詩吟連盟に加盟した。同年には関西支部大会で競吟の部で初優勝を飾っている。学園祭の一環として大阪フェスティバルホールなどの文化総部*音楽関連クラブ・部の合同公演会に参加、66年には単独有料公演を開催するなど黄金期を迎えた。67年には念願の文化総部*への昇格を果たした。

漢文を研究する研究班の設立や、部誌『吟月』を発行するなどの活動をしてきたが、1985年ごろから部員が減少し、一時は廃部か存続かの危機にさらされた。

2013年、全国学生詩吟連盟に再加盟した。全吟連加盟校で行う夏季キャンプ、他大学の大会賛助に参加し、大学の枠を越えてのつながりを築いている。

年間の活動として学内発表会、OB現役交歓会を開催している。定期練習は部の先輩でもある賀城流師範を招いたものと学生のみの２種を実施。同時に詩舞の活動も再開した。

【文献】『吟月』（クラブ昇格記念創刊号）1965

自動車部

自動車部は1933年に学院の自動車研究機関として誕生した。トヨタ自動車や日産自動車の前身である豊田自動織機、日本産業・戸畑鋳物が国産自動車製造に着手したのもこの年で、自動車部は、世界に誇る日本の自動車産業の発展と共に歩んできたと言える。

1934年には関西学生自動車連盟の結成に参加、各種競技会・行事の主導役となった。35年には、国産自動車ダットサンによる大阪・東京往復1,000km走行車両性能調査を実施、40年にも機械化実験と道路調査を目的とした北海道遠征をするなど活発な活動が注目された。42年、第2次世界大戦の激化に伴い表向き解散したが、当時の部員の証言によると国防自動車協会学生班として存在していた。戦後の53年、正式に自動車研究会として再興、54年には体育会*の仲間入りを果たした。58年、初の女性部員を迎え年々部員数は増加の一途をたどった。数多い全日本学生自動車連盟の公式競技には全種目出場し、全国制覇常勝校といわれる目覚ましい活躍を遂げる一方、85年創部50周年記念行事として中国遠征を挙行、上海を起点とする1,400kmを走破、日中友好親善の一翼を担った。

2013年の創部80周年を経た現在、部員数は決して多くない中、ジムカーナ、ダートトライアルといったマシン（車両）の性能・整備が問われるスピード競技、運転技術競技など全種目に出場、好成績を上げ、輝かしい歴史と伝統を絶やすことなく受け継いで活動している。

OB、OGで組織した同窓会*公認団体「自動車部OGB会」があり、現役を物心両面から支援している。

【文献】『みちしるべ創部50周年記念誌』1983；『関西学院大学体育会自動車部創部80周年記念式典次第』2013

指導部

1945年、戦後学生スポーツの隆盛に伴い応援団の設立が強く求められ、47年、リーダー部として88名の部員で創部された。48年に応援歌「弦月」、54年に応援歌「新月旗の下に」が生まれ、応援にもますます華やかさが加わった。「愛され、信頼される応援団」をモットーに学院全体の応援を目指した。59年の学院創立70周年の際、学生歌「打ち振れ旗を」が作られ、創部15周年イベント「新月の集い」を挙行した。

大学紛争さなかの1968年、全学学生集会によりリーダー部の解散要求が決議され、22代をもってリーダー部は解散した。翌年には指導部として再建。71年にはマスコットとしてエイトマンを採用した。体育会*の低迷期、79年に新応援歌「弦月さゆる高台に」を発表した。

1981年の創部35周年に当たり、それまでの「乱舞祭」を「総部祭」と改め、翌82年には“Mastery for Service”を刻んだ新団旗を掲げた。84年、総合関関戦*前夜祭を行い、89年には逍遥歌「四季有情」がつくられた。硬式野球部*の応援、アメリカンフットボール部*の応援に加え、学院全体を盛り上げるべくさまざまな活動を行っている。

【文献】機関誌『弦月』(創刊号-22号)1958-82；『関西学院大学応援団総部の50年』1996

芝川又右衛門《しばかわまたえもん》 1853.10.〜1938.6.

関西学院上ケ原移転*当時の大地主。芝川家は祖父芝川新助が1837年ごろ、大坂・伏見町に新しく唐物商(欧米品輸入商)「百足屋」を興した後、新助の女婿又平(初代又右衛門、隠居後・又平)の時代に大坂の河口地帯の千島、千歳、加賀屋の三新田の土地経営に転じた。又平の息子又次郎が、75年に家督を相続し、又右衛門の名を襲名、86年に唐物商をたたむが、その後不動産業を主軸に家業を守った。1912年不動産経営会社の千島土地が設立された。

又右衛門は1896年に上ケ原*に果樹園「甲東園*」開設。この果樹園は、甲州ブドウや天津桃の栽培に適した。現在の甲東園駅からキャンパスまでの道路は芝川が果樹園のために私設したものである。甲東園が開けるには学校と病院と助産師が不可欠と考え、大阪の回生病院の分院(現、山内病院)と大阪の産婦人科医院として定評のあった緒方病院から助産師(石黒とめ、1979受勲)を東側駅前に誘致した。甲東園駅は、阪神急行電鉄小林一三*の要請に応じて主として駅東側1万坪と軌道用地そして5,000円を芝川が寄付する条件で新設された。1929年、関西学院は上ケ原校地に移転。この移転に先立ち、又右衛門は小林一三に上ケ原の土地を売却。自己所有地以外の土地の入手を取りまとめ、上ケ原のキャンパス用地確保に大きな役割を果たした。関西学院が移転した年、又右衛門の喜寿(77歳)にちなんで77本のクスノキの若木が学内に植えられた。

又右衛門は、1911年、甲東園に自らの別邸を建設している。隠居後、甲東園を常住の地とし、和館と洋館を増築した。武田伍一設計、竹中工務店施工の「芝川又右衛門邸」(別邸・洋館)は阪神・淡路大震災*で被害を受けたため解体、その後明治村に移築され一般公開されている。

1923年に家督を相続した又四郎(2代目又右衛門次男、1883-1970)は、アメリカの視察旅行で目にしたシアトルのワシントン大学のように、関西学院の大学周辺には一切柵を立てず、外に開かれた大学にしてほしいとC. J. L. ベーツ院長*に要望したとも言われている。又四郎は、父が開いた甲東園を見て栽培より加工へ目を向け34年大日本果汁（現・ニッカウイスキー）を設立した。

【文献】『京阪神急行電鉄五十年史』1959；芝川又四郎『小さな歩み』1969；日本助産師会兵庫県支部編『創立70周年記念誌』2003；『千鳥土地株式会社設立100周年記念誌』2012

司法研究科

【沿革】

大学院司法研究科（法科大学院*、ロースクール）は、2004年４月に、全国的な司法改革の一環である21世紀を担う新しい法曹を養成する専門職大学院として設立され、初代研究科長に加藤徹教授が就いた。01年６月の『司法制度改革審議会意見書―21世紀の日本を支える司法制度―』は、21世紀日本における司法の役割の増大に対応して、司法の運営に直接携わるプロフェッションとしての法曹がいわば「国民の社会生活上の医師」として法的サービスを提供することが必要であるとし、高度の専門的な法的知識とともに、幅広い教養と豊かな人間性を基礎に十分な職業倫理を身に付けた法曹の養成を求めている。

司法研究科はこの課題を受け、関西学院のスクール・モットーである“Mastery for Service*”の理念を基礎にして、「人権感覚豊かな市民法曹」「企業法務に強い法曹」「国際的に活躍できる法曹」の養成という柱を立て、広い専門知識と深い洞察力・豊かな人間性と強い責任感・高度な倫理観を育成し、社会に貢献する法曹を育成するロースクールとして出発した。

これら目標の達成、とりわけ高度の専門的能力を育成するためには、理論と実務との架橋・融合が重要であることから、司法研究科の教育を担う教員は、研究者教員とともに社会で活躍し経験豊富な実務家教員の確保が重視された。設立時の専任教員は、研究者教員15名、実務家教員15名の計30名、ほかに客員教授（元裁判官）１名であった。このような研究者と実務家の適正なバランスは、同時期に設立された他のロースクールと比べ、司法研究科の大きな特徴であった。

設立時の入学定員は、修学期間２年の法学既修者75名、３年の法学未修者50名（内訳は、一般35名、社会人や特定の能力・経験ある者等の特別15名）の計125名であった。

〔教育の特徴〕

上記の教育目標を達成するために、司法研究科では少人数教育の徹底、双方向授業の重視等、従来日本の法学教育にはなかった新しい教育方法を導入し、新しい法曹像にふさわしい多様なカリキュラムを編成するとともに、設立当初から教育内容の充実・改善のためのさまざまな取り組みを行った。

まず、設立時に採択された文科省の法科大学院など専門職大学院形成支援プログラム「模擬法律事務所による独創的教育方法の展開」(2004年4月～07年3月)に基づいて、アメリカ、イギリスからの講師や日弁連元会長等の実務家・研究者を招いて3回の国際シンポジウムを開催した(「正義は教えられるか―法律家の社会的責任とロースクール教育―」05年3月、「模擬法律事務所はロースクールを変えるか―シミュレーション教育の国際的経験を学ぶ―」06年2月、「よき法曹を育てる―法科大学院の理念とシミュレーション教育―」06年10月)。また、学内外の講師を含むシンポジウムや講演会・研究会を重ねた(例えば、ビジネススクールの経験に学ぶ講演会「ケースメソッドの原理と難しさ」05年8月、医学臨床教育の経験を踏まえたシンポジウム「変わる専門職教育―シミュレーション教育の有効性―」05年10月、ワークショップ「International Virtual Law Firm Simulation―模擬法律事務所の国際的実践―」06年2月など)。

さらに、2007年4月からの2年間は、文科省に採択された法科大学院など専門職大学院教育推進プログラム「先進的シミュレーション教育手法の開発」に基づいて、公開研究会(「ロースクール教育の最先端―グラスゴー大学院バーチャル教育システムの可能性―」08年3月、「市民が参加する刑事シミュレーション教育―裁判員時代の分かりやすい法廷を目指して―」08年9月、「専門職責任とシミュレーション教育の有効性」09年1月、「市民が参加する刑事シミュレーション教育―裁判員時代の法科大学院教育―」09年3月)や、講演会・研究会を開催した。

これらの研究や活動の成果は、司法研究科の教育方法やシステムに活用され、また、先進的な取り組みとして全国的にも高い評価を受けた。とりわけ、医学部の臨床教育の中で生まれてきた模擬患者(SP、simulated patient)を参考にして、2006年に本司法研究科が取り入れた市民ボランティアによる模擬依頼者(SC、simulated client)制度は、SC養成講座や研究会を重ねて教育プロセスへの市民参加として定着してきている。

2006年9月には、教育方法やカリキュラムの充実・改善を議論するために、淡路島において教授会*メンバーによる合宿研究会をもつなど、教員間での教育の充実・改善の取り組みも重ねられた。

教育内容の自己点検・評価も重視している。各セメスターごと、授業中間時点における学生アンケート、期末の教員の自己評価、学生評価、学生評価に対する教員の検討や、教員相互による授業参観と相互点検のシステムが確立されている。

少人数教育を重視するとともに、学生自身による自主的なゼミを奨励し、上級生が下級生の授業をフォローする教学補佐制度や、研究科修了弁護士らの協力による土曜ゼミをはじめとした学生の自主ゼミ支援や文章力アップ講座など、学生の学習サポート体制も定着させることができた。

【現状】

司法研究科は、2014年４月に設立10周年を迎えた。06年に始まった新司法試験に、司法研究科は13年秋までの段階で、すでに279名の合格者を送り出した。

ロースクール制度発足直後からの全国的な司法試験合格者数の抑制とロースクール志願者数の大幅な減少などの状況が進み、文部科学省の指導もあって、司法研究科の入学定員は、2011年度より法学既修者40名、法学未修者60名の計100名となり、14年度からは法学既修者35名、法学未修者35名の計70名となった。入学試験は、それまで９月の１回であったものを、12年度入試からはＡ日程（８月）、Ｂ日程（９月）、Ｃ日程（２月）の３回とし、将来性ある優れた受験者の確保に努めている。

このような状況の中でも司法研究科は、引き続いて教育内容の充実・改善に努めてきている。すでに2007年から入学定員において法学未修者の割合を増加させてプロセスとしての法曹養成と学生の基礎力の向上を目指してきた。学生の現状により適合するように既修者の入学試験科目を減らすとともに、未修者の基礎学力を高めるために１年次の法律基本科目を充実させるなどのカリキュラム改革を進めている。また、成績評価の充実や試験答案の添削・返却、解説の作成にとどまらない講評会の実施や、学生一人ひとりに対する担当教員制など、学生に対する勉学上のケアをいっそう充実させている。修了者弁護士等による学習サポートの充実も進めている。加えて、実務家教員が中心となって司法試験合格者の就職支援や、法曹以外への学生の進路にも対応するための企業法務や自治体法務を中心にしたキャリアサポート体制の充実や、法曹・修了生の職域拡大のための近隣自治体との連携の強化を図っている。10年5月からは司法研究科教員がその研究内容を発表し、教員および学生間の研究交流の場として判例研究会がもたれている（同研究会の名称は、13年7月からは「法の理論と実務研究会」に変更）。

全国的にロースクールをめぐる環境は、今日必ずしも楽観できる状況ではないが、司法研究科は、設立の理念と目標を基礎にさらなる発展を目指している。

現在の専任教員は、研究者教員16名、実務家教員14名の計30名、客員教授（実務家）2名、専任職員5名、在籍学生数は95名である（2014年5月1日現在）。

司法研究科の主な刊行物は、『正義は教えられるか』（2006）、『変わる専門職教育』（2006）、『模擬法律事務所はロースクールを変えるか』（2006）、『よき法曹を育てる』（2007）、『ロースクール教育の新潮流』（2009）、『市民が参加する刑事シミュレーション教育』（2009）（以上、関西学院大学出版会*）。『SC（模擬依頼者）活動中間報告』（2008）、『専門職責任とシミュレーション教育の有効性』（愛知法曹倫理研究会との共同プロジェクト）（2009）、『市民ボランティアを使ったシミュレーション教育の有効性の学際的研究』（2009年度大学共同研究）（2010）。

姉妹校

正式には「海外協定校」という。大学間協定校と学部間協定校の2つがあり、前者は学生交換を含む包括的な交流を目指すのに対し、後者は主に学部間の学術交流を行おうとするものである。1979年4月、最初の海外協定校としてアメリカ・テキサス州ダラス市の南メソジスト大学との間で包括協定が締結されるなど、学生交換が始まった。その後、81年にはインドネシアのサティヤ・ワチャナ・キリスト教大学と、82年には中国長春市の吉林大学と包括協定が締結されるなど、協定校は増加し、交流は活発化していった。2013年度、学生交換を行っている海外協定校は28カ国102大学に達している。国別の協定校数は次のとおりである。オランダ（1校）、イギリス（5校）、フランス（4校）、ノルウエー（2校）、スウェーデン（2校）、ドイツ

南メソジスト大学

（6校）、アイスランド（1校）、デンマーク（2校）、フィンランド（2校）、ラトビア（1校）、ポーランド（1校）、トルコ（1校）、中国（5校）、ベトナム（1校）、タイ（4校）、シンガポール（3校）、インドネシア（2校）、フィリピン（1校）、韓国（10校）、台湾（6校）、香港（2校）、マカオ（1校）、マレーシア（1校）、オースラリア（4校）、アメリカ（22校）、カナダ（9校）、メキシコ（1校）、ブラジル（2校）。

【参照】Ⅱ 454-456

社会学部

【沿革】

1912年に設置された専門学校高等学部*文科は、15年に3科制（英文学科、哲学科、社会学科*）となり、社会学科は32年の大学昇格とともに法文学部*の1学科となった。48年の新制大学発足時に、文学部*に社会学科が設けられ、52年には社会事業学科が文学部の1学科として独立した。59年に理学部開設計画のなかで、「抱き合わせ」の形で社会学部開設の計画が浮上し、学院創立70周年の翌年にあたる60年4月に7つ目の学部として社会学部が誕生した。文学部社会学科と社会事業学科を文学部より分離し、それぞれを理論社会学コース、社会福祉学コースとし、これに広報社会学コースと産業社会学コースを新設して、4つの類（コース）で開設された。社会学科のみの1学部1学科である。独立した「社会学部」としては、関西ではもっとも古い歴史をもっている。

専任教員は、大道安次郎*初代学部長以下21名、そのうち文学部からの移籍者が12名、経済学部*からは2名だった。開設時の学生定員は200名であった。社会学部の入学志願者は年とともに増加し、なかでも注目すべきは女子学生の増加で、1965年には入学者の3割以上を占めた。入学定員はその後、72年には300名、76年には400名に増員された。91年には臨時的定員増100名が実施され、95年には総合政策学部*設置のために定員を20名削減し、さらに99年度からは社会福祉学科が定員140名で新設された。その後、臨時的定員増の恒常的定員化を経て2004年に2学科で定員650名となったが、08年に人間福祉学部*設置に伴い社会福祉学科の学生募集が停止され、09年に定員650名（社会学科1学科のみ）となった。

入学試験は、一般入学試験に加え、1988年度より指定校（現、①高等部*・継続校・提携校、②指定校・協定校・提携校・千里国際）推薦入

し

学試験を開始し、92年度入学試験から公募制の「文化・芸術・スポーツに優れた者の自己推薦入学試験」（現、AO入学試験、スポーツ推薦入学試験）を実施している。この他、「帰国生徒入試」「外国人留学生入試」「編入学試験」「大学入試センター試験」「グローバル入試」も導入されている。

カリキュラムは、開設当初より学科制でなくコース制とし、各コースから幅広く科目を履修できる方式が採られた。また実験・実習科目が重視され、社会調査実習、社会福祉学実習などが置かれたが、これは前身の文学部社会学科*と社会事業学科の特徴を受け継ぐものであった。小集団教育の重視も開設当初からの伝統で、これは今日においても、1年生の必修科目「基礎演習」、2年生の必修科目「インターミディエイト演習」、3・4年生の必修科目「研究演習」などに継承されている。また、社会学部では従来の聴講制度に加え、1995年度より科目等履修生制

度を利用したオープン・カレッジを設け、課題研究コース、社会調査士コースに社会人を多数受け入れてきたが、これは現在の全学的取り組みであるリベラル・アーツ・プログラム（KGLP）につながった。

大学院*は、1961年に社会学研究科修士課程（現、博士課程前期課程）社会学専攻・社会福祉学専攻、および博士課程（現、博士課程後期課程）社会学専攻が、さらに78年には博士課程（後に博士課程後期課程）社会福祉学専攻（2008年、人間福祉研究科の設置に伴い学生募集停止）が設置された。社会学研究科は、2003年に文部科学省「21世紀COEプログラム」に採択され（プログラム名：「『人類の幸福に資する社会調査』の研究」）、また08年には文部科学省「組織的な大学院教育プログラム（大学院GP）」に採択された（プログラム名：「社会の幸福に資するソーシャルリサーチ教育―ソシオリテラシーの涵養」）。

2008年、人間福祉学部設置に伴い社会福祉学科が分離独立し、社会学部は社会学科のみの1学科体制となった。10年に学部創設50周年を迎え、記念連続学術講演会の開催、記念映像と記念誌の制作、「卒業生の生活と意識に関する調査」の実施などの記念事業を行った。

【現状】

〔学生〕社会学部の入学定員は社会学科650名である。学生数は社会学科1年生655名、2年生661名、3年生637名、4年生801名の合計2,754名である。また、大学院*は博士課程前・後期課程合わせて38名が在籍している（2014年5月1日現在）。

〔教職員〕専任教員51名（英語5名、フランス語1名、ドイツ語1名、中国語1名、朝鮮語1名、宗教主事*、宣教師、学校医各1名を含む）・任期制教員2名、専任職員7名、派遣職員1名、実験実習指導補佐2名、教務補佐1名、アルバイト職員5名からなっている（2014年5月1日現在）。

〔教育〕2009年度のカリキュラム改革で、社会学部のカリキュラムはA群＝必修科目群。「キリスト教科目」「言語教育科目（必修）」「アカデミック・プレパレーション科目（「基礎演習」「社会学リレー講義」）」「インターミディエイト・スタディーズ科目」「アドバンスト・リサーチ科目（「研究演習」「卒業論文」）」、B群＝選択必修科目群。「リサーチ・講読科目」と「系・領域科目」、C群＝自由選択科目群。「言語教育科目（選択）」「スポーツ科学・健康科学科目」「情報科学科目」など、この3つから構成されるものとなった。このうち、「系・領域科目」は、「メディア・表象系」（「メディア領域」「社会表象領域」）、「社会・共生系」（「グローバル社会領域」「現代社会学領域」「ソーシャル・ネットワーク領域」）、「人間・心理系」（「臨床社会領域」「社会心理領域」）の3系7領域からなり、社会学を核としつつ、隣接諸学をも視野に入れた幅広い学習が可能となる環境を整備している。以上のカリキュラムによって、幅広い学際的な知識に基づいた柔軟でバランスのとれた思考力と優れた問題解決能力をもち、グローバル化した現代社会で活躍できる人材を育成することを目指している。

なお、社会学部では1995年以来、社会調査に関する専門的能力の習得を広く社会に示す資格としての「社会調査士」の認定を学部独自に行ってきたが、これは全国組織としての社会調査士資格認定制度の創設（2003）につながった。

〔学生活動〕1991年1月に安田三郎教授の遺族からの寄付を基金として「社会学部優秀論文賞」（安田賞）を設置した。毎年優秀な卒業論文の表彰を通じて、社会学部学生の学習・研究意欲を刺激し、勉学の向上を図ることを目的としており、受賞者には基金の果実をもって賞状と副賞を授与している。また、96年2月には、

「関西学院大学社会学部長賞」を設け、学術・文化・スポーツ・社会活動等において、社会的に評価される卓越した成果をあげた者を表彰し、賞状と記念品を授与している。

〔研究活動〕社会学部発足時より、専任教員からなる社会学部研究会を設け、1960年10月には『関西学院大学社会学部紀要』を創刊している。また、61年には社会学部開設1周年を記念した学術講演会が開催され、大道安次郎*初代学部長と竹内愛二*(社会学部教授)の講演が行われた。開設の初期から研究面での国際交流にも積極的に取り組み、61年のW. C. レーマン(シラキュース大学名誉教授)など、毎年のように海外の学者による講演会が実施された。78年には理論社会学者として著名であったハーバード大学のT. パーソンズ名誉教授を社会学部の客員教授として招聘し、大学院の集中講義や講演会、セミナーを実施した。また、92年からは中国人民大学との学術交流を行っており、毎年相互に研究者の交流を図っている。97年にはドイツ・ボン大学日本文化研究所およびフランス国立社会科学高等研究院現代日本研究所との学術交流に関する協定を締結し、学部間交流を行っている。さらに、2001年度には中国・清華大学社会学系との学術交流協力協定を締結した。

〔研究科〕入学試験は9月の1次(前期課程：一般、社会人、外国人、後期課程：社会人、外国人)と3月の2次(前期課程：一般、外国人、後期課程：一般、外国人)の年2回実施している。入学定員は博士課程前期課程社会学専攻12名、博士課程後期課程社会学専攻4名、収容定員は36名である。それに対する在籍者数は、博士課程前期課程社会学専攻26名、博士課程後期課程社会学専攻8名である。そのほかに大学院*研究員13名、研究科研究員6名、大学院奨励研究員1名が研究に励んでいる。また、大学院教員は博士課程前期課程指導教授38名、後期課程指導教授19名である。新制博士学位*授与者は課程博士(甲号)53名、論文博士(乙号)35名である(2014年5月1日現在)。

【参照】Ⅱ 212【文献】『関西学院大学社会学部三十年史』1995；『関西学院大学社会学部の50年—写真と回想で綴る半世紀の歩み』2011

社会学部校舎

関西学院創立70周年の1960年に社会学部が開設された際、上ケ原キャンパス*北西部に社会学部校舎が新築された。鉄筋コンクリート造3階建てのこの建物は、ヴォーリズ建築事務所の設計によるものではあったが、それまで上ケ原キャンパスの基調とされてきたスパニッシュ・ミッション・スタイル*とは異なり、同時期に開設された理学部の校舎とともに直線性をベースとした近代的なデザインであり、学院における新しい学問分野のスタートを象徴するものであった。99年の社会福祉学科開設の際には、内部の大規模な改装が行われた。

その後、建物の劣化と狭隘化、また機能面での不十分さのゆえに、「西宮上ケ原キャンパス北西部整備計画」の一環として校舎建替えが行われた。この開発計画は、社会学部校舎建替えの他にも、第1教授研究館*建替え、全学共用教室・ラウンジ棟（H号館*）建設をキャンパス北西部土地利用において同時に実現させるものであり、2009年12月から始まった4年余りの工期全体の中で、社会学部校舎建替え工事は11年3月から14年2月までの3年間に2期にわたって実施された。

まず、第1教授研究館が元硬式テニスコートに新築移転し元の建物が解体された後、2011年3月に社会学部校舎1期工事が開始された。1期工事が完成し旧社会学部校舎が解体された後、12年秋から社会学部校舎2期工事、およびH号館の工事が行われ、14年2月末にすべてが完成し3月に竣工した。

社会学部校舎とH号館は同じ場所に建てられ、建物群全体のデザインには、スパニッシュ・ミッション・スタイルが用いられた。こうして、かつての社会学部の近代的な外観からキャンパスの他の建物群と調和のとれたものへと変貌したのである。社会学部校舎とH号館の間には、建物群をつなぐシンボリックな空間としてのギャラリー（回廊）が設けられた。なお、これらの建物群の設計に当たっては、中央芝生*からの景観を重視し、時計台*より大きく見えないことなどに配慮がなされた。

校舎内部には、座席を半円形に配置した劇場型の大教室をはじめ、中教室、小教室、PC教室、院生室、事務室、会議室などが配置されると共に、専門教育の充実のために社会調査実習室、社会心理実験室、セミナールームなどが設けられ、ピアエデュケーションとアクティブラーニング促進の拠点として共同学習室が設置された。また、旧校舎ではチャペル室が大教室と兼用であったが、新校舎では木彫り仕上げ内装の落ち着いた雰囲気のチャペル専用室が設けられた。

社会学部校舎とH号館を合わせた

建物規模は、鉄筋コンクリート造一部鉄骨造、地下１階、地上３階建てで、延床面積11,728.54㎡。建物の設計・監理は日本設計、施工は竹中工務店。

【参照】Ⅱ 222

社会学科（専門学校・旧制大学）

旧制の社会学科は、専門学校（高等学部*文科、後に文学部*）と大学法文学部*に設置されていた。1915年に高等学部文科は３科制となり、英文学科、哲学科とともに社会学科が設けられた。これは小山東助*文科長の描いた構想であった。ただし、社会学科といっても、社会政策をはじめ経済学や政治学関係の科目が多く、現在の社会学とは内容を異にしていた。当初は社会学科の入学者は少数であったが、18年に河上丈太郎*が教授に就任したころから社会問題研究が盛んに行われ、社会学科生は急増した。

1921年には文学部社会学科となり、新明正道*や松沢兼人*らによって体制が確立されていった。こうした中、社会学科の活動は多様に展開され、22年には英文学会に次いで２番目の学科単位の学生組織として社会学会が結成された。発会式では長谷川如是閑と大山郁夫の講演が行われている。24年には社会思想研究会（社研）がつくられ、同年、学科の雑誌として『社会学会雑誌』も創刊された。社会学会と社研は、当時の社会情勢を背景として、学外の政治的活動とつながりを持ち、そのため警察当局の関心を引くこととなった。25年には社会学科教員と学生の居宅が警察の捜査を受ける事件もおこり、28年にC. J. L. ベーツ*院長*の指示で社研は解散した。

1932年の大学昇格（旧制）とともに、社会学科は法文学部文学科の一専攻となった。大学と並んで専門教育機関として専門部文学部が成立した。35年専門部文学部社会学科は社会科となり44年専門学校政経科*に統合された。

1926年に新明正道が東北帝国大学に移ったあと、小松堅太郎が社会学担当教授となった。小松が44年に辞任したあと、専門学校政経科の大道安次郎*助教授が法文学部に移籍し、社会学研究の伝統を受け継いだ。第２次世界大戦後、48年の新制大学発足とともに、文学部に社会学科が設けられ、大道安次郎を中心に教育の充実が図られることになった。

【参照】Ⅰ 345, 369, 486【文献】『関西学院大学社会学部三十年史』1995

射撃部

1928年、軍事教練の一環として配属将校の主導のもと、片山太郎ら6名によって射撃部の前身、射撃倶楽部が結成された。35年、吉田一正（全国高専大会）が、38年、乾優（関西学生大会）、前田時輔（全国学生大会）がともに個人で優勝した。戦後、GHQの通達により射撃競技が禁止されたが、56年、上田勲を中心に約10名で同好会を結成、復活をした。58年、田村文二（全日本大会）が個人優勝。59年、関西秋期大会において総合団体優勝、また坪田眞紀生は全日本大会で個人優勝し、東京国体兵庫代表として団体準優勝に貢献した。これらの戦績が評価され、60年に部に昇格。豊倉三子雄教授を初代部長に、大高基男を参与に迎え体育会*射撃部は誕生した。60年代には、65年、春季全関西で総合団体優勝、66、67年、春季全関西FAR団体優勝を飾った。68年には中島憲治が春季全関西で個人優勝、全日本で個人準優勝を果たした。

1970年代後半、歴代名射手と謳われた小林恭裕の存在は大きい。小林は主要な公式試合において優勝7回、準優勝4回の輝かしい戦績を収めた。また3年時に学生選抜として日比海外親善試合に遠征、4年時には兵庫県からスポーツ賞を、体育会功労賞を受賞するなど功績を残した。

時代は昭和から平成に移り変わり、女子部員が増え始めた。1996年には、関西学生SB選手権大会で団体優勝、関西学生オープンマッチでは藤本真啓が優勝、藤井美由紀が準優勝し、池内杯を受賞した。近年、女子の活躍が目覚ましく、2008年、春季全関西DP大会において女子団体優勝、09年、春季全関西女子大会でのAR団体優勝（棚田美香、鈴木沙知絵、大野きりこ）は、快挙であった。大野きりこはこの年、春・秋全関西大会で連続関西制覇、全日本制覇を達成し、体育会功労賞を受賞、学生女子射撃界で頂点を極めた。11年、秋季全関西DSP大会では、創部初の団体男女アベック関西制覇を成し遂げ、覇業交歓で再び池内杯の栄誉を授かった。

【文献】『関学射撃―創立20周年記念―』（創刊号）1976；『関西学院大学体育会射撃部年譜』2013

写真部

大正・昭和初期、関西の写真界は隆盛を誇っていたが、学生のみの写真クラブがない中、1932年に文学部*の堀田頼雄を中心に、全国の大学に先駆けてカメラクラブが結成された。当時関西写真界で活躍中のハナヤ勘兵衛を顧問とし、35年に関西学生写真連盟第1回展覧会を開催した。その年、カメラクラブは正式に文芸部*に加入した。全日本学生写真連盟も結成されるなど学生写真はますます盛んになったが、戦時色の強まった37年ごろには光画研究会と改称し、43年の学徒出陣と同時に活動は一旦停止を余儀なくされた。戦後、写真部と再改称し、全日本、全関西展など再び精力的な活動を行い、55年以降には学生写真連盟展で連年団体賞を受賞、全日本学生写真コンクールにおいても最優秀賞を受賞するなど、華々しい記録を飾った。

1965年以降になると「オールKG展」が始まり、関西学連において優勝をはじめ多数の賞を獲得した。80年には関西学連が再結成され、現在に至るまで新たな作風の写真家を多数輩出している。2012年に創部80年を迎え、同年12月にOB・OG現役部員が集まり、80周年記念式が開かれた。写真展は年に4、5回程度開いており、盛んな活動を行っている。

【文献】『上ケ原文化』1959；『アングル50周年記念号』1982

宗教運動

関西学院において「宗教運動」と解される特別集会は、第2次世界大戦以前に、礼拝主事、基督教青年会*などが中心となり、主として関西学院内におけるキリスト教伝道の一環として行われていた。戦後再開され現在に至る宗教運動は、1950年6月に発足した宗教活動委員会*が中心となって同年秋より始められた。翌年からは、春秋2回の宗教運動週間が設けられ、外来講師等の応援のもと全学を挙げての運動となった。当初、宗教運動週間中では、大学、短期大学*では1回を合同礼拝とし、2回を各学部ごとに開催した。さらに講師を囲むプログラムをはじめ、開催時期にあわせて教職員修養会、学生懇談会等の集会も催された。また、中学部*・高等部*では宗教運動週間中にPTAの集会が開催され、保護者に向けたキリスト教の講話がなされた。さらに、60年からは学生の一泊懇談会が計画され、教職員と学生がこの特別な時をともに過ごすこととなった。こうした開催方式は大学紛争が激しさを増す68年まで続いた。

1969年になると、中学部・高等部では宗教運動が開催されたが、大学紛争の激化に伴い大学ではロングチャペルを各学部で行うに止まり、その枠内で特別企画が催された。翌70年に入っても、大学においては宗教運動の再開は困難な状況が続き、また、中央講堂*が荒廃したため、しばらくの間、合同礼拝は第5別館*大教室で開催することを余儀なくされた。

大学紛争が沈静化し始めた1970年春より、大学においても宗教運動が再開され、週間中合同礼拝が3回、各学部での礼拝が2回実施されるようになった。翌71年より合同礼拝（現在は合同チャペルと称している）が1回、各学部の礼拝（現在はチャペルと称している）が2回、72年より合同・各学部ともに1回の開催となる。77年より、大学では春秋それぞれ週2回の合同ロングチャペルという形式がとられ、当日の朝、上ケ原キャンパス*のランバス記念礼拝堂*において早天祈祷会が守られている。それとともに、春秋それぞれ宗教運動期間の夕刻より、「教職員のつどい」が開催され、礼拝ならびに新任教職員の紹介を中心としたプログラムが実施されている。現在大学ならびに聖和短期大学*では、春秋のロングチャペル開催週を「大学キリスト教週間」として、春は建学の精神*を主題に主として院長*・学長*をはじめとした学内講師がロングチャペルの講話を担当し、秋は年度ごとに異なる主題を決定した上で学外講師が担当することを原則にしてプログラムの運営がなされている。

【参照】Ⅱ 315

宗教音楽委員会

宗教音楽委員会は、学院の式典・チャペルアワーにおける音楽の充実、学生団体の育成のために、1976年設置された。

現在、宗教音楽委員会には、以下のような、学生をメンバーとして運営される団体が所属している。これらの団体は、学内でのチャペルアワーや式典で演奏するほか、独自のコンサートを開いたり、阪神間や全国の教会や施設において依頼を受けて演奏したりするなど、積極的な活動をしている。

〔チャペルオルガニスト〕各学部のチャペルアワーや各種礼拝、式典でオルガンの奏楽を担当している。4月のオーディションによって選ばれたオルガニストは、レッスンを経て各学部チャペルに派遣される。学生オルガニストからは、卒業後専門的にオルガンを学び、活躍している者もある。

〔聖歌隊〕1951年に教職員と学生が

一体となって結成された。当初は自主的な活動であったが、宗教音楽委員会設置後すぐにその傘下団体となった。創立者は田中彰寛*短期大学*教授（初代隊長）。57～64年には、後に日本の合唱界で重要な働きをすることになる、洲脇光一が指揮者を務めていた。その後、城崎進*（1969～77）、田添禧雄（1977～90）、山内一郎*（1990～2004）、畑道也*（2004～07）が隊長を務め、音楽面では曽山一夫が学生の指導に当たった（1975～2004）。現在では、水野隆一神学部*教授が隊長（2007～）と指揮者（2004～）を兼務している。58年より全国各地への夏季演奏旅行を行い、80年からはサマーコンサート（1984より定期演奏会に改称）を行っている。また、毎年12月には、ヘンデル「メサイア」のコンサートを行っている。61年には同窓会*、唱歓会（名称は、創立者、田中彰寛*の名の音読みより）が組織された。設立当初からさまざまな宗教音楽に意欲的に取り組み、賛美歌を中心にしたCDも自主制作し発表している。

〔ハンドベルクワイア〕 1986年に結成。学内外の演奏の他、日本ハンドベル連盟に加盟して関西および全国ハンドベルフェスティバルに参加している。

〔バロックアンサンブル〕 1989年に結成。バロックに限らずさまざまな時代の音楽をレパートリーとしている。

〔ゴスペルクワイア Power Of Voice〕 2000年に結成。

〔ＫＳＣ聖歌隊〕 神戸三田キャンパス*で活動する聖歌隊。2009年より宗教音楽委員会傘下の団体として認定された。

〔聖和キャンパス聖歌隊〕 西宮聖和キャンパス*で、クリスマス期にメンバーを募集して活動する。

宗教活動委員会

「宗活」と略称される関西学院独自のキリスト教活動組織。学院の教育活動の一環としてカリキュラムの枠を超える分野を含めて、学院全体でキリスト教主義活動を展開している。学院各部署のキリスト者教職員の代表と教職（牧師・伝道師ら）である教員（宗教主事*、神学部*教員）および宣教師で全体委員会を構成し、教職者・宣教師以外から選出される委員長のもとで活動している。主な活動としては、春・秋に実施されている宗教運動*（大学は「キリスト教週間」）での各学校の礼拝および全体の教職員のつどい、クリスマス教職員のつどい、および「リトリートat千刈」といった行事がある。また、目的の遂行のため、奉仕部、伝道部、教育研究部の３部を設置し、誕生日を迎える教職員へカードを送ったり、早天祈祷会の実施、後援会やサロンの実施、といった活動を推進している。

宗教活動委員会は1950年に今田恵*院長*および鮫島盛隆*礼拝主事の召集により第１回会合が開かれ初代委員長に小宮孝*が就任した。当初は学生も参加しており、SCA（現、宗教総部*）からの代表者も加わり、さらに同委員会の傘下には聖歌隊などが組織されていた。しかし60年代以後の大学紛争において学院のキリスト教主義に対して厳しい問いかけが行われ、宗教活動委員会の存在意義も学生から鋭く問われる中、学生参加が停止し、現在に至っている。現在、吉岡記念館*事務室に事務局が置かれている。

【参照】Ⅱ 317-318

宗教主事

宗教主事の職制の始まりは関西学院創立直後に、学院のキリスト教主義教育の中核を担うべく設けられた礼拝主事にさかのぼる。学院の拡充に伴い、1912年、初めての専従礼拝主事として日本メソヂスト教会*日下部教会牧師の小野善太郎*が就任した。同年の関西学院理事会細則によると、礼拝主事の責務は「スクール・カウンシルと協議の上、学科課程以外の学院における宗教活動の責任を負う」とされる。その後、15年の関西学院教会*創立と同時に礼拝主事は関西学院教会の牧師を兼務することとなり、その体制は日本メソヂスト教会が日本基督教団*に合同される41年まで続いた。第２次世界大戦中の43年４月に礼拝主事は宗教主事という名称に変更され、当時の鮫島盛隆*礼拝主事がそのまま宗教主事の職務を担うこととなった。当時の宗教主事（礼拝主事）は、礼拝を中心とした宗教活動の拠点であった宗教館（現、吉岡記念館*にある宗教センター*）の責任者でもあった。

1947年より、宗教主事は大学各学部に嘱託として配置される嘱託宗教主事制が敷かれ、新制中学部*、高等部*、短期大学*には、設立当初より専任の宗教主事が１名ずつ置かれた。その後、学院組織改編の中で、52年には宗教センター開設に伴いセンター主事が置かれ、翌53年、宗教総主事*と大学宗教主事制（学長*直属）が導入され、57年には学部の専任宗教主事制が誕生することとなる。当時の宗教主事の職務は、各学部におけるチャペルの運営、学生の個人

し

指導やグループ指導、授業でのキリスト教科目の担当であった。

1960年代前半に始まった大学紛争は67年、関西学院においても激化し、紛争後の教育改革の中で従来の宗教主事制についても問われ、75年３月に「宗教主事職制検討委員会答申」が提出された。答申において明確化されたことは、①職務は大学の宗教教育にたずさわること、②宗教教育の内容はキリスト教学の講義・チャペルその他の宗教的教育行事の執行および学生の精神的指導を指す、③身分は教授・助教授・専任講師・助手であり、便宜上宗教主事の呼称を保持することができる、の３点であった。また、これとともに今後の検討課題として①所属の問題、②資格審査の問題、③機構の問題、④法規の問題があげられた。この答申に従い、76年度より学部宗教主事の「待遇」教員制は廃止され、各学部の正式な教授会*メンバーとなった。現在、神学部*を除く大学各学部、高等部*、中学部*、初等部*、聖和短期大学*に各１名が専任教員として採用されその職務に当たっている。また、2014年度よりこれまでキリスト教と文化研究センター*に専任教員（学長直属）として所属していた宗教センター*宗教主事は神学部*に所属することとなった。また規定上、関西学院会館*宗教主事、神戸三田キャンパス*ランバス記念礼拝堂*宗教主事が置かれているが、現在は他の宗教主事から選ばれ兼務となっている。なお、千里国際キャンパス*宗教主事も規定上置かれているが、選任されていない。

【参照】Ⅰ 281,611；Ⅱ 518

宗教センター

宗教センターの建物は、1929年の上ケ原キャンパス*への移転時に「宗教館」と呼ばれた。W. M. ヴォーリズ*によって設計された建物の一つであり、木造２階建て延べ床面積約274㎡、チャペル、礼拝主事室、事務室などを備えていた。上ケ原キャンパス*の当初の構成は、中央芝生*の正面に位置する時計台*（図書館）をシンボルとして、キャンパスのアプローチの両脇に配された総務館と宗教館は格式的象徴的な表現を避けた住宅風の慎ましい構えであり、その宗教館の階上に礼拝堂が設けられていた。上ケ原移転*時よりこの礼拝堂では関西

上ケ原移転時の宗教館

学院教会*の聖日礼拝が行われていた。

1949年、SCA（Student Christian Association、学生会*宗教総部*の前身）が実施したクリスマス音楽会「メサイア」は巨額の赤字をもたらしたが、宗教主事*・宣教師からなる会が救済に乗り出した。さらに翌50年、宗教活動委員会*の夢として、センターの設置、キャンプサイトの拡充、センター主事任用の３項目が掲げられ、その目的実現のため52年、宗教センターが設置され、55年に専任のセンター主事が任命された。またこの年千刈キャンプ*場が完成した。この時期、宗教活動委員会*は教職員修養会（1950）を、SCAは夏期学校（1953）を開催している。すなわち宗教センターは、キリスト者教職員と学生が学内にキリスト教を伝えキリスト教教育を支える目的で、燃えるような思いで自然発生的に設立された。

1952年、関西学院の組織として宗教センターが設置され、54年には理事会決定の関西学院宗教センター規程によりその働きが明確化された。その後、宗教館は総務館の増築に対応し、また宗教活動の拡充の一環として65年に増築された。増築部分は６月28日に竣工、鉄骨造り２階建て一部平屋、697㎡である。旧館の改築は夏休みに行われた。この増築工事に対して63年12月に死去したC. J. L. ベーツ*院長*の次男であるC. J. L. ベーツJr. から1, 300ドルの寄付があり、１階にベーツホールを設けベーツ院長の手紙の一文を入れたタブレットをはめ込み、その業績を讃えている。なお、29年建築された宗教館と65年増築部分を含む建物はすべて2005年に解体され、跡地に06年３月吉岡記念館*が新築された。

宗教センターの業務は、主に教職員に対しては、宗教活動委員会*の活動を通じて建学の精神*の実践・涵養を、主に学生に対しては、新入生オリエンテーションキャンプの企画、チャペルオルガニストの養成や宗教総部*・宗教音楽委員会*傘下団体を指導育成することによって、学院のキリスト教主義教育を支援することである。

宗教音楽委員会傘下団体には、チャペルオルガニスト（結成1971）、聖歌隊（同1951）、ハンドベルクワイア（同1986）、バロックアンサンブル（同1989）、ゴスペルクワイアPower Of Voice（同2004）、KSC聖歌隊（同2009）、聖和キャンパス聖歌隊（同2009）があり、学院・大学の各行事に協力してそれぞれ奉仕活動を行っている。同窓生や地域市民に対しては、講演会・演奏会・展示会を公開することによって生涯学習の手掛かりを得る場を提供している。

【参照】Ⅱ 290, 534【文献】「宗教活動年譜」;「宗教活動委員会年譜」

宗教総主事

第2次世界大戦終了直後までは、学院に1名の礼拝主事（1943年、宗教主事*と改称）が置かれ、同時に関西学院教会*牧師を兼任していたが（41年まで）、47年より順次、大学、新制中学部*、高等部*、短期大学*にそれぞれ嘱託の宗教主事が1名ずつ配されるようになり、52年に宗教センター*にも兼任の宗教主事が、57年には大学各学部に専任の宗教主事が置かれるようになった。このようにして複数の宗教主事が学院のさまざまな部署での宗教教育ならびに宗教活動を担当するようになるに伴い、53年、宗教総主事職が新しく設けられ、初代宗教総主事として原野駿雄*神学部*教授が就任することとなった。

宗教総主事の職務は、院長*を補佐して学院のキリスト教主義教育の推進を図り、また、大学各学部（除、神学部）・高等部・中学部・初等部*・聖和短期大学*の宗教主事間、神学部、宣教師ならびにキリスト教と文化研究センター*・宗教センター、関西学院会館*などのキリスト教関連部署との連絡・調整にあたることである。さらに、宗教主事会を召集し、学院のキリスト教主義教育ならびに活動の推進に向けて調整を図ることもその大きな職務とされている。また、大学紛争後の院長職再考に伴い、院長のもとにある宗教総主事は関西学院理事会の役職上の理事として、また、2014年度の新たな執行体制の発足により、評議員会*の役職上の評議員としてその地位の明確化を図り、今日に至っている。

【参照】Ⅱ 311–312

宗教総部

宗教総部の創立は、関西学院創立直後に組織された基督教青年会*の活動にさかのぼる。大学としての活動は、学生YMCA、同YWCAの全国組織あるいは世界学生キリスト教運動（SCM）に呼応して、両者を包括する公称をSCA（Student Christian Association）と改め、聖書やキリスト教思想の研究活動をも重視する学内において、学生会*の一翼を担う宗教総部を1952年に構成したことに始まる。翌53年、宗教活動委員会*の協力によりSCA主催の第1回夏期学校が開かれ、以後大学紛争直前の68年まで毎年実施された。

1957年以降、宗教総部は宗教活動委員会*から独立する方向をとり、大学紛争時まではその傘下にキャンプリーダーの会、長島ワーク・キャンプ・グループ、キリスト者反戦連合、献血運動実行委員会などが加わっていた。68年に大学紛争で活動を停止し、69年にはSCAを廃し、奉仕部、千刈リーダーズクラブ、聖書研究会を下部組織とする宗教総部となり、70年以降各部が活動を始め、現在に至っている。

もう一つの重要な活動に、ハンセン病への取り組みがある。岡山県の長島にある国立療養所邑久光明園患者自治会と関わり、1961年から約20年間ワークキャンプを行い、81年には20周年を記念して『長島への道』を発行した。

現在、学院のスクール・モットーである“Mastery for Service*”を学生の立場から実践することを目的とし、千刈リーダーズクラブ（千刈キャンプ*でのキャンプリーダー活動）、献血実行委員会（学内外での献血推進活動）の二つのパートに分かれて活動し、クラブ全体でも長島の活動として元ハンセン病療養所である邑久光明園を訪れ、光明園家族教会の方々との交流を続けている。

【参照】II 321-322

柔道部

柔道部の歴史は、1909年冬、普通学部*のボート部*員が冬期の体力増強のため柔道の稽古を始めたことに始まる。部員の中心であった尾上庄太郎が兵庫県警察の菱谷伊三郎二段を師範に招き、粕谷判司教諭が柔道部長となり、10年、正式に普通学部の運動部としてスタートした。

1917年、高等学部*柔道部が誕生し、同年11月28日、大阪高等商業学校と初の対校戦を行い、不戦３名を残して大勝したことが11月30日の大阪朝日新聞で報じられている。29年、第16回全国高専柔道大会に初参加、35年の第22回大会で山口高商を２人残し（15人戦選抜）で破り、初の全国優勝を達成した。38年、拓殖大学予科との全国優勝戦で伊藤安吾は３人抜きを演じ、６人残しで２度目の全国制覇。39年、東北学院との全国優勝戦では３人残しで３度目の全国制覇を成し遂げた。

戦後、学生柔道は占領軍に禁止され、レスリング部*に改部、1950年米沢明を主将とする柔道倶楽部として運動総部に承認され復活した。51年関西学生柔道連盟発足、村田恒雄主将が学生幹事長に就任した。64年、大阪府警の河野雅英を師範に招き強化に努め、66年、全日本学生柔道優勝大会でベスト８に進出、68年には全国第３位、69年はベスト８となった。70年よりスポーツ推薦入学試験が廃止となり、目立った実績を残せていない。

1995年スポーツ推薦入学の復活、強化努力により99年関関戦で５対２と大勝、2000年全日本学生柔道優勝大会に19年振りに出場、07年全日本学生柔道体重別団体優勝大会ベスト16など確実に実力を付けてきている。09年、柔道部創部100年を記念し「柔道部の心」を制定、柔道部の伝統とその精神を３項目（一．自尊自律の精神を尊重する　二．文武両道の伝統を継承する　三．正々堂々たる柔道を目指す）にまとめ、永く我が部の指針とすることを決めた。

【文献】『関西学院大学柔道部八十年史』1989；『関西学院大学体育会柔道部100年史』2009

重量挙部

1956年、高原孝輝、松田勝次、小見山憲治らによって心身の鍛練を目的にボディビル同好会として設立された。その後、競技性や国際性をさらに追求するため、重量挙クラブへと発展的に改組され、57年、運動部に正式に加入が認められた。創部以来、大半の部員が大学で初めて競技に接する素人集団として活動を行っている希少なクラブの一つである。競技の性格上、４年間で一定の競技レベルに達することはかなり困難であるが、このような条件の中から、小坂哲、黒田武、高力健、中尾美喜夫、畑浩之、石田禎人らが関西制覇を果たしている。また、卒業後も活躍する者が多く、全日本選手権、国体、全日本社会人を制した中尾美喜夫をはじめ、全日本社会人優勝の川端雄司、山本隆雄、また藤本進は、世界マスターズ選手権で優勝した。

【文献】『関西学院大学重量挙部50年史』2007

寿岳文章《じゅがくぶんしょう》 1900. 3. 21〜1992. 1. 16

文学部*教授、英文学者。兵庫県明石の真言宗住職の息子として生まれる。1919年、関西学院高等学部*文科に入学。23年、卒業後母校で英語等を教えつつ、24年、京都帝国大学文学部で英文学、特にW.ブレイクを研究。卒業後、柳宗悦と共同で月刊誌『ブレイクとホイットマン』を刊行。32年、関西学院の専門部文学部*講師として出講、34年から旧制大学法文学部*講師として英文学を講じる。早くから日本民芸運動に深い理解を示し積極的に参与していたが、特に37年より妻しづ（岩橋武夫*の妹）とともに数年にわたり全国の紙漉村調査旅行を行い、和紙の研究を通して民芸運動に貢献。

戦後の1948年の新制大学発足に伴い、文学部英文学科教授となり、英文学史、英文学講読を担当。49年、関西学院創立60周年に際して、親交のあった高名な英国の詩人E.ブランデンに作詞を依頼し、新校歌“A Song for Kwansei”が披露される。51年、京都大学より文学博士の学位を受ける。52年、学生たちから留任を求める署名活動が行われたが、関西学院大学文学部を辞し、甲南大学へ移る。晩年は、特にダンテの『神曲』の地獄篇、煉獄篇、天国篇の翻訳（1974〜77）に尽力、その翻訳で読売文学賞、日本翻訳文化賞を受賞。著書に『寿岳文章・しづ著作集』全6巻（1970）、『寿岳文章書物論集成』（1989）などがある。

【参照】Ⅰ 365, 488

準硬式野球部

1947年、日本大学予科*体育大会に参加するために結成されたのが、関西学院大学軟式野球部の第一歩である。同年７月、運動部に公認された。97年に創部50周年記念式を行ったが、その間、日本の軟式野球界に全日本軟式野球連盟（49年秋）・関西六大学軟式野球関西地区連盟（49年春）が創立・結成される際には、関西学院が常に中心的役割を果たしている。全日本大学準硬式野球連盟（2010年、全日本軟式野球連盟を改称）50周年式典には卒業生の木村昭・若林定雄・加納茂隆・村上豊道が功労者として表彰された。

1996年ブラジル野球連盟50周年式典には木村が招待・表彰された。また軟式野球部も全日本選手権大会26回で表彰された。スポーツニッポン新聞社のスポーツニッポン賞を69年に木村、71年に若林が受賞している。

これまで全日本選手権大会・選抜大会・西日本大会・王座決定戦・国民体育大会等に出場し、全日本・全関西の選抜チームの選手たちは沖縄・台湾・韓国・フィリピン・ブラジル・中国・カナダなどへの遠征に参加している。

全日本選手権大会では1955年準優勝、西日本大会では56、60年と優勝、全国制覇し、社会人チームとの全関西選手権大会では57年に優勝した。50年より軟式に音の出るボールが開発され、リーグ戦や諸大会は準硬式野球大会という名称で行っている。毎年関西六大学の春・秋のリーグ戦（優勝30回）を中心とし、関西選手権大会に出場している。大学紛争以前は早稲田・東北学院大学とも定期戦を行っていたが、現在は法政・西南学院大学と定期戦を行っている。また海外遠征に参加したり、諸外国のチームを招待して国際交流を図っている。

【文献】『関西六大学軟式野球連盟三十年史』1979；『ブラジル野球史』(上巻)1985；『関西学院大学軟式野球部50周年史』1997；『全日本大学軟式野球連盟50年史』1998

商科 （高等学部　1912–1921）

関西学院が本格的な高等教育機関として、専門学校令による高等学部*を開校したのは1912年４月で、商科と文科の２学科からなっていた。商科開設の時代背景には、当時の国際貿易港神戸の飛躍的な発展があげられよう。1898年には輸出入取扱高で横浜港を抜いて日本一となった。輸出品としてマッチや繊維製品、輸入品にはインド綿花などがあげられる。たとえば、三井物産船舶部は、1904年にアジアの海運市場の中心が上海・香港から神戸に移行しつつある状況から内外の国内拠点を門司から神戸に移転した。人口は1898年の21万人から1920年には62万人、35年には91万人に達した。前半の伸び率は国内都市のトップであった。文部省は第二高等商業学校を国内商業の拠点大阪ではなく国際貿易港として将来性が期待できる神戸を推したと思われる。専門学校令が出たのは03年で、この年、神戸大学の前身である神戸高等商業学校が開設され、それから遅れること９年であった。

４年制の商科は、アメリカのリベラル・アーツを土台に、神戸高商を参考に、中学校卒業者の甲部と、商業学校卒業者の乙部に、主として１年次カリキュラムを分けて、甲部には商業算術、簿記、商業通論、経済通論、法学通論を、乙部には国漢文、代数幾何、物理化学、博物学を履修させた。募集定員60名。英語科目の配分が多いうえに、外国人教師による英語授業もかなりの数にのぼった。初年度の文科応募者は３名であったのに対して、商科は39名を受け入れた。順調なすべりだしであった。開校時は施設も乏しく教員も不足していたため学生の不満が高まったが、C. J. L. ベーツ*高等学部長主催の昼食会で今後の抱負を聞き、学生の不満は沈静したというエピソードが残されている。創設時に着任した商科出身教員は東京高商出身の木村禎橘*ただ一人であった。在任わずか８年であった彼が商業教育者として学生に与えた影響は少なくない。東京高商および同基督教青年会*のネットワークを通じて、就職などに貢献した働きは大きい。その後順次、学部専用校舎や今日も学生寮としてその名を残している啓明寮*の建設や新しい教員の採用などによって体制が整えられ、明治末から大正にかけて拡大していく日本経済における企業人養成に向けて、順調に発展していく。4学年がそろった1915年には在校生の総数は165名を数え、16年に12名の第1回卒業生を送り出した。

キリスト教主義の高等教育機関として、週2時間の聖書の授業、毎日のチャペル時間、日曜日の特別礼拝、寮での祈祷会など、規模が拡大する関西学院における宗教活動の土台も据えられ、学院の特色が形作られていった。自主的な学生活動も活発になされ、スポーツや文化活動が開花し、学術活動としても商科学生の機関誌『商光』が1915年に創刊された。

商科の学生や教員の増加につれて、文科と商科は教授会*も別組織とする必要に迫られ、1921年4月から、文科と商科をそれぞれ独立した文学部*と高等商業学部*とし、神学部*とともに3学部体制に入った。その直前の20年度商科の卒業生は118名に達し、中学部*の卒業生を超える勢いで、入学者も阪神間出身者が多数を占めたこともあり、関西学院が地元の優れた教育機関として認知されていった。

【参照】Ⅰ 331,349【文献】『日本帝国人口静態表』1898;『関西学院高等学部文科・商科要覧』1919;『大正9年国勢調査報告全国の部第一巻』1929;『三井船舶八十年史』1980;『世の光たれ!:関西学院高等学部商科開設100周年記念誌』2014

商科 (短期大学 1950–1957)

関西学院短期大学*は、1950年4月に専門学校を移行させる形で商科、英文科*、応用化学科*の3科をもって開学し、商科はその中核的な科として高等商業学部*を引き継いだ。商科長は加藤秀次郎*であった。加藤は英文科*長でもあり在任半ばで短期大学長さらには院長*(第8代)をも兼任することになった。53年度からは短期大学卒業後修業年限1年の専攻科(商業専攻、英語専攻)が設けられ、より深い知識とそれを応用し得る能力を養うものとされた。専攻科へは毎年50名以上の進学者を得ていた。

ところが、4年制大学が増加したため卒業後の進路が狭まり、大学への3年編入の道が開かれると、特に商科は男子学生が多いこともあって、大学の学部編入を希望する卒業生が主流となり、短期大学の存在理由と目的が問われることになった。その結果、57年3月をもって商科は閉鎖されることになり、その前年度の学生募集を停止した。商科は7回の卒業生と5回の専攻科修了生を出し、卒業生は1,400名余を数え、短期大学卒業生の3分の2以上に及んだ。58年短期大学は廃止された。

【参照】Ⅱ 173

商学部

【沿革】

商学部の歴史をさかのぼると、1912年に神戸・原田の森*キャンパスに開設された関西学院高等学部*商科*にその原点を求めることができる。初代高等学部長には、『商光』第1号にスクール・モットーとして、"Mastery for Service*"を提示したカナダ・メソヂスト教会*の宣教師C. J. L. ベーツ*が就任した。

定員150名でスタートした高等学部商科は従来の関西学院神学校と同様に徴兵延期の特典が認可された。また、甲種商業学校卒業者を入学資格者とした。

商科はキリスト教に基づく人格教育と英語による授業を特徴とした。特に英語については、商業英作文、英文簿記の科目を設け、4年生では英語による授業が必修時間13時間のうち9時間を占めている。当時のカリキュラムで目を引くのは、少人数教育を重視したゼミナールの採用であり、1916年度に実施されている。

商科の構成を、経理経営、保険海運、財政金融、経済学の4部門に分けた。創設時のスタッフの西山広栄は帝国大学出身の判事で中央会堂会員、木村禎橘*は東京高等商業学校出身で甲府商業教員で、ともにベーツが宣教活動を通して知り合った人物である。1913年には初代商科長として松村吉則*（商業学）が就任した。当時の官立の高等商業学校*や専門学校設立ブームの中でスタッフの定着率は低かった。そうした中にあって、19年に東晋太郎*、奥田勲、石井卓爾、20年に小寺敬一*、21年に神崎驥一*、24年には池内信行*、田村市郎*ら後の関西学院高等学部*商科を支えるスタッフが集められた。

高等学部商科の卒業生は、1915年の12名から順調に伸び、28年には154名までになった。初期の文科は不振を極め、最初の卒業生を出したのは18年であった。学院の中心であった中学部*卒業生数を商科卒業生数が超えたのは20年であった。

1928年までに区切ってみると、24年を除いて、商科のほうが文科より多くの卒業生を出した。

当時設立された商科学生自治会*による「消費組合」は関西学院生活協同組合*の母体となる。1921年、関西学院は神学部*、文学部*、高等商業学部*の３学部制に移行し、高等商業学部*の定員は１学年600名となった。同年カリフォルニア大学卒業で学院卒業生の神崎驥一*が初代高等商業学部長に就任した。24年３月以降の卒業生に、東北帝国大学法文学部、九州帝国大学法文学部への進学の道が認可された。29年に開設された神戸商業大学に進学者５名を出している。研究体制の充実強化の一環として若手教員の留学が進められ、26年から29年にかけて、東晋太郎*、石井卓爾、池内信行*らが海外留学に向った。学部研究雑誌として、学生自治会*の機関誌だった『商光』を教員の学術誌に衣替えして22年に発刊した。さらに、26年から『商学評論』と名前を変え、34年には『商学評論』を廃刊のうえ、『商業経済時報』ならびに『商学論究』を創刊した。これらは今日の『経済学論究』ならびに『商学論究』にそれぞれ発展していく。

新時代にふさわしい新しいカリキュラムの整備が進められ、経済科、貿易科、金融科、産業経営科、保険海運科から選択させるグループ・システムを採用した。また、1930年にセメスター制度を採用した。前後して28年には定員を850名に増員した。

上ケ原移転*後の1934年に関西学院大学を開設、定員は法文学部*240名、商経学部*360名とし、商経学部は商業学科と経済学科から成った。神崎商経学部長兼高等商業学部長の強いリーダーシップのもとで、高等商業学部から転任した学部スタッフは、教授５名で神崎驥一*、石井卓爾、J. J. ミックル Jr. *、池内信行*、原田脩一*。助教授は青木倫太郎*１名。専任講師は田村市郎*、畑歓三*のほかに、兼担講師が法文学部*や京都帝国大学や大阪商科大学から招聘された。助手は笹森四郎１名。商経学部のスタッフの特徴は、商学系が高等商業学部専任からの転任人事であったが、経済系は京都帝国大学や大阪商科大学からの講師に依存していたことである。

1948年、新制の関西学院大学は法学部*、文学部*、経済学部*として再スタートを切った。経済学部という名称は、商学やビジネスを含んだよ

り一般的な名称として付けられた。文部省やGHQが商学部という名称を認めなかったためである。初代経済学部長は池内信行*であった。池内教授は関西学院大学から50年に経済学博士号第1号（旧制博士学位*）を授与された。51年、経済学部の経済学科と商業学科が分離独立して商学部が開設された。

1953年には大学院*商学研究科の修士課程が開設された。青木、池内、原田、椎名幾三郎、小泉貞三*に加えて、田村市郎*、金子弘、小寺武四郎*の教授が経済学部*に籍を置きながら大学院商学研究科専任教授となった。その後、経済学部の3教授は、経済学研究科に専任者として戻った。

1961年には博士課程を増設、商学分野での研究者養成と高度な専門教育への道が開かれた。さらに、93年には社会人のリカレント教育に応ずるために、昼夜開講型の社会人大学院*であるマネジメント・コースを関西の私学では初めて開設した。ビジネスパーソン約200名の志願者から約30名を選抜した。

教育理念として、“Mastery for Service*”を基礎として、C. J. L. ベーツ*が述べたような国際化・情報化に対応した実践的な教育プログラムを提供している。キリスト教主義教育というカルチュラルなものと、商業教育といったボケーショナルなものとのバランスを取りながら、学部教育に当たっている。

【現状】

〔学生〕 入学定員650名の商学部は、2014年度入学生680名、2年生609名、3年生648名、4年生812名の合計2,749名の学部学生から成り、商学研究科は、博士課程前期課程33名、後期課程9名の大学院*生から成っている（2014年5月1日現在）。このうち学部学生は、一般入学試験（全学・学部個別日程）、高等部*推薦入学に加えて、大学入試センターを利用する入学試験、指定校推薦入学、協定校推薦入学、提携校推薦入学、継続校推薦入学、AO入学試験、スポーツ能力に優れた者を対象とした入学試験、帰国生徒入学試験、外国人留学生入学試験、グローバル入学試験という多様な入試形態のうち、いずれかを受験して入学した者である。

〔教職員〕「経営」「会計」「マーケティング」「ファイナンス」「ビジネス情報」「国際ビジネス」の6コースの商学関連教員38名と言語・キリスト教関連教員10名に加えて、専任職員7名、実験実習指導補佐2名、教務補佐1名、派遣職員1名、アルバイト職員4名で構成されている（2014

年５月１日現在）。

〔**教育**〕商学部では、「真に創造的な能力を有するビジネスパーソンの育成（Fostering Creative Minds for Business）」を教育理念とし、教育研究上の目的と各ポリシーを次のとおり掲げ、①専門科目の２単位化、②専門基礎教育の強化、③言語教育の強化、④研究演習Ｉ履修条件の見直しを主眼としたカリキュラム改編を2012年度に行い、現在に至っている。

教育研究上の目的：理論と実践の関連を重視しつつ、経済活動の担い手たる企業や個人の多様なダイナミックな活動を、商学の視点から多面的に考察する。複雑な諸相をもつ社会の中で、機能や利害を異にする他の多くの主体との相利共生を創造的に図ってゆく能力を持つビジネスパーソンを育成する。

アドミッション・ポリシー：本学部の教育理念・目的は、“Mastery for Service”というスクールモットーに基づいて、「真に創造的な能力を有するビジネスパーソン（Fostering Creative Minds for Business）」を育成することにある。すなわち、幅広い関心と鋭い問題意識を有し、さまざまな領域でその能力を十分に発揮できる人材を、社会に送り出すことにある。本学部は、この教育理念・目的に基づき、人間性を向上させる意欲に満ちあふれた、多様な適正と能力を有する学生を受け入れたいと考えている。

ディプロマ・ポリシー：商学部は、「隣人・社会・世界に仕えるため、自らを鍛える」という内容を示す関西学院のスクールモットー“Mastery for Service”のもと、「真に創造的な能力を有するビジネスパーソンの育成」を教育理念としている。これに基づき、本学部は、学則に定められた期間在籍し、卒業に必要な単位数を修得した者に、学士（商学）を授与する。

〈基本的意識と姿勢〉知識を修得する意欲と、それを社会への奉仕に生かそうとする意識と積極的な姿勢を有する。

〈基本的思考と判断〉①現代社会の中で企業などの経済主体が果たす役割、その行動原理と仕組み、そこで用いられる政策や管理方法とそれらが社会に及ぼす影響、経済主体の社会的責任・倫理の重要性などを体系的に把握・分析・理解する能力を有する。②問題を発見し、問題の本質を問い、論理的考察と多面的総合的視点から社会的現象を的確に判断し行動する能力を有する。

〈知識と技能〉商学についての基礎知識と専門知識、総合的教養を修得し、高いコミュニケーション能力を有し、多元的社会の中で機能や文化を異にする他の多くの主体との共生を図ろうとする意識と積極的な姿勢を有する。

カリキュラム・ポリシー：キリスト教主義による人間愛の精神を涵養し、一般教養による人格形成を図り、専門知識を身につけ国際化時代・情報化時代である今日の社会に貢献できるビジネスパーソンを養成する。

商学部では、カリキュラムの編成に当たって、以下①～⑤の５本の柱を立てている。

①ビジネスパーソンとしての一般教養の修得：専門知識に偏らない一般教養やビジネスの背景的知識を提供する。

②ビジネスパーソンとしてのミニマム・コンピテンスの修得：ビジネス全般に関する基礎的知識を体系的に提供する。

③ビジネスパーソンとしての高度な専門知識の修得：ビジネスの各分野におけるスペシャリストとして意思決定能力・分析能力等を養うため、経営、会計、マーケティング、ファイナンス、ビジネス情報、国際ビジネスの６コースを設け、各分野の高度な専門的知識を体系的に提供する。

④ビジネスパーソンとしてのコミュニケーション能力の修得：学生・教員間の学問的・人格的な接触を通じて学習する演習型科目を提供する。

⑤ビジネスパーソンとしての外国語能力の修得：外国語をツールとしてビジネスを学習する機会を提供する。

〔学生活動〕商学部では、商学部学生の教学上の奨励のために、商学部奨励奨学制度を1994年度に設け、毎年６名の学生に各５万円の奨学金を授与している。また、家計上急な経済的困窮に陥った学生のために、商学部奨学金を99年度に設置した。商学部傘下の学生の研究会（会計研究会、学生経営研究会、証券研究会、広告研究会、国際ビジネスコミュニケーション）に対して商学部教員の指導、支援活動が行われている。

〔研究活動〕商学関連の紀要として『商学論究』を原則として年４回発行している。さらに商学関連の英文の紀要として、*International Review of Business* を原則として年１回発行している。また、学院留学帰学者や新任教員らが報告者となり、年に数回の教授研究会が開催されている。

〔研究科〕1993年度に設置された、社会人対象の昼夜開講制のマネジメント・コースは、専門職大学院*経営戦略研究科*設置に伴い、2005年

３月に廃止された。05年４月より企業等の組織において中核的な役割を演じる高度な洞察力や分析能力を併せ持った専門職業人を育成するための「専門学識コース」を前期課程に設けるとともに、大学等の高等研究機関のみならず、シンクタンクや企業の研究部門で研ぎ澄まされた高度の研究を推進する能力を有する研究者を課程博士として輩出することを意図して、博士課程前期課程・後期課程の５年一貫の「研究職コース」を設けた。また、06年度からは多彩な科目群をセメスター別で展開している。入学試験は一般および外国人留学生入学試験が９月（前期課程）、２月（前期課程・後期課程）の２回実施されるとともに、より優秀な人材を確保するため、４年生対象の面接のみの試験を６月、９月、２月の３回、３年生対象の飛び級*入学試験を２月に実施している。入学定員は前期課程30名、後期課程５名である。大学院*教員は31名である。新制博士学位*授与者は甲号20名、乙号48名である（2014年５月１日現在)。

【参照】 Ⅱ 143

商学部校舎

1929年の上ケ原キャンパス*開設の際に、主として高等商業学部*１年生用の別館校舎として建築された。W. M. ヴォーリズ*の設計によるスパニッシュ・ミッション・スタイル*で、鉄筋コンクリート造り一部地下１階を持つ２階建て、建て坪は延べ床面積441坪（約1,455㎡）であった。大学商経学部*開設に伴い、34年この別館を東西に増築し西側にはチャペルを設け、高等商業学部*専用校舎とした。37年には北側に別棟を新築、39年にはチャペルをさらに西側に増築した。その後、新制大学商学部が設立されるに当たってこの校舎は商学部本館となり、73年、西側チャペルと北側別棟は第４別館*に建て替えられた。現在は教室、チャペル、事務室、学部長室、会議室などを備えている。99年の改築、2013年の修復工事があるものの、その全容は、ほぼ当時のままである。

【参照】 Ⅰ 450-451

将棋部

「将棋を楽しみたい」という一念で同好会からスタートした。1955年ごろ、林康男や木津圭市らの尽力により将棋部として正式に創部を果たした。関西学生将棋連盟に所属し、62年春季に初めて部長の田中武彦や高山同を中心にＡ級団体戦優勝を成し遂げた。東西優勝戦では中央大学と対戦し惜敗した。また、田中は戦績優秀で62年秋にプロ対抗戦に出場し、土井春左右3段と対局した。74年秋に池田昌幸らが中心となり2度目のA級団体戦優勝、全国大会に進み3位となった。さらに池田は76年に関西学生名人となった。このことは部員に大きな希望を与え、平野真三、村上太志もこれに続いた。97年春季・秋季、98年春季と3季連続でA級残留を果たした。A級連続2期以上の残留は二十数年ぶりの快挙であった。この間、個人戦でも優秀な成績が続き、97年秋季には湯川豪が4位、98年秋季には村上大樹が3位になり、全国大会にも出場した。

商経学部

1932年に設置認可を受けた旧制関西学院大学は、同年に大学予科*を設置し、34年の学部創設時に3年制の商経学部と法文学部*を設置した。商経学部の創設は、すでに12年に設置されていた専門学校高等学部*商科（21年からは高等商業学部*）の伝統を継承するものであった。専任教員はすべて高商部からの移籍者であり、校舎も高商部のものが用いられた。

商経学部は、経済学科と商業学科の2学科からなり、経済学士と商学士の学位*をそれぞれ授与した。ただし入学時と卒業時には学科が形式上区別されたものの、学生は希望に応じて学位を選択できるなど、学科への所属は実際上かなり柔軟なものであった。当初の学生定員は120名であり、初年度の入学者は123名、第1期卒業生（37年3月）は商学士83名と経済学士30名の計113名である。この第1期生には、小寺武四郎*経済学部*教授、小島男佐夫商学部*教授が含まれた。その後、入学者は35年141名、36年152名、37年136名、38年150名、39年172名と着実に増加していった。

学部長は高等商業学部長を兼ねた神崎驥一*、教授は神崎のほかに、石井卓爾、J. J. ミックル Jr. *、池内信行*、原田脩一*、また助教授は青木倫太郎*であった。非常勤講師13名のうち、商学系は主に高等商業学部から招かれたのに対し、経済系は京都帝国大学や大阪商科大学から招かれ、このことがその後の経済学部*の学統に大きな影響を及ぼすことになった。

研究面では、新たな学部研究機関誌として『商学論究』（1934～43）が高等商業学部と共同で刊行された（戦後にその後継誌として『経済学論究』が刊行されたのは、旧制最後の48年3月である）。なお、短期間であるが『商業経済時報』(1934～35)も刊行された。産業研究所*は、学部創設と同時に高等商業学部*調査部から商経学部の付置機関「産業研究所」となったが、44年の商経学部の学生募集停止に伴い、国民生活科学研究所のなかに包含された。

1940年12月にC. J. L. ベーツ*院長*がカナダに帰国したため、神崎学部長が院長に、原田教授が第２代学部長にそれぞれ就任した。同年の学生定員は250名であるが、44年には文科系の学生を３分の１に削減する国策に従って商経学部の学生募集を停止した。また在学生の教育を法文学部*に委嘱し、教員は全員が学院当局にいったん辞表を提出したうえで、国民生活科学研究所や専門学校政経科*に移籍した（ただし３名は退職)。こうして商経学部は、実質的には閉鎖の状態であったが、戦後、45年10月に大学の授業が再開され、46年に名称を経済学部*に変更したうえで新たな一歩を踏みだした。

【参照】Ⅰ 485–494；Ⅱ 143【文献】『関西学院大学経済学部50年史』1984

城崎進《じょうざきすすむ》 1924. 3. 26～

学長*、神学部*教授。兵庫県西宮市出身。1946年関西学院大学商経学部*卒業、同大学院*に在籍後、文学

部*神学科に編入学し、旧約聖書学を専攻。卒業後、51年に文学部神学科助手に就任、その際神学部開設のための実務に当たった。54年よりアメリカのユニオン神学校に留学。63年に関西学院大学神学部教授となる。69年の大学紛争時に学長代行代理として学内正常化に努力する。その後、院長*代行代理、学長代理、院長代理などを歴任。77年に神学部長、81年から学長を務め、中国の吉林大学やインドネシアのサティヤ・ワチャナ・キリスト教大学との交流を積極的に展開した。

また関西学院大学の将来構想のビジョンを掲げ、理事会との交渉を通じてその実現に努力した。1990年に退職。同年10月神戸女学院院長、91年同理事に就任。著書に『エゼキエル書』(1959)、『創世記』(共著、1970）などがある。

【参照】Ⅱ 367, 371, 386, 404【文献】『神学研究』(38) 1991

情報環境機構

情報環境機構は、関西学院における適正な情報化のための体制、ビジョンや戦略を構築し、情報化の推進に

よって学院機能の強化と革新に寄与するとともに、安全かつ柔軟な情報基盤を整備・維持することを目的として、2013年に大学の一機構として設置された。大学内に設置されながら大学以外の他学校を含めた全学院の情報環境を対象とするとともに、情報環境の安全性確保についても事業範囲としているが、これらの２点は情報環境機構設立時に新しい役割として明示された。また、情報環境機構では情報環境機構長室会を最高意思決定機関とし、そのもとに大学情報専門部会、K12専門部会を常設し、随時設置の各種専門部会などとともに活動を進めている。

関西学院における情報化については、1967年に大学に初めて大型コンピュータが導入されたのに始まり、その後の技術の進歩、利用の展開や普及という流れに沿って大きく進展してきた。また、情報化によって求められる目標も拡大を続け、その都度所管組織と業務範囲も大きな変容を続けてきた。67年発足の教務部計算センター、76年発足の情報処理研究センター、84年に事務システム部分を独立させた総務部システム課などが前身と呼べるものであるが、その後も、ネットワークなどのインフラと事務システムを所管した情報システム室、情報教育と教育研究を支援する情報システムを所管した情報メディア教育センターなどに発展してきた。さらに、2010年に設置された高等教育推進センター*が、教育のICT化推進を目的の一つとして事業を進めた。

2013年４月時点では、情報環境機構がネットワークなどの情報インフラ、メールなどの構成員共通サービスを運用し、さらに教室でのPC設置と利用を中心とした教育研究支援システム管理や事務システムの統括を所管するとともに、全学の情報環境の戦略構築などを通じて学院に寄与することを中心に活動している。

初等部

2008年、関西学院初等部が設置され、３月29日開校式が行われた。初代部長は磯貝曉成。４月６日には、２年生、３年生、４月７日には１年生それぞれ90名の児童が、第１回入学式に臨んだ。

宝塚市の旧ファミリーランド跡地に建設された校舎は、地上３階、塔屋１階のスパニッシュ・ミッション・スタイル*の外観で、「緑の木々に囲まれた校舎が児童に語りかける」をコンセプトにしている。エントランスでは、スクールモットー“Mastery for Service*”が刻まれたモニュメントが児童を迎える。各教室には、教室と同じ面積のワークスペースが広がり、児童が自由に活動できるようになっている。全ての普通教室に電子黒板とプロジェクターが設置されICT教育の充実が図られている。両側のステンドグラスを通して柔らかな光が注ぐベーツチャペルでは、毎日全校児童による礼拝が行われており、パイプオルガンと子どもたちによる讃美歌が響いている。グラウンドは全面人工芝で、中央には校章が描かれている。敷地面積13,500.62㎡。設計監修・管理は日本設計。設計・施工は竹中工務店。

教育理念は、キリスト教主義に基づく全人教育。“Mastery for Service”を児童に「社会と人のために自らを鍛える」という言葉で伝えている。初等部で最も大切にしている聖句*（初等部聖句）は、「幼子はたくましく育ち、知恵に満ち、神の恵みに包まれていた。（ルカによる福音書2：40）」。教育目標として、「キリスト教の教えに基づく、たくましい生き方（意志）」「豊かな情操と国際感覚を持った世界市民の育成（情操）」「真理を探究する、確かな基礎学力の育成（知性）」の3つを掲げている。

教育課程には、各教科の他に、「KGタイム」が位置付けられている。KGタイムは、「こころの時間」「光の時間」「力の時間」「風の時間」の4つの時間で編成されている。「こころの時間」では、キリスト教の教えを通して夢を育む心の成長を目指す。全ての児童と教員が、毎朝チャペルに集い礼拝を守る。讃美歌を歌い説教や感話を聴き、祈りを捧げる初等部で最も大切な時間である。「光の時間」では、ネイティブ教員との触れ合いを通じ、英語力の向上を図る。英語の音声やリズムに慣れ親しみ積極的にコミュニケーションを取ろうとする態度を育成する。また、英語を活用して人とコミュニケーションを取る際に必要なスキルの向上も目的としている。「力の時間」は、分析し推論を重ねることで論理的な考え方を身に付けることを目的としている。計算問題や文章問題に取り組み、数学的な考えをより進化させることが狙いである。「風の時間」は、基本的な言語を学び、聴く力・表現力をつける時間である。教員による読み聞かせなどを行い、

全ての学習の基本となる聴く力を育てている。

主な学校行事として、花の日礼拝、阪急電車工場見学、体育祭、文化祭、マラソン大会、クリスマス礼拝などを行っている。学校行事の中でも、特に交流活動と宿泊的行事は充実している。カナディアン・アカデミーとの交流、関西学院の留学生との交流は、「光の時間」で身に付けたコミュニケーションスキルを活用する場となっている。６年生になると全員が、C. J. L. ベーツ*第４代院長*の出身地カナダでホームステイするカナダ・コミュニケーション・ツアーに参加する。現地のホーリーバーン小学校とは、姉妹校*提携し交流を図っている。日常生活と大きく異なる環境の中で、相手の思いを理解し自分の思いを伝えることの難しさと大切さを学ぶ７日間となっている。２年生と４年生はリトリートキャンプに、３年生と５年生は自然体験キャンプに参加している。

関西学院のOB・OGや大学生のサポートも、初等部の特長である。関西学院のOB・OGで構成するボランティア「スカイレンジャーズ」が毎日、通学路（宝塚駅・宝塚南口駅～初等部）を巡視している。通学の安全はもちろん、通学マナーや初等部児童としての振る舞いを正す重要な役割を担っている。また、「農業について生きた知識を学んでほしい」という関西学院同窓会*の呼びかけにより「田植え体験」を行っている。現役大学生との関わりも深く、その一つとして関西学院大学体育会*の学生がスポーツを指導するKGSO（Kwansei Gakuin Sports Omnibus）を３年生から実施している。チアリーダー、アメリカンフットボール、サッカー、ラクロス、ハンドボール、バスケットボール、フェンシング、ラグビー、体操などの各部が児童を直接指導している。水上競技部は初等部が行う水泳教室で指導している。

2009年度以降、毎年１年生90名が入学し、11年度に１年生から６年生までの540名の児童と教員29名がそろった。12年３月には、初めて卒業生を送り出し、そのほとんどが関西学院中学部*に進学した。12年４月には、関西学院初等部部長としてR. M. グルーベル、初等部校長として福田靖弘が着任した。

【文献】関西学院初等部パンフレット

書道部

1955年、中村健、堀口武士ら書道への強い志を持った学生たちが中央講堂*に集結し、書道部の前身である書道愛好会が結成された。初代会長は岡田（現姓本多）優三。60年、文化総部*加入が認められて書道部となり新田稔が初代部長に就任した。その後、69年ごろには部員が100名を超えるマンモスクラブとなり、学内での練習が困難となったため寺を借りて練習した。現在の活動は、4月の新歓展、6月の全日本高校・大学生書道展、9月の学外展と11月の学内展などの展覧会に出展している。また、宗教センター*の依頼で聖句*を書くなど、一時の低迷を近年徐々に回復しつつある。

白木桜・白木少年像

1933年4月、旧制中学部*の5年生であった白木真寿夫は、従兄と一緒に神戸の須磨海岸の沖でボートに乗っていた。しかし、汽船の横波を受けてボートは大きく揺れ、従兄は海に投げ出された。従兄が泳げないことを知っていた白木は、制服のまま初春の冷たい海に飛び込み、近づいてきた船に従兄をあずけると、自身は力尽きて海中に沈んだ。白木の父白木徹夫は、深い悲しみの中から白木を記念するために桜の苗木を中学部*に贈り、やがてそれは「白木桜」と呼ばれるようになった。後に建てられた「白木桜」の記念碑（山田耕筰*揮毫）に刻まれている「人がその友のために自分の命を捨てること、これよりも大きな愛はない（ヨハネ伝15：13）」の聖句*を、白木は崇高な犠牲的行為を通して生きたのである。

白木少年象

この「白木桜」の記念碑は、1959年7月に中高共用のプールの竣工式と同じ日に、校庭の一部で除幕式が行われた。当時のPTA会長堀川一雄が「白木桜」の由来を永く校庭にとどめたいとの主旨で寄贈されたものである。

新制中学部初代部長矢内正一*は1959年、命をかけて従兄を救った白木の精神を後世に伝えたいと考え、二科展会員大西金次郎に依頼して「S君を偲びて」（白木少年像）を作成した。少年像は中学部本館（現、高中部本部棟*）玄関横に設置され、毎朝登校する中学部生の姿を見守っている。

【文献】『関西学院新制中学部の50年』1997

神学部

【沿革】

神学部の歴史は、世界精神史においては、1世紀にイエス・キリストが弟子たちを召し、宣教の使命を与えた時に由来し、キリスト教史においては、J. ウエスレー*の信仰と思想を受け継ぐ伝統の流れに属し、日本教育史においては、1889年9月、神戸の地で関西学院の設立とともに始まり、関西学院の歴史においては、その最初期から現在に至るまで建学の精神*を具体化する歩みである。

神学部の使命、神と人に仕える伝道者養成はイエスから託されたものであると同時に、関西学院創立の目的でもある。ウエスレーは、聖書と伝道と教育と社会奉仕を重んじたが、これは関西学院の建学の精神とスクール・モットーに取り入れられており、特に神学部はいつの時代もその実現のために努力を続けてきた。

学院創立の1年前、すなわち1888年に、アメリカ・南メソヂスト監督教会*は北メソヂストとカナダ・メソヂスト教会*が合同で経営していた東京のフィランデル・スミス・メソヂスト一致神学校*にJ. C. C. ニュートン*を教授として、また諸教会から将来の伝道師として7名の学生を派遣した。翌年、関西学院が創立されると、ニュートンは神学部長および教授に就任し、学生たちも神学部に入学した。

初代の神学部長ニュートンをはじめ、初代院長*W. R. ランバス*を含む3名の教授陣はいずれも南メソヂスト監督教会の宣教師であり、神学部には正規の学生が5名、予備学生が数名いた。当初は修業年限3年の英語科のみであったが、1891年に邦語神学科が併設されている。同年6月には英語神学科の最初の卒業生3名が卒業しているが、その中の一人に後の日本メソヂスト教会*第3代監督となる鵜崎庚午郎*がいた。96年に信徒伝道者養成のために神学簡易科が開設されている。草創期には学科の改変が続き、1904年に本科と伝道科に改組されたのをはじめ、4年後には本科、専攻科、別科と分けられた。

1908年に文部省の専門学校令により私立関西学院神学校が認可され、さらに2年後、カナダ・メソヂスト教会が学院の経営および教育に共同参与してから、神学部は新たな発展段階を迎えた。専門学校令による認可によって神学部は日本の社会に市民権を得、後者によって神学部の施設面、および教育・研究面が飛躍的に充実、展開した。施設面の充実としては、12年に念願であった専用校舎、神学館が完成し、寄宿舎*成全寮*が落成したことが挙げられる。教育・研究面の展開としては、13年に通信教授部が開設され、伝道者・信徒のための巡回文庫が設置され、また14年に青山学院神学部と共同で『神学評論』(1941休刊)を創刊し、15年には関西学院教会*が設立、さらに18年には日本メソヂスト教会*委託によるハミル日曜学校教師養成所が開設されたことが挙げられる。

この時期活躍した学生には、神学界に貢献した蘆田慶治*、日本メソヂスト教会第5代監督となった釘宮辰生*などがあげられる。また学生の動向として、1918年に神学部学生会*誕生を契機に全国各地へ伝道旅行を実施し、また高野山大学との交換講演会や夏季学校なども開催された。16年に視覚障がい者が、25年には女性が初めて卒業(12名中1名)しているのは注目すべきことである。関西学院は29年に上ケ原*に移転するが、33年に専門部神学部となり、予科2年、本科3年、専攻科1年と制度を改めた(教師数23名、学生数63名、朝鮮人数名を含む)。その後、第2次世界大戦時には、神学部も厳しい試練の時を迎えることになる。41年に日本基督教団*が成立し、戦時体制における教師養成機関の再編が打ち出され、43年5月をもって神学部が閉鎖され、同じ場所に日本西部神学校*が開校された。さらに44年3月、日本基督教神学専門学校に統合されるため閉鎖され、関西学院における神学部の歴史は一時中断を余儀なくされた。

戦後、1948年新制大学において神学部は文学部*の神学科として復活し、52年には神学部として独立すると同時に、大学院*修士課程神学研究科聖書神学専攻が設置された。博士課程は54年に設置された。神学部開設直後の学生数は、学部44名、うち女性7名、大学院生4名、うち女性1名であった。なお同時に、戦時中の41年に諸教派が余儀なく合併されて成立した日本基督教団から教団の教師養成のための認可神学校としての要請を受けた結果、メソヂスト教会によって創立された神学部が日本の合同教会に参加することになる。

大学の神学部として再出発した神学部は、教会との関係に変化はあっ

神学館(原田の森キャンパス)

たものの、学院内外における本来の使命は堅持し、伝道者養成のため新たに出発し、教師陣を充実させ、行き届いたカリキュラムに基づき、神学の研究と教育に励む。1953年には学術誌『神学研究』を創刊し、また自由になった外国との学問的交流を盛んにし、同時に国内の他大学神学部との教師・学生間の交流も親密にしていった。

関西学院大学で1967年末ごろから始まった大学紛争は、69年神学部にも波及し、１月28日学部が閉鎖されたため、学部は入試を中学部*校舎で、新入生オリエンテーションを東梅田教会で行い、学生は成全会主催の自主セミナーを中山寺で開いた。神学部学生会*と教授会*との間に交渉と対立がほぼ１年間続き、また学内で紛争を巡り、いろいろな立場からの活動が活発になる。75年に再び紛争が起こり、２月17日から３月13日まで神学部も閉鎖された。これらの経験をふまえ、神学部は学生たちの教会派遣制度の見直しなど、いくつかの改革を行った。教授会と卒業生とが「教職セミナー」を再開し、さらに「教会と神学部の集い」を新たに始め、ともに共通の目的である宣教と奉仕の業のために学び、話し合い、協力し合う体制を作り上げ、神学部の歴史に新たな展開をもたらした。また後援会活動も活発になり、将来伝道者を志す神学生への奨学金制度が充実した。

神学部本館（上ケ原キャンパス）

神学部大学院*研究科は1952年以来、専攻は聖書神学一つであり、そこに特色を有していたが、教会と社会の要求と学問の多様化に応じて、97年４月、専攻名を神学専攻と改め、研究領域を拡大した。それに対応して、聖書神学だけでなく、歴史神学、組織神学、実践神学なども専攻できるようにカリキュラムを新たに編成しなおし、教育・研究体制を整えた。

さらに、新制大学神学部開設50周年に当たる2002年には、それまでの神学教育の歩みを検証しつつ、今後の神学教育の在り方を展望し、多彩な記念事業を実施した。そして04年度より、神学部将来構想「充実と新たな展開」に基づき、新カリキュラムによるコース制（「キリスト教神学・伝道者コース」「キリスト教思想・文化コース」）の実施、複数分野専攻制*（MS）プログラム提供、神学部奨学金制度の改変など諸改革を推進し、充実と新たな展開に一歩を踏み出した。また06年には、吉岡記念館*が竣工し、神学部校舎*から神学部長室、教務学生主任室、事務室が移転し、さらに国際交流関係では、学部間交流協定として、スイスのベルン大学神学部（1996）および韓国の監理教神学大学（2005）と締結した。

2008年には、それまでの改革を検証・評価する中で第2次将来構想の答申をまとめた。その内容は、伝道者養成—実践教育・フィールドワークの充実、学部における教育体系の再構築、大学院の充実、国際交流、キリスト教主義教育への貢献の課題の明確化であり、それ以降それらの課題の実現に向けて教育・研究等の諸活動を推進してきた。

【現状】

神学部は専任教員13名、学生数は学部1学年定員30名、全体で140名、大学院前期課程定員10名、在籍者総数20名、後期課程定員2名、学生数5名である（2014年5月1日現在）。卒業生は国の内外で、また社会の多方面で活躍しているが、特に教会関係（日本基督教団*以外の教派の教会も含む）、学校関係、社会福祉関係、病院関係なども多く、毎年、伝道者として生涯を神に捧げ、人々に愛をもって仕えるために巣立っており、この伝統は途切れることなく続いている。

学会関係では、独自に神学研究会（毎月の定例研究会と毎年学会誌『神学研究』を発行、現在第60号）を主催しているほか、これまで日本基督教学会の本部事務局を置いたり、日本宗教学会、キリスト教史学会、日本新約学会、中世哲学会、宗教倫理学会、日本宣教学会、実践神学の会など、多くの全国的な学会に関わり、研究活動に参加すると同時に、しばしば事務局や学会開催または世話役を引き受けている。また、今日における神学、教会、宣教の課題を多様な視点から共に考えることをテーマとして神学セミナーの講演を収録し、『関西学院大学神学部ブックレット』（キリスト新聞社）を、シリーズとして刊行してきた。

関西学院神学部は現在メソジストの伝統をくむ総合大学の中で、神学部としては唯一であり、その存在は極めて貴重である。学院の内外で、キリスト教精神を教育と研究と奉仕に生かしていくための人材を信仰的、

上ケ原移転時の神学部

人間的、学問的に育成していこうとする、その働きと使命はますます重要性を増している。

【参照】I 143, 569；II 118, 320【文献】『神学部の歩み1969年』1970；『神学部略年表』『神学研究』(28) 1980；『神学研究』(31, 37) 1983, 1990；『新制大学関西学院大学神学部五十年史（資料編）』2003

神学部校舎

1929年の上ケ原キャンパス*開設の際に学部校舎として建築された。W. M. ヴォーリズ*の設計によるスパニッシュ・ミッション・スタイル*で、鉄筋コンクリート造り一部地階を有する2階建て。延べ床面積302坪（約1, 056㎡）といわれ、当初は教室、礼拝堂、部長室、教授室、研究室、宗教参考品陳列室が設けられていた。2000年に一部改造が行われ、エレベータ設置など障がい者対応の設備も備えられるようになった。05年の神学部改組および吉岡記念館*の完成により、神学部部長室、事務室などを同館に移転させ、そこに中小教室が整備されている。

【参照】I 450–451

新基本構想・新中期計画

2008年4月、森下洋一理事長*と杉原左右一学長*が同時に就任したことを機に、10年先の近未来へのビジョンとそれを実現する戦略を明確にした「新基本構想（2009–2018）」を策定することとなった。学院のミッションとスクールモットー"Mastery for Service*"の現代的意味を再確認した上で、「めざす人間像」と「めざす大学像」を定め、6つのビジョンを掲げた。基本コンセプトの検討と課題認識共有の勉強会（計7回）を経て、法人と大学が一体となった準備委員会を発足。準備委員会の答申を受けて、検討委員会（計19回）、策定委員会（計14回）、延べ4日間にわたる集中審議、全学集会のプロセスを経て、08年12月に「新基本構想」が承認された。検討委員会、策定委員会および大小23のワーキンググループ（WG）において、計150名の教職員が参画した。

具体的には、「関西学院は、キリスト教主義に基づく『学びと探求の共同体』として、ここに集うすべての者が生涯をかけて取り組む人生の目標を見出せるように導き、思いやりと高潔さを持って社会を変革することにより、スクールモットー"Master for Service"を体現する、創造的かつ有能な世界市民を育むことを使命とする」をミッションステートメントとし、「"Master for

Service” を体現する世界市民」を「めざす人間像」、「〈垣根なき学びと探求の共同体〉の実現」を「めざす大学像」ととらえ、それを実現する６つのビジョン（「多文化が共生する国際性豊かなキャンパスを実現する」「一貫教育と総合学園構想を推進する」「『KG学士力』の高い質を保証する」「『関学らしい研究』で世界拠点となる」「地域・産業界・国際社会との連携を強化する」「進化を加速させるマネジメントを確立する」）を定めた。

「新基本構想」実現に向けての方策としての「新中期計画」は、2009年１月から検討され、同年３月に承認、当初は計59施策（実施計画13、素案46）でスタートした。14年度からは後半の５年間に入るため施策の見直しを進め、14年４月現在で計40施策（実施計画27、素案13）となっている。

新月池

上ケ原キャンパス*内には、現存する新月池の他に、現在の大学図書館*から第５別館*までの間に一つ、そして体育館辺りに一つの合わせて３カ所に大きな農業用水池があった。最も早く姿を消したのは時計台*（旧図書館）西側の池で、次は体育

館建設用地にあった池である。新月池と、同じく農業用水池でもある日本庭園*池泉のみがキャンパス創成期から現在に残されている。

かつてこの池には、W. H. H. ノルマン*教授が長野県より持ち帰った美しい蓮の花が見られ、またヒシも水面にびっしりと繁茂していた。しかし富栄養化した水質と漏水防止工事などにより、いずれも姿を消してしまった。巣営していたカイツムリも、文化総部*寄贈により池に放たれたコブハクチョウも今は見ることができない。早春には水利権者（門戸農会ほか）による池さらいと同時にコイやウナギが捕獲されたが、それも今はない。2004年、新月池周辺再開発により、本部棟、大学院*１号館*、法科大学院*（大学院２号館）が建設されて以降、新月池も整備され、この池が見せてくれる四季折々の風物詩は今も美しい。

新月クラブ

1954年10月、学院本館*南側に教職員、来賓、同窓のための食堂と集会室を備えた「新月クラブ」が建設された。木造2階建て瓦葺き、延べ床面積432㎡である。1階は洋風の食堂で、2階には甲山が時計台*を通して見える和室を備え、建設当時は瀟洒な空間を構成していた。

1階の食堂では、普段の食事や喫茶のほかに、ランバス記念礼拝堂*での結婚式後の披露宴をはじめ、さまざまなパーティも行われた。2階は1969年より教職員組合*の事務室として利用されている。99年、関西学院会館*がオープンすると同時にその機能は同会館へ移り、食堂は2000年3月で営業を閉じた。その後、会議室として利用されたが、関西学院大学ロースクール開設などに伴う新月池*周辺再開発事業のなかで、建物はすべて取り壊され撤去された。

【文献】『関西学院七十年史』1959

人権教育

大学紛争が収まり、大学改革への取り組みが始まった1971年11月に商学部*で起きた教員による差別発言事件は関西学院の同和教育、人権教育促進の契機となった。これまではその建学の精神*であるキリスト教主義精神が唱える「人間の平等」「人格の尊厳」「隣人愛」を尊重してきたものの、その社会的意味を厳しく再吟味し、その実現に意識的に取り組む姿勢を学院全体としてとってきたとはいえない状況であった。以後の同和教育は、この問いかけにいかに応え、その社会的・教育的責任をいかに果たすかという視点から取り組まれていった。その具体的取り組みは3期に分けられる。

第1期には、同和問題を全学的な問題として大学評議会*の取り組むべき課題とし、1973年度から同和問題を「総合コース*」として開講することを決定し、学長*の諮問機関として同和問題委員会が設置された。その75年の答申で、「同和教育は本学に課せられた真に共同の課題」であり、同和問題委員会を大学評議会に設置するべきだと提言された。

第2期には、その提言に従って同和教育委員会が大学評議会に設置され、同和教育体制における大学評議会、学長、同和委員会、学部の責任が明確化された。1975年９月には「同和教育の基本方針」が決定され、その中で同和問題と建学の精神*とのかかわりを重視し、同和問題の研究の促進、在日朝鮮人問題、身体障がい者問題などへの取り組みが要請され、10月には同和教育研究プロジェクト・チームが設置されることとなった。差別事件が続くなか、84年２月には答申「本学における同和教育の総括と今後取り組むべき課題」が出され、同和教育における知識偏重の克服、エゴイズムの克服と自らを愛の主体へと変革する人間形成の重視、部落差別、民族差別、身体障がい者差別、女性差別など克服すべき差別に対する視野の拡大と人権教育への総合的視点が強調された。この観点から、85年４月になって、人権教育の全体像を総合的視野から検討する人権教育検討委員会が大学執行部、同和教育委員会、同和教育研究プロジェクト・チームなどの代表者を集めて設置され、同時に資料室が設けられた。

第３期は、このような同和教育から人権教育への発展的転換を実現するために、1992年４月には人権教育委員会が発足し、さらに95年４月から人権教育研究室*が設置された時期である。97年度からは人権教育研究室の研究機能を強化・充実することとなり、同和教育研究プロジェクト・チームは発展的に解散され、同時に人権教育委員会も廃止された。

人権教育科目としては、1973年度から「日本社会と部落問題」が全学開講の総合コース科目となって開講、以降、77年度からは「在日朝鮮人問題」が、86年度からは「男性社会と女性」が、88年度からは「身体障害者問題」(89年度より「障害者問題」)が、神戸三田キャンパス*では、95年度から「差別と人権」が、2002年度からは「人権と共生」が開講され、さらに04年度からは「人権問題入門」が、05年度からは「滞在外国人が抱える問題と人権」が、09年度からは「ヒューマン・セクシュアリティ」が開講された。また、関連科目として1995年度からは「平和学入門」が開講されたが、2003年の広島折り鶴放火事件の後、04年度から「平和学『広島・長崎講座』」と「平和学特別演習」が開講された。また、14年度から新しい「関西学院大学人権教育の基本方針」が定められ、『人権問題資料集』がホームページにも掲載されている。

同和教育研究プロジェクト・チームによる研究成果は『日本近代化と部落問題』(領家穰編、明石書店、

1996）として出版され、高い評価を得た。

【参照】Ⅱ 423-431【文献】『人権問題資料集』1988-；『関西学院大学白書』(1994年版・1997年版・2000年版・2003年版)；『人権研究』(創刊号)1998-；『本学における同和教育の総括と今後取り組むべき課題』1998

人権教育研究室

人権教育研究室は、1975年に部落問題に関する研究会として発足した同和教育研究・プロジェクトチームと並存する形で、大学の人権に関わる教育・研究・啓発推進のための統合的機関として、95年に設置された。当初は、大学評議会*の専門委員会である人権教育委員会の下部組織と位置づけられ目立った活動は見られなかったが、97年の同和教育研究プロジェクト・チームの発展的解消を意図した組織の拡充改組を機に、それらの一部を引き継ぎながら本格的な活動を開始した。

本研究室は部落問題を軸としながらも、あらゆる差別を「人権」の立場から考えるという視点に立ち、『人権問題資料集』（1988～2008）の発行、『KG人権ブックレット』（1997～）、機関誌『関西学院大学人権研究』（1998～）の発行。2009年度から『人権問題資料集』をデータ化しホームページに掲載、定例研究会の開催、指定共同研究、人権教育科目の開講、春秋の人権問題講演会の企画、同和教育研究・プロジェクトチーム以来行っている人権関係資料の収集・整備などの活動を通じて、主として大学における人権教育・研究の推進に努めている。

人事部

2014年度の法人組織改編により、総務・施設管理部*と人事部とが発足した。人事に関わる業務は、13年度までは総務部人事課が担っていた。その業務内容としては、教職員の定数、就業基準（就業規則その他職員の労働条件に関する整備・運用など）、人事運用・管理（職員の募集・採用・配置・任命・異動などの雇用管理など）、人事発令・記録（教職員の人事発令・記録など）、研修（職員の教育訓練計画立案・実施など）、給与（人件費予算・決算および給与計算・支払など）、福利・厚生（私学共済制度をはじめとした法定福利および労働衛生など)、業務システム開発・運用(人事・給与業務システムなど)および労働組合に関する事項であり、組織改編後も引き続き担当している。

学院における人事部の役割は、これら担当業務を通じて、教職員に対し働きやすい待遇と職場環境を限られた財源からバランスよく提供し、学院の教育・研究水準の維持向上に寄与することであり、男女共同参画推進本部*の事務を担当していることもその一つである。とりわけ、人件費の効果的かつ効率的運用への取り組みが、人事部としての大きな課題となっている。

2014年度の人事部発足までの総務部の変遷は次のとおりである。1934年度以前の関西学院の機能はすべて総務部に括られていたが、35年、総務課の前身となる庶務主事が、42年に総務部長が置かれた。戦後48年4月に総務部がスタッフ制をとる学院本部*に改組され、総務部長はその構成員となった。51年より学院に庶務課が置かれ、58年に広報課が加えられた。64年、広報課は広報渉外課と調査室となった。68年7月に学院組織がライン制に変更され、総務部に次長が置かれた。現在の総務部の基礎ができたのはこの年で、総務部長の下に従来の庶務課を改組転換し総務第一課・第二課が置かれるとともに、庶務課の秘書室担当書記を強化して理事会事務室が設置された。調査室は廃止され、広報渉外課は総務部長の下を離れ広報室*として独立した。

1972年には理事会事務室が発展的に解消され、学院秘書室が設けられて総務部から独立した。また総務第一課・第二課が総務課と変更され、新たに外郭団体である教育振興会の業務を学院が担うこととなり総務部の傘下に加えられた。73年初めて職員が総務部長に就任した。75年には総務課が庶務を担当する総務第一課と人事・給与を担当する総務第二課とに再び分割改組され、92年には総務第一課が総務課、総務第二課が人事課と改称された。

1984年、総務部内に発足した「事務機械化プロジェクトチーム」は、86年に総務部システム課に発展した。システム課は94年に情報システム課と改称され、99年より情報システム室として総務部から独立した。91年に教育振興会の業務を取り込んだ形で校友課が誕生し、2005年度から「外部資金の導入推進策」の検討を促進し、併せて「校友行政の推進」を強化するために、前年度に設置された法人部に校友課を配置換えした。そして14年度の法人組織改編により、総務・施設管理部*と人事部とに改編され、機能強化が図られた。

新聞総部

1922年、学生会*委員の手によりタブロイド判で「学生会時報」が創刊され、学院内に初めて学生の言論機関が生まれた。紙面の拡張に伴い第11号より「関西学院時報」と改称。25年に出版部として創部。初代部長谷水一磨。26年第21号より「関西学院新聞」と改称。23号「学院創立記念号」から新聞紙大のものとなり、27年から部名称が新聞部となる。戦火の中、41年2月に学生会が解散し報国団*・報国隊が結成されるとともに報国団総務部編輯科新聞班に改組を余儀なくされた。43年、学徒動員体制が確立し、201号「学徒出陣特集号」をもって一時休刊した。

1945年10月、学生会が復活し、部長山崎良三が出版総部を起こす。10月に壁新聞、12月にガリ版刷り新聞を発行。46年3月、復刊第1号（202号）を平判全紙大で発行。47年11月より新聞部、51年から新聞総部となる。92年683号より紙面を刷新、「関西学院大学新聞」と改称。「学生に読まれる」大学新聞を目指し現在に至る。

【文献】『新聞部40年』1963；『ポプラは羽ばたく 創刊65周年記念文集』1988；「関西学院新聞 保存版」1993

新明正道《しんめいまさみち》 1898. 2. 24〜1984. 8. 20

文学部*教授。台北に生まれる。東京帝国大学政治学科卒業。永井柳太郎*の留学先のマンチェスター・カレッジに留学した内ヶ崎作三郎や関西学院高等学部*教授小山東助*とともに海老名弾正門下三秀才と呼ばれた吉野作造の紹介で、高田保馬に代わって、1921年、関西学院文学部教授に就任。26年に退職し、東北帝国大学文学部助教授、31年、同教授、45年、定年退官。51年、東北大学教授に復帰し、61年、定年退官。以降、明治学院大学、中央大学、立正大学、創価大学教授を歴任。57〜58年、日本社会学学会会長。76年、学士院会員。

学生時代、吉野作造より政治学を学び、東京帝国大学の新人会の運動に参加していた新明は、文学部教授就任当初は政治学担当であったが、社会学兼任を依頼され、社会学の研究を開始した。在職中、『社会学序説』（1922）、『権力と社会』（1924）などの著書があるほか、高等商業学部*の雑誌『商光』に「サムナァの社会学に現はれたる政治思想」（1922）を含む3論文が掲載されている。

新明の業績は、ドイツ形式社会学の克服を目指し、独自の総合社会学を構想。一般社会学、歴史社会学、実践社会学の３部からなる「新明社会学」を確立した。著書に『形式社会学』(1928)、『社会学の基礎問題』(1939)、『綜合社会学の構想』(1968)、『社会学における行為理論』(1974)、『新明正道著作集』(1976～92) などがある。

【参照】Ⅰ 368；Ⅱ 212【文献】大道安次郎『新明社会学』1974；秋元律郎『日本社会学史』1979；『関西学院大学社会学部三十年史』1995；『関西学院大学社会学部の50年』2011

す

水上競技部

1919年、高等学部*商科学生の横井時直が安達金城らとともに創部した。24年のパリ・オリンピックに石田恒信が200m平泳ぎで出場し、関西学院初のオリンピック選手となった。同年には、日本初の東西大学対校戦となる早関戦を開催した。1930年には伊藤英逸が極東オリンピック100m自由形で４位入賞。49年、50年の日本選手権では山本速水が２年連続で優勝した。飛込では津谷（現姓馬淵）鹿乃子がメルボルン（1956）、ローマ（1960）、東京（1964）と、３大会連続のオリンピック出場を果たし、東京大会では飛板飛込で７位に入った。

競泳部門は1963年までに24回の関西制覇を達成していたが、その後低迷期に入り、70年代には関西２部４位、部員６名という時期もあった。90年代に入り復活を果たし、竹下裕之コーチらの指導の下、99年まで３年連続関西準優勝を達成。2013年には50年ぶりの関西制覇（通算25回目）を果たした。水球は98年まで５年連続関西制覇を達成した。

【文献】『弦泳 創部80周年記念号』1999

吹奏楽部

戦後の1946年に誕生した応援団は、創部から10年間は「質実剛健」が求められていた。50年代に入り体育会*各部の全国制覇が続くと、「愛され親しまれる」応援団をモットーに、応援形態や方法が変化した。それに伴い、54年、応援団の中にブラスバンド部（1958年、吹奏楽部と改称）が誕生した。当初は数名で演奏し、応援に花を添える程度の活動であった。その後、部員が増加するにつれ、応援活動のみならず、吹奏楽部単独での定期演奏会の開催、全日本吹奏楽コンクールへの出場（金賞18回受賞）、カナダ、韓国、シンガポール、アメリカ、台湾など海外における演奏活動など、幅広い活動を行い、常に高い評価を得られるまでに成長した。現在、吹奏楽部は、指導部*、チアリーダー部*と三部一体となり、関西学院全体だけでなく、95年の阪神・淡路大震災*、2011年の東日本大震災の地域復興に元気をもたらすため現地を訪れ、応援活動を行った。またその一方で、常に質の高い安定した音楽を目指し、「新・関学サウンド」を確立すべく日々活動を続けている。

【文献】『関西学院大学応援団総部吹奏楽部創部四十周年記念誌』1994；『TSUBASA 1954–2004：応援団総部吹奏楽部創部50周年記念誌』2004

スキー競技部

1933年12月、山岳部*から分離独立し田中務、三戸誠らにより創部された。それ以前は山岳部の中にスキー競技の部門があり、31年の全関西学生スキー選手権大会（全関西）で優勝を飾っている。その後山岳部内の方針でスキー競技部門を廃止することが決定されたが、三戸らは山岳部のOB田中時男、秋山岩人らの助言を得、また山岳部の了解をも得たうえで、スキー部を復活させた。

1934年２月、「スキー倶楽部」として神戸にて発会式をあげ、本格的に練習を開始した。35年、三戸はOB会「雪艇会《せっていかい》」を創設し、初代会長となった。

1938年１月に開催された全関西第11回大会で優勝。朝日新聞は「特筆すべき異彩、関西出身者ばかりの覇者関学。絶えざる努力は必ずいつかは実を結ぶものである。」と書いた。同年学生総会にてスケート部*、馬術部*とともに体育会*に加入。42年１月の全関西第15回大会で２度目の全関西優勝を果たした。

1952年頃から有望選手が相次ぎ入部し、第２期黄金時代を築いた。54年の全関西では複合、純飛躍で上位を独占した。さらに55年の全日本学生スキー選手権大会（インカレ）では関東の強豪に伍して２部優勝し悲願の１部昇格を果たした。

その後２部へ降格するが1958年１部に復帰し、続く全関西では16年ぶりに１部優勝を果たしている。小川浩史によるインカレ１部の耐久競技２連覇。そして全関西１部で４年間、耐久・長距離で優勝という輝かしい記録がある。その後インカレでは61年２部に降格、64年には３部に降格。

それ以降は３部での戦いが続くことになる。関西出身者のみのチームとなったが、87年２部に降格するまで全関西１部に踏みとどまる（途中71年に降格、74年に復帰）。その後全関西３部まで転落するが、未経験ながらも純飛躍・複合競技に挑戦する選手が増え、距離競技・アルペン競技などの選手も切磋琢磨し99年に全関西１部復帰を果たす。

近年は学院のスポーツ選抜入試制度が浸透し、全国の高校からスキー競技経験者が入部する傾向が顕著（特にアルペン種目）で、部員数も増加。2014年２月、インカレにて２部優勝し、悲願であったインカレ１部復帰を54年振りに果たす。

女子選手は、1970年に初めて入部。71年から全関西の大会に参加する。その後80年の大会では中島玲子が大回転・回転で２種目制覇を果たす。近年はアルペン・距離とも競技経験者がそろい、2014年２月のインカレで２部優勝し、創部初の１部昇格を果たした。

【文献】全関西スキー連盟『雪白』1995；『山岳部80年史』2000；『雪艇：創部70周年記念史』2003

スクールカラー

関西学院最初のスクールカラーの制定は、明治期に関西学院に赴任したM. V. ガーナー*普通学部*教員、高等部*教授によるところが大きいとされる。1905年ごろ、当時のS. H. ウェンライト*普通学部長との協議によって、熱愛を表す紅と純潔を表す白とを校色として定め、普通学部の野球部*ユニフォームなどに採用された。その後37年ごろに、専門部学生会*が「弦月」と「蒼空」を象徴する銀および紺青（もしくは、白および紫紺）を校色として定め、独自のスクールカラーを持つこととなった。

この伝統は現在まで継承され、例えば卒業証書ホルダーの色は中学部*においては「えんじ」が、大学ではK. G. ブルーと呼ぶ「紺」が用いられている。

【文献】『開校四十年記念 関西学院史』1929

スケート部

1920年に登山部が結成され、22年に山岳部*と改称した。冬になるとスキーやスケートに興じ、やがてスキークラブ、スケートクラブの独立へと向かう。23年12月23日、山岳部*スケート倶楽部発会式を六甲山頂で行い、馬淵得三郎教授を部長、A. C. ブラッドレー教授を指導者としてスケート部が発足した。31年大阪の朝日ビル屋上リンク開設を機に関西学院スケート倶楽部となった。32年には関西スケート連盟に加盟し、同志社大学との間で定期戦が始められた。

1947年、スケート部からアイスホッケー部*が分離。50年、早稲田大学との定期戦が始められるが中断したままとなっている。現在行われている定期戦は、同関戦、関関戦、フィギュア部門の４大学（慶應、立教、同志社、関西学院）定期戦である。

創部以来、片山敏一（フィギュア部門、1936年ドイツ・ガルミッシュ・パルテンキルヘン15位）、上野（現姓平松）純子（フィギュア部門、60年アメリカ・スコーバレー17位、64年オーストリア・インスブルック22位）、山下（現姓大西）一美（フィギュア部門、68年フランス・グルノーブル15位、72年札幌10位）の３名のオリンピック選手を輩出している。また、村上弘（フィギュア部門）が日本学生氷上競技選手権大会個人優勝。スピード部門では、岩島直己、矢部雅一が日本記録を出している。

現在のスケート部にはフィギュア部門とスピード部門がある。卒業生は上ケ原スケート倶楽部に所属し、毎年総会を開催し、現役を援助する。活動内容を卒業生に知らせる部誌『空の翼』を年１回発行している。

鈴木《すずき》吉満《よしみつ》 1881. 7. 4〜1945. 7. 24

高等商業学校*長。滋賀県大津に生まれる。1900年、同志社中学校を卒業後、渡米し、ウィリアムズ大学、コロンビア大学、ユニオン神学校で学んだ。11年に帰国し、同志社中学校に勤務、18年には37歳の若さで校長に任命され、情熱的に学校運営に当たった。23年退職、関西学院高等商業学部*教授に就任、英語を担当した。寮の舎監も務め、学生たちよりその人柄を慕われ、「おとっちゃん」と呼ばれた。学生主事などを経て、40年、日米関係の悪化により、C. J. L. ベーツ*院長*ら外国人宣教師教員が退任、帰国し、学院執行部体制が大幅に交代したことに伴い、高等商業学校長に就任。太平洋戦争の激化と戦局の悪化の中で文部省の戦時非常措置により高等商業学校廃止の方針が打ち出されるや、同僚教員・学生・同窓による存続運動の先頭に立った。関西学院理事会は廃止を決定したため、44年、11名の同僚教員とともに退職した。翌年、関西学院の学生たちの徴用先である川西航空機宝塚製作所に自ら求めて就職し、徴用学生たちの指導に当たった。

45年７月24日、阪神間は連続して空襲され、同製作所も壊滅的打撃を受けた。空襲に際し、防空壕にいったん避難したあと、逃げ遅れた学生を救出するため壕を飛び出し、学生を助けたものの、自らは爆死した。

【参照】Ⅰ 353, 505, 638

スパニッシュ・ミッション・スタイル

本来はアメリカ・カリフォルニア州の太平洋沿岸のEl Camino（王の道）と呼ばれる要路にそって点在する、18世紀から行われたカトリック伝道の拠点となったミッション（修道院）の建築様式にちなむもので、クリーム色外壁とスペイン風赤瓦を特色としている。1929年、上ケ原*にキャンパスを移転する際、設計者のW. M. ヴォーリズ*により校舎の統一基本デザインとして採用された。以後、上ケ原さらに神戸三田キャンパス*の各校舎のデザインもほぼこれによってなされ、関西学院両キャンパスの一体感を生み出すものとなっている。

【参照】Ⅰ 450-451

スポーツ科学・健康科学教育プログラム室

（教務機構）

スポーツ科学・健康科学教育プログラム室の主要な業務は、スポーツ科学・健康科学関係の授業の提供や研究である。新制大学設立時の体育の待遇教員は大学直轄待遇教員として位置づけられていたが、その後、学長*直属教員と呼称が変更され、2008年度人間福祉学部*設置とともに人間福祉学部の専任教員となっている。

学生の成績管理や履修登録手続などの教務事務の取り扱い部課については教務部（1950～51）、教務課（1952～56）、大学事務室（1957～58）、大学庶務課（1959～60）、保健体育課（1960～71、体育館専任事務職員が兼務）、教務課（1972～76）、総合体育館*事務室（1977～97.5）が担ってきた。さらに、94年度に関西学院大学のスポーツ科学・健康科学の教育研究を推進することを目的として「スポーツ科学・健康科学研究室」が新設され（95年４月１日より規程施行）、95年度から研究室の教育研究推進のための重要事項を審議する機関としてスポーツ科学・健康科学教育委員会が設置された。そしてその後、管理・運営と教務に関わる事務は97年６月より教務課に移管され、2008年度には現在の「スポーツ科学・健康科学教育プログラム室」に改組された。さらに、13年４月の大学組織の機構化に伴い、教務機構*に編入され、事務は教務機構事務部が担うこととなった。

1993年度までは「保健体育科目」が全学授業科目体系の一つの柱として設定され、全学生の必修科目であった。しかし、大学設置基準の大綱化を受けて全学的に取り組まれた教育課程改革の結果、それまでの「保健体育科目」は94年度から「総合教育科目」の第3系列「健康科学科目」として位置づけられ、10年度からは全ての学部で選択科目となった。なお、99年度には、「スポーツ科学」「健康科学」「体育方法学」「余暇生活学」の4分野よりなる「スポーツ科学・健康科学科目」と名称変更するとともに内容の改編が行われた。

【参照】Ⅱ 404【文献】『保健体育学研究資料 関西学院100年の歩み—体育科教育関係』1989；新井節男『関西学院健やかの歴史』1989；『スポーツ科学・健康科学研究』(1-11)1998-2008

スポーツセンター

1964年に体育会*各部のOB倶楽部(現、体育会同窓倶楽部)の寄付を基にして、現第2フィールド*の寮食堂*辺りに旧スポーツセンターが建てられ、長年合宿所として利用されてきたが、老朽化と狭隘さから、

関西学院創立111周年記念事業*の一環として、少し南西側に建て替えられた。合宿機能を中心として、他大学との交流や国際交流、体育会*リーダーの研修、さらにはスポーツ選手のリラクゼーションや、リコンディショニングの場となるとともに、体育会各部の戦力分析や能力開発の場としても利用されている。

2000年6月竣工、鉄筋コンクリート造り、延べ床面積2,977.14㎡、設計・施工は大林組。

スミス, R.

Smith, Roy
1878.6.14〜1969.6.3

経済学部*教授。アメリカ・イリノイ州に生まれる。1902年イリノイ大学を卒業、03年、G.M.フィシャーの紹介でYMCA派遣の英語教師として来日、山口県長府の豊浦中学校、神奈川県立厚木中学校や東京の大倉商業学校などで教えた。06年一旦帰国し、シカゴ大学で経済学および法律学(M.Ph.)を学び、ニューヨーク大学で哲学と商業学の学位

（MCS）を得た。09年再び来日、神戸高等商業学校に赴任して商業学、とくに外国貿易実務を長い間講義し、多くの俊秀らを育成した。その間、アメリカ・南メソヂスト監督教会*との関係を強め、神戸のキリスト教学生センター（後に善隣館さらに愛隣館と改称）で活動した。関西学院との関わりは、34年の旧制大学商経学部*開設に際して講師として商業英語を担当したことに始まる。戦時中はアメリカに帰国してシカゴ周辺の日系アメリカ人教会で活動するが、47年に来日、関西学院理事となる一方、48年に発足した新制大学経済学部*教授として教壇に立ち、外国貿易を講じた。さらに51年４月に開設された商学部*に移った。その後学院を離れたが、90歳でアメリカに帰国するまで、教育活動を展開した。59年、勤続50年を記念して勲三等瑞宝章が贈られ、あわせて第１回兵庫県国際文化賞を受賞、60年日米修好通商条約締結100年を記念しわが国の教育に貢献したアメリカ人としての表彰を受けた。著書に*A Half Century in the Schools of Japan*（1968）などがある。

【参照】Ⅱ 20, 136【文献】三戸雄一「ローイ・スミス先生」『随筆集日本人と外国人』1966；三戸雄一「ローイ・スミス先生について」『日本滞在記』1977

相撲部

相撲は日本の国技であり、関西学院創立の翌年1890年ごろには学院内でもすぐに有志が集まり、相撲部が創部されていたようである。原田の森*キャンパスのグラウンド近くに土俵があったことが1914年の土俵開きの写真から確認される。その後、17年に運動部に正式に加入した。19年に始まった全国相撲選手権大会では団体優勝５回（31、41、46、50、51年）、個人優勝（学生横綱）６回（井口義明 40、41年の２回、中村富次 46年、有光一 48、50、51年の３回）という輝かしい戦績を今日まで残している。また、25年に始まった西日本学生相撲選手権大会では、団体優勝 21回、個人優勝22回を誇る。

その強さは、1936年「大阪毎日新聞」の第４回関西選抜八校相撲大会記事、「大会創始以来連続覇権を独占する関学が依然名を為すか、各校の宿望『打倒関学』が成るか」などに明らかであろう。翌年、学生相撲のハワイ遠征のメンバー「木村君は関西一と謳わるゝ角技練達の選士」（1937年「日布時事」）とは、後年の関西学院同窓会*長として活躍した木村正春であった。さらに、戦前、部の発展に情熱を傾け、部員に心より慕われた北野大吉*教授（顧問）の名を忘れることもできない。

1960年代の大学紛争の頃より相撲部はしばらくの低迷期を迎えるが、やがて高校での相撲経験者が多く入学することによって、次第に往時の勢いを取り戻してきている。75年より始まった全国個人体重別選手権大会では、2005年10月に75kg未満級で初めて田中正幸が優勝（当時田中はレスリング部*員）、11年９月には宇良和輝が65kg未満級で優勝、12年９月には渋谷暢秀が75kg未満級で優勝する。近年、相撲のグローバル化に伴って、13年10月、第２回世界コンバットゲームス（於・ロシア、サンクトペテルブルク市）で宇良和輝が相撲・軽量級で金メダリストとなり、相撲部初の世界チャンピオンを輩出した。

【文献】『学生相撲百年の歩み』西日本学生相撲連盟, 1982；『関西学院相撲部百年史』1990

せ

生活協同組合

1959年の学生会館*旧館の建設を契機として、学生会*は大学生、教職員を対象に生活協同組合を結成することとなり、６月の学生総会でその結成が決議された。10月の設立総会を経て、12月に法人組合として設置が認可された。この月に食堂部門が、続いて理髪その他が営業を開始した。購買部は、原田の森*キャンパス時代の13年当時、高等学部*商科の学生の出資金を基本金として始められた消費組合を解散し、生活協同組合に吸収して開設した。初代理事長には、最後の消費組合理事長であった青木倫太郎*が就任した。62年には書籍部が開設され、大学生協はその機能をいっそう充実させた。

神戸地区大学生協の共同仕入れを柱として1964年に発足した神戸同盟体を基に85年には神戸事業連合が設立された。2011年９月に大阪事業連合と合併し阪神事業連合となった。今日、加盟生協は24を数える。

また、本学では学生会館新館（1984竣工）および旧館、生協正門店*、大学図書館*、第５別館*、高中部食堂、寮食堂*において業務を行い、組合員の生活の安定と向上のために努力を重ねている。95年の総合政策学部*設置にあわせて神戸三田キャンパス*内にも食堂および物販店を開設し、2009年、聖和大学との法人合併*時に、聖和キャンパスにも物販店を開設した。正門店は、13

年１月、中央講堂*の建て替え工事に伴い営業を終了したが、竣工後には、同講堂内に新店舗が開店する予定である。

【参照】Ⅱ 275

生協正門店

原田の森*キャンパスにおいて高等学部*商科の学生によって創設された消費組合の活動は、上ケ原キャンパス*への学院移転後も積極的に展開された。1929年の移転時に建設された30坪（約100㎡）の売店は、その後、消費組合から大学生活協同組合*へと組織が変更された後も売店として用いられていたが、84年の学生会館*新館の完成によって物販の主たる機能はそちらに移転し、以後、大学生協正門店として用いられた。建物は小規模ながらスパニッシュ・ミッション・スタイル*で、木造モルタル、吹き付けによる壁など、他の校舎群との調和が図られた。その後、新月池*再開発事業のため取り壊され、中央講堂*横に新正門店が新設されたが、125周年事業の一貫として中央講堂*の建て替えに伴い再び取り壊された。

【参照】Ⅰ 359；Ⅱ 275

聖句

関西学院のいくつかの建物には、聖書の句が刻まれ教育の姿勢が示されてきた。原田の森*キャンパスで最もよく知られたものは、神学館の玄関に刻まれたヨハネによる福音書８章32節の「真理将使爾得自主」（真理はあなた方を自由にする）であり、この言葉が当時の神学部*のモットーとして位置づけられた。

上ケ原キャンパス*では、移転時の最初期の建築には特に聖句を刻むことは行われなかったようであるが、学院創立70周年を迎えるころからいくつかの建物には以下のような聖句が刻まれるようになった。

・第５別館*「求めよさらば与えられん」（マタイ福音書７：７）

・社会学部校舎*「真理はなんぢらに自由を得さすべし」（ヨハネ福音書８：32）

この聖句碑は学部校舎建て替えに当たり新校舎入口の壁に再び埋め込む予定であったが、割れていたため、新事務室ロビーに展示されている。

・理学部校舎（本館）「愛をもって互いに事へよ」（ガラテヤ５：13）。この聖句のプレートは、2001年夏の理学部移転に伴い神戸三田キャンパス*に移設された。

・法学部*校舎「あなたのみことばはわが足のともしびわが道のひかりなり」（詩篇119：105）

・新大学図書館*「あなたたちは真理を知り真理はあなたたちを自由にする」（ヨハネ福音書８：32）

・F号館*「わたしたちは、見えるものにではなく見えないものに目を注ぐ」（コリント第２：４：18）。

人間福祉学部*はマタイによる福音書「あなたがたは地の塩である」を、国際学部*は「あなたがたは世の光である」をそれぞれ学部聖句とする。

また2006年に建て替えられた吉岡記念館*ベルスクエアに設けられたスイングベルにはギリシャ語でコロサイの信徒への手紙３章14節の「愛は、すべてを完成させるきずなです」が、さらに第３フィールド*入り口の碑にはローマの信徒への手紙５章４節「忍耐は練達を、練達は希望を生む」が記されている。

神戸三田キャンパス*においては、総合政策学部*の理念を表すものとして、「仕えられるためにではなく、仕えるために」という言葉がI号館エントランスホールに刻まれている。これは“Mastery for Service*”にちなんで引用される、マルコによる福音書10章45節をやや意訳した表現である。

宝塚キャンパス、初等部*はルカによる福音書２章40節「幼子はたくましく育ち、知恵に満ち、神の恵みに包まれていた。」を聖句としている。

また、中央講堂（125周年記念講堂）は、詩篇23「主は羊飼い、わたしには何も欠けることがない。主はわたしを青草の原に休ませ憩いの水のほとりに伴い魂を生き返らせてくださる。」を聖句としている。

政経科（1944–1946）

第２次世界大戦の非常措置に伴い、文系高等教育機関の定員３分の１削減方針を実施するため、1944年度から旧制大学商経学部*の募集停止と、専門部文学部*と高等商業学校*を統合して専門学校政経科を設け、理工科*を新設することになった。専門学校長には、神崎驥一*院長*が大学長*と兼任した。政経科長には商経学部*長だった原田脩一*が就任。戦時中とはいえ、両学部の学科を並列的に併合したのではなく、学科課程や専攻科はまったく新しい構想により編成された。入学定員を200名とし、経済科（100名）、法政科（50名）、東亜科（50名）の３科に分け、３年制で学問水準の高い専門科目と基礎的な教養科目を履修させることを目指した。初年度１年生に202名が入学、２、３年生には専門部文学部と高等商業学校から編入学させ、合計729名で出発した。

編入学の学生にはほぼ旧学科の課程を履修させたこともあり、多くの科目を開講する必要から教室不足に悩むことにもなったが、戦争が激しくなるにつれ、学徒動員体制が敷かれ、十分な授業ができない状況であった。政経科の目標も実施できないまま終戦を迎え、旧制度への復帰の声が高まり、1946年度に専門学校政経科は元の高等商業学部*と文学専門部に分離回復することになった。専門学校長は、新たに設けられた学監に就任した原田脩一*政経科長が兼任した。このことが正式に認可されたのは47年３月31日であった。

【参照】Ⅰ 587, 594

静修寮

静修寮は今日まで継承される男子３寮の中で最後に生まれたものであるが、寮自体の起源は啓明寮*、自修寮、北寮、そして寄宿舎*にさかのぼることができる。学院創立時の寄宿舎はやがて南寮と北寮の２棟となり、普通学部*生用の北寮は後に「自修寮」と名称変更され、その後何度か移転する。最初の移転先であった家屋が、1913年に高等学部*生の寮として発足し、「啓明寮*」と命名された。16年、啓明寮は新築移転し、その跡の寮舎は「第２啓明寮」と呼ばれていたが、23年に「静修寮」と改名された。

1929年に学院が上ケ原キャンパス*に移転した際、静修寮は成全寮*、静修寮と共に現在のＡ・Ｂ・Ｃ号館*付近に木造で新築された。82年には、大学の「学生施設整備充実計画」の一環として、他の男子２寮と共にキャンパス内から上ケ原*六番町に新築移転し現在に至る。

現在の静修寮では、４寮共通の行事以外にも、長年続けられてきた「田吾作旅行」など独自の年間行事がいくつか行われている。これらの行事への積極的参加、そこで養われる寮生の団結力、また日常的な礼儀作法の重視が、静修寮のよき伝統として今日も継承されている。定員は44名。１年生は２人部屋、２年生以上は個室で生活する。

現静修寮は1981年12月竣工、鉄筋コンクリート造り陸屋根５階建て、延べ床面積893.61㎡、設計は日本設計、施工は熊谷組。

【参照】Ⅱ 537

成全寮

成全寮のルーツは啓明寮*と同様、1889年関西学院創立時に建てられた建物2棟のうちの第1校舎兼寄宿舎*にさかのぼる。創立期の関西学院は神学部*と普通学部*からなり、私塾的環境の中、学生たちは寮生活を営んでいた。寄宿舎はその後南寮と北寮の2棟となり、南寮が神学部生用の寄宿舎であった。その意味において啓明寮とともに最も古い歴史と伝統を今日に継承する男子寮である。

やがて原田の森*校地の拡張によって1912年松林の北側に木造2階建ての寮が建設され、神学部生用の寮として「成全寮」と名付けられた。29年に学院が上ケ原*に移転した際、成全寮は、啓名寮、静修寮*と共に現在のA・B・C号館*付近に、移転前と同じく木造2階建てのきわめて簡素なものとして建設された。82年には、大学の学生整備充実計画の一貫として、他の男子2寮と共にキャンパス内から上ヶ原六番町に新築移転し、1年生時より全ての寮生が個室を与えられる環境の中、自治寮ながら学年の壁を越えた自由な雰囲気を醸し出しているのが特色である。また創立時より60年代までは神学部*学生寮であったが、今日では一般寮として男子学生に門戸が開かれている。

現成全寮は、1981年12月竣工、鉄筋コンクリート造り陸屋根5階建て、延べ床面積893.61㎡、設計は日本設計、施工は熊谷組。

【参照】Ⅱ 537

旌忠碑《せいちゅうひ》

中央講堂*東側の広場に建つ記念碑で、1939年10月の創立50周年記念式典の一環として定礎式が行われ、翌年2月に完成している。

日中戦争の本格化とともに学生・教職員の応召が相次ぎ、犠牲者は学院関係者にも及んだことから、関西学院は1937年に同窓戦死者7名のために初めての慰霊祭を実施した。翌38年の戦死者は10名に達し、第2回の慰霊祭を催した。学院、学生会*、同窓会*は合同して慰霊碑の建立を計画し、教職員と在校生が3分の1、同窓会が3分の2の募金を行った。石碑には碑文と日清戦争以降の学院関係戦死者168名の氏名が刻まれている。

「旌忠《せいちゅう》」とは国家に対する忠義を顕彰することを意味し、碑の前面

には神武東征を象徴する八《や》咫《た》烏《がらす》の図像が配置され、碑の背面にある碑文には自己を絶対的正義の立場に置いて他者を討つ意味を持つ中国古典の語句、また神武天皇の故事を述べる『日本書紀』の一節が利用されるなど、当時の時代風潮を色濃く反映したものである。そのため、戦後の状況にふさわしい碑のあり方が何度か検討された。2001年に、この碑に関する資料集『旌忠碑』を編み、同時に、この石碑の歴史的位置付けと平和への祈りとそのための働きを示したプレートが据え付けられ、最後に「平和を実現する人々は、幸いである」(マタイ福音書：5：9)の聖句*が刻まれた。

【参照】Ⅰ 548【文献】『旌忠碑』(関西学院史紀要資料集Ⅰ) 2004

清風寮

1950年代からの女子学生数の著しい増加に対応して、64年に関西学院初の女子専用寮が設立され、「清風寮」と名付けられた。資金の一部として、アメリカのミッション・ボード*より2万ドルの援助を受けて建築されたものである。これを示す英文プレートには “This Kwansei Gakuin Girls' Dormitory was made possible through the financial help and encouragement of the Texas Conference of the Methodist Church,U.S.A., under the leadership of Bishop Paul E. Martin. 1964−1965” と書かれている。上ケ原キャンパス*外に設けられた関西学院施設の草分け的存在であり、千刈地区やスポーツセンター*同様、関西学院が既存のキャンパスから外部へと発展することをより強く意識させるものであった。

部屋数は23室で、当時キャンパス内に置かれていた既存の啓明寮*、静修寮*、成全寮*の各男子専用3寮とは異なり、寮内に専用の食堂や浴場などが完備された。寮生は寮則に則った規律正しい生活を営んでおり、よき伝統として月に一度の定例礼拝が今日も守られている。定員は40名。

1年生と2年生が2人部屋、3年生と4年生は個室で生活する。この清風寮は建物の老朽化に伴い、2014年度末で閉鎖されることが決まっている。

1964年4月竣工、鉄筋コンクリート造り陸屋根地下1階付き4階建て、延べ床面積1,134.07㎡、設計・施工は竹中工務店。

【参照】Ⅱ 286

正門

移転当時の上ケ原キャンパス*では、地元の要望もありキャンパスはできるだけ地域に開かれたものとして考えられていた。そのため1929年の移転時には正門は建てられていなかった。しかし同窓生有志の寄付により翌30年4月に正門が竣工し、同年6月に献門式が行われている。組石造りの門柱表札に校名がどのように記されていたのかは定かではないが、学院史編纂室*には現在、第5代院長*神崎驥一*による木製の看板が保管されており、それが70年の大学紛争当時まで掲げられていたとみられている。紛争以後は表札も金属製となり、門柱上部のランプも撤去されたままになっている。現在の正門には防犯上の理由もあって堅固な門扉が付され、原則として午前7時から

午後10時30分まで開門されている。

【参照】Ⅰ 455【文献】「関西学院新聞」1930.6.20

聖和キャンパス実習支援室

聖和キャンパス実習支援室は、聖和大学実習指導室を前身として、関西学院大学教育学部*と聖和短期大学*に両属する組織として、2009年4月に新設された。大学の教職課程運営は、全学的には教職教育研究センター*が担っている。しかし、教育学部で取得可能な教員免許（小学校教諭一種免許、幼稚園教諭一種免許、中学校教諭一種免許［社会］・高等学校教諭一種免許［地歴、公民]）、保育士資格および短期大学で取得可能な教員免許（幼稚園教諭二種免許）、保育士資格、児童厚生二級指導員資格に関わる実習等は、教育学部並びに短期大学の責任において実施される。そのため、幼・小・保の免許・資格取得に関わる実習支援を目的として実習支援室が新設されたの

である。したがって、実習支援室の業務は、実習先の開拓、実習先との連絡・調整、実習の諸手続等となっている。

教育学部並びに短期大学の開設する実習科目は、多岐にわたっているため、実習計画の策定、実習科目間の調整、実習指導体制の吟味などは、教育学部では実習委員会が、短期大学では実習部会が行っている。

教育学部の実習は、体験実習、実地教育研究、児童生徒支援ボランティア実習、施設実習、保育所実習、小学校教育実習、幼稚園教育実習、教育実習A（中学校）・B（高等学校）、課題研究実習、ボランティア実習の10科目である。短期大学の実習は、教育保育参観実習、教育実習（幼稚園実習）、保育実習Ⅰ－B（施設実習）、保育実習Ⅰ－A・Ⅱ（保育所実習）、保育実習Ⅲ（児童館実習）の6科目である。2013年度には、教育学部で延べ970校園171施設に1,745名の学生が、短期大学で延べ116園26施設に356名の学生が実習に赴いている。

聖和大学同窓会

聖和大学同窓会は、聖和大学の建学の精神に基づき、会員相互の研鑽と親睦を図ることを目的とし、西宮聖和キャンパス*の同窓会館に事務局を置く。全国に13支部と4地区があり、海外在住の会員も少なくない。

正会員は、神戸女子神学校、広島女学校保姆師範科、ランバス記念伝道女学校、ランバス女学院、聖和女子学院、聖和女子短期大学、聖和女子大学、聖和女子大学大学院、聖和短期大学*（旧）、聖和大学、聖和大学大学院、聖和大学短期大学部の卒業生で、延べ1万8,059名（2014年5月現在）を数える。

聖和大学同窓会は、1900年に発足した神戸女子神学校同窓会をその起源とする。10年10月、神戸女子神学校創立30周年記念修養会において、「神戸女子神学校同窓会規則」を制定し、大森光子を会長に選出。11年8月、『会報』第1号を発行した。

ランバス記念伝道女学校同窓会は、1911年1月28日、『ランバス記念伝道女学校季報』第1号を発行した。

ランバス女学院同窓会は、1926年夏の修養会において発足。神学部会と保育専修部会があり、ランバス記念伝道女学校同窓会員はランバス女学院同窓会神学部会に、広島女学校保姆師範科卒業生は広島女学校同窓会とランバス女学院同窓会保育専修部会に、それぞれ所属することとなった。28年11月、『同窓会誌』が発行された。

1941年5月、聖和女子学院開校式に先立って、神戸女子神学校とランバス女学院の合同同窓会が開催された。

聖和大学同窓会は、近年、活動の充実を図るとともに、母校創立100周年記念事業（1980)、阪神・淡路大震災*時の母校への経済支援、母校と関西学院の法人合併*、母校創立130周年記念事業（2010)、東日本大震災の復興支援など、それぞれの時代の課題に取り組んできた。

学校法人聖和大学*は、2009年4月、学校法人関西学院*と法人合併*し解散したが、聖和大学同窓会は、現在も活動を継続している。毎年6月に総会を開催、毎年3月に会報を発行、総会時と西宮聖和キャンパス*での大学祭の時にバザーを開催。また、同窓会館において西宮聖和キャンパスの在学生（関西学院大学教育学部*および聖和短期大学*の学生）を対象に手作り講習会を行っている。

【文献】『旭光』6(5)1900.5.1.；神戸女子神学校同窓会『会報』(1)1911.8.15；ランバス記念伝道女学校同窓会『ランバス記念伝道女学校季報』1911.1.28；ランバス女学院同窓会『同窓会誌』1928.11；『聖和保育史』1985；竹中正夫『ゆくてはるかに：神戸女子神学校物語』2000；『同窓会だより：聖和』(52)2013.3.15

聖和短期大学

【沿革】

聖和短期大学には3つの源流があり、その最古のものは1880年にJ.E.ダッドレー*とM.J.バローズ*によって創立された神戸女子神学校にさかのぼる。また95年にN.B.ゲーンズ*によって開設された広島女学校保姆師範科（1908年に保姆養成科を改組)、および関西学院創立者W.R.ランバス*の母であるM.I.ランバス*によって1900年に創立されたランバス記念伝道女学校を起源とする。

1921年にランバス記念伝道女学校と広島女学校保姆師範科を統合し、大阪・上本町に保育専修部と神学部をもつランバス女学院を開校したが、戦争など諸般の事情により、ランバス女学院は、32年に神戸（三宮）から西宮（岡田山）に移転をしていた神戸女子神学校と合同することとなり、41年、「聖なる和合」(Holy Union）を意味する校名をもつ聖和女子学院が誕生した。当初は保育部と神学部でスタートをしたが、女子神学校統合の流れにより神学部を43年に廃止。社会事業部を開設したが、1年後に廃止のやむなきに至った。

終戦後の学制改革に伴い、1950年に保育科と宗教教育科からなる聖和女子短期大学の設置が認可され、さらに64年にはキリスト教教育学科と幼児教育学科からなる教育学部*をもつ聖和女子大学が開学した。81年、大学の男女共学化により名称が聖和大学と変更され、聖和女子短期大学も聖和短期大学へと名称を変更。86年には短大に英語科を開設し、88年に聖和大学短期大学部と名称変更。95年に聖和大学に人文学部が設置され、2002年に英語科は廃止された。学校法人聖和大学*は、09年に学校法人関西学院*と法人合併*し解散。これにより聖和大学短期大学部は、学校法人関西学院聖和短期大学として新たに出発することとなった。

現在、聖和短期大学は保育科1学科となっている。保育科の起源は1895年に開設された広島女学校保姆養成科にあり、キリスト教主義による保育者養成機関のうち現在も継続している学校としては頌栄短期大学に次いで日本で2番目に開設された学校である。開設当初より、W.R.ランバス*をはじめランバスファミリーの協力・支援の下に運営されてきた。初期はフレーベル主義に基づく恩物を中心とした保育であったが、1901年幼児教育の専門家として来任したF.マコーレーは、日本で初めて「スキップ」を保育に導入するなど、当時としては革新的な保育を実践・指導した。この保育は、『幼稚園教育九十年史』(文部省、1969)の中で明治末期に導入された児童中心主義保育の一例として紹介されている。04年にはM.M.クックが来任し、マコーレーの後を受けて、従来の教師主導による手工(技)中心の保育から、幼児の自然な活動を主体とする遊戯や製作を中心とする保育へと改革していった。また12年に来任したJ.フルトンはリズム教育を得意とし、日本で最初のリズム・ゲームの本を出版した。

ランバス女学院保育専修部はこの保育を受け継ぎ、当時コロンビア大学のJ.デューイが提唱していた児童中心主義教育に基づく保育を本格的に実践するなど、保育者養成のパイオニアとして日本の保育の創始期において重要な役割を果たした。その中心となったのは、広島女学校から転任して保育専修部長となっていたM.M.クックとその片腕として活躍した高森ふじである。高森ふじはコロンビア大学に留学し、デューイの進歩主義教育を幼児教育において実践したP.S.ヒルの薫陶を受けた数少ない日本人の一人である。また高森が翻訳したP.S.ヒルの著書 *A conduct curriculum*(1923)は、

1936年に『幼稚園及び低学年の行為課程』として出版された。

広島女学校時代中期に始められ、ランバス女学院時代に確立された児童中心主義による保育、つまり子どもの日常の具体的生活体験に基づいた保育、子ども自身の興味と自発的活動を中心とした保育は、聖和の保育の伝統として聖和短期大学へと受け継がれ、今も聖和幼稚園*で実践されている。

ランバス女学院時代は、学内の教育活動に留まらず社会に向けた活動が始められた時でもある。全国に先駆けて母親学校を開設し、無料児童相談所を設け、レクリエーション講習会を開催するなど、幼児・児童の教育に関する社会的活動を積極的に行った。母親学校は、後に聖和大学公開講座「幼児教育大学」として継承された。また大阪毎日新聞社社会事業団幼児部と事業提携し、大阪・猪飼野（現、生野区桃谷）で大毎保育学園（現、聖和共働福祉会）の教育を担うこととなった。ランバス女学院時代は20年という短い期間であったが、非常に意欲的で革新的な時代であったといえる。

聖和女子学院の出発は、第二次世界大戦勃発の年であり、外国人教師の帰国や米国からの財政的援助の中断など難局に向かっての歩み出しであった。戦争が激しくなるにつれ、勤労奉仕などで勉学の時間はほとんど得られなかったが、幸い校舎などは戦争の被害を受けることはなく、廣瀬ハマコ院長のもと学院の歩みは続けられた。終戦後まもなくM. M. ホワイトヘッド、A. ピービーが帰校し、本来の教育が再開されたが、聖和女子学院時代は、激動と試練の９年間であった。

戦後、教育改革により新学制が実施されることになり、聖和女子学院はいち早く短期大学の設置を申請し、1950年に聖和女子短期大学が発足した。ホワイトヘッド学長および後任の山川道子*学長のもと、短期大学認可の条件であった校地の拡張、建築計画に着手し、52年には待望の新校舎が落成。その後も講堂、学生寮、附属幼稚園舎を次々と増築していった。また教育面においても学科課程の整備と教師陣の充実が進められ、学生数が着実に増加し発展していった。また、留学生の受け入れはすでに広島女学校時代より始まっていたが、戦後、タイ、台湾など海外からの留学生を受け入れ、本学で幼児教育を学んだ卒業生が母国の幼児教育に従事・貢献している。57年には１年制の保育専攻科を開設したが、64年の聖和女子大学の開学に伴い、66年に廃止された。

1976年には、大学幼児教育学科と短大保育科の教員が中心となり、荘司雅子教授を会長に聖和幼児教育研究会（聖幼研）が発足。実習園の教師たちを対象として２カ月に１度の研究会を開催し、共に研究と研鑽の時をもった。また70年の創立90周年を記念して研究論文集を発刊。現在は、聖和短期大学教員を中心とした聖和保育教育研究会の研究紀要『聖和論集』へと引き継がれている。

このように長い歴史をとおして本学に受け継がれてきた建学の精神・教育理念は、合併後、関西学院のミッションステートメントのもと短期大学の目指す人間像が新たに掲げられ、「“Mastery for Service*”を体現する世界市民—豊かな専門的知識と理解力、確かな実践力を備え、他者、特に幼い者や社会的弱者への深い愛と共感をもって、隣人・社会・世界に奉仕する人」と謳われている。また聖和創立100周年を記念して1980年に制定された「新しき歌」（阪田寛夫作詞、大中恩作曲）は、校歌「空の翼」*とともに、短期大学の学歌として歌い継がれている。

【現状】

〔学生〕 短期大学は、保育科１学科、女子のみで構成され、入学定員は150名である。学生数は、１年生166名、２年生157名、合計323名（2014年５月１日現在）。これらの学生は、推薦入学試験（指定校推薦、公募推薦A、公募推薦B、教会推薦）および一般入学試験によって選抜され、入学した者である。

〔教職員〕 専任教員15名、教務補佐１名に加え、専任職員４名、嘱託職員１名、アルバイト職員２名、派遣職員１名で構成されている（2014年５月１日現在）。

〔教育〕 教育課程は一般教育科目および専門教育科目によって構成され、２年間で幼稚園教諭二種免許状および保育士資格を取得できるように編成されており、現在は2011年度に改正された指定保育士養成施設養成課程に基づいたカリキュラム編成となっている。免許・資格取得を中心とした教育課程ではあるが、本学独自の科目として「キリスト教学」「キリスト教保育Ⅰ」「基礎演習」「保育学研究演習」を卒業必修科目としている。また創立当初より受け継いできた実習重視の方針により、国が定める実習以外に、すべての実習の基礎となる科目として「教育保育参観実習」を置き、観察実習から参加実習へ、さらに指導実習へと実習を段階的に経験できるよう配慮している。特に「基礎演習」「教育保育参観実習」などは、聖和幼稚園*との密接な連携のもとに授業が進め

せ

られ、保育現場と直結した学びとなっている。

〔学生活動〕聖和短期大学支給奨学金など各種の支給および貸与奨学金制度を制定し、学生の支援を行っている。2012年には、上谷潤子元聖和短期大学教授よりの寄付を基金として、経済的援助を必要とする学生のために上谷潤子奨学金を設立した。また学業成績優秀者または正課外活動において顕著な成果を修めた者を対象とした関西学院同窓会*奨学金を制定し、勉学や諸活動を奨励している。

〔研究活動〕2010年に短期大学教員を中心として聖和保育教育研究会が発足した。『聖和論集』を年1回発行し、研究発表会を定期的に開催している。現在は聖和幼稚園教諭数名も会員となっている。

キリスト教教育・保育研究センター(Research Center for Christian Education and Childcare)は、「聖和大学パール・マケーン記念キリスト教と教育研究所」を継承して2009年に山川記念館*内に開設された短期大学の附属施設である。キリスト教教育・保育に関する理論、実践、歴史に関する専門的調査や資料収集、研究を行い、この成果を公開講座、展示などで紹介している。2013年度に委嘱された研究員は、短期大学教員3名、関西学院大学神学部*および教育学部*教員各1名、聖和幼稚園*教員1名、その他1名となっており、近隣の教会・保育関係者も参加して定期的に研究会を開催している。

【文献】『聖和八十年史』1961；『聖和保育史』1985

聖和短期大学図書館

聖和短期大学図書館は、聖和女子大学時代の1980年に創立100周年事業として建設され、100周年記念館と呼ばれてきた。当時の建物の概要は鉄筋コンクリート4階建、延べ床面積2,924㎡、1階部分はロビー、自習室、書庫、2階部分は書庫、3階部分は図書閲覧室、4階部分に乳幼児保育・幼児教育やキリスト教教育関係の資料室と展示室やAVラウンジを備えたものであった。

2009年4月1日の関西学院と聖和大学との法人合併*に伴い、この建物は一部改修され、名称は聖和短期大学図書館となったが、教育学部*資料室の機能も有しているため、通称「西宮聖和キャンパス*図書館」と称し、聖和キャンパスにある関西学院大学教育学部*および聖和短期大学の教職員や学生の教育・研究を支援している。

なお、この図書館には、教育学部および短期大学の初等教育関係や乳幼児保育、幼児教育関係の書籍が現在21万2,139冊、315の閲覧席が備えられている（2013年度末現在）。

また、上ケ原キャンパス*にある大学図書館と連携し、他キャンパスの図書や論文コピーの取り寄せを実現するなど、着実にサービスを拡充してきている。加えて、新入生全員を対象としたガイダンスや、授業・ゼミごとの事情に合わせて内容を一からオーダーメイドで組み立てる情報活用ガイダンスなどを継続実施し、特に学生に対して図書館利用を促している。

聖和幼稚園

【沿革】

〔歴史〕聖和幼稚園は、1886年に宣教師J. W. ランバス*一家によって神戸居留地を拠点として活動を開始し、関西学院、広島女学院などを創立したアメリカ・南メソヂスト監督教会*の働きから生まれた。

1891年に同教会宣教師N. B. ゲーンズ*による広島女学校保姆師範科の設立に先立って開園され、附属幼稚園となった。その後、同師範科がランバス女学院として大阪・上本町に移転すると同時に附属ランバス幼稚園となった。さらに、ランバス女学院が聖和女子学院として兵庫県西宮への移転に伴い附属聖和幼稚園、その後、聖和大学附属聖和幼稚園としての歩みを続け、2009年4月、関西学院と聖和大学の法人合併*により学校法人関西学院*聖和幼稚園と改称し、現在に至っている。

〔教育内容〕聖和幼稚園は、初代園長ゲーンズによって掲げられた「幼な子をキリストへ」の建学の精神を基に、120年にわたって聖書における子ども観（一人ひとりの子どもたちは神様に愛された存在）をもってキリスト教主義による教育・保育を継承してきた。

・広島女学校保姆師範科附属幼稚園時代（1891～1921）

1891年開園当初、全園児13名という小さな歩みから始まり、地道なキリスト教による愛の保育実践によって、少しずつ市民権を得ていくこととなる。その初期の保育は、フレーベルの理論を基に遊戯、恩物を遊具とする保育が展開されたと思われる。

中期の保育は、P. S. ヒル（J. デューイの高弟）の斡旋によりF. C. マコーレーが配属され、児童中心主義による自由な保育が取り入れられるようになる。また、ピアノに合わせてスキップをするなど、当時、「斬新な保育」と評される内容であった。後期の保育は、M. M. クックが主軸になり、より自由な保育の活動が加わり、本園の遊びを基軸とする保育の基本が確立された。

・ランバス女学院附属ランバス幼稚園時代（1921〜41）

保姆師範科が大阪に移転することで、母体となる学校はランバス女学院となり、附属幼稚園も新たなる転機となった。広島に引き続いてクックが指揮を執り、カリキュラムは児童心理学の上に置き、子どもの発達に応じたものが組まれるようになっていった。母親教育、児童相談（教育相談）が充実してきたのもこの時期である。

・聖和女子学院附属聖和幼稚園時代（1941〜50）

母体となるランバス女学院が、神戸女子神学校との合同（現在の兵庫県西宮市に移転）により聖和女学院附属幼稚園時代が始まる。保育においては、子どもたちを中心に考えたキリスト教保育の実践を途絶えさせることなく、1945年の終戦を機に再び保育環境の整備に努める。

・聖和大学附属聖和幼稚園時代（1950〜2009）

戦後の復興期に、母体となる大学が聖和女子短期大学―聖和女子大学―聖和大学と発展し、附属幼稚園も再び充実期を迎えることとなる。

・関西学院聖和幼稚園時代（2009〜現在）

2009年、聖和大学と関西学院大学の法人合併*により園名を学校法人関西学院*聖和幼稚園とした。折しも少子化など子どもを取り巻く社会変容が大きい中、現在、これらの状況に対応すべく保育内容や子育て支援を備えて、更なる展開を試みている。

【現状】

聖和幼稚園は、キリスト教主義教育を実践する幼稚園として、神様から命、個性を与えられている子どもたち一人ひとりを大切に守り育てていく保育を120年にわたって継承してきた。その内容は遊びを中心とし、ゆったりとした時間の中で子どもたちの心と体を大事に育む幼児教育である。以下、その教育方針および保育内容の概要と援助、環境設定におけるこだわりの観点を記す。

〔聖和幼稚園の教育方針〕・子ども一人ひとりが、イエス・キリストによって示された神様の愛に気付き、自らがかけがえのない存在であることを知り、喜びと感謝をもって過ごす。
・お互いの個性や多様性を認め合い、自主性、創造性を発揮して共に育ち合う。
・神様の創造された自然の中で心と体を存分に使って遊び、健康的な心身を育み、豊かな感性を培う。
〔保育内容〕①自由活動：子ども一人ひとりが喜びをもっていきいきと遊ぶ場として教育的配慮をもって構成された環境に、子どもが自主的に働きかけて物と人に関わる中で、創意工夫したり、想像の世界を広げ知識や技術を獲得したり、楽しさや達成感を味わうとともに、困惑や葛藤、考えの違いなどを体験するなど、人との関係、自由と規律の関係などを学ぶ活動として大事に考えている。
②話し合い・礼拝：子どもたちの椅子を馬蹄形に並べ、子どもたち同士が互いの表情を見合える位置関係になって話し合いをする。クラス全体の話し合いのときは、一斉に話題を提供するときでもあるが、一人ひとりが主体的にそれぞれの思いや表現の違いに気付いたり、新たな発見をするなど、心を豊かに動かしているときとなるように配慮している。
③外遊び：神様によって創造された自然環境の中で存分に遊び、生きる力の源泉を育むという目標を前提に、外遊びの体験を重視している。
④音楽・表現活動：100年以上にわたって受け継がれている独自の表現活動を中心に、音楽活動は、クラシックから最新の音楽まで取り入れ、子どもたちの発達や興味・関心に合わせて豊かに楽しめるようにしている。
〔保育環境〕園庭の樹木に包まれて建っている園舎は、木の素材を使い、発達に合わせて子どもたちの使う椅子、机、遊具・教材棚は、各学年高さや配置も考慮している。園庭の固定遊具に関しては、走る、登る、降りる、ぶら下がる、揺れる、滑る、跳ねるなどの動きができるように考えている。「森」と称する庭には、シナノキの高木を中心に、子どもたちが興味を持つコナラ・ミズナラ・マテバシイなどどんぐりのなる木が14種類、カキ、ヒメリンゴなど食べられる実のなる木も多数植栽している。昆虫類も150種以上が園内にて確認されるほど自然環境は豊かである。

〔預かり保育「ぶどう組」〕近年、近隣子ども社会の崩壊、子どもたちの遊び場の減少などに鑑み、本園は2010年度より子どもたちの健やかな成長のために、預かり保育を実施している。基本的に保育日は、保育終了後から5時30分まで行っている。

【文献】『聖和八十年史』1961；『聖和保育史』1985；『聖和幼稚園100年史』1991；『むすんでみよう子どもと自然』（8章）2010

聖和寮

女子学生寮である聖和寮の起源は、聖和女子短期大学時代の1962年に建築され、現在は西宮聖和キャンパス*10号館として、学生の課外活動やピアノ練習に利用されている建物である。

現在の聖和寮は、学校法人聖和大学*が1993年に近隣の農地を買い取り、西宮市上ケ原*2番町に建設したものである。法人合併*前（2008年度）までは、聖和大学（教育学部*生、短期大学部生）の女子学生寮であったが、2009年度の関西学院と聖和大学の法人合併*により、聖和大学（教育学部*、人文学部）、聖和短期大学*、関西学院大学の女子学生寮となった。なお、聖和大学が廃止された12年度からは、関西学院大学

と聖和短期大学*の女子学生寮となっている。

聖和寮寮則の第1条には、「聖和寮は、関西学院の建学の精神*であるキリスト教主義教育に則り、学生が互いに協力して学生生活を営むことを目的とする。」と明記され、この精神を理解するために、月1回の木曜礼拝（ファミリーアワー、木曜集会）を実施している。また、寮運営については、聖和寮運営委員会（学生の代表6名、聖和キャンパス事務室長〈聖和寮運営委員長〉、教育学部長、聖和短期大学長、聖和キャンパス担当課長、寮母）において協議され、円滑な運営が行われている。

聖和寮の施設はワンルームタイプのユニットバスを備えた個室が92室、食堂、談話室、集会室、洗濯室があり、3食が提供されるなど快適な共同生活が送れるよう配慮されている。

世界展開力推進室 (国際連携機構)

世界展開力推進室は、文部科学省の2011年度「大学の世界展開力強化事業」に採択された「日加大学協働・世界市民リーダーズ育成プログラム『クロス・カルチュラル・カレッジ』」(CCC) の推進を目的として、11年11月に国際教育・協力センター*内に設置された。CCCは本学およびカナダの協定3大学(マウント・アリソン大学、クィーンズ大学、トロント大学)が協働して運営し、推進室はカナダ3大学と連携し、プログラムの企画・立案および運営等を行っている。

「大学の世界展開力強化事業」とは、国際的に活躍できるグローバル人材の育成と大学教育のグローバル展開力を強化するため、高等教育の質の保証を図りながら、日本人学生の海外留学と外国人学生の受け入れを行う国際教育連携の取り組みを文部科学省が支援するものである。同事業は2011年度から募集が開始され、CCCは同年度に応募して採択された。12年2月には試験的な留学プログラム(Joint Seminar Pilot Program)がクィーンズ大学にて実施され、12年4月からは、本格的に教育プログラムが開始された。

推進室の室長には国際連携機構*長、副室長には国際教育・協力センター長が兼務し、現在、構想責任者(本学専任教員)の指導の下、事業推進のために採用された世界展開力協働教育推進支援者(国際教育・協力センター*所属)と国際連携機構*事務部が連携し、カナダの3大学とともに共同開発した授業科目やMS特別プログラム「クロス・カルチュラル・スタディーズ」を提供している。

【文献】世界展開力推進室発行パンフレット *Cross-Cultural College* 2013;*Cross-Cultural College MDS Program Guide*

全学協議会 (スクール・カウンシル)

アメリカ・南メソヂスト監督教会*の単独経営であった関西学院が、カナダ・メソヂスト教会*と合同経営に入ることを取り決めたものが、1910年5月の合同条項*(Articles of Union)である。合同条項は第11条において、理事会の働きについて規定するとともに(第1項)、全学協議会(スクール・カウンシル)を設けて関西学院内部の運営に当たることが規定されている(第2項)。全学協議会は院長*、各学部長(神学部*長、高等学部*長、普通学部*長)の合計4名で構成され、院長がその議長を務めることとされた。また、もし何らかの理由で構成員が４名より少なくなった場合には、理事会は臨時に礼拝主事あるいは１名ないしそれ以上の教授を任命し員数を埋める権限をもつとされた。

全学協議会は学院運営について広範な役割を担っていた。すなわち、２学部以上ないし学院全体に関するすべての事柄は理事会のもとにある全学協議会によって決定されること（第４項）、理事会によって推薦され合同教育全権委員会によって任命される者以外の役職は全学協議会によって任命され、その職責については全学協議会に負うこと（第５項）、通常、普通学部の教員は全学協議会の承認によって普通学部長と院長によって選任されること（第６項）、全学協議会が決定できない場合には理事会に委託されること（第７項）などが、合同条項で定められていた。なお、その後全学協議会に関する規程が改正され、1915年には構成員が８名に、20年には12名に増員された。

1951年３月、関西学院は財団法人から学校法人へと変わったが全学協議会はそのまま運営され、58年11月、理事会で決定された「全学協議会規程」に基づくものになった。これにより「院長が全学院に関する事項のうち必要と認め諮問する事項について審議する」ことを目的として設置されている。

【参照】Ⅰ 248-250

全学共用棟

全学共用棟は、上ケ原キャンパス*の新グラウンド（現、第２フィールド*）に移設された陸上競技グラウンドの跡地に建設された理学部校舎で、2001年夏の理学部の神戸三田キャンパス*への移転に伴い、2001年10月から02年３月にかけて本館が大改修され、同年８月、名称を改め再利用されたものである。

理学部校舎は、先行して建設された学生会館*や社会学部*と同様のモダニズム様式に沿ったデザインで、大学の学部校舎としては初めての市道南側の建物であった。当初は本館と実験棟の２棟のみで、理学研究科修士課程設置時に本館４階部分を増築し、博士課程設置に際して別館が新たに建設された。さらに、研究設

備の整備、学生・教員の増加、学生実験の質的向上など学部の内部充実に伴い、既存施設では狭隘となり、また実験施設としての危険防止などの観点から、教育施設充実計画の先陣を切って情報処理研究センターと同時期に新館が建設された。場所は理学部本館東南部で、電気室に併設されていた蒲鉾型の屋根をした実験棟を解体した跡に建てられた。

2001年夏、理学部が神戸三田キャンパス*へ移転し、同時に行われた新月池*周辺の再開発（本部棟・大学院*１号館・法科大学院*校舎の建設）により、旧大学本館、同窓記念会館、学院本館*別館、新月クラブ*の解体工事が始まり、入室していた入試課、AO入試課、点訳室、日本研究プログラム講義室、人権教育研究室*、教務課、情報システム室（電算室）、教職教育研究センター*、言語コミュニケーション文化研究科*教員共同研究室、広報室*が、02年８月から再開発を終える04月３月まで、全学共用棟を仮に使用した。04年７月から05年３月にかけて再び改修が行われ、同年４月から新設された経営戦略研究科*と、災害復興制度研究所*が同棟を使用し、現在に至っている。また同棟には36の教員個人研究室もある。

理学部本館は1961年４月竣工、鉄筋コンクリート造り陸屋根４階建て、延べ床面積4,597.05㎡、竹中工務店の設計・施工。

理学部別館は、67年７月竣工、鉄筋コンクリート造り陸屋根、延べ床面積1,190.16㎡、設計・施工は竹中工務店。別館は改装されて2002年９月からトレーニングセンターとして使用後、13年に解体され跡地に高等部体育館*が建設される（2015年２月竣工予定）。理学部新館は81年９月竣工、鉄筋コンクリート造り陸屋根地下１階付き４階建て棟屋２階、延べ床面積3,740.16㎡、設計は日本設計、施工は竹中工務店。新館は、メディア・研究棟として活用されている。

【文献】『関西学院大学理学部20年史』1981

千刈カンツリー倶楽部

1950年、旧制中学部*以来の伝統であるキリスト教主義教育の一環としてのキャンプを実施するため独自のキャンプ場を持つことが決定され、54年に三田市香下の羽束東麓に土地を求め、55年に千刈キャンプ*サイト（現、千刈キャンプ*）が開設された。その後、59年になって立会山および平井池を含む大道ケ平丘陵地約50万坪（約165万㎡）購入案が理

事会に提案され、60年に教育目的のために購入された。その土地利用については新千刈土地施設検討委員会に委ねられ、農村センター*案とゴルフ場案が最終提案された。前案は62年に農村教育実習場として実現した。後案は同年に羽束台開発株式会社（現、千刈興産株式会社）の設立とその運営によって実現した。これが千刈水源地に隣接し、六甲連山、羽束山をはじめ北摂の山々を背景に２つの池と緑に囲まれた自然環境豊かなゴルフ場「千刈カンツリー倶楽部」である。

【参照】Ⅱ 283

千刈キャンプ

関西学院では早くから野外教育の重要性が認識されており、戦前すでに宝塚市桜小場にその場を設けていた。戦後改めて宗教活動委員会*などを中心としてキャンプ場設置の気運が高まり、三田市千刈地区に用地を取得し、1955年６月30日にキャンプ場が開設された。それは、自然や隣人との出会いを通じてキリスト教主義教育を推進することを目的とし、キャンプ場の運営にあたっては教職員にディレクターを、宗教総部*（SCA）に属する学生にリーダー（当初はカウンセラーと呼んだ）を委嘱してきた。開設当初の建物は集会室と厨房、管理人住宅があるのみで、利用者はすべてテント泊であった。その後、宿泊棟やチャペルが建設され諸設備が整えられるとともに、学生リーダーにより場内の整備がなされていった。

1984年、本格的な食堂、研修室、浴室を備えたキャンプセンターが完成し、新キャビンとあわせて通年の利用が可能となった。同時にキャンプ場の組織改革が行われ、名称も「千刈キャンプ」と改称された。以降、学院の規模拡大にあわせて、幼稚園や初等部*から大学院*までのさまざまな学内団体に利用されるようになった。近年は、３月と７・８月の長期休暇期間には教会学校や幼稚園などのキャンプ、学内のクラブ合宿利用が多い。また春学期は特に、

オリエンテーションキャンプが基礎ゼミや学科、学部、学年単位で行われ、毎年約1万2,000名が利用している。

2008年度からは学生リーダーOB有志を中心としたボランティア団体「花実会」が、関西学院との間で締結された「里山整備保全管理協定書」に基づき、同会のメンバーと学生リーダーが協力し、12年度まで千刈キャンプ内の樹木伐採作業を実施した。この活動は兵庫県の「里山ふれあい森づくり事業 住民参加型」の補助対象ともなり、県からの指導の下、常緑樹や竹林の伐採、下草刈りなど、年数回の整備作業を精力的に行い、約2haの森が開かれた。このような継続した手入れの結果、明るく見通しのよい森へと姿を変えようとしている。

【文献】『関西学院千刈キャンプ場開場20周年記念』1975;『山辺に向いて我目をあぐ―〈関西学院千刈キャンプ30周年記念誌〉1955年~1985年の歩み』1985;『関西学院千刈キャンプ40周年記念誌1955-1995』1995;『(Campers First)関西学院千刈キャンプ開設50周年記念誌』2005

千刈セミナーハウス

1978年10月竣工、開館。総延べ床面積4,172㎡、大講義室はじめ5つのセミナー室、チャペル、ラウンジなどを擁する宿泊研修施設。宿泊定員は130名。北摂のなだらかな山並みに抱かれ、滴る緑と鮮烈な川の流れの中に佇むこの研修道場は、都市の喧噪を離れて静かに自然に対する中で、自己を見つめ、自然と自己の根源である神に出会うという希求と祈りを込めて開設された。

小集団教育、学術振興、生涯学習、国際交流の4つを大きな柱として今日まで学内外の多くの人々に利用されてきた。関西学院の学生・生徒をはじめ、教職員やその家族、父母、同窓生さらに教会関係者や学会、他の教育研究機関、企業研修など幅広く社会各層の要望にも応えてきた。開館以来今日までの利用者数は延べ28万名に及ぶ。

その間、開館記念講演者として迎えたT.パーソンズ博士やJ.E.カーター元アメリカ大統領の来館、ランバス記念講座の講師として迎えたE.O.ライシャワー博士らを招いての講義・講演が行われた。また、独自の企画「千刈セミナー」では西谷啓治、隅谷三喜男らを招いての研修が行われたほか、チャペルのパイプオルガンを利用した音楽コンサートも多く実施されてきた。

セミナーハウスでは、その後企画委員会を再編し、従来の利用に加え

て語学集中トレーニングや社会福祉の実習、海外諸大学との遠隔講義・交換、関西学院ならではの新しい生涯学習センターとしての機能をいっそう活性化し、来たるべき時代の多くのニーズと期待に応えようとしてきたが、建物の老朽化、エレベータなどの設備を付加することの困難さ、旧消防法の認可による防火仕様の不備などを勘案した結果、2005年10月をもって休館とし、14年３月をもって閉館となった。なお、礼拝堂のパイプオルガンは06年神戸三田キャンパス*のランバス記念礼拝堂*へ、ステンドグラスは中央講堂*（125周年記念講堂）に移設された。

【文献】『千刈セミナーハウスだより』（1）1979；『山辺に向いて我目をあぐ〈関西学院千刈セミナーハウス開館10周年記念誌〉』1988；『千刈セミナーハウス白書』1992；『千刈セミナーハウス開設20年の歩み』1998

千刈の自然

〔**気象**〕三田市の東部、羽束川と千刈水源地とで宝塚市に接する標高200～250mの高台に「千刈キャンプ*」があり、かつて「千刈セミナーハウス*」があった。三田は六甲山系と北摂の山々に囲まれた盆地で、内陸的な気候で冬には寒冷地の一つにあげられる。「神戸港で積んだ水は赤道を越えても腐らない」と昔外洋航路の船員の間でもてはやされた「神戸ウオーター」とはほかならぬ千刈の水で、冬に冷え込むことがその要因といわれている。

〔**植生**〕上記の気象条件から千刈の植生はアカマツの針葉樹、ソヨゴ、ヒサカキ、イヌツゲ等の常緑樹、コナラ、コバノミツバツツジ、ガマズミなどの落葉広葉樹の混成林を形成している。千刈キャンプの土地が取得された1955年ごろは薪炭林として樹木は伐採された状態で、開設当初千刈キャンプは「木陰のない」キャンプ場だった。その後、樹木の保護が進み、約60年を経た現在は樹木が繁茂高層化し、林床部に日が射さない状況となっている。今後は里山としての景観を備えた樹木管理を進めていく必要がある。

〔**鳥類**〕樹木に囲まれた千刈地区内

には多くの野鳥が姿を現す。春先はメジロ、オオルリ、ルリビタキ、ウグイス、イカル、カワセミが、夏になればホトトギス、キジ、アオゲラ、ヨタカが、秋から冬にかけてはカケスがそれぞれ目と耳を楽しませてくれる。また四季を通じてセグロセキレイ、コゲラ、エナガ、シジュウカラ、カワラヒワ、シロハラ、ヒヨ、アオサギ、フクロウ、コジュケイが確認できる。

〔ほ乳類〕林内を散策していると、あたり一面に南京豆の皮をまきちらしたような中に小さなエビフライに似たものを見かけることがある。これは松ぼっくりを剥いて松の実を食べたリスの食痕である。高い松の樹上にボール状の茂みを見ることもあるが、これはリスの巣である。また昨今イノシシが増えて近隣の農作物を荒らす被害も出てきている。千刈セミナーハウスの用水池でイノシシの仔「ウリボウ」が発見され捕獲されたこともある。このほかタヌキ、イタチ、キツネ、ノウサギ、モグラ、

ヒミズも確認されている。

ほかに環境省により準絶滅危惧（NT）に指定され、国蝶とも言われるオオムラサキが観察されるほか、モリアオガエルの産卵も毎年みられる。

このように、千刈の自然の中には多様な生物が生活を営んでいることからも、それらの生物の餌が確保される豊かな自然が残されていることが理解できる。

全共闘

全共闘（全学共闘会議）とは、1960年代後半の大学紛争に際し、全国の諸大学に結成された学生組織をいう。関西学院大学では68年11月に行われた全学執行委員会委員長の選挙で選ばれた委員長のもとに全共闘が結成された。それ以前の学生の諸活動は、各学部自治会や公認団体からなる全学執行委員会が中心となって運営されていた。全国的に学生運動が活発になった60年代後半になると、左翼系のさまざまな政治思想を背景にもつセクトが諸大学の全共闘を通じて学生活動の主導権を握るようになった。

関西学院大学でもさまざまなセクトが全共闘を構成し、第５別館*などを拠点に、学費値上げなどを発端

とする一連の闘争の中で主導的な役割を果たした。例えば、校舎等建物のバリケード封鎖、学院・大学の指導者に対する大衆団交*の要求と実施などは、すべて全共闘の指導のもとで実行された。しかし、大学紛争が泥沼化するにつれ、一般学生をはじめとして自らに反対する人々を角材や火炎瓶で襲撃したり、時計台*前のヒマラヤ杉を切り倒すなど過激な行動をとるようになったため、一般学生と全共闘との距離は次第に大きくなり孤立化の様相を強め、最終的には社会的にも支持を失うこととなった。関西学院大学では、1969年6月に関西学院発祥の地、神戸の王子公園陸上競技場で開催された改革結集大会で約300名の全共闘学生が会場に乱入したが、これを機に学生・教職員からの非難が大きくなり、全共闘は解体に追い込まれた。

【参照】Ⅱ 347, 371【文献】『関学闘争の記録』1969

先端社会研究所

先端社会研究所は、2003〜07年度にわたって文部科学省「21世紀COEプログラム」に採択された「『人類の幸福に資する社会調査』の研究」を継続・発展させた先端的な研究を行うことを目的として、08年に設置された。

21世紀COEプログラムでは採択期間中に、それまでの社会調査の理念や手法に批判的検討を加え、映像などを利用する新たな社会調査法の開発が試みられた他、国内外で、調査地の地域特性と調査環境を把握した上で調査地の住民とともに共同で調査をする方向が追求され、海外の研究・教育拠点とのネットワークが築かれた。他にも、若手研究者の育成・支援プログラムを実施し、国際的な場で情報を発信・交換できる能力の底上げと向上に努めた。

これらの成果を継続させるため本研究所では、「他者問題」を研究の目的として調査研究活動を行い『関西学院大学先端社会研究所紀要』(2009創刊)を毎年発行、学内外に配布している。この他にも、大学と社会の間の双方向的な研究・情報交換の役割を担うソーシャル・サイエンス・ショップ(Sキューブ)、シンポジウム、メールマガジン、ホームページなどを通して研究成果の公表を行っている。

また、教育活動として大学院*生・研究生を対象としたリサーチコンペを毎年開催するなど、研究の活性化を図る活動や社会学研究科が実施した「社会の幸福に資するソーシャルリサーチ教育」を引き継ぎ、2011年度より大学院生対象の教育支援事業として、書評誌『KG社会学批評』（2012創刊、年１回）の発行、学外の講師を招聘した研究会、海外発表などの支援も行っている。

煎茶道部

煎茶道部は日本茶業界で幅広く活躍している寺本益英教授を顧問に、公益財団法人小笠原流煎茶道家元本部の小笠原秀邦家元嗣の指導の下、稽古に励み煎茶会などのイベントを企画実施している。

2003年から活動を開始し08年に登録団体小笠原流煎茶道会として認定され、13年から文化総部*煎茶道部として現在に至っている。月に３回、西宮北口駅近くの教室で活動している。煎茶道部では小笠原秀邦家元嗣から直々に指導を受け、点前をはじめ日本の年中行事やしきたり、礼儀作法などを学ぶ。日々の稽古はもちろんのこと、四季を通じて各地の煎茶会に参加し、家元の大きなイベントにも関わるなど行事活動も活発に行っている。そして、大学卒業までに小笠原流煎茶道の資格取得も認められている。また、他大学や卒業生、他の教室との交流もあり、それぞれが主催するお茶会・イベントに協力するなど親睦を深めている。

煎茶道部の目標としては、先に述べた礼儀作法・日本のこころを重んじ日々稽古に励み豊かな人間性を育むとともに、寺本顧問の掲げる「関学を煎茶文化の発信基地に」を実行すべく活動を広げていくこと。年間行事としては、１月家元主催の初煎会、３月卒業記念煎茶会、追い出しコンパ、４月関西学院大学同窓会*総会協賛茶会、６月新入生歓迎会、９月合同レクリエーション、10月お月見茶会、11月学祭、12月手作り茶会、合同忘年会などを開催している。

千里国際キャンパス

千里国際キャンパスは、2010年４月、大阪府箕面市小野原西に位置する関西学院７番目のキャンパスとなった。千里国際中等部・高等部*および大阪インターナショナルスクール*を擁している。キャンパスには両校を収容する校舎１棟、グラウンド（人工芝）、中庭（天然芝）などが配置される。校舎内には、両校の教室、共用の体育館、屋内温水プール、食堂、図書館、シアター（オーケストラピット付）、プラネタリウムなどを配置。キャンパス近隣に両校の生徒を収容する寮（あけぼの寮）がある。遠方から通学する幼児・児童・生徒のためにスクールバス２台を運行。両校の幼児・児童・生徒数は約700名、教職員数は約120名。組織上キャンパス長および統轄を置き、上ケ原キャンパス*や他のキャンパスとの連絡調整を行っている。

1980年代後半に当時の文部省は中等教育課程における新国際学校設置の提言を行った。これを受け、91年4月に大阪府、箕面市、阪急電鉄を中心とした関西財界の協力のもと、学校法人千里国際学園が設立された。同法人が両校を設置し、これまでの日本にない新たな国際的な視野のもとでの教育を開始した。同法人の初代理事長は、関西学院の理事でもあった阪急電鉄社長の小林公平（1991～2006）、次いで関西学院理事大橋太朗（阪急電鉄相談役）が2代目理事長に就任した（2006～10）。2010年4月の法人合併*により、キャンパスおよび両校を関西学院が引き継いだ。

両校共通の教育目標は、「知識をもち、思いやりをもち、創造力をもって世界に貢献する個人（"informed, caring, creative individuals, contributing to a global community."）を育てること」である。全ての音楽・美術・体育と、一部の英語・国語（日本語）は、両校合同の授業形態となっている。両校生徒の課外活動は合同で実施。スポーツはシーズン制を採用し、両校合同の体育授業と連動し、複数の種目を経験する仕組みとなっている。学外対抗戦は、日本の中学校・高等学校とではなく、近隣諸国および国内のインターナショナルスクールとの試合を行う。

キャンパス行事として、両校合同の学園祭（5月）、スポーツデイ（体育祭10月）、両校合同の音楽授業と連動したコンサート（箕面市民会館で実施6月、11月）、保護者会主催によるインターナショナルフェア（バザー11月）、オールスクールプロダクション（幼児・児童・生徒、保護者、教職員を総動員しての英語によるミュージカル上演2月）などを実施している。またその他、両校とは別に、近隣の小学生を対象とした英語教室を土曜日（年間30回）および夏季（各10日間2セッション）に実施している。

千里国際中等部・千里国際高等部（SIS）

学校法人*千里国際学園は、大阪府箕面市小野原西に阪急電鉄を中心とした関西財界の支援により1991年4月設置され、2010年4月学校法人*関西学院との法人合併*により、関西学院千里国際中等部・関西学院千里国際高等部（SIS）となった。

帰国生徒を積極的に受け入れることを目的とした学校で、設立当初の名称は、大阪国際文化中学校・高等学校、1999年4月に千里国際学園中学校・高等学校に名称変更。中等部（7～9年、学則定員216名）、高等部（10～12年、同288名）ともに男女共学で、帰国生徒・外国人と日本人一般学生との構成がほぼ同数となっている。学年歴は4月から翌年3月。春学期、秋学期、冬学期各60日を授業実施日とし、学期ごとに単位を与える「学期完結制」のカリキュラム、生徒による授業科目の「自由選択制」、授業選択における「無学年制」の実施により、帰国生徒がどの学期に編入しても速やかに順応できる体制をとっている。歴代校長は、藤澤皖（1991～98）、福田國彌（1998～99）、大迫弘和（1999～2009）、眞砂和典（2009～）。

千里国際キャンパス*内の同一校舎に併置された大阪インターナショナルスクール*とは“Two schools together”の標語のもと緊密な関係

をもち、音楽・美術・体育は全て、英語・国語（日本語）は一部、両校合同の授業形態となっている。教育目標は、「知識をもち、思いやりをもち、創造力をもって世界に貢献する個人（“informed, caring, creative individuals, contributing to a global community.”）を育てること」である。生徒指導に関して校則は存在せず、「5つのリスペクト（5 respects）①自分を大切にする、②他の人を大切にする、③学習を大切にする、④環境を大切にする、⑤リーダーシップを大切にする」という行動指針に則り、自らを律することを基本としている。卒業生の進路は、国内のみならず海外の大学への進学者も多く、特にカナダのマウント・アリソン大学には指定校推薦枠を保有している。2005年に関西学院大学と協定校推薦に関する協定を締結し、それ以降関西学院大学への進学者が多数を占めるようになり、合併後も着実に増加している。

そ

造園

上ケ原キャンパス*では、キャンパ

ス創設以来70年の歴史を経た今日でも、キャンパス再開発環境整備工事として造園工事が続けられている。関西学院における外構造園工事は、創設期、空白期、復興期、発展期に区分できる。

上ケ原キャンパス創設は、秀でたマスタープランナーであったW. M. ヴォーリズ*によってデザインされた。ヴォーリズは学院の掲げる教育と理念を実現することができる見事なキャンパスを上ケ原*台地に誕生させたのである。建物配置、道路設定、空間構成等キャンパスの骨格がこの時期につくられた。創設期は、キャンパス造成が開始された1928年から高等商業学部*別館竣工時である37年あたりまでとされる。

その後戦中から戦後の1953年短期大学*校舎竣工時までの10余年は、造園工事は完全に中止されていた。キャンパス管理作業は造園における空白期にあっても、戦争が激化してから戦後49年の期間を除けば常に細々と行われていたようである。

1953年から74年まではキャンパス内に多くの新校舎が建設されたが、その間、造園計画と施工は本格的な取り組みがなされなかった。予算等の事情もあり、学内の樹木を新築現場に移植して体裁を整えるぐらいで、それも学院職員（営繕課のちの施設課）のみによって施工されていた。この期間は戦争と大学紛争によるキャンパス荒廃の復興期とも位置づけられるだろう。

1974年から2000年に至る期間は、造園（再開発環境整備）に関しても名実ともに発展期と位置づけられる。学院本部*から明確な指示を受けた施設部は、その後総合体育館*、法学部*本館造園を皮切りに、「学生施設整備充実計画第1次案」（1978）に沿って次々と建設される建築工事と並行して造園計画を立案し、基本設計を関西学院に提出し施工を重ねてきた。その後、造園工事は上ケ原キャンパス*のみならず千刈地区、そして神戸三田キャンパス*へと拡大した。この発展期におけるキャンパス造園では、原点であるヴォーリズの設計が改めて検証され、コンセプト構築と基本設計が提出された。

2000年から13年に至る期間は、新しいキャンパスの展開と同時にキャンパスの再開発工事が相次いで行われた。08年、宝塚ファミリーランド跡地東端の土地を購入し初等部*を開校した。この宝塚キャンパスは、決して広くはない土地にスパニッシュ・ミッション・スタイル*の建物と人工芝のグラウンドを配置するとともに、天然芝で年中緑の校庭や学習菜園・鑵水などを設けて、景観と環境に配慮した。09年以降、聖和大学との法人合併*により西宮聖和キャンパス*となり、関西学院施設課が造園管理を行うこととなった。合併契約と相前後して山川記念館*建設に取り組み、外構計画・植栽計画を施設課と日本設計で協議を重ね、幼児から大学院生までもが共有できる明るく開放的なキャンパス作りを目指した。

2010年には、千里国際学園および大阪インターナショナルスクール*との法人合併*により、千里国際キャンパス*がスタートした。合併後、千里国際学園創立20周年を記念した同窓・父兄ら関係者からの寄付により、人が集う明るく開放的な中庭を目指して改修工事に着手した。中庭は年中緑の芝庭とし、夏芝が枯れるまでの秋に冬芝の種を播き年中緑の芝生の中庭が完成した。

上ケ原キャンパス*では、新月池*周辺再開発計画において新月池を囲む緑地景観の特色を生かした造園計画を行った。また、2004年の山田町土地取得は、関西学院にとって再開発事業の重要な足掛かりとなり、キャンパス内にあったグラウンド諸施設を周辺土地へ移し、そのグラウンドの跡地に校舎・研究館（G号館*、高中部、北西部整備計画、125周年記念事業）などの連続した建築工事を迎えることとなった。これらの事業計画は関西学院発展の大きな一歩の踏み出しではあったが、建築面積の大型化に伴い、行政の定める第３種風致地区条例の一項で緑地面積と樹木の植栽本数の確保に苦慮することとなったが、困難な緑地面積の設定と景観を両立するため、さまざまな工夫がなされた。

神戸三田キャンパス*は開設から18年が経過し、樹々も日々成長を続けキャンパスと調和のとれた植栽空間へと成長している。また、2002年理学部が理工学部*へ改組・移転するのを皮切りにⅢ号館、第２・第３厚生棟、Ⅳ号館、Ⅴ号館、Ⅵ号館などの建設工事が相次いだ。以後、アカデミックコモンズ*の建設では隣地のバスロータリーをキャンパス内に取り入れ、キャンパス整備が充実したことに伴い、植栽に関しても移設などの再整備を行った。

総合関関戦

関西学院大学と関西大学の両体育会*は、互いによきライバルとして長い歴史を築き、両校の試合は「関関戦」の名のもとで広く親しまれてきた。その関関戦を統一して行うという両校体育会*の計画が実り、1978年11月29・30の両日、関西大学

そ

において第１回総合関関戦が開催された。結果は関西学院の８勝15敗３分けで、翌年６月19・20日の両日に関西学院で行われた第２回総合関関戦は15勝14敗３分けで関学の総合優勝となった。麻疹《はしか》で中止となった2007年を除き毎年とぎれることなく続いてきた総合関関戦は、14年の６月13日から15日にかけて第37回目を関西大学千里山キャンパスで行い、関学が総合優勝を遂げて通算成績を20勝16敗とし、関関戦初の６連覇を達成した。

【参照】Ⅱ 461【文献】『2000年度体育会活動報告書』2001.3.14；『関学スポーツ』(231)2014.6.1

総合コース

総合コースは1969年、大学紛争で求められた一般教育改革の一つとして設置されたもので、視聴覚機器を利用しながら総合的な課題を複数の教員が担当する総合科目であり、他大学に先駆けて開設され、全国的にも注目された。

総合コースの授業は、一つの共通テーマについて各種の専門分野間の緊密な連携のもとに講義内容を構成し、テーマに対する学際的、総合的な知識の修得および論理的に物事をとらえる能力の向上だけでなく、自ら複眼的な視点から多面的に課題を探求し、主体的に考え、行動していく能力を培うことをも目標としている。そのため、この総合コースは、これまでの研究成果を踏まえて、現代的課題や時代を超えた普遍的な課題あるいは、地域研究などのジャンルからテーマを設定し、人文・社会・自然など複数分野の領域にわたって新しい分野を開拓し、充実を図っている。

大学評議会*で総合コース実施準備委員会が発足し、翌年その規程が承認された。1970年より一般教育の人文・社会・自然の２、３分野にわたる領域の４科目（「情報科学」「言語と文化」「情報化時代における社会と人間」「日本経済」）が開講され、学部開講ではなく全学開講とされた。翌年には、「理性と信仰」「労働者の過去・現在・未来」「生命の科学」「ルネッサンス期の文学と人間」「上方の今昔」が開講された。さらに人権教育*の必要性が叫ばれるようになった73年には「日本社会と部落問題」（「部落問題」の前身）が、さらに77年には「在日朝鮮人問題」が、86年には「男性社会と女性」が、88年には「身体障害者問題」（翌年「障害者問題」）が開講された。また、この制度に準じたものとして95年度（春学期）より学部総合コースも開設された。

しかし、運営・実施に関しては明確に定められた基準がなかったため、1999年度に「総合コース運営部会」（教務委員会）が設置され、管理運営方法を協議・検討された。2004～05年度には学則上の整備を行い、「学際科目群」「連携科目群」「ライフデザイン科目群」として構成されることになった。

さらに、2013年度より、「基盤・学際科目」および「ライフデザイン科目」として提供が開始された。このうち「基盤科目」には40年以上の開講実績のある「総合コース」「人権科目」さらには「『関学』学」「平和学」「災害復興学」が含まれ、連携科目には「寄付講座」「連携講座」が含まれている。このように現在では「総合コース」は、「基盤科目」の一分野となったが、「総合コース」の目標と運営方法は「基盤科目」「学際科目」「ライフデザイン科目」などにも生かされている。

【参照】Ⅱ 415

総合支援センター（学生活動支援機構）

総合支援センターには、キャンパス自立支援室と学生支援相談室がある。相互に連携強化を図るとともに、学院内の各学校に対するコンサルテーションサービスの提供を目的として2011年４月に設置され、13年４月の大学組織の機構化に伴い、学生活動支援機構*の一つとして位置付けられた。

組織としては、総合支援センター長の下、専門的知識を有する教員２名を同副長とし、６名の教員を同委員として配置している。運営は各学部選出委員を中心とする総合支援センター委員会を適宜開催して全学的な情報共有や協議を行い、学生のニーズに対応している。また総合支援センターは、心や身体に困難を抱える学生の理解と啓発を目的に、関西学院教育支援連絡会議の委託を受けて学院内の学校と連絡・調整を行い、教職員に対し必要なコンサルテーションのサービス提供を行うとともに、各学部等が開催する研修会にカウンセラーやコーディネーターを派遣し発題、説明や意見交換会を実施している。

〔キャンパス自立支援室〕キャンパス自立支援室は神戸三田キャンパス*および西宮聖和キャンパス*に分室を配置し、視覚障がい、聴覚障がい、肢体不自由、発達障がいなどの障がいのある学生の修学支援・自立支援を全学体制で行っている。障がいのある学生の支援を専門とする部局の設置は、2006年４月に教務部キャンパス自立支援課が設置されたことに始まり、11年に学生部学生支援センターと統合した総合支援センターが独立した組織として大学に設置された。13年に学生活動支援機構*として大学の中に位置付けられた。

関西学院には、熊谷鉄太郎*（牧師、1913年神学部*入学）や岩橋武夫*（元日本ライトハウス理事長、1919年文学部*入学）ら視覚障がい学生を古くから受け入れてきた歴史がある。近年、教務部キャンパス自立支援課が設置されるまでは、障がいのある学生が所属する学部を中心に教務部、学生部、大学図書館*、就職部が協力しながら支援に当たっていた。大学の障がい学生支援の方針は「本人の自助努力、大学の側面支援」の下、種々の施策が実施されてきたが、1975年に「身体障害者問題に関する基本理念」が定められ、2005年度の臨時大学評議会*において「障がいを有する学生への支援についての方針と当面の施策に関する件」が承認され、「授業における情報保障」「学生生活における情報の保障」「学生生活自立」の実現を目指すための支援が具体的に示された。教務部にキャンパス自立支援課が設置されたのはこの施策の一つである。

2013年度の障がいのある学部学生の在籍状況は、聴覚障がい10名、視覚障がい４名、肢体不自由８名、内部疾患５名、発達障がい27名である。授業の情報保障を行う支援学生数は、226名が登録し、ノートテイクや映像資料の文字起こし・字幕付けを行っている。

本学は2007年度から日本学生支援機構（JASSO）の「障害学生修学支援ネットワーク事業」の拠点校となり、各大学からの相談への対応や研修会を実施している。また、12年度から日本聴覚障害学生高等教育支援ネットワークの連携大学として参加し、運営委員を担っている。

〔学生支援相談室〕学生支援相談室は神戸三田キャンパス*および西宮聖和キャンパス*に分室を配置し、心理面、修学面、生活面での困難を抱える学生の相談・支援を行っている。学生支援相談室の前身である「カウンセリングルーム」の開設は1959年。学生が直面する個人的悩みの中には、学生課の窓口では十分に対応しきれない内容もあり、そのため学生課一隅の応接室で相談に応じるというインフォーマルな形でカウンセリングルームを発足させた。61年に独立した部屋が設けられ、67年から72年までは専任カウンセラー１名が採用されていた。79年、「カウンセリング規程」が施行され、大学の正式な機関として位置付けられた。86年に新築された学生サービスセンター*に移転。95年の神戸三田キャンパス*開設に伴い、カウンセリングルームの分室を設置。2004年度にカウンセリングルームは学生部に属し、「学生支援センター」に改組された。設立の目的は「本学学生の学生生活を充実させるため、個人生活上の諸問題について専門的な立場からカウンセリングを行うこと」であり、同年「倫理綱領」「守秘義務に関する覚書」が策定された。また、09年、西宮聖和キャンパス開設に伴い、同キャンパスにも分室が設けられている。11年度からは総合支援センター学生支援相談室に改組転換した。

業務の中心は、心理・生活・修学領域の悩みに対応する「学生相談」、キャンパス内の困りごとなどに広く対応する「なんでも相談」、本学卒業の弁護士による「なんでも法律相談」を含む学生支援である。スタッフは総合支援センター副長を含む総合支援センター委員3名、専任職員2名と嘱託職員カウンセラー8名(臨床心理士)で構成されている。

総合政策学部

【沿革】
総合政策学部は1995年4月、三田市に新校地として開設された神戸三田キャンパス*において関西学院大学の8番目の学部として設置された。学部設置の基本構想として、21世紀に向けて関西学院大学のあるべき姿を模索する中で構想された「人間化の徹底」「実学化への志向」「総合化への努力」「情報化の徹底」「国際化の追求」という5つの基本原理の下に、「自然と人間の共生ならびに人間と人間の共生」を基本理念と定めた。そのため、新設学部は「総合政策学部」(School of Policy Studies)の名の下に、エコロジー政策、都市政策、国際発展政策の3専攻コースを置き、教育研究では“Think globally. Act locally.”〈地球規模で考え、足元から行動を起こせ〉をモットーとした。その基本的視座にはヒューマン・エコロジー(人間生態学)を据えて、既存の諸科学を総合的に組み合わせて理論と実践の学問的統合を図ることで、地球規模の問題解決に向けた政策立案を目指すこととした。

このような学部の設置理念を実現するため、多様な専攻分野からなる多彩な経歴を持つ教員を広く国内外から集めた。開設当初は、46名の専任教員のうち20名が外国籍の教員であり、専攻分野も経済学、社会学、法学、政治学、理学、工学、言語学など、多様な分野で構成され、日本における環境経済学のパイオニアだった天野明弘*教授が初代学部長に就任した。

入学定員は300名（帰国生徒30名、外国人留学生30名を含む）として、阪神・淡路大震災*直後の1995年２月、既設学部と同様に一般入学試験A日程入試を実施、さらに３月には学部独自にB日程入試を行い、396名の新入生を迎え入れた。完成年次を迎えた98年には、３年次編入50名を含む1,300名の収容定員の学部に全４学年の学生1,520名が在籍することになった。

総合政策学部では、これらの学生に対して、コミュニケーション能力を高めるため、英語教育と情報教育に力を注いだ。特に英語教育では、外国人常勤講師からなる教員を中心に、専門領域のテーマについて英語でディスカッションができるように、独自の教育プログラムに基づく発信型英語教育の徹底を目指した。第３年次からは少人数編成の演習を中心とする本格的な専門教育を開始した。こうした学部教育の成果が広く社会的に注目を集めるなか、学部開設４年を経た1999年３月には、第１期卒業生354名が巣立っていった。

その後、1999年４月には大学院*総合政策研究科を開設したほか、2002年４月にメディア情報学科を、さらに09年４月には国際政策学科と都市政策学科を開設した。卒業生は、学部独自の同窓会*を組織、毎年11月に開催される学部行事リサーチ・フェアにおいて在学生に仕事やキャリアを伝えるOB・OG企画を実施するなど、独創的な活動を展開している。

【現状】

〔学生〕 入学定員580名（３年次編入50名）。１年生521名、２年生541名、３年生646名、４年生685名の合計2,393名の学部学生（うち外国人留学生は109名）が在籍している（2014年５月１日現在）。

〔教職員〕 教員は59名の専任教員と11名の外国人常勤講師を擁し、職員は専任職員７名、契約助手２名、嘱託職員１名、派遣職員３名、教務補佐４名、実験実習指導補佐６名、アルバイト職員４名で構成している（2014年５月１日現在）。

〔教育〕 総合政策学部はアドミッション・ポリシーとして、「自然と人間の共生、人間と人間の共生」を基本理念として掲げ、地球社会の要請に応える人材育成を目指し、ヒューマン・エコロジーの学問的枠組を取り入れ、学際的・複合的なアプローチによって、世界で起きている諸問題の解決に取り組むことを目標としている。

現在のカリキュラムでは、入学生は1年間学科に所属せず、2年生に進級する時点で、志望などに基づいて所属学科を決定する。1年次には、言語教育科目としてネイティブ・スピーカーの教員によるコミュニケーションを重視した英語の授業が週4回行われるほか、情報科目として「コンピュータ演習」が週1回行われる。同時に基礎演習では、『基礎演習ハンドブック』によりリサーチ、プレゼンテーション、レポート、さらにディベートなどの基礎的スキルを身に付けることで、社会で活躍するための分析力・コミュニケーション力・プレゼンテーション力などを涵養する。1年生はさらに、各学科の専門的な内容を紹介する学科入門科目や、専攻科目基礎（自然科学系、公共政策・社会科学系、言語・文化系、メディア情報系、都市政策系、国際政策系など）を履修することで、各自の学習目標と進路について熟慮して、1年次の終わりに学科を選定する。

2年次からは4学科に分属し、現代社会の諸課題に積極的に取り組むことで、それぞれの専門性を深め、政策立案の能力を養う。特に3、4年次では研究演習・メディア工房を中心に、教員との議論や実践的な

フィールドワークを通して専門性を深めることとしている。

総合政策学科では、環境政策・公共政策・言語文化政策の3フィールドで、それぞれ現実の政策に応用するための専門知識・技能などを習得する。メディア情報学科では、人間を中心に据えた情報技術や社会の在り方を総合的に考え、情報社会政策やメディア・IT技術に関する知識・技能を習得する。国際政策学科では、国際機関や多国籍企業などグローバルレベルで活躍できる人材の育成を目標に、調査・分析・政策立案などに用いる知識・技能を習得する。都市政策学科では、快適で安全な都市の実現を目指し、建築・設計技術や都市経営政策などに関する知識・技能を習得する。いずれの学科においても、専門的な研究・教育経験を持つ教員と多様な実務経験を持つ教員の連携によって、学生に問題発見能力と問題解決能力を身に付けさせることを目標としている。

このような教育方針に基づき、学部開設以来、学生には自ら積極的に

課題に取り組むアクティブ・ラーニングが浸透している。2013年4月に神戸三田キャンパス*に完成したAcademic Commons（アカデミックコモンズ*）はそうしたアクティブ・ラーニングのためのスペースを提供する施設であるが、学生による活発な利用が期待される。また、多数の学生が在学中に本学の国際教育プログラムを用いて、さまざまな形で留学しているのも特徴的である。13年度に36名が3カ月以上の留学を、60名が3カ月未満の留学を経験した。このほかにも、自主的に休学して海外研修を体験する学生も多い。

このような教育理念を実現するために、総合政策学部では多様な入学者選抜の方法を採用し、さまざまな能力・経験と適性を有した学生を受け入れている。従って、高校での各教科の幅広い学びを期待するとともに、世界の諸問題解決にチャレンジしようとする国際的な展望を持つ人材を求め、一般入試では英語に高い配点を設定している。

〔学生活動〕 総合政策学部の学生の活動は活発である。毎年恒例になっている優秀論文賞（小島賞・安保賞）には優れた内容のものが多い。また、1998年度から開催されているリサーチ・フェアは学生の研究発表の場として、総合政策学部の学生にとどまらず全学にもオープンにしているほか、99年度からは大学院*生も加わり、質量ともレベルの高いものになっている。現在はさらに他大学や地域の高校生にも門戸を広げて、より幅広い活動を目指している。さらに、CSI（Computer Student Instructor）やLA（Learning Assistant）、そしてSCS（Student and Campus Supporter）などの学生有志の正課授業や学部行事へのサポートも本学部独自の制度として、学生の自主性、相互扶助の精神を表すものとなっている。視聴覚・身体などに障がいのある学生への修学支援についても、2000年代前半から積極的に取り組み、ノートテイカー制度の関西学院大学内での整備をリードしてきた。このほか、東日本大震災の被災地支援や各地のまちづくり実践活動への参加も活発である。

〔研究活動〕 総合政策学部研究会を組織して、教員などの研究成果の発表の場として *Journal of Policy Studies* を発行し、1995年から2014年4月現在まで45号を発行している。さらに大学院生の発表の場として *KGPS Review*（院生論文集）を発行し、02年から14年4月現在まで20号を発行している。

これまでに総合政策学部として発行した書籍には『国際連合の基礎知

識』(2009)、関西学院大学総合政策学部教育研究叢書1『総合政策のニューフロンティア』(2010)、同2『グローバル社会の国際政策』(2011)、同3『人・社会・自然のための情報とメディア』(2012)、KGりぶれっと21『ボーダーをなくすために～視聴覚に障害がある学生への学習支援～』(2008)、同23『基礎演習ハンドブック』(2009)、同27『卒業生が語る総合政策』(2011)、同32『日本の常識、世界の非常識』(2013)などがある。

〔研究科〕1999年度には、大学院*総合政策研究科修士課程を入学定員50名で開設した。2001年度に博士課程後期課程を入学定員5名で開設した。

さらに、より開かれた大学院を目指して、リサーチ・コンソーシアムの名の下に企業・研究所をはじめ官公庁、その他の機関との間で産官学パートナーシップの確立、推進を期して、研究協力および人的交流に向けたネットワークの構築を図っている。2年目の2000年度には学院創立111周年記念事業として、5月にリサーチ・コンソーシアム総会を開催した。その後、毎年5月に総会記念事業として開催しているが、13年5月には第15回として、理工学部*と共催して「政策学の新たな可能性を求めて～Solution for the future～:先進エネルギー技術と持続可能社会」というタイトルで、講演・シンポジウム・ポスター発表などを実施した。

【参照】Ⅱ 570

総合体育館

昭和30年代の関西学院の建築は、従来の建築様式であるスパニッシュ・ミッション・スタイル*ではなく、装飾を排した合理的・機能的なモダニズム建築が多く、1959年に大学の体育館として建設された総合体育館も例外ではなかった。

延べ床面積は4,357.7㎡。関西学院最初の体育館は創立70周年記念事業の一つとして建設され、1959年3月竣工、同年11月2日に竣工式が行われた。1階には事務室、教員室、更衣室、拳法場、ボクシング場、相撲場、卓球場、レスリング場、2階には大フロアー・小フロアーなどが設けられ、60年2月体育館管理規程が定められた。

その後、高等部*の体育館であった木造平屋建ての雨天体操場や柔道場の老朽化、また、大学の式典、高等部の授業やクラブ活動*、体育教員の研究など多目的に使用するため、1976年6月より大学体育館に併設して増築工事（1階に教員室、教室、更衣室、卓球場、剣道場、柔道場、２階には観覧席付のフロアー、トレーニングルーム、実験室、個人研究室など）が行われ、翌77年３月竣工。延べ床面積合計8,853.57㎡の総合体育館として新しく誕生した。また77年、グラウンドのナイター設備が設置され、その後計画的に増設された。それに伴い、従来の総合体育館運営委員会とグラウンド運営委員会を統合した規程が78年２月に定められた。79年３月28日大学卒業式が初めて体育館で行われた。

1984年７月に新学生会館*が竣工し、地階に造られた室内温水プールの管理を体育館で行うことになった。同時に、体育館にあった拳法場、ボクシング場、相撲場が新学生会館*武道棟に収容された。

創立125周年記念建設事業の一環であるスポーツ環境整備関連施設の充実により、2015年２月に高等部体育館*が竣工し、この総合体育館は大学専用の施設として同年12月に改修工事が完了する予定となっている。

【参照】Ⅱ 272,535

総部放送局

総部放送局（KGB）は1951年10月１日、放送研究会として産声を上げた。53年に文化総部*の傘下団体となり、55年に学内放送を開始した。61年に、学内唯一の放送機関として独立した立場でなければならないとの考えから単独総部に昇格した。その間に総部放送局は放送界に多くの人材を輩出してきた。現在、総部放送局はアナウンス、ドラマ、技術、制作、報道の５つの研究部から構成されており、日頃は昼のKGBニュース、On-Airプログラムの放送を行っている。また、ドラマや報道番組の制作も盛んで、毎年12月に行われるNHK大学放送コンテストでも上位入選を果たしている。

総務・施設管理部

2014年度の学院本部*の組織改編により、総務・施設管理部と人事部*が発足した。総務・施設管理部では、これまでの総務部総務課と施設部施設課が行ってきた調達業務、キャンパス管理業務、安全・防災業務、諸施設・物品使用管理、式典運営、設営業務などの業務を統合して行っている。

総務課は、庶務課の時代から電話交換業務、公用車運転業務、警備業務、用務業務等のための人員が配属され、式典事務（創立記念式典・永年勤続表彰・新任教職員歓迎会・定年退職者送別会等）をはじめ、選挙事務（教職員選出評議員選挙・院長*選挙）、年次報告の作成、院長・総務部長事務、法務事務、渉外事務、卒業証明書発行事務、管理事務等の業務を担当してきた。中央講堂*・中央芝生*・新月クラブ*（2002年夏閉室）・張記念館・立山山小屋*・戸隠山小屋*・千刈セミナーハウス*（2014.３年閉館）・業務支援センター（2013.10開設）などの管理、学内の清掃・警備業務、消防関係業務、住宅関係業務等を担当してきた。

また、2001年夏に理学部が神戸三田キャンパス*へ移転することを機に、西宮上ケ原キャンパス*と神戸三田キャンパスを結ぶシャトルバスが01年10月１日より運行を開始し、運行に関する窓口は学生課（現、学生活動支援機構*）、運行期間外のシャトルバスの利用窓口を総務課が担当してきた。なお、年次報告の作成、院長*秘書業務、法務事務は、2004年度に設置された法人部に移管した。

施設部施設課の前身は、1946年に設けられた総務部営繕課・用度課で、創立70周年（1959）の職制改正に伴い本部施設課となり、69年には財務部に統合され財務部施設課となったが、76年には再び施設部施設課として独立した。この時期には、学生諸施設・教育研究諸施設・大学図書館*の充実計画が打ち出され、新学生会館*をはじめ、講義棟Ａ～Ｆ号館*、新大学図書館などを順次新築するとともに、高等部*の建て替え、神戸三田キャンパスにおける総合政策学部*開設、創立111周年記念建設事業としての関西学院会館*の新設、スポーツセンター*の移転、さらに21世紀に向けた神戸三田キャンパスの充実のため、理学部の移転・充実を図った。

さらに上ケ原キャンパス*では大学院*教育充実のための施設などを建設するとともに、同キャンパスの狭隘化を改善させるため、新たな用地の確保に努め、2006年には第３フィールド*の開設を行った。その後、大学の更なる発展を目指し、上ケ原キャンパス整備充実計画を立ち上げ、Ｇ号館*、第１教授研究館*建て替え、社会学部*建て替えを行うとともに、全学共用教室・ラウンジ棟、大学図書館書庫なども併設し2014年春にすべて竣工した。

一方、西宮聖和キャンパス*では2009年に山川記念館*を建設、神戸三田キャンパスでは第３期整備計画としてのⅥ号館、アカデミックコモンズ*などの建設に取り組み13年春にほぼ終了した。また、大学以外では08年春に宝塚において男女共学の初等部*を開設し、それに伴う高中部の男女共学化に向けての高中部整備充実計画に取り組み、中学部*校舎および体育館、高等部特別教室の建設を行った。

そ

さらに、創立125周年記念募金対象建設事業として、上ケ原*にキャンパスが移転した当時から存続していた中央講堂*を、経年劣化と耐震強度の向上が困難なため建て替えることとし、2013年2月9日に「中央講堂感謝の集い」を開催した後取り壊しを行い、1200席のホールとコモンズの機能を備えたラウンジを有する中央講堂（創立125周年記念講堂）としての再建計画を行った。その他募金対象事業としては、高等部体育館*新築、総合体育館*改修の計画を進めている。

創立100周年記念事業

関西学院が創立100周年を迎える1989年の2年前、87年4月の理事会で創立100周年記念事業委員会設置の議案が提出され、9月の理事会で記念事業と募金計画の大要、規程や組織などの案が承認された。組織としては、記念事業委員会が置かれ、その下で事業実行委員会と募金委員会が企画と実行、募金活動の任に当たることとし、さらに事業実行委員会の下に式典、記念行事、広報、記念出版の4つの専門委員会を設置して、具体的な計画案を策定することになった。委員会を支える事務局と担当本部として、事業委員会の事務局は企画部、式典は総務部、記念行事は企画部、広報は広報室*、記念出版は企画部と学院史資料室（現、学院史編纂室*）、募金は88年6月に新設された財務部募金課が担当することになった。88年2月の理事会で「100年を回顧し、建学の精神*に基づき、伝統の継承と発展をはかる」という記念事業の基本方針が正式決定し、各専門委員会では具体的な目標と事業計画の検討が行われ、発足から約2年にわたって精力的な活動が展開された。

式典としては、1989年11月4日に行われた記念式典をはじめ、教職員540名が参加した「記念礼拝」（9月28日）、「原田の森*記念式典」（9月22日）などが実施された。また、記念式典の前日には宝塚ホテルで学内外の関係者650名が集う「感謝の夕べ」が開催された。

記念行事は、同窓会*や課外活動団体をはじめ、多くの機関で開催されたが、専門委員会が主体として取り組む行事として、「エキサイティングＫＧボウル」「オール関西学院グラフィティ」「関西学院アートフェスティバル作品コンテスト」

「国際問題講演会」「ホームカミングデー・オン・ＫＧキャンパス」の５つが実施された。

広報専門委員会では、校章*や校名のロゴマーク、スクール・カラーの基本形を制定したほか、アセスメント・サーベイ調査を行い、将来像を構築するための重要な資料を報告した。

記念出版専門委員会では、正史編纂は継続事業として今後の課題とされ、図録『関西学院の100年』を刊行し、記念式典で出席者に配布したほか、学生・生徒や関係者、教会、キリスト教主義学校、公共図書館、他大学などにも送付した。正史はその後８年をかけて編纂が行われ、1998年３月刊行の「通史編Ⅱ」をもって全４巻が完結した。

募金事業は40億円という目標額を設定して行われた。これまで関西学院が同窓や社会と深いつながりを築いてきたとはいえない中での募金活動であったが、法人1,175件、個人6,552件、団体181件、合わせて7,908件、約38億5,000万円もの寄付を受けることができた。

【参照】Ⅱ 547-565

創立111周年記念事業

関西学院では、21世紀に向けての「強い関学・活力ある関学」の実現を目指し、創立111周年に当たる2000年にさまざまな記念事業が行われた。21世紀に生きる関西学院の基本方針の宣言と建学の精神*の現在的意義の見直し、将来構想策定の進展とその実践のために必要な事業への着手と位置づけを目指して、1995年に準備を開始し、96年12月に創立111周年記念事業推進委員会を発足させた。委員会では「強い関学・活力ある関学を目指す」という基本理念に沿った記念事業計画の策定が行われた。

記念事業は、①教育・研究事業、②社会的貢献事業、③建設事業、④同窓会*事業、⑤記念行事を柱とし、その内容は以下のとおりである。

①教育・研究事業：社会学部*社会福祉学科設置。理学部の神戸三田キャンパス*移転と理工学部*への転換、学科増設。言語コミュニケーション文化研究科*など大学院*の整備・充実。K.G.ハブスクエア設置など。②社会的貢献事業：生涯学習プログラムの整備・充実。大学図書館*の市民への公開。学生・生徒の課外活動支援など。③建設事業：関西学院会館*、大学スポーツセンター*、神戸三田キャンパス*ランバス記念礼拝堂*、中学部*新館の建設。④同窓会*事業：会員名簿の発行、

会員証のカード化など。⑤記念行事：21世紀につながる行事で、学生が参加できるものを視野において、教育・研究・調査、学生諸活動、学生諸行事（課外活動)、記念催事・記念行事、後援記念催事、同窓会*記念行事企画などで、具体的には以下のような行事を催した。

シンポジウム「アジアの若者はどこへ行くのか」、フォーラム「生命科学の世紀」、シンポジウム「留学生と異文化交流」、アジアからの留学生の意識調査、課外活動による社会貢献プログラムの実施、国際学生討論会「変わるニッポン、変わらないニッポン」、学生による大学ガイドブックの制作、カレッジソングの制作、メモリアル・リレー、サッカー部*の対延世大学戦、アメリカンフットボール部*の対プリンストン大学戦、早稲田・慶應・同志社・関西学院対校陸上競技大会など。『関西学院事典』(2001年版）の刊行もこの記念行事の一つである。

同時に行われた募金事業では、経済不況下にあったにもかかわらず、期日を前に目標額の20億円を超え、約22億円の寄付を受けた。

創立125周年記念事業

関西学院は2014年９月28日、創立125周年の創立記念日を迎えた。10年３月26日開催の理事会で「関西学院創立125周年記念事業委員会」を設置し、記念事業委員会で記念事業計画と募金事業計画の大綱を決定した。また、記念事業委員会に、事業推進委員会と募金推進委員会を置き、記念事業の企画と実行および募金活動の任に当たることとした。さらに事業推進委員会のもとに必要に応じて実行委員会を、また募金推進委員会のもとに募金委員を置いて具体的な計画案を策定し、推進することになった。

記念式典は2014年９月28日、記念事業期間は10年度から15年度、記念行事は13年度から14年度、記念事業募金期間は10年10月１日から15年９月30日まで行うこととした。記念事業委員会事務局は法人部校友課*が担当することとなった。

スローガンは「輝く未来を創造する世界市民たれ。—Be World Citizens Creating a Bright Future—」。学院では2009年度から18年度までの10年間をその期間とする「新基本構想」を策定し、学院のあるべき姿の実現に取り組み、長い歴史の中で共有してきたミッション（使命）とスクールモットー“Mastery for Service*”の現代的意味を再確認し、10年間の到達目標（ビジョン）を実現するための施策を展開している。その中間年にあたる14年に、創立125周年を迎える。記念事業は「新基本構想」を推進することを目的として企画した。「世界市民の具体像の“見える化”」と「“Mastery for Service”の浸透・実践の“見える化”」を行うことで、「新基本構想」の推進と、輝く未来を創造する世界市民の育成を図ることを目的とした。

記念式典は、創立125周年記念日にあたる2014年9月28日に、記念建設事業として建設された中央講堂*（創立125周年記念講堂）で開催した。

記念事業の内容は以下のとおりである。①記念国際交流・奨学事業（関西学院創立125周年記念世界市民グローバルフォーラム開催、グローバルリーダー育成奨学金創設）、②「関西学院ミッション浸透」提唱、③「サービス・アクティビティ・プログラム」展開、④「関学らしい研究」を促進する貴重資料の購入、⑤表彰制度「関西学院賞」創設、⑥「関西学院歴史出版物」作成、⑦関西学院大学博物館*の開設、⑧関西学院ブランド戦略の周年事業における広報展開、⑨記念行事（学術行事・スポーツ行事・文化行事・学生行事・校友行事など）、⑩記念建設事業（中央講堂*〈125周年記念講堂〉の建設、スポーツ環境整備関連施設の充実、大学学生厚生施設の充実、高中部教育環境整備関連施設の充実）。

記念事業募金の目標額は50億円とし、募金対象事業を①中央講堂*（125周年記念講堂）、②大学体育館、③高等部体育館*、④記念国際交流・奨学事業などとして、2010年10月から期間5年間で募金活動に取り組んだ。募金活動開始直後の11年3月11日の東日本大震災の発生を受け、募金受付は継続しながらも積極的な募金活動は一時見合わせた。12年度からあらためて活動を再開し、厳しい社会情勢が続く中ではあるが、関西学院同窓会*をはじめとする多くの学内外の協力を得て、募金活動を推進している。

曾《そ》木《ぎ》銀《ぎん》次《じ》郎《ろう》 慶応2<1866>.2.11～1957.1.19

副院長、神学部*教授。大分県下毛郡東城井村に生まれる。1883年、大阪に出て英語を学ぶ。上京後の85年、牛込メソヂスト教会で受洗。86年より牛込区英和学校にて英語教師を務める。87年、東洋英和学校別科神学部に入学。卒業後、カナダ・メソヂスト教会*の按手を受けて正教師となり、掛川、

新潟、築地、中央会堂、駒込、浜松などの諸教会の牧師を歴任した。1905年から青山学院神学部で心理学を、青山女学院で倫理学を講じる。10年にカナダ・メソヂスト教会*が、関西学院の経営に共同参与したことを機に、関西学院神学校教授に就任し、心理学、倫理学などを担当。14年にスコットランドのグラスゴー合同自由教会神学校に留学し、教会史の大家T. M. リンゼー博士の下で研究。留学後は神学部*で教会史を講じ、カナダのパインヒル大学より神学博士の学位を得る。25年、関西学院の副院長に就任、35年の定年まで神学部*教授を務めた後も理事、神学部講師として関西学院に尽くした。訳書としてB. P. バウン『思考及認識原理』（1914）が、また『神学評論』に研究論文、書評等が多数ある。

【参照】Ⅰ 280【文献】『神学研究』（2）1953

速記研究部

1961年頃の創部。創部当時は速記研究部という名の示すとおり、速記を研究することによって文化サークル運動に参加していこうとしていた。しかしながら、今日では速記の体系がかなりの程度確立されたことで、研究はあまり顧みられなくなっており、体系化された速記文字を駆使して音声を速記し、各個人の速記者としての能力を向上させることに重点が置かれている。

現在、全日本学生速記連盟の１部校に属しており、年１回開催される全日本学生速記競技大会に参加し、個人・団体、両面において好成績を残している。その他にも毎年６月頃に開催される関西学生速記競技大会、秋に開催される１・２回生を対象とした全国学生新人速記競技大会に参加し、全国規模で他大学との交流を図っている。OB・OGとの交流も２年に一度のOB会を中心に行っている。1963年春の全日本大学速記競技大会完全総合優勝から４大会連続総合優勝（４連覇）。創立15年の時点で10度の総合優勝という成績を収めている。

【文献】『文総新聞』（1）1964. 1. 13,（5）1965. 6. 25；『関学文化総部通信』1971. 4. 30, 1972. 4. 18, 1978. 4. 7

ソフトテニス部

1926年４月、軟球愛好者が倶楽部を組織した。現在のソフトテニス部の源流である。原田の森*時代、28年末までは組織も充分ではなく愛好者の集まりであった。当時の部員は主将名井安之、マネージャー中太郎、進藤海男、中村國太郎、繁澤義雄、牧野成勝、井上博である。練習は当時の啓明寮*後ろのコートを借用していた。生糸検査所、三菱造船所、神戸高等商船学校などと試合を行い、同志社とは以前の庭球部*時代からあった定期戦を引き続き行っていた。33年の学生総会にて準運動部加入が可決された。34年、第1回対早稲田定期戦を開催し、強豪早稲田を撃破した。この対校戦は、現在78回を数えている。36年、運動部加入が認められた。

過去の主な戦績は、西日本学生選手権大会で大学対抗5連勝を含み過去8回優勝、ダブルスの部では1948年良峯信雄・富永敬介、50年服部稔・富永、54年六嶋明児・川口雅弘、59～62年南和民・山本審、松平忠昭・水野誠、上田高明・富田健一、上田・富田組、2009年に緒方寛和・巽亮介組が優勝。シングルスの部では1957年に南が、61年に上田が、2010年に緒方がそれぞれ優勝している。全日本学生選手権大会では大学対抗過去2回優勝、ダブルスの部で51年に服部・富永組、61、62年には上田・富田組が連勝している。女子では、西日本学生選手権大学対抗で2007、11年に優勝、ダブルスの部では06年に中野陽子・吉井麻侑子、11年に今井加織・岡田真実が優勝。シングルスの部では06、07年に屋地春奈が、11年に北川愛が、12、13年に岡本愛佳がそれぞれ優勝している。現在は男女とも関西学生リーグ戦1部リーグに属している。

【文献】『関西学院学生会抄史』1937；『関西学院大学軟式庭球部誌』1966

た

体育会

関西学院大学体育会は、42部で構成され、約2,000名の会員を擁している。部は庭球、硬式野球、サッカー、陸上競技、ラグビー、相撲、ボクシング、スキー競技、アイスホッケー、スケート、山岳、水上競技、卓球、ソフトテニス、馬術、ヨット、バレーボール、バスケットボール、レスリング、アメリカンフットボール、ハンドボール、拳法、体操、ボート、準硬式野球、空手道、フェンシング、柔道、剣道、バドミントン、ゴルフ、航空、陸上ホッケー、自動車、弓道、重量挙、射撃、ワンダーフォーゲル、洋弓、カヌー、合気道、ラクロスである。

その歴史は1912年6月に発足した神学部*・高等学部*からなる学生会*（関西学院専門学生会、後の専門部学生会）の運動部（武芸会、庭球会、野球会、端艇会）に始まり、大正半ば以降に飛躍的発展をとげた。しかし、37年に日中戦争が始まり、国際情勢も悪化し、40年12月には太平洋戦争が勃発して、戦争遂行の中で課外活動は衰微した。戦時体制強化の中で学生会は文部省の指令で41年2月に報国団*に改組され、従来の運動部は鍛練部（競技科・武道科）となった。戦後、45年11月に報国団は解散し、学生会が再結成（当時、体育総部）され、46年運動総部となった。48年の新制大学開設で学生数が増え、運動総部の多くが全国制覇や関西制覇を達成し、デビス・カップ選手やオリンピック選手を輩出した。

1957年、運動総部は体育会に改称したが、参加人員は60年の1,523名を頂点に減少し70年に940名になり、各部の成績も低迷して全国制覇は60年の6から66年は1に、関西制覇も60年の20から70年は5に減った。体育会は78年から関西大学体育会と総合関関戦*を開催して低迷打開をはかり、また商学部*スポーツ推薦入学試験と社会学部*自己推薦入学試験（97年度からは特別選抜入学試験）が92年度に始まり、文学部*スポーツ推薦入学試験も93年度、法学部*では指定校スポーツ推薦入試制度導入が98年度に始まるなど、全学部でスポーツ推薦入試が導入され、体育会各部の全日本および世界規模での活躍が再び目立つようになった。2012年10月には体育会100周年行事である関西学院スポーツアソシエーション100周年が開催された。

【参照】Ⅰ 184,361,610；Ⅱ 270,407,461

【文献】『関西学院七十年史』1959；米田満『関西学院とともに』1986；『1999年度体育会活動報告書』

体育会学生本部

体育会学生本部（以下「本部」）は、最初の本部員が1916年卒となっており、運動総部や体育会として組織される以前の運動部の黎明期から本部としての活動が始まったとされる。現在の本部は、会計・渉外・企画・庶務および編集の５部で構成され、体育会42部の代表として活動する学生の執行機関である。本部長は、体育会正会員の代表であり、体育会全般を統括している。本部が企画する主な行事としては、関西大学との交流戦である総合関関戦*（６月）、新人入会式（７月）、体育会全員で年間の覇業団体個人を表彰し称え合う覇業交歓（大学祭開催中の11月）、体育会各部幹部を対象とするリーダーズキャンプ（12月）、新入部員を対象とするフレッシュマンキャンプ（１月）、体育会４年間を通じて活躍した体育会員を称える功労賞授与式（３月）などがある。また、他大学体育会との協力・連携にも重点を置いて活動している。その他にも地元地域での清掃活動や東日本大震災募金活動など、社会貢献活動にも体育会として率先して取り組んでいる。

編集部では体育会機関誌として『関学スポーツ』を年５回発行している。『関学スポーツ』は2011年に創刊50周年を迎え、現在まで229号（2013年度末現在）を発行している。さらにはホームページによる関学スポーツや各部試合結果等の発信、体育会卒業アルバムの作成、新入生のための体育会情報誌『インビテーション』の作成も行っており、体育会広報機関としての役割を担っている。

第１教授研究館

1962年９月、上ケ原キャンパス*西北の角地に、神学部*、文学部*、社会学部*、法学部*の４学部を対象とした教授研究館が完成した。

60の研究室を擁する鉄筋コンクリート造り３階建てのこの建物は「第１教授研究館」と呼ばれ、それに伴い既存の２つの研究館の呼称は「第１教授研究館別館」「第２教授研究館*」と改められた。眼下に当時の学生テニスコート、その向こうには仁川*沿いの住宅から高台住宅地、そしてはるか彼方に宝塚あたりの連山が遠望できる絶好の地に建設された第１教授研究館は、キャンパス内

で最も静寂が感じられる場所の一つであった。

その後、2回の増築工事が行われた。2期工事として、69年に研究室充実のため24室が増築され、さらに3期工事として、新たな棟が既存の棟と中庭を挟んで廊下で結ばれる形で増築され、94年8月に竣工した。鉄筋コンクリート造り4階建て、延べ床面積1,159.48㎡、研究室36室が置かれたこの新棟は「第1教授研究館新館」と名付けられた。1期および2期の設計・施工は竹中工務店、3期設計は日本設計、施工は竹中工務店・大林組共同企業体。

建物の経年劣化および教員数の増加による狭隘化に伴い、新館を除く第1教授研究館の建て替えが行われた。この建て替え工事は、「西宮上ケ原キャンパス*北西部再開発計画」の一環として、土地利用においては社会学部校舎*の建て替えおよび全学共用教室・ラウンジ棟（H号館）の建設と連動したもので、第1教授研究館は元硬式テニスコートがあった土地に新築移転され、その跡地に社会学部の新校舎を建てることになった。

2009年12月に着工し10年12月に竣工した新しい研究館は、鉄筋コンクリート造りの地上4階建て、延べ床総面積4,115.18㎡、教員個人研究室94室、レンタルラボ8室と会議室や談話室等を備えた大規模なもので、これによって教員の研究環境は飛躍的に向上した。デザインとしては、近代的な元の第1教授研究館とは異なり、西宮上ケ原キャンパス*の基調であるスパニッシュ・ミッション・スタイル*がとられた。設計は日本設計、施工は大林組。建物の呼称は「第1教授研究館（本館）」とされ、これに合わせて既存の第1教授研究館新館の表記も「第1教授研究館（新館）」とされた。神学部、文学部、社会学部の教員の大半は、この第1教授研究館（本館）または第1教授研究館（新館）の個人研究室を使用している。

【参照】Ⅱ 269

大学院（旧制大学）

大学令*（1918）の第1条で「学術ノ理論及応用ヲ教授シ並其ノ蘊奥ヲ攻究」すると規定された大学院は、同第3条において「学部ニハ研究科ヲ置クヘシ」とされ、その上で「研究科間ノ連絡協調ヲ期スル為」に大学院を置くものとされた。

この大学令の規定により、大学設立申請時に関西学院大学も大学予科*および法文学部*、商経学部*の２学部に加えて、修学年限１年以上の大学院を設置した（関西学院大学学則第３条）。さらに大学学則第47条において「各学部ノ卒業生ニシテ大学院ニ入学セントスル者ハ其ノ研究科目ヲ具シテ本大学ニ出願出ヅベシ……当該学部教授会ノ議決ヲ経テ之ヲ許可ス」と定め、他大学卒業生については、第48条で「当該学部教授会ノ銓衡ヲ経テ之ヲ許可スル……」と定めた。

第１回大学卒業生の出る1937年には、大学院の法文学部に７名の入学者があったものの１年未満で退学し、38年には２名の入学者があったものの、39年には在籍者は一人もいなくなった。40年には大学院の商経学部に１名の入学者があったが、同年の大学院の法文学部１名の入学者とあわせてわずか２名であった。このような在籍状態は戦後も続き、やっと47年になって、在籍者数は法学研究科４名、経済学研究科６名など合計15名に、また48年には文学研究科10名、法学研究科５名、経済学研究科９名の合計24名になった。

旧制大学院を併置していた関西学院大学は、戦後の1949年になって、文学博士・法学博士・経済学博士・商学博士課程の設置を求める関西学院大学学位*規程認可申請を行い、翌年３月に認可された。この旧学位令による博士課程設置によって、博士学位授与者の第１号は、50年の経済学部*教授池内信行*であり、以降、60年までに、文学博士19名、法学博士14名、経済学博士16名、商学博士１名であった。旧制関西学院大学および旧制関西学院大学大学院は60年３月31日付で廃止された。

【参照】Ⅰ 474；Ⅱ 149, 153【文献】『学制百年史』1972

大学院１号館

上ケ原キャンパス*の東辺、キャンパスを分断する市道角に位置する建物。戦後の1950年、それまでの専門部、専門学校を短期大学*として発足させた際、その校舎が大学本館として53年に建設された。２階建て鉄筋コンクリート造り、延べ床面積2,290㎡で、事務室、教室などからなっていた。58年に短期大学が廃止された後は、大学学部の共同教室として用いられていたが、大学執行行政機能がこの建物に次第に集められ、学長室*および会議室、教務部、入試

部*、国際交流部、教職教育研究センター*事務室機能なども時に応じてここに置かれ、大学本館としての役割を担うようになった。その後、1階には情報処理研究センターの管理による情報端末室なども置かれていた。なお、大学本館前の門柱は神戸原田の森キャンパスから移築されたもので、関西学院関連建築物としてはハミル館*とならんで歴史的な意味を持つものである。

その後、「新月池*周辺再開発計画」の実施により旧大学本館は取り壊され、2004年、跡地に現在の大学院1号館が新築された。法科大学院*（大学院2号館）西隣、各研究科の共用棟として、講義室・演習室、大学院生専用の共同研究室、ラウンジなどがあり、研究・学習に専念できる環境を整えている。その概要は、地下1階地上3階建て鉄筋コンクリート造り、延べ床面積4,810.40㎡。設計・監理、日本設計。施工、竹中工務店・大林組・鹿島建設共同企業体。

【参照】Ⅱ 179,267

大学昇格運動

1909年、明治学院総理井深梶之助は演説「基督教教育の前途」の中で、教派を超えてキリスト教指導者を養成する大学の創立を唱え、明治末にはこの問題が日本のキリスト教界の課題の一つとなっていた。そのような中、明治学院、東京学院、聖学院はその実現を図ろうとしたが、青山学院はその動きに反対し、立教学院や同志社は単独の大学設立の意向を持っていた。その結果、このキリスト教主義大学の創立計画は頓挫したが、18年の大学令*の公布により、再びこの問題の解決は現実味を帯びてきた。

関西学院でも1919年1月には高等学部*の学生が大学昇格切望の決議をし、4月には理事会に対して大学昇格嘆願書を提出、同月の理事会では教派を超えた大学設立の計画が実現しない場合には、関西学院に2学部制の大学設置を支持するとの報告がなされ、5月の理事会では高等学部*を大学令による大学に昇格させる決議をし、調査を本格化させることとなった。6月の理事会で検討結果が報告され、その中で財団法人の組織化と宗教教育に課題があるとされたが、その内容はアメリカ・南メソヂスト監督教会*とカナダ・メソヂスト教会*に報告された。その結果、キリスト教主義教育の維持を条件として、その設置を両教会とも認め、前者はさらに商科大学に加えて文科大学の開設を求めた。20年2月の理事会で、両教会から任命された「連合大学委員会」は、①関西学院に神学部*、中学部*、3年制高等商業学部*、大学予科*、大学（文科・商科）を設置すること、②予科を1922年に開設すること、③政府への供託金60万円を母教会の連合教育委員会に要求することなどの点を報告した。

しかし、本国の連合教育委員会は1922年1月になって第1次世界大戦後の不況からくる財政的理由から25年以降の開設を勧告した。この勧告を受け、理事会内の大学委員会は、①大学昇格を25年に行うこと、②大学認可申請権を理事会に付与すること、③60万円の供託金を支給することを求めた。しかし、理事会は、この経費を母教会に依存する限り、大学昇格の実現性がないことを理解し、資金の自己調達の道を探らざるを得なかった。その手段が原田の森キャンパスの売却と上ケ原*の土地購入であった。28年2月にその正式契約が締結された。

1929年2月から始まった上ケ原移転*によって、大学昇格運動は最終局面を迎えた。5月に理事会に設けられた大学委員会は、32年に開設案を提出し、12月の理事会は同案を承認し、連合教育委員会に大学開設の早期実現を促した。一方、学生は数度にわたり学生総会を開催し、早期実現を理事会に要請した。30年4月の理事会は、神学部*、中学部*に加えて、32年に高等商業学部*（3年制）開設および予科（3年制）開校、35年に大学（文学部*・商学部*）開校の新設を承認した。同案を支持した学生は、5月の総会で、最終決定権をもつ連合教育委員会への英文の決議文を送付することとなった。さらに、12月16日の臨時学生総会でC. J. L. ベーツ*院長*のカナダ、アメリカへの派遣を決議し、17日の理事会もその派遣を決定、ベーツ院長は12月29日、カナダへと旅立った。翌年1月17日にアトランティック・シティで開催された会議で、連合教育委員会はその大学昇格案を承認した。ここに関西学院の大学昇格運動は大学設立という形で決着した。

予科の開校は予定どおり1932年4月に、大学学部は、予科の修業年限を3年制から2年制にしたため34年に設置された。慶應義塾大学、早稲

た

田大学、同志社大学などから遅れること12年であった。

【参照】I 436【文献】「関西学院新聞」1931.1.20；『学制百年史』1972

大学図書館

関西学院の図書館の源流は、1889年の創立時、原田の森*キャンパスの第1校舎の1階の一部に30畳の仮チャペルと講堂を兼ねた書籍館が設けられたことに始まる。その後、1908年には、本館に3階部分が増設され、その半分が図書館に充てられた。図書閲覧室、新聞雑誌閲覧室および書庫が設けられ、名称も図書館と改められた。09年には、デューイ十進分類法の簡略版を採用するなど、当時のアメリカ図書館の動向を踏まえた先進的な試みをしていた。

1922年からはブランチ・メモリアル・チャペル*に書庫と閲覧室が移転し、上ケ原移転*時まで図書館として使用された。29年の学院の上ケ原移転の際に竹中工務店社主の竹中藤右衛門から時計台*を有する図書館寄贈を受けた。キャンパスの中心に図書館を配置するという現在の日本でも珍しい欧米型の考え方に立った建築であり、設計はW.M.ヴォーリズ*が担当した。鉄筋コンクリート造り2階建て、地下室を合わせて約302坪（約1,056㎡）の建物で、当時としては全国有数の規模を持つ図書館であった。

1955年には、時計台の両翼が拡張され、書庫および閲覧室が増築された。63年には、図書館の背部に蔵書収容能力20万冊の書庫、閲覧室、管理部門を含む新館が完成した。さらに71年、73年にも増築がなされ、73年には、産業研究所*が図書館の建物に移転した。

1970年代の後半からは、狭隘化が進む図書館の施設改善を求める声が高くなった。80年に学習図書館建築構想が提示され、82年には「学習図書館新設と既存図書館増築についての要望書」が図書館長から学長*に提出された。その後、学習図書館建築構想は大学の教育研究施設整備充実計画の重要項目として承認されたが、大学図書館を二分することの是非をめぐって議論が起こり、84年に図書館長より新たに「大学図書館施設改善の検討について（要望）」が学長に提出された。これを受けて85

年に大学図書館問題検討委員会が設置され、同委員会は86年に「第一次答申」、翌87年には最終答申となる「第二次答申」を提出し、理事会に対して建設の早期実現を要望した。

1988年に、大学と理事会の委員で構成される「図書館問題検討委員会」において、新図書館の位置を図書館新館と第５別館*突出部を解体した跡地とする案が提示され、新たに設置された実務委員会で基本設計の検討に入った。91年４月から、第１期建設工事が開始することになったが、関係官庁から樹木の移植・伐採などの事前工事について厳しい条件が示され、工事の開始は93年となった。検討開始から12年後、97年２月19日、２期４年間にわたる工事を経て、新図書館が時計台*の背後に竣工し、10月１日に開館した。

図書館建設工事は建築本体の大きさばかりでなく、周辺に及ぼした影響においても劇的な変化をもたらすものであった。建設用地は、社会学部*、第５別館*建設用地として埋め立てられた農業用水池跡と田畑であった。第５別館の突出部を解体して完成した大学図書館は館内に産業研究所*も併設し、時計台（旧大学図書館）を前面に配置し、名実ともに関西学院の象徴として実現した。大学図書館南側に展開するサンクンガーデンや清流のせせらぎが聞こえる一大空間は、キャンパス開設以来、田畑に始まり、法学部*旧本館、第２別館等が配置されていたところであり、その広さとともにキャンパスデザインの位置づけからも中央芝生*に対比できるものである。学問の府としての堅苦しさや権威的な印象を与える大学図書館が多い中、関西学院大学図書館は明るく開放的でありながら、その規模、内容、設備、機能において、わが国有数の大学図書館である。鉄筋コンクリート造り陸屋根地上３階地下２層、延べ床面積19,586㎡、設計は日本設計、施工は竹中工務店・大林組共同企業体。図書の収容可能冊数は150万冊（2014年度から収容冊数100万冊の自動化書庫の運用）、座席数は1,700席（2010年に増設し1,782席となった）。新大学図書館は「建築もサービスも共に優れた日本を代表する図書館」として1999年に「第15回日本図書館協会建築賞」を受賞している。

初代図書館長J. C. C. ニュートン*から現在まで23代の館長を数える。開学時代の蔵書数は5,000冊程度で、そのうち洋書は3,200冊であり、そのほとんどは寄贈図書であった。現在の大学図書館登録資料数は図書雑誌を合わせて約181万冊となっている（2014年３月末現在）。

大学図書館は、本学の教育・研究・学習活動を支援するための諸活動を展開してきている。その諸活動は、運営課、利用サービス課および神戸三田キャンパス*の大学図書館分室*という事務組織によって支えられており、2003年度からの各種の電子情報資料の導入、07年度からの関西学院大学リポジトリの運用、13年度からの産業研究所*図書資料業務の移管等、内外の状況に対応して変化している。

2014年に刊行した『関西学院大学図書館史』は、同年度の「私立大学図書館協会協会賞」を受賞した。

【参照】Ⅰ 514；Ⅱ 292, 534, 574【文献】『関西学院大学図書館小史 1899-1987』1990；『関西学院大学図書館史：1889年-2012年』2014

大学図書館運営課

大学図書館の事務組織の変遷は、1958年に庶務、司書、閲覧の３係が設置され、その後、61年にそれぞれが課として位置付けられたところから始まる。図書館組織が「学院図書館」から「大学図書館」に変更した75年に庶務課は運営課に、司書課は整理課に名称変更された。また、94年には研究分野における雑誌資料サービスを拡充する目的で雑誌資料課が開設された。97年の新大学図書館のグランドオープンに合わせ、21世紀に向けて図書情報データベースを構築する役割を担う部署として整理課は図書情報課に名称を変更した。そして、2002年度からは、高度化・多様化する大学の教育・研究ニーズに対応して果たすべき新たな役割を担うことを目的として事務組織の検討を進め、03年度には、４課体制（運営課、図書情報課、利用サービス課、雑誌資料課）を２課体制（運営課、利用サービス課）に変更した。改編後の２課体制は、それぞれの課の主担当業務は決めるが、必要に応じて図書館内の他の課の業務も担当できるという柔軟な体制となり、運営課は、運営課、図書情報課、雑誌資料課の３課を統合した形となり現在に至っている。

運営課は、本学の掲げる教育・研究の理念・目標を支えるための基盤的な施設である大学図書館の学術情報収集機能を強化し、電子図書館的機能の充実を図り、利用しやすい機能的な図書館を目指すという使命のもと、教育・研究および学習活動に必要となる図書資料の収集・発注・受入・検収に関する業務や、分類・目録に関する業務、図書システム管理運用業務、電子ジャーナル、オンラインデータベース、電子ブックなどを取り扱う電子情報資料関連業務を行っている。また、地域社会に開かれた大学図書館としての取り組みとして、図書館資料を利用した学術資料講演会・展示会の開催、図書館報の編纂、ホームページの構築・公開などの図書館広報に関わる業務を行っている。また、図書館長室のスタッフ的な役割として、大学図書館運営委員会や学内の各種委員会に関わる業務、さらに私立大学図書館協会、兵庫県大学図書館協議会、大学コンソーシアム連合（JUSTICE）などに関わる渉外業務も担当している。

2010年以降、運営課内に電子情報資料の収集、契約などを専門として担当する職員を配置し、電子ジャーナル等の電子情報資料を従来の紙媒体資料とは扱いの異なる資料群として業務を分離し、より効率的な業務処理および利用サービスの向上を目指している。また、2012年には、大学図書館関連の規程を見直し、全面的に改正・追加した。

【文献】『関西学院大学図書館小史1899-1987』1990；『関西学院大学図書館史：1889年-2012年』2014

大学図書館分室

大学図書館分室は、1995年の神戸三田キャンパス*開設と同時に、キャンパスにおける学習・研究活動の拠点としてⅡ号館1階に設置された。2001年9月には、理学部（翌年4月から理工学部*）の移転を含むキャンパス第2期整備計画により、Ⅲ号館1～2階部分に施設名「図書メディア館」として移転した。09年3月末には、総合政策学部*・理工学部*の新学科増設を伴う第3期整備計画の一環として、Ⅵ号館の2～4階に移転した。

収容可能冊数は、図書資料40万冊、閲覧座席数528席で、120台のPCと職員が常駐する利用相談カウンターを備えたメディア・フォーラムを併設し、約20万冊の図書、2,000タイトルの雑誌、視聴覚資料や電子ジャーナル・オンラインデータベースを提供し、それらの学術情報を活用した研究、自学自習の場として利用されている。

主な業務は、図書資料の貸出、レファレンスサービス、利用者教育、研究個室・グループ閲覧室などの施設利用サービスの提供、閲覧環境の整備、理工学部・総合政策学部の部局図書室としての業務（選書・発注作業）などである。

【文献】大学図書館報『時計台』(79) 2009；『関西学院大学図書館史：1889年-2012年』2014

大学図書館利用サービス課

大学図書館利用サービス課は、1889年に関西学院が原田校地に創立された時にまで遡る。当時の運営の詳細は不明であるが、1904年の『私立関西学院一覧』に教師および学生に図書、新聞、雑誌を貸し出していたとの記録が残っている。58年に職制として庶務、司書、閲覧の３係が設置され、61年には庶務、司書、閲覧の３課が設置されて事務組織が確立された。以後、閲覧課内には時代の流れに合わせて、図書資料を取り扱う開架室と出納室に加え、74年に語学カセットテープやレコード、ビデオなどの資料を扱う視聴覚室や、雑誌資料を扱う雑誌室を設置し、利用サービスの充実に努めてきた。94年には増大する雑誌業務と研究ニーズの高度化に対応するため、雑誌室を閲覧課から分離し雑誌資料課が設置された。その後、97年の新大学図書館の完成を契機に、利用サービスのさらなる充実を目指して、閲覧課を利用サービス課に名称を変更した。

利用サービス課では、大学の教育研究活動をサポートするために、図書資料の貸出やグループ閲覧室・研究個室などの施設を提供する一方、レファレンスカウンターを設置し、1995年から雑誌資料課の協働によるサービスを行ってきた。しかし、2003年に行われた館内組織の改編で４課（運営課、図書情報課、利用サービス課、雑誌資料課）体制が２課（運営課、利用サービス課）体制になったことにより、利用サービス課のみでレファレンスサービスを提供することになった。レファレンスサービスは、図書資料に関する質問に応じるだけでなく、各種データベースを用いた情報検索についての助言や他大学図書館との相互利用サービスなども行っている。

また、図書館の利用教育にも力を注ぎ、長年にわたって新入生を対象に館内ツアーを中心とした図書館利用に関するオリエンテーションを行ってきたが、近年では基礎演習対象の「文献の探し方講習会」や研究演習対象の「学術情報探索講習会」を実施し、教育的な機能も果たしている。さらに、1998年度からは地域に開かれた図書館を目指して、本学所蔵の学術図書資料を一般市民に公開する一般公開利用制度（有料）も開始した。

【文献】『関西学院大学図書館小史1899−1987』1990；『関西学院大学図書館史：1889年−2012年』2014

『大学とは何か』

1975年から77年にかけて、関西学院が編集出版した３冊の「関西学院を考える」シリーズの第１集として、75年８月に出版されたもので、副題に「世界の大学・日本の大学・関西学院」と題されたＢ６判、466ページに及ぶ書物である。現役、OB・OGの教職員32名の参加による座談会形式をとり、副題にある３部で構成され、各部がいくつかの章を持ち、多くの小見出しに分かれて読みやすい構成になっている。内容は、世界的に広がった60年代末から70年代前半にかけての大学紛争から、大学を再建するに当たって、学院の過去と現在と未来について語りあい、学院の姿勢を示す情報の発信を意図した。関西学院関係者をはじめ学外に配布されるとともに、在学生とその後の入学生に数年にわたって配布され、一部は市販もされた。

このシリーズを学院が編集したのは、1974年の寄附行為の変更により理事長*・院長*制がしかれ、久山康*が就任したことに始まる。当時の課題は学院財政*の再建で、学費改定が急務であった。しかし大学紛争の余韻が続く困難な状況の中で、何よりも学院全体の展望を示し広く理解を求める必要があり、学院に広報委員会を作ってシリーズ３部作の作成と公表に取り組んだ。その結果、第２集『私学財政と学院の歩み』（Ｂ６判、143ページ）がいち早く75年２月に、当面の学費改定の理解を求めて出版された。続いて第１集の本書が、最後に第３集『国際交流と大学』（Ｂ６判、415ページ）が77年５月に出版された。これらの出版は、学費改定を実務的に進めるだけでなく、大学関係者、学院関係者に大学のかかえる諸問題を本質に立ち戻って考え、時代の問題を提起するものとして、小さいながらも歴史に刻印するものであった。

【参照】Ⅱ 499

大学トレーニングセンター

上ケ原キャンパス*の旧理学部別館を改築し、大学のスポーツ活動振興を目的に設立された課外教育施設。地上４階建ての建物には、約40種類のトレーニング機器が並ぶ各種トレーニングルーム、けがのリハビリなどを行うコンディショニングルーム、その他ラウンジ、シャワールーム、ミーティングルームが配置された。学生の福利厚生施設という位置づけと同時に、主に体育会*各部の競技能力向上という観点から整備され、トレーニング機器も最新鋭のものが選定された。

オープン年度の9月から3月で延べ22,461名の利用があり、以後2012年度末まで10年間の年間平均延べ利用者数は57,597名であった。体育会の学生たちを中心に、学生、教職員に広く活用されてきた。1967年7月26日竣工、2002年9月改築、鉄筋コンクリート造り陸屋根、延べ床面積1,190.16㎡、設計・施工・改築は竹中工務店。

なお、125周年記念建築事業として行われる高等部体育館*の建設工事に伴い、2013年7月に大学トレーニングセンターはG号館*ラウンジ棟地下1階に移転した。この場所を約2年間使用した後、同じく125周年記念建築事業として改修される総合体育館*（改修後は大学体育館）に新たなトレーニングセンターがオープンする予定である。

大学博物館

大学博物館は、学院の創立125周年を記念して、2014年9月に時計台*に開館した。大学博物館設置については、1992年頃から検討が始められ、96年博物館構想検討委員会設置、2006年博物館構想計画検討委員会設置の流れの中で、さまざまな検討が行われた。07年12月にまとめられた関西学院大学博物館設置趣意書では、創立以来の学院史資料や研究教育活動がもたらした学術・教育資料を、本学の知的財産として社会に向けて公開する必要性に触れ、そのために大学博物館を設置し、知的財産の統一的な収集・整理・保管・公開を行うことの重要性がうたわれている。博物館を持つことにより、学生、教職員および同窓、近隣住民らがこれら知的財産に接する機会を得、また、学芸員養成教育の一端を担うこと、本学の教育研究の成果を発信することによって、社会的責任を全うすることなどが大学博物館設置の趣旨である。

大学博物館の開設準備は、2008年4月に設置された博物館開設準備室が中心となって行った。開設準備のための活動として、これまで収集してきた博物館資料を公開するため、

08年秋「原野コレクションI 本に貼られた版画 蔵書票の美」を皮切りに、12年秋「新劇、輝きの'60年代 大阪労演とその時代II 1960-1969」まで9回の企画展示を実施し、その都度、展覧会図録の発行や記念講演会を開催した。また、黒川古文化研究所や白鶴美術館などの博物館施設と連携し、高精細デジタル画像を活用した公開研究会も継続的に開催してきた。頴川美術館とは09年10月連携協力協定を締結し、学院各学校の芸術関係の学外講座の実施や博物館実習についての協力関係を結んでいる。これらの活動実績の蓄積の上に大学博物館は開館したのである。なお、大学博物館の開設に伴い、それまで長年活動してきた学院史編纂室*は、博物館内に位置づけられた。

時計台*には展示室(235㎡)、実習室(86㎡)、資料調査室(74㎡)、学院史資料保存庫(121㎡)が設けられ、H号館*地下に収蔵庫(195㎡)を持つ。

【文献】『博物館開設準備室通信』(1-8) 2009-2013

大学評議会

大学評議会は「国立大学の評議会に関する暫定措置を定める規則」によって、国立大学の管理に関する機関として置かれるもので、数個の学部を置く国立大学および数個の研究科を置く国立大学(独立大学院)に置かれるものである。構成員は学長*、各学部長、各学部の教授2名らであり、その権限は学長の諮問に応じて学則その他規則の制定改正、予算、人事、学生定員、学生の厚生補導、学部その他の機関の連絡調整、その他大学の運営に関する重要事項について審議する機関と定められている。この規則は他の類似の規則などとともに公私立大学でも準用されている。

1948年の新制大学設置申請時に制定され、その後53年に改定された規程では、評議員は学長、各学部長と各学部から選出されたそれぞれ2名の教授であり、審議事項として、学則・内規の変更、専任教員の所属、各学部教員定員、名誉教授*の承認などであった。

大学紛争後の大学改革の一環として、1970年に「大学評議会規程」が改定され、その後、構成員については一部改定された。2012年度の構成員は、学長、副学長(3名)、各学部長、各学部選出の教授・准教授(各1名)、独立研究科教授・准教授(1名)、専門職大学院*教授・准教授(各1名)、学長直属選出の教授・准教授(1名)、全学から選出された教授・准教授（5名）、大学図書館*長である。議決事項は、教育・研究に関する諸規程の制定・改廃、教育・研究に関する重要な施設の設置・廃止、教員人事の基準、各学部・研究所その他これに準ずる機関の人事、学生定員などであり、審議事項は、大学予算編成方針、その他学長の諮問する事項と定められていた。

関西学院創立120周年を期に策定された「新基本構想」の6つのヴィジョンの一つとして「進化を加速させるマネジメントを確立」が取り上げられた。これを受けて2012年3月に執行体制（学院と大学の「たすきがけ」）と組織改編（大学評議会の改組と大学組織の機構化）が学長*提案として出され、2013年4月より実施された。

新しい大学評議会の構成員は、各学部（1名）、独立研究科（1名）、専門職大学院（各1名）選出の評議員（14名）を廃止し、全学選出の評議員を5名から10名に増員して、その任期を1年から2年とし、評議員数を38名から29名とし、大学評議員会が、各学部、研究科の利害を超えて、大学全体の将来を見据えた戦略的な合意形成を実現できる環境を整備した。また、投票権を有する副学長を副学長6名の内の3名とし、学長の推薦と大学評議会の決定によるものとした。また、事務局長、総務・施設管理部*長、財務部長、人事部*長は、学長の要請により職務上出席できることになった。

【参照】Ⅱ 107【文献】「関西学院の新たな執行体制と大学の組織改編」（「K. G. Today：Extra edition」March 2013）

大学予科

1932年3月7日、長年の悲願であった大学令*による関西学院大学設立の認可が下り、これを受け、直ちに大学および大学予科の開設準備が進められた。30年代初等の教育制度では、大学に至るまでの進学コースは複数存在したが、関西学院は、尋常小学校（6年）から中学校（4～5年・関西学院中学部*は5年）、大学予科（2～3年・関西学院大学予科は2年）、大学（3～4年・関西学院大学は3年）という典型的な流れの中に位置付けられる。このため大学予科は、今日の6・3・3・4の教育制度でいえば、高校の役割と大

創設時の大学予科校舎

学の一般教養課程の役割を担っていたといえる。

大学予科は1932年４月に開設された。関西学院大学は当初、法文学部*と商経学部*の２学部体制であったため、予科もまた、法文学部進学希望者のための甲類と商経学部希望者のための乙類という２類体制であった。初年32年度の受験者総数は493名、入学者総数は220名、入学金は５円、年間授業料は100円であった。この年の関西学院中学部からの内部進学者は卒業生144名中の15％（21名）に過ぎなかった。予科は当初、高等商業学部*校舎を仮校舎としていたが、33年４月には現在の高中部本部棟の場所に予科校舎が完成した。設計はヴォーリズ建築事務所、施工は竹中工務店。しかし44年４月から45年10月までは、海軍省が予科校舎を借用したため、予科は一時、大学法文学部*校舎（現、文学部校舎*）を使用していた。34年３月には予科の第１期生180名が卒業し、そのうちの174名を迎えて大学の上記２学部が始動した。県内初の私立大学である関西学院大学の教育活動がスタートしたのである。

戦後、大学予科は1945年９月から授業を開始した。46年には新制大学への移行措置として修業年限を３年に変更した。48年４月、新制大学が発足。進学を望む予科学生は無試験（予科１年修了者は大学１年、予科２年修了者は大学２年）で新制大学に受け入れられ、予科は発展的に解消された。なお、歴代の予科長は1932〜42年度が菊池七郎*、43〜47年度が河辺満甕*である。

【参照】Ⅰ 473-485；Ⅱ 101, 110-112

大学令

1886年に公布された帝国大学令は、初代文部大臣森有礼を中心に東京大学関係者の意向を組み入れる形で制定され、研究を担当する大学院*と教育を担当する分科大学とから構成され、大学全体に勅任の総長を、法科・医科・工科・文科・理科（後に農科）各分科大学に学長・教頭・教授・助教授が置かれた。この勅令により東京大学は帝国大学となった。93年の文相井上毅の高等教育制度の改革により、講座制・分科大学教授会が規定された。1903年、京都帝国大学設置以降、この勅令は各帝国大学に適用された。帝国大学令以降、法的には官立の帝国大学のみが大学であり、帝国大学に準ずる内容・設備をもった高等教育機関は「大学」と呼ばれながらも大学ではなく、専門学校令（1903）以降も法的には専門学校として位置付けられていた。

このような状況を打破するために1918年、大学令が制定され、官立の単科大学や公立・私立の単科大学が公認されるようになった。また、学部に研究科を置き、総合大学ではその研究科を総合して大学院*と称した。この大学令により公立は都道府県市立に、私立は財団法人に限定し、その設立廃止は勅裁を得て文部大臣に認可されることになった。大学の修業年限は3年（医学部4年）、入学資格は大学予科*・高等学校高等科修了者とし、私立大学教員の採用は文部大臣の認可が必要であった。この大学令公布により帝国大学令も改正され、分科大学が学部となり、教員が分科大学所属から大学所属へと変更された。戦後、帝国大学令は国立学校設置法の制定により廃止され、大学令は学校教育法の施行により廃止された。

大学令により1920年には慶應義塾大学、早稲田大学、明治大学、法政大学、日本大学、中央大学、国学院大学、同志社大学、21年には東京慈恵医科大学、22年には龍谷大学、大谷大学、専修大学、立教大学、立命館大学、関西大学などの大学設置が認可された。このような他の専門学校の大学昇格に刺激を受けた関西学院でも教職員・学生・卒業生による大学昇格運動*が展開され、32年に大学として関西学院大学の設置が認可された。

【参照】Ⅰ 428【文献】『学制百年史』1972；『国史大辞典』1988

第5別館

上ケ原キャンパス*内で最も高い場所に建設され、完成時にはその巨大さ、従来の建築とは異なる直線をベースとした近代的なデザインのために、当時の教職員や学生を驚かせた。第5別館以前に竣工していた学生会館*や体育館は、市道南側に位置すること、また建物に必要な機能を求めた合理的デザインなどの理由から、第5別館ほどの違和感は持たれなかった。デザイン面では賛否両論があったとはいえ、斜面との調整を計り、従来の別館とはまったく異なる機能と合理性を感じさせる点には感嘆の声もあがった。建物内の階段の広さ、2段に造成された中庭など、他の別館にはない独自の特徴をもち、1993年までは建物はT字型で、

建設当時の第5別館

東側突出部の１階は吹き抜けのピロティーになっていた（同年、新大学図書館*の建築着工に伴い、東側突出部は取り壊された）。また69年の大学紛争時には、全共闘*派学生の最後の砦として、封鎖解除を行う警察機動隊とのあいだで激しい攻防が繰り広げられた。

1964年７月竣工、鉄筋コンクリート造り陸屋根地下１階付き４階建て、延べ床面積4,536.82㎡、設計・施工は竹中工務店。

【参照】Ⅱ 268

大衆団交

1960年代後半の大学紛争当時、学生（特に全共闘*の学生）と大学当局との交渉に当たって全共闘が強く求めた交渉形態に大衆団交があった。団交とは団体交渉の略称であるから、大衆団交は本来は大衆と当局との団体交渉を意味するが、紛争当時の大衆団交は、事実上、全共闘と大学当局との交渉を意味していた。

関西学院大学の場合、学生紛争時

に全共闘から大学・学院に対してしばしば大衆団交を開催するよう要求が出された。1968年12月に全学執行委員長は８項目からなる公開質問状（11月29日付）を常務会・小宮孝*院長*宛てに提出し、その中で「大衆的な団体交渉」をもつことを求めた。また、69年１月に全共闘より提出された「六項目要求*」でも大衆団交が要求されていた。いずれの場合も、大衆団交は教育の場において認めがたいとして、学院はこれを拒否している。しかし、こうした学院の態度も一因となってその後紛争が拡大する中で、２月、紛争解決のため全学学生集会が開催され、これが結果的に関学紛争最大の大衆団交へと展開していった。

この日午後１時から新グラウンド（現、第２フィールド*）で開始された全学学生集会は、学生約5,000名が参加した。午後６時から場所を中央講堂*に移し、翌朝午前１時まで続けられた。翌日も学生約2,000名が参加して、正午から午後９時50分まで中央講堂で全学集会が開催された。この集会は、全共闘の学生が小宮院長・学長代理に対して機動隊導入の責任を追及する糾弾集会となった。突く、蹴るという暴力的追及の22時間を耐えた院長・学長代理に対してドクター・ストップがかけられ

た

この集会は終了したが、小宮院長、学長代理はこの直後に職を辞した。
【参照】Ⅱ 347−360【文献】『関学闘争の記録』1969

体操部

1946年に山脇義明が中心となって創部。創部当時から60年ごろまで器械体操に必要な設備や器具も満足になく、YMCAや北野高等学校など阪神間を転々としながら練習した。そのような苦しい練習環境の中でも54年の第４回西日本学生体操競技選手権大会（インカレ）では高田洋二が常勝の同志社大学の強豪を破り、個人総合優勝を果たした。

1959年の総合体育館*建設の前後から、左海省司、中原邦夫、中里毅、阿部弘、新山定好、菖蒲池弘らがチームを引っ張り、西日本・全日本インカレで上位を占め、同志社大学、関西大学とともに当時の関西をリードした。その後２部に転落したが、吉川優が西日本インカレで第17、18、19回個人総合３連覇を達成し、67年の第21回全日本インカレでも個人総合優勝を果たした。

その後は部員不足などが影響し成績も低迷していたが、2004年ごろから徐々に部員数も増え、関西インカレでは男子団体は10年から３位の座を守るなど復活の兆しが見えている。また、1977年から女子部員が加わり、2005年には森本景子が全日本インカレで個人総合８位に入賞している。

定期戦には総合関関戦*のほかに、創部間もない1948年から半世紀以上続いている早関戦がある。

なお2011年に部の名称を「器械体操部」から「体操部」に変更した。

大道《だいどう》安《やす》次《じ》郎《ろう》 1903. 5. 1〜1987. 1. 11

初代社会学部*長、図書館長。敦賀市に生まれる。敦賀商業学校時代、賀川豊彦*との出会いと関西学院グリークラブ*への想いから、1923年、関西学院高等商業学部*に入学。当時の文学部*教授新明正道*と出会い、社会学への道に進む。27年卒業、九州帝国大学の高田保馬のもとへ進学。すでに東北帝国大学へ移っていた新明はヨーロッパへ留学することが決定していたからであった。30年、卒業と同時に、高等商業学部講師に就任。神崎驥一*高等商業学部長の奨めで経済学研究を始める。以後、助教授、教授となり、44年、旧制大学法文学部*教授に移籍。新制大学後、文学部*教授となり、60年の社会学部設

立に際して中心的役割を果たし、初代社会学部長に就任。72年、定年退職。

大道の業績は、当時の大阪商科大学教授堀経夫*の指導の下で1935年ごろ始められた『スミス経済学の生成と発展』(1940)、『スミス経済学の系譜』(1947)、『国富論の草稿：その他』(1948) に代表されるスミス研究、関西学院の国民生活科学研究所 (1944−45) 時代の成果である『アメリカ社会学の潮流』(1948)、『アメリカ社会学の源流』(1958) に代表されるアメリカ社会学研究、そして『日本社会学の形成』(1968)、『高田社会学』(1952)、『新明社会学』(1974) に代表される日本社会学形成研究である。その他、マッキーヴァー研究、都市研究、老人社会学など幅広い研究を行った。

【参照】Ⅱ 111, 213, 223【文献】『社会学部紀要』(24) 1972；秋元律郎『日本社会学史』1979；『関西学院大学社会学部三十年史』1995；『関西学院大学社会学部の50年』2011

第2教授研究館（池内記念館）

関西学院には、ハミル館*、ランバス記念礼拝堂*、吉岡記念館*など、人名を冠した建物が幾つかある。経商両学部専用の第2教授研究館もその

一つで、建物の一部が商学部*の池内信行*名誉教授の遺志と遺産によって造られたため、「池内記念館」とも呼ばれる。この建物は3期に分けて工事がなされた。まず1957年に日本庭園*に面した北側が建設され、次いで73年に南側東（池内記念館）が、そして最後に86年に南側西が完成し、現在の姿になった。正面玄関が南北2カ所にあるのも、そうした経緯による。建物全体はロの字型（クオドラングル形式）で中庭を有し、建物内部には100室以上の教員個人研究室のほか、会議室・研究会室などがある。

1986年4月（最終）竣工。鉄筋コンクリート造り瓦葺き3階建て、登記面積3,595.17㎡、設計・施工は竹中工務店。

【参照】Ⅱ 540

第4別館

第4別館の建設前、そこには木造平屋の商学部*チャペル棟と、小道を

隔てて北側に配置された同じく木造平屋建ての教室棟があった。チャペル棟と教室棟を結ぶ渡り廊下の中央部につけられたベルは、授業やチャペルアワー*の合図の音を響かせるなど、このあたりは学内でも特色のある雰囲気をもっていた（現在、そのベルは第４別館東壁の最上階の北端辺りにつけられ、地上から仰ぎ見ることもできるが、音を聞くことはできない）。機能と合理性を追求した第４別館の建設は、大学紛争後の新たな時代の到来を告げるものであった。内部にはPC教室や総合教育研究室などが入っていたが、現在は教務機構*「高等教育推進センター*」などが入っている。

1973年４月２日竣工、鉄筋コンクリート造り陸屋根地下１階付き５階建て、延べ床面積4,546.88㎡、設計・施工は竹中工務店。

竹内愛二《たけうちあいじ》 1895.6.22～1980.2.18

社会学部*教授。京都市に生まれる。同志社中学校（当時、普通学校）卒業後、1928年、アメリカ・オハイオ州オベリン大学卒業（B.A.）、29年、同大学院卒業（M.A.）。クリーブランド市ウェスタン・リザーブ大学大学院にも在学し、とくにケースワークを実習した。帰国後、神戸女子神学校教授、同志社大学教授、灘生活協同組合常務理事を経て、48年、関西学院大学文学部*嘱託講師、49年、同専任講師に就任。関西学院大学における社会福祉教育はこのときに始まったといえる。

竹内は着任した年から社会事業専攻のゼミナールを開き、1952年、文学部*教授に昇任。この年、精神科医の杉原方（精神衛生学）を助教授に迎えて社会事業学科を発足させ、指導者としての役割を担った。60年２月、学位*論文「専門社会事業研究」により文学博士（関西学院大学）。同年４月、社会学科*と社会事業学科を文学部から分離独立させて新設された社会学部の教授に就任、66年３月に退職する。56年、共同募金育成功労、64年、県政功労（社会福祉）により兵庫県知事表彰。65年、兵庫県文化賞受賞。

【参照】 II 113,213,223【文献】『社会学部紀要』(12)1965；『関西学院大学文学部60年史』1994；『関西学院大学社会学部30年史』1995

武田建《たけだけん》 1932.1.19～

理事長*、学長*、社会学部*教授。東京都に生まれる。1950年、関西学院高等部*卒業後、関西学院短期大学*英文科*、大学文学部*社会事業学科卒業、文学研究科教育学専攻修了後、北米に留学、トロント大学大学院社会福祉専攻卒業（M. S. W.）。ミシガン州立大学大学院カウンセリング心理博士課程でPh. D. を取得。1962年に関西学院社会学部専任講師に就任、助教授を経て、教授。82年に社会学部長、85年には城崎進*学長辞任のあと、学長事務取扱に就任、同年11月に学長に選任され、89年３月、北摂土地問題*の円満な解決と学院の融和発展のために、久山康*理事長・院長*の５期目の任期満了に合わせて、任期を１年残して辞任した。92年には理事長に選ばれ、2002年３月まで務めた。

文部省大学設置・学校法人審議会委員、日本私立大学連盟常務理事、文部省学校法人運営調査委員、大学審議会委員、日本私立大学連合会委員などを歴任した。

1944年入学の中学部*でアメリカンフットボールを始め、中学部・高等部・大学でクォーターバックとして活躍した。66年から10年間、大学のアメリカンフットボール部*監督として、甲子園ボウルで７回の優勝を飾った。78年からは高等部監督に就任、８年間に全国優勝を６回果たしている。同時に日本のアメリカンフットボールの指導者として、また試合の解説者としても長く活躍してきた。学長時代は、「大学の学長が甲子園ボウルの解説をした」と話題になった。

著書には、専門のカウンセリング、社会福祉、臨床心理学関係があるほか、アメリカンフットボールの技術書や啓蒙書も多数執筆している。1969年に関西スポーツ賞を受賞。

【参照】Ⅱ 504【文献】『社会学部紀要』(85)2000

竹友藻風《たけともそうふう》 1891.9.24～1954.10.7

文学部*教授、詩人。本名虎雄《とらお》。大阪市に生まれる。1914年、京都帝国大学英文学選科修了。15年に渡米、イェール大学で宗教学を専攻。ニューヨーク・ブルックリン博物館の管理助手を務めながらコロンビア大学大学院で英文学を専攻（M. A.）。20年、慶應義塾大学教授（英語、英文学）、23年、東京高等師範学校教授。34年４月、関西学院大学開設と同時に法文学部*教授（英文学）に就任。48年11月、大阪大学文学部教授。50年、関西学院大学最初の文学博士の学位*（旧学位令）を授与され、52年４月から関西学院大学大学院*教授を兼任した。ピューリタニズムとヘレニズムを交えた学匠詩人で、ダンテの『神曲』３巻の完訳（1950）のほかに『叙情詩論』（1939）がある。その他、詩集『祈祷』（1913）、『浮彫』（1915）、『時の流れに』（1920）、訳詩集『ルバイヤット』（1921）、『ヴェルレエヌ選集』（1921）、『希臘詞華抄』（1924）などを刊行。『竹友藻風選集』全２巻（1982）がある。学院創立50周年を記念して作られた「関西学院頌歌」（山田耕筰*作曲）の作詞者でもある。

【参照】Ⅰ 487, 538；Ⅱ 152【文献】寿岳文章「詩人藻風」『英語青年』101（２）1955；『関西学院七十年史』1959；『関西学院大学文学部60年史』1994

卓球部

1918年２月、高等学部*（啓明寮*チーム）が神戸の実業団を相手に同市内で卓球の試合をした記録が当時の「朝日新聞」に掲載されており、これを卓球部の前身としている。23年、高知市立商業から岡定一が啓明寮入りしたころからメンバーも増え、25年、倶楽部創設。26年、結成された関西学生卓球連盟主催の大会に優勝、本格的な態勢が整ったとして28年運動部に昇格し、海外留学から帰国した青木倫太郎*教授を初代部長（当時顧問）に迎えた。同年関西学生リーグ優勝、全国高専大会に倉橋長七が優勝して基盤を固めた。

全国制覇は1938年の東西優勝校対校戦での初優勝から通算６度、全日本大学対校が40年から通算３度を数え、渡辺重五、藤井則和の全日本チャンピオンと崔根垣、藤井則和、川瀬浩の全日本学生優勝者をはじめ多くの名選手を輩出、戦前・戦後の黄金時代を築いた。36年に始まった早稲田大学との定期戦は中断なく継続。60年には女子部を創設した。現在は男女とも関西学生リーグ２部に位置し、１部復帰を目指している。

【文献】『関西学院大学卓球部四十年史』1970；『関西学院大学卓球部六十年史』1990；『関西学院大学卓球部物語』（第１－２部）1993–1998

ダッドレー，J. E.

Dudley, Julia Elizabeth
1840. 12. 5～1906. 7. 12

来日したアメリカン・ボード（会衆派）の最初の女性宣教師の一人。神戸女学院および神戸女子神学校（後の聖和大学の前身の一つ）の創立者の一人。

イリノイ州ネイパーヴィルに生まれる。ロックフォード・フィーメール・セミナリーで学んだ後、教師となったが、日本伝道を志し、1873年3月、E. タルカット（Eliza Talcott）とともに神戸に到着。同年10月、タルカットと神戸近郊花隈村の前田兵藏方で、女性のための私塾を始めた。この私塾は、75年10月、神戸の山本通の女学校（後の神戸女学院）に発展した。76年、母方の従妹M. J. バローズが来日。

1880年10月、バローズとともに、神戸の下山手通6丁目花隈町のスズキタイロウ（漢字不明）方の借間を教室として、日本初の女性の伝道者養成のための聖書学校を始めた。これが神戸女子神学校の起源であり、後の聖和大学は、この年を創立の年とした。81年、聖書学校は中断を余儀なくされたが、84年11月、2人は中山手通6丁目番外1、通称59番において、神戸女子伝道学校として再開した。この学校は後に神戸女子神学校と称せられるようになった。

ダッドレーは、学校で教える傍ら神戸、兵庫、三田、明石のみならず、四国、中国地方を訪問し伝道。学校では旧約聖書を担当した。1900年、健康上の理由から帰国の途につき、南カリフォルニアのラホヤで数年間の余生を過ごし、06年7月、心不全のため永眠。故郷に眠る両親のそばに埋葬された。

ダッドレーは、真摯な精神を内に秘め、明るく快活で、親しみやすく、よく話しよく笑った。生徒、卒業生、学校、教会を愛し、多くの人たちをキリストに導いた。著書に『聖書史記問答』（1877、1879）、『安息日学校問答集』（1878）、『育幼艸《こそだてぐさ》』（1880）他がある。

【文献】今泉真幸編『天上之友』1915；『神戸女学院百年史』（総説）1976；竹中正夫『ゆくてはるかに：神戸女子神学校物語』2000

ダッドレーメモリアルチャペル

「ゲーンズハウス*」とともに西宮聖和キャンパス*最古の建物。W. M. ヴォーリズ*設計、竹中工務店施工。神戸女子神学校の校舎として建てられた。1932年6月3日定礎式。同年10月使用を開始。翌33年3月28日献

堂式。延べ面積180坪2合（約596㎡）。

神戸女子神学校は、1932年10月、神戸の中山手通6丁目通称59番より現キャンパス地である西宮の岡田山に移転し、従来の神学科に社会事業科を加え、再出発を図った。移転の際、本校舎、寄宿舎、宣教師館（現、ゲーンズハウス）、日本人教師住宅が建てられた。本校舎で日曜学校を始めたところ、近隣の子どもたちが約150人来た。また、日曜日に夕礼拝が行われた。その静かな雰囲気を慕って、神戸女子神学校の学生に、関西学院の学生や神戸女学院の学生、職員が加わり、50～60人が集まった。

1941年4月、ランバス女学院と合併して聖和女子学院が成立、本校舎はその第一校舎となった。52年、聖和女子短期大学の本館（旧1号館）落成後は、第二校舎と称せられた。55年から61年までは、聖和第二幼稚園の園舎として使用された。また、ここで行われていた日曜学校が、56年度から関西学院教会*の日曜学校の聖和分校となった。後に、日曜学校は教会学校と称せられるようになったが、聖和分校は81年度まで続いた。69年、聖和女子大学の3号館の竣工に伴って、本校舎は4号館と称せられるようになった。聖和幼稚園*の日曜日礼拝にも使用された。92年、西宮市都市景観形成建築物に指定された。95年、阪神・淡路大震災*によって損傷を受けたが、修復された。

2009年、本校舎は、神戸女子神学校の創立者の一人、J. E. ダッドレー*を記念して、「ダッドレーメモリアルチャペル」と命名された。現在、チャペル入口上に掲げられている木製のプレートは、神戸女子神学校の神戸校地のチャペル（1908年落成、現存せず）にあったもので、“Julia E. Dudley Memorial Chapel”と記されている。

【文献】『聖和保育史』1985；山形政昭『ヴォーリズの建築：ミッション・ユートピアと都市の華』1989；竹中正夫『ゆくてはるかに：神戸女子神学校物語』2000

立山山小屋

1960年、体育会*山岳部*の提案により、学生・生徒・教職員の保健厚生施設として立山天狗平近くに山小屋を建設することが決定された。建設

予定地が立山国立公園内であったため、国有林使用許可、国立公園特別地域内工作物新築許可を取得し、64年に竣工した。避暑、登山など学生・生徒・教職員に幅広く利用されている。3,000m級の峰々が連なる北アルプス立山連峰を貫く山岳観光ルートである立山黒部アルペンルート沿い、標高約2,000mに立山山小屋は立地している。山小屋のオープンは、高山植物が咲き誇る7月から紅葉に包まれる山の早い秋が訪れる9月まで。ここでしか味わえない山の美しさに魅せられた学生・生徒・教職員・同窓生に幅広く利用されている。

【参照】Ⅱ 285

田中彰寛《たなかあきひろ》 1903.5.1～1969.5.10

経済学部*教授。愛称「しょうかん」。広島市に生まれる。父は神学部*第1回卒業生田中義弘*。牧師の家庭に育ち、1927年、京都帝国大学文学部独文科を卒業。28年、関西学院文学部*講師、32年、大学予科*教授となるが、戦後の学院の組織改変に伴い、理工専門部*、短期大学*応用化学科*、同英文科*、新制大学経済学部教授を歴任した。48年、結成直後の教職員組合*の副組合長に就任し、院長*の小宮孝*とともに、学院最初の労働協約締結や学院民主化、待遇改善に取り組んだ。

関西学院の主要な行事や礼拝でオルガン奏者を務め、また51年に発足した学院聖歌隊の指揮者を引き受け、音楽を通してキリストに仕えるという強い信仰と忍耐をもって聖歌隊を指導した。その聖歌隊経験者による唱歓会《しょうかんかい》も生まれ、62年には兵庫県教育功労者の表彰を受けた。63年、「生命への畏敬」で知られ、赤道アフリカの医療に従事していたシュヴァイツァー博士（フランス・ストラスブールの神学者、バッハ音楽の研究家、オルガン奏者、医師）をアフリカに訪問。64年、日本基督教団*讃美歌委員会歌詞専門委員に選ばれて讃美歌第二編の作成に参加し訳詞を担当した。65年から2年間、宗教活動委員会*委員長を務め、69年3月、定年で退職。なお、田中の記した日記（1936.1.1～38.6.15, 1939.10～1969）が娘中條順子の手元に遺されている。

【参照】Ⅰ 478,483；Ⅱ 11,184,188,193,201,288,321【文献】『文学語学論集』（田中彰寛先生退職記念）1969；『くわいあ―20年のあゆみ―』1972；『関西学院史紀要』(16)2010

田中貞《たなかただし》 1893.4.17～1958.9.5

旧制中学部*長。北海道日高郡に生

まれる。1913年、関西学院普通学部*、20年、神学部*卒業後、アメリカ・ヴァンダビルト大学神学課程修了。全国各地の教会を牧し、ランバス女学院院長の職にあったところを、38年、関西学院中学部長として迎えられた。42年に退職。その後は神戸女学院専門学校教授、関西学院理事、神戸平安教会牧師を務め、52年、名古屋学院院長に就任した。円満な人柄で人々から慕われ、戦時下の軍部や官界からの教育への干渉や圧力にヒューマニスティックな考えで対峙した。

【参照】Ⅰ 343, 513【文献】『関西学院高中部百年史』1989

田中義弘《たなかよしひろ》 明治3〈1870〉. 10. 2～1930. 1. 3

旧制中学部*長、神学部*教授、礼拝主事、南美以神戸教会第5代牧師。広島に生まれる。幼名は慎太郎。大阪に出て第三高等中学校に学ぶ。広島在住時よりキリスト教に興味を持ち、大阪でも教会に出席、病を得て広島に帰った後、1887年、J. W. ランバス*より受洗。翌88年、伝道者となるべく東京のフィランデル・スミス・メソヂスト一致神学校*に入学、翌89年より2年間、創立されたばかりの関西学院神学部で学び、91年、神学部第1回卒業生となる。その後、当時の制度であった勧士ならびに地方伝道者の免許を得て、南美以広島中央教会堂補助伝道者に就任。93年、南美以神戸教会最初の日本人牧師に就任。以降、大阪東部美以教会、松山教会を経て、1902年、広島で高等英学院を設立、翌03年、広島女学院牧師兼教師、04年、山口教会牧師、05年、京都中央メソヂスト教会牧師を歴任後、11年、関西学院神学校教授（説教学、牧会学）ならびに礼拝主事に就任。20年4月以降、中学部長を務めたが、在任中に急逝した。

【参照】Ⅰ 145, 281, 418【文献】『神戸栄光教会70年史』1958；『神戸栄光教会百年史』2005；『関西学院史紀要』(16)2010

谷本清《たにもときよし》 1909. 6. 27～1986. 9. 28

牧師。ヒロシマ・ピース・センター設立者。香川県坂出市に生まれる。1928年に香川県立坂出商業学校在学中に受洗し、同校を卒業。29年関西学院神学部*に入学し、学生時代に大阪築港教会の伝道師となり、卒業後、渡米して40年にアメリカ・エモリー大学大学院を修了した。41年帰国、日本メソヂスト教会*の牧師として、鹿児島県国分、加治木の諸教会、さらに日本基督教団*の成立後には那覇中央、広島流川の諸教会の責任を負い、伝道者としての生涯を歩んだ。特に、関西学院の創設者W. R. ランバス*宣教師によって設立された広島流川教会においては、39年間牧師として働いた。

谷本の生涯において最も大きな出来事は、1945年8月6日の広島での被爆経験であったと言えるが、その被爆経験の中から1950年「ピース・センター」を設立し、原爆孤児の精神養子運動や原爆乙女の渡米治療などの活動を通して、反核・平和運動を一貫して担った。その平和運動の拠点となったピース・センターの「趣意書」の中で、谷本は、広島の悲劇を二度と繰り返してはならないという強い願いを表明し、世界平和に向けての具体的な構想を提唱した。このような谷本の平和の取り組みに対して、66年にアメリカのルイス・アンド・クラーク大学より、また86年には関西学院大学との協定校でもあるアメリカのエモリー大学より、それぞれ名誉神学博士の称号が授与された。谷本が死去した翌87年に「谷本清平和賞」が設けられ、平和・愛・奉仕に多大の功績を残した人びとに贈られている。

【文献】『関西学院史紀要』(9)2003

玉林憲義《たまばやしのりよし》 1907. 3. 10〜1996. 7. 4

文学部*長。山口県に生まれる。1930年、京都帝国大学文学部独逸文学科を卒業し同大学院で修学。33年、関西学院大学予科*教授となり、48年文学部専任講師、同助教授（ドイツ語、ドイツ文学）を経て、51年、教授に就任。文学部の独逸文学科設立のために尽力し、59年4月、村井勇吾、芳賀檀の各教授や荒木泰助教授らを擁して待望の独文学科を発足させた。

1954年4月から2年間文学部長を務めたのち、1年間ドイツ・テュービンゲン大学に留学。帰国後、学生部長、教務部長、総務部長、キリスト教主義教育研究室*長、院長*事務取扱、理事、評議員を歴任したほか、日本ゲーテ協会理事・京阪神支部長や日本独文学会理事・阪神支部長（阪神独文学会会長）を務めた。62年には関西学院の設立した千刈カンツリー倶楽部*常務取締役にも就任し、収益事業としてのゴルフ場経営にあたった。69年4月、混迷する大学紛争のさなか大学理念専門委員会委員として大学改革案作成の準備を進めた。67年、兵庫県教育功労者表彰。74年３月、定年で退職し兵庫医科大学教授となった。

【参照】 Ⅰ 484；Ⅱ 69, 111, 284, 367【文献】『関西学院大学文学部60年史』1994；『独逸文学研究』(16)1974

た

田《た》村《むら》市《いち》郎《ろう》 1894. 5. 8〜1968. 11. 5

経済学部*長、産業研究所*初代所長。大分県臼杵市に生まれる。1920年、関西学院高等学部*商科卒業後、三井銀行を経て22年６月、高等商業学部*の専任研究員に就任。翌23年より同講師として工業政策を担当、その年、高等商業学部に設けられた調査部の主任に就任すると同時に、京都帝国大学経済学部委託生として財部静治から２年間統計学を学ぶ。25年には教授となり、統計学を担当。34年、調査部が産業研究所と改称され、初代所長となる。

1919年に発表されたハーバード大学経済調査会の景気指数による予測法を利用した「日本景気循環指数」を開発し、その成果は『我国の景気循環と景気指数』(1930)としてまとめられた。また、経営統計学への関心により、32年の「府県別一般消費財市場指数」を開発し、市場の地域分布に関する日本最初の研究を行い、56年には日本統計学会で計量統計学を提唱し、戦後の市場指数は『経営計画と予測』(1965)に掲載された。また、40年、日本統計学会に設置された国民所得に関する研究会は『国民所得とその分布』(1944)を公刊したが、その委員であった田村は「所得不平等度の意義及測定法」を発表するなど、日本の国民所得分析に大きく貢献した。

【参照】 Ⅰ 353, 489, 496, 598；Ⅱ 136, 145, 254【文献】『経済学論究』19(２)1965；日本統計学会編『日本の統計学五十年』1983；『関西学院大学経済学部五十年史』1984

田《た》村《むら》徳《とく》治《じ》 1886. 7. 14〜1958. 11. 25

法学部*教授。秋田県花輪町に生まれる。東京高等師範学校英語科卒業後、京都帝国大学法科大学に入学、1916年に卒業。行政法から独立した行政学の初代担当者として、20年、京都帝国大学法学部助教授に就任、新しい領域としての学問的基礎の確立に努めた。欧米への巡歴留学を経て、24年、教授。32年、いわゆる滝川事件に際して文部省の措置に抗議して同僚教授らとともに辞職した。当時、大学昇格を目指して法文学部*設置を計画していた関西学院は法学科の主要創設メンバーとして招聘した。行政法・行政学の担当者として着任し、法学科の充実に尽力した。40年に辞職、翌年、同志社大学法学部教授に就任し、戦後を迎えた。51年11月、関西学院大学法学部*教授に復帰し、法哲学・政治哲学を担当した。58年3月、定年退職。

日本における行政学の開拓者であり、新カント学派の方法論に立脚し、学問領域としての法律学、政治学の対象論を緻密かつ徹底的に考究した。戦後は独自の歴史観を構築して日本や世界のあり方について独創的な見解を次々と大著にまとめた。主要著作としては『哲学の一領域としての対象論の研究』(1922)、『行政学と法律学』(1925)、『法律体系論』(1952)、『社会史観』(1957) などがある。

【参照】Ⅰ 487;Ⅱ 132【文献】田村会編『田村徳治』1960;『関西学院大学法学部五十年史』2000

短期大学 (関西学院 1950–1958)

関西学院短期大学は、1950年4月、専門学校を移行させる形で開校されたが、時代の変化によって当初の設立根拠が希薄になったとする判断のもとに58年3月に廃止された。

戦後、高等商業学部*と文学専門部は大学との重複から新制大学に吸収し、理工専門部*だけを何らかの形で残すという方針が立てられ、新制度が発足する1948年度には、理工専門部を除いて入学を停止することにした。一方で文部省はGHQ民間情報教育局(CIE)との協議において、専門学校のもう一つの選択肢として、2～3年制のジュニア・カレッジ構想が浮かびあがり、当時の神崎驥一*院長*もこの構想の支持者として、当局による何度かの意見聴取においてその旨を述べている。これが後に短期大学として制度化されることになるが、ジュニア・カレッジへの移行を考慮して48、49年度と高等商業学部は入学者を受け入れ、文学専門部だけが入学を停止した。

1950年4月には今田恵*院長が学長*を兼ねて短期大学が発足した。高等商業学部は商科に、理工専門部は学科目の整備を行って応用化学科*に移行し、改めて文学専門部も英文科*として再スタートし、合計3学科であった。歴史も浅い応用化学科は入学希望者も少なく苦難の出発であったことに加え、50年9月のジェーン台風で校舎が壊滅的な打撃を受けたことから、財政上再建のめどが立たず廃止のやむなきにいたり、翌年度の入学者は受け入れず、52年3月に卒業生を送り出して短い歴史を閉じた。

商科、英文科*は比較的順調に歩み、短期大学専用校舎(後の大学本館、現、大学院1号館*に建て替え）も1953年1月に竣工した。しかし戦後の混乱期から脱却し、新制の4年制大学が増えるにつれて、短期大学の特に男子学生は大学の3年編入を希望する傾向が強まったことから、本来の短期大学の使命を失ってきた。そのため55年度を最後に学生募集を停止し、2年後の57年3月の卒業生をもって廃止された。ただし、残留者と専攻科の学生のためにその後1年間継続し、短期大学教員はそれぞれ大学の各学部に移籍してその歴史を終えた。学長*は今田院長兼任に次いで、在任中に院長に就任することになり発足以来商科長、英文科長を兼ねた加藤秀次郎*が54年度から廃止まで務めた。

【参照】Ⅱ 173

男女共同参画推進本部

2010年度から12年度までの間、大学において文部科学省科学技術人材育成費補助金「女性研究者研究活動補助事業（女性研究者支援モデル育成）」を申請し「Mastery for Serviceに基づく女性研究支援」が採択された。12年11月には「関西学院大学男女共同参画宣言」を学長*名で公表し、さらに同年12月には関西大学、同志社大学、立命館大学の各学長名で「男女共同参画推進のための四大学共同宣言」を出した。同事業の実施に際し、男女共同参画推進支援室が設置され、事業の推進が図られた。同事業が終了した13年度からは関西学院全体を対象とする「男女共同参画推進本部」へと組織を改め、学院における男女共同参画の発展・継続を目指すことになった。推進本部の事務局は人事部*人事課が担当している。

ち

チアリーダー部

1962年に吹奏楽部*がバトンの有志を募り、当時神戸女学院に留学中だったM.ケイの指導を受けたのが始まりである。63年に同好会バトントワリング部として踏み出した。66年、応援団総部*に加入、より立体的で華やかな応援活動を可能にした。その後発展を続けたが、84年、吹奏楽部のアメリカ演奏旅行に代表2名が同行、応援活動としてチアリーディングの重要性を認識し、86年チアリーダー部に改称した。フラッシュチアリーダーコンテストや関西学生バトンコンテストでの数々の受賞は、アメリカ研修の成果であった。88年からチアリーダー部単独ステージである「ダンシングカーニバル」を開始。翌年には現在の「ウィンターフェスタ」とタイトルを改め、2013年で第27回を迎えた。

【文献】『関西学院大学応援団総部の50年』1996；パンフレット『ウィンターフェスタ』1989–2013

チャペルアワー

チャペルアワーは、関西学院の教育理念であるキリスト教主義教育を実践するキリスト教関連科目の授業と並ぶ最重要プログラムで、各部ともにさまざまな工夫をもって運営されている。

実際には、大阪梅田キャンパス*、大学院*、大学各学部、聖和短期大学*、高等部*、中学部*、初等部*において週1日から5日間、授業実施期間中、午前の授業時間の一部（大阪梅田キャンパスでは週1回午後6時より20分間、2014年9月より午後5時50分より30分間となる）をチャペルアワーとして設定し、その時間帯には授業を組み込まず、学生・生徒・児童全員が出席できるよう配慮されている。現在、大学では、1時限目と2時限目の間の30分間（大学紛争以前は20分）をそれにあて、各学部（神学部*を除く）の宗教主事*と各学部のチャペル担当教職員が中心となり、それぞれ独自のプログラム運営に当たっている。聖和短期大学では週に1回はロングチャペル、その他2回の通常チャペル（30分）を宗教主事と担当教職員が中心となって実施している。中学部では、毎日実施しており、高等部では全校参加の日以外にも各曜日に該当学年を定め、該当学年全員の参加が義務づけられている。

プログラム内容は、各部の教職員・学生ならびにゲスト・スピーカーによる講話をはじめとして、宣教師が中心となったEnglish Chapel、English Music Chapelならびに聖歌隊、ハンドベルクワイア、バロックアンサンブル、ゴスペル・クワイア、グリークラブ*、混声合唱団エゴラド*といった学生音楽団体による音楽チャペル、チャペルオルガニストによるオルガン演奏、宗教総部*や学生ボランティア団体の活動報告などである。

また現在、上ケ原キャンパス*では、1月の大学授業週の水曜日を阪神・淡路大震災*記念合同チャペル、4月第4水曜をイースター礼拝、9月第4水曜日を創立記念合同チャペルとして、上ケ原キャンパス全学部合同のプログラムが実施されている。

また、春秋の大学キリスト教週間中に各2日ならびにクリスマス合同チャペルをそれぞれ1時間のロングチャペルとして開催するなど、上ケ原キャンパス、神戸三田キャンパス*ならびに西宮聖和キャンパス*、大阪梅田キャンパスにおいて、多様な形態でチャペルアワーが展開されている。

【参照】Ⅱ 315

『チャペル週報』

大学紛争によって休止状態であった大学各学部のチャペルアワー*が再開された1970年春に、宗教センター*より『チャペル週報』第1号（B6判、4ページ）が発行された。発行の日付は4月15日となっている。それ以降、大学の授業実施期間中原則毎週発行されて、今に至っている。学部の増加などのため2013年度よりA5判、4ページとなった（春・秋のキリスト教週間に発行されるものは講話担当者の講話要約が掲載されるため、ページ数は増加する）。掲載内容は、1週間の大学各学部・大学院*チャペルの講話者名（内容によってはプログラム名も掲載）・聖和短期大学*のプログラム名と講話者名、早天祈祷会主題と奨励者名、梅田キャンパスチャペルの講話者名、学院教職員による瞑想欄、ならびに吉岡記念館*関係の催し物案内などであり、宗教センター*ホームページにPDF形式でバックナンバーも含めて掲載している。

【参照】Ⅱ 524

中央講堂

関西学院の歴史の中で中央講堂と呼ばれる建物は最初原田の森*キャンパスに建設され、上ケ原キャンパス*にも同名の講堂が建築された。

原田の森キャンパスにおける1917年の中学部*校舎焼失をきっかけに、改めて中学部、高等学部*を含めた全体的な校舎建築計画が立案されることとなり、その中の2番目の事業として行われたのが中央講堂の建築であった。この建築により、それまで中学部には生徒をすべて収容できるだけの設備がなく、礼拝は屋外で行われていたという問題が解消した。この講堂は22年4月20日に献堂式が行われたが、正面に三角形の切妻破

中央講堂（原田の森キャンパス）

風（ペディメント）およびドリス式の付柱を配した古典的デザインを持ち、建て坪は238坪（約785㎡）、ギャラリーを含めて1,600席を有し、その中に院長*室、秘書課、礼拝主事室、社交室、食堂まで備え、学院行政の中枢機能を持つ中央講堂として位置付けられていた。当時、神戸市東部方面にはこのような講堂はなく、神戸市民の文化的な行事の拠点としても利用された。

上ケ原移転*後、新キャンパスにおける学院の主要な行事のための会場として、新中央講堂が初期の校舎建築構想に含められ、1929年のキャンパス竣工時に総務部と高等商業学部*（後に大学商経学部*）の間に配置された。同年９月28日の移転祝賀と建物落成の祝賀を兼ねた40周年記念式はこの中央講堂で執り行われた。ただし上ケ原キャンパス*におけるこの講堂はもっぱら集会の開催を目的としたもので、原田の森キャンパスのような学院中枢の機能を担わされる設備は置かれなかった。建物は

建設当時の中央講堂（上ケ原キャンパス）

スパニッシュ・ミッション・スタイル*で、鉄骨およびコンクリート造り、一部地階、中２階を有する１階建て、延べ床面積277坪（約914㎡）であった。この建物は戦時下においては川西航空機に供出貸与されたり、終戦後、61年に講堂の改装が施され１階部分の拡幅、２階ギャラリー、組合事務所が置かれた。大学紛争の際、全学学生集会や運動学生による大衆団交*がここで行われたこともあった。通常は、チャペル、講演会、大学院*卒業式、種々のガイダンスなど年間を通じて利用されてきた。

この講堂も建築後80年を経て老朽化、設備の不備などが指摘されるようになり、学院創立125周年記念事業*の一つとして新たな講堂の建設を決定し、2013年２月９日「中央講堂感謝のつどい」を開催して、1929年の建物は解体された。新講堂は、中央講堂（125周年記念講堂）と称され1200席の劇場型座席、リーガ社製パイプオルガンを設置するなど、学院の学術、文化、キリスト教主義活動の発信拠点としての役割がさらに期待されている。

【参照】Ⅰ 454

中央芝生

W.M.ヴォーリズ*の設計による上

ケ原キャンパス*の特徴の一つに、周囲およそ300メートルの長円形のオープンスペースとしての中央芝生がある。この長円の東西の中心線が正門*から時計台*を貫く軸線となっており、南北に校舎が擬対照的に配置される中で、キャンパスの開放的、劇的な空間を生み出すものとなっている。そのようなキャンパスの特色はアメリカ合衆国におけるキャンパスデザインの伝統にまでさかのぼり、プリンストン、ヴァージニア、サウスカロライナ、コーネル、スタンフォードの各大学にその例が見られる。しかも、この芝生は正門側から時計台側への登り勾配を持つことによって、正門から時計台を自然と俯瞰させ、さらに視線を背景となる甲山へと誘う空間を提供している。またこの広い芝生はキャンパスに集う学生、教職員、さらには地域住民それぞれが自由にたたずむことのできる場となっており、開かれた自由な学園の形成に大いに寄与している。

この中央芝生では戦前に紀元節の宮城遙拝、1969年にはキャンパス解放集会の場として用いられたこともあるが、「上ケ原*牧場」という愛称もつけられるなど親しまれている。

中学部

【沿革】
戦後の新学制に伴い、1947年、旧制中学部教頭であった矢内正一*を初代部長として新制中学部を設置。760名の志願者の中から161名が選ばれ、４月14日に第１回開校式兼入学式が行われた。キリスト教主義に基づき、勉学、スポーツ、キャンプ、文化活動などさまざまな面で鍛錬を加味した新制中学部教育がスタートした。校舎は当初旧制中学部校舎（現、中学部グラウンド）の一部を使用していたが、51年に、それまで短期大学*応用化学科*が使用していた校舎（現、高中部本部棟*）に移った。

1965年に矢内の後を継いだ第２代加藤秀次郎*部長時代を含めて約20

年間、中学部は新制高等部*とともに建学の精神*の核となるべく歩みを続けてきたが、生徒の年齢差などの面から、両者の歩みは必ずしも歩調の合ったものとはいえなかった。この状況に対し、高中一貫制の促進と改革の可能性をさらに追求するために、67年、高中部長*一人制の実現を試み、小林宏*（中学部長としては第３代）がその任についた。この高中一貫教育の理念は76年に「キリスト教主義教育」「英語教育」「体育教育」「読書教育」のいわゆる「一貫教育の四本柱」として結実し、中学部の教育現場にも導入されることとなった。その後、高中部長は90年に中島貞夫（中学部長としては第４代）に引き継がれた。

1995年、再び高等部、中学部にそれぞれ部長を置くことになり、中学部第５代部長に就任した尾崎八郎*は中学部の教育理念に新たに「芸術教育」を５本目の柱として加えた。また、98年には中学部教育充実のための施設として、音楽科教室、美術科教室などを擁する中学部Ⅱ号館（現、中学部特別教室棟*）が建設された。その後2001年に廣山義章が第６代、06年からは安田栄三が第７代部長の任につき、07年、高等部と共に「感謝・祈り・練達　With a thankful heart and prayer to achive Mastery for Service.」を教育理念に加え、現在に至っている。

【現状】

教育理念を具現化するため、中学部ではその発足以来多くの行事が行われているが、なかでも全校マラソン（1949～）、甲陽学院中学との交歓競技大会・校内弁論大会（1953～）、千刈キャンプ*での新入生オリエンテーションキャンプ（1956～）、２年生の青島キャンプ*（1961～）、校内読書感想文コンクール（同1961～）。2012年からは文芸コンクールへと発展）は、今も続く中学部の伝統的行事である。

2012年４月には、それまでの１学年４クラス（定員180名）の男子校の歴史の幕を閉じ、第１学年に、08年に宝塚に開校した初等部*（男女共学）からの生徒82名、一般入試を経た生徒156名の238名（男女比５：３）を受け入れることにより、１学年６クラス（定員230名）で男女共学がスタートした。

男女共学化・定員増に対応するため、2011年には新校舎である中学部棟*と新体育館、地下屋内プールが完成し、中学部グラウンドも整備された。

【参照】Ⅱ 83【文献】『関西学院高中部百年史』1989

ち

中学部（旧制　1915–1947）

関西学院は普通学部*普通科を中学校令に準拠した教育機関として整備してきたが、1913年これを「中学部」に改称することを決議した。この申請は15年２月に文部省に認可され、「私立関西学院普通科」は「私立関西学院中学部」と改称された。同年６月の西川玉之助*中学部長の辞任後、歴代院長*が中学部長を兼任したが、16年に野々村戒三*が専任の部長に就任。その翌年、中学部校舎が失火によって全焼し、以後２年余りバラック生活を余儀なくされる。19年に新校舎が竣工。20年２月に野々村部長が辞任し、４月に田中義弘*が後任に就く。

学院校地の上ケ原*への移転に伴い、中学部も1929年３月に移転を完了。その翌年１月に田中部長が急逝し、真鍋由郎*教頭が部長に就任した。新校地移転後、各電鉄の路線整備などの影響もあり入学志願者数は年々増加し、生徒定員数は850名から1,000名に変更され、38年度には５学年全体の生徒数は1,014名に達した。

1938年３月に真鍋部長が定年退職し、４月に田中貞*が後任に就いた。翌年、第２次世界大戦が勃発。昭和に入ってから中学部は日本の軍国主義の影響を強く受けていたが、それはさらに強化され、中学部教育は軍人教官による軍事色濃厚なものとなった。その間もキリスト教の伝統は守り続けられ、軍人たちも礼拝に反対することはなかったものの、田中貞部長は軍国主義の影響で42年に辞任。翌年、沓澤吉太郎*が後任部長に就任した。

戦時下の錬成教育の一環として勤労作業を行うため、1941年有馬郡道場村に中学部の修養道場が設けられたが、設備・立地面で利用が困難となり、43年には宝塚北部の長尾山字桜小場に学院の修養道場が設けられ、新入学生の宿泊訓練などに利用された。44年３月、中学部校舎は海軍省に供出され、西宮海軍航空隊の演習場となる。この時期には、中学部３年修了で予科練に入隊する者が多く、残った者についても勤労動員が徹底され、２年生以上はほとんど授業ができなくなった。44年には空襲が激しくなり、上ケ原キャンパス*の一部や、教職員、生徒たちの家も多く被爆、被災した。こうして戦争末期を迎えた45年３月、沓澤部長が退職した後を畑歓三*が引き継いだ。動員中の工場は戦災を受けたため、４月から中学部全校生徒は西宮市剣谷国有林へ動員、ここで終戦を迎えた。

終戦直後の1945年８月、戦時教育令の廃止および勤労動員の解除に続いて、文部省から学校授業再開の通達が出された。中学部でも授業が再開されたが、校舎設備の復旧が追いつかず、全員の教室復帰は11月であった。その後、戦後の民主主義の理念に基づく新学制に対応して、47年４月には旧制中学部教頭矢内正一*を部長とする新制中学部が、翌48年には大学予科長*であった河辺満甕*を初代部長とする新制高等部*が開設されキリスト教主義に基づく人間形成を主眼とした新しい教育が開始されたのである。

【参照】Ⅰ 414－422, 509－514, 622－623, 632；Ⅱ 15, 82－83【文献】『関西学院高中部百年史』1989

中学部運動総部

剣道部　1990年創部。個人では2010年近畿中学校剣道競技大会出場、団体としては同年の阪神中学校剣道競技大会優勝がこれまでの最高の成績である。高等部*剣道場の一角を長く稽古場としていたが、2011年より新たに中学部*グラウンドに建て替えられた中学部体育館に練習場を移し、男女共学化初年の12年には女子部員が誕生した。

サッカー部　新制中学部*が発足した３年後の1950年創部。55年、兵庫県中学校サッカー競技大会ならびに近畿中学校サッカー競技大会に優勝、61年には同兵庫県大会優勝、近畿大会準優勝と、輝かしい戦績を残してきた。2008年、兵庫県中学校総合体育大会において長らく遠ざかっていた兵庫県大会優勝を果たし、その後09年、13年にも優勝に輝いている。なお、1955年に主将を務めた継谷昌三は、64年、東京オリンピックの日本代表選手としても活躍した。

水泳部　1960年創部。以来、西宮市中学校総合体育大会では団体優勝の常連校として活躍。阪神中学校総合体育大会では優勝７回、同兵庫県大会でも1998年に準優勝、2002年に優勝という成績をあげている。また、全国中学校水泳競技大会においても、50m自由形・100m自由形（1993）、400m個人メドレー（1999）、400mフリーリレー（2002）で入賞を果たしている。2012年、男女共学化に伴い女子部員も入部し活躍している。

卓球部　1947年、新制中学部*発足と同時に創部。団体として兵庫県大会以上のレベルでの優勝記録はないが、65、74、78年には、多くの選手が兵庫県大会以上で活躍している。

タッチフットボール部　1947年、新制中学部*発足と同時に創部。創部時は対戦相手がなく、当時高等学校タッチフットボール界の覇者であった池田高等学校と練習試合をしていた。51年３月、初めて関西中学選手権大会が行われ、長浜南中学校と優勝を分け合った。アメリカンフットボールの東西大学王座決定戦である「甲子園ボウル」の前座として毎年行われる中学招待試合においては、76年から91年にかけて16連覇を達成するなど、日本を代表する関西学院大学体育会*アメリカンフットボール部*（FIGHTERS）の弟分として、また中学タッチフットボール界における先駆け的な存在として、今日まで活動してきた。近年においても卒業生の多くが高等部*、大学のフットボール選手として活躍しており、ファイターズ・ファミリーの一員としての役割を担っている。

テニス部　1954年創部。創部当初から軟式ではなく、硬式でスタートした。全国中学生テニス選手権大会の団体戦に1986、87、95、96、97、98、2005、06、11年の計９回出場。全国大会出場回数は2012年時で全国14位。全国大会での最高成績はベスト８で、４回（1996、97、98、2005）進出。近畿中学校総合体育大会のダブルスで優勝が２回（2005：黄・成山組、06：成山・田村組）。兵庫県総合体育大会では団体優勝１回（1996）、シングルス優勝１回（1975：廣田）、ダブルス優勝４回（1964：中野・中沢組、69：前田・織田組、97：瀧川・生良組、2005：黄・成山組）。2012年、男女共学化に伴い女子テニス部も創部された。

バスケットボール部　1955年創部。62年近畿中学校交歓大会優勝、66年兵庫県中学校総合体育大会優勝。特に66年度のチームは公式戦34連勝という輝かしい記録を残している。その後、競技の隆盛に伴い兵庫県下でもチーム数が激増する中、97年兵庫県新人大会ベスト８、98年兵庫県総合体育大会第３位、兵庫県私学大会では94、98、2001年に優勝するなど古豪としての力強さを保っている。

バレーボール部　2012年、男女共学化開始とともに女子のバレーボール部が創部された。18名の１年生部員が入部し、女子のクラブとしては大所帯のスタートであった。１年間練習に励み、翌13年春にはじめて公式戦（西宮市市民体育大会）に出場した。なお、1955年の創部以来長年にわたり活躍してきた男子のバレーボール部は、西宮市内の中学校の男子バレーボール部の数が少なくなってきていること、中学部*においても部員数が減ってきていることなどの理由から、女子バレーボール部の創部と入れ替わる形で、2013年度の活動を最後に廃部となった。

野球部　1947年、新制中学部*発足と同時に創部。常に全員野球を掲げて練習に取り組んでおり、近年では阪神総合体育大会において2008、10年に準優勝、13年には優勝を成し遂げている。卒業生には、関西六大学で首位打者になり、ジンバブエへ野球場を贈る運動などで活躍している伊藤益朗、報徳学園高等学校で１度、関西学院高等部*で２度、監督として甲子園出場を果たした広岡正信らがいる。

ラグビー部　1987年創部。これまで兵庫県中学校ラグビーフットボール大会優勝６回。2005〜07年には３連覇を果たした。高等部*の全国高等学校ラグビーフットボール大会（花園）出場メンバーや、大学の関西リーグ優勝メンバーには中学部*ラグビー部出身者も多くいる。

陸上競技部　1947年、新制中学部*発足と同時に創部。75年には合田浩二が全日本ジュニアオリンピック競技大会3,000mで５位に入賞し、2000年には前田竜が800mで兵庫県選手権大会優勝、全国中学校総合体育大会でも６位入賞を果たしている。近年では西端公志が10年に兵庫県中学校陸上競技新人大会200mで優勝、全国総体にも出場し、11年には兵庫県総体100m優勝、全国総体10位、全日本ジュニアオリンピック競技大会で兵庫県代表の一員としてリレーに出場し、準決勝進出を果たしている。

【文献】『中学部のあゆみ』（５−16）1976−1987

中学部会館

高中部本部棟*東側にある、初代新制中学部*長の矢内正一*を記念する建物で、中学部会館とも矢内会館とも呼ばれているが、入口右側の壁面に「矢内先生記念中学部会館」の名がある。玄関右側には、第２代部長の加藤秀次郎*の起稿・直筆による、由来を記した銘板が掲げられている。

1965年３月の矢内の定年退職に際し、学院在職中に薫陶を受けたすべての教え子とその父母らが矢内の業績をたたえるための記念事業を興した。当時の中学部PTAの尽力によって事業が進められ、7,000名を超える多数の人々の協賛を得た。矢内記念中学部会館はその事業の一つとして建設され、中学部教育のために贈られた。

建築デザインは昭和40年代はじめによく見られたコンクリートの打ち放しである。1階の小会議室、2階の会議室とも、中学部教育に不可欠の施設となり、教師会や生徒会の集会をはじめ、中学部PTAの日常活動に利用されてきた。

1995年1月の阪神・淡路大震災*では被害が大きく、生徒の安全も考えていったん取り壊しの方針が出されたが、設計者の加藤邦男をはじめとする関係者の努力が実って、ほぼ半年後に修復された。その際、補強策として、1階小会議室部分が北側へ拡張された。2012年からの中学部男女共学化・定員増に伴って中学部棟*が新たに建設されたこともあり、定例の会議での使用頻度は以前より減ったものの、各種の集会に引き続き活用されている。

1966年11月竣工。鉄筋コンクリート造り、延べ床面積176.74㎡。設計は卒業生で建築家の加藤邦男、施工は竹中工務店。

【参照】Ⅱ 304

中学部宗教総部

J.H.C. 新制中学部*が発足した2年後の1949年創部。それまでは「宗教部*」という名称であったが、この年、就任したばかりの山崎治夫*宗教主事*の呼びかけで、メソジスト教会の創立者J. ウエスレー*が提唱したHoly Clubの名称をとってJ. H. C.（Junior Holy Club）として発足した。創部当初から、祈りの会、聖書の勉強会、奉仕が主な活動であり、現在もその精神が受け継がれ、毎週1回の早天礼拝の主催、聖書を基にした演劇の創作・上演、毎日の礼拝での奉仕などを行っている。

中学部棟

2012年度からの中学部*男女共学化および定員増に対応するため、旧中学部本館西側の中学部グラウンドに、教室棟と渡り廊下で接続された体育館棟から構成される建物として建設された。教室棟には旧中学部本館や旧中学部Ⅰ号館等に分散していた普通教室、図書館、理科教室および教員室等が収容されている。また、体育館棟には大・小のフロア、卓球室に加えて地下には温水プールも併設されている。中学部棟は中学部特別教室棟*や高中部本部棟*とも渡り廊下で結ばれ、利便性、安全性も向上している。

デザイン的にはスパニッシュ・ミッション・スタイル*が踏襲され、キャンパス全体の統一が図られているが、教室棟の中庭外壁はカーテンウォールで構成され、明るく、見通しのよい新たな空間も創出されている。

2011年3月竣工。鉄筋コンクリート造り地下1階地上3階建て、延べ床面積16,437.89㎡。設計は日本設計、施工は竹中工務店。

なお、この建物は中高整備充実計画の一環として建設されたものであり、関連事業として、それまでの中学部本館は高中部本部棟として改修が行われ、中学部Ⅰ号館は高中部倉庫棟*として用途が変更された。また、中学部体育館は取り壊されて、跡地に高等部特別教室棟*が建設された。

中学部特別教室棟

1998年、中学部*Ⅱ号館として、中学部教育の5本柱であるキリスト教・英語・体育・読書・芸術の各分野の一層の充実を図るために建設された。教科教室やホームルーム教室として使用していたが、男女共学化、定員増に対応して、2011年2学期、新しく竣工した中学部棟*へ全てのホームルーム教室を移し、Ⅱ号館は改修されて特別教室棟として使用することとなった。

1998年3月竣工、鉄筋コンクリート造り、地上3階建て、延べ床面積2,731.38㎡、設計は日本設計、施工は竹中工務店。

中学部文化総部

英語部　1956年創部。E.S.S.（English Speaking Society）とも呼ばれる。これまでに高松宮杯（現、高円宮杯）全日本中学校英語弁論大会での優勝（1980）、神戸市外国語大学や兵庫県私立中学高等学校連合会英語教育研究会主催の英語暗唱大会などで上位入賞の実績がある。現在では日々の活動のほかに、年に数回全校での英語礼拝を行ったり、校内英語弁論大会の進行を務めている。

グリークラブ　1947年、新制中学部*発足と同時に創部。旧制中学部グリークラブの流れをくみ、新制中学部グリークラブと高等部*グリークラブに分かれての創部であった。創部当初は音楽科の佐藤和愛の指導のもと多くの部員が所属し、高等部、大学グリークラブでも継続して活動する者が多く、指揮者やパートリーダーとして関西学院グリークラブを発展させた。昭和30年代頃までは、男子生徒のみにもかかわらず、ボーイソプラノを組み入れた混声合唱の形態で活動し、春には、和歌山の南部や滋賀の近江兄弟社などへの演奏旅行も行っていた。48年には、全日本学生音楽コンクール合唱の部西日本大会で優勝するも、東日本大会で優勝した慶応普通部にラジオ審査で敗れる。平成に入り、当時のメンバーであった宮内義彦の呼びかけで、両校の当時のメンバーが旧交を温める会が幾度か開かれた。

指導者は、佐藤の後を受けて、68年からは光国赳、80年からは曽山一夫、92年からは安川佳秀と受け継がれ現在に至っている。68年以降、大学グリークラブリサイタルや関西学院グリークラブフェスティバルには継続して出演している。また、94年から3年間はMBS子供音楽コンクールに出場し地区予選で2度優良賞を受賞している。2012年の中学部男女共学化以降は女子生徒も所属している。なお、創部以来、中学部クリスマス燭火賛美礼拝での聖歌隊は、グリークラブを中心としたメンバーで活動を行っている。

【文献】『関西学院グリークラブ八十年史』1981

吹奏楽部　1959年の創部以降長年活動を続けてきたブラスバンド部は、部員不足のため2010年度をもって廃部になった。しかし、12年、男女共学化のスタートとともに器楽演奏のニーズが高まり、同年より新たに吹奏楽部が創部された。11月、文化祭ステージにおいて初演奏を行う。現在、吹奏楽コンクールやアンサンブルコンテストをはじめ、各種演奏会や校内行事において演奏活動を行っている。

図書部　1951年創部。司書教諭とともに図書館運営を活動の中心としていた。しかし99年、図書館の電算化によって図書部によるカウンター業務が廃止されたことに伴い、活動の中心を図書館広報にシフトした。図書館を活動の場として、1年間の調査・研究活動を発表する文化祭展示をはじめ、月例展示、新着図書の装飾、図書館リクエストの審査、図書館のルールづくりなどの活動を行っている。

【文献】『図書春秋』1951−1953, 1971〜

美術部　新制中学部*が発足した2年後の1949年創部。60〜64年には甲関展（甲陽学院との交歓親睦展覧会）を開催。61〜66年までは部内を絵画班と工作班に分けて活動をしていた。現在は、文化祭に向けて部員全員でテーマを決め、そのテーマに沿って作品制作を行っている。毎年春に文化部合同春合宿に参加しているほか、月に1回の美術館見学も実施している。

【文献】『中学部教育のあゆみ』(11) 1982

理科部　新制中学部*が発足した2年後の1949年創部。実験や調査を中心とした活動を行い、毎年11月の文化祭で1年間の活動内容を展示や実験（実演）で披露している。2003～04年には関西学院千刈キャンプ*、関西学院青島キャンプ*場で自然調査を行い、自然観察ガイドマップを作成。また、活動の一環として、春夏の年2回合宿（研修旅行）に出かけている。

張源祥《ちょうげんしょう》 1899. 6. 19～1974. 4. 11

文学部*教授。神戸に生まれる。1924年3月に京都帝国大学経済学部卒業後、同文学部哲学科に入学して美学を、さらに大学院で音楽美学を専攻した。33年から関西学院大学予科*教授、44年、法文学部*講師、48年、新制大学文学部教授。文学部哲学科では張教授の指導のもとに学生が美学を副専攻として卒業することを認めていたため、49年以来文学部非常勤講師を務めていた源豊宗*（日本美術史）を教授に招き、52年4月、美学科を発足した。

音楽美学という言葉がまだ耳新しかった第2次世界大戦前後の時代に、張は音楽と音楽美の本質を哲学的美学的思索を通して体系的に究明する音楽美学研究の基礎をこの美学科に築き、音楽学会（現、日本音楽学会）理事・関西支部長を長く務めて音楽学会、東洋音楽学会の育ての親として活躍。また音楽の演奏家、愛好家、研究家の交流と共感の場を創る目的で、1963年、西宮市上甲東園*に関西音楽学研究所（現、関西学院張記念館）を設立した。63年、西宮市民文化賞、67年、兵庫県教育功労者表彰、68年、兵庫県文化賞受賞。68～74年、大阪音楽大学教授。

著書に、『音楽論』(1951)、『音楽論2』(1961)、『楽に寄す』（私家版1981)、『音楽の美と本質』(1981)がある。

【参照】Ⅰ 484；Ⅱ 111, 113【文献】『関西学院文学部60年史』1994

地理研究会

1964年、大島襄二文学部*教授の呼びかけで希望者を募り高知県柏島の調査を実施。これを契機に65年、離島の生活、諸問題の実地調査を目的とする研究会が設立された。設立以後、主に西日本の離島を中心に、夏季に約1週間実地調査を行い、その成果を1冊の報告書に作成。当初は

１年に二つの離島を調査していたが、74年からは調査地を一つに絞って行っている。

現在、離島の産業、生活、民俗の三つの観点から聞き取りを中心に調査を行い、島の暮らしを肌で感じ、島民の持つ問題を共に考えようとしている。

つ

柘植《つげ》一雄《かずお》 1926. 8. 1〜1996. 11. 30

学長*、文学部*長。広島市に生まれる。1948年に関西学院大学文学部神学科に入学、51年に文学部史学科に転科して粟野頼之祐*の指導の下、古代ギリシャ史・ヘレニズム史を専攻。同大学院*博士課程を経て、56年に文学部嘱託助手となり、72年、教授に就任。教務部長、学長代理、文学部長を歴任後、89年より学長として２期５年を務めた。在任中に関西学院創立100周年を迎えるにあたり、北摂土地利用についての学内合意の形成に努め、総合政策学部*開設とそれに伴う神戸三田キャンパス*整備の基本方針を策定した。同時に上ケ原キャンパス*充実の方針も堅持し、大学図書館*の建設など整備拡充に努めた。95年３月に退職。

『世界の歴史』(1960)、『古代史講座』(1965)、『岩波講座世界歴史』(1969)、『オリエント史講座』(1982) などでヘレニズム時代について執筆している。

【参照】Ⅱ 565, 568, 578−579【文献】『関学西洋史論集』(XXI) 1998

て

庭球部

1912年に原田の森*キャンパスに誕生した庭球部は、20年までは軟式で、硬式に変わったのは日本テニス協会ができた21年頃である。その年早くも吉田嘉寿男・小林了二組が毎日選手権で優勝した。以降、関西学生選手権大会などで多くの優勝者を出し、全国大学王座決定戦でも８回優勝した。デビス・カップ選手として佐藤俵太郎、木村雅信、柴田善久、松浦督、古田壌、本井満、小浦武志の７名を送り出している。

庭球部は“NOBLE STUBBORNNESS”（ノーブル・スタボネス*）

をスローガンに、この輝かしい伝統と栄光の火を絶やすことなく守り続けている。

NOBLE STUBBORNNESSは、「高貴な粘り」などと訳され、1920年秋に当時の畑歓三*庭球部長（高等学部*教授）が部員の精神的なよりどころとして与えたモットーで、各運動部員の共感を呼び、体育会*全体のものとして受け継がれている。

最近の庭球部の戦績は、関西学生リーグ戦で男子は86回中47回の優勝を果たしている。近年では2005年から09年に５連覇を成し遂げた。女子は08年に初優勝し、11年から13年まで３連覇し、12、13年は、全国大学王座決定戦で２位となった。８連覇中の早稲田大学を倒す最有力校に育っている。

【文献】『関西学院大学庭球部百年史』2013

D号館

商学部*準専用の講義棟。1989年に竣工したA・B・C号館*と同じく、スパニッシュ・ミッション・スタイル*の建物である。地上１～４階には22の小教室・演習室（PC教室を含む）、研究会室などがある。また地下１階には７つの小さな部屋があり、商学部*の公認団体である諸々の研

究会が部室として使用している。建物の東側一帯は樹木が多く、緑陰にも恵まれ、学生の賑やかな憩いの場になっている。D号館の建設以前は、ここには経済学部*、商学部が使う第３別館があり、木造平屋切妻造り、スタッコ仕上げの壁と木の窓枠が簡素な美しさを見せていた。

1990年３月竣工、鉄筋コンクリート造り陸屋根地下１階付き５階建て、延べ床面積3,729.26㎡、設計は日本設計、施工は大林組・熊谷組共同企業体。

【参照】Ⅱ 541

と

東京丸の内キャンパス

関西学院の東京での本格的な活動は、1999年６月に同窓会*が中央区日本橋のビルにわずか約100㎡の活動拠

点・関西学院同窓会*東日本センターの開設から始まった。2003年3月に学院の理事会において学院として東京オフィスの開設が正式に決定され、学院と同窓会本部・東京支部が協力してオフィス物件の調査を行った結果、皇居に面した千代田区丸の内のパレスビル6階に91坪（約300㎡）の関西学院東京オフィスが誕生した。

開設の目的は、関西学院の東京戦略の拠点として①関西学院の情報受発信基地として関東圏では必ずしも高くない知名度の向上、②首都圏での学生の就職活動の拠点、③学院が主催する講演会、セミナー・シンポジウム、催事の支援拠点、④首都圏在住の同窓生の親睦・交流の拠点、が掲げられた。

2003年当時、関西の他大学4校がすでに東京に拠点を設けており、最後発での進出ではあったが、他大学と大きく異なる点は、元財務省で主計局をはじめ要職を歴任した村尾信尚を特別任期制教授として任命し常駐させたことだった。村尾教授の助言によって04年2月から国家公務員上級職を目指す学生のために財務省の現職官僚を招いての中央省庁説明会がスタートし、その後単位も認定され、現在では6省庁が参加する「霞が関セミナー」として定着した。

また、教育機関としての認知度を高めるため生涯学習に取り組み、村尾教授の監修の下、04年10月から「今日本が問われているさまざまな問題」を受講者と共に考える社会人を対象とした公開講座「丸の内講座」を開講し、同時に関学卒業の上場企業のトップ経営者が講師となって同窓生の中堅を次代のリーダーとして育成する「三日月塾」や三日月塾卒塾生が講師となって若手同窓のための「新月塾」を開くなど、生涯学習において他校に例を見ない充実した取り組みを行い、関西学院の認知度向上に努めている。

2005年の後半頃から丸の内地区の再開発が急速に進み、07年3月竣工予定の東京駅に隣接するサピアタワーの大学エリアに396㎡程度の空きがあるとの情報を入手し、07年1月に移転が正式決定した。移転時期は就職活動時期を避けて6月末とし、AV機器はパナソニックの寄贈によって、同ビルに入居する11大学を凌駕する設備を持った東京丸の内キャンパスが07年6月25日に開設された。

開設当時の目的を見失うことなく関西学院の認知度向上に向け、生涯学習、就職活動支援、先生方の研究会・セミナー・シンポジウムの支援、さらには同窓生の学びや集いの支援など、関西学院が必要とするさまざまな機能を果たしている。

同窓会

同窓会の目的は、スクールモットーである“Mastery for Service*”の理念を社会で実践し、かつ卒業生相互の親睦と母校の発展に寄与することである。2014年3月現在、同窓会員数は21万人を超え、地域の支部は国内88、海外25の合計113支部を擁している。また企業やゼミ・クラブなどの公認団体は135を数え、その活動や規模も年を追うごとに広がりをみせている。

同窓会の確かな創立年月日は定かでない。1898年12月発行の『関西学院同窓会報』によると、明治20年代に「院友会」なる組織があって、会報『正気』や『新星』が発行されていたと記されている。同窓会組織の発展は、院友会時代（1891−98)、同窓懇親会時代（1898−1924)、同窓会聯盟時代（1924−38)、合同同窓会時代（1938−現在）の4期に分かれる。

主な活動は、4月の総会、7月の留学生懇談会、11月のホームカミングデーなどがある。さらに年2回（3月・9月）の会報『母校通信』*の発行、会員データのメンテナンス、各支部や団体の諸行事支援、現役学生への支援や表彰を行っている。1995年から年1回、在学生向けの冊子『ティエラ』を発行し、母校や同窓会への帰属意識を高めてきた。98年秋よりクレジット機能をもった同窓会員証「関学カード」の発行を開始し、その利用還元金を現役生の奨学金に充てている。

また関西学院は2009年から「新中期計画」をスタートした。その一つの国際化の推進に伴う海外留学生の増加と合わせて国内企業への就職希望に対応するため、関西学院同窓会では留学生との懇談会の機会を利用して、06年からキャリアセンターと共同で就職セミナーを開催している。

関西学院創立125周年にあたる2014年には、同窓会の記念総会を大阪のUSJ（ユニバーサル・スタジオ・ジャパン）で実施したところ若い平成卒の卒業生とその家族を中心に約1万6,000名の参加のもと盛大に開催された。他にも同窓会では記念事業の一つとして、「創立者W. R. ランバス*博士の足跡を巡る旅」を

3年にわたって企画し、ブラジル、アメリカ南部そして上海・蘇州の各地に赴き、ランバス博士の教育医療伝道の足跡を巡っている。また、1979年以降途絶えていた「同窓会史」の編纂に着手し、2014年秋に発行の予定で進めている。

戸隠山小屋

1955年に創部された体育会*ワンダーフォーゲル部*は、1959年山小屋建設委員会を発足させ、60年9月OB総会で戸隠案が承認され、土地購入手続きに入る一方、翌年3月に山小屋設計図が完成（同年6月に土地代完済）した。しかし、上信越高原国立公園内であるため、長野県と監督官庁である厚生省がその山小屋の三角形の外観に難色を示したため、新設計に変更した。60年8月に着工し、同年11月に50名程度収容できる山小屋の竣工式を行い活動を始めた。しかし、財政的にワンダーフォーゲル部単独での運営が不可能となったため、72年以降、その施設の利用を広く学院の学生・生徒・教職員に開放することとなり、関西学院が山小屋運営へ補助金を出し、学院の管理下に置かれるようになった。現在もワンダーフォーゲル部の活動の拠点の一つであるが、学内外の希望者も利用できるようになっている。

1,904mの戸隠山、飯綱山、黒姫山はじめ日本百名山に数えられる高妻山などを日帰り登山ができ、戸隠スキー場へは山小屋から歩いて数分、12月から3月まで粉雪が舞い、バラエティに富むコースでスキーを満喫できる。

【参照】Ⅱ 284【文献】『記録五十年の踏み跡：関西学院大学ワンダーフォーゲル部史』2006

読書科

「読書」は関西学院高中一貫教育の重要な柱の一つである。その核となる必修教科として「読書科」が設けられている。中学部*では1年生が週1時間、2・3年生が週2時間、高等部*ではすべての学年が週1時間の授業となっている。

読書科の授業は、1951年に中学部が現高中部本部棟*に移転し、独立の図書館ができたときに新制中学部初代部長矢内正一*が担当した「生活指導科」が始まりである。中学部1年生週1回の授業であった。この授業において、矢内は読書やこの図書館についての指導を行った。62年3学期、「生活指導科」の授業は、矢内から図書館担当の川北信彦に委ねられ、63年より2・3学期に拡大した。そして、65年4月より1年間通しての授業となった。67年4月、第3代部長小林宏*は、「生活指導科」を読書や図書館の指導に特化していた内実に合わせて「読書指導科」と改め、以来略して「読書科」と呼ばれるようになる。

1976年、精神鍛錬のための読書を重んじる第11代院長*久山康*の方針により、中学部教育の柱の一つとして「読書」が数えられるようになった。中学部の読書科を1年生週1回の授業から3年間週1回の授業に、そして高等部においても「読書科」を新設することが決まり、その担当者として宅間紘一が招聘された。2012年4月、中学部の男女共学化、校舎（図書館）の改築に際し、読書科は各学年週1回の授業から、1年生週1回、2・3年生週2回の授業となった。

読書科のねらいは、読書生活の形成と深化、自主的自立的学習の体得、そして高度情報化社会に対応する情報活用能力の育成の3点にまとめられる。読書科のカリキュラムは、基礎から応用へ直線的に進むのではなく、いわば螺旋的に進むように体系的に組まれている。

読書科のカリキュラムは次のとおりである。中学部1年生では、「図書館の自由」・マナー、図書館の種別と特徴、図書館の分類・排架・目録、基本的なレポートのつくりかた、校外学習ポスターセッションなどを行う。中学部2年生では、情報の獲得・整理・活用の技術について学び、それらの成果は校外学習新聞づくりとその発表で生かす。中学部3年生では、これまでの学びを総合的に活用する「卒業レポート」を作成する。レポートのテーマは修学旅行の行き先関連と定めているため、修学旅行でのフィールドワークを経て完成する。最終的には発表会を行い、生徒一人ひとり新たな問いを得て高等部での学びに向かう。

高等部1年生は、図書館利用法、メディア・リテラシーの習得（新聞・辞書・教科書などの比較読みを通して）、テーマ読書の入門となるブックトークに取り組む。高等部2・3年生は、研究論文のテーマ設定、資料検索・リストの作成、情報記録カードの作成、アウトライン（論文の組み立て）の作成、推敲、論文の仕上げ、論文の要約作成のカリキュラムである。高等部における論文指導の特徴は、論文執筆という「問いに対する答え」とともに、「自らテーマを発見する」という「問うことそのもの」にも重点を置いていることである。毎年ユニークなテーマが生徒個々によって設定されている。応用課題としてのレポートづくりは、中学部３年生の「卒業レポート」作成としても、高等部２・３年生の「論文」作成としても試みられている。

読書科の授業は、すべて図書館で行われる。６年間の読書科の授業を通じて、自然と図書館を基盤とした知的活動が身につくことになる。図書館が読書科を支え、読書科の実践が図書館の質をさらに向上させている。読書科ばかりでなく、図書館の充実は、他の教科などあらゆる学びへの可能性も拓いた。

読書科は、近年の中等教育におけるキーワードである「総合的な学習」「探求型学習」「プロジェクト型学習」「情報活用教育」などの一つのモデルといえる。読書科の存在意義は「答える力」偏重から「問う力」重視へ学力観を変えていく中軸の教科として働くことである。生徒たちの学ぶ喜びを養う最も有力な方法となっている。

【参照】Ⅱ 476【文献】『関西学院高中部百年史』1989

読書館

アメリカ・南メソヂスト監督教会*宣教師で、後の関西学院初代院長*W. R. ランバスは、1886年11月24日に中国より神戸に着任し、父 J. W. ランバスが居留地47番の住居で始めていた夜間英語学校に「読書館」(Reading Room) を設け、活動を始めた。この読書館は翌年１月、その趣旨に賛同して寄付をしたアメリカの牧師名をとってパルモア学院*(Palmore Institute) となり、関西学院の姉妹校*として、神戸においてキリスト教主義のもと独自の英語教育を行ってきた。またパルモア学院の女子部が1940年に啓明女学院となり、今日の啓明学院*に至っている。このように、神戸に現存する関西学院の姉妹校はどちらもW. R. ランバスの読書館を淵源としている。

【参照】Ⅰ 56, 60

特別文庫

関西学院大学図書館*には、現在18の特別文庫が所蔵されている。特別文庫は大きく２種類に分けられる。一つは旧蔵者・収集者・寄贈者の名前が付されたもので、納本年代順から、柴田文庫（同窓柴田享一の篤志で高等商業学部*教授北野大吉*が収集したイギリス社会思想史関係文献、1949)、丹羽記念文庫（与謝野晶子の愛弟子丹羽安喜子旧蔵の近代短歌関係文献、夫で関西学院理事丹羽俊彦*が寄贈、1959)、佐藤清文庫（文学部*教授佐藤清旧蔵の英文学関係文献、1962)、梅田文庫（文学部教授梅田良忠旧蔵の東欧諸国関係文献、1962)、赤井文庫（法学部*教授赤井節旧蔵の西洋古代法制史関係文献、1966)、堀文庫（経済学部*教授堀経夫*旧蔵の19世紀英仏社会思想史関係文献、1968、1982)、室井文庫（大阪市立盲学校校長室井庄四郎収集のキリシタン関係文献)、高坂文庫（文学部教授高坂正顕旧蔵の哲学・教育学関係文献)、粟野文庫（文学部教授粟野頼之祐*旧蔵の西洋古代史関係文献)、小宮文庫（経済学部教授小宮孝*旧蔵の近代ドイツ経済学関係文献）の10種類の特別文庫である。他の一つはテーマ別に収集された文庫で、アダム・スミス著作文庫（1982)、ジョン・ロック著作文庫（1983)、宗教改革史・教会法史関係文献（1983)、スコットランド啓蒙思想史コレクション（1983)、ジェイムズおよびジョン・ステュアート・ミル著作文庫（1983)、トマス・ホッブス著作文庫（1997)、イギリス社会政策コレクション（1997)、イギリス社会科学古典資料コレクション（1997）の８種類の特別文庫であり、あわせて本大学図書館*の貴重なコレクションの一端を示すものとなっている。その他、特別文庫には指定されていないが、関西学院創立100周年記念事業*の一環として1987年に購入され、93年に図書館に移管され、2002年にその蔵書目録を発刊した下村寅太郎蔵書（科学哲学、ルネサンス期の芸術家や芸術哲学、美術史関係文献）がある。

また「新基本構想」で示されたヴィジョン「『関学らしい研究』で世界的拠点となる」を実現するために、125周年事業の一環として2013年に「H. S. フォックスウエル文書」が購入された。

【文献】『関西学院図書館小史』1990；『関西学院大学図書館史』2014

時計台

上ケ原キャンパス*中央芝生*正面に位置する関西学院のシンボル的建築物。W. M. ヴォーリズ*のキャンパス全体の設計構想の中でも正門*、中央芝生そして甲山山頂を貫くキャンパス軸線の上に時計塔の中心が位置し、正面には“Mastery for Service*”のモットーを刻むエンブレ

ム*が掲げられている。スパニッシュ・ミッション・スタイル*で鉄筋コンクリート造り、一部地階、塔屋時計台を有する2階建て。延べ面積277坪（約914㎡）となっている。この建物自体は上ケ原キャンパス工事を請け負った竹中工務店からの寄贈で、1929年の竣工当初は時計はまだ取り付けられていなかった。

当初この時計台は図書館として、上ケ原キャンパスの校舎配置において、正門右手が宗教館、神学部*、文学部*（後に大学法文学部*）という理念的研究分野であり、左手が総務部、中央講堂*、高等商業学部*（後に大学商経学部*）など実社会との関わりの中での研究分野であり、この両者をキャンパス中央で総合するという役割を担っており、重要な位置上の意味も込められていた。1955年には図書館の拡大に応じて両翼が増築されている。

戦時中には正面に掲げられた英文エンブレムが撤去され、また金属供出によって同じく正面の鉄製手摺も取り外され、建物全体が迷彩色に塗り替えられたこともあった。

その後長く図書館として用いられ、学生にとっても身近な場所となっていたが、1997年に新大学図書館*竣工によってその機能はそちらに移され、現在は、2階に大学博物館*展示室、実習室、資料調査室、1階に大学博物館事務室、学院史編纂室*事務室、資料庫を配している。

【参照】Ⅰ 519

外村吉之介《とのむらきちのすけ》 1898.9.27～1993.4.15

倉敷民芸館館長。滋賀県神崎郡五個荘村に生まれる。23歳の時に日本メソヂスト大阪両国橋教会で釘宮辰生*牧師より受洗。その後献身を志し、関西学院神学部*に入学。在学中は、勉学のかたわら京都や奈良の古寺を歩く。1926年、神学部を卒業後、京都YMCA主事として3年間働き、その間K.バルトの神学と柳宗悦『工芸の道』に出合い、牧師への道を決断する。日本メソヂスト教会*の牧師として、山口教会、笠井講義所、袋井教会を歴任。かたわら民芸運動に参加し、山口時代には柳宗悦の紹介で朝鮮の民芸に触れ、また袋井教会時代の39年には柳、浜田庄司、河井寛次郎、芹沢銈介などと沖縄を訪れ、沖縄の民芸から深い影響を受けつつ、織物職人としての技術を磨く。当時は軽視されていた朝鮮や沖縄の民衆文化を高く評価、「私にとって伝道することと機を織ることとは二つではありません」と、キリスト教と民芸運動の深い接点について述べている。戦後は、倉敷民芸館館長、熊本国際民芸館館長として、日本の民芸運動の指導的役割を担い、さらに韓国の民芸館設立への協力や多彩な国際民芸運動推進のため多大な貢献を果たす。89年、山陽新聞賞（文化功労）を受賞、92年、岡山県文化賞受賞。著書に『沖縄の民芸』（1962）、『民芸遍歴』（1969）、『日々美の喜び―民芸50年―』（1980）などがある。

【文献】『クレセント』(21)1986；『関西学院史紀要』(7)2001

飛び級

大学院*博士課程前期課程の入学資格として「大学を卒業した者と同等以上の学力があると認められた者」（現、大学院学則第53条１、２）という条項に「３年以上在学」し、一定の要件を満たす者を含める内規が、1991年度から商学研究科で定められ、92年度前期課程入学者から適用された。このような受験資格の拡大は、大学在学期間を１年間短縮することから「飛び級」と呼ばれる。

その後、この制度は法学研究科（1999年度入学試験として98年度実施）、経済学研究科（99年度導入、2000年度実施）に導入された。しかし、この制度の適用者には学士の学位*が授与されないことから、制度の改革が求められていた。2000年４月、学校教育法の改正施行が行われ、早期卒業制度の導入が可能となったことによって、関西学院大学でも「３年以上在学した者が、卒業に必要な単位を優秀な成績で修得したと学部が認める場合」（大学学則第７条２）には、その卒業（学士の学位*授与）が認められるようになった。この新しい学則は2000年度入学者から適用されている。なお、04年度に導入されたジョイント・ディグリー（現、マルチプル・ディグリー）制度は、この飛び級制度を利用したものである。

な

内外協力会

Council of Corporation（CoC）

日本基督教団*が1941年に成立した時点では、宣教師は帰国を強いられたが、戦後次々に再来日した宣教師の受け入れ態勢の問題は、教団にとって重要な課題となり、北米の関連諸教会との協力を図るために、内外協力会（Council of Corporation =CoC）が組織された。47年4月にアメリカ8教派のミッション・ボード*が、日本基督教団*と宣教協力するために連合委員会を組織し、ニューヨークに事務所を設けたことに呼応するため、日本側でその協力機関を設けたものである。

「内外協力会規約並細則」（1950）によれば、内外協力会の目的は「日本基督教団、日本基督教々育同盟会、其の他の団体と北米に於けるミッションボード連合委員会（Inter-board Committee on Christian work in Japan）との協力に関する一切の事項を処理すること」と規定され、諸団体から提出された財政および人事に関する要求の審議、経済的協力および宣教師の派遣を必要とする新規事業に関する研究、宣教師の教務の指定、休暇帰国中の宣教師の帰任に関することなどが「取扱事項」として規定されている。

戦後、関西学院に来院した宣教師は、日本基督教団の内外協力会から派遣される形をとってきたが、2007年5月にCoCが解散したことに伴い、宣教師は順次関西学院が直接に雇用する宣教師として、2014年現在7名が活動している。

【参照】Ⅱ 328

内部監査室

内部監査室は、経理の誤謬・脱漏を防止するとともに、業務を適正に把握することにより、被監査部局に対する指摘・提言を通じて、経営の効率化並びに業務の活性化と改革を行いやすくするために、2004年4月に理事長*直属の組織として開設された。

開設以来2012年3月末までの8年間で、法人内の全ての部局、学校の監査を一巡するとともに、文部科学省より義務付けられている科学研究費補助金の執行状況、事業評価制度を試行的に毎年度行ってきた。

監査の対象は、①事業活動の成果が会計基準、経理規程および諸手続に準拠して、会計記録に正しく反映しているかを検証し、予算の執行状況についても効率・効果の視点から問題提起を行うための会計監査、②法人および法人が設置するすべての学校等の諸業務の運用状況が適正かつ妥当性があるかどうかを検証し、組織運営、業務管理のあり方について活性化の視点から問題提起を行うための業務監査、③入札制度、発注制度等が適正に運用されているかを検証し、制度の改善に向けて問題提起を行うための制度監査など、内部牽制とその運用が適正に行われているかを検証し、内部牽制の適正な運用に向けて問題提起を行うための組織監査であり、これらを書類監査および実地監査により実施している。

なお、監事による監査との関係については、それぞれの立場や目的は異なるが、監事会議への出席、監事の業務監査への立会いなどにより相互に連携している。

永井《ながい》 柳《りゅう》 太郎《たろう》 1881.4.16〜1944.12.4

理事。早稲田大学教授、政治家。金沢市に生まれる。1897年、同志社中学校第3学年に入学。98年の同校のストライキに参加。ユニテリアンであった安部磯雄教頭の配慮で自主退学。その後、99年に関西学院普通学部*へ入学。同年、神戸美以教会で最初の演説「病的日本の内科的治療」を行う。1901年に受洗、9月に東京専門学校へ入学。同校が早稲田大学と改称した翌年に政経学部に在籍。在学中、足尾銅山被害民救済会や早稲田大学雄弁会で活躍。04年「産業保護政策に就て」を演説して大隈重信に認められる。05年、卒業。06年、ユニテリアン団体の推薦で奨学金を得、オックスフォードにあったマンチェスター・カレッジに留学、09年に帰国して早稲田大学教授となり、社会政策、植民地政策を講義。20年には衆議院議員に当選（当選8回）、憲政会に入党。31年には立憲民政党幹事長。斎藤実、近衛文麿（第1次）、安部信行各内閣で拓務大臣（1932）、逓信大臣（1937）、逓信大臣兼鉄道大臣（1939）となる。議員として普通選挙法、電力国家管理法、大日本育英法の通過に尽力した。著書に『社会問題と植民問題』（1912）、『植民原論』（1921）、『永井柳太郎氏大演説集』（1924）、戯曲『大隅重信』（1932）などがある。

1944年9月、大東亜中央病院（現、聖路加国際病院）に入院。最後に身内以外で永井が会ったのは級友神崎驥一*だけであった。

永井は関西学院について「日本で門のない学校は関西学院だけであった」と語り、その影響について「オクスフォードは我に世界を紹介し、早稲田は日本を、関西学院は我に人世をしらしめた」(「母校今昔物語」)と語った。また、普通学部*を中学部*に改称する際、その認可には、関西学院の卒業生であり当時早稲田大学の教授であった永井と大隈の人脈は、文部省との交渉役としてその働きは大きかった。さらに、1929年の40周年記念式で「敬天愛人敬神興国」を主唱したり、31年、財団法人関西学院の設立時より死去する44年まで理事を務めた。また、32年7月の訪問で、旧制中学部*のスクール・モットー「大心海」(中学部所蔵)と「公明正大*」(高等部*所蔵)を揮筆するなど、絶えず関西学院とのつながりを大切にした。永井の伝記には、同志社の自主退学、早稲田騒動での追放、民政党からの脱党を踏まえ、「永井自ら、『僕には叛逆の血が流れている』などといったことがあるが、関西学院だけは終始一貫、強い因縁の糸に結ばれていたのである」と書かれている。

京都大学助教授、東京工業大学教授、朝日新聞論説委員を経て、三木武夫内閣文部大臣、上智大学、国連大学長顧問となった永井道雄の父である。

【参照】Ⅰ 165, 415, 455, 590;Ⅱ 36【文献】『中学時報』(23)1932;『永井柳太郎』1959;中村賢二郎「母校今昔物語(1)」『母校通信』(9, 11-12)1952;土屋博政『ユニテリアンと福沢諭吉』2004;土屋博政「日本のユニテリアンの盛衰の歴史を語る」『慶応義塾大学日吉紀要 英語英米文学』(47)2005

中島《なかじま》 重《しげる》 1888. 5. 3~1946. 5. 29

関西学院文学部*教授、旧制大学法文学部教授。岡山県高梁に生まれる。同志社組合教会系のキリスト教伝道圏である高梁教会で受洗した両親のもとで育てられた。1910年、岡山の第六高等学校在学中に受洗した。東京帝国大学法科大学在学中から海老名弾正の本郷教会に出席、キリスト教社会運動に関心を持ち、卒業後同志社で国家論、法理学、憲法などを講じる。29年、労働者に福音を伝える日本労働者ミッションを設立、幹事長に就く。同年、海老名同志社総長辞任と同時に同志社から関西学院に転じ、文学部教授に就任、アカデミックな学風作りに貢献した。30年には社会的基督教運動発足とともに委員長に就任、社会的キリスト教を学生やキリスト教界に広める中心となり、機関誌『社会的基督教』を編集し、41年まで毎月発刊した。しかし、学生キリスト教運動(SCM)を通じて関西学院に社会的キリスト教運動をもたらそうとしたが根付かなかった。また中島の思想・運動は戦時色が強まる中で急速に力を失った。

1934年、大学法文学部設立に当たって教授に就任。戦時教育非常措置の結果、依願退職。戦後、同志社へ復帰を要請されたが間もなく死去した。関西学院在任中に『マルキシズムに対する宗教の立場』(1930)、『社会的基督教の本質』(1937)、『発展する全体』(1939)、『国家原論』(1941)、『道徳・宗教と社会生活』(1943) などを著し、わが国における特異な思想家として評価が高い。

【参照】Ⅰ 486【文献】嶋田啓一郎「中島重の社会哲学と社会的基督教」『キリスト教社会問題研究』(5)1961;田畑忍「中島重博士の国家論」『キリスト教社会問題研究』(8)1963;井田昭子「中島重と関西学院:SCMと社会的キリスト教運動をめぐって」『キリスト教主義教育』(18) 1990

長谷《ながたに》基一《きいち》 安政2<1855>.10.20〜1927.6.10

旧制普通学部*・中学部*教師、関西学院幹事。現在の神戸市御影に生まれる。東京医学校（現、東京大学）で製薬学を修め、1879年に卒業。兵庫県衛生課雇、公立神戸病院附属医学所理化学教員兼務。県立神戸医学校（現、神戸大学）三等助教諭、県立神戸薬学校一等助教諭、兵庫県地方衛生会委員、県立神戸病院（現、神戸大学）薬局長心得などを経て、89年に県立神戸病院薬局長。88年3月4日、山二番館の神戸中央教会仮礼拝堂で、吉岡美国*、坂湛*とともにJ. W. ランバス*から受洗。89年の原田の土地取得に際して、吉岡、坂とともに土地所有権者を委嘱された。92年9月に関西学院普通学部教員に就任し、95年、関西学院第3代幹事に就任し、1918年3月まで普通学部・中学部の化学担当教員を務めた。

【参照】Ⅰ 57, 91, 128, 207【文献】『開校四十年記念 関西学院史』1929;『神戸栄光教会七十年史』1958;井上琢智「文部行政と関西学院」『関西学院史紀要』(3) 1993

中田《なかた》秀雄《ひでお》 1909.4.20〜?

理工専門部*長、短期大学*応用化学科*長。大阪市に生まれる。30年に大阪薬学専門学校を卒業、32年、大阪帝国大学医学部選科（生化学）に入学、36年卒業。その後、大阪帝国大学助手（医学部生化学教室勤務）、大阪薬学専門学校助教授、同仁会東亜医科学院（青島）教授などを歴任した。その間、41年4月に、大阪帝国大学から医学博士の学位を授与された。44年、関西学院専門学校理工科*教授に就任、理工科ならびにその後改組された理工専門部、短期大学応用化学科の教授として、その発展・充実に貢献した。特に薬剤師免許下付の資格取得のために大きく寄与した。49年6月、4年制大学への昇格問題にゆれる理工専門部の部長に就任、理工専門部から短期大学応用化学科への移行に際して、理工専門部の取りまとめに当たった。移行後は短期大学応用化学科長。50年の臨時理事会および臨時評議委員会で決定された応用化学科廃止に対処するため献身的に働いたが、52年、応用化学科が廃止され、11名の最後の応用化学科卒業生とともに退職した。

【参照】Ⅱ 183

長久清《ながひさきよし》 1907. 7. 1～1993. 10. 30

宗教総主事*。広島県福山市に生まれる。1926年関西学院神学部*本科に入学。1931年、神学部本科卒業後牧師として活躍。日本メソヂスト須磨教会、興南教会師、山口教会牧師を経て42年、関西学院礼拝主事補となる。45年、関西学院寄宿舎*舎監、48年、中学部*礼拝主事を務め、一方、同年、関西学院教会*牧師に就任。仁川幼稚園長を兼務。

関西学院ではチャペルおよび基督教概説などを担当、礼拝学を専門とし、礼拝様式および礼拝堂、教会建築の分野での業績を残している。1953年、法学部*宗教主事*、63年、宗教センター*主事に就任、69年より宗教総主事を務めた後、73年に退職。

退職後は、学院評議員、理事となり、また在職時より障がい者問題にも深く関わり、障がい者を持つ保護者たちの組織である手をつなぐ親の会会長を務め、1976年、社会福祉法人一羊会の理事長となった。著書に『訪欧雑記』(1967)、『礼拝と礼拝堂』(1970)、『道遠くして』(1982)、『教会と教会堂』(1988)などがある。

【文献】『共励』1974;『関西学院教会80年史』2000

中村賢二郎《なかむらけんじろう》 1881. 4. 5～1969. 8. 18

理事、初代総務部長。山口県佐波郡防府町に生まれる。関西学院草創期の1897年、普通学部*に入学、4年間学んだ後、日露戦争に従軍。普通学部の認定・指定や専門学校開設の時期に当たる1906年、吉岡美国*院長*により普通学部教練(体操)教諭兼自修寮専任舎監として招聘された。「情熱的愛校者」と呼ばれ、11年に学院を去るまで、短期間ではあるが認定・指定問題や生徒指導、クラブ活動*や同窓会*活動の活性化などに力を尽くした。アメリカに留学、W. R. ランバス*の母校エモリー・ヘンリー・カレッジ、テネシー州のヴァンダビルト大学大学院などで学び、17年に帰国。宮崎中学校、小樽高等商業学校、高松高等商業学校に勤め、関西学院では大学予科*開設の折に予科長候補になったこともある。38年、関西学院理事に推薦され経営に参画。学院経営が困難な戦時下で、44年の機構改革で設けられた初代総務部長に就任、47年の定年退職まで務め、その後理事として50年まで在任した。また、短期大学*商科・英文科*、新制大学商学部*、神戸外国語大学、武庫川女子大学で商業英語を中心として教授した。

【参照】Ⅰ 181, 200, 478【文献】中村賢二郎『英語と共に五十余年』1953

中村平三郎《なかむらへいざぶろう》 元治元<1864>. 5. 24～1929. 7. 10

関西学院院主*、幹事、普通学部*教員。大阪博労町の旧家に生まれる。大阪集成学校と大阪英語学校で英語を学んだ後、「中村塾」と称する予備校的私塾を設立。W. R. ランバス*の大阪伝道で導かれ、1888年、O. A. デュークス（Dukes, Oscar Adolphus）より受洗。ランバスとの親交により、翌89年9月6日、兵庫県知事あてに提出された「私立関西学院設立御願」の名義人となり、設立当初、実質的に外国人経営であった関西学院を代表して、日本政府や日本人教職員との交渉を担当する院主*ならびに幹事としての職責を担う。それとともに、普通学部*最初の教員として英語と数学を担当。93年7月に学院を退職後、神戸・元町にネル屋中村商店を開業、実業家としての道を歩む。1912年には日本メソヂスト教会*初代監督の本多庸一*の急逝により関西学院理事に就任、また、南美以神戸教会幹事を務め教会運営の中核として活躍、同教会の教会堂（95年1月、阪神・淡路大震災*にて倒壊、2004年新会堂再建）の建築委員長の重責も担った。

【参照】Ⅰ 89, 113, 126【文献】『神戸栄光教会七十年史』1958；『日本基督教団神戸栄光教会百年史』2005

「難民」学生推薦入試制度

2004年5月に浅羽俊一郎UNHCR（国連難民高等弁務官事務所）駐日副代表が講演のため来学し、平松一夫学長*に難民に対する高等教育の必要性と、日本の大学に対する期待を表明したことがきっかけとなり、本学における「難民」学生推薦入学制度への取り組みは始まった。それまでも国連機関との連携を推進していた本学は、この問題提議を真摯に受け止め、06年度に推薦入学制度を設置し、翌07年４月より、UNHCR駐日事務所より推薦を受けた者を毎年２名を上限として受け入れることとした。

また2012年度より英語のみで卒業する（日本語のできない）難民学生も受け入れることとし、受け入れ枠を１名増員して３名が上限となった。07年度より14年度までの入学者は15名である。

入学生への援助として、①学費・入学金・入学検定料の免除、②毎月の奨学金支給、③神戸三田キャンパス*―上ヶ原キャンパス移動時のシャトルバス代支給、④所属学部ならびに国際教育・協力センターによる修学支援、⑤募金などを現在行っている。

2013年度には在学中の難民学生・本学のJ-Fun Youth所属学生らとNPO法人難民支援協会、並びに関学生協の協力のもと難民問題の啓発イベントとして難民出身国の代表的な料理を生協食堂で提供する“Meal for Refugee”を実施、14年度も同イベントを継続開催し、学内外への難民問題啓発活動を実施している。

に

仁川

宝塚市南部、武庫川支流の仁川を中心とした阪急電鉄今津線仁川駅を中心とする一帯で、武庫川合流部に堆積された土砂によって形成された台地である。この地域は今津線が開通するまではほとんど開発されなかったが、1921年仁川駅の設置以後、仁川両岸を中心とした仁川住宅地が形成され、65年以後は山腹の緩斜面地にも住宅が広げられた。終戦前の仁川周辺や関西学院の風景は、遠藤周作の『黄色い人』（初出：『群像』10（11）1955）などの作品にも登場している。

西川玉之助《にしかわたまのすけ》 元治元<1864>.9.10～1954.2.19

普通学部*教授、初代旧制中学部*長。兵庫県多紀郡の山村で医者の次男として生まれる。大阪に開設されたメソヂスト監督教会*最初の伝道所に出席、1888年、O.A.デュークス

(Dukes, Oscar Adolphus) より受洗。神戸税関に勤務後、セントラルアカデミーならびにヴァンダビルト大学で8年間の留学後、98年に帰国、関西学院普通学部の教授となり、1905年1月に日露戦争で出征し、通訳官として徴用されるまで英語教育を担当した。12年に再度関西学院に招かれ、同年9月に普通学部長事務取扱に就任、同年11月には普通学部長に就任した。15年2月、普通学部から中学部に名称変更したのに伴い、初代中学部長となり、同年6月に中学部長を辞任。教員辞職後は日沙商会、東京毛織物会社、日本冶金、東洋ファイバー等の重役を歴任。また、神戸YMCAの創立者のひとりとして最初の幹事も務める。南美以神戸教会の教会員として建築委員などを務め、教会運営の中心人物の一人として貢献した。

【参照】Ⅰ 161, 176, 252, 261, 411【文献】『神戸栄光教会七十年史』1958；『日本基督教団神戸栄光教会百年史』2005

西治辰雄《にしじたつお》 1915. 5. 1～1988. 8. 1

学長*、商学部*長。経営統計学専攻。兵庫県武庫郡に生まれる。1949年、

広島文理科大学数学科卒業後、同年4月、関西学院高等部*教諭に着任し、52年3月まで数学を担当する。同年4月、商学部専任講師として移籍し、54年4月、助教授、58年4月、教授。84年3月に退職するまで統計学、経営統計、オペレーションズ・リサーチ等を担当。65年3月「経営における数量化の研究」で商学博士（関西学院大学）。69年2～3月、商学部長代理、69年4～6月および71年4月～74年6月、商学部長。74年6月～75年2月、学長に就任。大学紛争時代に商学部長、評議員、理事、学長として関西学院大学の経営・運営を支えた。日本統計学会に所属し、経営管理分野における数理統計学、数理計画法の研究・普及活動に従事した。

【参照】Ⅱ 403【文献】『商学論究』31（3）1984

西宮聖和キャンパス

西宮市岡田山にある西宮聖和キャンパスは、2009年4月1日の関西学院と聖和大学の法人合併*によって誕生した。ただし、このキャンパスの歴史は81年前にさかのぼる。関西学院が神戸原田の森から西宮上ケ原*

に

に移転した3年後の1932年、同じ神戸の中山手通6丁目59にあった小さな、けれども日本初の女性たちの神学校（女性伝道者養成のために1880年に創立された聖書学校）を起源とする神戸女子神学校が、現在の西宮市岡田山に引っ越してきたのが始まりである。当初は、すすきの草はらにW. M. ヴォーリズ*の手による美しい洋館が3つと日本人教師住宅だけであったが、41年に大阪にあったランバス女学院と合同し聖和（聖なる和合）と校名を変え、戦後は土地を買い足して現在のキャンパスとなった。

聖和キャンパスにある建物などには、聖和に関係する3名の創立者（創設者）の名前が付されている。神戸女子神学校の創立者J. E. ダッドレー*の「ダッドレーメモリアルチャペル」、神戸婦人伝道学校（1888年創立）の創立者M. I. ランバス*の「メアリー・イザベラ・ランバスチャペル」（山川記念館*2階）、広島英和女学校（1886年、創立者は砂本貞吉）の創設者N. B. ゲーンズ*の「ゲーンズハウス*」があり、ヴォーリズ建築であるダッドレーメモリアルチャペルとゲーンズハウスは西宮市都市景観形成建築物に指定されている。

西宮聖和キャンパスには、関西学院大学教育学部*と聖和短期大学*、そして聖和幼稚園*が共存しており、教育学部生、短期大学生、幼稚園園児が学ぶキャンパスである。教育学部生は、小学校教員や幼稚園教員、保育士を目指しており、聖和短期大学生に至っては100％近くが幼稚園教員や保育士になる。

仁田《にった》勇《いさむ》 1899. 10. 19～1984. 1. 16

理学部長。東京に生まれる。1923年、東京帝国大学理学部化学科を卒業後、理化学研究所勤務、28年から31年までオランダおよびドイツに留学、その間、30年7月29日に東京帝国大学から理学博士の学位を授与された。32年、大阪帝国大学理学部創立委員として同大学理学部の新設に参画、33年、大阪帝国大学理学部に教授として就任した。2度にわたって理学部長を務めるとともに数々の要職を経験し、

60年に大阪大学理学部を退職、同大学名誉教授になった。同年４月に関西学院大学教授に就任し、理学部開設準備の中心的役割を果たした。理学部創設の61年から67年まで３期６年にわたって理学部長を務め、理学部発展の基礎を築いた。結晶化学の先駆者として世界的に著名な学者で、39年に日本化学会桜井褒賞受賞、43年には帝国学士院賞を受賞し、日本結晶学会会長、日本化学会会長などを歴任した。

関西学院大学在職中、1965年には「フグ毒の単離と化学構造の決定」で朝日文化賞受賞、「結晶化学の体系確立」で藤原賞受賞、66年には「化学構造のX線的研究」で文化勲章を受章した。理科系の分野に未開であった関西学院にとって、豊かな学識と経験は理学部創設に大きく寄与した。68年の定年退職に際して、C. J. L. ベーツ*、H. W. アウターブリッヂ*、神崎驥一*の各院長*に続き、４人目の名誉博士の学位*を授与された。66年から80年まで理事。著書は『X線結晶学』（上、下）（1959−1961）、『現代物理化学講座』（1966）など。

【参照】Ⅱ 234【文献】『関西学院大学理学部20年史』1981；『化学のいろいろな横顔—仁田勇先生遺稿』1985

日本学士院

日本学士院は学術研究において顕著な功績をあげた学者を顕彰、優遇するための機関で、第１部（人文・社会科学70名）、第２部（自然科学80名）から成る。1879年に設立された東京学士会院をルーツとし、1906年に帝国学士院と名称が変更され、戦後、教育の民主化の中で、49年に新設された日本学術会議に日本学士院と改称のうえ吸収された。56年になって日本学士院法が制定され、学術会議から独立した組織となった。その間、下賜金をもとに10年に恩賜賞が、財界の寄付金により11年に学士院賞が設けられた。

関西学院の関係者で会員となったものは、古武弥四郎*（生化学1949. 10. 5）、堀経夫*（経済思想史・社会思想史1966. 11. 12）、仁田勇*（物理化学1969. 11. 12）、新明正道*（社会学1976. 11. 12）、宮本又次（日本経済史・日本経営史1979. 11. 12）、永宮健夫（固体物理学1981. 12. 12）、青山秀夫（理論経済学・経済社会学1984. 12. 12）、関集三（物理化学1985. 11. 12）である。また学士院賞は、仁田勇*が1943年度に「化学構造のX線的研究」で、粟野頼之祐*が51年度に「出土史料によるギリシャ史の研究」で、宮本又次が71年度に「小野組の研究」で、関集三が76年度に「固体の構造熱力学的研究」で、柚木学*が82年度に「近世海運史の研究」で、石本雅男*が84年度に「無過失損害賠償責任原因論—ローマ法におけるCulpa Levissimaの比較法学的研究—」で、竹本洋が99年度に「経済学体系の創成—ジェイムズ・ステュアートの経済学体系—」で、中井正直が2008年度に「水メーザー源のVLBI観測による活動銀河中心核と巨大質量ブラックホールの研究」で受賞した。

日本基督教団

1941年に、主として日本におけるキリスト教プロテスタント諸教派の合同教会として日本基督教団が成立した。その決定的要因となったのは、39年に成立し、翌年より施行された宗教団体法である。これは宗教団体を国家管理のもとに置き、統制しようとするものであった。もっとも、諸教派が一つとなって構成する合同教会は、20世紀初頭において本格的に始動したエキュメニカル運動の一つの重要な成果でもあった。その先駆的モデルは、10年以降関西学院の共同経営に参加してきたカナダ・メソヂスト教会*が、20年間の協議の末、25年に長老教会や組合教会とともにカナダ合同教会*を結成した中に見いだすことができる。日本基督教団の成立の背景には世界の教会合同運動があり、30年代には日本キリスト教連盟の合同運動が大きな広がりを見せた。しかし、その合同運動は各教派間の合同理解の違いから暗礁に乗り上げていた。したがって、長年の合同協議によっていわば下から成立したカナダ合同教会とは逆に、日本基督教団は国家の要請による上から成立した合同教会と言える。

日本基督教団の成立と関西学院の関係については、まず日本基督教団のミッションからの独立という方針が、戦時体制の状況と相まって、C. J. L. ベーツ*院長*をはじめとする宣教師に本国への帰国を強いたことがあげられる。また、日本基督教団の中に教師養成機関として組み込まれた神学部*は、やがて閉鎖を余儀なくされ、43年に日本西部神学校*に、そして44年には日本基督教神学専門学校に統合される運命をたどった。

戦後、関西学院は日本基督教団との関係において、まず内外協力会*（CoC）を通して宣教師の受け入れ体制を再建し、さらに1952年に神学部が再興されるとともに日本基督教団認可の教師養成機関として新たな出発をしている。

【参照】Ⅰ 569；Ⅱ 328

日本語教育センター（国際連携機構）

日本語教育センターの目的は、留学生数の増加や日本語教育のニーズの多様化が進んでいることに対応するため、既存の日本語教育部門を統合し、留学生への日本語教育を全学的な視野で企画し提供することである。

2011年４月に発足し、13年度の大学組織の機構化に伴い、国際連携機構*に下に置かれ、その事務は国際連携機構事務部で行うこととなった。それまでの経緯は、1979年10月に米国の南メソジスト大学との間に包括協定が締結され、交換学生の受け入れに伴い、そのための日本語教育に始まる。これらは当初交換学生に対する国際プログラムとして、外国人のための日本理解科目と一緒に日本語教育コースとして提供してきた。その後、プログラム名称は日本研究教育プログラムに変更され、その中で日本語を提供してきた。一方、学部に正規学生として入学した留学生のための日本語教育は、各学部で始められ、2003年４月に言語教育研究センター*の下に日本語教育委員会が設置され、全学的にプログラムとして提供されるようになった。これらの交換学生のための日本語教育と学部留学生のためのもの、この２つの日本語教育を統合して運営するため、11年４月に日本語教育センターが発足した。

同センターでは、本学の外国人留学生を対象とした必修の日本語教育、交換学生用の日本語を始めとし、在学生を対象としたセミナーの開講、教育者向け研究会の開催など、日本語教育に関するさまざまな事業・活動を行っている。学部学生用の授業では、日本語能力のレベルに対応したクラスを設け、ティーム・ティーチング体制で行い、アカデミックな口頭発表や論文作成の基本となるスキル修得を内容とした科目や大学院*修了後に社会人として必要となる「ビジネス日本語」をも提供している。

【文献】『かけはし−KG留学生作文集−』（創刊号−第15号）2007−2013；『関西学院大学日本語教育センター紀要』（創刊号−第３号）2012−2014；『日本語教育センター通信』（創刊号−第14号）2011−2014；『関西学院大学案内−教育・研究編−』2013

日本西部神学校

西日本における日本基督教団*の伝道者養成機関として発足した日本西部神学校は、関西学院神学部*の建物・施設を利用する形で1943年５月に開校した。東京の日本東部神学校講堂で挙行された開校式の模様について、『第２回日本基督教団総会報告書』の「日本基督教団神学校財団報告」の中で次のように述べられている。「日本基督教団神学校財団並に同財団の設立せる日本東部神学校、日本西部神学校及日本女子神学校は昭和18年３月31日付を以て文部大臣の認可を得たり。昭和18年５月19日午後３時より日本東部神学校講堂に於て開校式並に校長任職式を挙行し引つづき午後５時より大松閣に於て祝賀晩餐会を催したり」。

日本西部神学校は、聖書学舎と日本聖化神学校の二つの各種学校が合同しているが、実質的には関西学院神学部の教授と学生を中心として統合・再編されたものである。このことは、松下績雄*、松田明三郎、原野駿雄*の３名の関西学院神学部教授が専任教授として就任していることからもうかがえる。日本西部神学校において始まった新たな教職養成も、翌年の1944年３月には日本東部および西部神学校が統合されて日本基督教神学専門学校となり、学院から神学校が姿を消すことになった。この新たな統合によって、在学生は東京に移籍し、また教授の松下績雄は広島女学院専門学校に、松田明三郎は日本基督教神学専門学校に、そして原野駿雄は日本女子神学専門学校にそれぞれ赴任した。

【参照】Ⅰ 576

日本庭園

日本庭園が造園*された明確な時期は不明であるが、関西学院が上ケ原*に移転した当初（1929年）からその原形は存在したようであり、キャンパスマップなどで確認できるのは1935年頃からである。96年、水利権者からの要請を受けて園内の池泉漏水防止工事を施したとき、庭園の改造改修工事も同時に行われた。それにより、池の面積をやや縮小し、亀島の高さを約半分に低くするとともに、池に張り出すデッキを新設し、園内の遊歩道を明確な回遊式にした。護岸の石組の修復にあたっては新図書館建設時に出土した転石で主に補充した。石材はすべて、キャンパス内で出土したものが用いられている。サクラ、カエデ、クロマツを中心に構成された植栽林は四季のうつろいを色鮮やかに見せ、散策や休息の場として、また学生たちの交流の場として利用されている。なお、園内の遊歩道は、日本家屋の土間造りの伝統工法である三和土《たたき》で造られており、その名称は、土・石灰・ニガリとい

う３種の材料を混ぜて練ったものを叩き固めて仕上げることに由来する。ただし、屋外の厳しい条件に耐えられる強度を確保したり、環境に配慮するために、表面硬化剤を塗布するなどの近代的工夫も併用されている。

庭園面積3,300㎡、池泉水面積600㎡。

日本メソヂスト教会

日本メソヂスト教会は、1907年５月、東京の青山学院に招集された合同総会において、カナダのメソヂスト教会日本年会と、アメリカのメソヂスト監督教会*日本年会および南部年会（美以教会）、そして南メソヂスト監督教会*日本年会（南美以教会）の３派４年会の合同により誕生した。この合同の背景には、06年７月に、ニューヨーク州バッファロー市で開催された３派合同に関する全権委員協議会において日本メソヂスト教会の成立が正式に決議されたという経緯があり、翌年の東京での合同総会はこの決議を受けてのことであった。日本にあるメソヂスト諸教会が一致合同するための願書を作成した1883年から数えれば、その合同が成立するまでに25年の歳月を要したことになる。日本基督一致教会や日本組合基督教会などは、本国教会と組織的に分離独立していたのでその成立も早かったのに対し、日本メソヂスト教会は本国教会と組織的に非分離の関係にあったため、合同に至るまでに長い歳月を要したと言える。

３派合同により日本メソヂスト教会が成立したが、本国の教会は合同していなかったため、日本メソヂスト教会と宣教師との関係は基本的に変わってはいない。また日本メソヂスト教会全体が、東部年会と西部年会に区分されている。関西学院は、西部年会の神戸部会に所属することになり、そのことは学院における教職者の新たな教会的所属を意味するものであった。日本メソヂスト教会は、1941年に日本基督教団*が成立して合同するまで34年間、社会と教会に大きく貢献しその歴史を刻んでいる。

【参照】Ⅰ 231

入試部
（入試課・AO入試課、入試広報課）

1974年、大学入学試験に関する業務

が質量ともに年々増大する状況にあったことから、それまで教務部教務課が担当していた入学試験関係の業務を専門に担当するために教務部内に入試課が設置された。これをさらに強化する目的で90年に独立し「入試部入試課」となった。その後業務拡大により「AO入試課」「入試広報課」が設置され1部3課体制で現在に至っている。また、関西学院大学入学試験規定が69年9月5日に大学評議会*で決定され、「関西学院大学の入学試験に関する大綱を審議するため入学試験委員会を置く」として入学試験委員会が設けられ、入学試験に関する事項について、学長*を議長に各学部長を委員として運営されている。

入試制度については、1971年度には、文系では英語を必須とし、数学、国語、日本史、世界史、地理を選択する2時限での3科目型入試が実施されていた（商学部*については簿記を選択可能）。その後、英語、国語を必須とし、地歴・数学を選択する3時限方式の入学試験方式に移行し、95年度から一般入学試験（B日程）、98年度から大学入試センター試験を利用する入学試験を導入するなど順次、新たな入学試験方式が導入されてきた。2000年度からは全学が実施する一般入学試験（F日程）を行うとともに、地方入学試験会場も年々増設するなどし、受験機会を増加させ受験生の便益を図ってきた。11年度からはF日程を全学日程、A日程を学部個別日程と改め、文系については従来のⅠ・Ⅱ限で3科目を選択する従前の入試方式を復活した。また関学独自方式日程として、関学独自のユニークな試験科目・方式で受験できる入学試験を新設し、13年度は一般選抜入試として、全学日程、学部個別日程、関学独自方式日程、大学入試センター試験を利用する入学試験（1月出願・3月出願）を実施している。

ニュートン，J. C. C.

Newton, John Caldwell Calhoun
1848. 5. 25〜1931. 11. 10

第3代院長*、初代神学部*長、初代図書館長、アメリカ・南メソヂスト監督教会*宣教師。アメリカ・サウスカロライナ州に生まれる。少年時代、南北戦争では南軍に加わり、1870年、ケンタッキー陸軍兵学校に入学。南北戦争後、志を立てて宣教師になることを決意、74年、南メソヂスト監督教会の牧師となる按手を受け、88年までケンタッキー州、メリーランド州で牧会に従事、その間84年から2年

間ジョーンズ・ホプキンス大学研究科に学ぶ。

1888年来日し、東京のフィランデル・スミス・メソヂスト一致神学校*の教授となる。翌年、関西学院創設とともに神学部長、初代図書館長となる。97年に大病にかかり、帰国して療養し、健康を回復した。その後、4年間ヴァージニアの教区で牧会に専念したが、1904年、関西学院の要請により再来日して神学部長に就任。同年、ウォフォード大学から名誉神学博士号を受けた。16年には関西学院第3代院長*に就任し、20年に老齢と健康上の理由から院長を辞任するまでその職責を果たす。退任後も神学部教授として神学教育に従事し、23年に退職。帰国後はスカーレット・カレッジ、南メソジスト大学で教鞭をとり、説教、講演、著作を続けた。ジョージア州アトランタで死去した。

2000年度から設けられた大学図書館*公募のJ. C. C. Newton賞は、初代図書館長J. C. C. ニュートンにちなんで命名されたものである。

【参照】Ⅰ 63, 135, 274【文献】『関西学院大学図書館史』2014

丹羽俊彦《にわとしひこ》 1886. 3. 9～1971. 4. 20

財務部長。広島県三原市に生まれる。1906年麻布中学校、11年、慶應義塾大学理財科を卒業し、千代田生命保険に入社。関西信託に転じ重役も務め41年まで勤務。戦後、関西学院の財政危機を克服するため神崎驥一*院長*の招きによって45年9月に理事に迎えられ、47年3月に財務部長に就任、一時は総務部長も兼務した。宣教師主導の経営を引き継ぎ、今日の健全財政主義の路線を築きその基盤を明確化するのに貢献した。戦後の院長公選制に入った後も歴代院長*を助け、小宮孝*院長が選出されて新しい体制に入った58年に、定年で退職した。

妻安喜子は1919年に与謝野鉄幹、晶子に師事し、自ら詩作。明治・大正・昭和初期に出版された近代短歌集のほとんどを初版の形で収集した。このコレクションは安喜子の夫俊彦から59年大学図書館*に丹羽記念文庫として寄贈された。

【参照】Ⅱ 37, 66【文献】『関西学院七十年史』1959

人間福祉学部

【沿革】

関西学院大学における社会福祉の教育・研究は、1952年に設置された文学部*社会事業学科から本格的にスタートする。その後、学院創立70周年記念事業の一環として60年に、文学部社会学科*と社会事業学科が文学部から分離して、社会学部*が誕生した。さらに99年には、社会学部において、社会福祉学コースから定員140名の社会福祉学科が開設された。その伝統と歴史、経験に基づいた学びに、社会的注目の高いスポーツ科学や健康科学等を融合して、より幅広いフィールドで活躍できる人材育成を目指すため、社会学部社会福祉学科が社会学部から分離し、社会起業学科、人間科学科の３学科体制で、2008年４月に９番目の学部として人間福祉学部が誕生した。

大学院*における社会福祉教育においては、その源は1956年に文学研究科社会学専攻内での社会事業学関連科目の開設に見ることができる。その後、61年に社会学研究科社会福祉学専攻博士課程前期課程が開設され、伝統的なケースワークの理論と方法を中心に、高い実践能力と評価能力を有する専門家・研究者を輩出してきた。こうした歴史を踏まえつつ、少子高齢化やグローバル化などを背景にして、「人間と社会（環境）の交互作用」の中で生起し複雑化、多様化する社会福祉に関わる諸問題に対応すべく、より幅広い研究および教育、そして社会への貢献といった諸側面から対応できる大学院教育・研究基盤として人間福祉研究科人間福祉専攻博士課程前期課程・後期課程を2008年４月に学部と同時に開設した。

専任教員は、芝野松次郎初代学部長以下37名、そのうち新規採用者は19名、学内移籍者は社会学部から17名、神学部*から１名であった。学部の新入生は315名（社会福祉学科127名、社会起業学科92名、人間科学科96名)、研究科人間福祉専攻は、前期課程17名（新入生８名、社会学研究科社会福祉学専攻から２年生への移籍者９名)、後期課程10名（新入生３名、同じく２・３年生への移籍者７名）であり研究科は全学年そろってのスタートであった。

人間福祉学部では、人間と社会が互いに影響しあうことによって生じる諸問題に対し、最善のソリューションを提供するため、「人への思いやり（compassion)」「幅広い視野（comprehensiveness)」「高度な問題解決能力（competence)」の３つのＣを育む学びを追求して、社会福祉、社会起業、人間科学の観点から、質の高い生活・社会の実現（Improving Quality of Human Life and Society）に貢献できる人材を育成している。３学科が連携し、新しい発想やユニークな社会貢献の方法を模索して、人間のスピリチュアルな痛みに焦点を当てた支援、スポーツによる町おこし、途上国の経済的自立を促すフェアトレード、福祉ビジネス、一般企業のCSR（社会的責任）など、時代を先取りした視点、知識、スキルを学生は身につけている。

カリキュラムについては、英語において1年生春学期より能力別のクラス編成を行い、第2言語として外国語以外の言語である「日本手話」を設けているのが特徴である。演習・実験・実習科目および小集団教育を重視し「基礎演習」を1年生、「研究演習Ⅰ・Ⅱ」を3・4年生の必修科目としている。学生の多様な学びに対応するため、研究演習Ⅰ・Ⅱにおける研究の集大成として「卒業研究」を設けている。また、それぞれの学科においても、各々の教育目標に基づき、「ソーシャルワーク演習」「ソーシャルワーク実習」（社会福祉学科）、「社会起業インターンシップ（国内・海外）」（社会起業学科）、「人間科学フィールドワーク」（人間科学科）など、さまざまな実習科目を設けている。資格に関しては、社会福祉学科生は指定科目の単位を修得することにより、「社会福祉士」および「精神保健福祉士」国家試験の受検資格を得ることができる。

教育職員免許状については、社会福祉学科で高等学校教諭一種免許状（福祉）、社会起業学科で高等学校教諭一種免許状（公民）、人間科学科で中学校・高等学校教諭一種免許状（保健体育）、人間福祉研究科人間福祉専攻で高等学校教諭専修免許状（福祉）が、2007年12月25日付で文部科学大臣より認定を受けた。

【現状】

〔学生〕 人間福祉学部の入学選抜は、一般入試（全学日程・学部個別日程・関学独自方式日程）、推薦入試（指定校・協定校・提携校・継続校・関西学院千里国際高等部*・高等部*・OIS）、スポーツ能力に優れた者を対象とした入試、AO入試、帰国生徒入試、外国人留学生入試、編入学入試により行っている。

入学定員は社会福祉学科130名、社会起業学科70名、人間科学科100名の合計300名である。学生数は社会福祉学科1年生129名、2年生141名、3年生145名、4年生169名の合計584名、社会起業学科1年生73名、2年生81名、3年生88名、4年生81名の合計323名、人間科学科1年生108名、2年生115名、3年生100名、4年生129名の合計452名、人間福祉学部全体では1, 359名である（2014年5月1日現在）。

〔教職員〕 社会福祉学科に16名（学

に

校医1名、任期制2名含む)、社会起業学科に9名(任期制1名を含む)、人間科学科に12名(宗教主事*1名、任期制1名を含む)、学科共通言語教育に5名(任期制1名、英語常勤講師1名を含む)の合計42名の教員に加えて、人間福祉実習助手5名、実験実習指導補佐1名、教務補佐4名、専任職員7名、派遣職員1名、アルバイト職員4名からなっている(2014年5月1日現在)。

〔教育〕教育課程については、2009年度より社会福祉士・精神保健福祉士国家試験受験資格に関する法令改正に適合させるため、および日本社会福祉士養成校協会が開始したスクール(学校)ソーシャルワーク教育課程認定事業に申請を行うために、学則改正を行った。さらに、12年度より学生の多様な学修ニーズに応えるため、および精神保健福祉士国家試験受検資格に関する法令改正に適合させるため大幅なカリキュラム改正を行った。社会起業学科では、09年度より、2年生春学期にカナダ・クィーンズ大学のSchool of Englishが提供する12週間の英語学習プログラムに参加する英語短期留学がスタートした。そして、本留学制度に参加する学生を経済的に支援するために海外語学研修奨学金を創設した。

また、文部科学省の大学教育・学生支援推進事業【テーマA】大学教育推進プログラムに「社会起業家養成の革新的教育プログラム開発〜基礎―専門―実践―応用教育を通じたウェルビーイングに寄与する社会起業能力の育成」というテーマで応募し、社会起業学科の申請が採択された(2009〜11年度)。

〔学生活動〕2011年4月、浅野仁名誉教授からの寄付金をもって、「人間福祉学部優秀卒業研究賞」(あじさい賞)を設置した。この賞は、人間福祉学部学生の学習・研究意欲を高め、勉学の向上を図ることを目的とし、最優秀賞3名、優秀賞11名(うち4名は協同執筆)を授与している(2013年度末現在)。

また、学生と教員の親睦を図るため、学部長主催によるランチ・ミーティングとして「ブラウンバッグの集い」を開催したり、学生・教職員が共同してクリスマス祝会を開催している。

〔研究活動〕人間福祉学部発足時よ

り、専任教員、学部生、大学院*生、研究員らで構成される人間福祉学部研究会を発足させた。2008年11月に査読付研究雑誌『人間福祉学研究』を、09年3月に人間福祉学部紀要 *Human Welfare* を創刊した。

大学院博士課程後期課程学生および大学院研究員を対象として、研究成果の発表の場である後期課程成果報告会を毎年2月に開催している。大学院博士課程前期課程2年生を対象として、研究進捗状況を発表する前期課程中間報告会を13年度より5月に開催している。

2008年11月には、髙田眞治教授のご遺族からの寄付金をもって「人間福祉研究科優秀修士論文賞」(駒草賞)を設置した。この賞は、人間福祉研究科学生の研究意欲を刺激し、その向上を図ることを目的とし、最優秀賞2名、優秀賞10名に授与している(2013年度末現在)。

〔研究科〕入学試験は9月の1次(前期課程：一般、社会人、外国人、後期課程：社会人、外国人、編入学)と3月の2次(前期課程：一般、社会人、外国人、後期課程：一般、社会人、外国人、編入学)の年2回実施している。さらに2012年度より前期課程において人間福祉学部生を対象とした推薦入学試験を1次に実施している。

入学定員は博士課程前期課程人間福祉専攻8名、博士課程後期課程人間福祉専攻5名、収容定員は前期・後期課程合わせて31名である。収容定員に対する在籍者数は、博士課程前期課程人間福祉専攻18名、博士課程後期課程人間福祉専攻7名、合計25名となっている(2014年5月1日現在)。大学院教員は博士課程前期課程指導教員24名、後期課程指導教員9名である(2014年4月1日現在)。

また、1年以内に博士学位*(甲号)申請論文を提出できると人間福祉研究科から認められた者に与える「博士学位キャンディデート」の認定を行っている。博士学位授与者数は甲号20名、乙号2名である(2013年度末現在)。

の

能楽部

明治の終わりごろに、原田の森*キャンパスではすでに謡曲の同好十数名が活動していたが、1912年6月に学生会*が設立されると同時に音楽部邦楽会に属し謡曲会と称した。原田の森後期以降、隆盛を迎え、28

年12月に御大典奉祝移転記念素謡会を行い、学生謡曲界に一大転換を与え万丈の気焔を挙げた。

上ケ原移転*以降は能楽の大衆化とともに素人能、謡曲大会等の催しが各地で行われるようになる。学生界でも学生能楽連盟の前身である関西四大学謡曲連盟が組織され、謡曲会も所属した。1942年、卒業生、現役部員で構成される観声会によって第1回定期謡曲大会が大阪で開催された。しかし、戦争激化のため活動は中断。戦後再建され謡曲部と改称し、関学祭や関西学生能楽連盟による春秋2度の大会において舞台を重ねた。

1959年には関西学院創立70周年を記念した素謡大会において「日本宣教」を披露した。この曲は56年に神戸栄光教会*70周年記念に同教会牧師の斉藤宗治によって作詞され、その後59年に謡曲部に譲渡され、新たに作詞・曲付を行い、学院創立者のW. R. ランバス*への奉祝曲として完成させたものである。70年代前半から仕舞や舞囃子にも力を入れ始めたことから、能楽部と改称し、上田観正会能楽堂における関学能楽部自演会も2000年に第30回を迎えた。12年に創部100周年を迎え記念式典を行い、『関西学院大学能楽部100周年記念誌—100周年のあゆみ—』を発行した。そのほか、関西学生能楽連盟春季大会、神戸三大学合同舞台に参加している。

【文献】『関西学院大学能楽部100周年記念誌—100周年のあゆみ—』2012

農学部設置計画

文科系中心の関西学院にあって、第2次世界大戦後すぐに理事会が自然科学系教育機関の設立に熱心に取り組んだにもかかわらず、この計画が結局実現しなかったことはほとんど知られていない。この間の経緯は、当時の理事会記録にわずかに痕跡を残すのみである。

1946年1月19日および30日の理事会で、神崎驥一*院長*は、学院の将来の発展と農科の増設などを考慮して、旧陸軍連隊跡地や旧航空隊飛行場跡地などの払い下げを文部省、大蔵省、第2復員省、兵庫県などと折衝していることを報告した。特に30日の理事会で、院長は、関西学院大学は人文・社会科学分野には進出しているが、自然科学分野を欠いている点を指摘し、農学部、医学部の2学部を設置し、総合大学として発展を計ることが必要であることを提唱した。学院には、42年から43年にかけて、卒業生の間で農学部設置の運動があったといわれている。第2次世界大戦直後の日本政府内には、不要となった陸軍用地を教育機関に払い下げる動きがあり、これが、理事会が学院の拡充を考えるに際して、陸軍跡地を視野にいれた理由であろう。戦後の深刻な食糧危機のさなか、農学部設置は自然な考えであったと言える。

旧陸軍跡地は篠山や福知山連隊跡地など数箇所について調査したが、1947年４月12日の理事会において、加古川の尾ノ上村飛行場跡地の払い下げ案が進展し、陸軍通信隊、陸軍病院、飛行練習地の土地80万坪（約264万㎡）、建物11,000坪（約36万3,000㎡）の譲渡を請願中であることが報告された。前日11日には常務理事５名が現地視察を行っている。

自然科学系学部の設置については、同年５月の理事会で、古武弥四郎*、山本五郎、H. W. アウターブリッヂ*、R. スミス*、木村蓬伍*、丹羽俊彦*、原田脩一*、神崎驥一*の８名を委員とする「関西学院総合大学設立準備委員会」が設けられ、理科系統学部新設案（農科、医科）の具体化が始まった。また、設立費用として、医科7,500万円、農科5,000万円の計１億2,500万円（うち2,500万円国内募金、１億円外国募金）が計画された。

1947年10月の準備委員会で、医学部、農学部の併設は最も希望するところであるが、財政その他の点を考慮し、さしあたり農学部の開設より着手することが決められた。農学部には、農学科、畜産科、農業経営科を置き、水産科については県当局の意見を聞いた上で決定する。農学部とあわせて栄養研究所または食品化学研究所、製薬研究所および病院を設置する。開設の時期は49年、場所は尾ノ上村を予定地とし、畜産科ならびに果樹園のために、必要な場合は青野ケ原の一部を追加することが決められた。

さらにこのとき、農学部設置計画を「国際基督教総合大学設立計画」に関連づけることが提案された。この全国規模のキリスト教主義総合大学設立構想は、1947年頃に、日米のキリスト教関係機関の間で浮上してきたものである。関西学院のキリスト教関係者の間では、キリスト教主義総合大学を東京に集中して設置することに反対する考え方が強く、既設のキリスト教学校と何らかの形でつながりを持つように設立すべきであるとする意見が強かった。理事会は、関西学院の農学部計画を、キリスト教主義総合大学設立計画の一環として推し進めることを考え、49年２月の理事会で、神崎驥一、H. W. アウターブリッヂ、古武弥四郎、山本五郎、丹羽俊彦の５名の特別委員を選び、検討が続けられた。加古川の陸軍用地跡を土地・建物合計240万円で買収する交渉を進めるとともに、農学部設置計画の具体案作成を京都大学名誉教授菊池秋雄に依頼した。

しかし、結局、新キリスト教主義総合大学は国際基督教大学という名称で既設のキリスト教大学とは独立して、東京三鷹に設立されることになった。それとともに、1950年２月に、計画の強力な推進者であった神崎驥一院長が退任したこともあり、関西学院に農学部を設置する動きは立ち消えとなった。

【参照】Ⅱ 28, 199

農村センター

1956年に関西学院に再赴任したS. M. ヒルバーン*と58年に赴任したL. B. グレアムの両宣教師は、関西学院に農学部を設立し、関西学院大学を総合大学へと拡充させるとともに、それまで遅れていた日本の農村部へのキリスト教伝道を推進したいと考えた。この構想が、学院が新しく購入した千刈の土地利用計画と結びつき、農村センター設立につながった。

千刈一帯の土地と学院とのつながりは、1954年に三田市香下の羽束山東麓に約４万坪（約13万2,000㎡）の土地を購入し、翌55年に千刈キャンプ*サイトを開所したことに始まる。学院は、60年までに千刈周辺の土地約25万坪（約82万5,000㎡）を取得した。しかし、新しく取得した土地は利用計画がはっきりせず、60年に２回にわたり土地売却者の一部から、売却した土地を買い戻したいという申し出がなされた。土地利用計画作成のため、60年11月、理事会は今田恵*理事長*を委員長とする16名の委員で構成される新千刈土地施設研究委員会を設置し、土地利用の具体案の検討を開始した。61年６月の理事会で、ゴルフ場案と農村センター案の２案に絞られ、農村センター案はそのとき設けられた堀経夫*学長*を委員長とする農村センター専門委員会で検討が続けられた。学外者で委員に任命された川瀬勇は、日本の草地農業樹立者の一人で、農学博士、クリスチャンであった。川瀬は当時農林省農水産技術草地開発委員、兵庫県農業審議委員および新農村建設顧問を務めており、農村センター設立に寄与するところが大きかった。

農村センターの設立は、1962年５月の農村センター設置準備委員会のもとに、キャンプ場西側にある三田市香下の土地、キャンプ場の北側、宝塚市大畑の土地などを用いて準備が進められた。農村センターは、農村教育実習場と呼ばれることになった。メソヂスト教会テキサス・ノースウエスト・カンファレンスより、63年度から66年3月末までに毎年1万ドルずつ、合計3万ドルを得ることになり、これと関西学院からの300万円の貸付金とで農村教育実習場の必要経費が賄われた。

1964年に、カナダ・アルバータ州のメソヂスト教会員からホルスタインの子牛20頭が寄付され、農村教育実習場は順調な発展を始めた。66年に、ヒルバーンが定年退職、グレアムはトロント大学教授に就任のためカナダに帰国し、新たにJ. A. ジョイスが場長となった。67年には、約1万7,500坪（約5万7,750㎡）の用地に成牛24頭、育成牛23頭、計47頭を有するようになり、年間産乳料は9万7,353kgに達した。財政的には、アメリカ・メソヂスト教会からの援助金やアジア財団からの寄付金もあり、農村教育実習場は独立経営ができるようになった。

しかし、1970年代に入り、飼料や人件費の高騰、さらには乳価の低迷などにより、農村教育実習場の運営は厳しい状況下に置かれることになる。さらに、実習場が採用していたルーズバーン方式は不経済で、衛生面でも問題が多く、よりきめ細かな単飼養のストールバーン方式に切り替える必要があった。日本では急速な工業化の進展により農村の労働力は工業に吸収され、酪農による農村の立て直しを図り、農村伝道者を育成するという開設時の目的は実情に合わなくなった。大学紛争後、関西学院の学外施設について再検討が行われる中で、農村教育実習場を取り巻く厳しい状況を踏まえて、農村教育実習場は73年3月末をもって廃止された。

【参照】Ⅱ 277

ノーブル・スタボネス
NOBLE STUBBORNNESS

“NOBLE STUBBORNNESS” はもともと1920年に生まれた硬式庭球部*の標語である。“stubborn” という言葉には、「頑固な」「強情な」という軽蔑的な意味と、「断固とした」「不屈の」「手ごわい」などの良い意味があり、ノーブル・スタボネスの標語は「高貴な粘り」「品位ある不屈の精神」「高尚なるねばり強さ」「気品の高い根性」などと訳されながら関西学院大学体育会*全体のモットーとなっていった。

神学部*、普通学部*に続いて専門学校令による高等学部*が神戸・原田の森*に開設されてから4年後の

1916年7月7日、庭球部*がすぐ西隣の官立神戸高等商業学校に初めて挑戦した。当時はまだ軟式であったが、このころの神戸高商の庭球部は関西の最高水準にあった。試合は神戸高商の圧勝に終わった。この時を含めて4年後の20年6月までに関学庭球部は神戸高商に7回挑戦したが、全校挙げての応援も空しく、一度も勝つことができなかった。主将の朝長正男は畑歓三*庭球部長（高等学部教授）に依頼して、当時の関西学院庭球部に最も必要と思われる標語を考えてもらった。それが“NOBLE STUBBORNNESS”であった。この言葉を記した標識板がテニスコートのフェンスに高々と掲げられた。

この標語は、畑がアメリカ留学中に日本対アメリカのテニス試合を見学し、日本の選手が勝ちを急いでミスを繰り返すのに対して、アメリカの選手が一球一球粘り強くボールを打ち返して試合に勝つ様子を見たことに由来する。この言葉は、すでに17世紀イギリスの詩人J. ドライデン（J. Dryden）の“To my Honour'd Kinsman”などの詩にもあらわれている。

1977年3月、総合体育館*竣工の日、体育会*と体育会OB倶楽部（現、体育会同窓倶楽部）は“NOBLE

STUBBORNNESS”の記念碑を作り除幕式を行った。

【参照】Ⅰ 362【文献】James Kinsley (ed.), *The Poems of JOHN DRYDEN*, (v. 1–4), The Clarendon Press, Oxford, 1958；朝長正男「庭球部の生い立ちとノーブル・スタボネスの由来」『関西学院庭球部70年史』1984；米田満「大正時代の関西学院庭球部抄史―“Noble Stubbornness”のスローガン―」『スポーツ科学・健康科学研究』(XIII) 1995

野口《のぐち》彌《や》太郎《たろう》 1899. 10. 1～1976. 3. 23

洋画家。東京に生まれる。1920年、関西学院中学部*卒業。在学中から絵画部「弦月会」に入って絵を描き始め、東京美術学校を志望したが入学に失敗。22年、第9回二科展に初入選、その後連年二科展に出品して注目される一方、27年には「一九三〇年協会」の会員となって同展にも出品した。29年から33年まで渡欧、パリに住んでサロン・ドートンヌやサロン・デ・ザンデパンダンに出品し、31年には前者への出品作「港のカフェ」がフランス政府買い上げとなった。帰国後は二科会友を辞して独立美術協会会員となり、終生同展に作品を発表しつづけた。機知に富んだ構図や、洒脱で深みのある独特の色彩感、のびやかな筆致が高く評価されたが、滞欧作を含む約300点を東京大空襲で失った。戦後も折に触れて旅した欧州の風物や、父の生地で少年期を過ごした長崎風景などをさらに磊落な筆致に託し、64年に「セビラの行列」ほかで第5回毎日芸術賞を、73年には「那智の滝」で第23回芸術選奨文部大臣賞を受賞した。75年、日本芸術院会員となった。

【文献】『野口彌太郎展図録』1979

野々村戒三《ののむらかいぞう》 1877. 9. 7〜1973. 11. 21

旧制中学部*長。大分県速見郡杵築町出身。1898年、第一高等学校卒業、1901年、東京帝国大学文科大学史学科卒業、06年、同大学院修了。京都府立第五中学校教諭を経て、新進の歴史家として第三高等学校教授を務めていたが、16年、旧制中学部長として関西学院に迎えられた。同年から20年まで部長の任に就いたが、その間、高等学部*長、文科長も兼任した。

旧制中学部長在任の1917年2月に中学部校舎の一部焼失という災禍を経験することになったが、校舎新築や膨張期の中学部経営に尽力した。19年には高等学部の大学昇格のための大学委員会委員にも任命され、関西学院に貢献した。部長辞任後、早稲田大学高等学院長を務める。

著作に『基督教史の研究』(1920)、『パウロ研究』(1925)、『校註世阿弥十六部集』(1926) などがある。

【参照】 I 267, 273, 342, 416, 433 【文献】『関西学院高中部百年史』1989

ノルマン, W. H. H.

Norman, William Howard Heal
1905. 7. 6〜1987. 1. 2

文学部*教授、カナダ合同教会*宣教師。長年長野県で牧会をしたカナダ合同教会宣教師の父ダニエル、母キャサリーン・ノルマンの長男として軽井沢で生まれる。カナダ・トロント大学およびアメリカ・ユニオン神学校で神学を修め、1932年に宣教師として来日、富山、東京、金沢で伝道活動を展開した。39年に神戸に移りカナディアン・アカデミーの舎監を務める。戦時中一時帰国してカナダ・バンクーバーの教会の牧師をしたが、戦後47年に再来日、新制の関西学院大学文学部英文学科教授に就任。52年、神学部*の独立に伴い同

の

教授となり、新約ギリシャ語などを講じている。59年からカナダ合同教会宣教部で働くためにカナダに帰国、61年、再来日して65年、長野県塩尻市塩尻アイオナ教会で牧会活動を行うとともに、関西学院、東洋英和女学校理事などを務め、60年にカナダ・エマニュエル大学から名誉博士号を授与された。日本におけるキリスト教の展開や日本文化への関心が強く、妻グエン（Gwen）とともに、日本におけるカナダ・メソヂストの宣教の歴史をまとめた*One Hundred Years in Japan 1873−1973*（1981）を著すほか、芥川龍之介の小品の英訳なども行っている。

歴史家、外交官のE. H. ノーマン（1909−57）は弟である。

【参照】Ⅱ 20, 111, 127

は

ハーモニカソサイアティ

1924年、ハーモニカソサイアティ（K. G. H. S.）の母体となる関西ハーモニカバンド（K. G. H. B.）が高等学部*商科に創設された。ソプラノ、アルト、テナー、バスの各ハーモニカにティンパニを加えた編成で、ハイドン「びっくり交響曲」、モーツァルト「ジュピター」、シューベルト「未完成交響曲」などクラシックを専門に演奏し、毎年の演奏旅行、学院主催による春秋２回の洋楽演奏会、軍隊や施設の慰問を行った。

戦争により、十数年という長いブランクを余儀なくされた後、1959年にK. G. H. B. を再結成し、フルートやギター、ベース、ドラム、マリンバ、ビブラフォン、アコーディオンなどさまざまな楽器を加え、現在のようなビッグバンド形式のクラブとなった。現在では、当時に比べ音楽的なレパートリーもずいぶん広がり、ジャズや演歌、J-POP、洋楽など幅広いジャンルの音楽を演奏している。

新入生歓迎コンサートや、現役部員とOB・OG合同で行うスプリングコンサート、新月祭、定期演奏会など、１年を通して多くの演奏会を行っている。保育園や福祉施設、地域のイベントなどでも演奏することが増えた。また、２年に一度、早稲田大学とコンサートを行うなど、全日本ハーモニカ連盟の一員としても活動している。

【文献】部史『口風琴』

朴大善《パクテソン》

Park Daesun
1916. 4. 16〜2010. 4. 29

韓国延世大学総長。神学者。旧朝鮮慶北義城に生まれる。40年、関西学院大学法文学部*文学科を卒業後、同神学部*に編入学。42年に神学部を卒業後、基督教大韓監理会（メソヂスト教会）牧師に就任。45年、平壌聖化神学校教授に就任し、学長*代理も務める。50年、アメリカのボストン大学神学部に留学し、55年に旧約学の研究で神学博士の学位*（Th. D.）を授与される。55年、監理教神学大学教授に就任。64年に韓国の延世大学の総長として招かれ、75年まで11年間総長を務め、韓国民主化にも大きく貢献する。65年以降、基督教学校連合会会長に就任。70年に基督学生会理事長、71年にYMCA連盟、ソウルYMCA理事長、76年に基督教大韓監理会東部年会監督、83年にワールドビジョン宣明会会長、88年には大韓聖書公会理事長に就任し、韓国のキリスト教界で幅広く指導的役割を果たす。74年に国民勲章牧丹章を授与され、68年に高麗大学、また81年には延世大学、そして74年には国際基督教大学から、それぞれ名誉博士号を授与される。89年には関西学院創立100周年を記念し、大学より名誉博士号を授与される。著書に『舊約聖書概論』(1960)、『大學と國家發展』(1968)、編著に『高等教育改革』(1973) など多数。

【文献】『(韓国) 基督教大百科事典』1980；『神学研究』(37)1990

馬術部

栄光と伝統に満ちあふれた馬術部は、1930年に軍事教官の指導のもと、「馬という生き物と共同生活をし、愛馬精神を育てるとともに、自己修養を行い学生馬術の発展に努力する」という目的で、熱心な学生により創部された。2015年で創部85周年を迎える。

戦時下では軍馬への献納、学徒動員などがあったが、戦後、部が再建された。1951年から全国制覇３連覇を達成、50年代後半からは全国制覇も多く、東京オリンピックの選手として佐々信三、勝本正則が出場、本野善一も候補者となった。学生馬術界もこのころから近代スポーツとして自馬競技への改革があり、優秀な馬を多く保有するため、部員のアルバイトなどによる資金調達に力を入れなければならなくなった。男女の区別がないスポーツであるため女子部員が増え、競技会にも優秀な成績を残す。

近年は入部前の馬術経験者の有無が勝敗を決することが多く、その中で未経験者の多い関西学院も奮戦している。2014年８月現在の所有頭数は14頭。

バスケットボール部

1891年、アメリカでN.スミス博士によって創案されたバスケットボールを日本に導入した一人に、関学OB・宮田守衛（元院長*・宮田満雄*の父）がいた。宮田は、1912年、この競技を紹介した。1922年に関学・体育主事として赴任したA.C.ブラッドレーから手ほどきを受け、テニス、サッカー、陸上競技部員の寄せ集めでバスケットボール部の創部となった。第２回全関西選手権大会３位、第５回に優勝した記録がある。

1926年、運動部（現、体育会*）に正式加入を認められた。12月には関西学生籠球連盟を結成し、第１回の早稲田大学との定期戦が早稲田大コートで行われた。この定期戦は現在も引き継がれている。

1940年、第11回明治神宮国民体育大会兵庫県予選で優勝、本大会には現役・OBとの混成チーム関学倶楽部として優勝し、初の全国制覇を成し遂げている。

この間、多くの名選手を輩出したが、中でも不世出の名コーチといわれた椋本清は、在学中にコーチと主将を兼任。波部久太郎、大久保修造は、日本代表選手として選抜され、国際大会などで活躍した。第15回早稲田大学との定期戦で初めて早稲田大学に勝利し、以後第17回まで3連覇している。特に1951年から60年までの10年間は、関西リーグで5回の優勝、西日本学生選手権大会では4連覇を含む6回の優勝を遂げており、関学バスケットボール部の戦後の黄金時代と言われている。54年には、石塚一郎監督の下、早稲田大との定期戦に勝ち、第1回近畿総合選手権大会で実業団の雄、松下電器（現、パナソニック）を破り優勝。全日本総合では、5位となった。80年以降、リーグ戦において2部降格など、長らく低迷期が続いたが、99年には38年ぶりに西日本学生選手権を制覇し、古豪復活との賞賛を得た。95年からは、新たに女子部も発足し、2012年には兵庫県総合選手権で男女アベック優勝を果たした。

【文献】『先賢の跫音：兵庫県バスケットボール協会50年史』1985；『CRESCENT 60―関西学院大学体育会バスケットボール部60年史』1987

畑歓三《はたかんぞう》 1880. 8. 16～1957. 1. 31

高等学部*教授、旧制中学部*長。香川県丸亀に生まれる。本名は歡三。出生届に觀三と誤記され、以後、觀・観・歡・歓の字を随時使った。

1897年9月、松山中学校から関西学院普通学部*普通科第3学年に転入。自助会とグリークラブ*、野球部*に参加。神戸では初めての曲球（カーブ）を投げた。早稲田大学文学専門部を第1回生として卒業。麻布中学校教師を経て、12年12月に渡米。バークレー市山手のスプルース街に、普通科の2年後輩でのちに第5代院長*となる神崎驥一*とともに住み4年2カ月滞在。カリフォルニア大学大学院で美学、ギリシャ哲学を専攻。17年、関西学院高等学部*教授となり、主として英作文を担当。当初は美学も講じた。20年秋、不振の続く庭球部*顧問として“NOBLE

STUBBORNNESS”（ノーブル・スタボネス*：高貴な粘り）の標語を部員に与え、これは今では体育会*全体のモットーになっている。28年９月、関西学院を退職して３度目のアメリカ渡航を行い、南米とヨーロッパをまわって30年に帰学し、高等商業学部*、専門部文学部*、商経学部*講師となる。45年３月から47年６月の旧制中学部*長を最後に退職。部長時代にアメリカの大学歌の旋律を使って応援歌「大空に高く」を作った。

【参照】Ⅰ 182, 346, 489；Ⅱ 719【文献】『開校四十年記念 関西学院史』1929；『阿ゆみ』(『三日月の影』分冊第１輯，私家版) 1951

畑道也《はたみちや》 1939. 7. 2～2008. 3. 25

第14代院長*、文学部*教授。父は旧制高等学部*教授、旧制中学部*長畑歓三*。大阪に生まれ、西宮で幼少期を過ごす。関西学院中学部*、高等部*を経て1964年文学部*美学科卒業。大学院*文学研究科、博士課程単位取得退学(1970)。その間1967～68年にはイラン・パーレビ大学（現、シラズ大学）アジア研究所に留学、遊牧民カシュカイの音楽調査を実施。

1972年文学部美学科助手就任後、1982年教授。1977年、79年の二度にわたりトレス海峡における海峡諸島民の音楽調査のために現地留学した。研究対象としてベートーヴェンやシューベルトなどの作品に対する音楽美学的考察、L. B. Meyerによる音楽構文論的意味も解明したが、他方、イラン留学、トレス海峡調査などを通じ現地の音楽文化についての調査・分析などを進め、特にパプア・ニューギニアなどにおけるキリスト教伝道活動を通じての西洋音楽と現地の音楽との関係性についての実証的研究を行った。その間の調査活動を通じ、改めて現地でのキリスト教信仰に触れ、アングリカン教会において受洗した。

1989年から学生部長、学院史資料室長、文学部長、高中部長*などの要職を歴任。2004年に院長に選任された。院長代理、院長就任時には、当時の理事会によって推進された「幹の太い総合学園構想」に基づき、中学部、高等部の男女共学化、聖和大学との法人合併*などの重要な決定を推進し、21世紀における関西学院の採るべき方向性の決定に重要な役割を果たした。

バドミントン部

1949年度第4回国民体育大会のバドミントンオープン競技に兵庫県代表として参加した大圃秀生、坂崎洋太郎が中心に創部の働きかけを行い、50年6月に同好会を結成。初代部長は原田脩一*教授。また大圃は関西学生バドミントン連盟の設立に参加、初代副委員長を務めた（現在までに6期5名の委員長を輩出）。関西学生選手権のシングルスでは、坂崎（1950）、武田一徳（1954）、久保川正啓（1963）、橋本元二（1964）、加藤彰（1965）、山田（現姓長井）伸子（1967）、周艶（2005、06の2連覇）、久枝ゆい（2010）、ダブルスでは、大圃・坂崎（1950）、武田・三毛淳祐（1954）、橋本元二・加藤彰（1964）が優勝している。また、西日本学生選手権においても久保川（1962）、加藤（1965）、山下貴士（2010）、久枝（2010）がシングルスで優勝、湊谷富夫・小田謙二（1967）、村岡尚実・鈴木智子（2011）、若田美沙・樋口亜依美（2013）がダブルスで優勝している。関西学生リーグでは、男子が63年春季に優勝した。その後男女とも3部リーグ以下に低迷していたが、男子は99年秋季リーグにおいて4期ぶりに2部リーグに復帰、また2008年には男女ともに1部に昇格。創立60周年を迎えた10年に女子が優勝を果たし、13年には全日本学生選手権で女子団体でベスト4に入るなど日々前進し続けている。

【文献】『関西学院大学体育会バドミントン部創立50周年』1999；『関西学院大学体育会バドミントン部創立60周年』2010

ハミル館

関西学院に現存する校舎の中で最古の建築物。当初原田の森*キャンパスに建てられたが、上ケ原移転*に伴って現在の外国人住宅*8号館北斜面下に移築された。1913年4月の学院理事会において、日本メソヂスト教会*日曜学校局から、アメリカ・南メソヂスト監督教会*日曜学校事業に多大な貢献のあったH. M. ハミルの特別献金によって学院構内に日曜学校教師養成所を設立するよう要請があり、その後教会当局と学院との間で建設および日曜学校教師養成所運営についての合意がなされ、18

は

年10月に建築、開設された。

W. M. ヴォーリズ*の設計により十字形平面の四方の隅部に八角形の塔状部を伏した独特のデザインで、木造2階建てモルタル壁外壁、赤面スレート葺き屋根で他の原田の森キャンパスの校舎に比して質素なものであり、献金者にちなんで「ハミル館」と命名された。ただしこの建物は高等学部文科の仮校舎として利用されることもあった。

1929年の上ケ原移転*後は関西学院教会*付属仁川幼稚園園舎などとしても利用されたが、やがて学院に管理と運営がゆだねられ、その後長く文学部*心理学科の研究室として用いられてきた。98年に神・文学部*準講義専用棟であるF号館が完成したことにより心理学研究室は転出し、ハミル館の新しい利用の可能性が模索された。2003年4月、ハミル館は改修され、総合心理学科の心理学研究室として再開した。

【参照】 I 404-407

原田《はらだ》 脩一《しゅういち》 1893. 2. 20～1957. 10. 27

商経学部*長、専門学校長。岡山県浅口郡里庄村出身。1921年、関西学院高等商業学部*卒業後アメリカ州立インディアナ大学、コロンビア大学に留学、日本の労働問題をテーマにPh. D. を得て、高等商業学部*教授に迎えられる。34年の旧制大学設立時に商経学部教授となり、神崎驥一*学部長が院長*に就任後の40年に関西学院商経学部長となる。44年、商経学部学生募集停止で、専門学校政経科*長となる。戦後、神崎院長の新体制の下で、経済学部*教授として院長を補佐するために設けられた学監に就任し、専門学校長も兼任した。

中村賢二郎*初代総務部長が定年退職したのち、1947年には総務部長に就任。一時健康上の理由で総務部長を丹羽俊彦*財務部長が兼任したが、学監制廃止後、再び総務部長に就任。その間、経済学部*から分離した商学部*の教授として同教授となり、現職のまま57年に死去した。戦後の神崎院長時代から、小宮孝*院長による新体制になるまで、財務の丹羽、総務の原田の二本柱は、学院経営の中枢として各院長を支えた。

【参照】 II 37, 66【文献】『関西学院大学経済学部五十年史』1984

原田の森の建物群

原田の森*キャンパスの校舎群の建築は、大きく3期に分けて行われた。第1期は関西学院創立時のもので、1889年に木造2階建て第一校舎兼寄宿舎*（後の南寮）および木造平屋建て付属棟、翌年第二校舎（後の北寮）、94年に本館（1908年に３階建てに改装、やがて旧館とされる）、04年にブランチ・メモリアル・チャペル*、さらに日本人教員住宅や外国人宣教師館などが建てられている。最初の２棟の校舎は当初、１階が教室で２階が寄宿舎であったが、本館完成後はもっぱら寮として使用され、南寮は神学部*生、北寮は普通学部*生のものとされた。本館は大分県竹田出身の柳原翠蔵の監督のもとに建てられ、木造2階建て（建坪144坪：約475㎡）で教室や図書室をもち、ようやく本格的な校舎としての体裁が整えられた。

チャペルの建設は、それまで学院が専用礼拝堂をもたなかったことからも強く求められたもので、02年にS.H.ウェンライト*が訪米し、建設資金獲得に奔走した。そのために一少年が手にしたコインを捧げたというエピソードも残されているが、原田の森キャンパス土地購入に際して資金を提供したT.ブランチ（Thomas Branch）の息子J.Pブランチ（John Patteson Branch, 1830–1915）がチャペル建設資金提供を申し出たことから、彼の名がチャペルに冠せられた。設計はイギリス人のM.ウィグノールで、初期英国風ゴシック・スタイルによる煉瓦造りで、04年10月に献堂された。22年に中央講堂*で礼拝が行われるようになってからは、図書閲覧室と書庫として使われた。さらに08年、普通学部*生徒の増加や高等学部*開設への動きの中で本館の拡充が行われ、３階建てとして改装し、院長*室、学部長室、教員室、教室などが充実された。

第２期はカナダ・メソヂスト教会*の経営参加、高等学部設置という経過の中で、本格的なキャンパス拡充が行われた時期で、1910年からの拡充計画によるものであった。まず学院校地の東および東北の１万坪（約３万3,000㎡）の土地を購入し、そこに校舎が建てられていった。その一連の設計を行ったのがW.M.ヴォーリズ*で、以後彼は長く学院キャンパスの設計を担当することになった。最初の建物は神学館で、12年３月竣工、煉瓦造り２階建て、一部３階建て、建坪98坪（約323㎡）で、教室、小講堂（チャペル）、図書閲覧室、宗教博物館室などを備え、

正面玄関の楣《まぐさ》には「真理将使爾得自主」の文字が刻まれていた。次いでそれまで本館で高等学部*校舎を共用してきた普通学部*のための専用校舎が建設された。全体がE字型で600人の生徒を十分に収容できる規模であった。木造2階建て下見板張りの外壁の一部にハーフティンバーデザインを用いた独特の建物で13年3月に竣工している。しかしこの校舎は完成4年後に焼失した。

さらにこの期間に、学生寮として12年に木造2階建ての神学部*生用の寮である成全寮*、啓明寮*(1916)、自修寮(1919)が建てられ、また、木造コロニアル・スタイルによる宣教師館(マシュース*邸、ベーツ邸、西住宅、ウッズウォース邸、クラッグ邸)なども建設されている。14年、校地西側道路に沿って塀が設けられ、その道路と本館とブランチ・メモリアル・チャペル*の間の道路が出会う場所にヴォーリズ建築事務所設計の正門が建てられた。

原田の森キャンパス校舎建設の第3期は1917年以後の校地拡充計画によるもので、普通学部*校舎の焼失という不幸な事件を踏まえて耐火性の面でも注意が払われた。最初は普通学部(中学部*)校舎の再建で、19年に完成した。煉瓦および鉄筋コンクリート3階建て、建坪369坪(約1,217㎡)であった。しかしこの校舎にはチャペルは含まれず、その機能は次いで建築された中央講堂*に委ねられた。中央講堂は22年4月に竣工、正面にペディメント(三角形の切妻破風)およびドリス式付柱を配した古典的デザインで、建坪238坪(約785㎡)、ギャラリーも含めて内部に1,600席をもつ講堂で礼拝や学院行事に利用された。また、この講堂は、院長*室、秘書課、礼拝主事室、社交室、食堂などを備え、学院行政の中央機能をあわせもっていた。当時、神戸市東部付近にこのような講堂はなく、市民の文化的な行事の拠点ともなった。

その後、高等学部*用校舎が順次建築された。まず文学部校舎が22年11月に献堂された。スレート葺き煉瓦造り2階建て、地上地下合わせた総建坪が約290坪(約957㎡)、背面には曲線デザインを配していた。最後に、学生数の急増のため仮校舎で教育が行われていた高等商業学部*校舎が23年3月に完成した。文学部*と同じくスレート葺き煉瓦造り2階建て、総建坪約454坪(約1,498㎡)の本格的な校舎であった。また、日本メソヂスト教会*日曜学校局との合意によって18年にハミル館*が完成している。これらの建築でキャンパス整備は一応終わり、17年の建築計画にあった図書館だけが、ブランチ・メモリアル・チャペル*を仮図書館として使用されることで建設に至らなかった。

関西学院の上ケ原移転*後、これらの校舎は順次取り壊され、唯一残されたブランチ・メモリアル・チャペルが神戸市によって修復復元、市民ギャラリーとして活用され、2006年神戸ゆかりの文学についての展示を公開する「神戸文学館」として開館した。さらに正門とハミル館*は上ケ原キャンパス*に移築されている。

原田の森キャンパスには、本館の南側（現在の原田の森ギャラリー付近）と中学部*校舎の南側の２箇所にグラウンドがあった。どちらも運動部の活動拠点として利用され、特に、中学部*校舎南側のグラウンドでは、学院の運動会が開催され、学生をはじめ多くの近隣の方の楽しみの一つとなった。上ケ原移転前の最後の運動会では、約３万人の観衆があったといわれている。今では、グラウンドの形をそのままに残して神戸市立王子動物園の遊園地として多くの来園者に親しまれている。創立125周年記念事業として作られた原田の森キャンパスの模型は、大学博物館で常設展示されている。

【参照】Ⅰ 94, 301

原田村・原田の森

1889年に関西学院が最初に学校用地を取得した場所（摂津国菟原郡原田村字王子）。同年制定の市制により成立した神戸市に隣接していた。後に神戸市が上水道を整備した際もその利用は許されず、上ケ原移転*まで学院は井戸水に頼らざるを得なかった。また学院への郵便物の宛先は「神戸市外」と記されることもあった。原田の森は本来は建御名《たけみな》方尊《かたのみこと》神社（通称原田神社、現、王子神社）の神域の松林を指し、当初、関西学院の校地はその地域を除いてそれを取り囲む形となっていた。学院創立期には「人跡さえ絶へて頗る寂寥」な場所であった。原田の森の真南に、明治、大正の時代には須磨と並び称された白砂青松の美浜、敏《みる》馬《め》浦があった。これを称えた万葉集に、「珠藻刈る敏馬をすぎて夏草の野島の崎に舟近づきぬ」がある。

やがて阪神間の開発が進むとともに校地付近の教育環境も悪化し、それもまた上ケ原移転*の一因ともなった。

【参照】Ⅰ 92, 300【文献】「関西学院新聞」1930. 6. 25

原野駿雄《はらのとしお》 1894. 8. 19〜1982. 10. 7

神学部*長、初代宗教総主事*、宗教教育家。東京牛込に生まれる。静岡中学校卒業後、1912年、関西学院高等学部*文科に入学、後に神学部*本科に転じて19年、卒業。日本メソヂスト牛込教会、松代教会を歴任後、カナダのトロント市のヴィクトリア大学神学部に留学。さらにアメリカ・イェール大学大学院で学びM. A. 取得。帰国後、27年に関西学院神学部教授に就任し、新約緒論および釈義、新約聖書神学を担当。43年、戦時下の宗教政策の下で神学部が日本西部神学校*に統合された際に同校教授になり、さらに翌年の統合により東京の日本女子神学専門学校教授となる。45年3月、大阪および神戸で路傍伝道に従事、のちにこの仕事が発展して、阪神信徒学校となった。46年に関西学院に戻り、理工専門部*教授兼宗教主事*、48年に新制大学文学部*神学科開設時には神学科教授、52年に神学部再建に際して神学部教授となる。53年、初代宗教総主事、54年、神学部長となり、65年、定年で退職。46年から75年まで御影教会牧師を続けた。『ペテロ前後書、ユダ書』(1937)、『マルコ伝福音書』(1952) の注解ほか多数の著書、論文がある。

【参照】Ⅰ 382, 573；Ⅱ 185, 311【文献】『神学研究』(14) 1965

パルモア学院

神戸市中央区にある英語専門学校。1886年、神戸に着任したアメリカ・南メソヂスト監督教会*宣教師J. W. ランバス*一家によって、着任2日後の11月27日にその居館である居留地47番の2階に「読書館*」を設け英語塾を開いたことに始まる。折から来日中のアメリカ・ミズーリ州で牧会に当たるW. B. パルモアがこの活動に興味を示し、以後毎年図書と100ドルの寄付を行うことを約束したことから、読書館が「パルモア学院」(Palmore Institute) と命名された。その後、同学院は経営が不安定なため何度も閉鎖が考えられたが、M. I. ランバス*などの女性宣教師の働きによって、徐々に女生徒も受け入れられた。1910年にはJ. S. オックスフォードが宣教師として同学院に赴任し、教育内容の充実を図り、実用英語科、速記科、タイプライター科を設置し、広く実業教育を展開した。

神戸市が国際港湾都市として発展する中でパルモア学院在学生も増大し、女子生徒を独立した機関で教育すべきことが検討され、C.G.ハランド宣教師により23年にパルモア学院女子部が独立することになった。パルモア学院そのものは戦時中は事実上の活動休止に追い込まれたが、戦後改めて英語教育の専門学校としての活動を再開し、戦後順調な英語教育を展開し1990年には全日制のパルモア学院専門学校を設置した。高度な英語職業人を育成するための英語技能習得を目指し、経営上の危機などに直面しつつもそれを克服し、2006年に創立120周年を迎え、翌年、神戸市中央区北長狭通からJR神戸駅前の現校舎に移転した。

【参照】Ⅰ 60

バレーボール部

バレーボール部は、1933年に同好の士が集まり、バレーボールクラブとして発足した。当時は、あちこちのコートを借用しながら練習の日々が続く状態であった。２年後の35年に正式な運動部として承認された。38年に初めて関西学生リーグ戦優勝に輝いたのをきっかけに、以後同リーグで春と秋を通じて５連覇を成し遂げた。さらに、56年には初めて全国制覇し、同年に同じ体育会*でもっとも優秀なクラブに贈られる那須杯を受賞するなど、黄金時代を築き上げた。９人制から６人制への移行や新興勢力の台頭もあって、80年代後半より低迷が続いたが、98年、関西２部春季リーグ戦で全勝優勝し、１部昇格を果たした。その後は１部と２部を行き来する結果が続くが、2007年の関西秋季リーグ戦以降は１部に定着し、10年関西１部春季リーグ戦では２位まで上り詰めた。またこの年から、試合のデータを分析し、戦術に活かす、アナリストという役職を新たに設け、データバレーを導入した。

データバレーの成果が見え始めた翌2011年には関西バレーボール大学男女選手権大会で優勝し、43年ぶりの関西制覇を成し遂げた。13年には西日本バレーボール大学男子選手権大会で準優勝に輝き、着実に実力を伸ばしている。近年は卒業後、Ｖプレミアリーグや V チャレンジリーグで活躍する選手も多く、今後も更なる活躍が期待される。

【文献】『白球に賭けた青春譜 関西学院大学バレーボール部40年史』1979；『白球に賭けた青春譜 関西学院大学バレーボール部創部60周年記念』1995

バローズ，M. J.

Barrows, Martha Jane
1841. 7. 26〜1925. 3. 13

アメリカン・ボード（会衆派）の女性宣教師。J. E. ダッドレーとともに

は

神戸女子神学校（後の聖和大学の前身の一つ）の創立者。ダッドレーの母方の従妹。バーモント州ミドルベリーに生まれる。マウント・ホリヨーク・フィーメール・セミナリーで学んだ後、1875年、日本伝道の招請を受け、76年４月来日。神戸の山本通の「女学校」（後の神戸女学院）に着任した。

1880年10月、ダッドレーと神戸の下山手通６丁目花隈町のスズキタイロウ（漢字不明）方の借間を教室として、日本初の女性の伝道者養成のための聖書学校を始めた。これが神戸女子神学校の起源であり、後の聖和大学は、この年を創立の年とした。81年、聖書学校は中断を余儀なくされたが、84年11月、２人は中山手通６丁目番外１、通称59番において、神戸女子伝道学校として再開した。この学校は後に神戸女子神学校と称せられるようになった。

学校で教える傍ら中国、四国地方や西宮、姫路、丹波を訪問し伝道した。また、神戸教会で女性のための聖書クラスを長年担当。学校では、新約聖書を担当した。

在日期間は半世紀近くに及び、多くの人を信仰に導いた。1924年11月、惜しまれながら老齢のため引退し、帰国の途についた。25年３月13日、カリフォルニア州クレアモントで永眠。サンディエゴで眠る姉のそばに埋葬された。

【文献】『天上之友 第二編』1933；『神戸女学院百年史』（総説）1976；竹中正夫『ゆくてはるかに：神戸女子神学校物語』2000

阪神・淡路大震災

1995年１月17日午前５時46分、淡路島から神戸の直下の活断層群が1,000年以上も蓄積した膨大なひずみエネルギーを一気に爆発させ、観測史上初といわれる震度７の激震が兵庫県南部を直撃した。兵庫、大阪、京都の２府１県で、死者6,434人、行方不明３人、負傷者43,792人、全半壊家屋249,180棟、一部損壊家屋390,506棟（消防庁2006年５月確定）、焼損面積約65haという甚大な被害が発生した。

この阪神・淡路大震災により、関西学院の在学生15名、理事１名、現・元教職員７名が倒壊した家屋や土砂崩れの下敷きとなって生命を奪われた。さらに、同窓会*の調査により判明しただけで約40名の卒業生が逝去した。また関西学院は、物的にも被害総額10億3,000万円という手痛い打撃を受けた。建物の倒壊こそ免れたものの、理学部本館（現、全学共用棟*）の出火、中学部会館*と心理学研究館ハミル館*の半壊、壁面の剥落や亀裂、屋根瓦の脱落とズレ、窓ガラスの破砕をはじめ建物内部の什器備品、実験機器、書架、書類棚等の倒壊が相次いだ。これら損傷した施設・設備の復旧費は総額で約3億7,000万円に上った。

学院にとっても悲劇的な大震災の経験の中で、関西学院ボランティア委員会が結成され、2,500名以上の学生が参加し、地域の避難所を中心にボランティア活動を展開したことは、学院の建学の理念を具現するものとして希望のしるしとなる出来事であった。

また、この阪神・淡路大震災の社会的、経済的影響を明らかにするため、1995年度に学長*指定共同研究が立ち上げられ、その成果は長岡豊編『震災復興の歩み―産業と都市の再生―』(1998)、黒田展之・津金澤聰廣編著『震災の社会学―阪神・淡路大震災と民衆意識―』(1999)、安保則夫編『震災・神戸の社会学―被災地へのまなざし―』(1999) として公刊された。

【参照】Ⅱ 572【文献】宗教活動委員会編『風に想う』1995;『阪神・淡路大震災関西学院報告書』1996;『あの日、あの年―関西学院中学部 阪神・淡路大震災の記録』1998

ハンドボール部

1946年に創部され、同年12月に日本初の東西対校戦、早関ハンドボール定期戦が西宮第一球技場で行われた。59年の定期戦は初めてのナイトゲームであった。当時白いボールが使われていなかったため、白くペイントしたボールが使われた。

1960年6月にルーマニアのナショナルチームと対戦した。当時は11人制で6年連続全国制覇を達成し黄金時代を築いた。7人制移行後の64年インカレ3位をはじめ関西制覇も数回果たしたものの、74年には2部へ転落しその後低迷した。80年には7年ぶりの1部復帰を果たしたが、その後何度かの2部落ちという我慢の時代が続いた。しかし、98年に1部復帰後は関西リーグでの成績を確実に上げている。

ひ

日野原善輔《ひのはらぜんすけ》 1877.3.12~1958.6.21

南美以神戸教会第11代牧師。山口県萩市に生まれる。1891年、山口教会のS.ショーより受洗。95年、関西学院普通学部*普通科を卒業し、高等科進学後、1901年に渡米。トリニティー大学にてB. A.およびM. A.の学位を取得、05年に帰国し大阪西部教会牧師に就任、11年、再度ニューヨークのユニオン神学校に留学、13年に帰国し大分教会牧師に就任。その後、15年に日本メソヂスト神戸教会第11代牧師に就任、同教会新会堂の建築に尽力する。20年には関西学院神学部*講師として説教学の講義を担当する。30年、広島女学校校長に転任、42年の定年退職後、東京田園調布教会、真岡光ヶ丘教会を歴任、その間、日本基督教団*総務部長、同出版局長等を兼務。

次男の日野原重明（1911−）は、1929年関西学院中学部*を卒業。2008年より関西学院初等部*教育特別顧問に就任した。聖路加国際病院名誉院長で日本におけるターミナル・ケアの先駆者的存在として現在も活躍中である。

【文献】『神戸栄光教会七十年史』1958；『いのちの響き』1978；『関西学院史紀要』(14)2008

評価情報分析室

評価情報分析室は、関西学院の自律的な自己点検・評価システムの整備・拡充を支援する組織として2004年４月に設置された。副学長*が室長、常任理事と委嘱された教員の２人が副室長を務め、事務職員が配置されている。

関西学院は、学校教育法の改正により2004年度からすべての大学が７年に一度、認証機関による認証評価を受けることが義務づけられることや、それまで３年ごとに実施してきた大学における自己点検・評価の実質化を図ること、全学的な自己点検・評価を視野に置くことから、03年10月に開催された第30回経営教学協議会において、理事長*、学長*の下に第三者評価制度への対応を検討するプロジェクトチームを発足させることを承認した。これを受け、理事長、学長は「第三者評価制度対応プロジェクトチーム」（大学の質保証プロジェクトチーム）を編成した上で諮問し、プロジェクトチームが03年12月に第一次答申、04年３月に最終答申を理事長、学長に提出した。

関西学院は、最終答申に先立ち、2004年３月に「教育研究水準の向上を図り、学院の目的及び社会的使命を達成するため、教育研究活動及び管理運営等の状況について自ら点検及び評価を行う」ことを趣旨とした、大学のみならず高等部*、中学部*も含めた関西学院全体を包括する「関西学院自己点検・評価規程」を制定した。規程には、全学の自己点検・評価委員会を総括する「関西学院評価推進委員会」、その実務作業を行う「評価専門委員会」、学院の自律的な評価システムの整備・拡充を支援するための「評価情報分析室」などの他、活動の主な内容や手続きなどを定めた。そして、04年４月の第１回評価推進委員会において、プロジェクトチームの答申を反映した「新たな自己点検・評価 実施大綱」を承認し、04年度からの関西学院の自己点検・評価を開始した。これまで、大学基準協会による認証評価を06年度と13年度に受審しいずれも「適合」との認証を受けた。

現在、評価情報分析室は、設置当時の大学、高等部*、中学部*だけでなく、全学（大学院*、大学、聖和短期大学*、高等部、中学部、初等部*、聖和幼稚園*、千里国際中等部・高等部*、大阪インターナショナルスクール*）の自己点検・評価システムの整備・拡充や、自己点検・評価ならびに認証評価の支援を行っている。

関西学院においては毎年自己点検・評価を実施し、その結果を公表している。結果は各校の公式ウェブサイトで公表している。

評議員会

現在、評議員を構成員とする機関は、学校法人と大学の両者に設けられている。前者を法人評議員会と呼び、後者を大学評議会*と呼んでいる。私立学校法によって私学を経営するためには学校法人の設立を求めており、その場合には法人評議員会をその１機関として設置することが義務付けられている。

学校法人の経営は、理事長*の下で理事会がすべての業務を執行するが、それを内部でチェックする機関として、監事と評議員会が置かれている。評議員会は理事定数の２倍以上の定員を必要とし、次の項目の議決を行う。①予算、決算、借入金および重要な資産の処分に関する事項、②寄附行為の変更、③合併、④法で評議員会の議決を求めている場合の解散、⑤収益を目的とする事業に関する重要事項、⑥その他学校法人の業務に関する重要事項で寄附行為をもって定めるもの。理事長は評議員会で以上の議決された意見を聞く義務がある。

学院の2014年度の寄附行為によると、理事25名に対して評議員52名となっている。いずれも理事会が選任することになるが、そのうち15名は

ひ

教職員の中から選挙された者を選任するとし、残りは理事会によって選任される。その内、職務上評議員となる院長*、学長*、高等部*長か中学部*長のどちらか１名の３名を除いて、それぞれ寄附行為細則で定められている手続きによって、福音主義に立つ教役者４名、在日宣教師４名、25歳以上の同窓会*員10名、在学生の父母ないし保護者２名、法人に関係ある学識経験者２名、学院への功労者および学院の教育に対する理解者５名の27名を選出する。評議員の任期は３年で、定期評議員会は３、５、11、12月の４回と定めている。

関西学院創立120周年を期に策定された「新基本構想」の６つのヴィジョンの一つとして「進化を加速させるマネジメントを確立」が取り上げられた。これを受けて2012年３月に執行体制（学院と大学の「たすきがけ」）と組織改編（大学評議会*の改組と大学組織の機構化）が学長提案として出され、2013年４月より実施された。

この新体制による理事会の構成の変更によって、評議員の構成が、学長以外の学校長が１名から７名に、関西学院宗教総主事*１名が新たに加えられることとなり、評議員が52名となった。

なお、学院の歴史を見ると、学院創立時に定められた関西学院憲法*に評議員会が定められているが、これはむしろ理事会と呼ばれるべきもので、別に理事員が設けられており、それがカナダの教会と合同経営に入った時の合同条項*ではスクール・カウンシル（全学協議会*）に姿を変え、さらに財団法人設立時には改めて評議員会が設けられている。これらは、いずれも学院の２学部以上にまたがる全学的なことを決定する際の調停決議機関で、現在の評議員会と役割を異にしている。それらは形骸化しながらもほぼ形式的に存続している全学協議会の前身ということができる。

【参照】 I 105, 249, 270, 528；II 55【文献】「関西学院の新たな執行体制と大学の組織改編」（「K. G. Today：Extra edition」March 2013）

玄永学《ヒョンヨウハク》

Hyon Yong-hak
1921. 1. 6～2004. 1. 14

韓国・梨花女子大学文理大学長。神学者。旧朝鮮咸鏡南道に生まれる。1938年、永生高等普通学校を卒業後、父、玄垣國が関西学院神学部*別科の卒業生（1931年）ということもあり、関西学院神学部に入学、43年、神学部を卒業。戦後、ニューヨークの聖書神学校およびユニオン神学校を卒業。47年に梨花女子大学基督教学科教授に就任、同大学文理大学長を務め、79年には梨花女子大学より名誉博士学位を授与される。82年、アメリカのミズリー州のエデン神学校より名誉神学博士を授与される。86年に梨花女子大学を退任する。

徐南同とともに「民衆神学」を提唱し、世界的に脚光を浴び、特に韓国の民衆文化である仮面劇（タルチュム）の神学的考察は高く評価されている。ニューヨークのユニオン神学校など多くの大学で客員教授として招かれ、87年には関西学院大学神学部の客員教授として来学。また、韓国基督教教会協議会（NCCK）神学委員、都市産業宣教委員としてキリスト教界で幅広く活躍し、韓国民主化運動に貢献する。著書に『民衆神学』（1981）、『イエスの仮面劇』（1997）、翻訳書にS. ケイブ『新約聖書の倫理問題』（1960）、J. A. T. ロビンソン『神への誠実』（1970）、J. H. コーン『抑圧された者の神』（1980）などがある。

【文献】『民衆の神学』（翻訳版）1984；『韓国文化と基督教倫理』1986

平岩愃保《ひらいわよしやす》 安政3<1856>. 12. 17〜1933. 7. 26

理事、日本メソヂスト教会*第2代監督。江戸小石川安房町に生まれる。1871年、官費生として東京府立洋学校に学び、その廃校後は開成学校に入学。そのころ中村正直の同人社に出入りし、カナダ・メソヂスト教会*の宣教師G. コクランの聖書講義に感動し、75年、中村邸でコクランから受洗。77年、部会で教職試補に選ばれ、神学教育を受けて、78年7月、牛込教会に赴任。80年、下谷教会に転じ、81年、按手を受けた。82年から甲府教会、静岡教会、麻布教会の牧師。93年から再度静岡と甲府教会に赴任。1904年、本郷の中央会堂牧師。翌年トロントのヴィクトリア大学から名誉神学博士の学位を贈られた。07年、メソヂスト3派が合同して日本メソヂスト教会が結成され、伝道局長、教会条例制度委員長として教会形成に貢献した。

1910年、カナダ・メソヂスト教会*の関西学院への合同経営参与に伴い、理事に就任。11年、関西学院院長*に選ばれたが、日本メソヂスト教会初代監督本多庸一*の死去に伴い、12年の臨時総会で同教会の第2代監督に就任したため「幻の関西学院長」となる。19年、監督職を退任した。

【参照】Ⅰ 254, 266【文献】倉長巍『平岩愃保伝』1992

ひ

ヒルバーン，S. M.

Hilburn, Samuel Milton
1898. 10. 6〜1976. 3. 27

文学部*・社会学部*教授、アメリカ・南メソヂスト監督教会*宣教師。メソジスト教会牧師の子としてアメリカ・テキサス州に生まれる。南メソジスト大学でM. A.、その後シカゴ大学でPh. D. を取得。1923年11月に来日して神戸に赴任、広島女学校での働きを経て、26年に関西学院に着任。この時期、失業者救済のためのフレンド社を尼崎市に設立している。41年に一時帰国し、53年に再来日、青山学院、東京神学大学で活動したあと、56年に関西学院宣教師、大学文学部教授として再着任。60年4月、社会学部開設とともに社会学部教授となった。

農学部を設立して日本の農村部への伝道などの基盤を整備するため、当時関西学院が新たに取得した千刈地区校地に農場開設を提案、1962年、農村教育実習場（関西学院農村センター*）の設置が決定された。その資金調達のために帰米して300万ドルの募金を集めた。同実習場が正式に開設されると実習場長に就任、定年で帰国する66年までその任に当たった。帰国後はカリフォルニア州クレアモントのピルグリム・プレイスで過ごした。

著書に、広島女学院初代校長の伝記*Gaines sensei : missionary to Hiroshima*（1936）（『ゲーンズ先生』佐々木翠訳、2002）などがあり、*The Daily Mainichi News* に英詩を投稿するなどした。

【参照】Ⅱ 281

ふ

フィールド（第1～4）

フィールドは、元々は単に「グラウンド」と呼ばれ、第1フィールドを「グラウンド」、第2フィールドを「新グラウンド」と呼んで区別していたが、第3フィールドの完成後は数字を冠して第1～第3フィールドと呼ぶようになった。第1フィールドは1929年の上ケ原移転*時から存在した。当時の面積は、現在の第1フィールド（高等部*グラウンド）に加えて北側のG号館*を含む広大

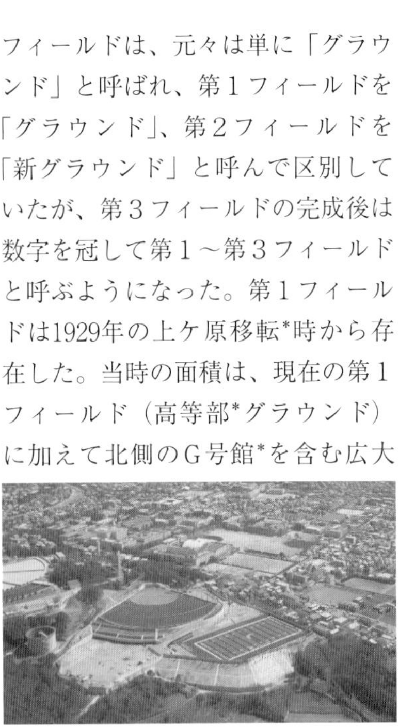

第3フィールド

なものであったが、2006年以後はG号館の建設によって面積は半減した。1929年時点では、北側が専門部・大学運動場（野球場）、南側が旧制中学部*運動場（野球場）であった。第２次大戦中には第１フィールドを三重海軍航空隊西宮分遣隊に供出した。そのときに掘られた地下壕は今も残っている。また戦後の1952年には、北側を野球場、南側をテニスコートとして使用していた。その後、北側を大学硬式野球部*、南側を大学アメリカンフットボール部*が長年にわたり使用したが、現在は、北側にG号館が建設されたため、第１フィールドは南側の高等部グラウンドのみを指す。

第２フィールドは1959年に完成し、馬場、陸上ホッケー部*練習場、軟式野球部*練習場（現、準硬式野球部*練習場）、自動車部*練習場、洋弓場、陸上競技部*練習場、ハンドボール部*練習場、ラグビー部*練習場として使用されてきた。2001年以後は、馬場が第３フィールドに移転し、その跡地はテニスコートになった。

第３フィールドは2006年に完成し、約57,200㎡の敷地に、アメリカンフットボール場、硬式野球グラウンド、馬場として使用されている。

第４フィールドは2009年に完成し、硬式テニスコート、サッカーグラウンドとして使用されている。なお、第４フィールドへは、第３フィールドからハイキング道を歩いて行くことになっている。

フィランデル・スミス・メソヂスト一致神学校

関西学院神学部*の前身である連合神学教育機関。学院の創立母体であるアメリカ・南メソヂスト監督教会*のジャパン・ミッション開始（1886）以前から、既にメソヂスト監督教会*とカナダ・メソヂスト教会*の日本伝道が先行し、それぞれ伝道者養成機関を擁していた。すなわちメソヂスト監督教会は1879年に美曾神学校（The Methodist Mission Seminary）を横浜に設立、ミッション本部移転に伴い、82年に築地居留地に設置されていた耕教学舎と合併し、東京府赤坂区青山に移転、東京英学校（現、青山学院）と改称した。他方、カナダ・メソヂスト教会も77年、築地居留地で神学教育を開始し、85年に麻布鳥居坂の東洋英学校と合流して東洋英和学校神学部と名乗った。この２教会の神学教育機関が連合して、86年、フィランデル・スミス・メソヂスト一致神学校（Union Methodist Theological School、別名Philander Smith Biblical Institute）を東京青山に設置し、南メソヂスト監督教会にもこの連合への参加が公式に要請された。

翌1887年9月、南メソヂスト監督教会日本年会においてこの件を本国伝道局に照会することが決議され、その直後、同伝道局は東京の一致神学校に教授1名を派遣することを承認。88年4月のミッション四季会でJ. C. C. ニュートン*の東京への派遣を決定し、ニュートンは同年5月21日に着任した。またニュートンとO. A. デュークスは一致神学校の「規程」検討委員に任命されたが、関西学院創立の89年9月開催の年会において、ニュートンは東京での1年間の働きを報告し、南メソヂスト監督教会所属の諸教会から送られていた学生7名とともに、神戸の東郊原田に開設された関西学院神学部*に移籍した。したがって神学部の歴史は厳密には学院創立の1年前にさかのぼることになる。

【参照】Ⅰ 62, 101, 145

フェンシング部

東京でオリンピックが開かれる予定であった1940年、三島清春、竹原治雄、久井康裕、土方国雄たちが玉林憲義*教授に部長就任を要請し、関学洋剣クラブが創設された。東京オリンピックは戦争のために幻となったが42年には総合で全国制覇を成し遂げた。戦時下の中断の時期を経て、48年に復活。54年、関西エペ優勝の平岡弘士、62年全日本学生個人エペ優勝の石角筐三良などの名選手を生んだ。63年サーベル学生王座戦で団体全国制覇を遂げた。しかし78年、関西学生1部から2部に落ち、さらに3部へと落ちた。現在では2部に上がり1部を目指している。

2005年から10年まで「部員不足時代」に陥り07年に男子はリーグ3部に陥落した。女子は大崎尚美、乃村真己子の活躍で一時は1部に昇格した。大崎は後に女子エペナショナルチームに選ばれ部史初の海外遠征を果たし、部活の低迷期を支えた。

2011年には男子は5年ぶりに2部昇格、女子も4年ぶり1部復帰した。12年、13年には男子は2部優勝を争えるチームになり、13年には男子サーブル2部優勝。エペ団体全日本4位の女子エペと並び関学のコア種目ができた。

2013年秋の関西学生選手権では女子川島瑞月が個人フルーレ優勝、新人戦男子松下大成がサーブル優勝、団体戦では女子エペが強豪の朝日大学と優勝を争い準優勝。団体4種目、個人15名の全日本学生選手権大会出場が決まった。この成果は創部以来の最多出場である。またこの年代には、体育会*スポーツ功労賞を大崎(2007)、乃村(2009)、村田佐起子(2013)といずれも女子部員が受賞した。

【文献】『関西学院大学体育会OB会倶楽部会報』(9)1979;『関西学院大学フェンシング部60周年記念誌』2000;フェンシング部OB,OG会会報誌『マルシェ』(創刊号)2009

複数分野専攻制

1997年度から始まった複数分野専攻制(Multidisciplinary Studies、略称MS)は、所属する学部の科目だけでなく、他学部や学部以外の機関から提供された副専攻プログラムのもと、学部の枠を超えた領域を学ぶことによって、幅広い知見と深い専門性を備えた学生を輩出することを目的として設置された関西学院独自の制度である。「2つの学部で学ぼう」というキャッチフレーズのもとに、提供されるプログラムから2~3年間でおおむね40単位を取得することによって修了し、修了者には卒業時に独自の修了書が授与される。

2001年3月の最初の修了者は25名(哲学1名、美学1名、心理学1名、教育学1名、教育心理学2名、政治学3名、地理学1名、メディア・アンド・カルチャー6名、法律学3名、英語コミュニケーション文化6名)であった。13年度末までの修了者は324名である。

このMSプログラムを利用して、最短4年間で2つの学部を卒業(2つの学位*を取得)することができる「ジョイント・ディグリー制度」が04年度から導入された。14年度から制度名を「マルチプル・ディグリー制度」に変更した。

2004年度以降の入学生が対象で、制度の概要は、「A学部在学中にB学部提供のMSプログラムを履修し、一つ目のA学部を卒業、その後B学部に編入学制度で入学し、A学部在学中に修得した単位の一部とB学部提供のMSプログラムで修得した単位についてB学部で認定を受け、B学部卒業要件の残りの単位を修得して2つ目のB学部を卒業する」というものである。B学部に編入学制度で入学するには、早期卒業制度を利用する場合は3年次の秋学期に、通常卒業を利用する場合は4年次の秋学期に編入学試験を受験し、合格することが必要である。成績優秀者で早期卒業制度を利用できる場合は、A学部を3年で卒業し、最短の4年間で2つの学位*を取得することができる。

【文献】冊子「2つの学部で学ぶ複数分野専攻制への扉—Multidisciplinary Studies

—」2014

藤田《ふじた》 允《まこと》 1925. 8. 29〜2005. 11. 20

関西学院初代国際センター室長。青森県弘前市近郊の藤崎町に生まれる。1943年関西学院大学予科*入学、48年文学部*哲学科卒業。神学部*に進むが、中退。48年11月に日本YMCA同盟学生部主事に就任し、戦後の学生YMCA運動再建に貢献。同時に、日本学生救済会を担当し、世界からの救援物資を学生に配布する活動に従事、学生サナトリウムの建設にも取り組む。56年、アメリカ・イーデン神学校を卒業。64年にYMCAを辞し、日本学生奉仕団に総主事として専念。79年、関西学院国際センターに招聘され、83年に同センター室長に就任。海外諸大学との交流協定締結、国際セミナーの開催、アジアのキリスト教大学との交流推進に尽力したり、E. O. ライシャワー博士をはじめとする国際的著名人の招聘に当たるなど、関西学院大学の国際交流に貢献した。84年には、イーデン神学校よりラインホルド・ニーバー賞を受賞。91年に、関西学院を辞任後、アメリカ・ディラード大学特任教授に就任、アメリカの黒人大学として最初の日本研究講座開設に貢献した。中曽根康弘首相の米国の黒人に対する差別発言を是正する講演旅行を行うなど、人種差別撤廃にも生涯を捧げた。G号館*の「フジタ・グローバルラウンジ」は、藤田の国際交流における貢献と学院への遺贈を顕彰して命名された。

【文献】藤田允追悼文集編集委員会編『「藤田さん」: 藤田允氏追悼文集』2006 ; YMCA史学会編集員会編『日本YMCA人物事典』日本YMCA同盟, 2013

普通学部 (1889–1915)

1889年の関西学院創立時に設置された学部の一つで、初代普通学部長はN. W. アトレー*。入学資格は満14歳以上の高等小学校卒業の男子で、予科２年本科４年の課程であった。これは、当時の中学校令による尋常中学校（５年制）とは入学年齢、修学年限の異なる体制で、英文でAcademic Departmentと記された。アメリカでベンジャミン・フランクリンの提案した中等教育機関の例にならうものであり、実用的な知識や技能を教える小規模な私立学校とされている。関西学院の規則では「高等ノ学校ニ入ラント」するものへの教育を目指すことが第一に示され、さらに定員も500名規模で構想されていた。しかし実際には初年度の入学生は予科・本科を合わせて29名であり、その大半はアメリカ・南メソヂスト監督教会*伝道地域からの出身者であった。

当初の教科としては、ほぼ中学校令に従うものであったが、1890年以後「主トシテ英語ヲ以テ英文ノ講読」が加えられ、英語学校としての性格をもつものとなった。さらに93年の２度目の学則改正において高等部*普通科（College Course）が設けられたが、生徒が集まらずすぐに廃止された。それは学院がなお本格的な教育機関としての認定を受けず、上級課程への進学が困難であったことによる。

その後も繰り返し学則改正、組織変更などが行われ、1902年には英語本科（３年制）が設けられ、徐々に学校としての組織も整備され在学生数も増加していった。その中で文部省訓令第12号による認定の問題への対応を図り、普通学部も公立中学校の課程に則ったものに改め、08年10月16日に「本院普通科」は「中学校ト同等以上」の資格を得られることを申請し、09年２月10日に文部大臣より認定を得た。こうして普通科はカリキュラム上は中学校令の基準に従いつつ、英語においては基準以上の時間をかけ、また１年生から５年生までのすべての課程に聖書を配当することによって独自色を発揮した。

学生数は400名を超え、13年には専用校舎が完成、14年には生徒定員を700名とする申請を文部大臣あてに提出し、翌年認可された。なお、13年に吉岡美国*院長*が「普通科」を「中学部*」と名称変更することを理事会に提案し、15年２月に文部大臣によって普通学部という名称の使用は停止された。

【参照】Ⅰ 155【文献】『関西学院史紀要』（4）1994

ブラッドベリー，C. M.

Bradbury, Charles Mettaur
1863～？

普通学部*長、協力宣教師。アメリカ・ヴァージニア州ピータースバーグ出身。1888年にYMCAの英語教師として来日、佐賀の官立中学校で教えた。93年から95年まで関西学院で教師として勤めた。93年に金沢にて長老教会の宣教師と結婚。95年以後数年間東京で教える。

【参照】Ⅰ 141

ブランチ・メモリアル・チャペル

関西学院教育活動の基本となる礼拝行事のために学院が初めて建築した独立した礼拝堂で、1902年にS. H. ウェンライト*が訪米した際にその必要性を訴え、原田の森*校地取得の際の資金提供者であったT. ブランチ（Thomas Branch, 1802–88）の息子J. P. ブランチ（Jhon Patteson Branch, 1830–1915）などの資金協力を得て建設された。設計はイギリス人M. ウィグノールで、初期英国風ゴシック・スタイルで、煉瓦造り平屋建て、大小２室を有し隔戸を開放すれば500名収容が可能であった。04年10月、C. B. ギャロウェイ監督司式により献堂式が行われた。ただし官庁への報告ではこの建物は「講堂及ビ図書室」とされ、また尖塔の頂点にも十字架が取り付けられず、宗教的というより教育的な建築物とされているのは当時の時代背景を物語っている。

しかし普通学部*が充実し、1912年、高等学部*が設置されてからは学生全体の収容が困難となり、日常の礼拝に用いられることは次第に少なくなった。ブランチ・メモリアル・チャペルで行われていた高等学部*の礼拝が中央講堂*（1922年献堂式）で行われることとなったため、本館３階にあった図書閲覧室と書庫がこのチャペルに移り、キャンパスの上ケ原移転*（1929）まで続いた。

学院が上ケ原*に移転してのち、神戸市の所有物として神戸博覧会の展示館、神戸市立王子図書館などさまざまに活用されたが、1991年から全面的な改修復元工事が行われ、神戸市立市民ギャラリーとして活用された。その後、2006年12月、阪神・淡路大震災*からの文芸復興のため、神戸市が策定した「文化創生都市推進プラン」の一環として「神戸文学館」として開館した。学院初期の建築物として唯一、かつての原田の森キャンパスに現存するものとなっている。

【参照】Ⅰ 301–303

文学部

【沿革】

文学部は1934年の大学令*による大学昇格時に、法文学部*文学科として哲学、倫理学、心理学、宗教学、社会学、英文学の6専攻からスタートした。教授5名と助教授1名が指導に当たり、36年に25名の卒業生を送り出している。37年には教授8名となり、42年には国文学専攻が開設された。当時としては他にあまり例を見ない女子専門学校卒業者の入学や外国人の入学を認めていた。

戦後、1946年には法文学部*・商経学部*が廃止され、新たに文学部・法学部*・経済学部*の3学部が設けられた。定員は各学部80名であった。特筆すべき制度として、教授会*による学部長公選制が導入され、初代文学部長に今田恵*教授が選出された。

1947年に公布された学校教育法による学制の発足に際し、本学も旧制の大学学部・同予科・文学専門部を廃止し、新制度による大学として48年4月に法学部*・文学部・経済学部*の3学部が設けられた。文学部は、旧制時代の形態を引き継ぎ、哲学科、心理学科、教育学科、社会学科*、国文学科、英文学科と戦時中閉鎖になっていた神学部*を神学科とすることで計7学科を開設した。49年の専任の教授陣は、今田学部長をはじめ教授13名、助教授5名、専任講師10名、助手8名であった。学生は旧制度から新制度への移行期で、旧制大学の学生、新制大学の学生、大学予科*、専門学校からの移行生が混在していた。

文学部は新制度の文学部として発足した当初から、哲・史・文の3系列の学問分野を整備し、人文科学の全分野にわたる研究教育を構想していたが、まず1951年に史学科、52年には美学科と社会事業学科が相次いで増設された。その後、59年には独文学科、63年には仏文学科が設置され、文学系の学科の充実が実現した。

神学科は関西学院の創立以来の歴史的経緯からも神学部*として独立した学部であることが望まれ、1952年に神学部開設が認可され、直ちに独立した学部として発足した。また、60年には社会学科*と社会事業学科が新たに社会学部*を創設し文学部から分離独立した。

大学に昇格して以来30年、文学部は学問研究の動向や社会の要請等を踏まえて発展を遂げ、1963年に9学科構成となった。その後、77年に教育学科を教育学専修と教育心理学専修の2類に分かち、翌78年に史学科を日本史学・東洋史学・西洋史学・地理学の4類に分かって9学科13専修体制が確立した。以来、安定的にこの体制で運営されてきたが、90年代の終わりごろから学科再編の必要性が叫ばれるようになった。文学部

ふ

内で検討を重ねた結果、2003年度より哲学、美学、史学の3学科を統合して文化歴史学科に、心理学、教育学の2学科を統合して総合心理科学科に、日本文学、英文学、フランス文学、ドイツ文学の4学科を統合して文学言語学科に改編することになった。文化歴史学科は哲学倫理学、美学芸術学、地理学地域文化学、日本史学、アジア史学、西洋史学の6専修で、総合心理科学科は心理学、教育心理学、臨床教育学の3専修で、文学言語学科は日本文学日本語学、英米文学英語学、フランス文学フランス語学、ドイツ文学ドイツ語学の4専修でそれぞれ構成され、カリキュラムや時間割などは専修単位で企画・起案され、これを学部が調整して管理・運営する形を取っている。

09年度に西宮聖和キャンパス*に教育学部*が設置された際、総合心理科学科臨床教育学専修がその一翼を担うこととなり、文学部から分離することとなった。そのため総合心理科学科は残った2専修（心理学・教育心理学）を心理科学専修に統合し、1学科1専修体制となった。

〔研究科〕専門研究者の養成を目指した新制大学院*、文学研究科修士課程（博士課程前期課程）は1950年に哲学専攻・心理学専攻・英文学専攻がスタート、翌51年には聖書神学専攻・社会学専攻・日本文学専攻が、52年に教育学専攻が開設され、聖書神学専攻は神学研究科として独立した。54年に美学専攻と西洋史学専攻、61年に日本史学専攻が開設され、社会学専攻が社会学研究科として独立した。さらに63年に独文学専攻、67年に仏文学専攻が設置された。2002年には大学から「大学院*学校教育研究科（学校教育専攻）構想」の要請を受け、教育学専攻の中に学校教育学コース（博士課程前期課程）を設置することになった。07年には03年に文学部が学科改編したことに伴い、その学生たちを受け入れるため、学部同様、07年に研究科においても改編を行った。これまでの10専攻を文化歴史学、総合心理科学、文学言語学の3専攻に改編し、文化歴史学には哲学倫理学、美学芸術学、地理学地域文化学、日本史学、アジア史学、西洋史学の6領域、総合心理科学には心理学、教育心理学、臨床教育学、学校教育学の4領域、文学言語学には日本文学日本語学、英米文学英語学、フランス文学フランス語学、ドイツ語文学ドイツ語学の4領域を統合した結果、計14領域からなる組織が確立された。なお総合心理科学専攻は学部の総合心理科学科同様に、2009年に臨床教育学領域の教育学専攻への移管に伴い統合し、心理科学領域および学校教育学領域の２領域となった。

博士課程（博士課程後期課程）については、1954年に哲学・心理学・日本文学・英文学の各専攻で設置され、56年に西洋史学専攻、61年に美学と教育学専攻、63年に日本史学専攻で設置された。独文学専攻と仏文学専攻は修士課程と同時に博士課程が開設され、10専攻が確立した。その後2007年に博士課程前期課程同様改編がなされ、３専攻13領域（前期課程における学校教育学領域を除く）体制に、09年には３専攻11領域となった。

文学研究科では、聴講制度と科目等履修制度を設け、正規の大学院*生以外の者が特定の科目を学ぶことができるようにしている。教職課程プログラムでは、専修免許状の取得が可能である。

〔教育〕 新制大学では学科課程を、一般教育科目と専門教育科目に分けて構成することになっていたが、文学部では専門教育科目を学科ごとに配当し、１年生で一般教養科目、２年生で一般教養科目と一部の専門教育科目、３、４年生で専門教育科目を履修させ、最終学年度で卒業論文を提出させ、口頭試問を含めた審査に合格することを卒業の要件としてきた。

大学設置基準の大綱化を受けて、1994年に大幅なカリキュラム改正を行い、さらに99年からは総合教育科目と専門教育科目の区分を廃し、キリスト教科目、言語教育科目、学部科目（共通科目および学科専修科目）、広域科目、情報科学科目、特別科目、教職等資格関連科目からなる並列的な科目編成となった。

文学部の教育にとって大きな課題は、学科への分属の時期と方法についてである。その問題はカリキュラム編成にも関わるものである。

1949年から文学部独自で入学試験を実施し、文学部生として一括入学させて後に学科に分属させる方式を採っていた。しかし新入生に対する指導の困難さや特定の学科に分属が偏ることから、53年からいわゆる学科別採りが実施された。大学紛争を経た69年からは再び１、２年生は学科に分属させず、３年生のゼミ選択と同時に所属学科を決定するものと改められた。この試みは多くの点で積極的に評価されたが、現実的には

やはり特定の学科に学生が集中するという結果が生じた。その後予備登録制度を導入するなどの努力が重ねられたが課題の解消には至らず、86年には入学時から学科所属とすることになり、それに対応したカリキュラムが編成され、さらに92年から学生募集や合否判定に関しても学科・専修別で行われるようになった。

2003年の学科改編時から、文化歴史学科では思想文化系と歴史系に分けて選抜し、2年次に学生本人の希望に従って専修分属を行い、総合心理科学科では学生募集は学科で実施し、3年次の演習選択時に専修分属を行った。文学言語学科では専修単位で学生募集を行い、入学の時点で所属専修が決定していた。その後文化歴史学科は08年から専修別で学生募集を行うことになった。

〔研究〕文学部では1946年に教員による研究組織として関西学院大学文学会が発足した。その最初の研究発表が47年6月に行われて以来、回を重ねるとともに、50年には「関西学院大学文学会規約」が作られ、それに基づき同年8月にその機関誌として『人文論究』第1巻第1号が刊行された。当初は季刊制（年間4回発行）であったが、1951年（第2巻）から隔月発行制（年間6回発行）に切り替わった。しかし、57年（第8巻）から再び季刊制に戻った。なお、文学会は1956年4月より名称を関西学院大学人文学会に改めた。

『人文論究』以外に、文学部では8つの専修が計10種の学科年報・紀要を発行しており、研究活動を支えている。大学では、各専任教員の研究業績などは、当該年度に加えて過去5年度分をウェブサイト「関西学院研究業績データベース」で公表している。

文学研究科の教育・研究の活発化を推進するために、文部科学省の競争的資金を獲得し体制を整えている。これまで研究分野では2002年度に文部科学省の私立大学学術研究高度化推進事業（学術フロンティア推進事業）に「先端技術による応用心理科学研究」が採択された（～06年度。その後07年度に申請を行い09年度まで継続）のと、03年度に文部科学省の私立大学学術研究高度化推進事業（産学連携研究推進事業）にアート・インスティチュートによる「江戸時代の小袖に関する復元的研究」が採択され（～07年度）、大きな成果を挙げた実績がある。大学院*教育では05年度に文部科学省の「魅力ある大学院教育」イニシアティブに「理工系分野に貢献する心理科学教育」が採択された（～06年度まで）のと、09年度に文部科学省の組織的な大学院教育改革推進プログラム「国際化社会に貢献する心理科学実践家の養成」が採択され（～11年度まで）、心理科学の研究・教育を推進し、多くの成果を挙げてきた。現在は文部科学省私立大学戦略的研究基盤形成事業「心理科学を基盤とするインタラクション評価システムの開発と応用」プロジェクト（10年度採択、～14年度まで）によって、さらに研究環境の発展・拡充を図っている。

【現状】

文学部および文学研究科の概要は関西学院大学ウェブサイトで周知している。

〔学生〕 文学部の学生数は、入学定員が770名、収容定員が3,080名であるのに対して、2014年度入学生683名、2年生761名、3年生767名、4年生928名の合わせて3,139名となっている（2014年5月1日現在）。学部学生は一般入学試験（全学日程、学部個別日程、関学独自方式日程）、大学入試センター試験を利用する入学試験、AO入学試験、グローバル入学試験、指定校推薦入学、高等部*推薦入学、協定校推薦入学、提携校推薦入学、外国人留学生入学試験、帰国生徒入学試験、特別選抜（スポーツ活動）入学試験、編入学試験によって選抜され入学が認められた者たちである。

〔教職員〕 3学科11専修に所属する専任教員71名、専任職員8名、嘱託職員1名、アルバイト職員3名、派遣職員2名、教務補佐7名によって構成されている（2013年度末現在）。

〔教育〕 文学部のカリキュラムは、キリスト教科目、言語教育科目（英語・フランス語・ドイツ語・中国語・朝鮮語・スペイン語から2外国語）、情報処理科目、人文演習、総合科目・入門科目および卒業論文からなる共通科目と、各学科・専修が開講する専門講義科目、特殊講義科目、研究科目、実験実習科目、専門言語科目からなる学科科目から構成され、この2つの科目について各専修で定めた課程表に従って履修し、これに学際・連携科目と称される全学科目や他学部開講科目など学生自らの意志に基づく自由履修を3本の柱とする履修体系をとり、1年生から一部の専門科目も履修できるようにして学生の学習意欲を喚起している。学科・専修制をとる文学部では一部の講義科目を除き、少人数による授業が展開され、教員との親密なコミュニケーションによる相互理解が進められている。また総合科目などのように一教科を多数の担当者がそれぞれの観点から論じるオムニバス形式の授業を取り入れるなどの工夫を凝らしている。

文学部では、社会および学生の多様なニーズに応えるため、文学部内副専攻制度を設けている。さらに大学では、学部の枠を超えた複数分野専攻制* (Multidisciplinary Studies：MS)、MSを利用して２つの学部を卒業することができるジョイント・ディグリー（2014年度よりマルチプル・ディグリー）制度も設けており、文学部でも実施している。また、文学部開設以来、教職課程を設け学生が中学校、高等学校教職員免許状を取得できるようにしている。

〔研究科〕文学研究科の学生の受け入れは、前期課程では９月の第１次入学試験と３月の第２次入学試験、後期課程は３月の一般入学試験と特別入学試験（推薦、社会人、留学生）からなり、一般入学試験に加えて、前期課程への進学については学部生を対象として、後期課程への進学については前期課程学生を対象として推薦入学試験も実施している。前期課程の入学定員は64名、収容定員は128名、後期課程の入学定員は20名、収容定員は60名であるであるのに対して、学生数は前期課程では2014年度入学生42名、２年生55名の合わせて97名、後期課程は14年度入学生17名、２年生17名、３年生14名の合わせて45名となっている。2014年度一般入学試験における前期課程の志願者は１次・２次合わせて62名、後期課程の志願者は18名であった。今後も継続して優秀な学生を確保するための対策に取り組む必要がある。

文学研究科における新制博士学位*授与者は、論文博士（乙号）が1962年12月の第１号から2014年３月までの51年間に128名、課程博士（甲号）が1964年２月の第１号から2014年３月までの50年間に159名となっている。2000年度から課程博士育成の促進を図るため大学院*学則や文学研究科内規を大幅に改正するとともに博士学位取得の基準を明確にした。2006年度入学生から学位論文を提出できる期間が入学時より10年間から原則６年間に短縮された。

文学研究科の大学院*生や研究員の研究活動は多様である。関連学会に所属し、積極的に研究成果を発表している大学院生や研究員も多い。このような研究活動を支援するため、大学で設けている海外研究助成金制度や大学院奨励研究員制度以外に、文学研究科独自の研究活動支援制度を2008年度から設けた。人文学会が季刊で発行している『人文論究』に掲載された大学院生や研究員の論文は、10年度16篇、11年度14篇、12年度19篇、13年度13篇を数えている。また各専攻・領域が公刊している研究誌にも数多く発表されている。このような成果が認められ、日本学術振興会特別研究員に採用される数も増えてきている。

【参照】Ⅱ 110【文献】『関西学院大学文学部60年史』1994;「文学部教授会記録」;「文学研究科委員会記録」

文学部（専門学校 1912-1950）

関西学院において大学以外の組織としての「文学部」の名称は、1912年開設の高等学部*文科（英文学科、哲学科、社会学科*）および21年開設の文学部、大学開設以後高等学部の後継組織として32年以後存立した専門部文学部（35年哲学科廃止、英文科*、社会科）、戦後の専門学校としての文学専門部（英文科、人文科）がある。その一つとして、戦時下にあった関西学院専門学校は、戦後の混乱期の中で戦前の教育組織復興の声の高まりを受けて46年に高等商業学部*と文学専門部として復活された。

その際、学科構成として伝統的な英文科に加えて、社会事業およびマスコミなどにおける公民啓発事業に携わる人材の養成を目指し人文科が設けられた。ただし同時に発足した新制大学の存在の意味が種々検討された結果、新入生募集は1946、47年の２年間で停止され、学生の大部分

文学部校舎（原田の森キャンパス、1922）

は新制大学に移り、残存の学生のみで授業が行われた。学院としては神崎驥一*院長*のジュニア・カレッジ構想を受けてその組織を短期大学*に移行することとし、50年に専門学校としての文学専門部は廃止された。２年間の卒業生は英文科33名、人文科17名であった。

【参照】Ⅰ 319

文学部校舎

1929年の上ケ原キャンパス*開設の際に、高等学部*文学部校舎として建築された。W. M. ヴォーリズ*の設計によるスパニッシュ・ミッション・スタイル*で、鉄筋コンクリート造り一部地下１階を持つ２階建て、延べ床面積604坪（約1, 993㎡）で、礼拝堂（講堂）、教室、教授研究室、事務室などを備えている。この建物は、34年の大学昇格時には法文学部*校舎として、57年に法学部*専用校舎が新築されて以降は文学部専用

校舎として用いられた。その後、学部の充実のために拡張工事が施され、教室、研究室が増設された。将来的には中庭を持つ完全な囲い型（クオドラングル形式）校舎が想定されていたようだが、実現しないまま現在に至っている。後98年に一部改造が行われ、エレベータ設置など障がい者対応の設備も備えられるようになった。

【参照】Ⅰ 450-451

文学部新館

大学院*教室（４室）、史学研究室（地理学・日本史学）および教授会*などを行う会議室のみで構成されている建物である。建設位置は将来の本館の建て替えを意識して、本館北側の竹林のあった場所に決定された。文学部新館は長年独立棟として使用されてきたが、1998年の本館大改修時に２階部分にブリッジを設けることにより、二つの建物が一体利用できるようになった。

1985年３月竣工、鉄筋コンクリート造り、延べ床面積913.68㎡、設計は日本設計、施工は竹中工務店。

文化総部

文化総部の歴史は1912年、専門部学生会*創設と同時に発足した社交部にさかのぼる。当時の学生会には、第１部宗教部*、第２部学芸部、第３部運動部に加えて、第４部に社交部があった。この専門部学生会が分離し、高等学部*学生会となった17年ごろより音楽部としての色彩が濃厚となり、翌年には最初の慈善音楽大会を神戸青年会館で開催した。

関西学院の上ケ原移転*と同時に文芸部*が独立し、社交部は音楽部と改称した。音楽部には、オーケストラ・クラブ、マンドリン・クラブ、グリー・クラブ、ハーモニカ・クラブ、観声会（現、能楽部*）などが、文芸部には、映画研究会、劇研究会、弦月会、俳句会があった。戦時下の学生会は1941年以降、報国団*・報国隊に組み込まれた。

1946年に文化総部が誕生し、文化祭、音楽祭など多彩な文化活動を行ったが、57年11月、経理問題により解散した。しかし、翌年再建委員会の努力により規約を改めて文化総部は再建された。学院創立70周年にあたる59年には『上ケ原*文化』を創刊した。当時は総本部のほか24団体が登録されていた。しかし、70年代後半の大学紛争の影響もあって、文化総部としての活動は以前ほど活発でないものの、文化総部の登録団体の数は増加し、活発に活動している。2013年12月現在、登録数は36団体である。

文芸部

1907年、校友会雑誌として創刊された『関西文壇』（年２、３回発行）に教職員、学生、同窓が寄稿し、高等学部*開設後の13年に学生会*が結成され、機関誌『関西文学』を発行していた。29年、関西学院の上ケ原移転*時に文芸部が創部され、『関西文学』『学院律動』『学院文芸』などの機関誌が続刊された。

戦後1945年に、予科講師の志賀勝*を顧問に迎え大谷晃一、松島茂らによって復興された文芸部は、部活動として機関誌『文芸復興』『羅典区』を発行し、部員の作品を発表した。翌46年、志摩直人、折目康夫、浅田茂らによって『鬼』を創刊、48年誌名を『関学文芸』（６号から）に改めて以降現在まで、84号に及んで続刊している。昭和30年代には、部誌『関学文芸』が年４回発行され、『関学詩集』の発行および大学祭で著名作家の講演会や同人雑誌展を企画するなど活発な活動を展開した。59年には『関学文芸』31号を学院創立70周年記念特集号として刊行した。89年の学院創立100周年には、和田浩明、東秀三らによって文芸部OB会から『関学文芸』100周年記念特別号を発行した。これを契機に90年に『別冊関学文芸』を創刊し、春秋２回（2013年秋まで47号）刊行している。

文芸部OB会は1997年関西学院同窓会*の公認団体として登録、99年８月、卒業生の作品を収載した『別冊関学文芸選集』（兵庫県地下文脈大系５）が風来舎から刊行された。卒業生として大谷（作家）、和田（小説）、東（作家）をはじめ、海部洋三（詩）、多治川二郎（小説）、黒田宏（小説）、渡辺益国（小説）らを輩出している。部誌『関学文芸』を年１回発行し、合評会および読書会などを行い、OB会との交流も盛んである。

【文献】『関学文芸』（合冊）1946；『別冊関学文芸選集』（兵庫県地下文脈体系５）1999；『別冊関学文芸』（22）2001

へ

ヘーガー，S. E.

Hager, Samuel Eugene
1869. 10. 1〜1950. 11. 7

普通学部*長。アメリカ・南メソヂスト監督教会*宣教師。アメリカ・ケンタッキー州ジャクソンに生まれる。ケンタッキー・ウエスレアン大学（B. A., M. A.）を経てヴァンダビルト大学に進学（B. D.）。1893年、アメリカ・南メソヂスト監督教会ルイヴィル年会で受按、同年結婚の直後に宣教師として来日。大阪、大分、多度津、広島、姫路などで伝道活動に従事し、ミッションの神戸地区長や財務も担当した。

1904年から関西学院神学部*で心理学、論理学などを教え、07年、普通学部*長に就任。文部省による普通学部普通科の認定問題に積極的な姿勢をとり、吉岡美国*院長*が病気治療に専念する間、院長代理として蘆田慶治*らとともに文部省との交渉に当たった。08年、無試験資格で中学校教員免許を取得。学院は09年、「認定・指定」の告示を受けたが、ヘーガーは教練に必要な兵器の購入資金をミッションから得る一方で、修身の授業で聖書を教えるという現実主義者であった。40年に帰国するまで47年間にわたり滞日、母校ウエスレアン大学より名誉神学博士号を受け、蔵書を同大学に遺贈。娘のブランチD.ヘーガー（Blanche D. Hager）も宣教師として19年に来日。21年からランバス女学院などで音楽を教えた。

【参照】Ⅰ 139, 200

ベーツ，C. J. L.

Bates, Cornelius John Lighthall
1877. 5. 26〜1963. 12. 23

第4代院長*、カナダ・メソヂスト教会*宣教師。カナダ・オンタリオ州に生まれる。1901年、クィーンズ大学卒業。のちトロント大学、イェール大学、モントリオール大学に学び、18年、モントリオールのウエスレアン神学校から神学博士号を受ける。02年、東洋伝道への献身を決意して来日。主として東京と甲府の教会における宣教活動に従事した。

1910年、カナダ・メソヂスト教会が関西学院の共同経営に参与すると同時に、関西学院に赴任。12年、新設の高等学部*長となり、さらに3年後には文科長を兼務。20年に関西学院第４代院長に就任する。すでに高等学部長の時に、「私たちがマスターになろうとする目的は、自分個人を富ますことでなく、社会に奉仕することにあります」という“Our College Motto”として提唱した“Mastery for Service*”が、院長就任とともに、学院全体のスクール・モットーとなる。院長として、20年間にわたり関西学院発展のために尽力し、学院の礎を築いた。その間、本郷の中央会堂で知り合っていたキリスト者の学者、小山東助*、佐藤清、河上丈太郎*、新明正道*らを招いて関西学院の学問的レベルの向上に務める。また学院の悲願であった大学昇格に際しては、渡米して連合教育委員会およびアメリカ・カナダ両国伝道局の承諾を得、32年に大学開設を果たした。34年には初代学長*を兼務。太平洋戦争直前の40年に院長、学長を辞任し、“Keep this holy fire burning”という言葉を遺して帰国。59年には関西学院大学より名誉博士号が贈られる。トロントで病没した。

【参照】Ⅰ 276-280, 457-459

ベーツ館

上ケ原キャンパス*の北辺に建てられた外国人住宅*（旧、宣教師館）のうち第４代院長*C. J. L. ベーツ*の住居とされた１号館を「ベーツ館」と称している。

1940年、戦時体制強化の日本で外国人教師は帰国を余儀なくされたが、特にベーツ院長との別れに際し、関西学院理事会は謝辞とともに住居を保存しベーツ館と呼ぶことにした。他の宣教師館との構造上の区別はないが、その歴史的な意味ばかりではなく位置的な状況なども含めて、戦時中には理事会や重要な会議の会場として、また60年代末の大学紛争以後も宣教師住居としての役割以外に学院、大学の公用の建物として用いられた。79年、国際センターの設置に当たって、ここに事務室が置かれ、関西学院の国際交流、留学生の交流センターとしての役割を担った。99年より学院の迎賓館として整備され、国内外からの賓客を迎えるゲストハウスとして利用されている。

ヘーデン，T. H.

Haden, Thomas Henry
1863. 2. 15〜1946. 11. 2

神学部*長、図書館長、アメリカ・南メソヂスト監督教会*宣教師。アメ

リカ・ヴァージニア州パルマイラに生まれる。ヴァージニア大学（Ph. B.）を経て、ヴァンダビルト大学神学部を卒業（B. D.）。1895年来日、多度津、中津、広島、岩国の各地で伝道に従事したが、96年から1904年までと06年から35年までの間、関西学院神学部で新約聖書緒論、釈義、社会学などを講じた。16年４月、J. C. C. ニュートン*部長のあとを受けて神学部長に再任され、前後延べ21年の長きにわたりその重責を担った。ヘーデン部長時代の神学部は、高等学部*の成立によって学院の構成が複雑となり変化した状況の中で、学院の礎として堅実な歩みを続け、伝道者養成の使命を果たした。

学院が上ケ原*に移転した1929年９月、老齢のため退任、名誉神学部長の称号を受ける。学院退職後も40年まで日本に滞在した。またランドルフ・メーコン大学より名誉神学博士号を贈られる。46年11月２日、フロリダ州ジャクソンヴィルで永眠。なお、学院史編纂室*は論考、日記を含む膨大なヘーデン資料をマイクロフィルムで所蔵、原資料はエモリー大学ロバート・W・ウッドラフ図書館が所蔵している。

【参照】Ⅰ 140, 387, 393

ほ

奉安庫

1890年10月30日発布された明治天皇の勅語「教育ニ関スル勅語」と御真影とを不敬にあたらないように保管し、火災から守るために校内に奉安庫もしくは奉安殿として、その設置が1891年11月文部省訓令第４号によって求められた。関西学院へは1890年10月30日に２通の「教育勅語」が交付された。

高等教育機関への御真影の下付は、帝国大学などへは1928年10月に一斉に下付されたが、下付は申請によるとされていたため、キリスト教系私立学校の中には消極的姿勢をとった学校もあった。文部省は指導を強め35年には同志社大学へ、36年には立教大学に下付された。

1936年、文部科学省から御真影奉戴に関して出張命令があり、C. J. L. ベーツ*院長*らが出頭し、翌年上智大学らとともに下付されることとなった。その時点で、関西学院には奉安殿・奉安庫がなかったため、院長室内に奉安庫を設置し、37年２月に御真影が下付された。その模様は「全校教職員学生生徒門前ニ堵列奉迎シ十二時十分奉安所ニ奉安シタ」と書かれている。「御真影奉護規程」にもとづき、教職員が宿直・日直を志し、元旦、紀元節、天長節、明治節の式典で御真影の奉拝と教育勅語の奉読が行われた。独特の抑揚をつけて行われる奉読は吉岡美国*院長・名誉院長が担うことが多かった。これらの記録は、『奉護日誌』に記録された。

1946年10月、文部事務次官通牒「勅語及び詔書等の取扱について」により、教育勅語の奉読の廃止、勅語・詔書の謄本などの神格化廃止の通達を行い、関西学院の奉安庫もまた金庫として用いられることとなった。そのため、現在も奉安庫の形式を保ったまま旧院長室に保存されている。

関西学院の奉安庫は、御真影の背が東に向くようにつくられていたが、それは、教職員・学生・生徒が時計台*を背に東を向いて奉安庫内の御真影を遥拝することで、宮城遥拝をも兼ねるためであった。

【参照】Ⅰ 545-49；Ⅱ 23-24【文献】井上琢智「学院史編纂室の取り組について」『学院史編纂室便り』(31)2010. 5；同「奉安庫―その後―」(32)2010. 12

邦楽クラブ

1940年ごろに既に尺八の同好会らしきものがあったようだが、60年に文化総部*に昇格し同時に箏曲同好者たちと連携して、尺八・箏の２部からなる邦楽クラブが誕生した。62年に第１回定期演奏会が森の宮農林会館で行われた。邦楽クラブの卒業生からは、尺八製作の小林一城、琴古流尺八演奏家の米村鈴笙、生田流箏・三絃演奏者の菊抄峰亜希が邦楽界でプロとして活躍している。

現在は尺八・箏・三絃の３部で活動している。2000年10月には、関西学院創立111周年記念船上同窓会*「K. G. フェスティバル・オン飛鳥」で演奏するなどの活動をした。近年部員減少の傾向にあるが、定期演奏会以外にも全国学生邦楽コンサート「えん」や関西学生邦楽連盟祭などに参加している。また、11年には定期演奏会も50回を迎え、記念曲として「新月」を演奏した。作詞・作曲は、現役生を指導する菊抄峰亜希師匠の師である菊重精峰師匠で、この曲をOB・OGと現役生との合同曲として50回目以降毎年演奏している。13年の夏には初めての試みとして、夏季ミニコンサートを大学内で行った。

【文献】『関西学院大学文化総部邦楽クラブOB・OG名簿』

法学部

【沿革】

1932年３月、関西学院大学の設立が正式に認可され、大学予科*がスタートした。34年４月予科の修了生を迎えて、大学学部が法文学部*と商経学部*の２学部体制でスタートした。法文学部は文学科と法学科の２学科で構成され、法学科には法律学、政治学の２専攻が置かれた。法学科はそれまでの既存大学法学部が単なる国家試験の準備教育であったり、解釈法学に終始したりしていたこととは異なる、当時としてはユニークな法の根底となるものを考究する社会学的・哲学的アプローチを目指すものとされた。

法学科の専任教授陣としては、憲法学・法理学担当の中島重*教授、行政法学・行政学担当の田村徳治*教授、政治学・社会心理学担当の大石兵太郎*助教授、民法学担当の石本雅男*助教授の４名であった。また、関西学院にとって初めての法学系学科ということもあり、顧問として牧野英一東京帝国大学教授（刑法学）と学院普通学部*同窓の皆川治広前司法次官が委嘱された。その後、刑法学担当として大森英太郎助教授、民事訴訟法・法制史担当として三戸寿助教授が着任し、充実が図られた。

第２次世界大戦中、学院は幾度か存亡の危機にさらされ、ことに1943年秋の在学徴集猶予の停止措置は文系を主力とする学院にとっては重大な局面であった。学院はこの危機に際して44年４月、大学商経学部*の募集停止と専門部文学部*と高等商業学校*を統合して専門学校政経科*とするなどの組織再編を行ったが、大学法文学部*は存続した。

戦後、学院の再建が図られ、1946年４月より法文・商経の２学部制を廃し、法文学部の分離が行われ、文学部*、法学部、経済学部*の３学部制となった。初代法学部長には石本雅男*教授が選任された。48年４月、新制大学法学部が誕生し、引き続き石本教授が学部長を務めた。

新制の法学部は法律学科と政治学科の２学科制をとった。これは旧制大学法学部の法律学専攻と政治学専攻をそのまま受け継いだものである。当時、法学部に政治学科を設置している大学は全国的にも数が少なく、特色の一つとなった。法学部発足に際し、引き続き教授陣の充実に力が入れられた。1948年４月発足時の教授陣は、大石兵太郎*、石本雅男*、三戸寿、武内辰治、清水兼男、中井淳、大谷英一、浜田一男各教授、実方正雄兼任教授、足立忠夫、山本正太郎、飛沢謙一各助教授、品川登専任講師の13名および深瀬秀、安屋和人、村西義一各助手であった。

法学部は順調に発展し、戦争および戦後の混乱により中断され、制約されていた学術研究も次第に活発になった。49年11月には法政学会が設立された。これは法学部教員と学生が参加し、機関誌『法と政治』の刊行とその他の学術活動を行うことを目的としたもので、当時としては全国的にも珍しいものであった。

〔研究科〕1932年３月、大学令*による関西学院大学の設置が認可されるとともに、旧制大学院*の設置も認可された。旧制大学院では指導教員の個別指導が中心で、いわゆるカリキュラムなどもなく小規模であった。最初の卒業生を出した37年には法文学部*から７名が大学院*に入学を希望して全員が許可された。しかし、翌年には２名の希望にとどまり、許可されたものの、前年入学した学生中在籍者は１名のみという状況であった。50年３月、関西学院大学は同志社大学、関西大学、立命館大学とともに新制大学院修士課程の設置認可を受けた。このとき、法学研究科には政治学専攻の修士課程が設置され、52年４月に基礎法学専攻が設けられた。54年３月には博士課程の設置が認可された。法学研究科博士課程については、基礎法学専攻の設置が認められた。59年には政治学専攻の設置が認められた。63年には、修士課程と博士課程にそれぞれ民刑事法学専攻の設置が認められた。

【現状】

〔学生〕学部の入学定員は、法律学科520名、政治学科160名の計680名である。学生数は、１年生664名、２年生696名、３年生682名、４年生825名の計2,867名（2014年５月１日現在）。大学院*法学研究科の入学定員は、博士課程前期課程の法学・政治学専攻が45名、博士課程後期課程が政治学専攻２名、基礎法学専攻２名、民刑事法学専攻２名の計６名。学生数は、前期課程の法学・政治学専攻が39名、後期期課程が政治学専攻１名、基礎法学専攻０名、民刑事法学専攻４名の計５名である（2014年５月１日現在）。新制博士学位*授与者は甲号17名、乙号20名である（2013年度末現在）。

〔**教職員**〕専任教員は、教授50名、准教授3名,助教1名の計54名である(2014年5月1日現在)。教員は、5つの研究室(政治、基礎法、私法、公法、外国語)のいずれかに所属する。また、教育・研究の補助業務のため実験実習指導補佐3名を採用している。職員は、事務室が専任7名、アルバイト4名の計11名、資料室が契約職員1名、派遣職員1名、アルバイト1名の計3名である(2014年5月1日現在)。

〔**教育**〕法学部の教育は、法学部の理念である“Social Approach”を指針としている。この理念は、H.F.ウッズウォース*初代法文学部*長の言葉に由来するものであり、①民間における自由の精神、②広く深い社会的視野と教養、③社会貢献(奉仕)の精神の3点を重視するものである。法学部では、この理念に基づいて、①科学的な思考方法の修得、②広範な知識と社会的視野の獲得、③正しい価値観と豊かな人間性の形成、④人権感覚の陶冶、⑤国際的地球的な視野の確保という5つの教育目標を設定するとともに、これを具体化する実施目標として、①学生の多様な進路希望の実現に資する、高い社会的評価が得られる能力の習得(ア.法科大学院進学希望者に対する教育の充実、イ.企業法務を希望する者に対する教育の充実、ウ.国際感覚を生かせる職業分野への進出の支援、エ.市民的公共を踏まえた政策形成人材の養成)、②少人数教育による学生間・教員学生間での刺激に満ちた人格形成の2点を設定している。

この教育目標および実施目標に基づき、法律学科と政治学科を横断するかたちで、①司法特修、②司法、③企業法務、④国際法政、⑤公共政策、⑥政治システムの6つのコースが設定され、学生が自らの進路希望に基いてコース選択できるように、カリキュラムの編成が行われている。

2011年には、こうした理念および教育目標に基づき、①〔関心・意欲〕法学や政治学の視座から市民社会における自由の精神や基本的人権の重要性を理解し、社会に貢献しようとする関心と意欲を有する、②〔知識・理解〕広い社会的視野と教養を有し、法学または政治学の専門的知識を修得している、③〔技能・表現〕グローバル化する市民生活に不可欠な実践的学習能力とスキルおよびコミュニケーション能力を有する、④〔思考・判断〕課題発見・解決のための総合的思考力と判断力とともに、法律学科学生においては法的思考(リーガル・マインド)を、また政治学科学生は市民社会的思考

（シヴィック・マインド）を身につけている、との４項を満たしたと認められるものに法学士の学位*を授与するというディプロマ・ポリシー（学位授与方針）も設定された。

〔学生活動〕法学部には全法学部生を構成員とする自治会である法学部学生自治会*がある。カリキュラム、勉学施設改善のための活動、学生同士の連帯を深めるためのイベント等を行っている。さらに、自治会傘下団体として５つの研究部（政治学研究部、法律研究部、憲法研究部、司法試験研究部、時事英語研究部）が設けられており、それぞれ活発な研究活動を行っている。

　また、独自の組織「法政学会」があり、機関誌『法と政治』の発行、特別講座や学術講演会の開催、他大学の学生も参加する法律討論会の開催等、幅広く活動している。

〔研究活動〕教員および大学院*生の研究成果発表の場として「法学部研究会」を開催している。また、外国からの研究者を迎えて行う「特別研究会」がある。これらの研究会は法学部のみならず学内に公開されている。『法と政治』（1949創刊）は、年４回発行され、法政学会会員である教員、学生だけでなく、全国の関係教育研究機関に広く配布されて本学法学部の研究成果の発表の場として評価されている。

【参照】Ⅱ 128【文献】『関西学院大学法学部五十年史』2000

法学部校舎

法学部は２度移転している。旧制法文学部*を経て新制法学部発足後約10年間は、現在の文学部校舎*を使っていたが、1957年、現法学部校舎東に法学部専用校舎が新築された。しかし上ケ原キャンパス*再開発計画が浮上し、78年に現在地に再度新築移転した。

　初代の法学部独立校舎は他の学部校舎と異なり切妻屋根に瓦葺きであったが、瓦の色や壁の色で他の建築群への調和が図られていた。階高も他の建物群と等しく２階であり、凹字形の建物は正面を北向きとし、これは本棟東に建設された第２別館と共通するものであった。現在の法学部校舎は初代のものとは異なり、学部校舎特有のパラペット屋根にスパニッシュ瓦へと同調が図られた。

初代の法学部校舎

また初代のファサードが北向きであったのが東向きへと変化した。階高も一挙に5階となり、延べ面積も2,933㎡から3,788㎡へと拡大した。また学部校舎初のエレベーターが設置された。

当時の法学部校舎のキャンパス内での位置は、中央芝生*を中心とするシンボリックコアから隔てられた感があった。しかし、その後のA・B・C号館や現大学図書館*の建設に伴い、アカデミックコアの中でも重要な位置を占めるものとなった。

初代法学部校舎は1957年9月竣工、鉄筋コンクリート造り瓦葺き2階建て、延べ床面積2,933㎡、設計・施工は竹中工務店。現在の第2代法学部校舎は78年3月竣工、鉄筋コンクリート造り陸屋根5階建て、登記面積3,788㎡、設計・施工は竹中工務店。

【参照】Ⅱ 267, 536

法科大学院校舎

2004年4月に旧同窓会*館跡地に開設された法科大学院の専用棟で、大学院*2号館とも呼ばれる。新月池*周辺再開発の一環として、02年9月に起工式が行われ、本部棟、大学院1号館*と同時に工事が進められた。池の水面に映る校舎の美しい影は印

象的である。建物内には、司法研究科*（ロースクール）事務室や非常に充実した法科大学院生用自習スペースがあり、また最上階の模擬法廷（同大学院開設記念式典は2004年5月にここで行われた）、地下1階の民事和解室など、法曹養成のための実践的な教育・訓練の場を提供している。

2004年3月竣工、鉄筋コンクリート造り4階建て（地下1階含む）、延べ床面積2,906.93㎡。設計は日本設計、施工は竹中工務店・大林組共同企業体、鹿島建設。

報国団・報国隊

1940年9月、文部省指令要綱により、41年2月、関西学院学生会*は関西学院報国団に改組された。これは学生の自治組織としての学生会を廃止し、皇国民練成のための学生修練組織とすることを目的としたものであった。それまで、学院の学生会は

会長以下役員は学生の選挙によって選ばれ、会の運営は学生の自治にゆだねられていた。しかし、学生会は報国団となり、院長*が団長になり、副団長以下部長、科長、班長などにはすべて教職員が任命された。学生の役職は幹事長と幹事とされ、組織も総務部、鍛錬部、国防部、文化部、厚生部が改組、設置された。そして馬術、自動車、銃剣術、無線電信、射撃、飛行・滑空など戦技に属する部門が強化された。各学部にあった学会も解消し、学錬部となった。

さらに、1941年8月には学校報国隊組織に関する訓令第27号が文部大臣により発せられ、報国団の中に「指揮系統ノ確立セル全校編隊ノ組織」としての報国隊を編成することになった。以後、勤労作業などは報国隊の名のもとに活動することになった。43年6月には「学徒戦時動員体制確立要綱」が閣議決定され、学校報国団の隊組織を国土防衛に動員しうるように強化すること、勤労動員の強化によって食糧増産、国防施設建設、緊急物資生産、輸送力増強を図ることが規定された。こうして学生の自治組織は戦時体制の強化の中で勤労動員のための組織となった。45年8月の終戦により11月に報国団は解散し、学生会*が再結成された。

【参照】Ⅰ 605-610

法人合併（聖和大学）

学校法人聖和大学*と学校法人関西学院*の合併は、その前史的なものとして1941年のランバス女学院（メソヂスト）と神戸女子神学校（会衆派）の合併による聖和女子学院開設があり、その際、将来的な可能性の一つとされるなど、長く伏流として話題にされてきた。しかしそれが実際に具体化されたのは2005年9月、聖和大学から関西学院への申し入れがあったことから動きが始まった。その申し入れを受けて関西学院理事会はその可能性の検討を行った。

関西学院の当時の状況としては、21世紀における関西学院のあり方について、すでに山内一郎*理事長*のもと理事会として「幹の太い総合学園」構想が提唱され、初等部*の設置計画が推進されるなか、将来的に関西学院においても自前の初等部教員養成が提案され、関西学院大学に教育学部*設置の可能性が模索されるという状況にあった。そのタイミングのなかでの聖和大学との合併提案は、聖和大学における幼稚園教諭・保育士養成の伝統を踏まえ、関西学院大学文学部*における教育学研究教育の実績を合わせた初等教育

ほ

課程（小学校教員養成）を含めた教育学部設置への道を拓くものとして前向きに検討されることとなった。

これを受けて2006年１月に山内理事長が山村慧聖和大学学長とともに記者会見を行い、合併を公式に表明したが、これは日本における４年制大学としては初の合併として大いに注目された。その後両法人間での話し合いを踏まえ06年11月に「学校法人関西学院と学校法人聖和大学の合併に関する包括協定」を締結した。この協定において合併後の存続法人を関西学院とし、「聖和大学教育学部を、幼児・初等教育学科及び臨床教育学科の構想を含めて関西学院大学教育学部に改編」、「聖和大学短期大学部および聖和大学付属幼稚園は、法人合併後、学校法人関西学院が設置する短期大学および幼稚園として、存続させる」ことが合意された。

学校法人関西学院と学校法人聖和大学は、2007年３月に「関西学院西宮聖和キャンパス*」「関西学院大学教育学部」「聖和短期大学*」「聖和幼稚園*」の設置を骨子とする法人合併協定書が締結され、12月合併契約書を締結。08年５月合併認可を申請し、同年12月文部科学大臣により法人合併が認可された。これによって、2009年４月より関西学院は幼稚園、短期大学を含めた総合学園としての新たな歩みを開始した。

【文献】「K. G. TODAY」（237, 242）2006. 2. 28, 2007. 4. 27

法人合併（千里国際学園）

21世紀における関西学院のあり方の基本的方向性を定めた「21世紀初頭の関西学院基本構想」（2003年２月）に含まれる「幹の太い総合学園」への提案を受け、関西学院大学は、教育理念を共有しうる高等学校からの推薦入学を積極的に実施することとし、その一つとして近畿圏における国際教育を先進的に推進してきた千里国際学園高等部からの推薦入学制度を設けることとなり、2005年８月に、「学校法人関西学院*と学校法人千里国際学園との連携協力に関する協定」を両理事長*間で締結し、同日「関西学院大学と千里国際学園高等部との協定校推薦入学に関する覚書」を関西学院大学学長*および千里国際学園高等部校長の間で交わされた。この覚書により関西学院大学は2006年度から全学で15名程度の入学生を受け入れることとして、以後両校の関係は積極的に深められ、関西学院大学の国際教育における千里国際学園高等部卒業生の活躍も徐々に注目されていった。この実績を受けて両校間の協力関係の一層の緊密化が模索されることになり、千里国際学園との法人合併の検討が進められた。

関西学院理事会としては、2008年より学院新中期計画の策定に向けての取り組みを始めるに当たり、その基本理念を示すものとして新たにミッションステートメントを起草、創立者W. R. ランバス*、第4代院長*C. J. L. ベーツ*を学院の教育モデルとして「マスタリー・フォア・サービス*を体現する、創造的かつ有能な世界市民を育むことを使命とする」ことを宣言しようとしていた(「基本構想」: 2008年10月新基本構想策定委員会最終案文決定、12月理事会最終案承認・公表)。その最中の千里国際学園との合併は、学院の教育的ミッションの具体的展開にふさわしいものとされ、両法人において前向きに検討を進め、08年5月9日合意に達し「趣意書」を公表した。

それによると「関西学院は、100年以上前に『世界市民』として世界の人々のために生涯を捧げた創立者W. R. ランバスの理念を受け継いできました。すなわち、人間性、倫理観、国際性を備え、世界的視野で様々な人々と共に生きる人間の育成を使命のひとつとしています。これは、千里国際学園が『明日の世界に貢献する英知と思いやりと創造性に満ちた個性の育成』の教育理念のもと、国際性豊かな生徒・児童を輩出し、開校以来培ってきた卓越した国際性と同義」であるとし、「両法人の理念は、21世紀をリードする『世界市民の育成』という点で一致する」ことをうたっている。この発表につき翌10日の日本経済新聞は「大学を持つ学校法人と、主に外国籍の生徒が通うインターナショナルスクールを運営する学校法人の合併は聞いたことがなく、極めて珍しい。(文部科学省私学行政課)」という記事を載せた。

以降、両学校法人による合併協議会ならびに分科会を設置して検討を行い、2008年9月「合併基本協定書」に合意し、学校法人関西学院が存続し学校法人千里国際学園が解散することを前提とし、千里国際学園校地を「関西学院千里国際キャンパス*」とし、そこに「千里国際中等部・高等部*」および大阪インターナショナルスクール*(Osaka International School of Kwansei Gakuin)を2010年4月に設置、キリスト教主義に基づく教育を実施することを確認した。

その後、さらに合併協議会などを通じて具体的な合併条件が整備され、2009年1月「合併契約」を締結、同年7月文部科学省に合併認可申請を

ほ

行い、12月認可された。これにより10年４月、関西学院は国際バカロレア取得可能なインターナショナルスクールを擁する、国際的総合学園としての歩みを始めた。

【文献】「K．G．TODAY」（247, 250）2008. 6. 24, 2009. 2. 7

ほ

法人部校友課

校友課は、1989年関西学院創立100周年記念事業*実施の過程で得た貴重な体験やその反省をもとに、財務部募金課を発展的に改組して91年に総務部に新設された。その後、2005年に法人部校友課と改組された。次の５つの業務を担当している。

同窓生や同窓会*本部、支部、同窓の各種団体と法人・大学との窓口業務としての校友業務では、同窓会支部や各種団体の総会開催に協力したり関西学院の現況等を各支部に報告したりして、同窓生からの要望に応えている。募金業務においては、初等部*・中学部*・高等部*・短期大学・大学の保証人を主な対象として恒常的な募金活動を展開している関西学院教育振興会*の事務局業務、および同窓生・教職員・法人・一般からの寄付に関わる業務を行っている。

さらに、関西学院大学各学部および短期大学・高等部・中学部・千里国際中等部・高等部・初等部の学生・生徒・児童の保証人・保護者を会員とし、学院の教育目的の達成を後援するためにつくられた関西学院後援会*に関わる業務、1999年に開館した関西学院会館*の全般的な管理・運営業務、そして創立周年記念事業・創立周年記念事業募金関係（創立111周年、創立125周年時）の事務局業務も行っている。

法人部秘書課

関西学院の業務に初めて「秘書」の名称が用いられたのは1958年、庶務課の秘書室担当書記である。69年に秘書室担当書記が廃止され、理事会事務室が設置された。これは大学紛争の解決に向けて機能強化を図るためであり、３年後の72年に学院秘書室と改称され、81年に秘書室となった。2004年に秘書室を「法人部」に名称変更して秘書課と法人課を設置し、現在に至っている。

秘書課の業務は、理事長*、院長*、常務理事、常任理事などのスケジュール管理や文書管理などが業務である。もう一つの大きな業務に、理事会や評議員会*などの事務局としての役割がある。また、寄附行為の管理、例規集の編集、ランバス留学基金委員会、国際交流基金委員会および特別図書購入基金委員会の事務局などを担当している。

法人部法人課

2004年に秘書室を法人部に名称変更した際に、秘書課とあわせて法人課を設置した。新設の法人課は、院長*、理事長*、常務理事、常任理事に直結した法人執行部の業務支援を目的としている。

法人課の発足時に、年次報告に関する事務などを総務部総務課から、啓明女学院との協定に関する事務などを企画室*から、それぞれ移管した。また、私立学校法により作成が義務付けられている事業報告書などを担当している。

法人執行部の事務局機能としては、2008年の初等部*開設の初期準備、09年の学校法人聖和大学*との合併、10年の学校法人千里国際学園との合併、12年からの中学部*・高等部*の男女共学化と収容定員増などを担当した。新基本構想・新中期計画*では各種検討委員会などを担当し、その一つとして13年度から実施の執行体制・組織改編検討を学長室*と協力して進めた。

法文学部

上ケ原移転*後開設された関西学院大学（旧制）において法文学部は商経学部*と同時に設立された。1931年10月に文部省に提出された申請によると、法文学部は定員240名、哲学科、倫理学科、心理学科、宗教学科、社会学科*、英文学科、法律および政治学科の7学科を擁し、関西学院大学予科*から甲類修了者を迎えたほか、他の高等学校、専門学校、大学予科からも入学試験によって入学者の選抜を行った。翌年の大学設置の認可後、34年に大学の学部教育が開始されたが、その際に申請時の7学科制をより現実的に改編し、文学科（哲学・倫理学・心理学・宗教学・社会学・英文学の6専攻）および法学科（法律学・政治学の2専攻）の2学科制とした。教員組織としては学部長にH. F. ウッズウォース*が就任し、最初期の教員名簿によると教授7名、助教授3名、講師にはC. J. L. ベーツ*ほか16名、助手1名となっている。開設時には予科からの67名を含め101名が入学し、うち70名が法学科希望であった。その後、学部完成年度までに教師陣がさらに充実され、37年に文学士25名、法学士63名、計88名の第1回卒業生を送

ほ

り出した。42年には文学関係専攻科として国文学科が開設されている。

しかし、戦時体制の強化に伴い、繰り上げ卒業が実施されたほか、文科系学生の徴集猶予の特典が停止され、学徒出陣が実施された。ただし、法文学部の学生募集は継続され、実質的には商経学部*学生の教育を委託される形となった。しかし、その後も学院にとどまった学生には勤労動員が課され、もはや教育・研究活動は完全に停止された。

戦後、理事会はその後の教育正常化のための方策を検討し、1946年に法文学部を文学部*・法学部*の２学部とすることを決定し、文部省に認可されたが、新制大学制度の発足により48年に旧制大学は学生募集を停止し、60年３月末まで学位*授与などの関係から制度的には存続したものの、実質的には旧制大学は新制大学発足とともにその存在を停止した。

【参照】Ⅰ 486, 490；Ⅱ 128

ボート部

ボート部のルーツは1894年創部の端艇部までさかのぼる。活動の中心は原田の森*キャンパスの真南にある美しい浜である敏馬浦《みるめ》であった。暴風被害による艇損傷などにより19年一旦廃部となるが、戦後47年活動再開。翌48年、漕艇部として運動総部に復帰した。草創期の48、49年に関西選手権シェルフォアで優勝。61年に全日本選手権エイトで３位入賞の快挙を果たす。その間、51年には全日本選手権でケンブリッジ大学と、59年には関西選抜レガッタでオックスフォード大学と対戦。東京オリンピック予選に出場するなど、関西の雄としての地歩を築く。その後、73年と76年に朝日レガッタのエイトで優勝するが、関西および全日本選手権では幾度となく準決勝、決勝へと駒を進めるも、優勝からは遠ざかっている。

2001年、初の女子選手が誕生。03年朝日レガッタのシングルスカルで準優勝、全日本選手権では６位入賞を果たし、女子選手の礎が築かれた。練習拠点は、1969年の淀川艇庫焼失以来、桜宮大川、琵琶湖瀬田川などを転々としてきたが、94年、神崎川に待望の艇庫（関学、関大、甲南の３大学共用）が完成。ボート競技の花形であるエイトでの選手権優勝を目指して日夜練習に励んでいる。

【文献】『創部100年の歩み：復活50年を記念して』1998

ボクシング部

上ケ原移転*後間もない1930年春、

高等商業学部*の宮下正己は少数のメンバーに働きかけて学内で拳闘クラブを作った。これを創部の年としている。当時は個人的な選手権試合が主な目標で、関西大学の実力が突出していた。33年には、日本最古の歴史を持つ青山学院大学を招いて関西で初の大学対校戦を行った。また、35年より立教大学との定期戦が始まった。40年には関関戦を僅差で制し、チーム競技としての学生ボクシングのリーダーの地位を次第に確立していった。しかし戦時下、拳闘競技は敵性スポーツと名指しされて時代の波に葬られ、拳闘部も活動を休止した。

戦後、いち早く再興したボクシング部は、1945年11月11日、戦後日本初のボクシングの試合を、現役・OBを含む全関学の紅白試合として西宮スタジアムで開催した。47年に初めて開催された関西学生リーグ戦（第1回はトーナメント）を制し、関西の初代大学チャンピオンに輝いた。60年には中央大学を倒し、念願の日本一の座を手にした。これは関東を打倒し日本一を関西にもたらした最初であった。

1969年のリーグ2部転落以降、部員不足にも悩む低迷の時代が続くが、「日本一のプライド」と「先手連打の精神」は今に受け継がれ、2010年、関西学生ボクシング・リーグ戦1部に昇格、1部定着から優勝へを合言葉に、14年に創部85周年を迎えた。

【文献】『関西学院大学ボクシング部70年史』2000

北摂土地問題

大学設置基準による校地不足を指摘されていた関西学院は、将来の学院発展の基盤をつくることを視野に入れ、1978年以来新校地取得計画を検討してきた。それが具体化したのが久山康*理事長*・院長*時代の84年で、理事会は翌85年に、北摂の三田市に兵庫県が造成していた神戸・三田国際公園都市西地区（現、カルチャータウン）約20万坪（約66万㎡）の購入を提案した。しかし、この土地の使用目的として大学の新学部設置を示唆したことから、大学を無視した提案であるとして大学評議会*は反対を決議。同年7月の理事会における購入決定に抗議して城崎進*学長*は辞任し、後任として選出された武田建*学長も反対の姿勢をとり続け、ここに理事会と大学の対立が一気に表面化した。その後、おもに法人評議員会*を舞台に、問題は法人組織の検討から学内の深刻な対立にまで発展し、理事会は88年11月に理事長・院長の兼任廃止を決定す

ほ

ると同時に、久山康理事長・院長と武田建学長は100周年を前に学内融和と発展を期して88年度末に同時退任することを表明した。その結果、89年３月、同時退任を前にした法人評議員会で北摂土地の購入が承認された。

新しく選任された柘植一雄*学長は精力的に北摂土地の利用について検討、1991年１月、校地問題検討特別委員会を設置し、調査・検討の結果、大学評議会の従来の方針であった「上ケ原*一拠点主義」を断念、同年３月、北摂土地利用を次善の策とし、近い将来文系と理系の各１学部を設置する方向が大学評議会で承認された。ここに95年の総合政策学部*の開設、2001年の理学部移転・拡充の道が開かれた。

【参照】Ⅱ 503, 565【文献】『関西学院理工学部50年のあゆみ』2012

保健館

学内に設置された保健医療施設。原田の森*から上ケ原*に移転後しばらくは、健康管理は近隣の病院に委託されていたが、戦争による生活状態の悪化や健民強兵主義という国家要請から、学生生徒の保健施設の整備・充実が図られることになった。1943年、医務室を保健室と改称、週３回の保健相談、保健指導を開始、44年には、旧日本人住宅の一棟を保健館とし、また、レントゲン撮影機の購入や看護婦を雇用し、体力法による身体検査、健民修練のための検診なども開始された。54年、保健館規程の制定、67年３月、現在の保健館を建設し移転、74年12月に保健館運営委員会規程が制定された。

現在の保健館は、学生、教職員に対し、学校保健、産業保健などの観点から保健管理を行い、そして各科診療を提供している。保健管理では、学生に対しては、定期健診、クラブ健診、寮生健診、留学生健診、電離放射線健診などを実施し、健康診断後の指導、各種健康診断書（就職用、留学用、進学用など）の発行など、多様な学生の多様な活動に対する健診、保健指導を行っている。また、教職員に対しては、定期健診、雇入時健診、長時間勤務者への面接、成人病検診、胃がん検診、子宮頸がん検診、乳がん検診、前立腺がん検診などを実施している。

同時に、保健館ホームページなどを用いた健康情報の提供、講習会などによる健康管理の啓発、健康相談、保健指導など多方面から学生、教職員の健康支援に取り組んでいる。

診療面においても、充実した保険診療体制をとっている。診療科は、内科、皮膚科、耳鼻咽喉科、精神科の心療内科、歯科、眼科などに及び、応急対応、日常診療から専門診療まで広く対応をしており身近な信頼のおける総合診療所として機能している。その他、学院諸行事の際の応急対応、結核、麻疹などの学校感染症の拡大防止対策など業務は広範囲に及んでいる。

国公私立大学が加盟する公益社団法人全国大学保健管理協会に加盟し、2009年には代表世話人校として近畿地方部会研究集会を開催した。保健館は、医学部をもたない学校組織の保健・診療部門としては、内容・実績とも高く評価されている。

このように保健館は、学生、教職員の健康的なキャンパスライフの実現と心身の健康をサポートすることを目指した保健・医療を提供している。1967年4月11日に竣工、鉄筋コンクリート造り陸屋根3階建て、登記面積1,093.59㎡、設計・施工は竹中工務店。建築のデザインは、スパニッシュ・ミッション・スタイル*は踏襲されていないが、パラペット屋根で関西学院らしさは表現している。大学紛争時、全学封鎖のなか唯一封鎖をのがれた建物である。現在、西宮上ケ原キャンパス*には保健館、神戸三田キャンパス*と西宮聖和キャンパス*には、保健館分室が設置されている。

【参照】Ⅱ 290-292

『母校通信』

同窓会*発行の機関誌。現在約17万部を年2回発行。

1948年6月1日付の創刊号は、タブロイド判2ページで、北濱留松幹事長（学院理事長*）をはじめとする関西学院支部の有志によって作成された。1面は発行の3カ月前に逝去した吉岡美国*第2代院長*の追悼特集で、2面では新学制に切り替わったばかりの学院の様子を細かく報じている。第3号ではB5判28ページ立ての冊子となり、充実した内容に成長している。以後、同窓有志のボランティアで年2回の発行が続けられ、97年秋に第100号を迎えた。郵送費の高騰により本誌の重量を抑えざるを得なくなり、第52号（1974年秋号）から現在のB5変型判にして129号（2012年春号）まで続いた。これまで表紙以外は白黒で

あったが、時代ニーズの変化にあわせて2014年関西学院創立125周年を迎えるにあたり、第130号（2012年秋号）から全ページカラーのＡ４判にリニューアルした。

1995年に別冊『母校通信』として同窓と在学生とを結ぶことを目的とする冊子『ティエラ』（Ａ４変型判、20ページ）が創刊された。同窓会*が学生に向けて発信する媒体はこれまでになかった試みのもので、年１回発行されている。

同窓会報としては1898年12月に『関西学院同窓会報』第１号が発行されており、これを始まりとして学院の歴史、同窓会組織の変遷にあわせて、高等商業学部*同窓会の会報（1924.6−1938.7）や商科*同窓会（商友会）の会報（1924.6）などが発行されていた。同窓会の組織は各部ごとに運営される同窓会によって形成され、必要に応じて協力するという方法をとっていたが、それでは同窓生全体の親睦融和を欠くとして合同の同窓会の結成を模索する時代が続いた。1938年にようやく合同同窓会が実現し、あわせて『同窓会報』が発行されたが、戦争により中断を余儀なくされた。現在刊行されている『母校通信』はこれらを前身としている。

堀経夫《ほりつねお》 1896.4.20～1981.9.18

学長*、経済学部*教授。北海道に生まれる。広島師範学校教授・御影高等師範学校校長を経て、1927年、関西学院高等商業学部*の財政学講師を務めた堀卓次郎の長男。第三高等学校在学中、京都の吉田教会で受洗。京都帝国大学在学中、河上肇の影響で経済学史への関心を深め、大学院*へ進学。22年、東北帝国大学法文学部助教授に就任。23～25年、イギリスを中心に留学。29年、経済学博士。32年、大阪商科大学教授。34年、新設の関西学院大学商経学部*および法文学部*講師となり経済原論を担当。36年には商経学部教授を兼任。42年、大阪商科大学予科長。48年、大阪商科大学退職、新制関西学院大学経済学部教授。54年、経済学部長、55年、関西学院大学学長を歴任。66年、定年退職。同年四国学院学長、69年に芦屋大学教授。73年、「経済学の父アダム・スミス」を御進講。

1930年発足の社会経済史学会会員、34年発足の日本経済学会*会員、49年発足の理論経済学会会員など多くの学会の創立メンバーとなる。58年から10年間にわたり経済史学会代表幹事。66年、日本学士院*会員。

業績は『リカアドウの価値論及び其の批判史』(1929) に代表されるリカードウ研究、『増訂版明治経済思想史』(1991) に代表される明治経済学史研究に特に顕著であった。その研究は「原典主義」にもとづき、理論的接近と「自由と平等」をテーマとする社会思想史接近を加味し、バランスのとれたものであった。堀の生前および没後、蔵書の一部が関西学院大学図書館*に寄贈され、堀文庫の基礎となった。また、手帳、遺稿などが関西学院史*編纂室に寄贈されている。

弟健夫は、1923年に京都帝国大学卒業後、旅順工科大学教授、北海道帝国大学教授を経て、戦後は低温科学研究所の所長を務め、分光学の実験的研究を行った。1962年、草創期の関西学院大学理学部教授に就任。創世期の理学部の発展に寄与した。

【参照】Ⅰ 488；Ⅱ 136, 141【文献】『経済学論究』20(3)1966；堀経夫博士喜寿記念事業委員会編『経済学の研究と教育の五十年』1973；久保芳和『堀先生と私』1973；『関西学院大学理学部20年史』1981；田中敏弘『堀経夫博士とその経済学史研究』1991；杉山滋郎『北の科学者群像』2005

堀峯橘《ほりみねきつ》 1873. 1. 3～1945. 11. 22

副院長、神学部*長。和歌山に生まれる。1892年、関西学院英語神学部本科入学、96年卒業。同年、アメリカ・南メソヂスト監督教会*日本年会で教師試補に任ぜられ、同時に松山教会に赴任、98年、同教会教師となる。以後、広島、神戸、大阪東部、金沢、広島など各教会の牧師を歴任。その間、日本メソヂスト教会*の近畿・北陸・山陽部長を務めた。1919年、神戸パルモア英学院の主事、20～21年、関西学院礼拝主事となり、神学部でも教会政治、牧会学を講じる。21年から日本メソヂスト神戸教会、神戸東部教会の牧師を務める。29年、関西学院神学部長となり、専門部時代の神学教育の充実のために貢献する。学外から高名な神学者を招いて講演会を開催して神学生の向学心を促した。当時の神学生について、「最初はルター、次いでカルヴァン、さらに現在はバルト神学に大方の関心が集中している」と、学部長報告で述

ほ

べている。35年から関西学院の副院長を兼任し、学院の教育行政に携わる。38年に定年退職。疎開先の岡山県で病没。

【参照】Ⅰ 403,507-509

本多庸一《ほんだよういつ》 嘉永元<1848>.12.13～1912.3.26

理事、日本メソヂスト教会*初代監督。弘前に生まれる。1870年、藩命により横浜におもむき、英学を修めるためバラ塾に入ってキリスト教に出会い、72年、J.H.バラから受洗。74年、帰郷して東奥義塾塾頭となり、郷里においてJ.イングと相携えて伝道に挺身し、75年、弘前公会を設立した。79年、函館で執事の按手を受け、84年、長老の按手を受け、86年、仙台教会に牧師として就任、翌年、東京英和学校校主兼教授となる。88年、アメリカ・ドゥルー神学校に学び、90年に帰国。東京英和学校校長（のち青山学院院長）に就任して17年間、同校の経営ならびに教学の責任を負う。97年、日本福音同盟会会長に選任され、1903年成立の日本基督教青年会*同盟の初代委員長に挙げられた。06年には日本メソヂスト3派合同交渉のためアメリカの母教会を訪問して了解を得、07年に合同を実現し、合同総会で初代監督に選出されて青山学院院長を辞した。

1910年、アメリカ・南メソヂスト監督教会*とカナダ・メソヂスト教会*との合同経営に入るにあたって関西学院の新理事として選出され、学院の新たな展開に貢献した。その後も各地への伝道旅行を続け、12年の政府主唱の三教会同にはキリスト教を代表して演説して好評を博した。メソヂスト西部年会の指導中病を得て、長崎で客死した。

【参照】Ⅰ 254,267【文献】岡田哲蔵『本多庸一伝』1996

洪顯卨《ホンヒョンソル》
Hong Hyon-sol
1911.9.21～1990.11.14

神学者。監理教神学大学学長。旧朝鮮平安南道平壌に生まれる。1929年に平壌光成高等普通学校を卒業後、監理教神学校に入学し、33年に卒業。その後、関西学院神学部*の本科に編入し、英語など勉学面で評価が高かった。神学部に在学中、最後の1年は大阪市西成区にある朝鮮教会の臨時担任者としての責任を負った。

1935年関西学院神学部を卒業の後、1年間同志社大学神学部にて研究を続ける。朝鮮に戻り、36年から平安南道鎭南浦地方温井里教会を始め、新義州教会、平安南道鎭南浦地方廣梁湾教会、平壌中央教会等の諸教会において牧会の働きを担った。また、神学教育においても、平壌ヨハネ神学院教授をはじめ、監理会神学校助教授、監理会神学校教授として働く。その後、50年にアメリカのドゥルー大学にて神学修士学位、またユニオン神学校において神学修士学位を取得し、さらに56年にはインディアナ州のエバンスビル大学より名誉神学博士学位を受けた。

1959年監理教神学校初代学長。77年定年退職。その他、洪は監理教会だけでなく、韓国のキリスト教界を代表する人物として国際的な各種諸会議に出席し、韓国YMCA全国連盟理事長、大田女子大学理事長、監理教神学大学理事長、培材大学理事長、世宗大学理事長などの要職を歴任した。『青岩洪顯卨著作全集』全8巻（1997）がある。

【文献】趙永哲「洪顯卨」『関西学院史紀要』(12)2006

本間一夫《ほんまかずお》 1915. 10. 7～2003. 8. 1

日本点字図書館長。北海道増毛に生まれる。高熱による視神経麻痺により幼少時に失明。1929年、函館盲唖院に入学し、点字による学習で本を読む喜びを体験する。在学中、関西学院で教鞭をとっていた岩橋武夫*や盲人牧師の熊谷鉄太郎*の講演を聞く機会を得て深く感銘を受け、また好本督《よしもとただす》の著書『日英の盲人』（1906）を通してロンドンの盲人図書館の存在を知る。36年春、関西学院専門部文学部*英文科に入学。37年、関西学院教会*でC. J. L. ベーツ*院長*より受洗。学院での生活について、「私はこの学院生活で、有形無形の実に多くの収穫を得たのですが、その中でも最高のものは、キリスト教の信仰を得たことだと言っても過言ではありません」と回顧。

1939年春、東京小石川の視覚障がい者の援護・教育訓練施設陽光会に勤務。翌年、念願の日本盲人図書館を設立。48年、ヘレン・ケラーの来日を機に世論が喚起されたこともあり、名称を日本点字図書館に改める。54年、朝日社会奉仕賞を受賞。58年からはテープライブラリーも発足し、アジア盲人福祉会議（1955）や世界盲人福祉会議（1964）などへの参加を通して国際的交流も広がった。

著書に『指と耳で読む―日本点字図書館と私―』（1980）、『点字あればこそ―出会いと感謝と―』（1997）ほかがある。

【参照】Ⅰ 398【文献】古澤敏雄『本間一夫この人、その時代』1997

ま

政尾《まさお》籐吉《とうきち》 明治3＜1870＞. 11. 17〜1921. 8. 11

シャム（タイ）政府法律顧問。愛媛県大洲に生まれる。1887年12月大洲教会宣教師J. B. ハーストより受洗。大阪のミッションスクール、慶應義塾普通部、東京専門学校英語普通科で学んで後、S. H. ウェンライト*の影響を受け、1890年関西学院神学部*に入学。91年にヴァンダビルト大学に留学し、93年神学コース修了証明書を取得。同年ヴァージニア州立大学ロー・スクールに入学。95年に卒業し、同年イェール大学ロー・スクール入学、96年、LL. M. を得て連邦政府弁護士免許取得、97年D. C. L. を取得。

1897年7月帰国し、*Japan Times* 主筆代理。10月に外務省の委嘱によりシャム政府法律顧問。1903年「暹羅古代法ニ関スル研究」（英文）で法学博士取得。1915年 衆議院議員。1920年特命全権公使としてシャム駐劄となり、赴任先のバンコクで客死。

チュラロンコン王はタイの近代化を推進するために法制の整備を行い、その一環としてフランスやイギリスの法律家とともに、政尾を雇用した。

【文献】政尾隆二郎『政尾藤吉追悼録』1922；『関西学院史記要』(11)2005；香川孝三『政尾藤吉：法制整備支援国際協力の先駆者』2002

マシュース，W. K.

Matthews, William Kennon
1871. 7. 1〜1959. 1. 29

理事、図書館長、アメリカ・南メソヂスト監督教会*宣教師。アメリカ・テネシー州フランクリン出身。1895年、ヴァンダビルト大学を卒業（B. A.）後、1902年に来日し、2年間山口地区で伝道に従事。その後、シカゴ大学でM. A. の学位を取得し、06年按手を受ける。04年から41年3月まで関西学院で教え、宣教師としてはT. H. ヘーデン*に次ぐ長期間の関西学院在任になる。08年、無試験資格で中学校教員免許を取得し、12年に発足した高等学部*文科では聖書と英語、神学部*では新約学を講じたが、特に08年から38年まで30年の長きにわたり第4代図書館長として、また大学昇格、上ケ原移転*、大学予科*開設時には理事として、学院の発展に尽力した。41年3月、第2次世界大戦による国際情勢の悪化に伴い帰国。

【参照】Ⅰ 140, 207, 316, 337, 382, 436, 516

【文献】『関西学院大学図書館史』2014

マスタリー・フォア・サービス

Mastery for Service

関西学院のスクールモットーであるこの一句は、C. J. L. ベーツ*第4代院長*が、1912年4月、新設の高等学部*長に就任した直後に提唱したもので、その後『商光』創刊号（1915）に“Our College Motto”と題してその中心的意味が提示された。

「人には二つの面があります。一つは個人的で私的な面、もう一つは公的で社会的な面です。……ですから、校訓『マスタリー・フォア・サービス』という言葉が意味するのも、人にこの二つの面があるということなのです。私たちは“弱虫”になることを望みません。私たちは強くあること、“さまざまなことを自由に支配できる人”（マスター）になることを目指します。……私たちがマスターになろうとする目的は、自分個人を富ますことでなく、社会に奉仕することにあります。私たちは、広い意味で人類に奉仕する人になることを目指しているのです……」。

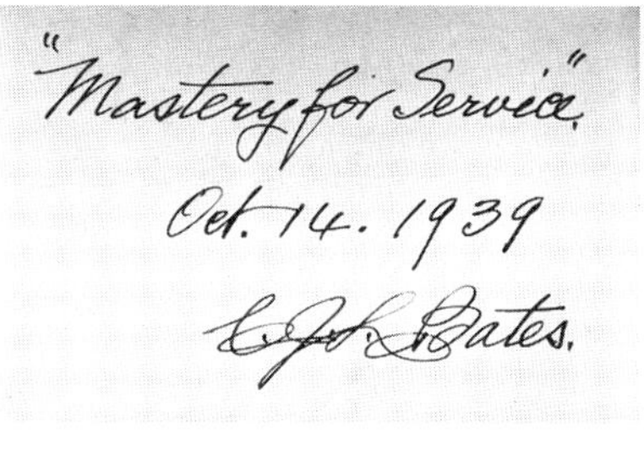

キーワードは、self-culture（自己修養）とself-sacrifice（自己献身）、Mastery（練達）とService（奉仕）という二つの対語であるが、後者、すなわちマスタリーとサービスの2語がフォアという目的を指示する前置詞によって不可分に結合した逆説的関係の中に関西学院教育が目指すべき究極のゴールがあるという提唱である。通常Master（主人）とServant（仕える者）は正反対のイメージとして映るが、それにもかかわらず、サーヴァントこそ実は本当のマスターであるというこの謎のようなパラドックスが標語として選ばれた背後には、イエス・キリストの教えと生涯に倣うベーツ院長自身の献身の志があった。

元来、高等学部のために掲げられたこの校訓は、やがてオール関西学院の「建学の精神*」を象徴するスクールモットーとなり、今日もキリスト教主義に基づく人間教育の重要な指針として生き続けている。

【参照】 Ⅰ 279 **【文献】**『大学とは何か』1975；『建学の精神考』（1-3）1993-98；パンフレット「輝く自由：関西学院その精神と理想」2011

ま

松木治三郎《まつきじさぶろう》 1906. 2. 21〜1994. 5. 24

神学部*長。福井県敦賀市に生まれる。明治学院神学部予科を経て、1934年3月、日本神学校卒業。熊本坪井教会牧師在任中の51年、関西学院大学文学部*神学科、翌52年、復興された神学部の教授に就任、23年間にわたり新約聖書学の研究と牧師・伝道者の養成に情熱を傾けた。『人間とキリスト—パウロにおける人間の神学的釈義的研究』(1955)をはじめ、ライフワークを成す『ローマ人への手紙—翻訳と解釈』(1966)、『新約神学序説』(1972)、論文集『イエスと新約聖書との関係』(1980)などを著し、パウロ研究において大きな業績を残した。

また日本新約学会会長として1960年から86年まで26年の長きにわたり、カトリック、プロテスタント諸派などあらゆる立場を越えて研究者を糾合し、わが国における新約学の振興を図る重責を果たした。神学部長に選任された68年以後、大学紛争が激化し、難局打開のために尽力した。74年、定年退職後は聖書解釈研究所を主宰した。53年から日本基督教団*塚口教会主任牧師を兼務、85年神学部退職後、正式に主任牧師として就任し、91年まで務める。

【参照】Ⅱ 126【文献】『神学研究』(22) 1974;山内一郎「松木治三郎先生の学問と信仰」『福音と世界』(8)1994;『松木治三郎著作集』(全5巻)1991–1993

マッケンジー, A. P.
McKenzie, Arthur Pearson
1889. 8. 14〜1960. 5. 6

経済学部*教授、カナダ・メソヂスト教会*宣教師。在日宣教師D. R. マッケンジー*夫妻の子息。トロント・ヴィクトリア大学を卒業(B. A.)後、イギリス・ケンブリッジ大学に進みM. A. を取得。1920年、父の意志を継いで来日し、東京、愛知、岐阜、三重でミッション活動に従事する。32年以後、関西学院で商業英語、産業心理学、心理学特殊講義などを担当した。41年、第2次世界大戦による国際情勢の悪化に伴い帰国。第2次世界大戦中は、ハーバード大学のU. S. Navy Language Schoolでアメリカおよびカナダの軍人に日本語を教授、カナダ陸軍中佐となり、バンクーバーのCanadian Army Language Schoolの責任者に任命された。47年、いち早く関西学院に帰任、新制大学発足後の経済学部を中心に教鞭をとった。

自ら浅間健児《あさまけんじ》を名乗り、江戸っ子ばりの巧みな日本語による講義に加え、新制中学部*の英語テキストの編纂、朝日放送「英会話」の講師など多方面で活躍した。1952年、カナダ・ミッション・ボード*の代表として国際基督教大学の招聘を受け転出したが、父子2代にわたり理事を務めるなど、関西学院と日本の伝道と教育、そしてキリスト教文化振興のために遺した足跡は大きい。60年、トロントで死去、青山霊園外人墓地に分骨されている。

【参照】Ⅰ 492, 494；Ⅱ 20

マッケンジー, D. R.

McKenzie, Daniel Rial
1861. 2. 16〜1935. 4. 1

理事、カナダ・メソヂスト教会*宣教師。カナダ・オンタリオ州の出身。ヴィクトリア大学（B. A.）を経て、ウエスレアン神学校でD. Th. を取得。学生時代、信仰の霊的リバイバルを体験し、神より啓示された日本伝道の志を抱き、1888年、最初はC. S. イビー*自給バンドの一員として来日、金沢第四高等学校で英語教授の任に当たったが、91年、カナダ・ミッションの正規会員となり、翌年受按後は宣教師として金沢、富山、高岡、福井など伝道困難な北陸地方の伝道に努めた。日露戦争中は赤十字とともに傷病兵の慰問や出征兵士の留守家族救援のために奔走、金沢に育児院を設立した。1908年、カナダ・メソヂスト教会*ミッションの書記・会計に任命され、関西学院のアメリカ・カナダの合同経営案を強力に支持、合同経営が正式に決定された10年、同ミッション書記・会計として関西学院理事に就任。特に高等商業学部*の充実・発展に尽くした。13年、本郷の中央会堂主任宣教師に就任のため上京したが、33年の定年まで理事を務めた。

質実剛健にして忠誠を重んじた伝道者、教育者として多大の感化を与え、また日本基督教連盟など超教派的事業にも進んで協力した。青山霊園外人墓地に眠る。

【参照】Ⅰ 254, 259, 272

松沢兼人《まつざわかねんど》 1898. 1. 10〜1984. 5. 23

文学部*教授、政治家。通称「けんじん」。新潟市に生まれる。1915年、第七高等学校入学、在学中に鹿児島のメソヂスト教会で受洗。18年、東京帝国大学法学部に入学、在学中、吉野作造の研究室仲間と新人会を結成、またYMCA運動にも参加、C. J. L. ベーツ*が働いていた本郷にある中央会堂にも通った。卒業後、賀川豊彦*の要請で大阪労働学校の創立に参加。21年に関西学院文学部に着任、専任講師から24年に文学部教授となり、河上丈太郎*や新明正道*とともに社会学科*で経済学や社会事業などを講じ、社会主義的人道主義の立

ま

場から教育に当たった。28年、衆議院選で河上を応援。29年に神戸市会議員に当選、続いて兵庫県会議員を務める。その間も学院各部の教壇に立つが、44年、戦時非常措置による全教職員の辞表提出の要請に際して学院を退職。戦後は日本社会党に属し衆議院議員、参議院議員を務めた。

【参照】Ⅰ 368, 371, 397【文献】「社会科の思い出」『関西学院七十年史』1959；松沢兼人『私の現代縦走〈わが生活と活動の記録２〉』1964

ま

松下績雄《まつしたせきお》 1890. 2. 22〜1963. 2. 14

神学部*長、新約聖書学者。福岡県三池市に生まれる。1908年、関西学院神学校に入学、12年卒業。伏見教会、京都京南教会の両メソヂスト教会牧師、アメリカ・カリフォルニア州日系人教会牧師を務めた後、15年、アメリカのヴァンダビルト大学神学部に留学、M. A. を取得。21年に関西学院の礼拝主事、23年に神学部教授となり新約釈義、ギリシャ語を担当。38年には神学部長兼任となる。

1943年に戦時下の宗教政策により神学部が日本西部神学校*に統合された際、「過去五十余年、神学部は関西学院と共に起り共に成長して今日に至り今や母校と袂を分たんとするに当り別離の情切なるものなり」と、最後の学部長報告で語る。

1943年に日本西部神学校校長兼教授となり、44年からは広島女学院専門学校教授に就任、49年新制同大学英文学部長になる。退職後、55年から63年まで聖和女子短期大学教授兼宗教主任を務める。著書に『新約聖書研究』(1931)、『新約書の背景』(1935)、『聖書新解コリント前書』(1952) などがある。

【参照】Ⅰ 281, 572, 578【文献】松下愛子編『天への旅：松下績雄の生涯』1964

松村克己《まつむらかつみ》 1908. 4. 1〜1991. 2. 18

神学部*長、宗教総主事*。組織神学専攻。東京都に生まれる。1924年、第三高等学校文科を経て、京都帝国大学文学部哲学科に入学、33年に卒業後、同大学院に入学。37年、京都帝国大学文学部講師、42年に助教授に就任。50年に日本基督教団*の正教師の按手を受ける。51年、関西学院大学文学部*教授に就任、52年の神学部復興とともに神学部教授に就任。54年、関西学院宗教総主事となり、62年に神学部長に就任。74年に関西学院大学より神学博士の学位*を得る。76年に定年退職。

学外の主な働きとして、1953年に日本基督教学会が創設されて以降理事として貢献。また、日本YMCA同盟委員および常務委員、日本クリスチャン・アカデミー創立時よりの運営委員・理事および常任理事として幅広くキリスト教界において活躍する。著書に『アウグスティヌス』(1937)、『イエス』(1947)、『交わりの宗教』(1947)、『根源的論理の探究』(1975)、『ボヴェー著作集』全9巻(1972–78)の監修などがある。

【文献】『神学研究』(24)1976

松村吉則《まつむらよしのり》 明治5<1872>.11.15～?

初代高等学部*商科*長。東京府に生まれる。1898年7月東京高等商業学校を卒業、翌年同校専攻科卒業、商学士の称号を受ける。1900年9月から東京の大倉商業学校で教鞭をとり、03年からは早稲田大学高等予科でも講師嘱託で講義をした後に、11年6月、県立金沢商業中学の第3代目校長に就任した。『金商七十年史』によれば、「東京出身でコレスポンデント(商業通信文)や英語に造詣が深く、小柄であるが修身科の担当を通じて厳しく生徒を指導した」とある。1年10カ月の校長在任期間後に、松村は創設2年目の13年4月に関西学院高等学部*商科に初代商科長として赴任。15年7月にアメリカ・シカゴ大学に留学し、銀行法を研究した。帰国直後の大阪毎日新聞17年1月17日号に「米国に於ける労働と資本問題」を寄稿している。同年12月離任し、東京外国語学校教授に就任した。

【文献】『関西学院高等商業学部二十年史』1931;『金商七十年史』1970

松本益吉《まつもとますきち》 明治3<1870>.8.19～1925.12.17

神学部*教授。広島市に生まれる。1887年、J.W.ランバス*から受洗。関西学院神学部に入学したが、勉学半ばの96年に渡米、アズベリー、ヴァンダビルト、イェールの諸大学に学ぶ。1902年、帰国と同時に関西学院神学部教授に就任し、新約釈義、聖書神学、社会学を講じる。誠実な教育者としての生き方は多くの学生に影響を与え、「何事でも人から相談を受けた時に拒み得ない心の人であった、殊に弱い者、若い者、苦しむ者から頼まれた時に『否』と云ひ難い温情の持主であった」と語られている。

1908年、学院の20周年を機に同窓会*の改革と再興が叫ばれて初代会長に選出され、学院との密接なる関係を築き同窓会発展のために貢献。学院の機構的拡充に対応する院長*職務の補佐の必要性から副院長制が導入され、20年、副院長に選出。関西学院の要職を務めるかたわら、国際連盟協会・日米協会の幹部として国際親善にも尽力。また23〜25年には学院の礼拝主事として貢献した。著書に『新約聖書神学』(1937)のほか、G. B. スティーヴェンス『耶蘇の教』(1907) の翻訳などがある。

【参照】 I 237, 280, 382, 403【文献】『神学評論』(21) 1934

真《ま》鍋《なべ》由郎《よしろう》 1873. 1. 3〜1939. 9. 15

名誉中学部*長。香川県多度津町に生まれる。1888年、大阪第三高等中学校に進むが、90年、東京農林学校に移る。しかし同校の廃止により、京都第三高等中学校に再転、91年３月退学。当時、南美以教会は多度津地方に伝道を開始しており、同年12月、J. T. マイヤーズにより洗礼を受けた。98年、多度津教会に伝道に来ていたS. H. ウェンライト*に見込まれ、関西学院普通学部*教員として学院に招かれる。1905年から３年半カリフォルニア州・スタンフォード大学で生物学を学ぶ。真鍋の収集した新種の鰻は、スタンフォード大学の恩師D. S. ジョルダン博士によって*Anguilla manabei*（アンギラ・マナベイ）という学名で学会発表されたこともある。

1930年、旧制中学部長田中義弘*の急逝により、中学部長代理を経て中学部長に就任、38年の定年まで務める。平素清貧に甘んじ、いささかも身の周りを飾ることなく、清廉潔白で、接する者をして自ら襟を正さしめるような人柄であった。また、博物標本室を設けて生物学の研究に従事したり、そこで聖書研究会を開いたりした。医学への造詣も深く、37年、教え子で学院の校医、宝来善次博士の協力により、中学部でツベルクリン反応・BCG接種を実施。これは日本で団体としてツベルクリン反応、BCG接種を行った初めとされる。著書に『先賢群像』(1943) がある。

現在、関西学院中学部には真鍋奨学金が設けられている。

【参照】 I 509【文献】『関西学院高中部百年史』1989

マンドリンクラブ

1917年、マンドリナータ・コメンゼとして創部。戦前は43年まで部員数

20名前後で大学記念行事での演奏会、他大学との合同演奏会などの活動を行った。戦後46年の関西学院大学文化総部*洋楽大会から活動を再開。その後文化祭への参加やNHK大阪放送局の番組に出演、九州演奏旅行などの活動を続けて順調に部員が増え、52年より定期演奏会も再開できるようになった。60年よりイヴニング・コンサートが開催され、春秋2回の演奏会を行っていた。また62年、全国45大学からなる全日本学生マンドリン連盟が発足し、当初より常任理事校となる。70年、大阪マンドリン連盟加盟後は毎年合同演奏会に参加している。また、九州などで行っていた演奏旅行はこのころから恒例化し、北海道へも出掛けていた。

初代技術顧問はマンドリン曲を多く手掛けた大栗裕である。現在では、OBの岡本一郎の指導を受けながら定期演奏会、大阪学生マンドリン連盟による他大学合同の演奏会を中心として練習に励んでいる。その他、病院などの依頼演奏、クリスマスコンサート、フェア、フェスタなど学内だけでなく外部にも出向き、他大学との交流を持ちながらさまざまな活動を行っている。

【文献】『関西学院大学マンドリンクラブ50年史』1968

み

ミックル，J. J.，Jr.

Mickle, Joe J., Jr.
1898. 6. 23〜1965. 6. 15

商経学部*教授、アメリカ・南メソヂスト監督教会*宣教師。アメリカ・テキサス州クリバーンに生まれる。1919年に南メソジスト大学（SMU）、1920年にコロンビア大学商科を卒業（M. A.）。1921年に来日、東京外国語学校で1年間英語を教え、その後、半年あまり松山市でキリスト教伝道に従事。翌23年、宣教師として関西学院高等商業学部*教授に就任。29年から会計課長を兼任。大学商経学部設立に際して同教授に就任、40年離日まで務める。40年、第2次世界大戦による国際情勢の悪化に伴い帰国。帰国後、北米海外宣教協会副総主事、次いでルイジアナ州シュリーブポートのセンテナリー大学学長を64年まで務めた。53年にはSMU特別校友会賞に推挙された。

【参照】Ⅰ 353, 480, 557【文献】『関西学院大学経済学部五十年史』1984

ミッション・ボード

ミッション・ボードとは、教会が宣教師を派遣し、その活動を支援し監督するために設置する「伝道局」(Board of Missions) の通称である。関西学院の創立母体であるアメリカ・南メソヂスト監督教会*の場合、ミッション・ボードは1845年、ケンタッキー州ルイヴィルに設置され、66年以後別々に存在したテネシー州ナッシュヴィルの内国伝道局 (Board of Home Missions) とメリランド州ボルティモアの外国伝道局 (Board of Foreign Missions) 両ボードの統合が70年の年次総会で決議され、ナシュヴィルに本部を開設した。

1910年、カナダ・メソヂスト教会*が関西学院経営に参加し、合同条項* (Articles of Union) がノースカロライナ州アッシュヴィルで採択された。その結果、関西学院の経営主体は、両教会のミッション・ボードにより指名され、それぞれの総会で同意を得た各7名からなる本国の合同全権委員会 (Joint Educational Commissions) と定められたが、学院の教育事業にかかわる事項の監督は、両ボードがそれぞれ選んだ3名の代表者、合わせて6名からなる日本での合同教育全権委員会に委ねられた。財産の所有権は両ミッション・ボードを平等に代表する宣教師によって同年新たに構成された関西学院社団に属することも合同条項に規定されたが、その後、法人組織は社団から31年に財団に変更され、学院は経営面ではミッション・ボードから独立し、戦後の学制改革によって51年に学校法人に改組されることになる。

【参照】Ⅰ 40,228,241,252

三《み》戸《と》吉《きち》太《た》郎《ろう》 慶応3＜1867＞.11.17～1925.5.2

牧師。日本メソヂスト教会*日曜学校局局長。広島市に生まれる。夜学で学んでいた頃、砂本貞吉の話を聞き、キリスト教と出合う。87年クリスマスに広島で、W.R.ランバス*より受洗。翌年、南美以教会派遣の神学生として加伯利英和学校(現、長崎鎮西学院)へ入学したが、89年9月関西学院の設立に伴い神学部*へ転学した。若い頃から、児童の宗教教育を自らの使命とし、神学生時代から、後に赴任することになる多度津、御影、宇和島など、各地のメソヂスト教会の日曜学校と深く関わっていた。この時期に子ども讃美歌の編集、日曜学校出席時に子どもに配る聖書カードを貼るカード貼の考案、児童説教といわれる子ども向けのお話などをすでに試みている。

1896年、神学部卒業後、多度津教会牧師として赴任するが、「ハミル博士と日曜学校に熱心な実業家ペッパー氏の招請により」数カ月、米国や欧州の日曜学校へ視察旅行を行った。その後は、多度津、宇和島、岩国、御影などの日本メソヂスト教会*の諸教会を歴任し、赴任した諸教会において日曜学校の発展に努めた。その一方で、教派を越えた日曜学校運動を推進し、1918年には原田の森の関西学院構内に建設されたハミル館*で「ハミル日曜学校教師養成所」を設立し、日本の日曜学校事業のさらなる充実発展に尽くした。日本メソヂスト教会*日曜学校局局長、日本日曜学校協会理事などの要職を務め、また関西学院神学部、ランバス記念伝道女学校、ランバス女学院で日曜学校管理法などの講義も担当した。編著書に、『えほばを賛美せよ』(1889)、『訓蒙 神の話』(1896) などがある。

【参照】 I 382, 385, 404−407【文献】『関西学院史紀要』(18) 2012

南メソヂスト監督教会

Methodist Episcopal Church, South (MECS)

アメリカ・南メソヂスト監督教会は、1885年にジャパン・ミッションの開設を再決議し、翌86年7月にミッション活動を開始した。明治時代の在日教会の公称は「南美以教会」で、近畿全域、山陽道（広島、山口）から九州、四国一円を伝道圏とし、関西学院のほか、パルモア学院*、広島女学院の母体である広島英和女学校、聖和大学の前身の一つランバス記念伝道女学校などの創設・拡充にかかわった。86年に創立された南美以神戸教会（現、神戸栄光教会*）は、南メソヂスト監督教会最初の伝道拠点で、関西学院の母教会でもある。

1845年、北米のメソヂスト監督教会*と南メソヂスト監督教会は奴隷制問題をめぐる対立から分裂したが、1939年に再合同し、さらに68年のテキサス州ダラスでの合同総会で他のメソジスト諸教会とも一体化し、今日の合同メソジスト教会*（United Methodist Church）を形づくっている。

【参照】 I 35−37

源《みなもと》 豊宗《とよむね》 1895. 10. 7〜2001. 1. 17

文学部*教授、日本美術史。福井県武生市に生まれる。1918年、駒沢大学を卒業後、京都帝国大学で美学美術史を専攻。24年、斯界をリードする美術季刊誌『仏教美術』の主幹となり新知見による論文を次々と発表。日本美術史の流れの中に仏教美術の確固とした位置を据えた功績は広く知られる。46年から関西学院大学文学部嘱託講師（日本美術史）を務め、52年4月、文学部美学科開設にあたって教授に就任。すでに在任の張源祥*教授（音楽美学）とともに美学科をスタートさせた。その薫陶を受けた多数の学徒の中には、磯博関西学院大学名誉教授（近世初期風俗画）、吉村元雄関西学院大学名誉教授（日本工芸史）、斉藤孝仏教大学名誉教授（仏像彫刻史）らがいる。

長年にわたり兵庫県文化財保護審議会委員をはじめ文化庁の文化財審議会専門委員を務めて文化財の調査、指定にたずさわった。1961年２月、論文「大和絵の研究」により文学博士。66年３月、定年退職し、帝塚山学院大学教授に就任。多数の研究業績の中でも比類のない綿密な考証による『日本美術史年表』を公刊。83年、日本美術史研究における多大の業績で朝日賞受賞。

【参照】 I 111, 113【文献】『関西学院文学部60年史』1994

宮《みや》田《た》満《みつ》雄《お》 1933. 4. 14～

第12代院長*、社会学部*教授。旧朝鮮京城に生まれる。父守衛は関西学院普通部高等科、母方の叔父２人田中功、田中貞も関西学院神学部*の同窓である。関西学院高等部*から文学部*英文科に進み、1956年卒業後直ちに高等部教諭に就任。60年よりアメリカのペンシルベニア大学大学院に留学し、甲南女子大学文学部専任講師（英語、米文学）を経て、68年、関西学院大学社会学部専任講師として再び戻る。70年助教授、76年教授に就任。その間、学生部長を務め、89年、公選制の復活後初の院長に選出され３期９年間務めた。千刈セミナーハウス*、千刈キャンプ*所長を兼務。学院生活は学生時代から合わせて48年に及ぶ。

学外にあっては神戸YMCA理事長、日本YMCA同盟国際協力委員会委員長、世界YMCA難民・復興委員会委員として活躍する国際派である。その他キリスト教学校教育同盟常任理事、国立民族学博物館評議員、アジアキリスト教大学協会（ACUCA）会長などを歴任した。1993年アメリカ・ディラード大学からDistinguished Achievement Award、95年、兵庫県青少年功労者表彰、96年、カナダ・マウント・アリソン大学より名誉法学博士号（LL. D. ）、98年、社団法人青少年育成国民会議表彰を受ける。

専攻は20世紀アメリカ文学、わけてもE. ヘミングウェイの小説に関心を寄せ、その作品研究に加え、学院の創立者W. R. ランバス*に関する論考、朝鮮雑記や書簡集などの一次資料や伝記の翻訳もある。

1999年３月に定年退職、同年４月、ランバス姉妹校の一つ聖和大学の学長に就任、2000年６月には同大学理事長も兼任。その後、03年４月からは、啓明女学院院長、関西学院同窓会*副会長を務めた。

【参照】Ⅱ 504, 550-54【文献】『関西学院大学社会学部紀要』(83) 1999

む

武庫川マラソン

1947年に発足した新制中学部*の初代部長矢内正一*は、生徒の心身の鍛練の一つとして「駆け足」を取り上げ、毎朝始業前に有志生徒とともに上ケ原*の約1,700mのコース（このコースは「矢内コース」と呼ばれるようになった）を走ったり、１年生は阪急池田、２年生は石橋、３年生は豊中から、それぞれ学校に向かって走り抜く、といった行事を実施していた。これら「駆け足」の行事は、交通量の増加などにより58年頃には中止せざるをえなくなったが、数年後には中学部から中央芝生*までのコースを２周するランニングが、冬期の「早朝耐寒駆け足」として復活した。

1968年２月には武庫川河川敷を全校生で走る「武庫川マラソン大会」が開催され、今も続く中学部の伝統行事の一つとなった。大会は当初河川敷コースの端から端までを往復する15kmの距離で行われていたが、95年の阪神・淡路大震災*後から、河川敷の補修工事などの理由で距離は10kmとなり、2012年男女共学化以降は、男子は10km、女子は７km（2012年のみ５km）の距離で行われている。なお、中学部での駆け足による心身鍛練の伝統はマラソン大会だけでなく、1977年から始まった「全校駆け足」（週４回全校生が７時間目にグラウンドを走る）という形でも受け継がれている。

武藤《むとう》 誠《まこと》 1907. 8. 5～1995. 4. 7

文学部*長、専門は考古学。東京都に生まれる。兵庫県立第一神戸中学校、松山高等学校を経て、1930年、京都帝国大学文学部史学科（国史専攻）を卒業、大学院に進み、32年、関西学院大学予科*教授（日本史・東洋史)。以後、関西学院専門学校政経科*、高等商業学部*、短期大学*の教授を歴任し、57年、文学部*教授（史学科）に就任。60年からは学生部長、教務部長、総務部長、財務部長、理事などの要職に就き、69年３月、大学紛争の激化する中で院長*事務取扱に就任した。その後もキリスト教主義教育研究室*長、評議員、文学部長、学長室*委員を務め、76年３月、定年で退職、黒川古文化研究所所長に就任。81年、学院史資料室（現、学院史編纂室*）顧問に就任。

兵庫県文化財専門委員や西宮市、宝塚市、川西市の文化財審議会委員として多くの史蹟・古文書調査を行い、兵庫県史編集委員会委員、宝塚市・芦屋市史編集専門委員、黒川古文化研究所理事・研究員、滴水美術館理事・評議員、白鶴美術館理事・評議員を務め、1949年、兵庫県文化賞受賞。続いて社会教育功労者表彰（社会教育協会）、文化財功労者表彰（文化財保護委員会）、兵庫県教育功労者表彰、67年、西宮市市民文化賞受賞。

【参照】Ⅰ 483；Ⅱ 69, 168, 192, 361【文献】『誠の人―武藤誠先生追悼録―』1996

村上謙介《むらかみけんすけ》 1897. 4. 5〜1946. 5. 5

旧制中学部*英語教員、『開校四十年記念 関西学院史*』（1929）の執筆者。村上博輔*の子として広島県佐伯郡石内村に生まれる。1910年４月、関西学院普通学部*に入学し、15年３月に卒業。同年４月に高等学部*文科に入学し、19年に卒業。20年９月に京都帝国大学文学部に入学し、英文学を専攻。23年、修了し、４月に関西学院中学部教員となる。この年の12月18日、中学校高等女学校英語科教員免許を取得。神学部*、高等学部*、文学部*の非常勤講師も務める。28年６月、40年史編纂委員会発足に際し編纂委員となり、執筆の中心となる。44年、中学部より総務部に転じ、学院史編纂主任となり、史料の収集整理に当たり、『関西学院五十年史』の編纂に従事したが、刊行を前に病死した。

村上謙介の日記として『甲東落葉籠』（1930–39）は学院史編纂室*に所蔵されている。

【参照】Ⅰ 347【文献】武藤誠「学院人物風土記〈10〉」『関西学院ジャーナル』（24）1979

村上博輔《むらかみひろすけ》 慶応元<1865>. 10. 15〜1926. 4. 20

専門部文学部*教授。広島県佐伯郡石内村に生まれる。郷土の儒者吉村斐山、河野小石らに漢籍を学ぶ。1879年、佐伯郡草津村小学校上等科を試験により全科を卒業。86年３月、広島県御用掛となり、鉱山科に勤務。89年１月、辞職。同１月22日、南美以広島教会でW. R. ランバス*により受洗。94年８月、南メソヂスト監督教会*伝道師となる。1901年9月、広島市広陵中学校教頭。03年4月より関西学院普通学部*教員に就任し、国語と漢文を担当する。09年4月、普通学部教務主任。12年4月の高等学部*設置に際し文科教員、21年の名称変更に伴い文学部教授となる。26年、退職。

吉岡美国*および学院の初期の教職員一般に見られるアメリカ一辺倒の風潮を痛烈に批判した。1905年5月3日、朝のチャペルで普通学部普通科の認定問題を取り上げた村上は、08年12月には蘆田慶治*とともに文部省との最終交渉を行うなど認定の取得のために活躍した。

『村上博輔日記抄』2巻（1903-12）は、学院の生活、学内外者の演説の紹介、学院の批判など、詳細な第一次資料である。

【参照】Ⅰ 112, 134, 199【文献】『開校四十年記念 関西学院史』1929；小林信雄「村上博輔日記について」『キリスト教主義教育』(18)1990；資料「村上博輔日記抄一」『関西学院史紀要』(7)2001～

め

名誉学位

「学識顕著にして文化の発展もしくは国際平和の促進に多大に貢献をなし、又は本学院における研究及び教育に著しい功績のある者」（名誉学位規程）に対して、関西学院大学が贈る学位*であり、1957年、最初の規程が定められた。58年に第4代院長*C. J. L. ベーツ*（第1号）と第7代院長H. W. アウターブリッヂ*（第2号）に贈ることが決定され、翌年10月の学院創立70周年記念式典の席上授与された。なお、「名誉学位規程施行細則」の2002年改訂で、「本学院又は大学が招いた外国人賓客で、特にその来学を記念して、顕彰の必要があると認められた者」をも対象者とされた。以後、2012年度までに、第5代院長神崎驥一*（1959）、仁田勇*（1968）、T. パーソンズ（1978）、E. O. ライシャワー（1979）、J. H. ズンバーグ（1979）、E. F. ボーゲル（1980）、R. N. ベラー（1981）、J. E. カーター（1981）、スジャットモコ（1982）、大野乾（1983）、L. ドナルド・シルズ（1983）、H. パッシン（1984）、江崎玲於奈（1987）、G. S. フレンチ（1988）、朴

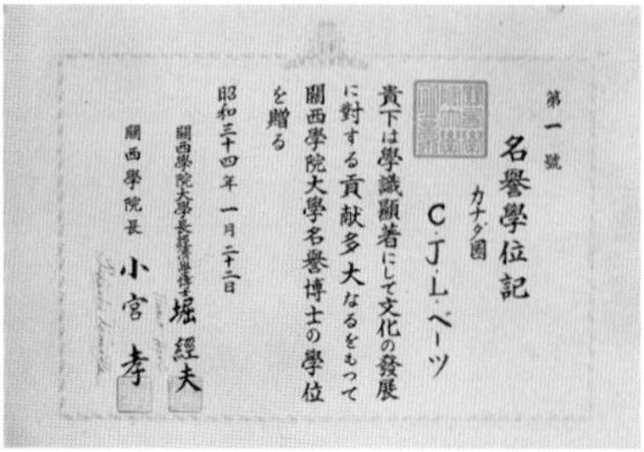
第一號
名譽學位記
カナダ國
C.J.L.ベーツ
貴下は學識顯著にして文化の發展
に對する貢献多大なるをもつて
關西學院大學名譽博士の學位
を贈る
昭和三十四年一月二十二日
關西學院大學長 堀 經夫
關西學院長 小宮 孝

大善*（1989）、J. W. ホワイトJr.（1991）、ロナルドL. ワッツ（1994）、M. F. ストロング（1995）、伍卓群（1996）、A. ベルク（1996）、ウィリー・トイスタ（1997）、J. クライナー（1998）、B. R. アナセン（1998）、J. T. レイニー（2000）、G. G. ミューラー（2000）、A. ファン・アフト（2001）、A. ドゥ・メストラル（2001：C. J. L. ベーツ第４代院長令孫）、トラヤ・アーメド・オベイド（2004）、S. ケイプリング・アラキジャ（2004）、ルクツォ・ヨゼフ・ムラパ（2004）、U. ルツ（2005）、田島幹雄（2006）、日野原重明（2006）、彭明敏（2006）、納谷誠二（2007）、ワンガリ・マータイ（2010）、ムハマド・ユヌス（2010）、J. A. マーリーズ（2011）、S. J. グレイ（2012）ら、41名に授与されている。

【参照】Ⅱ 256

名誉教授

学校教育法第68条の３の「大学は、大学に学長*、副学長、教授、助教授又は講師として多年勤務したものであって、教育上又は研究上特に功績のあった者に対し、当該大学の定めるところにより、名誉教授の称号を授与することができる」（現、第106条では「大学は、当該大学に学長、副学長、学部長、教授、准教授又は講師として勤務した者であつて、教育上又は学術上特に功績のあつた者に対し、当該大学の定めるところにより、名誉教授の称号を授与することができる」と改訂されている）との定めに従って1951年10月の大学評議会*で名誉教授規程が定められた。この規程に従って、56年、H. W. アウターブリッヂ*院長*の帰国に際して初の名誉教授の称号が授与された。以後、学部教授会*・研究科委員会の推薦を得て、大学評議会*で審議・決定し、理事会で最終の承認を得ることになっている。2014年４月１日現在、308名に同称号が与えられている。

なお、第４条第２項「本大学に原則として５年以上勤務し、教授として退職した者で、その間に学術に関する著名な賞を受賞するなど、本大学の学術に特に功績があった者、又はその間に、学長、副学長、学部長、研究科委員長、専門職大学院*研究科長のいずれかに就任し、本大学の教育・研究の振興に特に功績があった者」(2002年の規定の追加)により最初に授与されたのは、総合政策学部*部長の天野明弘*であった。また、2013年度からこの２項の専門職大学院研究科長に続いて、図書館長が追加された。

【参照】Ⅱ 255

メソジスト

Methodist

18世紀のイギリスでJ. ウエスレー*を指導者として起こった信仰復興運動がメソジスト運動と呼ばれるが、メソジスト(几帳面屋)という呼称は、オックスフォード大学クライスト・チャーチで弟C. ウエスレーたちが始め、兄ジョンが継承した「神聖クラブ」(Holy Club＝第１期メソヂスト形成)のメンバーにつけられたあだ名である。

メソジスト会(Methodist Society)のメンバーは、当時の英国国教会の形骸化した儀式や教理に対して自らの神の恵みの体験を重んじ、愛と奉仕による社会事業、教育活動に挺身し、労働者の自覚と向上を促した。1744年、第１回の年会を開いた。

1769年以後アメリカに伝わったメソジスト運動は、19世紀のフロンティア時代、工業化の進展と経済成長に伴って次第に中産階級に浸透し、アメリカ最大のプロテスタント教派を成す飛躍的な発展を遂げた。その後、アメリカ大陸以外の外国へのミッション活動が次々と開始されたが、関西学院の創立者W. R. ランバス*の曾祖父W. ランバス(William Lambuth, 1765–1837)は、J. ウエスレー*がアメリカに派遣した初期リーダーの一人F. アズベリ監督から按手を受け、アメリカ先住民伝道に従事した直系のメソジスト・ミッショナリーであった。

日本に導入されたメソジストについては、キリスト教の本質を合理的立場で捉える自由主義や聖書の字義どおりの解釈に固執する根本主義とは一定の距離を置く健全な福音主義、すなわち人間の原罪やキリストによる救済などプロテスタントの正統的信仰を築いたものとして積極的評価がなされている。

【参照】Ⅰ 10, 31, 41【文献】土肥昭夫『日本プロテスタント・キリスト教史』1980；山内一郎『メソジズムの源流：ウェスレー生誕三〇〇年を記念して』2005

メソヂスト監督教会

Methodist Episcopal Church (MEC)

ジャパン・ミッションに参加したアメリカ・メソヂスト監督教会。1873年、切支丹禁制の高札撤去と時を同じくしてメソヂスト派最初の日本伝道の門を開いた。明治時代の在日教会の公称は「美以教会」。これは中国清代の英語読み略称のMEに当て字した表記であるが、明治20年代以降「メソヂスト」と併用され、やがて後者に統一された。函館、東京、長崎などを伝道の拠点とし、現在の遺愛学院、弘前学院、東奥義塾、青山学院、福岡女学院、活水学院、鎮西学院などのミッション・スクールを開設した。

1939年に奴隷問題をめぐる対立から分裂していたアメリカ・南メソヂスト監督教会*と再合同、さらに68年、他のメソジスト諸教会と一体化し、今日の合同メソジスト教会*を形づくっている。

【参照】 I 35–37

メチャビー

中学部*の新入生オリエンテーションキャンプで行われている伝統的なプログラム。名称は「メチャクチャなラグビー」に由来しているという説もある。約60年前、淡路島の志築で中学部が夏のキャンプを行っていた時、当時大学生リーダーであった西川薫が、「男として自分に恥じるような卑怯な手段は使わない」というルールで中学部生たちに砂浜でラグビーのような競技をさせた。これがメチャビーの誕生である。以来、中学部の新入生キャンプが関西学院千刈キャンプ*で行われるようになってからも、コロシアムと呼ばれるグラウンドに水を撒き、わざとどろどろにしたグラウンドでこの競技を行っている。

そこでは、自らがボールを持てばおそれずにゴールを目指す勇気と責任、仲間がボールを持てば泥をかぶってでも仲間を支える献身と団結が新入生に求められる。関西学院のスクールモットー“Mastery for Service”の体現を目指す人間であれ、というメッセージが込められたプログラムである。2012年に男女共学化されて以降も、この精神は「人間」に共通に必要な資質との考え方から、女子にも同じプログラムを行っている。

も

モズレー，C. B.

Moseley, Crowder Bell
1859. 10. 13〜1916. 8. 19

南美以神戸教会第３代牧師。アメリカ・ミシシッピ州に生まれる。1887年ヴァンダビルト大学卒業、同年、和歌山中学校の英語教師として来日。

その後、宣教師となり、89年1月、松山に赴任、宣教のかたわら実用英語学校を開設。同年9月、南美以神戸教会第3代牧師に就任、1年の働きののち、再び松山にて宣教活動に入る。その間、89年7月16日、南メソヂスト監督教会*ジャパン・ミッションより「関西学院憲法*」起草委員3名の内の1名に指名される。同年、関西学院神学部*教授に任命され、神学部開設時の4名の教授の内の一人として教会史の講義を担当、のちに組織神学、聖書神学、聖書史を担当。その後、大阪西部教会などに赴任、アメリカにて死去する。

An English-Japanese Vocabulary of Theological Biblical and Other Terms（1897）を編集出版。

【参照】Ⅰ 89,139,321【文献】『神戸栄光教会七十年史』1958

門衛室

正門*を入ってすぐ左手、クスノキの樹陰の中に関西学院の門衛室がこぢんまりと位置している。門衛室の役割は、保安、看守、案内などである。

1976年に休日・夜間受け付け窓口が本体東側に増築されたが、建物本体は開校時から今日に至るまで変化がない。デザインは校舎棟のパラ

ペット様式による屋上と異なり、移転当時の宗教館や総務館同様、切妻屋根にスパニッシュ瓦葺き、壁はスタッコ仕上げとなっている。

建物配置は、正門近くにあるのは当然であるが、必要以上に正門に近づくことなく、むしろ控え目に位置づけられている。門衛室は、現在も学院本館*、吉岡記念館*と並んで、ロの字型（クオドラングル形式）や背後の広がりをより鮮明に実感させる、せばめられたアプローチの中で要として位置づけられる。

本体は1929年3月竣工、木造瓦葺き平屋建て、登記面積49.91㎡、設計はヴォーリズ建築事務所、施工は竹中工務店。増築部分は1976年9月竣工、木造瓦葺き平屋建て、登記面積6.05㎡、設計・施工は竹中工務店。

も

や

薬学部設置計画

薬学部設置の構想は、「篠山新学部問題」として学院内に大きな議論を呼び起こしたが、波紋だけを残して消えていった計画である。

兵庫県は1965年２月、多紀郡篠山町にあった県立兵庫農科大学が神戸大学に移管され移転するのに伴い、関西学院に対し、その校地約３万坪（約９万9,000㎡）、付属農場約６万坪（約19万8,000㎡）および校舎を、大学の学部を設置することを条件に譲渡したいとの非公式な打診を行った。当時の関西学院は、新しい学部あるいは学科を設置するには大学設置基準に照らして校地面積が不足しており、厳しい状況にあった。66年６月の理事会において、古武弥正*学長*を委員長に篠山問題研究委員会が設置され、農科大学跡にどのような学部を設置するのが適当であるかの検討が開始され、10月の理事会に、新学部を設置するとすれば薬学部が最適であるという報告書が提出された。その理由として、将来の篠山地方開発の原動力となり、製薬会社の誘致などにより、篠山地域の繁栄に寄与できること、農場などを含めて農科大学跡を有効に活用できること、既設の理学部の応用的分野を含み、将来医学部設置にもつながり、関西学院大学を総合大学として完成する途上で適切な学部であることなどがあげられた。また、専門学校理工科*にあった製薬工業科の卒業生が社会で活躍し、貢献していること、製薬業界で重きをなしている学院出身者がいることなども考慮された。この計画の推進には、学内の教育と研究体制の整備計画や新学部設置および完成までの財政計画を明らかにし、大学内の理解と協力を得ることが必要であることも報告書では強調された。

この新学部設置と1966年６月に決定した父兄会費値上げとの関連を指摘した一部の学生は、両者に対する反対運動を起こした。また、大学教員組合も、65年10月26日に理事長*宛に「篠山問題に関する通告書」を提出し、財政の危機が叫ばれている時に、多額の資金を要する理工系学部を設置することの問題点を指摘し、計画の白紙撤回と既存学部の充実を訴えた。学部教授会*も反対を表明し、学内協力が得られにくい状況となった。理事会は66年12月の臨時理事会において、建設と運営に財政的負担が大きく、学内協力を得ることが困難であるとの結論に達し、兵庫県の申し入れを辞退することを決定した。

篠山新学部問題の混迷は、理系学部拡充による総合大学化を目指す理事会の意向と既存学部の整備充実を強く求める学内の要望との間で齟齬をきたしたことによるものであった。この問題は、後に起こる大学紛争の遠因となった。

【参照】Ⅱ 258-264, 339

矢内正一《やないまさいち》 1900. 2. 1〜1984. 3. 26

理事長*、新制中学部*初代部長、名誉中学部長。兵庫県佐用郡に生まれる。1918年、姫路中学校、24年、関西学院高等商業学部*を卒業。同年、関西学院中学部教諭に就任、英語を教える。32年、高等商業学部教授、44年、中学部教頭、47年、新制中学部初代部長。65年、定年退職。69年から74年まで理事長*を務める。

18年間、中学部長として中学部教育に携わり、その教育理念は現在も中学部の指針となっている。矢内は私学をプロテスト・スクールであると定義づけ、中学部が「キリスト教的な価値観を身につけさせる場、自己鍛錬の場」でありたいと願った。イギリスのパブリックスクールに教育の理想を求め、学問と同時に、宗教的精神・運動家精神の涵養を重視した矢内は、キャンプ、始業前の駆け足、甲陽学院中学校との定期戦等の実施という形で、それを実践していった。これらの行事は、形は変わったものの現在も中学部の伝統として続いている。

退職後、西宮市教育委員長、箕面自由学園高等学校・中学校・小学校・幼稚園長、神戸女学院理事、聖和女子大学理事などを歴任した。著書に『一隅の教育』(1965)、『人間の幸福と人間の教育』(1980) がある。

【参照】Ⅱ 84, 92, 300, 386, 483, 491【文献】『関西学院高中部百年史』1989

柳原正義《やなぎはらまさよし》 1895. 5. 26〜1943. 3. 15

関西学院教会*牧師、礼拝主事。大分県塩九舛町に生まれる。学院創立の1889年の大晦日、S. H. ウェンライト宣教師の館で起こった大分リバイバル*で献身を誓い関西学院神学部*初期の学生となった柳原浪夫の長男として生まれる。関西学院高等学部*文科第3回入学生、のち神学部に転部、1919年卒業。1923年、アメリカ留学中に関西学院教会副牧師に任命され、同年秋に就任。25年、関西学院教会第５代牧師に就任し、34年に病を得て牧会を退くまで、関西学院の礼拝主事を兼務。在任中は、関西学院の上ケ原移転*時にあたり、関西学院の宗教教育の拠点となる宗教館の設立に尽力した。関西学院教会は、上甲東園*移転まで、宗教館２階で礼拝が行われた。

牧師退任後は関西学院高等商業学校*教授に就任。1940年、関西学院のミッションからの財政的独立に際して設けられた基本金募集と関西学院維持会組織化のための「参事」に専任として当たることとなる。43年、在任中に急逝、学院葬が営まれた。

【参照】Ⅰ 403【文献】『関西学院教会80年史』2000

山内一郎《やまうちいちろう》 1935. 8. 11～

理事長*、第13代院長*、神学部*教授。名古屋市に生まれる。1948年、新制の関西学院中学部*２期生として入学、高等部*を経て神学部を1958年に卒業、同大学院*修士課程を修了した60年に中学部宗教主事*に就任。その後アメリカ・デューク大学に留学、65年、神学部専任講師に就任、助教授を経て75年に教授に就任。はじめはキリスト教教育学を担当し、『キリスト教教育辞典』（共編、1969）、『神学とキリスト教教育』（1973）を著わしたが、その後、新約聖書神学の研究に入り、『カラー版聖書大事典』（監修共訳、1991）、『新教／タイムズ聖書歴史地図』（監修、1993）、『新共同訳新約聖書略解』（共著、2000）、『輝く自由―関西学院の教育的使命』（2009）ほかを著し今日に至っている。

1974年、久山康*理事長*・院長*就任に伴い、院長補佐、院長代理を務め、終始学院体制を支えるのに助力した。97年神学部長、翌98年に院長に選出され就任し、2001年より高中部長*を兼任、また2002年より理事長を兼務した。2003年にはキリスト教学校教育同盟理事長に就任し、また、日本私立大学連盟常任理事や大学評価準備委員会委員としても貢献した。2001年、アメリカ・ディラード大学より名誉神学博士（D.D.）の学位を受ける。

【文献】『神学研究』(51)2004

山川記念館

山川記念館は元聖和女子大学学長・聖和大学理事長山川道子*と元聖和女子大学教授山川範子（1910−90）両姉妹の寄付（基金）と聖和大学

130周年記念事業の募金をもとに2009年12月に完成した。

建物概要は、鉄筋コンクリート造２階建、延床面積2,094㎡、２階には395名収容のチャペル兼教室（ホール）がある。このチャペル兼教室は、関西学院の創立者であるW.R.ランバス*の母で、神戸女子伝道学校、後のランバス女学院創立者の名をとり、「メアリー・イザベラ・ランバスチャペル」と命名されている。その他、キリスト教教育・保育研究センター、パール・マケーン記念室、香月恒子記念ギャラリーなどがある。また１階には子どもセンター*がある。

子どもセンターは、地域の子ども・子育て支援事業、発達支援事業、おもちゃとえほんのへや事業の３つの事業からなり、キリスト教主義に基づく教育・保育を根幹とし、教育・研究・支援活動を通して広く社会に貢献することを理念としている。

地域の子ども・子育て支援事業では地域の子ども、子育て家庭、または子育て支援に関わる活動団体等に情報や交流の場を提供している。また、発達支援事業では、発達に何らかの配慮を必要とする子どもに対し、適切な評価を行い、子ども・保護者に個々の課題に応じたプログラムを提供している。おもちゃとえほんのへや事業では、教育学部*や聖和短期大学で学ぶ学生達が、よりよい保育者・教育者となるための支援として、良質の玩具、絵本、紙芝居等を収集管理し提供している。

山川道子《やまかわみちこ》 1905.5.1～1988.8.19

聖和女子短期大学第３代および聖和女子大学初代学長、学校法人聖和大学*初代理事長。大分県塩九舛町に生まれる。幼少の頃、I.M.ウォース宣教師（Ida M. Worth）と出会い、日曜学校に通うようになった。県立大分女学校で学んだ後、広島女学院専門学校英文科に進学、W.A.ウィルソン牧師より受洗。卒業後大分に帰り、愛隣幼稚園の園長通訳兼教諭となったが、ランバス女学院保育専修部長M.M.クックの勧めによって、同保育専修部に編入学した。卒業後、1933年、大毎保育学園の初代主任保母となった。1939年、ランバス女学院保育専修部教授に就任。在任中、広島文理科大学に内地留学。その後、聖和女子学院教授となり、戦後、関西学院大学文学部*心理学科に内地留学。

さらに、聖和女子短期大学教授となって後の1952年４月から54年８月までの期間、テネシー州ナッシュビルのジョージ・ピーボディ大学大学院、ニューヨークのコロンビア大学大学院他で学んだ。このとき、米国では大学院を修了した人たちが幼稚園の教諭となり、保育の実践と研究に励んでいる姿に触れて大きな感銘を受け、日本初の幼児教育の４年制大学課程および幼児教育学専攻の大学院修士課程の開設のために尽力した。

1958年、聖和女子短期大学学長に就任。64年、聖和女子大学初代学長に就任。81年、学校法人聖和大学*初代理事長に就任。同年、大学院が男女共学となり、翌82年に大学が男女共学となった。理事長在任中の86年、短期大学に英語科を新設した。

【文献】『聖和保育史』1985；黒田実郎『山川道子先生のご生涯』1998

山崎治夫《やまざきはるお》 1911. 8. 27〜1968. 4. 7

宗教主事*。神戸市に生まれる。岩国教会にて受洗。1934年、関西学院専門部神学部*卒業後、39年、アメリカ・南メソジスト大学に留学、キリスト教史を専攻、副専攻としてガイダンス・カウンセリングなどの社会事業学を学び、M. A. を取得。帰国後、長崎・活水女子専門学校教授、滋賀県立中央児童相談所長を歴任。49年、関西学院中学部*宗教主事*に就任、また、文学部*社会事業学科で児童福祉学の講義を担当した。52年、宗教センター*主事（中学部*宗教主事*兼務）を経て、54年、大学宗教主事に就任し、経済学部*ならびに宗教センター*の責務を担う。そのかたわら、日本基督教団*甲子園教会牧師として57年まで牧会。57年、経済学部*専任宗教主事、翌58年、宗教センター主事を兼任、63年には関西学院千刈キャンプ*場長を兼任。戦後の関西学院の宗教教育の整備ならびに経済学部の宗教教育活動発展の一翼を担う。

1966年、名古屋学院院長の招聘を受け転任するが、68年、在任中に急逝する。著書に『地の果てまで—ランバス博士の生涯—』（1960）、『キリスト教概説—その歴史と思想—』（1962）がある。

【参照】Ⅱ 311【文献】『関西学院大学経済学部五十年史』1984

山田《やまだ》耕筰《こうさく》 1886. 6. 9〜1965. 12. 29

作曲家。東京市本郷に生まれる。1902年、姉のガントレット恒子を頼り、岡山の養忠学校に入学し、義兄G. E. L. ガントレットから音楽の手ほどきを受ける。転校して関西学院普通学部*1年に入学。グリークラブ*と野球部*に加わった。在学中の16歳秋に "MY TRUE HEART" を初めて作曲した。04年9月、東京音楽学校予科に入学、同校本科声楽部を卒業して研究科に在籍。10年3月よりベルリン王立アカデミー高等音楽院（現、ベルリン芸術大学音楽部）作曲科で3年間ドイツ古典音楽の伝統を継ぐ作曲法を学び、13年末帰国。

1920年、日本楽劇協会を設立し、日本における交響楽やオペラの普及運動を展開した。22年から詩人北原白秋*との交遊を深め、日本語の語感を生かした歌曲・童謡（「待ちぼうけ」「からたちの花」「この道」など）の作曲法を確立して国民音楽樹立運動をおこすなど、生涯にわたり日本の音楽界に指導的役割を果たした。30年12月、耕作から耕筰へ改名。

山田耕筰に1933年、関西学院校歌「空の翼」*（北原白秋*作詞）、39年、「緑濃き甲山」（由木康*作詞）、「関西学院頌歌」（竹友藻風*作詞）、49年、"A Song for Kwansei"（Edmund Blunden作詞）、応援歌「打ち振れ旗を」（竹中郁作詞）を作曲。なお、関西学院よりも早く1922年大学昇格を記念して制定された関西大学学歌も作曲している。

1936年、フランス政府レジオン・ドヌール勲章受章、42年、芸術院会員となり、56年、文化勲章受章。

【参照】Ⅰ 180, 530, 538【文献】『自伝若き日の狂詩曲』1951；『若き日の思い出』1955；「関西学院の歌」(1-2)(『関西学院キリスト教教育史資料』Ⅳ, Ⅶ)1981, 1987；『山田耕筰作品資料目録』1984

ゆ

由木《ゆうき》康《こう》 1896. 4. 16〜1985. 1. 27

東京二葉独立教会初代牧師、教会音楽研究家。鳥取県境港で実業家足立正の次男として生まれる。生後すぐに聖公会の牧師であった由木虎末の養子となる。1920年、関西学院高等学部*文科英文学科を卒業後、神戸聖書学校（現、関西聖書神学校）で実践神学を学ぶ。21年、東京二葉独立教会（現、東中野教会）を設立、同牧師に就任し70年まで牧会に携わる。また、日本における教会音楽、とりわけ讃美歌研究の草分け的存在としても活躍、青山学院、東京女子大学等で讃美歌学、礼拝学の講義を担当。27年、『聖歌』（私家版）で多数の讃美歌を翻訳紹介し、31年版『讃美歌』の編集主査を務める。第2次世界大戦中から戦後にかけては、日本基督教団*初代讃美歌委員長として『讃美歌』改訂に尽力、54年版『讃美歌』を完成に導く。一方、讃美歌作者としても日本の代表的讃美歌「馬槽のなかに」（1954年版『讃美歌』121番）をはじめとして、多くの「讃美歌」を作詞。また、「きよしこの夜」の訳詞等、多くの海外讃美歌を日本に紹介した。39年には、関西学院50周年を記念し「緑濃き甲山」を作詞（山田耕筰*作曲）、また、パスカルの研究者として『パンセ』の翻訳も出版。70年、教会引退後は、東中野教会の名誉牧師となる。

著書に『礼拝学概論』（1961）、『イエス・キリストを語る：ヨハネ伝講解』（1997）、訳書にパスカル『瞑想録』（1938）、H. ホロート『キリストに倣ひて』（1948）がある。

有光寮

旧制関西学院専門部を経て1938年に商経学部*を卒業した山県 虔《ただし》が82年に寄付した資金によって再建された寮である。在学中の34年、共同生活をする寮を作ろうとした山県ら５人の学生の希望により、当時大学予科*教授であった平賀耕吉の援助によって、岡田山の一角に２階建て５室に食堂の付いた農家を一軒借りて有光寮が発足した。命名は神学部*の松田明三郎で、額は吉岡美国*院長*の揮毫による。この寮は「理想と信仰」の家となり、寮生は青春を謳歌したが、50年に廃寮となった。その再建を願っての寄付であった。その寄付金をもとに銀行の旧女子寮を買収して内外装を一新し、85年に「キリスト教主義精神に基づく、人格の陶冶を目指す」寮として、仁川*五ケ山町の地に実現した。関西学院は、この寮の建物や付属する諸施設の維持保全を担い、有光寮教育委員会が設けられた。

1985年４月27日献寮式。鉄筋コンクリート造り３階建て、延べ床面積約360㎡。和洋14の居室のほか応接室、浴室、食堂兼談話室を備えてい

る。

2010年３月末に実質的運用を中止し、13年３月20日、閉寮式が催された。

【参照】Ⅰ 538【文献】「毎日新聞」1982.1.10夕刊；『関学ジャーナル』(64)1985

ユースホステル部

1958年、高岸峻、三木信夫らによりクラブ活動*を通じて人格形成の一助とするため「関学こだま会」を結成。当時はハイキングやキャンピング、史跡見学など同好会的要素が強かった。その後、同好会としての活動から、ユースホステル運動を基礎とした活動に移り、59年に名称を「関西学院大学ユースホステル会」に改めた。活動方針も旅行に重点をおき、史跡・寺院見学のホステリングを行ったり、会報『ル・トラージェ』を1958年から刊行している。60年にはクラブに昇格、名称もユースホステルクラブに改め、第１回三校交歓会（同志社大学・同志社女子大学・関西学院大学）や第１回春・夏合宿を行った。61年、関西学院大学と法政大学が中心となって全日本大学ユースホステル団体連盟を結成、64年には念願の部昇格を果たした。現在は、自然を通して人格形成を行うことを目的とし、春・夏合宿をはじめ、キャンピングやハイキングを行っている。また夏には小学生を対象にオープンキャンプを開催したり、他大学のユースホステル部と交歓会などを通して交流している。

【文献】『関西学院大学文化総部ユースホステル部五十周年記念誌』2008

ユネスコ研究部

国連の専門機関である国際連合教育科学文化機関UNESCO（United Nations Educational, Scientific and Cultural Organization）という名に即して、創部当初の1970年ごろは教育班、科学班、文化班に分かれ、地域の子どもたちとの交流や国際交流を中心に活動していた。最近では、日本ユネスコ協会連盟の主な活動である「世界寺子屋運動」「世界遺産・地域遺産活動」「未来遺産運動」「青少年活動」のうち、特に「世界遺産・地域遺産活動」に注力している。具体的には、およそ月に１度、世界遺産または重要文化財を訪れたり、世界遺産検定の資格取得促進活動をしたり、世界遺産プレゼンテーションを行ったりしている。

ユネスコ研究部員は世界遺産または重要文化財の訪問や研究という手段を用いて、各々の自己実現を目指していることを理解し、共有してい

ゆ

る。部員の多くが掲げるビジョンを一例として挙げたい。「世界遺産を学ぶということは、その背景にある歴史、文化や価値観について学ぶことである。この学びが私自身の価値観に幅広さと深みをもたらすことで、将来なにごとにも柔軟な発想と理解力で問題に対処できる人間に育てる。つまり、世界遺産の研究は深みのある人間になるための手段である」。

【文献】『関西学院大学ユネスコ研究部20周年記念誌』1983

柚木《ゆのき》 学《まなぶ》 1929. 6. 22〜2000. 4. 21

学長*、経済学部*教授。金沢市に生まれる。関西学院大学在学中神崎驥一*のもとに下宿し、1953年に経済学部卒業。同研究科を経て、60年、経済学部専任講師、助教授を経て、72年に教授。57年から灘酒研究に着手し、『近世灘酒造業の経済構造』（1964）で経済学博士（関西学院大学）。この書で灘酒の生産・流通全般にかかわる総括的研究をしたのち、自らの収集史料を基礎として海運史に関わる諸問題の包括的体系化を試みた『近世海運史の研究』（1979）で日本学士院*賞受賞。日本海事史学会理事、日本酒造史学会副会長、社会経済史学会常任理事などを歴任。大学では、学生部長、学部長、産業研究所*所長、学院史資料室長などを経て、学長に就任（1994−97）。在任中に阪神・淡路大震災*に遭遇。また、編集委員長として『関西学院大学経済学部五十年史』（1984）、『関西学院百年史』（全４巻、1998）を刊行した。96年には吉林大学名誉教授。定年退職し、2000年、大阪明浄大学学長に就任。直後に死去。

父の柚木重三は京都帝国大学卒業後、日本経済史研究所所員を経て1936年に関西学院大学商経学部*助教授となり、灘酒経済史関係資料の収集にあたり、『灘酒経済史料集成』編纂中の40年に死去。死後出版に『灘酒経済史研究』（1940）がある。

【参照】Ⅱ 449, 456, 580【文献】『関西学院大学経済学部五十年史』1984；『経済学論究』52(２)1988；『関西学院大学経済学部七十年史』2005

尹《ユン》致《チ》昊《ホ》
Yun Chi-Ho
1865. 1. 16〜1945. 12. 9

朝鮮の地方官吏、外交官、外務大臣代理。朝鮮人最初のメソヂストの受洗者の一人で、キリスト教による教育の普及に大きく貢献し、YMCA副会長を務めた。

1881年、韓国宮廷が派遣した「12

紳士遊覧団」の留学生２名が慶應義塾に入学したものの、随員の尹は、中村敬宇の同人社に入学。新任駐韓公使フートの通訳官として1883年に帰国。84年の甲申事変の際、開化党一派と見なされていた尹は、身の危険を感じて日本を経て上海のアメリカ・南メソヂスト系専門学校中西書院へ入学し、J. W. ランバス*から英語やキリスト教を学ぶ。同書院の教師W. B. ボンネルやW. J. アレンの尽力でヴァンダビルト大学留学。

吉岡美国*は1890年８月に渡米し、ヴァンダビルト大学に留学。92年卒業し、６月に帰国。その留学時代に尹との交流を深め、信仰や宣教師の役割について議論。帰国中のW. R. ランバス*とも会う。

尹は、朝鮮総督府が1910～11年に平安道のキリスト教民族主義者を弾圧するために捏造された百五人事件で逮捕された。123名が起訴され尹ら105名が有罪となり、控訴。尹ら５名が高裁判決で有罪となった。植民時代の末期になって、皇民化政策に協力したいわゆる「親日家」となった。

【文献】宮田満雄「ランバス資料邦訳について―朝鮮関係資料について―」『キリスト教研究年報』(11)1983；『関西学院史記要』(７)2001

よ

洋弓部

1959年、日岡邦夫、秦井登、那谷吉彦、東山禎仍らが、顧問に小嶋吉雄教授を迎えて洋弓クラブを結成した。68年、部に昇格。関西学生アーチェリー連盟を設立するなど関西学生アーチェリー界の発展に寄与してきた。

主な戦績は1960年全国制覇、以後全国制覇３回、関西制覇６回を数える。全日本学生アーチェリー個人選手権（インカレ）優勝者は62年岡橋元明、68年福嶌路子、75年辻紀子、進藤紀代子。関西個人選手権では81年川西知恵、83年には進藤が個人優勝、同時に団体も制した。進藤は翌84年には関西個人選手権、全関西アーチェリー選手権、インカレに優勝した。Archery World Championship（アーチェリー世界選手権）には75年峯登志子が出場、85年進藤はアーチェリー全米選手権で９位となるほか多くの世界大会に出場し活躍した。

【文献】『洋弓部結成10周年記念号』；『洋弓部結成21周年記念パンフレット』；『関学洋弓部30年の歩み』1988；『関西学院大学洋弓部40年間の歩み』1998；『関西学院

大学洋弓部50年間の歩み』2008

吉岡記念館

2005年に、学院のキリスト教主義教育および研究の拠点としての役割を担うため、ランバス記念礼拝堂*に隣接する宗教センター*を建て替えることとなった。その役割を担うため、従来の宗教センターに加えて、神学部*行政機能、キリスト教と文化研究センター*を集中し、さらに大学に属する人権教育研究室*を併設することにより、学院におけるキリスト教主義教育に関する総合的役割を果たすものとした。そして、この建物の名称を、第2代院長*であり、とくに訓令第12号発令直後の学院におけるキリスト教主義の決定的重要性を訴えた吉岡美国*院長*の名を冠し、「吉岡記念館」とした。

この建物は学院の中央芝生*周囲の統一デザインに従い、旧宗教センター*と同じスパニッシュ・ミッション・スタイルを踏襲している。

玄関部分は旧宗教館と同じ仕様で設計され、玄関外観上部のロートアイアン製手すり、内部階段の木製手すりなどは宗教館オリジナルのものを用いている。全体の規模としては、鉄筋コンクリート造り地上3階建て1,425㎡で、2006年3月に竣工し、開館した。

内部の施設として、1階にはラウンジ（吉岡院長の肖像および「信・望・愛」〈コリント一13章13節〉の揮毫レリーフ〈江里敏明作、坪田直機寄贈〉が掲げられている）、宗教センター宗教主事*室、吉岡記念館事務室（宗教センター、神学部、キリスト教と文化研究センター、人権教育研究室）、神学部*長室、副学部長室、講師控室が、2階には研修室4室、宗教センター関係学生団体部室、オルガニスト練習室、宗教総主事室、キリスト教と文化研究センター長室、人権教育研究室が、3階には会議室2室、キリスト教と文化研究センター共同研究室が設置されている。

吉岡記念館とランバス記念礼拝堂*の間の中庭にはスイングベルが設置され、「ベルスクエア」と呼ばれ周囲には聖書にちなむ植物が20種類ほどが植えられている。

吉岡美国《よしおかよしくに》 文久2＜1862＞. 9. 26〜1948. 2. 26

第2代院長*、名誉院長*、神学部*教授。町奉行所属の同心で代々浄土宗の家であった父銕次郎（美種）、母幾久子の長子として、京都に生まれる。幼名は岩三郎。欧学舎の支舎であった英学校でC. ボールドウィンから英語を学び、同時に立成校で和・漢学を学び、両校の合併により創立された京都府中学校の第1回卒業生となった。卒業後、工部寮への進学を希望したが、父の死亡で果たさず、助教諭として母校で5年間務めた。1885年、ボールドウィンの紹介で、神戸居留地にあった兵庫ニュース社に勤務、邦字新聞の翻訳などに従事。その間、西洋文化の輸入による日本思想・道徳の混乱に心を砕き、西洋文化の根底に横たわるキリスト教に関心を持ち、86年、神戸に着任したばかりのJ. W. ランバス*と出会い、88年3月4日、山二番館の神戸中央教会仮礼拝堂で、長谷基一*、坂湛*とともに受洗。アメリカ・南メソヂスト監督教会*日本宣教部の定住伝道師として神戸中央教会に任を受ける。89年の原田の森の土地取得に際して、長谷、坂とともに法律上の土地所有権者を委託された。W. R. ランバス*、幹事中村平三郎*らとともに大分で伝道活動を行っていた同年12月31日、S. H. ウェンライト*を教師とする大分南メソヂスト監督教会*の除夜会の説教で大分リバイバル*を体験した。

1890年、神学部教授に就任、同年、アメリカ・テネシー州ナッシュヴィルのヴァンダビルト大学神学部に入学し、92年卒業。同年9月に第2代院長に就任。以来1916年まで院長を務める。同年、名誉院長*となる。07年にはアメリカのエモリ・アンド・ヘンリ大学より名誉学位*を授与される。「高い風格ある武士的東洋的教養にキリスト教的訓育を加えて無言の感化」を与える「慈父」として、「敬神愛人*」を唱え、関西学院発展の基礎を固めた。『国民道徳講義草稿』が残されている。

【参照】 I 58, 91, 106, 121, 127 【文献】キリスト教学校教育同盟編『日本キリスト教育史 人物編』1977；井上琢智「吉岡美国と敬神愛人(1)−(6)」『関西学院史紀要』(6−10, 12) 2000−04, 2006

吉原治良《よしはらじろう》 1905. 1. 1〜1972. 2. 10

画家。大阪市に生まれる。1928年、関西学院高等商業学部*卒業。戦前の日本前衛美術の先駆者として、また戦後は具体美術協会を率いての国際的な美術運動の推進者として知られる。

学生時代、絵画部「弦月会*」に所属し、また阪神間の洋画家たちで組織する「艸園会」にも参加、パリ帰りの画家上山二郎の薫陶も受けた。卒業の年に大阪朝日会館で個展を開催。卒業後、家業の植物油製造卸に従事し、後に吉原製油社長となるが、一方で油絵制作を続け、1934年に藤田嗣治の推挽で第21回二科展に初入選し画壇にデビューした。38年、二科会友となり、同会の前衛的傾向の作家たちと「九室会」を結成、その中心人物の一人として活躍し、41年には二科会員となった。最初は超現実主義風の詩情豊かな作風が注目され、その後抽象に転じたが、戦時下には前衛美術運動全体が抑圧された。戦後は二科会の再建に奔走するとともに、48年に創立された芦屋市美術協会の代表となり、また52年には「現代美術懇談会（ゲンビ）」の結成に参加してジャンル横断的な前衛芸術を模索した。

1954年、若い作家たちと「具体美術協会」を結成、翌年に第1回展を開催、68年まで21回の具体美術展を国内のみならずニューヨークやトリノでも開催して、国際的な美術運動の一翼を担った。具体初期には、絵画や彫刻の枠にとらわれない野外インスタレーションや、舞台でのパフォーマンスなど先駆的な試みを行って、その後の美術に大きな影響を与え、中期にはフランスのアンフォルメルやアメリカの抽象表現主義と連動して、行為の痕跡を画面にとどめる抽象絵画を推進した。晩年には簡潔で表情豊かな「円」の連作に到達し、これが高く評価されて67年、第9回日本国際美術展国内大賞を受賞、71年、インドトリエンナーレでゴールドメダルを受賞した。

【文献】図録『発見！吉原治良の世界』1998

ヨット部

1938年夏、関西学院ヨットクラブとして数人の部員とA級ディンギー4艇で創部された。39年春、多くの新人が入部、ヨット部の形が整った。この年の関西学生ヨット選手権大会（関西インカレ）に優勝。全日本学生ヨット選手権大会（全日本インカレ）にも7位、個人選手権も獲得した。ヨット部として認められた41年には関西インカレ3連勝を果たし、塩路力が個人制覇した。42年には神宮大会学生選手権で優勝し、個人選手権においても塩路が連覇を果たした。44年より戦争のため活動は停止となった。

戦後、1946年に復活したヨット部は第1回国体（琵琶湖）で2位入賞、その後、48、50、51年に全日本インカレ優勝、その間、高岡治夫、海徳敬次郎らの活躍があった。52年には海徳がヘルシンキ・オリンピックに出場した。56、57、59、63、65、66年には全日本インカレに優勝し、黄金時代を築いた。その後低迷が続いていたが、98年3月に新西宮ヨットハーバーに新艇庫が完成し、部員も増加、上昇の兆しが見え始めた。そして、2003年には9年ぶりに関西インカレで優勝を果たした。04年も関西インカレで優勝するも全日本優勝できるレベルではなく、「強い昔の関学ヨット部」を目標に体制強化に取り組んだ。創部70周年の07年には、全日本インカレ470級で優勝、1975年以来32年ぶりに全日本の優勝旗が関学艇庫に飾られた。2011年にも全日本インカレ470級優勝を達成。関西インカレは07年から13年まで7連覇中である。また、女子部員も活躍を見せ、10年〜12年の間に全日本女子インカレ総合3連覇を果たした。13年全日本学生個人選手権においては、470級、スナイプ級の両クラスで、個人のタイトルを独占した。

【文献】『関西学院大学体育会ヨット部創部50周年記念誌』1989；「関西学院大学体育会ヨット部史」2013

ら

ラグビー部

1912年、カナダのマウント・アリソン大学でラグビーの選手であったH. W. アウターブリッヂ*が来日し、学生たちを集めて練習を始め、時には他のクラブの猛者連を含め対外試合も行った。28年、天野亮が中心になってチームを結成し、正式に運動部として活動するようになった。戦前は京都帝国大学、同志社大学、立命館大学とともに関西の4強として君臨し、関東の強豪チームとの試合も組まれていた。

戦後は1947年度に東西交流戦で明治大学を破り全国制覇を達成するなど黄金期を迎えた。大塚卓夫、貝元義明（現姓南）、斉藤文男（現姓堀川）、高岡晃一ら全日本選手も輩出した。しかし、60年度に早稲田大学に勝ったのを最後に徐々に弱体化し、表舞台から姿を消した。関西大学リーグでもBリーグ、Cリーグ転落を経験するなど低迷した。

近年は中・高一貫強化体制が整い、スポーツ推薦入学制度も充実し強化が進んだ。2002年度に大阪経済大学との入れ替え戦に勝利して22年ぶりにAリーグ復帰を果たすと、創部80周年だった08年度は現行リーグ戦制では初、51年ぶりの関西制覇を達成。09年度も関西王者となった。以降は関西で常に上位争いを繰り広げながら、日本一を目指して精進を重ねている。

【文献】『関西学院大学体育会ラグビー部八十年史』2008

ラクロス部

1988年、半羽一裕を中心に男子チームが結成され、翌年5月、小西美穂を中心に女子チームが結成された。男女がそれぞれ関西の各大学に、競技の紹介と普及のための活動を行い、関西のラクロス界のパイオニア的存在として、関西のラクロスの発展に大いに貢献した。活動当初はラクロスクラブとして同好会活動であったが、1998年10月、体育会*への準加盟が認められたのち、2003年3月、田淵結教授を部長に、立花司を総監督として、正式に体育会への加盟が認められた。

男子は関西制覇9回、全日本準優勝2回。女子は関西制覇8回（2013年11月現在）、全日本制覇3回、全日本準優勝2回という輝かしい成績と歴史を有し、日本代表選手も多く輩出した。

2000年には女子が創部初の関西2

部への降格という屈辱を味わったものの、1年で関西1部への復帰を果たした。近年では09年に男子が第1回全日本ラクロス大学選手権大会において準優勝、11年には女子が第3回全日本ラクロス大学選手権大会において関西勢初優勝を果たし、現在も上ケ原キャンパス*周辺の公営グラウンドや神戸三田キャンパス*内のグラウンドを主たる練習拠点としながら活動し、学生ラクロス界の代表的チームとして活躍を続けている。

【文献】『関学ラクロス20年記念誌：20年の誇り』2009

ランバス，J. W.

Lambuth, James William
1830. 3. 2〜1892. 4. 28

南美以神戸教会第2代牧師。アメリカ・南メソヂスト監督教会*（MECS）ジャパン・ミッションの創立者。先祖は、イギリスからアメリカ・ヴァージニアに移った移住者。祖父W. ランバス（William Lambuth, 1765–1837）はJ. ウエスレー*の直系、T. コウク、F. アズベリ両監督より按手を受け、アメリカ先住民や受刑者に対する宣教を担う。父J. R. ランバス（John Russell Lambuth, 1801–64）は、アラバマ、ルイジアナ両年会のフランス人、先住民およびアフリカ系アメリカ人の宣教に従事する。2代にわたる宣教師の家系に生まれるが、その後、一家はミシシッピ州マディソンのパール・リバーに移住。ミシシッピ州立大学において医学を修め、また法律も学んだ。1854年、ミシシッピ州年会最初の中国への宣教師として派遣され、86年まで医療伝道に従事。86年4月に来日、同年7月25日に神戸に着任。息子、W. R. ランバス*の帰国に伴い、87年より南美以神戸教会第2代牧師に就任、同教会の第1会堂建築に尽力する。その後、瀬戸内海地域に諸教会を設立、関西学院、パルモア学院*、広島女学院の創立に関係する。92年、神戸にて死去、小野浜外国人墓地（現、修法ケ原に移転、神戸市立外国人墓地）に葬られる。

【参照】Ⅰ 41–64【文献】*In memoriam : James William Lambuth, D.D. veteran missionary of China, founder of the Southern Methodist Mission of Japan*, 1892；鵜崎庚午郎編『藍巴斯先生略伝』1893；『神戸栄光教会七十年史』1958

ランバス，M. I.

Lambuth, Mary Isabella
1833. 12. 17〜1904. 6. 26

アメリカ・南メソヂスト監督教会*の宣教師。J. W. ランバス*の妻、関西学院の創立者W. R. ランバス*の

母、神戸婦人伝道学校（後の学校法人聖和大学*の前身の一つ）の創立者。

ニューヨーク州ヘブロンに生まれる。誕生時の名前はM. I. マクレラン（Mary Isabella McClellan）。1853年頃、ミシシッピ州のランバス家および隣接する農園の子どもたちの教師となった。ある日曜日の礼拝で、宣教の必要性を訴える説教を聞き、「5ドルと私自身を宣教のために献げます」と書いて献金かごに入れた。当時、5ドルは大きな額であり、女性による海外宣教はまだ行われていなかった。53年10月、宣教師を志していたJ. W. ランバスと結婚。同年秋、中国への赴任が決まる。54年5月、夫妻はニューヨークを出港。同年9月、上海に上陸。メアリーにとって、それは初めての子を宿しての長旅だった。同年11月、W. R. ランバスが誕生。その後、さらに2女1男が誕生した。

1886年7月、約32年間に及んだ中国での宣教活動を終え、J. W. ランバスとともに神戸に到着。「山二番館」と呼ばれた自宅で日本人女性を対象に婦人学舎を始める。それが発展して88年9月、彼女を校長とする女性伝道者養成のための神戸婦人伝道学校が正式に発足した。92年、J. W. ランバスが神戸で死去。その後メアリーは一旦帰国。97年、再来日。99年まで再び同伝道女学校校長を務めた。1900年、この学校はランバス記念伝道女学校と命名された。

また、J. W. ランバスが始めたパルモア学院*の存続のためにも尽力した。1901年、静養のため娘夫妻が宣教活動をしていた中国の蘇州に渡った。上海に埋葬されたが墓地の場所は不明。

【参照】Ⅰ 61, 86【文献】『聖和八十年史』1961；三田征彦編『ランバス物語：愛と祈りと奉仕に生きて関西学院の源流』2004

ランバス, W. R.

Lambuth, Walter Russell Thornton
1854. 11. 10〜1921. 9. 26

初代院長*。南美以神戸教会初代牧師。アメリカ・南メソヂスト監督教会*（MECS）ジャパン・ミッションの創立者J. W. ランバス*とM. I. ランバス*の息子。父の中国伝道開始の年、上海に生まれる。ヴァンダビルト大学で神学と医学を修める。1876年、MECSテネシー年会の執事に任じられ、ウッドバイン教会の初代スチューデント・パスターを務めた後、

翌77年、長老の按手を受ける。同年8月2日、中国・南メソヂスト宣教師の娘であったD. ケリー（Daisy Kelley, 1858–1923）と結婚、11月に上海へ渡り、医療伝道を開始。81年一時帰米し、ニューヨーク・ベルビュー大学病院にて東洋医学を研究、同病院より学位取得、翌年上海に帰任。86年11月24日、MECSジャパン・ミッションの総理として神戸へ着任し、南美以神戸教会初代牧師に就任。88年、関西学院創立に着手、アメリカ・南メソヂスト監督教会*の命を受け、89年、無一文の中、神戸の地で関西学院創立を目指した。巨額の費用を要する事業だったが、ランバスの祈りが通じ、当時の外国為替業務を取り扱っていた香港上海銀行（略称HSBC、香港の有力英商が1865年に設立）神戸支店（居留地2番地、現、農業会館）から無担保の2,000円の融資、またアメリカの銀行家T. ブランチ（Thomas Branch）らの献金を呼んで実現する。なお、HSBCの経営手法は、その後に設立された横浜正金銀行（現、三菱東京UFJ銀行）のモデルとなった。

ランバスの背後にあった思いは「祈りを建設的な力とするためには、明確な目標をもった祈りである限り大胆でなければならない」との信念であった。翌年9月28日の関西学院創立に伴い初代院長*に就任。

1890年12月16日、妻の病のため離日、本国伝道局において活躍し、1910年、海外ミッション担当の監督に選任される。21年、さらなる世界伝道のためシベリアから中国、朝鮮を回り、8月末に日本を再訪するが発病し、9月26日、横浜にて病没する。最後の言葉は “I shall be constantly watching.” だった。ランバス家の故郷ミシシッピー州の一家の働きを記念する碑に刻まれる彼の人生を表した言葉 “World Citizen” は、今日関西学院の教育目的の一つとなっている。著書に *Winning the World for Christ*, 1915, *Side Lights of the Orient for Young Readers*, 1908がある。

【参照】 I 44, 115【文献】W. W. Pinson, *Walter Russell Lambuth : prophet and pioneer*, 1924；『神戸栄光教会七十年史』1958；『関西学院創立者ランバス伝』1959；山崎治夫『地の果てまで：ランバス博士の生涯』1967；W. W. ピンソン、半田一吉訳『ウォルターラッセルランバス：prophet and pioneer』2004

ランバス記念礼拝堂

関西学院創立70周年を記念して、宗教センター*（現、吉岡記念館*）東隣に位置して建設された。当時在学中の学生の親であった阪本栄一からの寄付をもとに、スパニッシュ・ミッション・スタイル*による独立した礼拝堂として建設された。内部は座席数150の礼拝堂と付属の牧師準備室からなっている。1959年11月1日に献堂式が行われたが、当時82歳であったC. J. L. ベーツ*元院長*も出席している。61年に在米の元学院宣教師たちの募金活動によってアメリカのシュリッカー社製パイプオルガンが設置されたが、老朽化により82年に現在のドイツ・オーバーリンガー社製のパイプオルガンに置き換えられている。この礼拝堂は、院長*・理事長*・学長*の就任式のほか毎週の学院のキリスト教行事、コンサート、また日曜日ごとに行われる卒業生のための結婚式などに広く用いられている。鉄筋コンクリート造り、瓦葺き、平屋建て、延べ面積197㎡、設計はヴォーリズ建築事務所、施工は竹中工務店。

なお創立111周年記念事業*として

ランバス記念礼拝堂（上ケ原）

神戸三田キャンパス*に新しく建てられた独立の礼拝堂も「神戸三田キャンパス*ランバス記念礼拝堂」と命名され、2000年９月に竣工式が行われた。１階の礼拝堂には120名、また30の補助席と２階のギャラリーの30席を加えると180名が収容できる。この２階ギャラリーには2014年３月に閉館した関西学院千刈セミナーハウス*、チャペルからカサバン社パイプオルガンが2006年に移設され、チャペルプログラムやコンサートなどに用いられている。鉄筋コンクリート造り、地上２階建て、床面積438.93㎡、設計・監理は、日建設計、施工は竹中工務店・大林組・鹿島建設共同企業体。

【参照】Ⅱ 276, 538

り

陸上競技部

1917年、中学部*宮本常蔵が第３回極東選手権に学院スポーツ史上初めて出場。18年には高等学部*陸上競技部が独立し、運動部（現、体育会*）に正式加入した。部員は伊達宗敏、深山武夫、渡辺文吉など、初代部長は高等商業学部*教授小寺敬一*であった。その年、渡辺文吉は高障碍で学院初の日本記録を樹立、21年の第5回極東選手権では高障碍、低障害2種目で銀メダルを獲得した。過去における個人、リレー（単独、選抜を含む）の主な戦績は、日本記録12回、日本選手権優勝13回、日本インカレ優勝16回である。国際大会には、オリンピックに3名（ローマ大会の蛯名純、東京大会の田中章、浅井浄）、アジア大会に3名（東京大会の柳恭博、ジャカルタ大会の浅井浄、バンコク大会の佐藤泰章）、またユニバーシアード大会に8名（前田巌、浅井浄、三宅克宏、田中章、星加利樹、増田学、寺田恵、荻田大樹）が出場し、特に寺田恵はバンコク大会の女子ハーフマラソンで2位となり、国際大会で学院初の女子メダリストとなった。

1991年から実施されたスポーツ特別選抜入試により低迷していた部も復活。99年に33年ぶりに関西インカレで7度目の男子1部総合優勝（1924年初優勝）を果たして以降、2008年、11年〜13年に3連覇を達成し、関西学生陸上界をリードする強豪校となっている。また、個人でも上記のユニバーシアード大会に出場した荻田大樹がモスクワであった世界陸上に学院初出場を果たし、田中僚もアジア陸上に現役として約半世紀ぶりに出場したほか、これまでに世界ジュニアに5名、アジアジュニアに6名が出場している。

かつては「短距離の関学」と言われてきたが、2011年からは出雲選抜大学駅伝、全日本大学対校駅伝に3年連続出場を果たし、駅伝でも関西の名門校になりつつある。また、日本最古の大学対校戦「早関戦」（1920年開始）は、25年間の中断の後、1989年に再開され、現在では日本の学生陸上界をともに牽引するチームとなっている。なお、卒業生は月見ヶ丘クラブに所属している。

【文献】『月見ヶ丘会報』（創刊号）1949；『関西学院陸上競技部七十年史』1988；『関西学院大学陸上競技部八十周年記念誌』1998；『関西学院大学陸上競技部九十周年記念誌』2008

陸上ホッケー部

男子部は1953年に創部。60年代に全盛期を迎え、関西1部リーグに属し、学生ホッケーを常にリードしてきた天理大学とともに、関西ホッケー界の上位常連校として学生ホッケーをけん引する役割を担ってきた。過去の戦績は、関西学生リーグ優勝3回、全日本学生ホッケー選手権大会準優勝1回。90年代前半から2000年代前半は、推薦入学者、高校ホッケー経験者のみで構成されている1部リーグの強豪に押され気味となり、98年に一度1部リーグに昇格するも、関西2部リーグに属するようになる。その後、2006年の関西学生ホッケー春季リーグで1部昇格を果たし、08年に全日本大学ホッケー王座決定戦に初出場、12年に王座で初となる勝利を収める。同じく12年には春季リーグの得点王、全日本学生ホッケー選手権大会の優秀選手賞に2名選出されるなど活躍を果たしている。現在はスポーツ推薦者と未経験者を合わせたチーム作りで、常に謙虚さ、感謝の気持ち、反省を忘れずに強豪校に勝ち全国ベスト4以上を目指している。

女子部は1名の帰国生徒が、海外の高校の授業でホッケーを体験したことをきっかけに、帰国後の2002年同好会として創部した。ゼロからのスタートであったが、周囲のホッケー団体からの支援に恵まれ、10年度より神戸三田キャンパス*唯一の体育会*として活動を開始。「フリーランニング」をモットーとし、経験者と初心者混合のチーム作りを目指している。近年では、春季、秋季リーグ共に決勝リーグに駒を進め、12年には全日本大学ホッケー王座決定戦ベスト8、全日本学生ホッケー選手権大会ベスト16という結果を残した。日々、全国ベスト4を目標に活動している発展途上のチームである。

理工科 (1944–1946)

関西学院専門学校理工科は、第2次世界大戦下の1943年10月22日に発令された「教育ニ関スル戦時非常措置方策」に基づき、44年4月に開設された関西学院最初の理科系高等教育機関である。航空機科100名、合成化学科50名、製薬工業科50名の3科で構成され、3年制で、大学商経学部*(旧制)の建物(現、経済学部*の建物)が校舎として使用された。理工科長には、東京工業大学教授で同窓の大住吾八*が就任した。当時の社会情勢を反映して入学志願者は多く、44年度は3,104名、45年度は1,946名であった。しかし、戦時下に急遽設置された教育機関であったため基盤が弱く、戦後その存続をめぐって多くの問題を抱えていくことになる。戦後、日本では航空機の製造が禁止になったため、航空機科は45年11月に工業経営科に改編された。さらに、46年4月には理工科は理工専門部*に改組された。

【参照】Ⅰ 595;Ⅱ 183

理工学部

【沿革】

理工学部の前身である理学部は関西学院創立70周年記念事業の一環として1961年に創設された関西学院初の理系学部である。57年にソビエト連邦が打ち上げた人類史上初めての人工衛星は、米ソ対立の厳しい冷戦下にあった当時の世界に強い衝撃を与えた。いわゆる「スプートニク」ショックである。このような情勢の中で、当時の文部省は、日本の経済発展を支える科学技術者の大量不足に対応するために、科学技術者養成の施策を重点的に実施した。

このような社会情勢のもとで、理系学部設置の必要性を痛感した理事会は、物理学科、化学科、生物学科からなる理学部設置案を答申した。これを受けて大学側は、大学としては工学関係の学科を加えた理工学部の設置を希望するが、財政的な事情によっては、理学部から出発し将来工学系の学科を増設するという方針を採ることもやむを得ないという回答を行った。さらにこの時、同窓生から強い要望があった社会学部*を設置する案が大学より提出された。理系学部設置のためには、経営的見地から社会学部設置により学生数の増加を図ることが適切であると考えられた。このような大学の回答を受け理事会は、1959年7月理学部、社会学部の両学部設置を決議した。このとき、財政的な問題を考慮して、社会学部と理学部の開設年次をずらし、社会学部を60年4月、理学部を61年4月に開設することを決定した。

理学部創設の準備は、初代理学部長となった大阪大学理学部教授仁田勇*を中心に進められた。理学部の認可申請は、1960年9月30日付で文部省に提出され、61年3月10日付で認可された。建学の精神*であるキリスト教主義教育に基づいて自然科学の教育と研究を実践することを目的に創設された理学部は、当時社会的要請の強かった物理学科と化学科の2学科で構成された。物理学科には数学に傾斜した分野、化学科には生物学に傾斜した分野を含ませ、小規模な理学部ではあるが自然科学の根幹となる領域をほとんど含むように配慮した。両学科の定員をそれぞれ50名として、数多くの優秀な教授陣と最新の教育・研究設備を備えて、質の高い少人数教育と研究指導を目指した。教育や研究が有効な成果を上げるため、研究室や装置の共同利用に努めるとともに、両学科の有機的なつながりを配慮した運営が行われた。

理学部の完成に合わせて、1965年4月に物理学専攻と化学専攻（入学定員各10名）からなる大学院*理学研究科（修士課程）が開設された。さらに、67年4月に第1回理学修士が課程を終えるのに合わせて大学院理学研究科博士課程（物理学専攻、化学専攻）が開設され、理学部2学科、理学研究科2専攻の体制が確立した。理学部、理学研究科はその後およそ50年にわたって順調に発展を続け、最終的に学士7,649名（物理学科3,391名、化学科2,907名、生命科学科436名、情報科学科915名）、修士1,587名（数理科学専攻7名、物理学専攻541名、化学専攻672名、生命科学専攻122名、情報科学専攻245名）、新制博士号取得者213名（甲号154名〈数理科学専攻1名、物理学専攻45名、化学専攻96名、生命科学専攻9名、情報科学専攻3名〉、乙号59名）を社会に送り出した。卒業生は産業界をはじめ教育機関、研究機関などの諸分野で幅広く活躍し、高い評価を得ている。

20世紀末には、冷戦構造が崩れ新たな世界構造が模索されていく中で、対外的にはグローバル化、国内的には少子高齢化の進む日本社会も新たな展開を目指して体制の変革が求められるようになった。このような新しい時代の要請に応えていくため、1998年に学内に理学部改組転換準備部会が設けられ、生命科学と情報科学の分野の拡充の検討が始まった。理学部改組転換準備部会には理学部の委員のみならず他学部からの委員も参加し、理学部教授会*と密接に連携をとりながら改組転換計画がまとめられた。この計画は、関西学院大学全体の教育体制および整備発展計画に基づき、神戸三田キャンパス*の有効利用と理系学部充実の観点から、2000年3月開催の大学評議会*で承認された案は、01年夏季休暇中に理学部を西宮上ケ原キャンパス*から神戸三田キャンパス*に全面的に移転させるとともに、02年4月に生命科学科および情報科学科の新設と物理学科、化学科の拡充を行うことを骨子とするものであった。

生命科学科は、理学部創設以来化学科内にあった生物学の分野を独立・拡充させるものであったのに対し、情報科学科は全くの新設であった。また、物理学科内に物理学専攻

と数学専攻の２専攻を設置し、物理学科内にあった数学の分野を充実させた。工学的色彩の強い情報科学科を加え、2002年に学部の名称も理学部から理工学部に変更した。入学定員は物理学科物理学専攻60名、数学専攻26名、化学科60名、生命科学科40名、情報科学科100名、合計286名とした。生命科学科の設置および学部名称の変更は01年５月29日に、また、情報科学科の設置は01年８月１日に文部科学省より認可された。02年４月に生命科学科、情報科学科を含む４学科体制がスタートし、06年３月には理工学部として初めての卒業生を送り出した。当初物理学専攻と化学専攻から出発した大学院*理工学研究科は、04年４月に生命科学専攻を、また06年４月に情報科学専攻を設置した。

理工学部は2002年の創設以来順調に発展してきたが、関西学院大学全体の拡充に連動して理系分野をさらに拡充するために、物理学科数学専攻を数理科学科として独立させて基礎部門を充実させると同時に、工学系学科である人間システム工学科を開設することが、08年３月の大学評議会*で承認された。08年４月26日に文部科学省に上記２学科設置の届出を行い受理された。２学科増設と同時に、生命科学分野の急速な進展に対応するため、生命科学科を拡充して、学科内に生命科学専攻と生命医化学専攻の２専攻を設置し、09年４月から生命科学科内に２専攻を含む６学科体制となった。各学科の定員は、数理科学科75名、物理学科75名、化学科75名、生命科学科生命科学専攻40名、生命医化学専攻40名、情報科学科75名、人間システム工学科80名、合計460名とした。さらに、理工学研究科数理科学専攻修士課程を09年４月に、博士課程後期課程を11年４月に開設した。人間システム工学専攻については、新学科完成に伴い13年４月に開設した。13年度の理工学研究科の入学定員は、数理科学専攻10（２）名、物理学専攻22（３）名、化学専攻33（６）名、生命科学専攻33（５）名、情報科学専攻22（２）名、人間システム工学専攻25（２）名である（最初の数値は前期課程定員、カッコ内は後期課程定員）。これにより、理工学部６学科、理工学研究科６専攻の体制が確立した。この間、理工学部は11年４月に創設50周年を迎え、50周年記念事業が企画された。物理学科卒業生で08年度日本学士院*賞を受賞した中井直正筑波大学大学院教授による学術講演会を10年４月に開催したのを皮切りに、50周年記念の広報誌「拓く」および記念DVDの作成、卒業生も参加して行われたソフトボール大会、50周年記念式典および記念パーティなどの行事が行われた。締めくくりとして、11年11月に「人のいのちと環境」と題する記念シンポジウムが上ケ原キャンパス*中央講堂*において開催された。

【現状】

〔キリスト教主義教育活動〕 人としてどのような人間観、価値観、倫理観などをもって生きていくべきかキリスト教の立場から考えることを通して、生きる意味について深く考え真に豊かな社会の形成に貢献できる学生を育てるよう努めている。キリスト教学の授業においてキリスト教の基本的な考え方を学ぶとともに、週2回のチャペル（礼拝）を通して日常の喧噪の中では気付かない心の世界に目を向け、深く沈思する宗教的経験に触れる機会を設定している。チャペルでは宗教主事*を中心に、理工学部の教職員によるメッセージ、学内外から招待した講師の講話、音楽による賛美礼拝など多彩なプログラムが実施されている。

〔教育課程〕 理工学部4年間の教育課程は、低学年次においては広い視野と健全な倫理観をもって世界に貢献できる社会人を育てることを目標に、キリスト教科目をはじめとする総合教育科目を配すると同時に、専門教育の基礎となる数学、物理学、化学、生命科学、情報科学に関する基礎科目を開講し、学科の区別なく幅広く学ばせるようにしている。その上に立って、2年生、3年生の専門科目では、各学科で基幹となる科目を中心に系統的に科目群を設定し、選択必修科目としている。これにより、自然科学を基礎から先端的な内容まで体系的に幅広く学修させ、基礎を専門分野の応用へとつなげていく能力が身に付くようにしている。また、自然科学を体得する上での実験や演習の重要性に鑑み、実験科目・演習科目を重視するよう履修指導している。実験科目・演習科目では、大学院*生の教学補佐が補助業務を行うため、数人の学生に1名の指導者がつき、きめ細かい指導がなされている。特に、生命科学科では、学外の施設に宿泊して行う臨海実習にも力を入れている。

4年生では、各研究室に学生を配属し、1年間を卒業研究に専念させるようにしているのも、理工学部カリキュラムの特色である。少人数で個別指導を行い、質の高い専門教育を実現する卒業研究（数理科学科では「数学特別演習」、他学科は「外国書購読」「輪講」「卒業実験及び演習」）は、理工学部教育のまとめとして位置付けられている。各研究室では、指導教員から研究上の指導を直接受けるとともに、研究室の構成員との共同活動を通して、人間形成の面でも得るところが多い。

専門教育における必要性や国際社会での活躍を視野に入れて、英語教育にも力を注ぎ、大切にしている。専任教員４名（うちネイティブ・スピーカー１名）とネイティブ・スピーカーの英語常勤講師７名の体制で、従来のライティングとリーディングはもとより、実践的なコミュニケーション能力の涵養に力を入れている。１、２年次にライティング、リーディング、コミュニケーションを統一的に教授し、３年次には夏季集中キャンプを実施する理工学部の英語プログラムは、2005年度の文部科学省「特色ある大学教育支援プログラム（特色GP）」に「理系のためにデザインした英語教育プログラム」として採択され、高い評価を得ている。

理工学部における履修を円滑に無理なく行えるように、学期ごとに履修単位数制限（優秀な学生には緩和措置）を設定し、きめ細かい履修指導を行っている。学科単位で行う履修指導に加えて、各教員が各学年６～７名の学生を担任として受け持ち履修指導から生活上の相談まで、一人ひとりの状況に応じた対応が行われている。また、優秀な学生の励みとなるように、2005年度より導入されたGPA（Grade Point Average）を利用して、その上位者を表彰している。

理工学研究科では、博士課程前期課程は自然科学についての広い理解と、物理学、化学、生命科学、情報科学および人間システム工学の各専攻分野における専門的学識の修得を図り、専攻分野における研究能力または高度に専門的な職業に柔軟に対応できる能力を養うことを目指している。博士課程後期課程は、各専攻分野において自立した研究を行う能力、深い専門知識を必要とする職業につく能力を養うことを目的としている。自然科学の専門科目だけでなく自然科学・科学技術の応用と密接に関係する知的財産やベンチャー企業創成に関する授業も開講し、社会の動きにも対応できる見識を深められるようにしている。こうした理工学研究科における自然科学・科学技術の基礎を重視する教育と研究は、社会のさまざまな分野で活躍できる柔軟な能力や、専門分野で高度な研究を行う能力の養成に成果を上げている。さらに先端的研究の幅を広げて大学院*教育を充実させるために、学外の研究機関と連携して大学院教育を推進する連携大学院も、大型放射光施設SPring-8（独立行政法人理化学研究所、日本原子力研究開発機構、高輝度光科学研究センター）、産業技術総合研究所、理化学研究所発生・再生科学総合研究センター、兵庫医科大学と協定を結んで実施している。

さらに理工学研究科では、急速にグローバル化する世界に対応して国際化を推進するために、サティヤ・ワチャナ・キリスト教大学（インドネシア）で1年間学んで修士学位を取得した学生を受け入れて1年半の学修で本学の修士学位*を授与するツイニング・プログラムを2007年9月より、また英語のみで提供される国際修士プログラムを12年9月より開始した。

〔**学生活動**〕理工学部の学生には、上ケ原キャンパス*を中心とする体育会*所属のクラブで活躍する学生は少ないが、多くの学生が神戸三田キャンパス*内のサークル等に所属して課外活動を行っている。また、ハンドベルや理工学部アンサンブルなどの音楽団体に所属して、チャペルの音楽礼拝で演奏活動を行っている学生もいる。2012年7月の教授会*で「理工学部の学生間の親睦、学生生活の向上を図り、依って理工学部ならびに神戸三田キャンパス*の発展に寄与する」ことを目的として、理工学部公認の学生団体Sci-Tech Main Truss（Mains）の設立が承認され、さまざまな親睦活動を展開している。理学部時代から続いているソフトボール大会も毎年実施されている。学生の学修活動の拠点となる施設であるアカデミックコモンズ*が13年4月より供用が開始され、ハード・ソフト両面で新しいコンセプトの下で運用がなされている。

〔**学生募集・入学者選抜**〕入試制度は毎年見直しが行われ多様化が進んでいるが、大きく分けて旧来の筆記試験によって選抜する一般入学試験と小論文や面接などによって選抜する各種入学試験が実施されている。2月初めに実施される学部の一般入学試験では、学科別に選抜を行っている。一般入学試験の方式も多様化しているが、全学日程と学部個別日程で行われる入試では、入学試験科目は英語・数学・理科の3科目で、英語・数学は必修、理科は物理、化学、生物の中から1科目選択（科目の選択範囲は学科ごとに異なる）させている。関学独自方式では、試験科目を絞って特定の科目に秀でた学生を選抜している。各種入試には、スポーツ選抜、帰国生徒、グローバルサイエンティスト・エンジニア、AO、外国人留学生、公募制推薦、指定校推薦、協定校推薦、提携校推薦、関西学院千里国際高等部*推薦、関西学院高等部*推薦、継続校推薦入学試験が実施されている。これらの入学試験によって、多様な能力をもった学生を選抜している。

理工学研究科の一般入学試験は、8月（第1次）と2月または3月（第2次）に行われている。一般入学試験以外に、推薦、特別学生（社会人・外国人・外国大学卒業者）、国際修士プログラムの特別学生（外国人留学生・一般）および後期課程への編入学試験を実施している。一般入学試験では、筆記試験に加えて面接も行っている。国際修士プログラムの特別学生および後期課程学生については、入学時期を4月と9月に設定している。特別学生は、入学後半年以上の学修の結果によって、正規学生への移行が可能である。

〔**研究活動**〕研究を推進する上で重要な最先端の研究設備が、大学や関西学院全体の理解と国庫補助等により導入されている。これらの装置を利用して活発な研究活動が行われ、学部および大学院*の教育に有効に生かされている。本学部教員の研究成果は、国内外の学会等で高い評価を受けている。民間企業との共同研究実績では、1件あたりの受入額で全国国公私大中第4位であった。また、理工学部が大きなウェイトを占めている2013年度新規採択の科研費の採択率は44.8%で、関西学院大学は全国5位であった。さらに、12年度には化学科の羽村季之准教授が、13年度には人間システム工学科の長田典子教授が文部科学大臣表彰を受賞した。これらのことは、理工学部、理工学研究科の研究の質の高さを示している。

外部資金の獲得も積極的に行われており、公的資金や民間からの資金がさまざまな研究プロジェクトで使われている。2013年度に実施されている主な研究プロジェクトとしては、文部科学省「私立大学戦略的研究基盤形成支援事業」7件、経済産業省「地球温暖化対策技術開発事業」1件、JSTの（A−STEP）本格研究開発ステージシーズ育成タイプ1件、フィージビリティ・ステージ探索タイプ8件、CREST 1件、さきがけ1件、先導的物質変換領域（ACT−C）1件、産学共創基礎基盤研究プログラム1件、国家プロジェクトへの参画（次世代パワーエレクトロニクス研究開発機構、つくばパワエレコンストレーションズ）などが挙げられる。これらの外部資金を活用して博士研究員やリサーチ・アシスタントなどを採用し、研究の活性化を図っている。

〔**国際交流**〕学部の外国人留学生は

少ないが、大学院*では2012年９月、国際修士プログラムを始めたこともあり、増加傾向にある。サティヤ・ワチャナ・キリスト教大学とのツイニング・プログラムの協定に加えて、３年間台湾師範大学の学部で学修した学生を国際修士プログラムで受け入れて２年間の課程を修了した時点で学士と修士の２つの学位*を授与する協定を締結するなど、海外の大学とさまざまな協定を結んで留学生を確保していく方針であり、今後学生レベルでますます国際化が進展していくと考えられる。研究面では、自然科学・技術分野の国際連携が進んでおり、多くの研究室が海外の大学や研究機関の研究室と共同研究を行っている。また、国際学会における研究発表も活発に行われている。協定を結んでいる中国の吉林大学の教員が毎年客員研究員として理工学研究科に在籍するが、それ以外にも海外から客員教員（招聘Ａ、Ｂ、Ｃ）、研究員、博士研究員を積極的に受け入れている。

〔社会との連携〕近年開かれた大学として、社会との多様な連携が進展している。教育面では、オープンラボ、研究室見学、出前授業などを通して、高校や中学の理科教育の活性化に取り組んでいる。特に高大連携活動として、スーパーサイエンスハイスクール（SSH）の指定を受けた隣接する祥雲館高等学校と連携してその活動を支援している。研究面では、連携大学院*で協力関係にあるSPring−８、産業技術総合研究所、理化学研究所発生・再生科学総合研究センター、兵庫医科大学の他に、東京工業大学大学院理工学研究科、吉林大学生命科学院、大阪大学大学院理学研究科、マルケ・ポリテクニック大学（イタリア）などと協定を結んで、さまざまな研究交流を行っている。産官学連携や民間企業との連携も、共同研究、受託研究、研究助成などの形で活発に行われている。2009年度には、大型放射光施設SPring−８の「フロンティアソフトマター開発専用産学連合ビームライン」事業に18企業とともに参画し、成果を上げている。また、地元の三田市や兵庫県との連携も重視して、地域の活性化に協力している。

〔男女共同参画〕2010年度女性研究者支援モデル育成事業に関西学院大学の「“Mastery for Service” に基づく女性研究者支援」が採択され、主に理工学部の女性研究者の研究をサポートする取り組みが始まった。育児中の女性研究者に補助者をつけるピンチヒッター制度を中心に活発な支援活動が実施され、着実に成果を上げ、男女共同参画進展の端緒を開いた。この事業は12年度に一旦終了し、13年度からは関西学院全体を対象とする男女共同参画推進本部*が引き継いでいる。理工学部では、独自に男女共同参画宣言を行い、女性教員採用におけるポジティブアクション、育児支援、キャリア支援などを継続している。さらに女性研究者を対象として、13年2月、第2回猿橋賞を受賞した山田晴河教授を記念する山田晴河賞を創設した。

〔危機管理〕理工学部では、教育や研究の性質上、長年にわたって危機管理体制の整備に熱心に取り組んできたが、2006年度に2件の火災が発生したことを踏まえて、危機管理体制の大幅な見直しが行われた。これにより、安全管理マニュアルの作成、複数の教員による各研究室の安全査察、夜間の出入りの管理など危機管理体制が整備された。近隣の消防署の協力を得て、学生も交えた防火訓練を年1回行っているが、震災や火災の経験を踏まえて、人命優先を徹底し避難後の安否確認に重点をおいて実施している。また、実験中の事故等に備え、救急病院のリストを作成し緊急時に対応できるようにしている。危機管理の一環として、廃棄物管理にも力を入れている。学科ごとに廃棄物処理の講習会を開催し、適切な廃棄物処理を徹底している。常時見回りを行い、問題が見つかった場合は、各研究室に文書を配布して注意喚起している。

〔教職員組織〕理工学部教授会*は本学部所属の教授・准教授および専任講師をもって構成している。教授会*メンバーは、宗教主事*1名、外国語教員4名、各学科所属の教員69名（数理科学科11名、物理学科12名、化学科12名、生命科学科12名、情報科学科11名、人間システム工学科11名）の計74名である（2014年5月1日現在)。理学研究科委員会は、外国語教員、宗教主事*を除く専任講師以上の教員で構成される拡大研究科委員会の形で開催している。この他に、国際修士プログラム担当の外国人任期制助教2名、ネイティブ・スピーカーの英語常勤講師7名、主に学生実験を担当する教育技術主事・実験助手・技術職掌・契約助手17名が理工学部に所属している。また、神戸三田キャンパス*事務室理工学部担当の職員は20名（専任職員9名、契約職員1名、派遣職員4名、アルバイト職員6名）が配置されている。警備・用務関係の業務については外部委託している。

〔学部拡充計画〕理工学部は、2002年に理学部から名称変更されて以降順調に拡充発展してきたが、この間大学全体の拡充もあり、総合大学の理系部門を担うにはなお十全とは言えない状態にある。このような状況を受けて、理学部時代から伝統のある自然科学の基礎分野と連携しつつ、現代日本の抱える課題に寄与することのできる応用的な学科を15年４月に増設する理工学部拡充計画案が、大学の新中期計画に沿って策定され、12年２月の大学評議会*で承認された。増設する学科としては、今後の日本社会再建の柱となるグリーンイノベーションとライフイノベーションに貢献できる先進エネルギーナノ工学科、環境・応用化学科、生命医化学科の３学科が構想されている。新設３学科の入学定員は、それぞれ80名を予定しており、理工学部の総入学定員は現在の460名から700名に拡大することが、14年６月30日届出認可された。

【参照】Ⅱ 205, 229【文献】『関西学院大学理学部20年史』1981；『関西学院大学理工学部50年のあゆみ』2012

理工専門部 (1946-1950)

1946年４月に関西学院専門学校理工科*が理工専門部に改組された。その際、当時、深刻な社会問題であった食料問題に取り組むため、食品化学科が増設された。定員は工業経営科、合成化学科、製薬工業科、食品化学科それぞれ40名とし、部長には大住吾八*理工科長が引き続き就任した。47年３月には、理工科第１回入学生（工業経営科49名、合成化学科35名、製薬工業科37名の合計121名）が卒業し、製薬工業科には薬剤師免許下付の資格、合成化学科、製薬工業科の両科には中学校教員資格が認定された。47年４月に大学予科*校舎（現、高中部本部棟*）に移転し、理工専門部は順調な発展を見るに至った。

しかし、終戦直後の日本社会では、理科系学部に対する期待が著しく低下し、大学予科*や専門学校政経科*などの文科系学部に転科する学生が多く出た。このような社会情勢の変化は、1946年度以降、入学志願者数の急減となって表れた。さらに49年の新制大学制度の発足により、従来の専門学校という教育課程が廃止されることになった。関西学院では48年から新制大学を発足させたが、理工専門部は財政上の理由から新制大学への移行が見送られた。新制大学発足に伴い、理工専門部、特に工業経営科の学生の多くが新制大学へ移籍した。このため、工業経営科は残留生が少なくなり、48年度から新入生の募集を停止した。さらに、49年度から、専門学校存続に関する法令に従い、従来３年であった専門学校の修業年限が２年に短縮された。このことに伴い、49年２月の理事会は、49年度から理工専門部を２年制で、１科とすることに決めた。

1950年４月、高等商業学部*および理工専門部を母体として、２年制の短期大学*が設置され、理工専門部の学生は短期大学*応用化学科*に移行した。

【参照】Ⅱ 185−193

理事長

関西学院で理事長職が初めて設けられたのは、法人格をとるために社団が1910年に設立された時であった。しかし関西学院社団の構成員は全員宣教師で、もっぱらアメリカ・南メソヂスト監督教会*とカナダ・メソヂスト教会*の合同経営における両教会からの建設献金に基づいて建設計画を実行する役割に限られていた。そして、本来の教学と経営は、別途設けられた理事会が担当しており、ここには議長はいたが理事長はいなかった。

理事長職が本格的に設けられたのは1931年財団法人に移行した時で、院長*が兼任した。その後51年に学校法人に移行した際、理事長職は法人として必置であることから、院長職と分離して設けられたが、法人の代表である理事長は象徴的な位置にとどまり、実質的な法人の経営は教学の長でもある院長に委ねられた。

この体制が問題になったのは、1969年以降の大学紛争とその後の改革時代であった。紛争終結に向けた「学長代行提案*」によって再生が図られる中、院長制の廃止も考えられたが、結局、74年に院長が理事長を兼任することになった。しかしながらこの体制によって一人に権限が集中することが問題化し、89年、再び理事長と院長とは分離され、97年の寄附行為改正で、理事長職は実質的な法人経営の責任を負うことを明確化し、院長は教学の象徴的責任者という形をとることになった。これまでの理事長は財団法人時代が３代、学校法人時代が2014年現在まで14代を数えている。

【参照】Ⅰ 461；Ⅱ 55, 491

寮食堂

大学が上ケ原*に移転してから約50年を経過した1978年、学生数増加に対応する施策として「学生施設整備充実計画 第１次案」が公表され、その具体化の第一歩として1981年に啓明寮*、静修寮*、成全寮*の男子３寮がキャンパス内から上ケ原*六番町に新築移転された。その際に食堂・風呂も寮とともに移転することとなった。この建物は男子3寮とは別棟の「寮食堂・風呂棟」として建てられ、従来からの寮外生の食堂利用を継続するとともに、上ケ原周辺に風呂を持たない下宿生が多いという実情を考慮して、風呂についても寮外生の利用制度を設けることになった。しかし、寮風呂については、老朽化と時代の変化に伴う利用者数減少のゆえに次第に運営が困難になり、2014年2月7日の最終営業日をもって閉鎖されるに至った。これに対応して、男子寮生と風呂がない下宿に住む男子学生には2014年4月よりスポーツセンター*の浴場が使用可能となっている。1981年11月竣工、鉄筋コンクリート造り、延べ床面積464.77㎡、設計は日本設計、施工は大林組。

れ

レスリング部

1931年、早稲田大学にレスリング部が創設され、翌年に大日本アマチュアレスリング協会が設立されたのが日本のレスリングの始まりである。関西学院では戦後の柔道の活動中止命令により、柔道部*の一部の学生がアメリカ進駐軍に柔道を教えるかたわら、彼らからレスリングの技を吸収し、1945年に創部、同時期に関西のレスリングも始まった。創部当時の部員は大学4名、高等商業学部9名、予科6名で初代部長は池内信行*教授であった。

1947年には関西学生リーグ戦（春・秋）がスタートし、18年間に優勝17回、2位15回、3位1回であったが、以降は2位6回、3位4回と優勝から遠ざかっている。個人では第15回ヘルシンキオリンピック・ウェルター級フリースタイルで山崎次男が5位、全日本選手権フェザー級グレコローマンで植木宏が連覇（1957、58年）、国体62kg級フリースタイルで菅沼啓安が優勝（1970年）したのをはじめ関西選手権優勝22回、西日本学生選手権フリースタイル優勝18回、グレコローマンスタイル優勝13回である。近年、個人では西日本選手権での優勝や3位以内、国体での入賞はあるが、西日本学生リーグでは2部と低迷している。

【文献】『関西学院大学レスリング部創部50年史』1995

ろ

六項目要求

1960年代後半の大学紛争では、全共闘*（全学共闘会議）の学生から大学当局に対してさまざまな要求が提出された。関西学院大学における全共闘の要求のうち最もよく知られているのが「六項目要求」である。69年1月10日付けで全学執行委員長・全共闘議長より、学院の常務会、小宮孝*院長*宛てに提出された要求で、その内容は、①68・69年連続学費値上げ白紙撤回、②不当処分撤回、③機動隊導入、捜査協力自己批判、④文学部*学科制改編白紙撤回、⑤学館の学生自主管理、⑥以上を大衆団交*で文書で確認せよ、というものであった。

「六項目要求」の背景には、1960年代に理事会が提案した新学部設置や学費値上げをめぐる一連の動きがある。特に67年の学費値上げに反対してストライキに突入した学生の退学や停学処分に対して、学生が学院本部*を占拠し院長*、学長*を監禁したため警察力を導入したことが、以後の紛争の争点となってきた。学院側は常務会・院長名で「六項目要求」を全面的に拒否し、全学連絡会議で話し合うことを提案したが、この回答を不服とした全共闘はこれを受け入れず、大学紛争はその後一気に深刻さを増していった。

【参照】Ⅱ 347-353

わ

ワンダーフォーゲル部

20世紀初頭にドイツに起こったワンダーフォーゲル運動は、山野を歩いて身体を鍛え、野営生活を通して自立と協調の精神を涵養しようとするもので、日本でも戦後、主に大学のクラブ活動*などで盛んになった。関西学院大学のワンダーフォーゲル部はそのような背景の中で1956年、上田忠明と西巻昇一によって創部された。初代部長は小宮孝*教授である。

登山と山スキーを中心とした活動を行い、自然を通して心身を錬磨することを目的とした。ワンダーフォーゲル活動の持つスポーツ的側面に重点を置き、トレーニングやリーダー養成面の強化を図りながら、63年には体育会*の部に昇格した。長野県戸隠高原に建設した「戸隠山小屋」の竣工は60年11月。

このようにして培われた伝統を受け継ぎ、夏季には日本の各山域の縦走や沢登り合宿を行い、春は北海道、東北を中心に積雪の山域でスキーによる登山や縦走を展開している。またマレーシアのキナバル山やネパールのメラ・ピークなど海外での合宿も多く、その活動は全国の大学のクラブでも屈指のものとして高い評価を得ている。

【文献】『記録五十年の踏み跡：関西学院大学ワンダーフォーゲル部史』2006

わ

年表
（1885—2014）

歴代役職者

関西学院に関する事項	一般事項
1885（明治18）年	
5・6 アメリカ・南メソヂスト監督教会伝道局、日本に宣教部設立を決議	12・22 森有礼、初代文部大臣に就任
1886（明治19）年	
4・20 アメリカ・南メソヂスト監督教会、J.W.ランバス夫妻とその子W.R.ランバス夫妻およびO.A.デュークスを日本宣教部員に任命 7・25 J.W.ランバス夫妻とその娘ノラおよびO.A.デュークス、神戸に到着、伝道開始 9・15－17 日本宣教部開設、W.R.ランバスを総理に任命 11・24 W.R.ランバス、家族とともに北京から神戸に到着 11・26 W.R.ランバス、居留地47番地でJ.W.ランバスが始めていた英語夜間学校に読書室を開設	3・2 帝国大学令公布 4・10 小学校令・中学校令・師範学校令を公布 4・21－25 日本組合基督教会設立 8・25 文部省、私立5大法律学校を帝国大学総長の監督下におく
1887（明治20）年	
1・4 読書室をパルモア学院と命名 9・24－27 南メソヂスト監督教会日本宣教部第1回年会開催	2・11－14 日本聖公会設立 5・21 学位令公布
1888（明治21）年	
3・4 吉岡美国、長谷基一、坂湛、J.W.ランバスから受洗 6・－ アメリカ・メソヂスト監督教会とカナダ・メソヂスト教会との合同の神学教育機関に、南メソヂスト監督教会も参加、3派連合の神学校「フィランデル・スミス・メソヂスト一致神学校」となる 8・31 南メソヂスト監督教会第2回日本宣教部年会で、W.R.ランバスは神戸に青年のための学校を開設することを提議 11・7 W.R.ランバス、神戸市の東郊「原田の森」近く菟原郡都賀野村内原田村に1万坪の土地売買契約を交わす	3・10 植村正久、米英視察に横浜出帆 4・25 市制・町村制公布 5・1 『新撰讃美歌』 12・－ 山陽鉄道姫路・兵庫間開通 －・－ 国歌「君が代」の制定を条約国に通告
1889（明治22）年	
4・19 土地の買収を終え、登記完了 6・－ 木造2階建て1棟（建坪78坪）の校舎と木造平屋建て1棟（57.5坪）の付属建物着工	2・11 大日本帝国憲法制定 4・1 市町村制で神戸

7・－ 関西学院憲法を起草、総理W.R.ランバスが院長就任。神学部および普通学部の2部とし、校名を関西学院と命名

9・28 兵庫県知事より学院設立認可

10・11 授業開始

11・23 関西学院（基督教）青年会結成

市施行

6・29 同志社で最初のキリスト教青年夏期学校開催

7・1 東海道線新橋・神戸間開通

1890（明治23）年

3・－ 第2校舎着工

1・27 慶應義塾、大学部を設置

10・30 教育勅語発布

1891（明治24）年

1・－ W.R.ランバス院長、休暇帰国

6・29 神学部英語神学科最初の3名が卒業

9・－ 神学部に邦語神学科を新設

1・9 内村鑑三不敬事件

7・7 メソヂスト3派の機関誌『護教』創刊

1892（明治25）年

4・28 J.W.ランバス、神戸で死去

7・20 南メソヂスト監督教会日本宣教部年会を解散して日本年会を組織

9・1 神学部教授吉岡美国、院長に就任

－・－ この頃キリスト教会で自由神学が盛んになり、仏教その他外部からの攻撃強まる

1893（明治26）年

6・24 普通学部最初の2名が卒業

4・10 井上哲次郎『教育ト宗教ノ衝突』

1894（明治27）年

3・22 本館献堂式

6・－ 普通学部学則改正。従来の6カ年制を改めて修業年限を5カ年（本科4カ年、予科1年）とし、別に高等普通科を置き修業年限を2カ年とする

9・－ 新月の徽章を制定

－・－ W.R.ランバス、南メソヂスト監督教会伝道局総主事に就任

1・23 文部省、教員の政治関与禁止について訓令

6・25 高等学校令を公布

8・1 日清戦争開戦（－'95・4・17）

1895（明治28）年

6・－ 高等普通科の修業年限を4カ年とし、普通学部高等科と改称

－・－ 院友会（後の同窓会）設立

1・29 文部省、高等女学校規程を公布

関西学院に関する事項	一般事項
1896（明治29）年 －・－　制服、制帽を定める	7・－　兵庫県に郡制実施
1897（明治30）年	1・16　日本学生基督教青年会同盟結成
1898（明治31）年 1・－　学院基督教青年会、日本基督教学生青年会同盟に加盟 3・－　学年暦9月開始8月終了を4月開始3月終了に変更	2・11　神戸新聞創刊 10・1　日本禁酒同盟会結成
1899（明治32）年 1・5　第1回同窓会、開催 3・5　『同窓会報』第1号発行	7・17　改正条約実施 8・3　私立学校令、文部省訓令第12号公布
1900（明治33）年 3・－　英語専修科（修業年限3カ年）を新設	3・31　文部省、教員免許令公布
1902（明治35）年 11・26　中学校令規程に準拠するよう普通学部学則を改正	－・－　小学校への就学率、初めて90%を上まわる
1903（明治36）年	5・15　官立神戸高等商業学校開校
1904（明治37）年 3・－　普通学部高等科を再興して普通学部高等部（修業年限3カ年）を設立 10・23　ブランチ・メモリアル・チャペル献堂式	2・10　日露戦争開戦（－'09・9・5）
1906（明治39）年 6・15　隣接松林約5,000坪を購入	6・9　学生の思想風紀につき訓令（社会主義排斥）
1907（明治40）年 3・29　普通学部高等科最初で最後の2名卒業	5・22　メソヂスト3派合同、日本メソヂスト教会成立

1908（明治41）年

3·20 本館3階増築落成
9·4 神学部、私立関西学院神学校として専門学校令により認可
－·－ 普通学部の寄宿舎を自修寮と命名

10·－ 箕面有馬電気軌道（現、阪急電鉄）設立

1909（明治42）年

2·10 神学部本科、普通学部に徴兵令第13条による文部大臣の認定
8·6 普通学部に専門学校入学者検定規程第8条第1号による文部大臣の指定
11·23 創立20周年記念祝賀式
11·23『私立関西学院一覧』発行

1·7 文部省、中学校等無資格教員制限強化
6·25 東京帝国大学法科大学に商業学科を設置
12·24 賀川豊彦、神戸新川で伝道開始

1910（明治43）年

5·18 カナダ·メソヂスト教会が学院経営に参加。学院憲法を改正し、アーティクルズ·オブ·ユニオンが採択
11·8 関西学院社団設立
11·－ 東北部に約1万坪の土地購入

3·－ 箕面有馬電気軌道大阪·宝塚間開通
4·5 神戸電気鉄道兵庫·春日野間開通

1911（明治44）年

3·9－11 第1回理事会開催

12·19 日本基督教会同盟成立

1912（明治45·大正元）年

3·4 高等学部（文科·商科）設置。高等学部、徴兵令第13条による文部大臣の認定
3·12 私立関西学院神学校を私立関西学院と改称
4·1 C.J.L.ベーツ、高等学部長に選出
4·15 高等学部授業開始
4·18 神学館献堂式
10·19 神学部高等学部用寄宿舎成全寮落成
－·－ C.J.L.ベーツ高等学部長、高等学部学生への標語「マスタリー·フォア·サービス」を与える

2·15 私立同志社専門学校を私立同志社大学と改称（私立同志社神学校廃止）
2·25 神·仏·基の三教者会同開かれる

1913（大正2）年

3·－ 普通学部校舎落成
4·16 自修寮上野に移転、その跡を高等学部仮宿舎とする
4·－ 小野善太郎、初代専任礼拝主事に就任

6·13 文部省に宗教局新設（内務省から宗教行政を移管）
8·16 東北大学理科大

関西学院に関する事項	一般事項
9・－　高等学部の徽章を制定 10・23 高等学部寄宿舎を啓明寮と命名	学に初の帝大女子学生３名入学
1914（大正３）年 1・20 青山学院神学科、関西学院神学部連合『神学評論』創刊 10・17 創立25周年記念式	7・28 第１次世界大戦（－'18・11・11）
1915（大正４）年 2・12 普通学部を中学部に改称認可 4・－　高等学部の徽章を新月に復す 4・－　教職員退職金規程制定 6・12 関西学院教会設立	8・18 朝日新聞社主催第１回全国中等学校野球大会開催
1916（大正５）年 3・6　高等学部第１回卒業式（商科卒業生12名） 4・1　神学部長J.C.C.ニュートン、院長に就任、中学部長を兼任 5・27 啓明寮落成。自修寮原田に戻る	3・29 教員検定の規程を改正し、中等教員検定試験受験資格の範囲拡張
1917（大正６）年 2・28 中学部校舎全焼 4・－　第２啓明寮開設 9・－　２階建て学生会館建設	10・5　大正改訳『新約聖書』 11・7　ロシア革命
1918（大正７）年 2・10 中学部校舎起工式 12・29 ハミル館献堂式	1・6　内村鑑三ら、基督再臨運動開始 12・6　大学令公布
1919（大正８）年 3・17 高等学部文科英文学科第１回卒業生（８名）を出す 4・23 高等学部学生、理事会に大学昇格嘆願書提出 5・2　高等学部を大学に昇格する理事会決議 6・5　再建の中学部校舎落成式	11・30 文部省、1921年度に専門学校のうち数校の大学昇格を認める方針を公表
1920（大正９）年 4・21 副院長の職設置。松本益吉を選出 6・13 庭球部部長畑歓三“NOBLE STUBBORNNESS”の標語を部員に与える 8・19 中学部野球部、全国中等学校野球大会に優勝	2・5　慶應義塾大学、早稲田大学、大学令により設立認可 4・16 同志社大学、大

10·15 C.J.L.ベーツ院長就任式
－·－ 学生の日曜日のスポーツについて論議が起こる

学令により設立認可
7·16 阪神急行電鉄（現、阪急電鉄）梅田·神戸（上筒井）間開通

1921（大正10）年

3·28 高等学部を改めて文学部、高等商業学部とする件が認可
9·26 W.R.ランバス、横浜にて永眠

4·1 東京帝国大学等、学年の始期を4月1日に変更
9·－ 阪神急行電鉄西宝（現、今津）線開通

1922（大正11）年

4·20 中央講堂献堂式
11·25 文学部校舎落成式

6·7 立命館大学、関西大学、大学令により設立認可

1923（大正12）年

3·－ 高等商業学部校舎、第2啓明寮竣工
9·1 関西学院基督教青年会、関東地方大災害の救済運動

9·1 関東大震災
11·10 国民精神作興に関する詔書公布

1924（大正13）年

10·16 学院創立35周年記念式

1·10 第二次護憲運動発足

1925（大正14）年

4·1 恩給並退職手当規程制定
7·－ 中学部に軍事教練実施（9月開始）のため将校の配属
8·19 文学部·高等商業学部卒業生、高等学校·大学予科と同等以上と指定（高等文官予備試験免除）

4·13 陸軍現役将校学校配属令公布
4·－ 西宮市制
－·－ この年、カナダ合同教会創立。カナダ·メソヂスト教会もこれに加入

1927（昭和2）年

5·26－27 理事会で学院校地移転を決議
9·28 9月28日を創立記念日とする。中央講堂で記念式

11·22 中学校、高等女学校、高等学校等の入試制度改正（内申書重視）

1928（昭和3）年

2·29 上ケ原で新校地移転起工式
4·5 中学部野球部、第5回全国選抜中等学校野球大

3·24 世界宣教会議、エルサレムで開催、

関西学院に関する事項	一般事項
会優勝	鵜崎庚午郎ら参加(－4・8)
1929(昭和4)年	
2・下旬　上ケ原へ移転開始。3月31日移転完了 2・－　自修寮解散 6・－　校旗制定 6・－　上ケ原新校地にプール建設 9・28　創立40周年記念式典。『開校四十年記念　関西学院史』刊行	4・1　官立神戸高商、神戸商業大学となる 9・10　文部省、国民観念明徴、国民精神作興のため強化動員実施する旨を訓令
1930(昭和5)年	
5・－　原田校地の正門門柱、上ケ原校地(現、大学本館前)に移設 6・5　同窓会有志の寄付による学院正門の献門式 10・17　移転後第1回記念祭大運動会 12・16　臨時学生総会、大学昇格問題解決のためC.J.L.ベーツ院長の渡米を要望 12・29　C.J.L.ベーツ院長渡米	4・11　東京神学社と明治学院神学部が合同し日本神学校開校 5・28　キリスト教55団体、政府の神社問題調査委員会へ神社参拝強制の考慮を要請
1931(昭和6)年	
1・17　アメリカ、カナダの両教会、大学昇格案承認 9・11　C.J.L.ベーツ院長帰院 9・17　財団法人関西学院設立認可 10・6　臨時理事会において大学設立を決議。C.J.L.ベーツ院長、学長に選出	6・23　文部省に学生思想問題調査委員会設置。この年の学生の思想事件395件、処分者991名
1932(昭和7)年	
3・7　大学令による関西学院大学設立認可 3・7　専門学校「関西学院」の名称を「関西学院専門部」に変更認可 4・1　大学予科開設。菊池七郎、大学予科長に就任 －・－　専門部文学部・高等商業学部、4年制を3年制に学制変更	8・23　国民精神文化研究所設置 10・2　靖国神社参拝拒否事件で上智大学配属の教練教官引き揚げ
1933(昭和8)年	
3・－　図書館時計台の大時計設置 4・1　中学部生白木真寿夫、水難事故により死亡(白木桜の由来) 9・18　山田耕筰来院。校歌「空の翼」発表	3・27　国際連盟脱退 5・26　滝川事件 7・8　文部省「非常時ト国民ノ覚悟」配

布

1934（昭和９）年

3·31 大学予科第１回修了者を出す
4·1 大学法文学部および商経学部開設。法文学部長にH.F.ウッズウォース、商経学部長に神崎驥一が就任
4·1 専門部神学部教練開始
4·− 高等商業学部調査部を改め産業研究所設置

3·14 三上参次、貴族院で中等教育における英語の授業時間数削減論展開
12·− 陸軍、大学における徴兵忌避の不在学籍者について警告

1935（昭和10）年

3·9 文学部、高等商業学部、旧制度の最終年度生卒業式
4·1 高等商業学部を廃止し関西学院高等商業学校設立

4·10 文部省、国体明徴を訓令
11·28 学校における宗教的情操の涵養に関し通達

1937（昭和12）年

2·3 天皇皇后両陛下御真影の下付
3·15 大学第１回卒業式
3·− 高等商業学校別館竣工
4·1 大学院開設
12·21 同窓戦死者７名の慰霊祭（第１回）

2·11 同志社湯浅八郎総長の教育勅語誤読事件
5·1 西宮球場開場
7·7 盧溝橋で日中両軍衝突

1938（昭和13）年

3·31 女子入学に伴う大学学則変更認可
3·31 教職員定年制施行
10·11 第１回合同同窓会総会

4·1 国家総動員法公布
6·9 文部省通牒による勤労動員開始

1939（昭和14）年

1·20 学生会と関西学院新聞部、治安維持法違反で検挙者を出す
10·14 創立50周年記念式典挙行

3·30 文部省、大学の軍事教練必修
7·8 国民徴用令公布
9·3 第二次世界大戦（−'45·8·15）
−·− この年、米合同メソヂスト教会設立

1940（昭和15）年

2·18 旌忠碑除幕式
6·11『関西学院五十年史』刊行
9·11 宣教師の学院要職一斉退任。日本人教授が後任
12·30 C.J.L.ベーツ元院長帰国

10·17 皇紀二千六百年奉祝全国基督教信徒大会、青山学院で開催

関西学院に関する事項	一般事項
1941（昭和16）年 2·11 学生会解散式、報国団結成式 4·1 初代学監設置 9·24 財団法人寄附行為変更認可（アメリカ·カナダ両教会との関係変更かつ財政の独立） 9·27 有馬郡道場村の中学部修練道場開場式 12·26 卒業繰り上げ措置による最初の卒業式 –·– 関西学院維持会を組織	6·24 日本基督教団創立総会を富士見町教会で開催 10·16 大学·専門学校·実業学校などの修業年限を臨時短縮（3カ月）
1942（昭和17）年 4·1 総務部長職を設置 4·– 礼拝主事の職名を宗教主事と改称 9·9 中学部滑空機格納庫建築認可 10·1 法文学部文学科に国文学専攻を開設	6·26 日本基督教団第六部、第九部および東洋宣教会きよめ教会96人検挙
1943（昭和18）年 3·31 専門部神学部閉鎖 3·31 日本西部神学校設置認可 9·– 保健医を招聘。医務室を保健室と改称	6·25 勤労動員決定 10·2 学生·生徒の徴兵猶予停止 10·21 出陣学徒壮行会
1944（昭和19）年 2·1 大学予科、中学部校舎、校地施設を海軍に徴用供出 2·17 教職員の整理·配置転換のため全員の辞表提出を要望 3·31 高等商業学校と専門部文学部廃止 3·– 日本西部神学校、日本神学校に統合のため閉鎖 4·1 専門学校政経科、理工科を新設 5·1 国民生活科学研究所開所 –·– 大学商経学部学生募集停止	2·4 学徒軍事教育強化要綱決定 3·29 各高等商業学校を経済専門学校と改称 6·26 第七日本基督再臨団、解散を命ぜられる 9·27 神戸商業大学を神戸経済大学と改称
1945（昭和20）年 1·– 法文学部、高等商業学部講堂校舎、教授研究室、中央講堂など川西航空機会社に供出 4·10 関西学院防衛隊結成式 8·6 空襲のため音楽室、予科食堂その他若干被害発生 9·17 大学予科、政経科、理工科、中学部授業再開 10·– 大学授業再開 11·15 報国団解散	8·6,9 広島·長崎に原子爆弾投下 8·15 ポツダム宣言受諾。無条件降伏 8·22「戦時教育令」の廃止決定 10·15 文部省、私立学校でのキリスト教

11·22 学生会結成式
−·− 有馬郡道場村の中学部修練道場売却

教育を容認
10·24 国際連合成立
12·22 労働組合法公布

1946（昭和21）年
1·19 神崎驥一、院長、学長、専門学校長辞任。新機構の院長に再選され就任
2·13 古武弥四郎、学長事務取扱に就任
4·1 大学の機構を改め、法、文、経済の３学部とする
4·1 専門学校政経科を高等商業学部と改称。理工科を理工専門部と改称
4·1 職制に学監復活
4·1 大学予科３年制となる
12·12 教職員組合結成、初代組合長に小宮孝選出

1·4 軍国主義者などの公職追放
4·28 日本基督教改革派教会設立
8·− 兵庫県に教員適格審査委設置
9·22 日本救世軍設立
10·8 文部省、教育勅語捧読の廃止
11·3 日本国憲法公布

1947（昭和22）年
2·12 関西学院後援父兄会発足
4·1 新制中学部開設。矢内正一、新制中学部長に就任
4·1 H.W.アウターブリッヂ帰院、学長に就任
5·17 小豆島農芸学園開校式
7·18 第１回関西四大学長懇談会（べーツ館）
10·24 教職員組合と関西学院理事会との間に労働協約締結

3·31 教育基本法·学校教育法公布
4·29 米国８教派、日本基督教団に協力する連合委員会（IBC）を組織。内外協力会（CoC）始まる
7·8 大学基準協会発足

1948（昭和23）年
3·31 国民生活科学研究所閉鎖
4·1 新制大学（文学部〈哲学科·神学科·心理学科·教育学科·社会学科·国文学科·英文学科〉、法学部〈法律学科·政治学科〉、経済学部）、新制高等部設置
4·1 H.W.アウターブリッヂ、新制大学学長に就任

5·4 日本基督教協議会結成
8·23−9·24 第１回世界教会会議総会、日本基督教団議長小崎道雄出席

1949（昭和24）年
6·− エドモンド·ブランデン作詞、山田耕筰作曲の“A SONG FOR KWANSEI”完成
10·29 創立60周年記念式典。『関西学院六十年史』刊行

3·18 大学設置委員会、公私立新制大学79校決定
12·5 私立学校法公布

関西学院に関する事項	一般事項
1950（昭和25）年	
2・1 公選制による最初の院長選挙で今田恵選出 2・23 H.W.アウターブリッヂ、理事長に就任 3・2 旧学位令による学位授与認可 3・15 新制中学部第1回卒業式 3・20 新制大学第1回卒業式 4・1 短期大学（商科、英文科、応用化学科）設置 4・1 大学院修士課程文学研究科（哲学専攻・心理学専攻・英文学専攻）、法学研究科（政治学専攻）、経済学研究科（経済学専攻・経営学専攻）設置 6・19 宗教活動委員会発足。小宮孝、委員長に就任 8・25 池内信行、旧学位令による博士号第1号授与 9・3 ジェーン台風により中学部講堂、短期大学応用化学科校舎、実験室に損害 10・− 産業研究所再開	3・14 関西学院大学、同志社大学、関西大学にはじめて新制大学院設置認可 6・25 朝鮮戦争（−'51・7・10） 7・24 レッドパージ開始 8・30 全学連、レッドパージ反対闘争宣言
1951（昭和26）年	
2・24 学校法人関西学院寄附行為認可 3・15 新制高等部第1回卒業式 3・31 専門学校廃止認可 4・1 商学部設置 4・1 大石兵太郎、学長に就任 4・1 文学部史学科設置	5・23 日本基督教会設立 9・8 対日平和条約、日米安全保障条約調印 12・9 日本基督教団、講和条約批准反対声明
1952（昭和27）年	
4・1 神学部神学科設置（文学部神学科廃止） 4・1 文学部美学科・社会事業学科設置 5・17 大学4号館（商経合併教室）竣工	7・21 破壊活動防止法公布 12・1 口語訳『新約聖書』
1953（昭和28）年	
1・29 短期大学校舎竣工 3・31 大学院最初の修士学位証授与式 4・1 大学院修士課程商学研究科経営学専攻設置（経済学研究科経営学専攻廃止） 4・1 短期大学専攻科設置 5・1 大学5号館（文学部合併教室）開館式 9・14 学監制度廃止 11・1 宗教総主事制実施。原野駿雄、初代宗教総主事に就任	4・1 国際基督教大学創立 5・6 全国同和教育研究協議会結成総会開催 8・21 私立学校教職員共済組合法公布 8・23 日本育英会法公布

1954（昭和29）年

4・1 理事長に今田恵、院長にH.W.アウターブリッヂ、学長に大石兵太郎再任
4・1 大学院博士課程設置
4・1 大学院修士課程文学研究科美学専攻・西洋史学専攻設置
10・25 新月クラブ落成披露

1・18 中教審、教育の中立性維持に関する答申
12・1 日本基督教団讃美歌委員会『讃美歌』

1955（昭和30）年

1・27 堀経夫、学長に就任
6・30 千刈キャンプサイト開所式
11・5 大学6号館（法学部合併教室）竣工

1・11 文部省、私学振興方策大綱決定

1956（昭和31）年

6・13 加藤秀次郎、院長に就任
9・28 創立記念日を休日とする
10・27「関西学院発祥之地」の記念碑原田で除幕式

10・22 大学設置基準制定
12・18 日本、国連に加盟

1957（昭和32）年

3・20 短期大学最後の卒業式
9・12 法学部新校舎竣工式
－・－ 新グラウンド土地購入

11・5 文部省、'60年末までに大学理工系学生8,000人増

1958（昭和33）年

3・31 短期大学廃止
4・1 小宮孝、院長に就任
5・1 経商教授研究館（第2教授研究館）新築落成

4・－ 東大など4国立大、1私大で初の新制博士号61人授与

1959（昭和34）年

4・1 文学部独文学科設置
5・25 新グラウンド建設工事完了
7・18 中高専用プール竣工
10・1 生活協同組合設立総会
10・30 創立70周年記念式典。C.J.L.ベーツ元院長、H.W.アウターブリッヂ元院長の名誉学位贈呈式。『関西学院七十年史』刊行
11・1 ランバス記念礼拝堂献堂式
11・2 体育館、学生会館竣工
11・3 同窓記念会館竣工式

10・22 学術会議『科学者の生活白書』で科学者の低収入と研究の悪条件強調
11・27 安保反対デモ隊国会に突入
12・7 日本基督教団宣教研究所、安保条約改定問題に関する声明書発表

関西学院に関する事項	一般事項
1960（昭和35）年	
2・25 堀経夫、学長に再任 3・31 旧制大学廃止 4・1 社会学部社会学科設置（文学部社会学科・社会事業学科学生募集停止） 6・16 木村蓬伍、理事長に就任 9・12 社会学部校舎竣工式	6・23 新安保条約批准書交換発効 10・4 科学技術会議、科学技術振興方策答申 12・27 政府、国民所得倍増計画を決定
1961（昭和36）年	
4・1 理学部（物理学科・化学科）設置 4・7 理学部校舎竣工式 11・24 体育館別棟竣工式	8・25 経団連・日経連、大学理工系増員計画くり上げ要望
1962（昭和37）年	
9・10 羽束台開発株式会社設立発起人会 9・13 第1教授研究館竣工式 10・26 牛窓町青島購入契約締結（10月1日付） 10・26 新学制による学位規程定める 11・23 長野県戸隠山小屋竣工	3・－米国、ベトナムで戦闘に参加 －・－ この年、大学の文学部の女子学生比率、全国で37%
1963（昭和38）年	
4・1 文学部仏文学科設置 6・28 関西学院後援父兄会を関西学院父兄会と改称 9・5 啓明寮火災 12・10－11 学費問題で文、社会、法学部授業ストライキ。経済、神学部授業辞退 12・11 図書館新館竣工式	6・1 部落問題研究全国集会第1回開催 6・30『キリスト教大事典』 11・22 J.F.ケネディ米大統領暗殺
1964（昭和39）年	
3・21 スポーツセンター竣工 4・10 啓明寮、清風寮増築竣工 5・25 第5別館竣工 6・11 北沢敬二郎、理事長に就任 9・30 立山「山の家」竣工 10・30 関西学院大学教員組合結成 11・5 関西学院高中教員組合結成 11・20 中学部体育館竣工 11・24 関西学院職員組合結成	8・21 文部省、教育白書『わが国の高等教育』 8・31 文部省、大学拡充整備計画決定 10・1 東海道新幹線開業 10・10－24 東京オリンピック開催
1965（昭和40）年	
7・24 青島矢内記念コテージ竣工	1・11 中教審「期待さ

	れる人間像」草案発表
1966（昭和41）年	
4・1 古武弥正、学長に就任 4・1 関西4大学（関西学院、関西、立命館、同志社）の間で大学院交流研究生制度開始 10・22 矢内記念中学部会館竣工 11・11 父兄会費値上げ、薬学部新設に関する公聴会を要求する学生集会 11・19 父兄会費値上げ撤回 12・6 社会学部・法学部、ストライキ突入 12・7 臨時理事会で薬学部設置案を撤回	2・10 早大全学共闘会議、大学本部占拠 5・31 カトリック教会と日本基督教教団との間でエキュメニカル懇談会開催 7・27 私立大学問題懇談会意見書提出
1967（昭和42）年	
3・31 新保健館竣工式 4・1 高等部長と中学部長を併職することとし、小林宏高等部宗教主事、高・中部長に就任 4・1 計算センター設置 6・1 キリスト教主義教育研究室設置 10・27 全学連絡会議（学院本部、大学、学生会各代表）開催 10・31 全学学費対策委員会を全学共闘会議（全共闘）に改名 12・7 臨時理事会で学費改訂案可決 12・16 法学部ストライキ 12・16 全学共闘会議、第5別館封鎖 12・18－19 文学部、商学部、社会学部ストライキ	3・26「第二次大戦下における日本基督教団の責任についての告白」、日本基督教団議長名で発表 6・26 東大など国立7大学学長会議で大学院大学への昇格決議 9・20 日本学術振興会発足。産学協同強化
1968（昭和43）年	
1・17 商学部ストライキ解除 1・25 文学部ストライキ解除 1・27 法学部ストライキ解除 3・23 文・社会・法・商4学部教授会、ストライキの責任者の処分問題を審議し26名の処分者を決定 3・28 大学卒業式、全共闘、本部建物を封鎖占拠。兵庫県警に機動隊導入を要請 4・9 本部建物占拠に関して、学内5カ所が強制捜査され、9名の学生が逮捕 12・16 全学執行委員長、12月20日の大衆団交要求 12・19 加藤秀次郎理事長、大衆団交要求拒否回答 12・19 社会学部・法学部・文学部、6項目要求の一日	1・29 東大紛争の発端 2・12 警視庁、大学の要請なしでも構内立入り捜査可能を通達 4・9 文部省、初の私学白書発表 8・1 大阪部落解放研究所設立 －・－ 全国111大学で紛争発生

関西学院に関する事項	一般事項
ストライキ 1969（昭和44）年 1・7　全共闘、午後5時すぎ第5別館封鎖 1・16　1月14日付にて、全執委員長・全共闘議長より理事長宛団交要請書 1・17　要請書に対して加藤秀次郎理事長名で封鎖下では回答できない旨を回答 1・24　中央芝生にて全学集会。全共闘学生約500名、一般学生約5,000名参加。学生が大衆団交に切り替えることを要求し学院側退席 1・27　古武弥正学長、病気のため休任。小宮孝院長、学長代理を兼任 2・5　全執委員長・全共闘議長、院長・理事長あて「最后通告－大衆団交に応じよ」提出 2・5　体育館・高等部・中学部の各入試会場を守るため、教職員150名泊まり込む 2・6　午前5時ごろ武装全共闘学生約250名、体育館襲撃。火炎瓶を投げ込む 2・6　高中部、臨時休業 2・7　経済学部入試 2・9　捜索検証。機動隊出動。第5別館を除く11カ所の封鎖を解除。公務執行妨害と不退去罪で学生逮捕 2・14　午後10時すぎ機動隊引き揚げる 2・15　大学、休校措置 2・26－27　全学集会（第2グラウンド－中央講堂） 2・26「関学の存廃をかけて、われわれは提案する」を配布 3・2　小宮孝院長、学長代理辞任 3・2　大学評議会評議員、辞任申し合わせ 3・3　小宮孝、院長辞任 3・15　大学評議会再編 3・15　大学卒業式中止決定 3・18　古武弥正、学長辞任 3・19　小寺武四郎、学長代行に就任 3・22　特別調査企画委員会設置（コンビーナー・新浜邦夫） 4・1　休校措置を解除 5・7　教職員集会で小寺武四郎学長代行から「関西学院大学改革に関する学長代行提案」の提示	1・18　東大安田講堂の封鎖解除 1・20　東大'69年度入試中止決定 2・18　日大、機動隊を導入し全学の封鎖解除 2・24　日経連、大学紛争の一因が偏向教育と主張 3・1　機動隊、京大の要請なしに構内駐留 4・21　文部省、大学長に警官の学内立入りの最終判断が警察にあると新通達 5・9　国大協、中教審の大学紛争処理に関する答申・立法化指向に反対声明 5・24　キリスト教新・旧教会協力で日本エキュメニカル協会発足 5・29　全共闘を支持する大学教師200名、大学を告発する集会 8・7　大学臨時措置法公布 8・12　私学人件費の50%国庫助成を文部大臣に要望。次年度100億円計上を約束 10・31　文部省、高校生の政治活動禁止の

と説明
5・24 小寺武四郎学長代行、院長代行に就任
6・9 改革結集集会（神戸市立王子公園陸上競技場）、参加学生約１万名。学長代行提案承認、正常化宣言支持
6・11 全共闘学生、構内の樹木を切り倒してバリケードを築く
6・13 機動隊25の建物全部の封鎖解除
6・14 キャンパス解放集会（中央芝生）、約5,000名が参加。教職員・学生によりバリケード撤去
6・15『上ケ原ジャーナル』No.1発行
6・27 特別調査企画委員会を発展的に解消、改革推進本部を設置。広報委員会、改革推進委員会、企画調査委員会の３委員会を置く
6・30 大学授業再開。オフィス・アワー発足
6・30『KG Campus Record』No.1創刊
6・30 構内立入禁止１時間繰り下げて午後６時から翌朝８時までとなる
7・5 初の改革推進日
7・11「キャンパス創意開発機構」（COD）設置
7・18 矢内正一、理事長に就任
8・3 68年度大学卒業式（中央芝生）。出席者2,104名
12・24 学長選挙で小寺武四郎学長代行、学長に選出

見解を教育委員会に配布
12・17 文部省、大学紛争白書発表（本年の紛争大学：国立62・公立15・私立47校。措置法施行後の機動隊導入41校）
–・– この年、万国博覧会へのキリスト教館参加反対および靖国神社法案反対運動高まる。永井道雄、大学公社案ほか構想多数発表

1970（昭和45）年

1・8 学長に小寺武四郎が就任
4・– 総合コース開講
5・16 改革推進日にかわり「土曜オープンセミナー」実施
6・15 高等部、制服を廃止し服装の自由化実施

3・14 日本万国博覧会開催
–・– この年、私学経常費に対する国庫助成実現

1971（昭和46）年

3・– 関西学院教育振興会設置
7・24 県民大学として関西学院大学公開講座開講
9・6 グリークラブホール竣工式
12・16 部落問題研究部より差別発言に関する公開質問状

6・17 沖縄返還協定調印式
3・1『新聖書大辞典』

1972（昭和47）年

4・1 高中部長、高・中両副部長の臨時職制実施。高

7・6 日本聖書協会・

関西学院に関する事項	一般事項
中部長に小林宏が就任 6・14 同和問題に取り組む大学の基本的姿勢発表 8・5 千刈キャンプ場辻記念チャペル献堂式 10・12 総合教育研究室設置	日本カトリック中央協議会、聖書の共同訳作成を発表
1973（昭和48）年 3・8 小寺武四郎、学長再任 3・30 院長選挙で小寺武四郎選出 4・6 新第4別館竣工 4・12 小寺武四郎、院長に就任 9・30 小寺武四郎、院長辞任 11・29 私立学校教職員共済組合加入手続完了 12・13 院長公選制度廃止。理事長が院長を兼務、理事長の補佐役として新たに常務理事選任制度制定	1・27 ベトナム和平協定調印 3・1 高等教育懇談会、'80年代後半の大学進学率を40%と予測 9・25 筑波大学設置法可決 10・23 第1次石油ショック
1974（昭和49）年 2・12 第2教授研究館増築、池内記念館竣工 2・14 久山康、理事長・院長に就任 3・31 小寺武四郎、学長辞任 6・22 西治辰雄、学長に就任 12・4 1975年度学費改訂決定	3・30 大学設置審議会、大学院・学位制度の改善の答申（博士課程5年一貫教育・独立大学院設置）
1975（昭和50）年 2・12 法、経済、商、文、社会学部校舎封鎖 2・14 西治辰雄、学長辞任 5・1 久保芳和、学長に就任 7・－『父兄通信』創刊 9・9「同和教育の基本方針」決定 12・4 1977年度以降の学費の漸増方式（スライド方式）導入決定	7・11 私立学校振興助成法公布（経常費半分まで国庫助成可能） 11・18 文部省、大学・短大生数200万超と発表（女子学生32.3%）
1976（昭和51）年 3・1 情報処理研究センター設置 5・6 休日の正門閉鎖 12・20 第1回クリスマス音楽礼拝	－・－ この年、私立大学（298校）の平均授業料（文系15万円、理系21万円）
1977（昭和52）年 1・13 ランバス留学基金制度発足 3・25 総合体育館竣工式 12・14『クレセント』創刊号発行	7・2 文部省、共通第1次試験の国公立大学での利用（'79

年度）通知

1978（昭和53）年

3·30 法学部本館竣工式
3·30 仁川百合野教職員住宅竣工式
4·1 小寺武四郎、学長に就任
4·1 客員教授制実施
4·1 常任理事制、事務局長制実施
6·1 学院史資料室設置
6·4 第2学生会館焼失
9·1 第1回関関戦（高等部）
10·14 千刈セミナーハウス献堂開館式
11·29－30 第1回総合関関戦

3·1 文部省、学位規則を改正し、学術修士を新設
5·20 成田空港開港
7·3 立教大学社会人入試実施発表
8·12 日中平和友好条約調印
9·15 カトリックとプロテスタントの協力による『新約聖書·共同訳』刊行

1979（昭和54）年

3·1 高等部学友会機関誌『マスタリー』復刊
3·1 国際交流センター発足
6·28－30 第1回ランバス記念講座（講師：E.O.ライシャワー）
7·12 国際交流センターを国際センターと改称
10·6 創立90周年記念式典
10·11 南メソジスト大学との学術交流協定締結

1·13 国公立大学共通1次試験実施
6·8 中教審、地域社会への学校開放促進提言
10·1 図書館情報大学開学

1980（昭和55）年

4·10 南メソジスト大学へ第1回の交換留学生10名を送り出す
6·－ 創立90周年記念映画第1作「パール·リバーから地の果てまで－ビショップW.R.ランバスの生涯」完成

3·3 聖書図書館開館
－·－ この年、校内暴力·家庭内暴力急増

1981（昭和56）年

4·1 城崎進、学長に就任
9·30 情報処理研究センター棟竣工式
10·1 大学入学時貸与奨学金制度設置（1983年度入学者対象）
11·30 サティヤ·ワチャナ·キリスト教大学との学術交流協定締結

3·2 中国残留日本人孤児、初の正式来日
6·11 中教審、生涯教育についての答申

1982（昭和57）年

6·12 吉林大学友好協力協定締結
10·29 宗教総部、兵庫県社会賞受賞

9·1 国公立大学での外国人教員任用特

関西学院に関する事項	一般事項
	別措置法公布
1983（昭和58）年	
4・1 自動車通学禁止	12・11 ローマ法王、ローマ・ルター派教会を訪問
1984（昭和59）年	
3・12 千刈キャンプ・センター棟竣工	9・5 臨時教育審議会設置
7・21 新学生会館竣工式	
1985（昭和60）年	
3・6 文学部新館竣工	4・1 放送大学開講
4・27 有光寮献寮式	6・26 臨教審第1次答申（個性重視の原則）
9・12 城崎進、学長辞任	
10・24 ビクトリア大学／トロント大学文理学部との学生交換協定締結	－・－ 帰国児童・生徒数1万人突破。日本の学校への適応など課題となる
11・26 武田建、学長に就任	
12・－ 学院史記録映画第2作「Keep this holy fire burning －創立から終戦まで－」完成	
1986（昭和61）年	
4・1 大学の授業スケジュール改訂（前期試験を7月に実施）	4・23 臨教審第2次答申（生涯学習の重視）
4・17 学生サービスセンター、第2教授研究館第2期増築工事竣工式	
1987（昭和62）年	
3・24 高等部、マウイ高等学校と提携校協定締結	3・13 閣議、大学審議会設置法案決定
1988（昭和63）年	
8・19 中学部、インド・モダンスクール・バサントビハール校との提携校協定締結	2・15 文部省、共通1次に代わる大学入試センター試験の最終報告
11・4 宗教主事による「天皇の代替わりに関する私たちの見解」発表	
11・16 久山康理事長・院長と武田建学長、年度末退任の共同声明	2・20『日本キリスト教歴史大事典』
1989（昭和64・平成元）年	
2・1 神学部を除く6学部が東京入試実施	1・7 天皇没、元号平成となる
3・30 講義棟A・B・C号館竣工式	
3・31 兵庫県と北摂土地譲渡契約締結	4・1 消費税実施
4・1 理事長に加藤誠之、院長に宮田満雄、学長に柘	4・12 天皇の代替わり

植一雄就任

5・8　アメリカ・ネブラスカ・ウェスレアン大学との学生交換協定締結

9・1　高等部校舎および高中部礼拝堂竣工式

11・4　創立100周年記念式典、ホームカミング・デー・オン・KGキャンパス

行事に関するキリスト教主義四大学長の共同意見表明

7・1　大学審議会、大学設置基準改正（大綱化）

1990（平成２）年

3・28　講義棟D号館竣工式

6・15　アメリカ・パシフィック大学と学生交換協定締結

6・23　カナダ・クィーンズ大学と学術交流協定締結

9・20　アメリカ・マサチューセッツ大学アムハースト校と学生交換協定締結

12・12　中国・蘇州大学と学術交流協定締結

1・13　大学入試センター第１回試験

11・12　即位の礼

11・22　大嘗祭

1991（平成３）年

1・31　ブラジル・ロンドリーナ州立大学と学術交流協定締結

7・29　イギリス・マンチェスター大学と学生交換協定締結

8・5　アメリカ・ノース・キャロライナ大学と学生交換協定締結

8・8　中国・中国人民大学と学術交流協定締結

12・13　オーストラリア・シドニー大学と文化協定締結

1・10　特別永住者などの指紋押捺廃止

1・17　湾岸戦争（−2・28）

4・19　中教審、受験競争緩和の答申

12・21　ソ連邦消滅

1992（平成４）年

4・1　武田建、理事長に就任

4・1　言語教育センター設置

4・1　セメスター制実施

4・1　経済学部にオープン・カレッジ・コース設置

4・1　商学研究科、大学院飛び級入学制度実施

4・1　大学自己点検・評価制度実施

1・22「脳死」は「人の死」を認める答申

6・3　地球サミット開幕（リオデジャネイロ）

9・12　月１回学校週５日制導入

1993（平成５）年

2・12　カナダ・マウント・アリソン大学と学生交換協定締結

3・15　イギリス・スターリング大学と文化協定締結

4・1　商学研究科にマネジメント・コース（昼夜開講制、社会人対象）設置

7・29　韓国・延世大学と包括協定および学生交換協定

1・1　EC統合市場発足

3・16　最高裁、教科書検定合憲判決

10・27　行政審最終答申で「地方分権」「規

関西学院に関する事項	一般事項
締結	制緩和」を提案
11·11 アメリカ·エモリー大学と包括協定および学生交換協定締結	11·12 環境基本法成立
1994（平成６）年	
3·20『関西学院百年史資料編Ⅰ』刊行	1·13 最高裁に初の女性判事を採用
4·1 柚木学、学長に就任	2·－ 昨年の凶作による米不足騒ぎ
4·11 香港·香港中文大学と学生交換協定締結	9·4 関西空港開港
7·15 商学研究科、イギリス·ウォリック大学ウォリック·ビジネススクールと文化協定締結	
9·14 講義棟E号館、第１教授研究館新館竣工	
1995（平成７）年	
1·22 関西学院救援ボランティア委員会発足	1·17 阪神·淡路大震災
3·18 阪神·淡路大震災による犠牲者追悼礼拝	3·20 東京でサリン事件
3·31 イギリス·オックスフォード大学と包括協定締結	4·19 円相場の高騰（1ドル80円台に突入）
4·1 社会学部にオープン·カレッジ·コース設置	7·24 文部省と日教組和解
4·1 総合政策学部設置（神戸三田キャンパス）	7·－ 以降、金融機関破たん相次ぐ
5·20『関西学院百年史資料編Ⅱ』刊行	
10·1 新大学図書館第１期開館	
10·26 経済学部、フランス·リール第一大学経済社会学部と学術協力協定締結	
12·14 神学部、スイス·ベルン大学福音主義神学部と文化協定締結	
1996（平成８）年	
1·12 カナダ·マギル大学と学生交換協定締結	3·27 らい予防法廃止法成立
4·1 経済学研究科にエコノミスト·コース（昼夜開講制、社会人対象）設置	7·1 堺市の小学校でO－157集団中毒発生
7·9 総合政策学部、オーストラリア·マードック大学アジア研究所と香港·香港大学人文学部·社会科学部との三者間文化協定締結	
8·22 インターネットに関西学院のホームページ開設	
1997（平成９）年	
3·22 ベトナム·ハノイ·コマーシャル大学と学生交換協定締結	4·1 消費税率５％に引上げ
4·1 今田寛、学長に就任	5·8 アイヌ文化振興法成立
5·20『関西学院百年史通史編Ⅰ』刊行	7·1「中国香港」が
6·13 第１回関西学院創立111周年記念事業委員会	

7·22 社会学部、ドイツ·ボン大学日本文化研究所と協定
8·5 社会学部、フランス·国立社会科学高等研究院現代日本研究所と協定
9·25 新大学図書館竣工式
9·25 講義棟F号館竣工
10·13 第1回111周年記念募金事業委員会

スタート
12·1 京都地球温暖化防止会議開催
12·9 介護保護法成立

1998（平成10）年

2·13 中学部新館竣工
2·17 ドイツ·アウグスブルグ大学と学生交換協定締結
3·20 アメリカ·ジョージア大学と学生交換協定締結
3·20『関西学院百年史通史編Ⅱ』刊行
3·27 ハイテク·リサーチ·センター竣工式
3·27「ランバス関係姉妹校間協定」締結（関西学院、聖和大学、広島女学院、啓明女学院、パルモア学院）
4·1 山内一郎、院長に就任
10·24 高等部新制五十周年記念式典

1·19 千葉大学、飛び級入学制度（全国初、3名入学）
3·19 NPO法成立
4·1 改正外国為替管理法の施行を皮切りに、金融ビッグバン幕開け
4·5 明石海峡大橋開通

1999（平成11）年

4·1 大学院総合政策研究科修士課程設置
4·1 社会学部社会福祉学科設置
7·26 カナダ·ブリティッシュ·コロンビア大学と学生交換協定締結
9·16 関西学院会館竣工式

1·1 欧州にユーロ誕生
2·28 初の脳死移植実施
8·9 国旗·国家法成立

2000（平成12）年

4·7 関西学院大学エクステンションセンター「K.G.ハブスクエア大阪」開所式
6·24 関西学院大学スポーツセンター竣工式
9·9 中国·中山大学と学生交換協定締結
9·25 神戸三田キャンパスランバス記念礼拝堂献堂式
9·28 関西学院創立111周年記念式典

2·6 大阪府知事選で全国初の女性知事誕生

2001（平成13）年

3·29 社会学部、中国·清華大学社会学部と協定
4·1 大学院総合政策研究科（博士課程）及び言語コミュニケーション文化研究科（修士課程）設置
4·26 学校法人関西学院と学校法人啓明女学院の提携

4·1 省庁再編開始文部省、文部科学省へ
7·20 サミット、イタ

関西学院に関する事項	一般事項
に関する協定締結（5・1発効）	リア・ジェノバで開幕
5・29 文部科学省より理学部の理工学部への名称変更と生命科学科設置認可	
8・1 理工学部（現、理学部）情報科学科と総合政策学部メディア情報学科の2002年度開設について設置認可	
8・3 神戸三田キャンパス第2期整備新築工事竣工式。Ⅲ号館（総合政策学部・図書メディア館）、Ⅳ号館（理学部本館）および第2厚生棟竣工	
8・– 理学部神戸三田キャンパスに移転	
9・28『関西学院事典』発行	9・11 アメリカ同時多発テロ事件
2002（平成14）年	
4・1 理学部に生命科学科および情報科学科設置	1・1 ユーロ流通始まる
4・1 理学部を理工学部と改称	8・25 住民基本台帳ネット・ワークシステム稼働
4・1 総合政策学部にメディア情報学科設置	
4・1 山内一郎、理事長に就任（院長兼任）	
4・1 平松一夫、学長に就任	
4・1 畑道也、高中部長に就任	
9・3 大学トレーニングセンター開設	
2003（平成15）年	
2・14 理事会、「21世紀初頭の関西学院基本構想」発表	3・20 イラク戦争勃発
4・1 文学部哲学科、美学科、心理学科、教育学科、史学科、日本文学科、英文学科、フランス文学科、ドイツ文学科を文化歴史学科、総合心理科学科、文学言語学科に再編	5・23 個人情報保護法成立
4・1 大学院言語コミュニケーション文化研究科博士課程後期課程設置	
7・– 社会学部、「『人類の幸福に資する社会調査』の研究」採択決定（文科省COEプログラム）	
9・26 東京オフィス（パレスビル）開所式	
2004（平成16）年	
3・8 大学院1・2号館、本部棟竣工	10・23 新潟県中越地震
4・1 日本初のジョイントディグリー制度を実施	
4・1 理学研究科に生命科学専攻修士課程を設置	
4・1 理学研究科を理工学研究科に名称変更	
4・1 法学研究科博士課程前期課程の政治学専攻・基礎法学専攻・民刑事法学専攻を法学・政治学専攻	

に再編。
4・1 専門職大学院司法研究科（法科大学院）設置
4・1 畑道也、院長に就任
5・13 初のUNITeSボランティア派遣（スリランカ）

2005（平成17）年

1・17 災害復興制度研究所設置
4・1 専門職大学院経営戦略研究科経営戦略専攻、同会計専門職専攻設置
4・– K. G. ハブスクエア大阪を拡張し、大阪梅田キャンパスと改称
10・31 千刈セミナーハウス休館

2・16 京都議定書発効
4・25 JR福知山線脱線事故
8・25 ハリケーン「カトリーナ」がアメリカ・フロリダ上陸

2006（平成18）年

3・10 吉岡記念館竣工
4・1 理工学研究科生命科学専攻博士課程後期課程、情報科学専攻設置
10・28 第3フィールド竣工

7・29 陸上自衛隊イラク撤退完了
12・22 教育基本法改正

2007（平成19）年

4・1 院長にルース・M・グルーベルを選出。
4・1 大学院文学研究科を文学歴史学専攻、総合心理学専攻、文学言語学専攻に再編
4・1 難民を対象とする推薦入試制度による学生受け入れ開始
6・25 東京オフィスを移転・拡充し、東京丸の内キャンパス開設
7・12 兵庫医科大学と学術研究交流の包括協定締結

1・9 防衛省発足
7・16 新潟県中越沖地震

2008（平成20）年

3・24 G号館（人間福祉学部）竣工
4・1 関西学院初等部設置（磯貝曉成初等部長）
4・1 人間福祉学部（社会福祉学科、社会起業学科、人間科学科）設置
4・1 先端社会研究所設置
4・1 専門職大学院経営戦略研究科に先端マネジメント専攻（博士課程）開設
4・1 森下洋一、理事長に就任
4・1 杉原左右一、学長に就任

1・16 新テロ対策特別措置法成立
4・1 後期高齢者医療制度始まる

関西学院に関する事項	一般事項
2009（平成21）年	
3・－ 第4フィールド竣工	1・20 オバマ第44代アメリカ大統領就任
4・1 学校法人聖和大学と法人合併、聖和キャンパス開設	
4・1 大学に教育学部、大学院教育学研究科設置	
4・1 聖和短期大学と聖和幼稚園設置	
4・1 聖和大学を承継（学生募集を停止、在学生の卒業待って廃止）	
4・1 理工学部に数理科学科、人間システム工学科、生命科学科生命科学専攻、生命科学科生命医科学専攻設置	
4・1 総合政策学部に都市政策学科および国際政策学科設置	
4・1 大学院理工学研究科数理科学専攻（修士課程）設置	
4・20 新基本構想を公表	
8・10 高等部野球部が第91回全国高校野球選手権大会に出場（70年ぶり）	
2010（平成22）年	
3・8 山川記念館竣工	1・1 日本年金機構発足
3・20 有光寮閉寮	10・29 生物遺伝資源に関する名古屋議定書採択
3・26 G号館増築（国際学部）竣工	
4・1 大学に国際学部国際学科設置	
4・1 学校法人千里国際学園と法人合併、千里国際キャンパス開設	
4・1 関西学院千里国際高等部、関西学院千里国際中等部および関西学院大阪インターナショナルスクール設置。	
4・1 高等教育推進センター開設	
9・26「時計台」正面鉄製飾り手すり復元記念式を挙行	
12・10 第一教授研究館立替竣工	
2011（平成23）年	
4・1 大学院理工学研究科数理科学専攻（博士課程後期課程）設置	3・11 東日本大震災。福島第一原子力発電所（東京電力）の原子力事故
4・1 井上琢智、学長に就任	6・－ 小笠原諸島、平泉の歴史的建造物

	群がユネスコの世界遺産登録
2012（平成24）年	
3·22 中高整備充実計画竣工	2·10 復興庁発足
4·1 中学部男女共学化	
2013（平成25）年	
3·28 神戸三田キャンパス·アカデミックコモンズ竣工	6·26 富士山世界文化遺産登録
4·1 教育学部を教育学科1学科に再編	11·27 改正高校無償化法が参議院で可決、成立
4·1 理工学研究科人間システム工学専攻（博士課程前期課程·後期課程）設置	12·13 特定秘密保護法案成立
4·1 宮原明、理事長に就任	
4·1 教務機構、学生活動支援機構、情報環境機構、国際連携機構設置	
2014（平成26）年	
3·24 社会学部、H号館竣工	
4·1 村田治、学長に就任。	
4·1 国際学研究科国際学専攻（博士課程前期課程·後期課程）設置	
6·15 総合関関戦史上初6連覇	
9·28 大学博物館開館	
9·28 創立125周年記念式典	

歴代役職者

（就任 ～ 退任）　（備考）

校主・院主・設立者

中村平三郎	1889. 09. 28. ～ 1893. 07. .	
吉岡美国	1893. 08. . ～ 1917. 03. 13.	
J.C.C.ニュートン	1917. 03. 14. ～ 1920. 10. 06.	
C.J.L.ベーツ	1920. 10. 07. ～ 1931. 09. 16.	

理事長

〈財団法人関西学院〉

C.J.L.ベーツ	1931. 09. 17. ～ 1940. 09. 11.	
神崎驥一	1940. 09. 11. ～ 1950. 02. 23.	
H.W.アウターブリッヂ	1950. 02. 23. ～ 1951. 02. 23.	

〈学校法人関西学院〉

H.W.アウターブリッヂ	1951. 02. 24. ～ 1954. 03. 31.	
今田恵	1954. 04. 01. ～ 1960. 06. 15.	
木村蓬伍	1960. 06. 16. ～ 1964. 04. 22.	
加藤秀次郎	1964. 04. 28. ～ 1964. 06. 11.	事務取扱
北沢敬二郎	1964. 06. 11. ～ 1967. 03. 31.	
北沢敬二郎	1967. 04. 01. ～ 1967. 07. 12.	職務代行
加藤秀次郎	1967. 07. 13. ～ 1969. 07. 17.	
矢内正一	1969. 07. 18. ～ 1974. 02. 14.	
久山康	1974. 02. 14. ～ 1989. 03. 31.	
加藤誠之	1989. 04. 01. ～ 1992. 03. 31.	
武田建	1992. 04. 01. ～ 2002. 03. 31.	
山内一郎	2002. 04. 01. ～ 2008. 03. 31.	院長
森下洋一	2008. 04. 01. ～ 2013. 03. 31.	
宮原明	2013. 04. 01. ～	

院長

W.R.ランバス	1889. 09. 28. ～ 1891. 01. .	
（欠）		

	（就任 ～ 退任）	（備考）
吉岡美国	1892.09.01. ～ 1916.03.31.	
J.C.C.ニュートン	1916.04.01. ～ 1920. . .	
C.J.L.ベーツ	1920.10.15. ～ 1940.09.11.	
神崎驥一	1940.09.11. ～ 1950.02.03.	
今田恵	1950.02.03. ～ 1954.03.31.	
H.W.アウターブリッヂ	1954.04.01. ～ 1956.06.22.	
加藤秀次郎	1956.06.22. ～ 1958.03.31.	
小宮孝	1958.04.01. ～ 1969.03.03.	
武藤誠	1969.03.04. ～ 1969.05.24.	事務取扱
小寺武四郎	1969.05.24. ～ 1973.04.12.	代行
小寺武四郎	1973.04.12. ～ 1973.09.30.	
玉林憲義	1973.10.01. ～ 1974.02.14.	事務取扱
久山康	1974.02.14. ～ 1989.03.31.	
宮田満雄	1989.04.01. ～ 1998.03.31.	
山内一郎	1998.04.01. ～ 2004.03.31.	
畑道也	2004.04.01. ～ 2007.03.31.	
R.M.グルーベル	2007.04.01. ～	

副院長

松本益吉	1920.10.15. ～ 1925.12.17.	
（欠）		
曾木銀次郎	1929.09.27. ～ 1935.03.31.	
堀峯橘	1935.04.01. ～ 1939.03.31.	

礼拝主事・宗教主事

N.W.アトレー	1889. . . ～ . . .	
J.C.C.ニュートン	1891. . . ～ . . .	
T.W.B.デマリー	1893. . . ～ . . .	
S.H.ウェンライト	1894. . . ～ . . .	
T.H.ヘーデン	1902. . . ～ . . .	
S.H.ウェンライト	1903. . . ～ . . .	
T.H.ヘーデン	1906. . . ～ . . .	

	(就任 ～ 退任)	(備考)
田中義弘	1911.03.11. ～ . . .	
小野善太郎	1912.12.21. ～ . . .	
堀峯橋	1920.03.12. ～ . . .	
松下績雄	1921.03. . ～ . . .	
松本益吉	1923.03. . ～ . . .	
柳原正義	1925.03. . ～ . . .	
亀徳一男	1934.03. . ～ 1941.03.31.	
鮫島盛隆	1941.04.01. ～ 1951.03.31.	
原野駿雄	1951.04. . ～ 1953.10.31.	

宗教総主事

原野駿雄	1953.11.01. ～ 1054.03.31.	
(欠)		
松村克己	1954.06.01. ～ 1955.03.31.	事務取扱
松村克己	1955.04.01. ～ 1958.04.16.	
河辺満甕	1958.04.17. ～ 1962.03.31.	
W.D.ブレイ	1962.04.01. ～ 1966.03.31.	
宇都宮信哉	1966.04.01. ～ 1969.06.06.	
長久清	1969.06.07. ～ 1973.03.31.	
(欠)		
小林信雄	1973.04.12. ～ 1977.03.31.	
藤井孝夫	1977.04.01. ～ 1979.03.31.	
米倉充	1979.04.01. ～ 1981.03.31.	
小林昭雄	1981.04.01. ～ 1989.03.31.	
熊谷一綱	1989.04.01. ～ 1994.03.31.	
船本弘毅	1994.04.01. ～ 1998.03.31.	
前島宗甫	1998.04.01. ～ 2004.03.31.	
田淵結	2004.04.01. ～	

大学図書館長

J.C.C.ニュートン	1889.09. . ～ . . .	
T.H.ヘーデン	1897.06. . ～ . . .	

	（就任 ～ 退任）	（備考）
J.C.C.ニュートン	1903. 12. . ～ . . .	
W.K.マシュース	1908. 04. . ～ 1938. 03. 31.	
山本五郎	1938. 04. 01. ～ 1943. 03. 31.	
東晋太郎	1943. 04. 01. ～ 1955. 12. 18.	
原田脩一	1955. 12. 19. ～ 1956. 03. 31.	館長代理
実方清	1956. 04. 01. ～ 1960. 03. 31.	
楠井隆三	1960. 04. 01. ～ 1964. 03. 31.	
大道安次郎	1964. 04. 01. ～ 1968. 03. 31.	
前田正治	1968. 04. 01. ～ 1969. 03. 31.	
前田正治	1969. 04. 01. ～ 1970. 04. 08.	事務取扱
前田正治	1970. 04. 09. ～ 1972. 03. 31.	
小関藤一郎	1972. 04. 01. ～ 1976. 03. 31.	
川村大膳	1976. 04. 01. ～ 1980. 03. 31.	
阪本仁作	1980. 04. 01. ～ 1984. 03. 31.	
金子精次	1984. 04. 01. ～ 1988. 03. 31.	
八重津洋平	1988. 04. 01. ～ 1992. 03. 31.	
田中敏弘	1992. 04. 01. ～ 1998. 03. 31.	
丸茂新	1998. 04. 01. ～ 2001. 03. 31.	
井上琢智	2001. 04. 01. ～ 2007. 03. 31.	
杉原左右一	2007. 04. 01. ～ 2008. 03. 31.	
曽我祐典	2008. 04. 01. ～ 2010. 03. 31.	
奥野卓司	2010. 04. 01. ～	

普通学部長

N.W.アトレー	1889. 09. 28. ～ 1891. . .	
S.H.ウェンライト	1891. 09. . ～ 1893. . .	
C.M.ブラッドベリー	1893. 08. . ～ 1894. . .	
S.H.ウェンライト	1894. . . ～ . . .	
T.H.ヘーデン	1902. . . ～ . . .	
S.H.ウェンライト	1903. . . ～ 1907. . .	
S.E.ヘーガー	1907. 09. . ～ 1911. 03. 09.	
吉岡美国	1911. 03. 10. ～ 1912. 09. 08.	
西川玉之助	1912. 09. 09. ～ 1912. . .	事務取扱

	(就任	〜	退任)	(備考)
西川玉之助	1912. 11. .	〜	1915. 02. 12.	

中学部長

西川玉之助	1915. 02. 12.	〜	1915. 06. 30.	
吉岡美国	1915. 07. 01.	〜	1916. 03. 31.	
J.C.C.ニュートン	1916. 04. 01.	〜	1916. 09. 01.	
野々村戒三	1916. 09. 15.	〜	1920. 02. 15.	
真鍋由郎	1920. 02. 15.	〜	1920. 04. 19.	代理
田中義弘	1920. 04. 20.	〜	1930. 01. 03.	
真鍋由郎	1930. 01. 09.	〜	1930. 04. 24.	部長心得
真鍋由郎	1930. 04. 24.	〜	1938. 03. 31.	
田中貞	1938. 04. 01.	〜	1942. 10. 31.	
神崎驥一	1942. 10. 31.	〜	1943. . .	事務取扱
沓澤吉太郎	1943. 04. .	〜	1945. 03. 02.	
畑歓三	1945. 03. 07.	〜	1947. 06. 23.	
寿岳文章	1947. 06. 23.	〜	1948. 03. 31.	

神学部長・神学校長

J.C.C.ニュートン	1889. 09. 28.	〜	1897. 06. .	
T.H.ヘーデン	1897. . .	〜	1899. . .	代理
T.H.ヘーデン	1899. . .	〜	1903. . .	
J.C.C.ニュートン	1903. 12. .	〜	1911. 03. 09.	
T.H.ヘーデン	1911. 03. 10.	〜	1912. 04. 17.	
J.C.C.ニュートン	1912. 04. 18.		1912. 12. 20.	代理
J.C.C.ニュートン	1912. 12. 21.	〜	1916. 03. 31.	
T.H.ヘーデン	1916. 04. 01.	〜	1929. 09. 27.	
堀峯橘	1929. 09. 27.	〜	1938. 03. 31.	
松下績雄	1938. 04. 01.	〜	1943. 03. 31.	

高等学部長

C.J.L.ベーツ	1912. 04. 01.	〜	1917. 03. 07.	

	(就任 ～ 退任)	(備考)
R.C.アームストロング	1917.03.07. ～ 1919.06.21.	
野々村戒三	1919.06.21. ～ 1919.11.21.	代理
J.C.C.ニュートン	1919.12.19. ～ 1920.02.09.	代理
H.F.ウッズウォース	1920.02.09. ～ 1921.03.　.	代理

専門部長

H.F.ウッズウォース	1921.03.　. ～ 　.　.　.	
C.J.L.ベーツ	1932.　.　. ～ 1940.09.11.	
神崎驤一	1940.09.11. ～ 1944.03.31.	

商科長

松村吉則	1913.04.16. ～ 1917.12.　.	
西山広栄	1917.12.　. ～ 1920.04.　.	代理
大岩元三郎	1920.04.　. ～ 　.　.　.	

高等商業学部長

神崎驤一	1921.03.28. ～ 1935.03.31.	

高等商業学校長

神崎驤一	1935.04.01. ～ 1940.09.11.	
鈴木吉満	1940.09.11. ～ 1940.12.02.	事務取扱
鈴木吉満	1940.12.02. ～ 1944.03.31.	

文科長

小山東助	1913.09.10. ～ 1915.01.　.	
C.J.L.ベーツ	1915.01.　. ～ 1917.03.　.	
R.C.アームストロング	1917.03.　. ～ 　.　.　.	代理
野々村戒三	1917.06.　. ～ 1920.02.15.	代理
池田多助	1920.02.15. ～ 1920.11.　.	

	(就任 ～ 退任)	(備考)
村上博輔	1920. 11. . ～ 1921. 03. 27.	代理

文学部長

H.F.ウッズウォース	1921. 03. 28. ～ 1926. . .	
C.J.L.ベーツ	1926. 06. . ～ 1927. . .	
H.F.ウッズウォース	1927. 03. . ～ 1932. 03. 06.	

専門部文学部長

H.F.ウッズウォース	1932. 03. 07. ～ 1939. 02. 06.	
C.J.L.ベーツ	1939. 02. 10. ～ 1939. 03. 31.	
H.W.アウターブリッヂ	1939. 04. 01. ～ 1940. 09. 11.	
大藤豊	1940. 09. 11. ～ 1944. 03. 31.	

専門学校長

神崎驥一	1944. 04. 01. ～ 1946. 01. 19.	
原田脩一	1946. 01. 30. ～ 1951. 03. 31.	

政経科長

原田脩一	1944. 04. 01. ～ 1946. 03. 31.	

高等商業学部長

神崎驥一	1946. 04. 01. ～ 1947. 05. 22.	
加藤秀次郎	1947. 05. 23. ～ 1951. 03. 31.	

理工科長

大住吾八	1944. 04. 01. ～ 1946. 03. 31.	

	（就任　～　退任）	（備考）

理工専門部長

大住吾八	1946.04.01. ～ 1948.12.　.	
中田秀雄	1949.06.　. ～ 1951.03.31.	

文学専門部長

寿岳文章	1946.04.01. ～ 1950.03.31.	

旧制大学

学長

C.J.L.ベーツ	1932.04.01. ～ 1940.09.11.	
神崎驥一	1940.09.11. ～ 1946.01.19.	
古武弥四郎	1946.02.14. ～ 1947.03.31.	事務取扱
H.W.アウターブリッヂ	1947.04.01. ～ 1948.03.31.	

法文学部長

H.F.ウッズウォース	1934.04.01. ～ 1939.02.06.	
C.J.L.ベーツ	1939.02.10. ～ 1939.03.31.	
H.W.アウターブリッヂ	1939.04.01. ～ 1940.09.11.	
今田恵	1940.09.11. ～ 1944.03.31.	
神崎驥一	1944.04.01. ～ 1946.03.31.	

文学部長

今田恵	1946.04.01. ～ 1948.03.31.	

法学部長

石本雅男	1946.04.01. ～ 1947.03.31.	
大石兵太郎	1947.04.01. ～ 1948.03.31.	

	（就任 ～ 退任）	（備考）

商経学部長

神崎驥一	1934. 04. 01. ～ 1940. 09. 11.	
原田脩一	1940. 09. 11. ～ 1944. 03. 31.	
神崎驥一	1944. 04. 01. ～	

経済学部長

池内信行	1946. 04. 01. ～ 1948. 03. 31.	

大学予科長

菊池七郎	1932. 04. 01. ～ 1943. 03. 31.	
河辺満甕	1943. 04. 01. ～ 1948. 03. 31.	

新制大学

学長

H.W.アウターブリッヂ	1948. 04. 01. ～ 1951. 03. 31.	
大石兵太郎	1951. 04. 01. ～ 1954. 11. 30.	
堀経夫	1954. 10. 01. ～ 1955. 01. 26.	事務取扱
堀経夫	1955. 01. 27. ～ 1966. 03. 31.	
古武弥正	1966. 04. 01. ～ 1969. 03. 18.	
小宮孝	1969. 01. 27. ～ 1969. 03. 02.	代理
笹森四郎	1969. 03. 04. ～ 1969. 03. 18.	代理事務取扱
小寺武四郎	1969. 03. 19. ～ 1970. 01. 07.	代行
小寺武四郎	1970. 01. 08. ～ 1974. 03. 31.	
西治辰雄	1974. 04. 01. ～ 1974. 06. 21.	事務取扱
西治辰雄	1974. 06. 22. ～ 1975. 02. 14.	
勝本卓美	1975. 02. 15. ～ 1975. 04. 30.	事務取扱
久保芳和	1975. 05. 01. ～ 1978. 03. 31.	
小寺武四郎	1978. 04. 01. ～ 1981. 03. 31.	
城崎進	1981. 04. 01. ～ 1985. 09. 12.	

	（就任 ～ 退任）	（備考）
武田建	1985. 09. 13. ～ 1985. 11. 25.	事務取扱
武田建	1985. 11. 26. ～ 1989. 03. 31.	
柘植一雄	1989. 04. 01. ～ 1994. 03. 31.	
柚木学	1994. 04. 01. ～ 1997. 03. 31.	
今田寛	1997. 04. 01. ～ 2002. 03. 31.	
平松一夫	2002. 04. 01. ～ 2008. 03. 31.	
杉原左右一	2008. 04. 01. ～ 2011. 03. 31.	
井上琢智	2011. 04. 01. ～ 2014. 03. 31.	
村田治	2014. 04. 01. ～	

神学部長

H.W.アウターブリッヂ	1952. 04. 01. ～ 1954. 03. 31.	
原野駿雄	1954. 04. 01. ～ 1958. 03. 31.	
相浦忠雄	1958. 04. 01. ～ 1962. 03. 31.	
松村克己	1962. 04. 01. ～ 1964. 03. 31.	
相浦忠雄	1964. 04. 01. ～ 1968. 03. 31.	
松木治三郎	1968. 04. 01. ～ 1969. 07. 09.	
松村克己	1969. 07. 09. ～ 1969. 07. 16.	事務取扱
小林信雄	1969. 07. 16. ～ 1973. 04. 11.	
松村克己	1973. 04. 12. ～ 1973. 04. 18.	事務取扱
藤井孝夫	1973. 04. 19. ～ 1977. 03. 31.	
城崎進	1977. 04. 01. ～ 1981. 03. 31.	
小林栄	1981. 04. 01. ～ 1985. 03. 31.	
高森昭	1985. 04. 01. ～ 1989. 03. 31.	
橋本淳	1989. 04. 01. ～ 1992. 03. 31.	
湯木洋一	1992. 04. 01. ～ 1994. 03. 31.	
宮谷宣史	1994. 04. 01. ～ 1997. 03. 31.	
山内一郎	1997. 04. 01. ～ 1998. 03. 31.	
向井考史	1998. 04. 01. ～ 2001. 03. 31.	
神田健次	2001. 04. 01. ～ 2005. 03. 31.	
木ノ脇悦郎	2005. 04. 01. ～ 2009. 03. 31.	
神田健次	2009. 04. 01. ～ 2010. 03. 31.	
水野隆一	2010. 04. 01. ～ 2014. 03. 31.	

	（就任 ～ 退任）	（備考）
土井健司	2014.04.01. ～	

文学部長

今田恵	1948.04.01. ～ 1950.02.03.	
実方清	1950.02.08. ～ 1954.03.31.	
玉林憲義	1954.04.01. ～ 1956.03.31.	
古武弥正	1956.04.01. ～ 1958.04.17.	
片山正直	1958.04.17. ～ 1962.03.31.	
大月直治	1962.04.01. ～ 1964.03.31.	
古武弥正	1964.04.01. ～ 1966.03.31.	
本位田重美	1966.04.01. ～ 1968.10.23.	
玉林憲義	1967.12.22. ～ 1968.01.15.	代理
東山正芳	1968.10.24. ～ 1969.03.30.	
川村大膳	1968.12.20. ～ 1969.03.30.	代理
川村大膳	1969.03.31. ～ 1971.03.31.	
新浜邦夫	1971.04.01. ～ 1973.03.31.	
武藤誠	1973.04.01. ～ 1974.03.31.	
田中俊一	1974.04.01. ～ 1976.03.31.	
武田正信	1976.04.01. ～ 1978.03.31.	
塩谷滋	1978.04.01. ～ 1982.03.31.	
高塚洋太郎	1982.04.01. ～ 1984.03.31.	
今井清	1984.04.01. ～ 1986.03.31.	
大島襄二	1986.04.01. ～ 1988.03.31.	
柘植一雄	1988.04.01. ～ 1989.03.31.	
義則孝夫	1989.04.01. ～ 1991.03.31.	
今田寛	1991.04.01. ～ 1993.03.31.	
岩瀬悉有	1993.04.01. ～ 1995.12.31.	
賀集寛	1996.01.01. ～ 1997.03.31.	
畑道也	1997.04.01. ～ 1999.03.31.	
乾原正	1999.04.01. ～ 2001.03.31.	
鎌田道生	2001.04.01. ～ 2003.03.31.	
曽我祐典	2003.04.01. ～ 2005.03.31.	
阪倉篤秀	2005.04.01. ～ 2007.03.31.	

	（就任 ～ 退任）	（備考）
八木康幸	2007. 04. 01. ～ 2009. 03. 31.	
大鹿薫久	2009. 04. 01. ～ 2011. 03. 31.	
田和正孝	2011. 04. 01. ～ 2014. 03. 31.	
松見淳子	2014. 04. 01. ～	

社会学部長

大道安次郎	1960. 04. 01. ～ 1964. 03. 31.	
余田博通	1964. 04. 01. ～ 1968. 03. 31.	
杉原方	1968. 04. 01. ～ 1969. 03. 31.	
定平元四良	1969. 02. 08. ～ 1969. 03. 31.	代理
山中良知	1969. 04. 01. ～ 1970. 03. 31.	
小関藤一郎	1970. 04. 01. ～ 1972. 03. 31.	
万成博	1972. 04. 01. ～ 1976. 03. 31.	
倉田和四生	1976. 04. 01. ～ 1982. 03. 31.	
武田建	1982. 04. 01. ～ 1985. 03. 31.	
遠藤惣一	1985. 12. 12. ～ 1991. 03. 31.	
佐々木薫	1991. 04. 01. ～ 1993. 03. 31.	
西山美瑳子	1993. 04. 01. ～ 1995. 03. 31.	
牧正英	1995. 04. 01. ～ 1999. 03. 31.	
高坂健次	1999. 04. 01. ～ 2001. 03. 31.	
山本剛郎	2001. 04. 01. ～ 2003. 03. 31.	
髙田眞治	2003. 04. 01. ～ 2005. 03. 31.	
對馬路人	2005. 04. 01. ～ 2006. 10. 31.	
髙坂健次	2006. 11. 01. ～ 2010. 03. 31.	
宮原浩二郎	2010. 04. 01. ～ 2012. 03. 31.	
荻野昌弘	2012. 04. 01. ～	

法学部長

大石兵太郎	1948. 04. 01. ～ 1951. 03. 31.	
三戸寿	1951. 04. 01. ～ 1956. 12. 38.	
武内辰治	1956. 12. 28. ～ 1957. 01. 19.	
武内辰治	1957. 01. 19. ～ 1959. 03. 31.	事務取扱

	（就任 ～ 退任）	（備考）
前田正治	1959.04.01. ～ 1961.03.31.	
福地俊雅	1961.04.01. ～ 1963.03.31.	
西沢修	1963.04.01. ～ 1965.03.31.	
飛沢謙一	1965.04.01. ～ 1967.03.31.	
足立忠夫	1967.04.01. ～ 1969.02.28.	
西沢修	1969.04.01. ～ 1969.03.12.	
前田正治	1969.03.13. ～ 1969.03.31.	事務取扱
前田正治	1969.04.01. ～ 1969.08.06.	
加藤一明	1969.08.07. ～ 1970.03.31.	
安屋和人	1970.04.01. ～ 1972.03.31.	
阪本仁作	1972.04.01. ～ 1974.03.31.	
米沢明	1974.04.01. ～ 1976.03.31.	
及川伸	1976.04.01. ～ 1978.03.31.	
山下末人	1978.04.01. ～ 1980.03.31.	
広岡隆	1980.04.01. ～ 1982.03.31.	
上田徹一郎	1982.04.01. ～ 1984.03.31.	
八重津洋平	1984.04.01. ～ 1986.03.31.	
佐野彰	1986.04.01. ～ 1988.03.31.	
時武英男	1988.04.01. ～ 1989.03.31.	
岡俊孝	1989.12.01. ～ 1991.03.31.	
真砂泰輔	1991.04.01. ～ 1993.03.31.	
三浦澄雄	1993.04.01. ～ 1995.03.31.	
前野育三	1995.04.01. ～ 1997.03.31.	
林紀昭	1997.04.01. ～ 1999.03.31.	
田上富信	1999.04.01. ～ 2001.03.31.	
橋本信之	2001.04.01. ～ 2003.03.31.	
田中通裕	2003.04.01. ～ 2005.03.31.	
澤田庸三	2005.04.01. ～ 2007.03.31.	
長岡徹	2007.04.01. ～ 2009.03.31.	
柳屋孝安	2009.04.01. ～ 2011.03.31.	
岡本仁宏	2011.04.01. ～ 2014.03.31.	
冨田宏治	2014.04.01. ～	

	（就任　～　退任）	（備考）

経済学部長

池内信行	1948.04.01. ～ 1950.03.31.	
小宮孝	1950.04.01. ～ 1954.03.31.	
堀経夫	1954.04.01. ～ 1955.02.09.	
田村市郎	1955.02.10. ～ 1958.03.31.	
柏井象雄	1958.04.01. ～ 1962.03.31.	
小寺武四郎	1962.04.01. ～ 1966.03.31.	
豊倉三子雄	1966.04.01. ～ 1969.07.23.	
久保芳和	1969.07.24. ～ 1973.03.31.	
金子精次	1973.04.01. ～ 1975.04.18.	
安井修二	1975.04.18. ～ 1975.04.25.	事務取扱
縄田栄次郎	1975.04.25. ～ 1978.03.31.	
橋本徹	1978.04.01. ～ 1981.03.31.	
田中敏弘	1981.04.01. ～ 1984.03.31.	
生田種雄	1984.04.01. ～ 1987.03.31.	
柚木学	1987.04.01. ～ 1989.03.31.	
小西唯雄	1989.04.01. ～ 1991.03.31.	
森本好則	1991.04.01. ～ 1993.03.31.	
山本栄一	1993.04.01. ～ 1996.03.31.	
安井修二	1996.04.01. ～ 1998.03.31.	
井上琢智	1998.04.01. ～ 2001.03.31.	
林宜嗣	2001.04.01. ～ 2005.03.31.	
根岸紳	2005.04.01. ～ 2007.03.31.	
竹本洋	2007.04.01. ～ 2009.03.31.	
村田治	2009.04.01. ～ 2012.03.31.	
利光強	2012.04.01. ～	

商学部長

青木倫太郎	1951.04.01. ～ 1957.03.31.	
椎名幾三郎	1957.04.01. ～ 1961.03.31.	
小泉貞三	1961.04.01. ～ 1966.03.31.	
笹森四郎	1966.04.01. ～ 1969.03.08.	

	（就任 ～ 退任）	（備考）
西治辰雄	1969.03.09. ～ 1969.03.31.	事務取扱
西治辰雄	1969.04.01. ～ 1969.06.16.	
和田繁	1969.06.17. ～ 1969.06.25.	事務取扱
佐藤明	1969.06.25. ～ 1971.03.31.	
西治辰雄	1971.04.01. ～ 1974.06.21.	
石田和夫	1974.06.21. ～ 1974.06.30.	事務取扱
増谷裕久	1974.07.01. ～ 1978.03.31.	
和田繁	1978.04.01. ～ 1982.03.31.	
吉田和夫	1982.04.01. ～ 1984.03.31.	
町永昭吾	1984.04.01. ～ 1986.03.31.	
高井真	1986.04.01. ～ 1988.03.31.	
丸茂新	1988.04.01. ～ 1990.03.31.	
石田三郎	1990.04.01. ～ 1992.03.31.	
中西正雄	1992.04.01. ～ 1994.03.31.	
森本隆男	1994.04.01. ～ 1996.03.31.	
水原凞	1996.04.01. ～ 1998.03.31.	
今井譲	1998.04.01. ～ 2000.03.31.	
杉原左右一	2000.04.01. ～ 2002.03.31.	
則定隆男	2002.04.01. ～ 2004.03.31.	
深山明	2004.04.01. ～ 2006.03.31.	
梶浦昭友	2006.04.01. ～ 2008.03.31.	
瀬見博	2008.04.01. ～ 2010.03.31.	
小菅正伸	2010.04.01. ～ 2012.03.31.	
海道ノブチカ	2012.04.01. ～ 2014.03.31.	
寺地孝之	2014.04.01. ～	

理学部長

仁田勇	1961.04.01. ～ 1967.03.31.	
中村幸四郎	1967.04.01. ～ 1969.02.28.	
小島吉雄	1969.03.01. ～ 1969.03.31.	事務取扱
小島吉雄	1969.04.01. ～ 1970.06.30.	
渡辺得之助	1970.07.01. ～ 1970.07.16.	事務取扱
渡辺得之助	1970.07.17. ～ 1971.07.31.	

	（就任 ～ 退任）	（備考）
勝本卓美	1971. 08. 01. ～ 1971. 08. 31.	事務取扱
勝本卓美	1971. 09. 01. ～ 1975. 03. 31.	
今村勧	1975. 04. 01. ～ 1977. 03. 31.	
永宮健夫	1977. 04. 01. ～ 1979. 03. 31.	
納繁男	1979. 04. 01. ～ 1981. 03. 31.	
大川乾次	1981. 04. 01. ～ 1983. 03. 31.	
中津和三	1983. 04. 01. ～ 1985. 03. 31.	
山地健次	1985. 04. 01. ～ 1987. 03. 31.	
新谷隆一	1987. 04. 01. ～ 1989. 03. 31.	
桑名誉	1989. 04. 01. ～ 1993. 03. 31.	
小西岳	1993. 04. 01. ～ 1996. 03. 31.	
直野博光	1996. 04. 01. ～ 1998. 03. 31.	
佐野直克	1998. 04. 01. ～ 2001. 03. 31.	
篠原彌一	2001. 04. 01. ～ 2006. 03. 31.	

理工学部長

尾崎幸洋	2006. 04. 01. ～ 2010. 03. 31.	
今岡進	2010. 04. 01. ～ 2012. 03. 31.	
加藤知	2012. 04. 01. ～	

総合政策学部長

天野明弘	1995. 04. 01. ～ 1999. 03. 31.	
安保則夫	1999. 04. 01. ～ 2003. 03. 31.	
福田豊生	2003. 04. 01. ～ 2007. 03. 31.	
加藤晃規	2007. 04. 01. ～ 2009. 03. 31.	
久野武	2009. 04. 01. ～ 2011. 03. 31.	
高畑由紀夫	2011. 04. 01. ～	

人間福祉学部長

芝野松次郎	2008. 04. 01. ～ 2012. 03. 31.	
牧里毎治	2012. 04. 01. ～ 2014. 03. 31.	

	(就任 ～ 退任)	(備考)
室田保夫	2014.04.01. ～	

教育学部長

芝田正夫	2009.04.01. ～ 2013.03.31.	
日浦直美	2013.04.01. ～	

国際学部長

伊藤正一	2010.04.01. ～ 2014.03.31.	
杉山直人	2014.04.01. ～	

言語コミュニケーション文化研究科委員長

八木克正	2001.04.01. ～ 2003.03.31.	
神崎高明	2003.04.01. ～ 2007.03.31.	
田村和彦	2007.04.01. ～ 2010.03.31.	
神崎高明	2010.04.01. ～ 2012.03.31.	
門田修平	2012.04.01. ～ 2014.03.31.	
関谷一彦	2014.04.01. ～	

司法研究科長

加藤徹	2004.04.01. ～ 2006.03.31.	
安井宏	2006.04.01. ～ 2008.03.31.	
豊川義明	2008.04.01. ～ 2010.03.31.	
曽和俊文	2010.04.01. ～ 2012.03.31.	
川崎英明	2012.04.01. ～ 2014.03.31.	
松井幸夫	2014.04.01. ～	

経営戦略研究科長

M.コリック	2005.04.01. ～ 2007.03.31.	
山本昭二	2007.04.01. ～ 2009.03.31.	

	（就任 ～ 退任）	（備考）
石原俊彦	2009. 04. 01. ～ 2011. 03. 31.	
甲斐義隆	2011. 04. 01. ～ 2013. 03. 31.	
西尾宇一郎	2013. 04. 01. ～	

短期大学

短期大学長

今田恵	1950. 04. 01. ～ 1954. 03. 31.
加藤秀次郎	1954. 04. 01. ～ 1958. 03. 31.

英文科長

加藤秀次郎	1950. 04. 01. ～ 1957. 03. 31.

商科長

加藤秀次郎	1950. 04. 01. ～ 1957. 03. 31.

応用化学科長

中田秀雄	1950. 04. 01. ～ 1952. 03. 31.

専攻科長

加藤秀次郎	1953. 04. 01. ～ 1958. 03. 31.

高等部・中学部

高中部長

小林宏	1967. 04. 01. ～ 1990. 03. 31.
中島貞夫	1990. 04. 01. ～ 1995. 03. 31.
尾崎八郎	1995. 04. 01. ～ 2001. 03. 31.

	（就任　～　退任）	（備考）
山内一郎	2001. 04. 01. ～ 2002. 03. 31.	
畑道也	2002. 04. 01. ～ 2007. 03. 31.	
澄田新	2007. 04. 01. ～ 2011. 03. 31.	
R.M.グルーベル	2011. 04. 01. ～	

高等部長

河辺満甕	1948. 04. 01. ～ 1958. 04. 06.	
加藤秀次郎	1958. 04. 07. ～ 1962. 03. 31.	
石田巳代治	1962. 04. 01. ～ 1967. 03. 31.	
小林宏	1967. 04. 01. ～ 1972. 03. 31.	高中部長
小林宏	1972. 04. 01. ～ 1990. 03. 31.	高中部長
中島貞夫	1990. 04. 01. ～ 1995. 03. 31.	高中部長
小村俊之	1995. 04. 01. ～ 2004. 03. 31.	
澄田新	2004. 04. 01. ～ 2011. 03. 31.	高中部長
石森圭一	2011. 04. 01. ～	

中学部長

矢内正一	1947. 04. 01. ～ 1965. 03. 31.	
加藤秀次郎	1965. 04. 01. ～ 1967. 03. 31.	
小林宏	1967. 04. 01. ～ 1972. 03. 31.	高中部長
小林宏	1972. 04. 01. ～ 1990. 03. 31.	高中部長
中島貞夫	1990. 04. 01. ～ 1995. 03. 31.	高中部長
尾崎八郎	1995. 04. 01. ～ 2001. 03. 31.	高中部長
廣山義章	2001. 04. 01. ～ 2006. 03. 31.	
安田栄三	2006. 04. 01. ～	

千里国際中等部・高等部

校長

眞砂和典	2010. 04. 01. ～

	（就任　～　退任）	（備考）

初等部

初等部長

磯貝暁成	2008. 04. 01. ～ 2012. 03. 31.	
R.M.グルーベル	2012. 04. 01. ～	

校長

福田靖弘	2012. 04. 01. ～	

大阪インターナショナルスクール

校長

J.サール	2010. 08. 01. ～ 2014. 07. 31.	
W.クラロベック	2014. 08. 01. ～	

聖和短期大学

学長

広渡純子	2009. 04. 01. ～	

聖和幼稚園

園長

出原大	2009. 04. 01. ～	

聖和大学

学長

杉原左右一	2009. 04. 01. ～ 2011. 03. 31.	
井上琢智	2011. 04. 01. ～ 2013. 03. 31.	

（注１）本表は理事会記録、年次報告、Yearbook、人事公示を典拠として作成した。
（注２）役職名に「代理」「事務取扱」等が付く場合は、備考欄に記した。
（注３）就退任日が確定できず、選出日が明らかな場合は、後者をもって前者に代えた。
（注４）関西学院千里国際中等部・高等部、大阪インターナショナルスクール、聖和短期大学、聖和幼稚園、聖和大学については法人合併以降とした。

資料（2013－14年度）

組織図

2014年4月1日現在

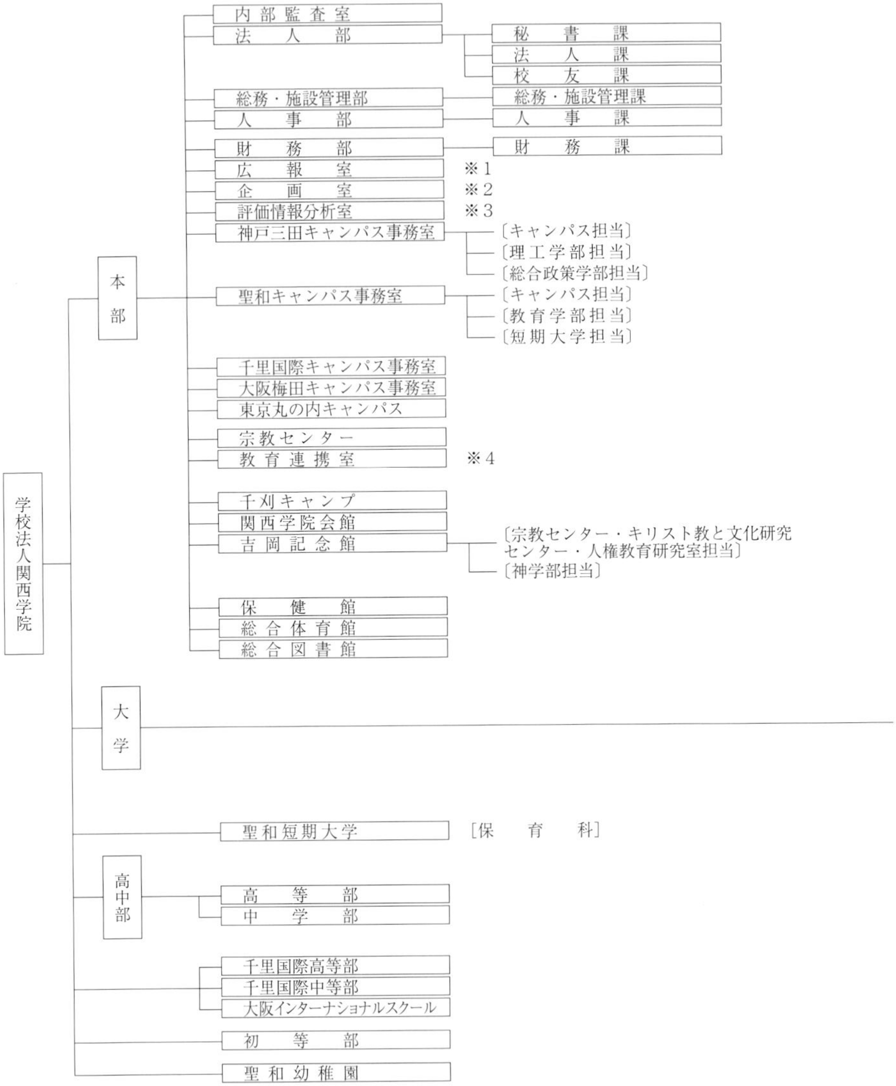

(注)※1～※4は本部、大学、短期大学、高中部、千里国際高等部、千里国際中等部、大阪インターナショナルスクール、初等部及び幼稚園に共通、※5と※6は大学及び短期大学に共通。ただし、組織図では省略。

- 学長室
- 教務機構
  - 言語教育研究センター
  - 教職教育研究センター
  - 高等教育推進センター
  - 共通教育センター
  - スポーツ科学・健康科学教育プログラム室
- 学生活動支援機構
  - 総合支援センター
- 情報環境機構
- 研究推進社会連携機構
- 国際連携機構
  - 国際教育・協力センター
  - 日本語教育センター
  - 国際教育・日本語教育プログラム室
- 入試部
- キャリアセンター
  - キャリア教育プログラム室
- 大学図書館
- 産業研究所
- 人権教育研究室
- キリスト教と文化研究センター
- 災害復興制度研究所
- 先端社会研究所
- 大学博物館
  - 学院史編纂室
- 子どもセンター ※5
- 聖和キャンパス実習支援室 ※6
- 特定プロジェクト研究センター ※略

学部	学科
神学部	
文学部	[文化歴史学　総合心理科学　文学言語学]
社会学部	[社会学]
法学部	[法律学　政治学]
経済学部	
商学部	
理工学部	[数理科学　物理学　化学　生命科学　情報科学　人間システム工学]
総合政策学部	[総合政策学　メディア情報学　都市政策学　国際政策学]
人間福祉学部	[社会福祉学　社会起業学　人間科学]
教育学部	[幼児・初等教育学・臨床教育学　教育学]
国際学部	[国際学]

大学院	博士課程前期課程	博士課程後期課程
神学研究科	[神学]	[神学]
文学研究科	[文化歴史学　総合心理科学　文学言語学]	[文化歴史学　総合心理科学　文学言語学]
社会学研究科	[社会学]	[社会学]
法学研究科	[法学・政治学]	[政治学　基礎法学　民刑事法学]
経済学研究科	[経済学]	[経済学]
商学研究科	[商学]	[商学]
理工学研究科	[数理科学　物理学　化学　生命科学　情報科学　人間システム工学]	[数理科学　物理学　化学　生命科学　情報科学　人間システム工学]
総合政策研究科	[総合政策]	[総合政策]
言語コミュニケーション文化研究科	[言語コミュニケーション文化]	[言語コミュニケーション文化]
人間福祉研究科	[人間福祉]	[人間福祉]
教育学研究科	[教育学]	[教育学]
国際学研究科	[国際学]	[国際学]

	専門職学位課程	
司法研究科	[法務]	

	専門職学位課程	博士課程
経営戦略研究科	[経営戦略　会計専門職]	[先端マネジメント]

教職員数

●教員

2014年５月１日現在（単位：人）

学校名	本務	男	女	計
関西学院大学	教授	435	56	491
	准教授	74	48	122
	講師	46	25	71
	助教	11	7	18
	合計	566	136	702
聖和短期大学	教授	4	5	9
	准教授	1	4	5
	講師	1	1	2
	助教	0	0	0
	合計	6	10	16
関西学院高等部	合計	36	6	42
関西学院中学部	合計	26	10	36
関西学院千里国際高等部	合計	15	10	25
関西学院千里国際中等部	合計	12	6	18
関西学院初等部	合計	16	11	27
聖和幼稚園	合計	5	12	17
関西学院大阪インターナショナルスクール	合計	12	19	31
合計		694	220	914

＊文部科学省「学校基本調査」の回答による

●職員

2014年５月１日現在（単位：人）

学　校　名	本　務	男	女	計
関西学院大学	事　　務	236	180	416
	教　　務	22	61	83
	医　　療	1	12	13
	技術技能	1	1	2
	そ の 他	1	0	1
	合　　計	261	254	515
聖和短期大学	事　　務	3	2	5
	教　　務	0	1	1
	医　　療	0	0	0
	技術技能	0	0	0
	そ の 他	0	0	0
	合　　計	3	3	6
関西学院高等部	事　　務	4	8	12
	そ の 他	0	7	7
	合　　計	4	15	19
関西学院中学部	事　　務	2	2	4
	そ の 他	0	1	1
	合　　計	2	3	5
関西学院千里国際高等部	事　　務	2	8	10
	そ の 他	0	2	2
	合　　計	2	10	12
関西学院千里国際中等部	事　　務	2	5	7
	そ の 他	0	4	4
	合　　計	2	9	11
関西学院初等部	事　　務	3	1	4
	そ の 他	0	1	1
	合　　計	3	2	5
聖和幼稚園	事　　務	2	0	2
	そ の 他	0	0	0
	合　　計	2	0	2
関西学院大阪インターナショナルスクール	事　　務	0	0	0
	そ の 他	1	2	3
	合　　計	1	2	3
合　　　　　計		280	298	578

＊文部科学省「学校基本調査」の回答による

学生・生徒等数

2014年５月１日現在（単位：人）

		入学定員	入学者数			収容定員	在籍者数		
			男子	女子	計		男子	女子	計
関西学院大学大学院	博士課程前期課程								
	神学研究科	10	3	6	9	20	14	6	20
	文学研究科	64	13	29	42	128	36	61	97
	社会学研究科	12	3	7	10	24	8	18	26
	法学研究科	45	10	6	16	90	26	13	39
	経済学研究科	30	7	3	10	60	8	5	13
	商学研究科	30	8	6	14	60	14	19	33
	理工学研究科	147	99	23	122	294	229	55	284
	総合政策研究科	50	3	4	7	100	11	9	20
	言語コミュニケーション文化研究科	30	7	10	17	60	17	29	46
	人間福祉研究科	8	0	5	5	16	4	14	18
	教育学研究科	6	1	2	3	12	2	10	12
	国際学研究科	6	0	3	3	6	0	3	3
	合計	438	154	104	258	870	369	242	611
	博士課程後期課程								
	神学研究科	2	0	2	2	6	2	3	5
	文学研究科	20	9	8	17	60	24	24	48
	社会学研究科	4	1	1	2	12	4	4	8
	法学研究科	6	2	0	2	18	4	1	5
	経済学研究科	3	0	0	0	9	4	0	4
	商学研究科	5	1	0	1	15	8	1	9
	理工学研究科	20	9	2	11	61	23	7	30
	総合政策研究科	5	2	0	2	15	4	1	5
	言語コミュニケーション文化研究科	3	1	1	2	9	6	6	12
	人間福祉研究科	5	1	1	2	15	3	4	7
	教育学研究科	3	0	0	0	9	2	0	2
	国際学研究科	2	0	0	0	2	0	0	0
	経営戦略研究科	4	5	4	9	12	14	5	19
	合計	82	31	19	50	243	98	56	154
	専門職学位課程								
	司法研究科	70	9	6	15	270	64	31	95
	経営戦略研究科	200	91	24	115	400	183	56	239
	合計	270	100	30	130	670	247	87	334

＊理工学研究科博士課程後期課程数理科学専攻は2011年度に設置
＊理工学研究科博士課程前期課程・後期課程人間システム工学専攻は2013年度に設置
＊専門職学位課程入学者数は第１学年の在籍者数
＊国際学研究科博士課程前期課程・後期課程国際学専攻は2014年度に設置

2014年５月１日現在（単位：人）

		入学定員	入学者数			収容定員	在籍者数		
			男子	女子	計		男子	女子	計
関西学院大学	神学部	30	16	15	31	120	91	49	140
	文学部	770	223	460	683	3, 080	1, 031	2, 108	3, 139
	社会学部	650	266	360	626	2, 600	1, 250	1, 467	2, 717
	法学部	680	408	256	664	2, 720	1, 808	1, 059	2, 867
	経済学部	680	461	195	656	2, 720	2, 076	799	2, 875
	商学部	650	402	278	680	2, 600	1, 622	1, 127	2, 749
	理工学部	460	391	125	516	1, 840	1, 563	470	2, 033
	総合政策学部	580	224	297	521	2, 420	1, 071	1, 322	2, 393
	人間福祉学部	300	138	172	310	1, 200	572	787	1, 359
	教育学部	350	116	237	353	1, 410	485	991	1, 476
	国際学部	300	91	191	282	1, 200	451	823	1, 274
	合計	5, 450	2, 736	2, 586	5, 322	21, 910	12, 020	11, 002	23, 022

	入学定員	入学者数			収容定員	在籍者数		
		男子	女子	計		男子	女子	計
聖和短期大学	150	—	166	166	300	—	323	323

	入学定員	入学者数			収容定員	在籍者数		
		男子	女子	計		男子	女子	計
関西学院高等部	300	308	—	308	900	929	—	929
関西学院中学部	230	143	98	241	690	428	287	715
関西学院千里国際高等部	96	36	54	90	288	81	173	254
関西学院千里国際中等部	96	28	50	78	240	74	150	224
関西学院初等部	90	44	45	89	540	273	262	535

	入学定員	入学者数			収容定員	在籍者数		
		男子	女子	計		男子	女子	計
聖和幼稚園	—	38	37	75	300	127	114	241

＊収容定員は学則（園則）に定める総定員

	入学定員	入学者数			収容定員	在籍者数		
		男子	女子	計		男子	女子	計
関西学院大阪インターナショナルスクール	—	—	—	—	280	121	142	263

＊入学定員と入学者数は編入学を含まない

大学学部別入学定員の推移（1948−1999）

学部学科 ＼ 年度		1948 S 23	1951 S 26	1952 S 27	1959 S 34	1960 S 35	1961 S 36	1963 S 38
文学部	神学科	■ *1	15	神学部 ■ 30*3	→	→	→	→
文学部	哲学科	■ *1	15	→	◎ 20	→	→	→
文学部			美学科	■ 15	◎ 20	→	→	→
文学部	心理学科	■ *1	15	→	◎ 20	→	→	→
文学部	教育学科	■ *1	15	→	◎ 20	→	→	→
文学部		史学科	■ 25	→	◎ 35	→	→	→
文学部	国文学科	■ *1	30 *2	→	◎ 40	→	→	→
文学部	英文学科	■ *1	40	→	◎ 50	→	→	→
文学部							仏文学科	■ 30
文学部				独文学科	■ 30	→	→	→
文学部	社会学科	■ *1	30	→	◎ 40 *4	社会学部 社会学科 ■ 200	→	→
文学部			社会事業学科	■ 20	◎ 25 *4			
法学部	法律学科	■ *1	150	◎ 200	◎ 300	→	→	→
法学部	政治学科	■ *1						
経済学部		■ *1	200	→	◎ 400	→	→	→
		商学部	■ 200	→	◎ 400	→	→	→
					理学部	物理学科	■ 50	→
					理学部	化学科	■ 50	→
入学定員合計		600	735	835	1,430	1,565	1,665	1,695

■：学部・学科の増設　◎：恒常的入学定員増　△：恒常的入学定員減
○：臨時的入学定員（括弧内：1991年度から1999年度まで）
＊1：1948年度から1950年度までの入学定員合計（600人）は、学部別・学科別定員を設けていない。
＊2：1951年度からの入学定員設定の際、国文学科から日本文学科へ学科名称変更。

1972 S47	1976 S51	1991 H3	1995 H7	1999 H11		
△ 20	→	→	20	→	神学部	
◎ 25	→	○ 25(30)	25(30)	→	哲学科	文学部
◎ 30	→	○ 30(40)	30(40)	→	美学科	
◎ 30	→	○ 30(40)	30(40)	→	心理学科	
◎ 30	→	○ 30(40)	30(40)	→	教育学科	
◎ 60	◎ 100	○ 100(125)	100(125)	→	史学科	
◎ 50	◎ 100	○ 100(125)	100(125)	→	日本文学科	
◎ 100	◎ 140	○ 140(170)	140(170)	→	英文学科	
→	→	○ 30(40)	30(40)	→	仏文学科	
→	→	○ 30(40)	30(40)	→	独文学科	
◎ 300	◎ 400	○ 400(500)	△ 380(480)	→	社会学科	社会学部
			社会学部 社会福祉学科	■ 140 3年次編入10	社会福祉学科	
◎ 300 *5	◎450	450	△ 430	→	法律学科	法学部
◎ 100 *5	→	○ 100(150)	100(150)	→	政治学科	
→	◎600	○ 600(650)	△ 570(620)	→	経済学部	
→	◎550	○ 550(650)	△ 520(620)	→	商学部	
→	→	○ 50(65)	50(65)	→	物理学科	理学部
→	→	○ 50(65)	50(65)	→	化学科	
		総合政策学部 総合政策学科	■ 300 3年次編入50	→ →	総合政策学科	総合政策学部
2,005	2,735	2,735(3,200)	2,935(3,400)	3,075(3,540)	入学定員合計	

＊3：1951年度限り文学部神学科を廃止。1952年度神学部設置。
＊4：1960年度限り文学部社会学科・社会事業学科を廃止。1960年度社会学部社会学科設置。
＊5：1972年度から学科別の入学定員を設定。

大学学部別入学定員の推移（2000−2004）

<table>
<tr><th colspan="2">年度
学部学科</th><th>2000
H12</th><th>2001
H13</th><th>2002
H14</th><th>2003
H15</th></tr>
<tr><td colspan="2">神学部</td><td>20</td><td>20</td><td>20</td><td>20</td></tr>
<tr><td rowspan="9">文学部</td><td>哲学科</td><td>25(30)</td><td>25(30)</td><td rowspan="3">文化歴史学科</td><td rowspan="3">■220(228)</td></tr>
<tr><td>美学科</td><td>30(40)</td><td>30(40)</td></tr>
<tr><td>心理学科</td><td>30(40)</td><td>30(40)</td></tr>
<tr><td>教育学科</td><td>30(40)</td><td>30(40)</td><td rowspan="3">総合心理学科</td><td rowspan="3">■140(150)</td></tr>
<tr><td>史学科</td><td>100(125)</td><td>100(125)</td></tr>
<tr><td>日本文学科</td><td>100(125)</td><td>100(125)</td></tr>
<tr><td>英文学科</td><td>140(170)</td><td>140(170)</td><td rowspan="3">文学言語学科</td><td rowspan="3">■255(265)</td></tr>
<tr><td>フランス文学科</td><td>30(40)</td><td>30(40)</td></tr>
<tr><td>ドイツ文学科</td><td>30(40)</td><td>30(40)</td></tr>
<tr><td rowspan="2">社会学部</td><td>社会学科</td><td>▲380(433)</td><td>▲380(386)</td><td>▲380</td><td>380</td></tr>
<tr><td>社会福祉学科</td><td>140
3年次編入10</td><td>140
3年次編入10</td><td>140
3年次編入10</td><td>140
3年次編入10</td></tr>
<tr><td rowspan="2">法学部</td><td>法律学科</td><td>430</td><td>430</td><td>430</td><td>430</td></tr>
<tr><td>政治学科</td><td>100(150)</td><td>100(150)</td><td>▲100(120)</td><td>100(120)</td></tr>
<tr><td colspan="2">経済学部</td><td>570(620)</td><td>570(620)</td><td>▲570(604)</td><td>▲570(588)</td></tr>
<tr><td colspan="2">商学部</td><td>520(620)</td><td>520(620)</td><td>▲520(560)</td><td>520(560)</td></tr>
<tr><td rowspan="3">理学部</td><td rowspan="2">物理学科</td><td rowspan="2">50(65)</td><td>理工学部物理学科
物理学専攻</td><td>◎60</td><td>60</td></tr>
<tr><td>理工学部物理学科
数学専攻</td><td>■26</td><td>26</td></tr>
<tr><td>化学科</td><td>50(65)</td><td>理工学部
化学科</td><td>◎60</td><td>60</td></tr>
<tr><td colspan="4">理工学部生命科学科</td><td>■40</td><td>40</td></tr>
<tr><td colspan="4">理工学部情報科学科</td><td>■100</td><td>100</td></tr>
<tr><td>総合政策学部</td><td>総合政策学科</td><td>300
3年次編入50</td><td>300
3年次編入50</td><td>300
3年次編入50</td><td>300
3年次編入50</td></tr>
<tr><td colspan="4">総合政策学部メディア情報学科</td><td>■100</td><td>100</td></tr>
<tr><td colspan="2">入学定員合計</td><td>3,075(3,493)</td><td>3,075(3,446)</td><td>3,361(3,514)</td><td>3,461(3,567)</td></tr>
</table>

■：学部・学科の増設　◎：恒常的入学定員増　▲：臨時的入学定員減
※：括弧内は臨時的入学定員（2003年度まで）

2004 H16	年度／学部学科	
◎30	神学部	
◎275	文化歴史学科	文学部
◎175	総合心理学科	
◎320	文学言語学科	
◎475	社会学科	社会学部
◎175 3年次編入10	社会福祉学科	
◎510	法律学科	法学部
◎140	政治学科	
◎650	経済学部	
◎650	商学部	
◎75	物理学科 物理学専攻	理学部
◎35	物理学科 数学専攻	
◎75	化学科	
◎50	生命科学科	
◎125	情報科学科	
◎360 3年次編入50	総合政策学科	総合政策学部
◎120	メディア情報学科	
4,240	入学定員合計	

大学学部別入学定員の推移（2007−2014）

学部学科 ＼ 年度		2007 H19	2008 H20	2009 H21	2010 H22
神学部		30	30	30	30
文学部	文化歴史学科	275	275	275	275
	総合心理学科	175	175	175	175
	文学言語学科	320	320	320	320
社会学部	社会学科	475	475	◎ 650	650
	社会福祉学科	175 *1 3年次編入10	3年次編入10	3年次編入10	
法学部	法律学科	510	◎ 520	520	520
	政治学科	140	◎ 160	160	160
経済学部		650	◎ 680	680	680
商学部		650	650	650	650
理工学部	物理学科 物理学専攻	75	75	物理学科 75	75
	物理学科 数学専攻	35	35	数理科学科 ■ 75	75
	化学科	75	75	75	75
	生命科学科	50	50	生命科学専攻 ■ 40	40
				生命医化学専攻 ■ 40	40
	情報科学科	125	125	75	75
	人間システム工学科			■ 80	80
総合政策学部	総合政策学科	360 3年次編入50	360 3年次編入50	240 3年次編入50	240 3年次編入50
	メディア情報学科	120	120	120	120
	都市政策学科			■ 100	100
	国際政策学科			■ 120	120
人間福祉学部	社会福祉学科		■ 130	130	130
	社会起業学科		■ 70	70	70
	人間科学科		■ 100	100	100
教育学部	幼児・初等教育学科			■ 280	280
	臨床教育学科			■ 70	70
国際学部					■ 300
入学定員合計		4,240	4,425	5,150	5,450

■：学部・学科の増設　◎：恒常的入学定員増
＊1：2008年度から社会学部社会福祉学科は学生募集停止。
＊2：2013年度から教育学部幼児・初等教育学科、臨床教育学科は学生募集停止。

2011 H23	2012 H24	2013 H25	2014 H26
30	30	30	30
275	275	275	275
175	175	175	175
320	320	320	320
650	650	650	650
520	520	520	520
160	160	160	160
680	680	680	680
650	650	650	650
75	75	75	75
75	75	75	75
75	75	75	75
40	40	40	40
40	40	40	40
75	75	75	75
80	80	80	80
240 ３年次編入35	240 ３年次編入35	240 ３年次編入35	240 ３年次編入35
120	120	120	120
100	100	100	100
120 ３年次編入15	120 ３年次編入15	120 ３年次編入15	120 ３年次編入15
130	130	130	130
70	70	70	70
100	100	100	100
280 ３年次編入５	280 *2 ３年次編入５	教育学科 ■350 ３年次編入５	■350 ３年次編入５
70	70 *2		
300	300	300	300
5,450	5,450	5,450	5,450

大学入学試験結果概要（2014年度一般選抜入試）

（単位：人）

学部・学科		志願者数	男子	女子	受験者数	男子	女子	合格者数	男子	女子
神学部		208	113	95	205	110	95	56	24	32
文学部	文化歴史学科	2,022	930	1,092	1,995	916	1,079	533	247	286
	総合心理科学科	868	277	591	855	270	585	238	68	170
	文学言語学科	2,835	872	1,963	2,792	858	1,934	779	251	528
	小計	5,725	2,079	3,646	5,642	2,044	3,598	1,550	566	984
社会学部社会学科		5,283	2,269	3,014	5,217	2,241	2,976	1,314	597	717
法学部	法律学科	3,663	2,361	1,302	3,597	2,318	1,279	1,162	744	418
	政治学科	1,001	658	343	981	643	338	317	221	96
	小計	4,664	3,019	1,645	4,578	2,961	1,617	1,479	965	514
経済学部		4,899	3,661	1,238	4,813	3,596	1,217	1,284	959	325
商学部		4,929	3,006	1,923	4,845	2,945	1,900	1,250	790	460
人間福祉学部	社会福祉学科	840	249	591	831	245	586	220	39	181
	社会起業学科	488	187	301	481	181	300	88	28	60
	人間科学科	592	311	281	590	311	279	105	48	57
	小計	1,920	747	1,173	1,902	737	1,165	413	115	298
国際学部国際学科		2,180	757	1,423	2,147	747	1,400	288	103	185
教育学部教育学科		3,460	1,504	1,956	3,413	1,481	1,932	647	299	348
総合政策学部		3,987	2,145	1,842	3,938	2,114	1,824	1,002	516	486
理工学部	数理科学科	689	577	112	677	567	110	274	226	48
	物理学科	928	790	138	908	779	129	436	381	55
	化学科	1,056	810	246	1,027	791	236	468	370	98
	生命科学科	1,565	850	715	1,532	835	697	501	265	236
	情報科学科	916	816	100	885	790	95	336	302	34
	人間システム工学科	697	573	124	675	558	117	288	230	58
	小計	5,851	4,416	1,435	5,704	4,320	1,384	2,303	1,774	529
合計		43,106	23,716	19,390	42,404	23,296	19,108	11,586	6,708	4,878

学部別就職状況

（この統計は本人届による数値である）
2014年３月31日現在（単位：人）

●男　子

	卒業者	就　職		就職率（昨年同期％）	
		希望者	決定者		
神	8	1	1	100.0%	(100.0)
文	203	161	157	97.5%	(94.8)
社　会	307	267	257	96.3%	(94.9)
法	388	311	305	98.1%	(95.6)
経　済	437	385	376	97.7%	(98.4)
商	413	359	351	97.8%	(97.7)
総合政策	249	210	205	97.6%	(97.7)
人間福祉	151	136	133	97.8%	(98.1)
教　育	98	81	79	97.5%	(98.8)
国　際	76	64	64	100.0%	—
文化系 小　計	2,330	1,975	1,928	97.6%	(96.9)
理工	308	165	161	97.6%	(95.1)
全学部 合　計	2,638	2,140	2,089	97.6%	(96.8)

●女　子

	卒業者	就　職		就職率（昨年同期％）	
		希望者	決定者		
神	10	5	4	80.0%	(100.0)
文	526	436	421	96.6%	(95.1)
社　会	338	306	300	98.0%	(98.2)
法	230	192	191	99.5%	(97.1)
経　済	161	141	138	97.9%	(98.7)
商	231	220	219	99.5%	(98.0)
総合政策	319	268	262	97.8%	(97.6)
人間福祉	186	155	151	97.4%	(96.4)
教　育	269	238	236	99.2%	(97.9)
国　際	172	146	144	98.6%	—
文化系 小　計	2,442	2,107	2,066	98.1%	(97.2)
理工	85	57	55	96.5%	(100.0)
全学部 合　計	2,527	2,164	2,121	98.0%	(97.3)

（注）就職率＝ $\frac{\text{就職決定者}}{\text{就職希望者}}$ ×100　（％）

企業規模別就職状況

（この統計は本人届による数値である）
2014年３月31日現在（単位：人）

●男　子

	巨大企業	大企業	中企業	小企業	左記に分類できない都道府県教員	公務員	その他	合計
神	0	0	0	0	0	1	0	1
文	13	43	68	17	8	8	0	157
社　会	49	69	88	33	4	14	0	257
法	50	81	88	31	3	52	0	305
経　済	94	129	110	24	0	19	0	376
商	80	121	109	29	0	12	0	351
総合政策	31	75	62	22	3	12	0	205
人間福祉	23	38	43	12	3	14	0	133
教　育	2	13	16	3	43	2	0	79
国　際	16	16	26	5	0	1	0	64
文化系 小　計	358	585	610	176	64	135	0	1,928
理工	20	49	58	18	12	4	0	161
全学部 合　計	378	634	668	194	76	139	0	2,089

●女　子

	巨大企業	大企業	中企業	小企業	左記に分類できない都道府県教員	公務員	その他	合計
神	0	1	2	1	0	0	0	4
文	77	116	146	59	10	13	0	421
社　会	69	92	100	33	0	6	0	300
法	49	46	47	20	2	27	0	191
経　済	53	38	34	8	0	5	0	138
商	68	68	61	15	1	6	0	219
総合政策	51	67	99	31	4	10	0	262
人間福祉	23	34	53	30	2	9	0	151
教　育	19	24	52	36	68	36	1	236
国　際	37	37	45	17	3	5	0	144
文化系 小　計	446	523	639	250	90	117	1	2,066
理工	12	14	15	5	8	1	0	55
全学部 合　計	458	537	654	255	98	118	1	2,121

（注）巨大企業……社員数5,000人以上　中 企 業……社員数100人以上
大 企 業……　〃　1,000人以上　小 企 業……　〃　100人未満

蔵書冊数（管理単位別）

2014年３月31日現在（単位：冊）

管理単位	大学図書館登録分	部局独自登録分	計
神学部	25,091	—	25,091
文学部	92,577	—	92,577
社会学部	20,017	49,397	69,414
法学部	120,884	23,602	144,486
経済学部	—	57,177	57,177
商学部	10,220	25,635	35,855
人間福祉学部	12,289	10,478	22,767
教育学部	28,283	—	28,283
国際学部	2,775	11,110	13,885
司法研究科	9,385	—	9,385
経営戦略研究科	—	7,070	7,070
産業研究所	—	6,213	6,213
教職教育研究センター	3,146	—	3,146
聖和短大	—	9,863	9,863
高等部	—	49,850	49,850
中学部	—	40,359	40,359
初等部	—	27,366	27,366
千里国際	—	72,893	72,893
大学図書館	1,815,196	—	1,815,196
合計	2,139,863	391,013	2,530,876

財政規模（2013年度）

●消費収支計算書（経年比較）

（単位：百万円）

科目＼年度	2009年度	2010年度	2011年度	2012年度	2013年度
学生生徒等納付金	25,582	27,718	28,896	30,198	30,192
手数料	1,745	1,601	1,551	1,607	1,544
寄付金	722	844	945	622	766
補助金	4,022	4,529	4,180	4,125	4,482
資産運用収入	718	579	544	553	532
資産売却差額	4	1	7	9	84
事業収入	659	823	772	757	764
雑収入	13,483	7,583	711	1,087	714
帰属収入合計	46,935	43,678	37,606	38,958	39,078
△基本金組入額	△ 16,414	△ 13,266	△ 1,729	△ 2,138	△ 4,002
消費収入合計	30,521	30,412	35,877	36,820	35,076
人件費	17,793	19,629	22,208	20,429	20,710
教育研究経費	11,938	11,531	11,612	12,291	12,336
管理経費	997	1,027	1,080	1,077	1,075
借入金等利息	172	165	160	149	131
資産処分差額	171	161	207	302	246
徴収不能引当金繰入額	0	34	19	21	15
消費支出合計	31,071	32,547	35,286	34,269	34,513
基本金取崩額					
当年度消費収支差額	△ 550	△ 2,135	591	2,551	563
前年度繰越消費収支差額	△ 7,331	△ 7,881	△ 10,016	△ 9,425	△ 6,874
翌年度繰越消費収支差額	△ 7,881	△ 10,016	△ 9,425	△ 6,874	△ 6,311
帰属収支差額	15,864	11,131	2,320	4,689	4,565
借入金残高	10,613	10,770	10,777	10,134	9,791

●貸借対照表（経年比較）

（単位：百万円）

	2009年度	2010年度	2011年度	2012年度	2013年度
有形固定資産	91,840	99,392	99,009	98,709	101,098
その他の固定資産	32,322	32,317	32,082	28,634	34,349
流動資産	20,466	25,081	30,593	38,834	34,781
資産の部合計	144,628	156,790	161,684	166,177	170,228
固定負債	14,791	15,233	17,206	16,239	15,808
流動負債	9,873	10,462	11,064	11,835	11,751
負債の部合計	24,664	25,695	28,270	28,074	27,559
基本金の部合計	127,845	141,111	142,839	144,977	148,980
消費収支差額の部合計	△ 7,881	△ 10,016	△ 9,425	△ 6,874	△ 6,311
負債の部、基本金の部及び消費収支差額の部合計	144,628	156,790	161,684	166,177	170,228
基本金未組入額の合計額	11,119	10,965	11,000	10,381	10,832
減価償却額の累計額	38,811	43,779	45,903	47,720	49,733

土地公簿面積一覧

（2014年４月１日現在）

	所　在	面積（㎡）	計
上ケ原地区	上ケ原一番町	215,780.89	345,230.39㎡
	上ケ原三番町	1,365.00	
	上ケ原六・八番町（新グラウンド）	43,816.77	
	上ケ原山田町（第３フィールド）	56,989.79	
	その他土地	27,277.94	
宝塚地区	宝塚キャンパス	13,500.62	15,892.78㎡
	その他土地	2,392.16	
聖和地区	聖和キャンパス	39,176.12	42,281.12㎡
	その他土地	3,105.00	
千里地区	千里国際キャンパス	15,922.91	15,922.91㎡
三田地区	千刈キャンプ（旧農村センター含）	135,316.14	1,336,925.44㎡
	自然運動場	609,219.30	
	ゴルフ場	241,390.00	
	神戸三田キャンパス	351,000.00	
その他の地区	長野県戸隠	3,304.79	133,592.29㎡
	岡山県青島	128,871.00	
	その他土地	1,416.50	
		1,889,844.93	

（借地31,327.73㎡含む）

建物面積一覧

建物名称	面積(㎡)
学部校舎	
神学部	996.68
文学部本館	2,789.40
文学部新館	913.68
社会学部棟	3,362.66
法学部	3,788.24
経済学部	2,505.77
経済学部物品管理室	25.92
商学部	2,740.55
全学共用棟	4,597.05
メディア・研究棟	3,740.16
大学院1号館	4,640.30
法科大学院(大学院2号館)	2,737.84
Ⅳ号館(KSC・理工学部本館)	18,289.43
Ⅳ号館(KSC・理工学部別館)	1,699.94
理工学部倉庫(KSC)	156.16
設備棟(KSC)	439.48
Ⅲ号館(KSC)	5,756.66
Ⅰ号館(KSC・総合政策学部)	5,213.42
Ⅱ号館(KSC・総合政策学部)	5,237.20
Ⅴ号館(KSC・理工学部新館)	2,754.24
建築実験棟(KSC・総合政策学部)	407.12
Academic Commons(KSC)	3,831.31
3号館(聖和キャンパス)	2,140.86
5号館(聖和キャンパス)	1,907.23
6号館(聖和キャンパス)	4,601.28
大学院棟(聖和キャンパス)・大学管理部分	924.74
小計	86,197.32
講義棟	
第4別館	4,546.88
第5別館	4,536.82
A号館	3,427.16
B号館	6,820.38
C号館	3,210.87
D号館	3,729.26
E号館	2,701.68
F号館	5,049.42
G号館	24,455.54
H号館	7,081.53
Ⅵ号館(KSC・共用棟)	7,224.36
7号館(聖和キャンパス)	3,025.71
山川記念館(聖和キャンパス)	2,085.62
小計	77,895.23
研究館	
新第1教授研究館	4,088.88
第1教授研究館・新館	1,159.48
第2教授研究館	3,595.17
小計	8,843.53
図書館	
時計台	966.94
大学図書館	19,152.62
図書館(聖和キャンパス)	2,924.09
小計	23,043.65
管理関係	
学院本部棟	1,132.22
本部棟	4,442.48
関西学院会館	5,355.24
迎賓館	302.13
保健館	1,093.59
学生サービスセンター	3,004.33
情報メディア棟	1,389.60
学生会館新館	21,388.67
学生会館旧館	3,425.86
ラウンジ(旧外国人住宅2)	343.79
吉林大学交流館(外国人住宅9)	302.13
大阪梅田キャンパス ※借用	1,778.20

（2014年４月１日現在）

建　物　名　称	面積(㎡)
文学部・ハミル館	440.98
文学部・ハミル館その他建物	57.47
吉岡記念館	1,417.15
第３フィールド・体育棟	553.52
第一厚生棟（KSC）	1,697.25
第二厚生棟（KSC）	1,995.45
第三厚生棟（KSC）	548.35
１号館（聖和キャンパス）	3,041.88
４号館（聖和キャンパス）	655.59
10号館（聖和キャンパス）	3,188.60
その他建物	1,292.57
小　計	58,847.05
講　　　堂	
ランバス記念礼拝堂	170.10
神戸三田キャンパス　ランバス記念礼拝堂	430.50
小　計	600.60
体　育　施　設	
総合体育館・大学管理部分	4,813.93
スポーツセンター	2,750.83
洋弓場	60.75
射撃練習場	119.70
大学体育格納庫	64.80
大学体育倉庫	138.53
弓道場	626.18
グリー会館	174.26
グリークラブ資料館	19.44
茶道部茶室	57.25
自動車部車庫	198.00
絵画部アトリエ	101.25
第３フィールド・バッティングゲージ	295.95
第３フィールド・厩舎	729.60
第４フィールド・クラブハウス	155.52
ヨット部艇庫	229.90

建　物　名　称	面積(㎡)
航空部格納庫	163.76
神戸三田・体育館	1,179.61
神戸三田・クラブハウス	473.16
８号館（聖和キャンパス・体育館）	2,188.68
その他建物	406.21
小　計	14,947.31
学　　生　　寮	
清風寮	1,134.07
成全寮	893.61
静修寮	893.61
啓明寮	1,503.51
食堂風呂棟	435.82
有光寮	363.42
国際学生レジデンス	855.90
学生寮（聖和寮）	2,078.62
国際学生レジデンスⅡ　※借用	1,086.88
国際学生レジデンスⅢ　※借用	252.45
小　計	9,497.89
そ　　の　　他	
張記念館	159.90
千刈キャンプセンター	2,981.14
千刈キャンプリーダー棟	104.77
千刈キャンプ集会所	22.35
千刈キャンプアウターブリッジホール	167.28
千刈キャンプベーツキャビン	86.26
千刈キャンプ旧キャビン６棟	123.97
千刈キャンプ教職員コテッジ	25.46
千刈キャンプリーダースキャビン	34.39
千刈キャンプ辻記念チャペル	108.54
千刈キャンプ震災メモリアルハウスシャローム	39.09
千刈キャンプログハウス	30.00
千刈キャンプ小キャビン（Ａ～Ｊ）	805.08
千刈キャンプその他建物	4,052.33

建　物　名　称	面積(㎡)
戸隠山小屋	201.12
立山山小屋	127.76
聖和セミナーハウス	260.37
聖和同窓会館	88.00
東京丸の内キャンパス　※借用	394.42
小　計	9,812.23
教　職　員　住　宅	
外国人住宅（3）	308.41
外国人住宅（4）	312.38
外国人住宅（5）	308.41
外国人住宅（6）	312.38
外国人住宅（7）	312.38
外国人住宅（8）	312.38
仁川百合野住宅（A）	102.87
仁川百合野住宅（B）	102.87
仁川百合野住宅（C）	102.87
外国人契約教員用住宅　※借用	1,577.58
その他建物	118.19
小　計	3,870.72
高　等　部	
高等部棟	16,349.75
高等部特別教室棟	2,161.90
高等部別棟部室	379.80
総合体育館・高等部管理部分	4,038.00
高中テニスコート更衣室（プレハブ）	103.68
高等部その他建物	49.50
小　計	23,082.63
中　学　部	
中学部特別教室棟（旧中学部新館）	2,572.08
中学部会館	176.74
中学部棟・体育館	10,343.65
青島チャペル	134.29

建　物　名　称	面積(㎡)
青島ナース棟	132.49
青島矢内記念コテージ	244.00
青島リーダースキャビン	56.00
青島第1キャビン	15.66
青島第2キャビン	19.44
青島艇庫	59.04
青島その他建物	102.88
小　計	13,856.27
高　中　部　共　用	
高中部本部棟（旧中学部本館）	2,574.06
高中部倉庫棟（旧中学部別館）	1,197.63
小　計	3,771.69
初　等　部	
初等部教室棟	9,060.77
初等部その他建物	55.92
小　計	9,116.69
幼　稚　園	
幼稚園舎	1,714.18
大学院棟（聖和キャンパス）・幼稚園管理部分	450.32
小　計	2,164.50
千里国際キャンパス	
校舎	15,658.09
あけぼの寮	977.00
計	16,635.09

総　合　計	362,182.40

（借用建物5,089.53㎡含む）

学生・生徒等の納付金（2014年度）

●関西学院大学大学院　博士課程前期課程・後期課程

（単位：円）

研究科	入学年度	学年	入学金	授業料	研究資料費	実験実習費	教育充実費	合計
神学・文学・社会学・法学・経済学・商学・言語コミュニケーション文化・経営戦略	2014	1	230,000	518,000	5,000	＊	159,000	912,000
人間福祉			230,000	622,000	6,000	＊	191,000	1,049,000
教育学			230,000	673,000	7,000	—	207,000	1,117,000
理工学			230,000	770,000	15,000	87,000	231,000	1,333,000
総合政策			230,000	673,000	7,000	25,000	207,000	1,142,000
神学・文学・社会学・法学・経済学・商学・言語コミュニケーション文化・経営戦略	2013〜2012	2〜3	—	518,000	5,000	＊	159,000	682,000
人間福祉			—	622,000	6,000	＊	191,000	819,000
教育学			—	673,000	7,000	—	207,000	887,000
理工学			—	770,000	15,000	87,000	231,000	1,103,000
総合政策			—	673,000	7,000	25,000	207,000	912,000

＊文学研究科・社会学研究科・人間福祉研究科の特定の専攻あるいは特定の授業科目を履修する者は、上記に加えて実験実習費が必要
＊総合政策研究科学生のうち特定の教員を指導教員とする者は、上記に加えて別途実験実習費が必要
＊経営戦略研究科は後期課程のみ

●関西学院大学大学院　専門職学位課程

（単位：円）

研究科・専攻			入学年度	学年	入学金	授業料	研究資料費	実験実習費	教育充実費	合計
司法			2014	1	230,000	1,000,000	25,000	—	225,000	1,480,000
			2013	2	—	1,120,000	25,000	—	225,000	1,370,000
			2012	3						
経営戦略	経営戦略	企業経営戦略コース	2014	1	230,000	730,000	25,000	—	225,000	1,210,000
			2013	2	—	730,000	25,000	—	225,000	980,000
		国際経営コース	2014	1	230,000	1,400,000	25,000	—	225,000	1,880,000
			2013	2	—	1,400,000	25,000	—	225,000	1,650,000
	会計専門職		2014	1	230,000	1,100,000	25,000	—	225,000	1,580,000
			2013	2	—	1,100,000	25,000	—	225,000	1,350,000

●関西学院大学

（単位：円）

学部	入学年度	学年	入学金	授業料	研究資料費	実験実習費	教育充実費	合計
神・文・社会・法・経済・商学部	2014	1	300,000	635,000	3,000	＊	182,000	1,120,000
人間福祉学部			300,000	762,000	4,000	＊	218,000	1,284,000
教育・国際学部			300,000	826,000	4,000	＊	235,000	1,365,000
理工学部			300,000	937,000	10,000	106,000	266,000	1,619,000
総合政策学部			300,000	826,000	4,000	25,000	235,000	1,390,000
神・文・社会・法・経済・商学部	2013〜2011	2〜3	—	721,000	3,000	＊	212,000	936,000
人間福祉学部			—	865,000	4,000	＊	254,000	1,123,000
教育・国際学部			—	938,000	4,000	＊	275,000	1,217,000
理工学部			—	1,065,000	10,000	106,000	310,000	1,491,000
総合政策学部			—	938,000	4,000	＊	275,000	1,217,000

＊文学部・社会学部・人間福祉学部・教育学部・総合政策学部（2014年度以外）の特定の学科・専修に所属する者、特定の授業科目・プログラムを履修する者は、上記に加えて実験実習費が必要

●聖和短期大学

（単位：円）

入学年度	学年	入学金	授業料	研究資料費	実験実習費	教育充実費	合計
2014	1	300,000	826,000	4,000	8,000	235,000	1,373,000
2013	2	—	938,000	4,000	8,000	275,000	1,225,000

●関西学院高等部・関西学院中学部・関西学院千里国際高等部・関西学院千里国際中等部・関西学院初等部

（単位：円）

	入学年度	学年	入学金	授業料	教育充実費	教育資料費	冷暖房費	合　計
関西学院高等部	2014	1	300,000	532,000	215,000	3,000	15,000	1,065,000
	2013	2	—	532,000	215,000	3,000	15,000	765,000
	2012	3						
関西学院中学部	2014	1	300,000	532,000	215,000	3,000	15,000	1,065,000
	2013	2	—	532,000	215,000	3,000	15,000	765,000
	2012	3						
関西学院千里国際高等部	2014	1	300,000	995,000	165,000	—	—	1,460,000
	2013	2	—	920,000	160,000	—	—	1,080,000
	2012	3		855,000	155,000	—	—	1,010,000
関西学院千里国際中等部	2014	1	300,000	995,000	165,000	—	—	1,460,000
	2013	2	—	920,000	160,000	—	—	1,080,000
	2012	3		855,000	155,000	—	—	1,010,000
関西学院初等部	2014	1	200,000	800,000	200,000	—	—	1,200,000
	2013〜2009	2〜6	—	800,000	200,000	—	—	1,000,000

＊関西学院千里国際高等部・関西学院千里国際中等部は、第２外国語授業科目を選択した者のみ学期毎に別途要

●聖和幼稚園

（単位：円）

	入園料	保育料	教育充実費	冷暖房	費合　計
3　歳　児	100,000	294,000	20,000	5,000	419,000
4　歳　児	100,000	270,000	20,000	5,000	395,000
5　歳　児					

●関西学院大阪インターナショナルスクール

（単位：円）

	幼児部（短縮授業）	幼児部（平常授業）	小学部	中等部及び高等部1・2年	高等部３・４年	ポストグラジュエイト
入　学　金	330,000					
授　業　料	1,320,000	1,503,000	1,503,000	1,770,000	1,865,000	1,865,000
教育充実費	205,000	235,000	235,000	270,000	275,000	275,000
合　　計	1,855,000	2,068,000	2,068,000	2,370,000	2,470,000	2,470,000

＊学年暦は8月開始

課外活動団体一覧

2013年12月現在（単位：人）

公 認 団 体	部員数		
	男	女	計
体育会（*1）	1,686	656	2,342
文化総部（*2）	763	947	1,710
応援団総部（*3）	34	74	108
新聞総部	8	6	14
総部放送局	45	35	80
宗教総部	19	17	36
計	2,555	1,735	4,290

体 育 会（*1）	部員数		
	男	女	計
体育会学生本部	25	27	52
庭球部	29	35	64
硬式野球部	147	5	152
サッカー部	127	26	153
陸上競技部	127	22	149
ラグビー部	136	17	153
相撲部	11	1	12
ボクシング部	26	3	29
スキー競技部	14	9	23
アイスホッケー部	27	2	29
スケート部	7	24	31
山岳部	4	1	5
水上競技部	41	16	57
卓球部	29	11	40
ソフトテニス部	23	16	39
馬術部	12	11	23
ヨット部	22	15	37
バレーボール部	30	5	35
バスケットボール部	38	29	67
レスリング部	8	3	11
アメリカンフットボール部	187	8	195
ハンドボール部	36	17	53
拳法部	24	4	28
器械体操部	7	4	11
ボート部	20	23	43
準硬式野球部	68	8	76
空手道部	11	11	22
フェンシング部	17	9	26
柔道部	35	1	36
剣道部	59	33	92
バドミントン部	27	22	49
ゴルフ部	25	14	39
航空部	14	7	21
陸上ホッケー部	27	30	57
自動車部	10	1	11
弓道部	19	12	31
重量挙部	6	0	6
射撃部	26	9	35
ワンダーフォーゲル部	23	10	33
洋弓部	33	25	58
カヌー部	36	37	73
合気道部	17	14	31
ラクロス部	76	79	155
計	1,686	656	2,342

文化総部（*2）	部員数		
	男	女	計
文化総部常任委員会	8	1	9
関西学院グリークラブ	94	3	97
マンドリンクラブ	10	31	41
軽音楽部	41	51	92
関西学院交響楽団	20	68	88
混声合唱団エゴラド	35	52	87
劇研究部 Theater Hi-Wind	11	9	20
演劇集団関奈月	6	5	11
能楽部	7	15	22
古典芸能研究部	0	6	6
国際研究部	5	18	23
英語研究部（E.S.S.）	54	68	122
将棋部	14	2	16
囲碁部	23	10	33
写真部	29	40	69
文芸部	39	27	66
映画研究部	39	43	82
茶道部	9	35	44
音楽研究部	17	9	26
書道部	9	29	38
絵画部	14	38	52
ユースホステル部	26	20	46
いけばな部	0	23	23
I.S.A.	51	91	142
邦楽クラブ	4	23	27
速記研究部	20	21	41
詩吟部吟月会	5	1	6
クラシックギタークラブ	32	37	69
古美術研究クラブ	32	57	89
ユネスコ研究部	33	29	62
地理研究会	12	0	12
ハーモニカソサィアティー	8	22	30
関西学院ディベートクラブ	10	2	12
甲山落語研究会	36	39	75
自然愛好会@ガーデニング・エンタープライゼズ（休部）	0	0	0
考古学研究会	9	8	17
煎茶道部	1	14	15
計	763	947	1,710

応援団総部（*3）	部員数		
	男	女	計
指導部	14	1	15
吹奏楽部	20	46	66
チアリーダー部	0	27	27
計	34	74	108

2013年12月現在（単位：人）

未公認団体（登録団体）　合計	部員数		
	男	女	計
	2,025	2,004	4,029

上ヶ原スポーツ系登録団体	部員数		
	男	女	計
女子バレーボール同好会“コロ”	0	5	5
男子バレーボール同好会“甲山クラブ”	30	9	39
軟式野球同好会“バイスン”	28	3	31
硬式テニス同好会“ローンクラブ”	38	38	76
バスケットボール同好会“CAMEL”	23	9	32
ゴルフ同好会	28	6	34
軟式庭球同好会	26	13	39
モルゲンロートスキークラブ	27	13	40
サッカー同好会“上ヶ原クラブ”	9	9	18
上ヶ原ラグビークラブ	32	4	36
少林寺拳法会	26	25	51
新武道太道会	10	4	14
サイクリング同好会	32	13	45
硬式庭球同好会“上ヶ原クラブ”	62	34	96
ソフトボール同好会“わいわい”	8	5	13
軟式野球同好会“パイレーツ”	40	10	50
グリーンテニスクラブ同好会	19	35	54
バドミントン愛好会“空の翼”	59	51	110
バドミントン同好会“D3 COMPANY”	9	1	10
スポーツ同好会“思恋路”	17	11	28
スカッシュラケット同好会	21	29	50
ソフトボール同好会“ＰＵＬＫ”	23	7	30
極真カラテ同好会	4	2	6
居合道会	9	5	14
K.G.CLUB ULTIMATE	15	11	26
KG☆CAPOEIRA	14	17	31
計	609	369	978

上ヶ原文化系登録団体	部員数		
	男	女	計
芸術鑑賞会	1	7	8
デザイングループ	2	11	13
点訳サークル	5	14	19
探検会	11	4	15
全関学自主映画製作上映委員会	10	12	22
人形劇団デク（2013.３.31廃部）	0	0	0
上ヶ原エコーグループ	89	79	168
ブルースカイ・グループ	24	20	44
漫画同好会	43	44	87
ロックファンクラブ“バックスバニー”	66	89	155
A.A.C.スターレス	39	51	90
演劇グループ“Something”	12	21	33
S.O.L.E.（Studio Of Living English）	2	13	15
関学新月通信社	2	1	3
K.G.Brain Humanity	21	11	32
社交ダンスサークル	6	6	12
ALIVE	9	25	34
計	342	408	750

上ヶ原研究会系登録団体	部員数		
	男	女	計
アイセック（国際経済商学学生協会）	29	35	64
不動産研究会	7	6	13
聖書研究会“ポプラ”	9	5	14
バレエ・ダンスカンパニー	33	107	140
Popular Song Society（P.S.S.）	81	55	136
情報科学研究会（2014.３.31廃部）	0	0	0
フランス研究会	1	65	66
JAZZ研究会JAM	37	77	114
関西学院上ヶ原ハビタット	85	104	189
ミステリ研究会	11	4	15
計	293	458	751

神戸三田登録団体	部員数		
	男	女	計
関西学院室内合奏団	5	13	18
サッカーサークルレクレール	27	15	42
バスケットボールK.G.Cagers	81	53	134
軽音サークル“Deep Stream”	47	28	75
合気道サークル	13	4	17
軟式野球サークル“Sharks”	29	15	44
Eco-Habitat 関西学院	46	54	100
Visual Studio	6	4	10
CLUB GEORDIE	28	29	57
GLOBAL EYES	1	5	6
理工学部硬式庭球同好会	10	0	10
テニスサークル“K.G.Wing”	78	56	134
サッカーサークル“フェルナンド”	32	10	42
ラグビーサークル“K.G.CHAPPIES”	42	11	53
ダンスサークル“Ney-kid”	48	11	59
バレーボールサークルぱぁぷる	82	80	162
関西学院 Sandian Brass	38	42	80
関学よさこい連 炎流	61	97	158
セパタクローサークルD-MARK	14	3	17
車椅子バスケットボールサークルREAL	1	0	1
SSV関西学院	15	9	24
ゴスペルサークルK.G.Blessed Choir	6	20	26
J-FUNユースK.G.	5	3	8
Fair Trade“FROM”	6	25	31
計	721	587	1,308

2013年12月現在（単位：人）

西宮聖和登録団体	部員数		
	男	女	計
関西学院聖和女子タッチフットボール部(2014.3.31廃部)	0	0	0
男子タッチフットボール部	16	4	20
女子バレーボール部	0	23	23
剣道同好会	3	0	3
コーラス部	1	0	1
吹奏楽部	0	12	12
人形劇部　わらべ（2014.3.31廃部）	0	1	1
手話部　たんぽぽ	0	20	20
聖書研究会ロバの子	1	5	6
学生YMCA	3	3	6
軽音楽部	25	33	58
バドミントン同好会	10	15	25
ダンスサークル ジュ ヴ ダンサン	0	34	34
乳幼児のあそび研究サークル　こどもの友	1	32	33
一歩スマイルプロジェクト(2014.3.31廃部)	0	0	0
計	60	182	242

自治会	部員数		
	男	女	計
法学部自治会傘下団体			
政治学研究部	10	2	12
法律研究部	41	27	68
憲法研究部	2	7	9
司法試験研究部	36	32	68
時事英語研究部	（休会）		
小　計	89	68	157
商学会研究会委員会傘下団体			
国際ビジネスコミュニケーション研究会	23	8	31
証券研究会	21	17	38
学生経営研究会	13	7	20
会計研究会	114	130	244
貿易研究会	（休会）		
中小企業研究会	（休会）		
広告研究会	17	37	54
中南米研究会	（休会）		
小　計	188	199	387
計	277	267	544

宗教音楽委員会	部員数		
	男	女	計
関西学院チャペルオルガニスト	1	44	45
関西学院聖歌隊	17	28	45
関西学院ハンドベルクワイア	5	13	18
関西学院バロックアンサンブル	4	7	11
関西学院ゴスペルクワイア"Power Of Voice"	14	39	53
関西学院KSC聖歌隊	0	0	0
聖和キャンパス聖歌隊（活動休止中）	0	0	0
計	41	131	172

那須杯歴代受賞団体一覧

1953年	ハンドボール部
1954年	馬　術　部
1955年	アメリカンフットボール部
1956年	バレーボール部
1957年	ヨ　ッ　ト　部
1958年	相　撲　部
1959年	硬 式 野 球 部
1960年	庭　球　部
1961年	サ ッ カ ー 部
1962年	卓　球　部
1963年	ヨ　ッ　ト　部
1964年	弓　道　部
1965年	ヨ　ッ　ト　部
1966年	陸 上 競 技 部
1967年	（受賞団体なし）
1968年	アメリカンフットボール部
1969年	弓　道　部
1970年	ス ケ ー ト 部
1971年	アメリカンフットボール部
1972年	（受賞団体なし）
1973年	カ　ヌ　ー　部
1974年	アメリカンフットボール部
1975年	ヨ　ッ　ト　部
1976年	アメリカンフットボール部
1977年	アメリカンフットボール部
1978年	合 気 道 部
1979年	（受賞団体なし）
1980年	拳　法　部
1981年	合 気 道 部
1982年	（受賞団体なし）
1983年	合 気 道 部
1984年	（受賞団体なし）
1985年	アメリカンフットボール部
1986年	アメリカンフットボール部
1987年	合 気 道 部
1988年	合 気 道 部
1989年	（受賞団体なし）
1990年	（受賞団体なし）
1991年	（受賞団体なし）
1992年	アメリカンフットボール部
1993年	（受賞団体なし）
1994年	アメリカンフットボール部
1995年	（受賞団体なし）
1996年	自 動 車 部
1997年	自 動 車 部
1998年	アメリカンフットボール部
1999年	サ ッ カ ー 部
2000年	アメリカンフットボール部
2001年	カ　ヌ　ー　部
2002年	アメリカンフットボール部
2003年	拳　法　部
2004年	自 動 車 部
2005年	軟 式 野 球 部
2006年	カ　ヌ　ー　部
2007年	（受賞団体なし）
2008年	ソフトテニス部
2009年	合 気 道 部
2010年	カ　ヌ　ー　部
2011年	ヨ　ッ　ト　部
2012年	ラ ク ロ ス 部
2013年	アメリカンフットボール部

那須杯：
第２次世界大戦前の運動部代表顧問、故那須生平教授の多年の功績を称えて設けられたものであり、その年度に全国制覇を成し遂げた部の中から、選考を経て選ばれた最高の部に体育会長から授与される。

池内杯：
初代体育会長、故池内信行教授の多年の功績を称えて設けられたものであり、その年度の部の戦績、まとまり、部員の態度などを統合して体育会長から授与される。

池内杯歴代受賞団体一覧

1964年	硬 式 野 球 部
1965年	拳　法　部
1966年	（受賞団体なし）
1967年	剣　道　部
1968年	バレーボール部
1969年	軟 式 野 球 部
1970年	ハンドボール部
1971年	カ　ヌ　ー　部
1972年	軟 式 野 球 部
1973年	庭　球　部
1974年	バスケットボール部
1975年	ス ケ ー ト 部
1976年	庭　球　部
1977年	ボ　ー　ト　部
1978年	サ ッ カ ー 部
1979年	ヨ　ッ　ト　部
1980年	合 気 道 部
1981年	硬 式 野 球 部
1982年	庭　球　部
1983年	自 動 車 部
1984年	軟 式 野 球 部
1985年	サ ッ カ ー 部
1986年	アイスホッケー部
1987年	弓　道　部
1988年	馬　術　部
1989年	ヨ　ッ　ト　部
1990年	軟 式 野 球 部
1991年	馬　術　部
1992年	自 動 車 部
1993年	陸 上 競 技 部
1994年	馬　術　部
1995年	水 上 競 技 部
1996年	射　撃　部
1997年	軟 式 野 球 部
1998年	バスケットボール部
1999年	カ　ヌ　ー　部
2000年	自 動 車 部
2001年	水 上 競 技 部
2002年	陸 上 競 技 部
2003年	カ　ヌ　ー　部
2004年	馬　術　部
2005年	庭　球　部
2006年	ソフトテニス部
2007年	ヨ　ッ　ト　部
2008年	カ　ヌ　ー　部
2009年	ラ グ ビ ー 部
2010年	バドミントン部
2011年	射　撃　部
2012年	アメリカンフットボール部
2013年	剣　道　部

同窓会支部・公認団体一覧（2014年）

●全国88支部

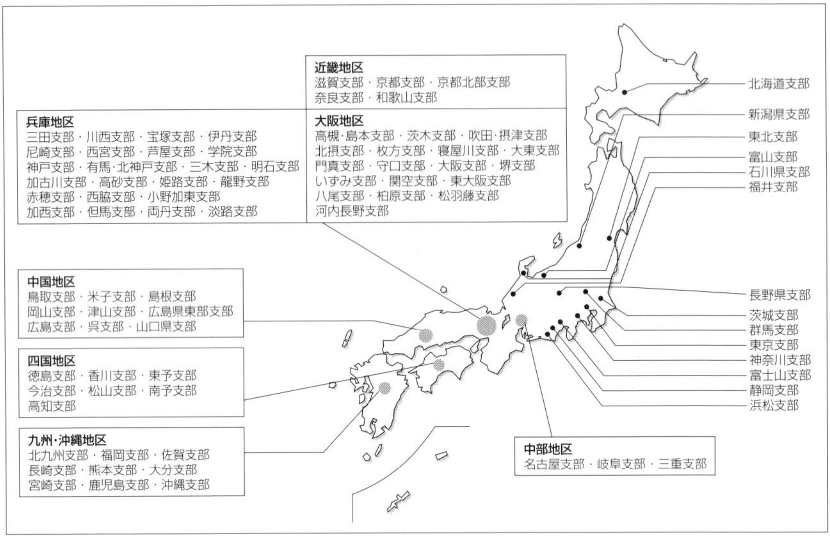
近畿地区
滋賀支部・京都支部・京都北部支部
奈良支部・和歌山支部
大阪地区
高槻・島本支部・茨木支部・吹田・摂津支部
北摂支部・枚方支部・寝屋川支部・大東支部
門真支部・守口支部・大阪支部・堺支部
いずみ支部・関空支部・東大阪支部
八尾支部・柏原支部・松羽藤支部
河内長野支部
兵庫地区
三田支部・川西支部・宝塚支部・伊丹支部
尼崎支部・西宮支部・芦屋支部・学院支部
神戸支部・有馬・北神戸支部・三木支部・明石支部
加古川支部・高砂支部・姫路支部・龍野支部
赤穂支部・西脇支部・小野加東支部
加西支部・但馬支部・両丹支部・淡路支部
中国地区
鳥取支部・米子支部・島根支部
岡山支部・津山支部・広島県東部支部
広島支部・呉支部・山口県支部
四国地区
徳島支部・香川支部・東予支部
今治支部・松山支部・南予支部
高知支部
九州・沖縄地区
北九州支部・福岡支部・佐賀支部
長崎支部・熊本支部・大分支部
宮崎支部・鹿児島支部・沖縄支部
中部地区
名古屋支部・岐阜支部・三重支部
北海道支部
新潟県支部
東北支部
富山支部
石川県支部
福井支部
長野県支部
茨城支部
群馬支部
東京支部
神奈川支部
富士山支部
静岡支部
浜松支部

●海外25支部

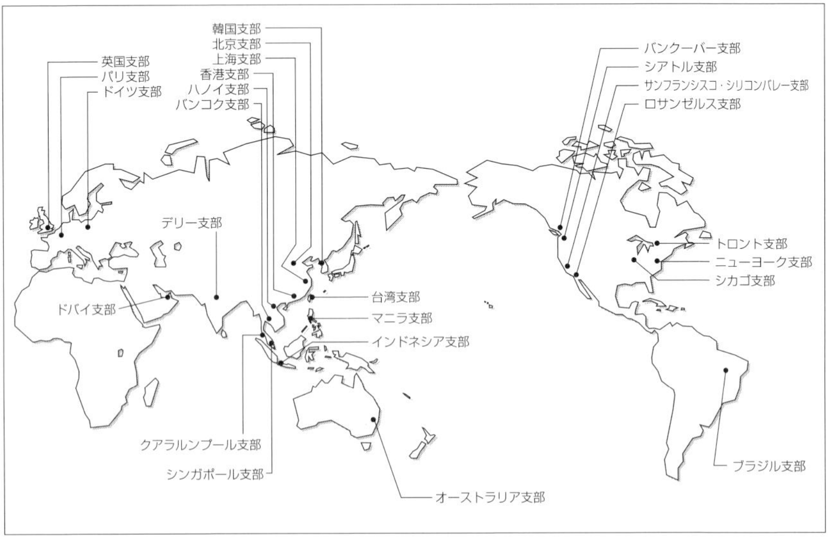
韓国支部
北京支部
上海支部
香港支部
ハノイ支部
バンコク支部
英国支部
パリ支部
ドイツ支部
デリー支部
ドバイ支部
台湾支部
マニラ支部
インドネシア支部
クアラルンプール支部
シンガポール支部
オーストラリア支部
バンクーバー支部
シアトル支部
サンフランシスコ・シリコンバレー支部
ロサンゼルス支部
トロント支部
ニューヨーク支部
シカゴ支部
ブラジル支部

企業・職域団体

内田洋行新月会
NTTグループ弦月会
関西学院会計人会
関学電業会
関西電力弦月会
クボタ関学会
KGリアルターズクラブ
コクヨ弦月会
シャープ弦月会
住友生命保険相互会社新月会
清交社 関学会
大同生命弦月会
大丸新月会
高島屋弦月会
天満屋弦月会
都市再生機構弦月会
日本生命保険KG会
阪急阪神新月会
プリンテックKG会
放送弦月会
民間放送弦月会
木材新月会
池田泉州銀行弦月会
三井住友銀行弦月会
尼崎市役所弦月会
岡山県庁関学弦月会
九弦会
神戸市役所弦月会
堺市役所弦月会
宝塚市役所KG会
豊中市役所新月会
西宮市職弦月会
兵庫県庁関学クラブ
みおつくし弦月会
高弦会
法曹弦月会
伊丹市役所弦月会

課外活動団体

(体育会、スポーツ関係)

合気道部OB会
アイスホッケー部新月会
アメリカンフットボール部OB会
上ヶ原スケート倶楽部
応援団総部新月会
空手道部OB拳士会
弓道部 弓友会
(K.G.A.A) 体育会同窓倶楽部
(K.G.A.A) 体育会同窓倶楽部東京支部
拳法部OB会
弦月艇友会(ボート部OB会)
航空部新月会
硬式野球部OB会
ゴルフ部OB会
サッカー部OB会
山岳会
三四郎会
獅子の会
自動車部O・G・B会
射撃部OBG会
柔道部新月会
重量挙部新月会
雪艇会
ソフトテニス部OB会
体育会本部OB・OG会
卓球部弦月会
勇者の会
庭球倶楽部
関学道信会
バスケットボール部弦月会
バドミントン部OB・OG会
バレーボール部OB会
フェンシング部OB・OG会
ボクシング部OB会 弦拳会
KG躍々会
雄華会(剣道部OB)
ヨット部OB会
ラグビーフットボールOB倶楽部
陸上競技部 月見ヶ丘クラブ
ワンダーフォーゲル部OB会
グリーンテニスクラブOB・OG会
剣月会
高等部野球部OB会
少林寺拳法会OB会

課外活動団体

(文化総部・宗教総部ほか)

ESS同窓会
関学エゴラドOB・OG会
KG棘吐会
絵画部OB弦月会
観声会
如月会(キサラギカイ)
切手研究部OB会
クラシックギタークラブOB会
グリークラブ新月会
軽音楽部OB・OG会
劇研弦月会
交響楽団OB会
広弦会
恒平クラブ
詩吟部吟月会OB会
写真部セネター会
書道部同窓会
中南米研究会かりぷと会
地理研究会OB会
文芸部OB会
マンドリンクラブ紘想会
ユースホステル部OB会
クレセント・ハーモニー
関西学院聖歌隊・唱歓会
新聞タテの会
スカウトクラブ
千刈キャンプリーダー会
ISA部同窓会

学部、ゼミ、同期会

成全会
理工学部同窓会
KG−MBA マネジメント研究会
浅野仁ゼミナール同窓会
弦和会
増谷会
原田の森・三日月会
青門会(アオモンカイ)
弦友会
関学高27年会
サイコロ37会
30・33会
昭和44年卒業社会学部同期会
双五会
八郎会

その他、諸団体

芦屋弦月会
関西ゴルフ弦月会
静修寮OB会
千刈弦月会
宝塚ゴルフ倶楽部弦月会
垂水ゴルフクラブ関学新月会
西宮カントリー倶楽部新月会
大阪南関学会
関西学院倶楽部
啓明会
食文化研究会

西宮上ケ原キャンパス

【神学部・文学部・社会学部・法学部・経済学部・商学部・人間福祉学部・国際学部・言語コミュニケーション文化研究科・司法研究科・経営戦略研究科・高等部・中学部】

1 学院本館
2 本部棟
3 吉岡記念館
4 ランバス記念礼拝堂
5 保健館
6 関西学院会館
7 オハラホール
8 外国人住宅
9 F号館
10 神学部
11 文学部
12 文学部新館
13 E号館
14 ハミル館
15 第１教授研究館（本館）
16 絵画部アトリエ
17 グリークラブホール
18 第1教授研究館（新館）
19 H号館
20 社会学部
21 時計台（大学博物館、学院史編纂室）
22 大学図書館（産業研究所）
23 第5別館
24 法学部
25 弓道場
26 茶室
27 A号館
28 B号館
29 C号館
30 学生サービスセンター
31 第2教授研究館（池内記念館）
32 経済学部
33 D号館
34 第4別館
35 駐輪場
36 商学部
37 大学院1号館
38 法科大学院（ロースクール）
39 情報メディア棟
40 メディア・研究棟
41 全学共用棟（経営戦略研究科）
42 学生会館旧館
43 学生会館新館
44 総合体育館
45 G号館（人間福祉学部）
46 G号館（国際学部）
47 高中部礼拝堂
48 高等部棟
49 高等部特別教室棟
50 高中部本部棟
51 中学部会館
52 高中部倉庫棟
53 中学部特別教室棟
54 中学部棟
55 中学部体育館
56 高等部グラウンド
57 中学部グラウンド
58 テニスコート
59 清風寮
60 テニスコート
61 陸上ホッケー部練習場
62 準硬式野球部練習場
63 自動車部練習場
64 洋弓場
65 成全寮
66 静修寮
67 啓明寮
68 寮食堂
69 スポーツセンター
70 ハンドボール部練習場
71 陸上競技部練習場
72 ラグビー部練習場
73 硬式野球グラウンド
74 アメリカンフットボールグラウンド
75 馬場
76 テニスコート
77 サッカーグラウンド
i 門衛室
シャトルバス乗降場
P 来客用駐車場

第4フィールド
第3フィールド
N
日本庭園
中央芝生
中央講堂
(125周年記念講堂)
〔イラストは旧中央講堂〕
新月池
正門

神戸三田キャンパス

【総合政策学部・理工学部】

資料

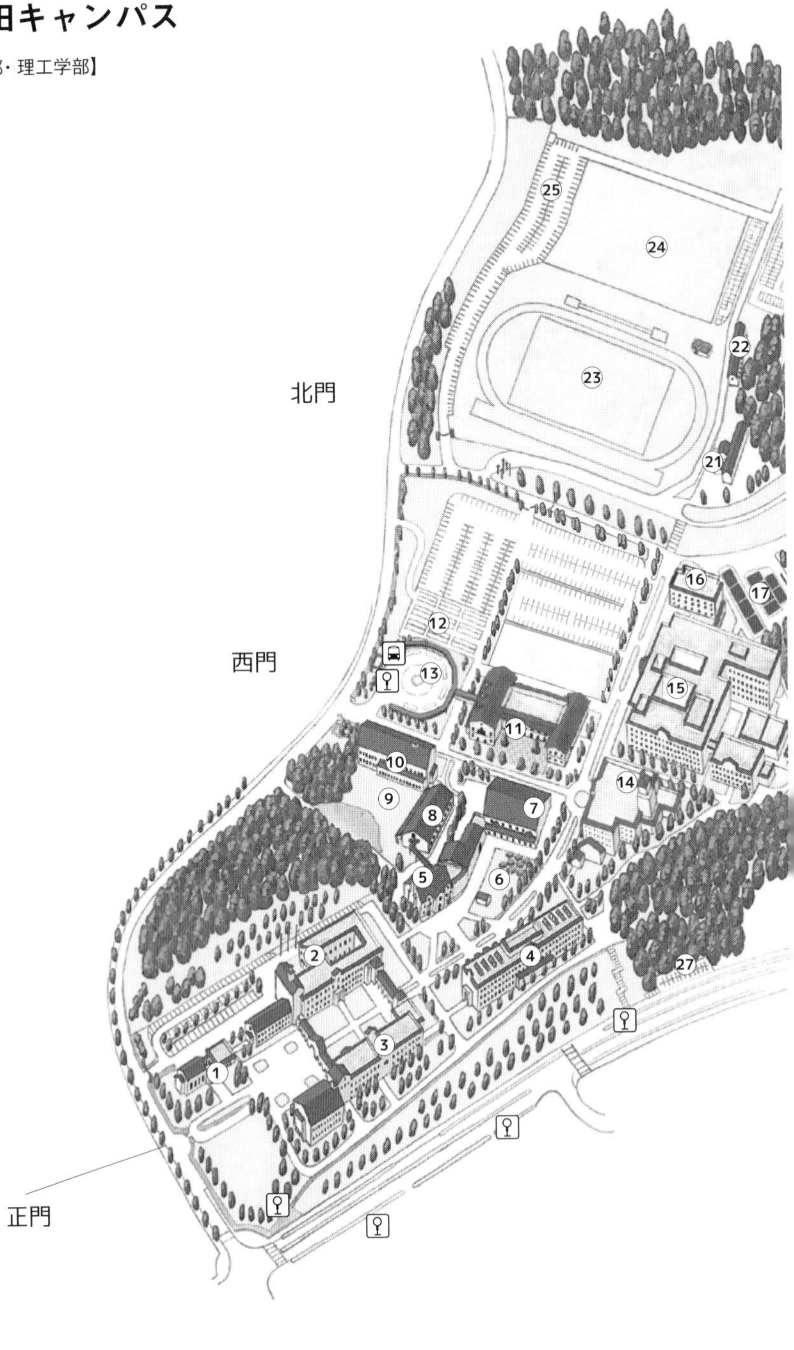

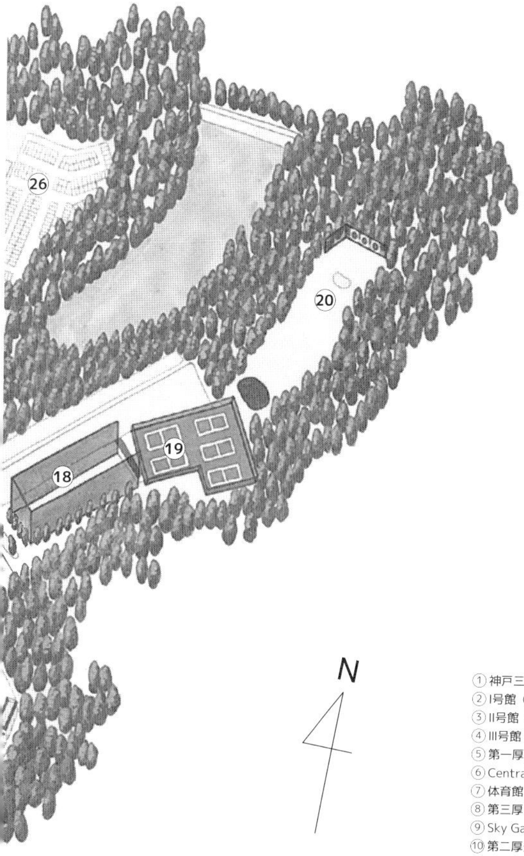

①神戸三田キャンパス ランバス記念礼拝堂
②I号館（総合政策学部）
③II号館（総合政策学部）
④III号館（総合政策学部）
⑤第一厚生棟
⑥Central Garden
⑦体育館
⑧第三厚生棟
⑨Sky Garden
⑩第二厚生棟
⑪Academic Commons
⑫第１学生駐輪場
⑬バスロータリー
（神姫バス「関西学院神戸三田キャンパス前」）
⑭VI号館
⑮IV号館（理工学部本館・別館）
⑯V号館（理工学部）
⑰エコファーム
⑱ゴルフ練習場
⑲テニスコート
⑳ゴルフアプローチ兼アーチェリー練習場
㉑クラブハウス、KSC トレーニングルーム
㉒建築実験棟（総合政策学部）
㉓陸上競技場
㉔グラウンド
㉕学生駐車場
㉖学生駐車場
㉗第２学生駐輪場
シャトルバス乗降場
バス乗り場

西宮聖和キャンパス

【教育学部・聖和短期大学・聖和幼稚園】

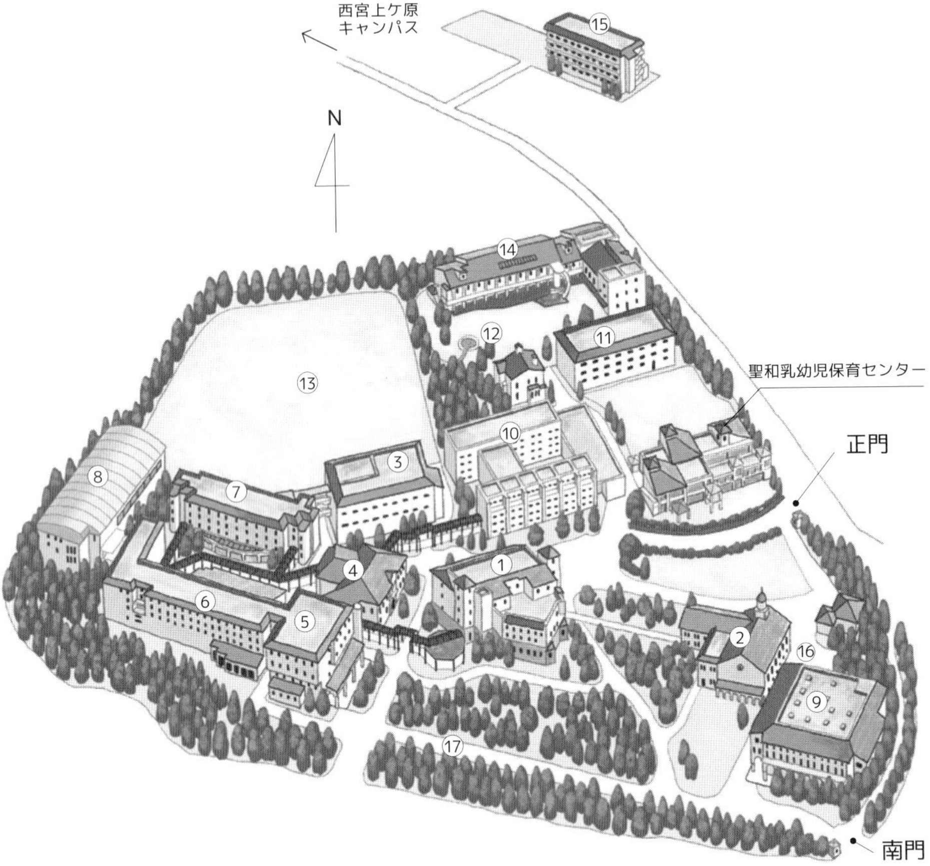

①1号館
②山川記念館
③3号館
④4号館（ダッドレーメモリアルチャペル）
⑤5号館
⑥6号館
⑦7号館
⑧8号館
⑨図書館
⑩10号館
⑪大学院
⑫ゲーンズハウス
⑬グラウンド
⑭聖和幼稚園
⑮聖和寮
⑯駐輪場
⑰駐輪場

索引

凡　例

1．本索引は「人名」「事項」の２部構成とし、それぞれ原則として五十音順に配列した。アルファベットの項目は、本文の掲載順と同様、発音に従って和語の中に配列した。
2．索引項目は、本文を対象としており、図版のキャプションおよび【参照】【文献】は含まない。太字の参照ページ数は、見出し項目のページ数を示す。
3．人名の項目は、原則として本文に登場する人名を網羅した。
4．外国人の名前は、原則としてファミリーネームを先に掲げ、その後にパーソナルネームをイニシャルで示した。
〔例〕ベーツ, C. J. L.
5．事項の項目は、関西学院の歴史と現況に関するもの、および関西学院にゆかりのあるものを選んだ。ただし、著作物は省いた。
6．正式名称の頭につく「関西学院」「関西学院大学」などの語は原則として省略した。ただし、省略できない固有の名称や刊行物のタイトルは、その限りではない。
〔例〕関西学院憲法、関西学院教会

人名索引

あ

い

索引

う

え

お

か

き

く

け

こ

さ

ち

つ

て

と

―― な ――

―― に ――

―― の ――

―― は ――

—— ひ ——

—— ふ ——

—— へ ——

ほ

ま

み

索引

む

も

や

ゆ

よ

―― ら ――

―― り ――

―― る ――

―― れ ――

―― ろ ――

―― わ ――

事項索引

索引

あ

い

う

え

―― お ――

か

―― き ――

く

け

こ

さ

索引

── し ──

索引

―――　す　―――

―――　せ　―――

索引

そ

た

つ

て

と

な

に

―― **の** ――

―― **は** ――

―― **ひ** ――

―― **ふ** ――

索引

も

や

ゆ

よ

索引

―― れ ――

―― ろ ――

―― わ ――

参考文献一覧

１．関西学院の年史関係

<事　典>

『関西学院事典』2001

<学院史>

『開校四十年記念関西学院史』1929

Fiftieth Anniversary Kwansei Gakuin, 1939

『創立五十周年記念関西学院写真帳』同窓会，1939

『関西学院五十年史』1940

『関西学院六十年史』1949

Sixtieth Anniversary Kwansei Gakuin University The Diamond Jubilee, 1949

『関西学院：目で見る七十年史』1959

『関西学院七十年史』1959

『関西学院の100年』1989

『関西学院百年史』（資料編Ⅰ－Ⅱ）1994-1995

『関西学院百年史』（通史編Ⅰ－Ⅱ）1997-1998

『関西学院百年史』（通史編索引）1999

<学部史>

『関西学院高等商業学部二十年史』1931

『文学部回顧』1931

『文学部創立回顧』1934

『神学部のあゆみ：一九六九年』1970

『関西学院大学理学部20年史』1981

『関西学院大学経済学部五十年史』1984

『関西学院高中部百年史』1989

『関西学院大学文学部60年史』1994

『関西学院大学社会学部三十年史』1995

『関西学院新制中学部の50年』1997

『関西学院法学部五十年史』2000

『関西学院商学部五十年誌』（資料編）2002

『新制大学関西学院大学神学部五十年史』（資料編）2003

『関西学院大学神学部年表：1889-2002』2004

『関西学院大学経済学部七十年史』2005
『関西学院社会学部の50年：写真と回想で綴る半世紀の歩み』2011
『関西学院大学心理学研究室80年史：1923～2003：今田恵の定礎に立って』2012
『関西学院大学理工学部50年のあゆみ』2012
『関西学院大学大学院言語コミュニケーション文化研究科10周年記念誌』2012
『世の光たれ！：関西学院高等学部商科開設100周年記念誌』2014

＜クラブ史関係＞
植村一男編『関西学院学生会抄史』関西学院学生会，1937
米田満『関西学院スポーツ史話』（神戸・原田の森篇），関西学院大学体育会，2003

＜学院部署史など＞
『関西学院図書館略史』1954
『関西学院千刈キャンプ場：開場二十周年記念、学生リーダーのあゆみ』1975
『創意と交流：総合教育研究室十周年記念誌』1983
『山辺に向いて我目をあぐ：関西学院千刈キャンプ30周年記念誌：1955年−1985年の歩み』1985
『Sengari：関西学院千刈セミナーハウス開館10周年記念特別号』1990
『関西学院大学図書館小史』1990
『関西学院大学産業研究所六十年の回顧と展望』八千代出版，1995
『Kwansei Gakuin Sengari Camp 1955−1995』1995−1996
『神戸三田キャンパス開設10周年記念誌』2005
『Campers first：関西学院千刈キャンプ開設50周年記念誌』2005
『関西学院大学産業研究所75年の歩み』2011
『関西学院大学図書館史：1889年−2012年』2014

２．定期刊行物
『関西文壇』関西学院院友会，1907−1909
『関西学報』関西学院院友会，1909−1915
『関西学院学生会時報』（第１巻第２号）1926
『学生会時報』（第１巻第４号−第10号）1922−1924
『関西学院時報』（11号−20号）1924−1926
『関西学院新聞』（21号−682号）1926−1992
『関西学院史紀要』（創刊号−）1991−

３．一般刊行物

In memoriam, James William Lambuth, Kobe Publishing Co., 1892

鵜崎庚午郎編『藍巴斯先生略傳』1893

E.H. Rawlings, *Walter Russell Lambuth,* Board of Missions, Methodist Episcopal Church, South, 1921

W.W. Pinson, *Walter Russell Lambuth : prophet and pioneer,* Cokesbury Press, 1924

O. Ziegler, *Woodsworth, social pioneer,* Ontario Publishing, 1934

村上謙介編『ウェンライト博士傳』教文館，1940

In memoriam Harold Frederick Woodsworth D.D., [Printed at the Naigai Printing], 1952

吉岡美清編『父の俤』[1958]

『関西学院創立者ランバス傳』1959

山崎治夫『地の果てまで：ランバス博士の生涯』啓文社，1960

関西学院宗教活動委員会編『教育と宗教』新教出版社，1965

『大学とは何か』1975（関西学院を考えるシリーズ）

『私学財政と学院の歩み』1975（関西学院を考えるシリーズ）

『国際交流と大学』1977（関西学院を考えるシリーズ）

『関西学院青年会記録』関西学院キリスト教主義教育研究室，1976−1980（関西学院キリスト教教育史資料）

『ニュートン・コレクション』関西学院キリスト教主義教育研究室，1979−1984

『ウォルター・ラッセル・ランバス資料』（１−５）関西学院キリスト教主義教育研究室，1980−1990（関西学院キリスト教教育史資料）

『関西学院の歌』（第１−２集）関西学院キリスト教主義教育研究室，1981−1987（関西学院キリスト教教育史資料）

W. R. ランバス；中西良夫訳『アフリカ伝道への祈りと足跡』関西学院大学キリスト教主義教育研究室，1990

『一粒の麦：創立者ランバスの足跡』関西学院大学，1993

『建学の精神考』（第１−３集）関西学院キリスト教主義教育研究室，1993−1998

『旌忠碑』2004（関西学院史紀要資料集）

三田征彦編『ランバス物語：愛と祈りと奉仕に生きて：関西学院の源流』興正社，2004

W. R. ランバス；山内一郎訳『キリストに従う道：ミッションの動態：ヴァンダビルト大学コール・レクチャー』2004

W. W. ピンソン；半田一吉訳『ウォルター・ラッセル・ランバス：prophet and pioneer』2004

4．映像資料
『パール・リバーから地の果てまで：関西学院創立90周年記念』1980
『関西学院の歴史・創立から終戦まで：Keep this holy fire burning』1985
『響け、熱き想い：関西学院創立100周年記念事業記録』1990
『聖書と関西学院』関西学院大学図書館，2002
『ランバスの生涯：関西学院創立者W・R・ランバス生誕150周年記念映画』2004

5．聖和大学の年史関係
『神戸女子神学校五十年記念』1930
『聖和八十年史：一八八〇年～一九六〇年』聖和女子短期大学，1961
『聖和女子大学創立90周年写真集：1880～1970』聖和女子大学，1970
『聖和女子大学創立95周年写真集：1880～1975』聖和女子大学，1975
『聖和100年のあゆみ：1880-1980』聖和女子大学，1980
『聖和保育史』聖和大学，1985
『聖和幼稚園100年史：幼な子をキリストへ：1981-1991』聖和大学，1991
『蒔かれし種：聖和125年の歴史』（DVD）聖和大学・聖和大学短期大学部，2005

編集後記

関西学院は、本年、創立125周年を迎えました。本書の『関西学院事典 増補改訂版』の刊行は、その記念事業の一環として推進されてきたものです。2001年９月の創立111周年記念に、『関西学院百年史』全４巻（資料編1994－95年；通史編1997－98年）を基礎として『関西学院事典』が刊行されましたが、本書はその事典の増補改訂版です。一つの学園が、自校の事典を編纂したのは、『関西学院事典』がその嚆矢であり、その後では『日本女子大学学園事典』（2001年12月）や『慶應義塾史事典』（2008年）、そして『福岡大学75年の歩み　事典編』（2014年）が刊行されています。

本書の編纂事業が着手されるに際しては、学院の創立125周年記念事業委員会の下で年史実行委員会が結成されました。2011年７月20日に第一回の委員会が開催されて以降、３年以上にわたって地道な編纂作業が推進され、その他、作業ミーティングも必要に応じて数多く行われてきました。編纂作業で一つ特筆すべきことは、13年前の段階では、事務局と項目執筆者の間にはまだコピー機を活用するという煩瑣な作業が多くあったのに対して、今回は、ウェブ上での執筆・編集システムを新たに構築することにより、編集作業が格段に効率よく遂行されたことがあげられます。

『関西学院事典』では、全体で504項目が扱われ、444頁となっているのに対して、『増補改訂版』では、全体で557項目が扱われ、頁数も約620頁と、約1.4倍にボリュームが増えています。このような項目数と頁数が大きく増えた要因としては、第一に、2001年以降の13年間に学院・大学が大きく拡充・発展を遂げてきたことにより、新規項目が大幅に増加したことがあげられます。法人合併としては、聖和大学との合併（2009年）や千里国際学園との合併（2010年）、また大学の新設学部として、人間福祉学部（2008年）、教育学部（2009年）、国際学部（2010年）、専門職大学院としては、法科大学院（2004年）、ビジネススクール・アカウンティングスクール（2005年）、そして初等部（2008年）の開設などがあげられます。さらに、東京丸の内キャンパス、大阪梅田キャンパスなどの展開も、学院・大学の拡充・発展としてあげられるでしょう。本書の分量が大きく増えたもう一つの要因は、既述の項目自体も各部署の新たな展開に伴う追加記述、あるいは学院の歴史における人物や事柄に関して見直し、また『事典』では扱われなかった新設項目などもかなり増加したことなどがあげられます。

本書は、関西学院125年の歴史と現況を、平易に把握できることを意図した事典です。通史的な書物とは異なり、興味ある項目をまとまった読み物として読むことができ、しかも、要を得た情報を即座に得ることができることをめざしています。また紙面には、多くの写真や図版を配し、巻末には、2013－14年度の資料に即した組織図、教職員数、学生・生徒数、財政規模、課外活動団体一覧、同窓会支部公認団体一覧、各キャンパス・マップなどに加え、さらに年表、歴代役職者、沿革、参考文献などの附録もあり、利用者の理解を助ける工夫も凝らされています。

本書が、学院の各部署において、また大学の「関学」学をはじめ学生や生徒の多様な自校教育の場において、あるいは同窓の方々に幅広く活用していただきたいと願っています。本書が、学院の歩みに伴いさらなる改訂版の必要性が生じてくることが予想されますが、将来的には新たな電子媒体を活用してウェブ上で本書のバージョンアップが図られることを期待してやみません。そこでは、映像や音声も豊富に導入され、例えば、ベーツ先生の項目では記録として残っている歴史的な演説を、またグリークラブの項目では美しく迫力ある合唱を聴くことができ、あるいは学院の自然の項目では四季折々の咲き誇る花々を鑑賞したり、鳥たちの鳴き声に耳を傾けることができるような、新しいタイプの事典の出現を待ち望みたいものです。

最後に、３年間に及ぶ本書の編纂を共同で推進してこられた年史実行委員会の委員、及び執筆委員の方々、そして各部署・各団体で執筆にご協力いただいた方々に心より感謝を申し上げます。また、困難な編纂の労苦を最後まで担ってくださった年史実行委員会事務局の川崎啓一氏と辻美己子氏、そしてコミニケの三木克仁氏と東洋紙業の鈴木浩幸氏に心よりのお礼を申し上げます。

2014年９月

年史実行委員長　神田健次

関西学院創立125周年記念事業委員会
記念事業推進委員会年史実行委員会　委員

神田　健次（委員長）学院史編纂室長、神学部教授
古川　　彰　大学博物館副館長、社会学部教授
井上　琢智　経済学部教授
舟木　　譲　経済学部教授
田淵　　結　教育学部教授
原　　真和（～2013年３月）聖和史編集委員会委員長、聖和短期大学教授
山本　伸也（2013年４月～）聖和史刊行委員会委員長、教育学部教授
文堂　裕治　中学部教諭
宮脇　　貢　校友課長
川崎　啓一　大学博物館総合主管

関西学院事典執筆委員

山内　一郎　名誉教授
篠原　彌一　名誉教授
森脇　俊雅　名誉教授
神田　健次　神学部教授
中道　基夫　神学部教授
打樋　啓史　社会学部教授
井上　琢智　経済学部教授
舟木　　譲　経済学部教授
本郷　　亮　経済学部教授
上村　敏之　経済学部教授
福井　幸男　商学部教授
平松　一夫　商学部教授
芝田　正夫　教育学部教授
田淵　　結　教育学部教授
文堂　裕治　中学部教諭
川崎　啓一　大学博物館総合主管
辻　美己子　大学博物館

関西学院事典 **増補改訂版**

2014年９月28日発行

発　　行　学校法人関西学院
〒662-8501
兵庫県西宮市上ケ原一番町１-155

編　　集　関西学院創立125周年記念事業推進委員会
年史実行委員会（事務局・学院史編纂室）

発　　売　関西学院大学出版会

印　　刷　東洋紙業株式会社
〒556-8555　大阪市浪速区芦原１-３-18

Printed in Japan ISBN978-4-86283-173-6

関西学院の沿革

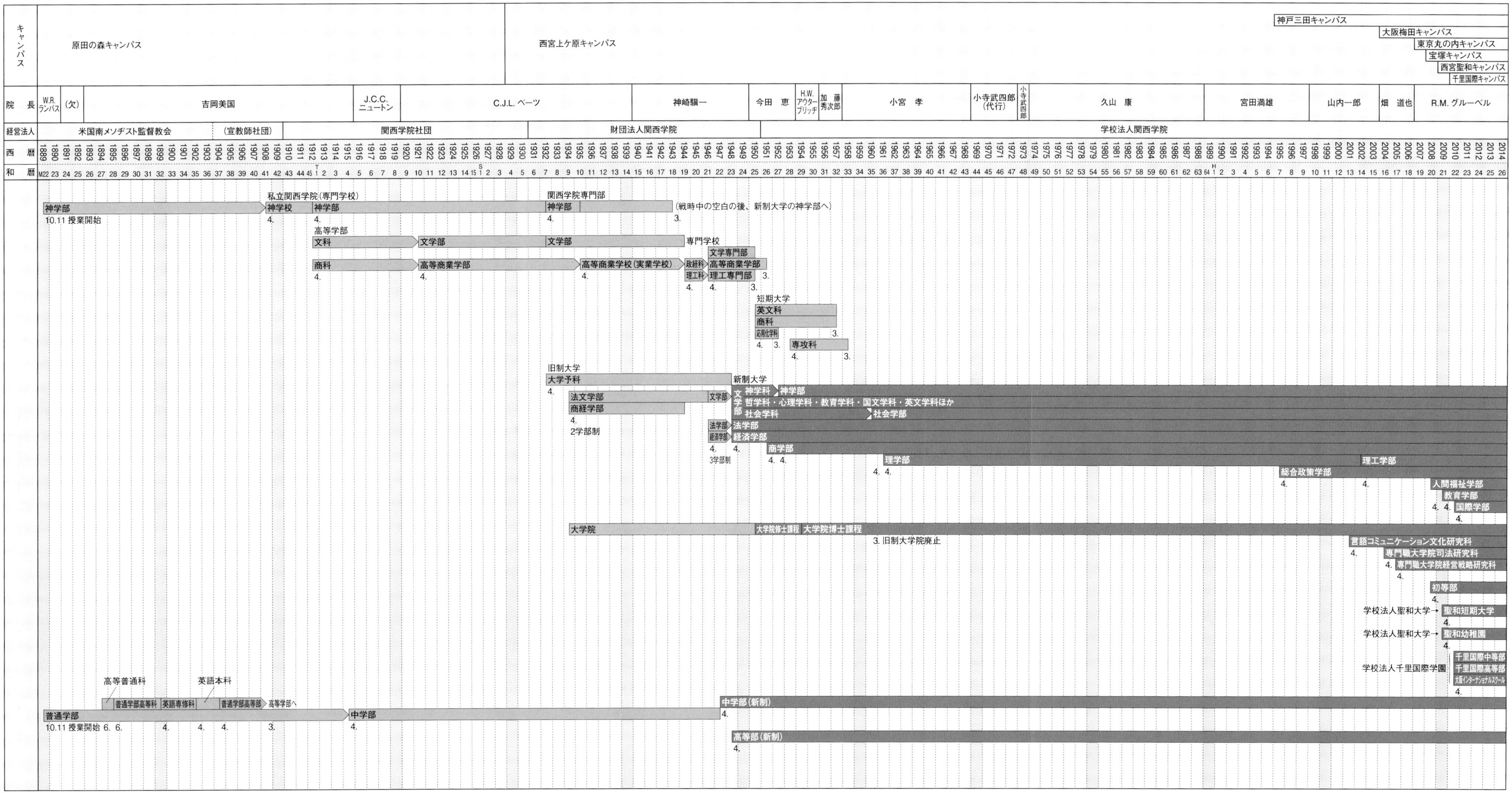

キャンパス
原田の森キャンパス
西宮上ケ原キャンパス
神戸三田キャンパス
大阪梅田キャンパス
東京丸の内キャンパス
宝塚キャンパス
西宮聖和キャンパス
千里国際キャンパス
院長
W.R.ランバス
(欠)
吉岡美国
J.C.C.ニュートン
C.J.L.ベーツ
神崎驥一
今田　恵
H.W.アウターブリッヂ
加藤秀次郎
小宮　孝
小寺武四郎(代行)
小寺武四郎
久山　康
宮田満雄
山内一郎
畑　道也
R.M.グルーベル
経営法人
米国南メソヂスト監督教会
(宣教師社団)
関西学院社団
財団法人関西学院
学校法人関西学院
西暦
和暦
神学部
10.11 授業開始
私立関西学院(専門学校)
神学校
神学部
関西学院専門部
(戦時中の空白の後、新制大学の神学部へ)
高等学部
文科
文学部
専門学校
文学専門部
商科
高等商業学部
高等商業学校(実業学校)
政経科
理工科
理工専門部
短期大学
英文科
商科
応用化学科
専攻科
旧制大学
大学予科
新制大学
法文学部
商経学部
2学部制
文学部
法学部
経済学部
3学部制
文学部
神学科
神学部
哲学科・心理学科・教育学科・国文学科・英文学科ほか
社会学科
社会学部
法学部
経済学部
商学部
理学部
理工学部
総合政策学部
人間福祉学部
教育学部
国際学部
大学院
大学院修士課程
大学院博士課程
3. 旧制大学院廃止
言語コミュニケーション文化研究科
専門職大学院司法研究科
専門職大学院経営戦略研究科
初等部
学校法人聖和大学→
聖和短期大学
学校法人聖和大学→
聖和幼稚園
学校法人千里国際学園
千里国際中等部
千里国際高等部
大阪インターナショナルスクール
高等普通科
英語本科
普通学部高等科
英語専修科
普通学部高等部
高等学部へ
普通学部
10.11 授業開始
中学部
中学部(新制)
高等部(新制)

西宮上ケ原キャンパス

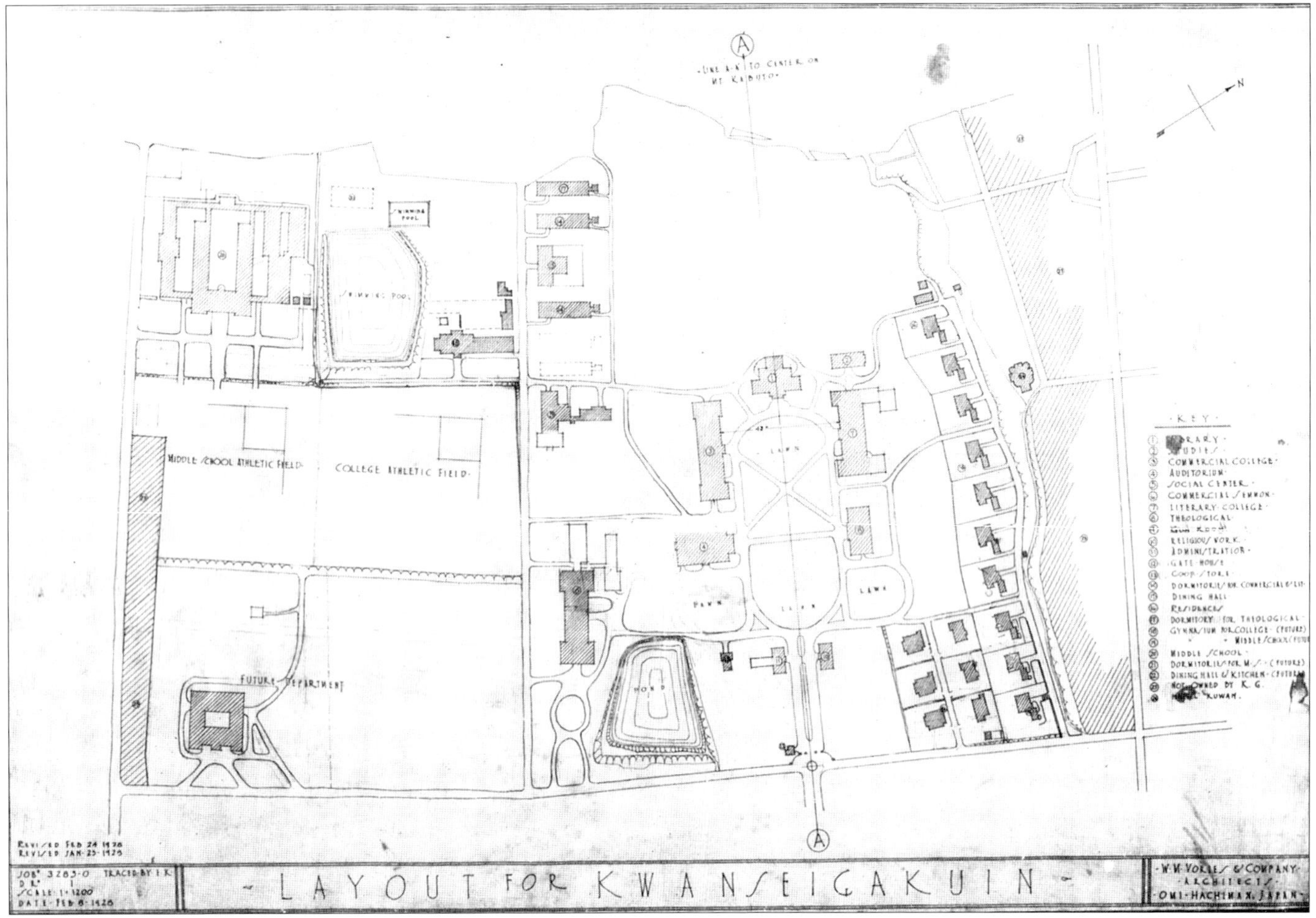

W.M.ヴォーリズ設計によるキャンパス基本配置図（1928年）

原田の森キャンパス

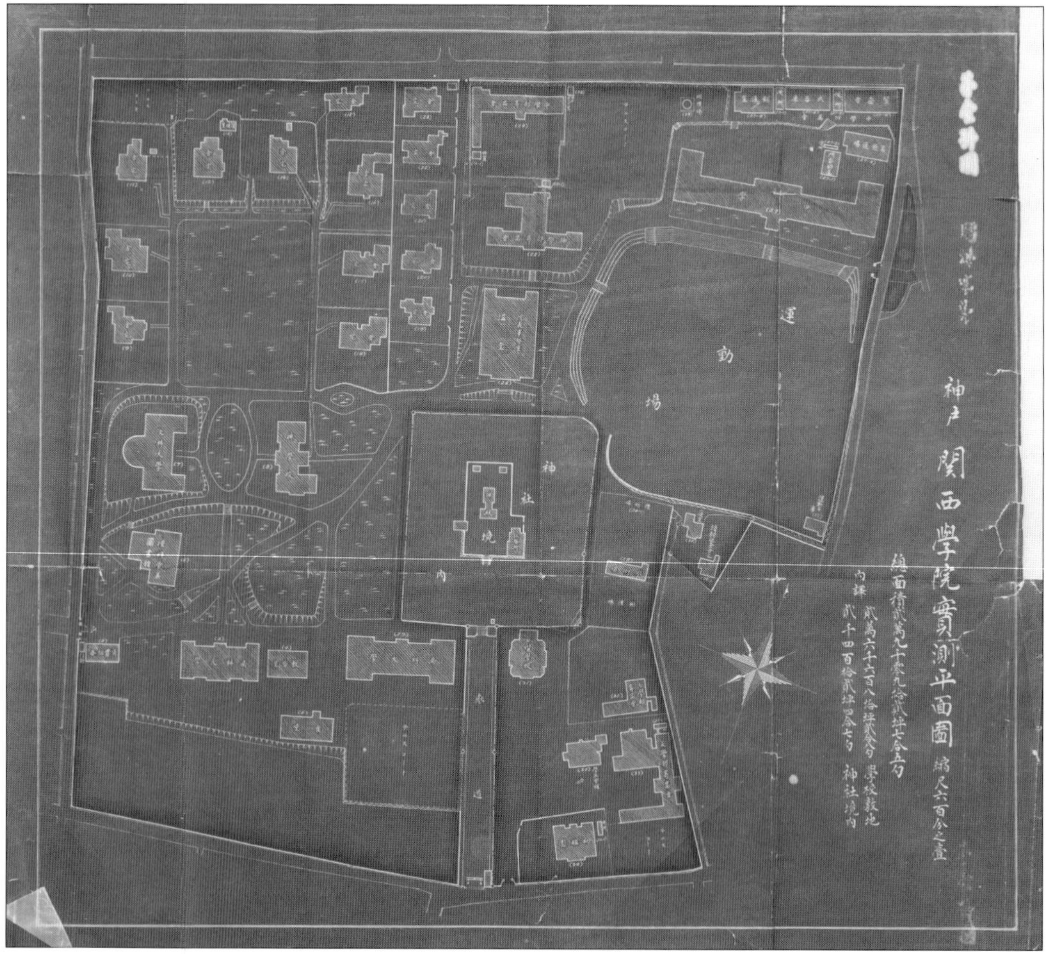

上ケ原移転前の実測平面図